2019 北京通州年鉴

BeiJing TongZhou NianJian

中共北京市通州区委党史工作办公室
北京市通州区地方志办公室 编

方志出版社
Publishing House of Local Records

图书在版编目（CIP）数据

北京通州年鉴. 2019 / 中共北京市通州区委党史工作办公室，北京市通州区地方志办公室编. — 北京：方志出版社，2019.9
ISBN 978-7-5144-3849-9

Ⅰ. ①北… Ⅱ. ①中… ②北… Ⅲ. ①通州区—2019—年鉴 Ⅳ. ①Z521.3

中国版本图书馆CIP数据核字(2019)第273096号

北京通州年鉴（2019）

编　　者：中共北京市通州区委党史工作办公室
　　　　　北京市通州区地方志办公室
责任编辑：梅中英

出 版 者：方志出版社
　　　　　地址　北京市朝阳区潘家园东里9号（国家方志馆4层）
　　　　　邮编　100021
　　　　　网址　http://www.fzph.org
发　　行：方志出版社图书经销中心
　　　　　电话(010)　67110500
经　　销：各地新华书店
印　　刷：廊坊市佳艺印务有限公司

开　　本：889×1194　　1/16
印　　张：34.75
字　　数：944千字
版　　次：2019年9月第1版　　2019年9月第1次印刷
印　　数：0001～2500册

ISBN　978-7-5144-3849-9　　定价：200.00元

中共北京市通州区委党史工作办公室
北京市通州区地方志办公室

主　　任	王葆刚
副 主 任	翟荣华　王振和
工作人员	马雪梅　刘晓林　肖姗姗　张亚昆
	郭宝祥　艾玉勃　郭卫民　吴兴保
	王　妍　史圣洁　赵龙刚　杨世乾
	宋春山　王梓义　赵　超　刘　尧

北京通州年鉴编辑部

主　　编	王葆刚
副 主 编	王振和
执行副主编	张亚昆
编　　辑	张亚昆

编　辑　说　明

一、本年鉴以马克思列宁主义、毛泽东思想、邓小平理论、“三个代表”重要思想、科学发展观、习近平新时代中国特色社会主义思想为指导，坚持辩证唯物主义和历史唯物主义的立场、观点和方法，以经济建设为中心，坚持四项基本原则，科学地反映客观情况。

二、本年鉴采用记(大事记)、图(图片、照片)、表(统计表)、录(附录)等体裁，用规范的语体文、记述体直陈其事，文字力求言简意赅。

三、本年鉴从1999年开始逐年编辑。当年出版的年鉴全面汇集上一年度北京市通州区政治、经济、文化、社会发展等诸方面的重大事件和新的情况，为各级领导决策提供参考依据，为各行各业提供有价值的信息资料，为各方面人士了解通州提供全面情况和最新信息。本年鉴为连续出版的第21部，反映2018年1月1日至12月31日期间情况(部分内容依据实际情况时限略有上溯或下延)，文中一般直书月、日，不再写年份。本年鉴农用面积采用亩为计量单位。

四、本卷年鉴由区情概况、特载、专文、大事记、正文、附录、索引及彩页等部分组成。正文部分设有中国共产党通州区委员会，通州区人民代表大会，通州区人民政府，中国人民政治协商会议通州区委员会，民主党派，人民团体，法治，军事，经济管理，金融，农业，工业•信息化•建筑业，商贸•旅游•运输，城乡建设，市政管理，科技，教育，文化，卫生，体育，社会生活，街道，乡镇•园区，组织机构及负责人，先进单位、先进个人，统计表共27个类目，177个分目，30个子目，1690个条目。

五、本卷年鉴收有通州区副处级以上机构及副处级以上党政实职领导干部名录，并收录2018年内获得市以上各类先进人物、先进单位名单。

六、选入年鉴的文章和条目，均由各部门各单位确定专人撰写，经本部门、单位主管领导审阅，并经由区地方志编纂委员会审编。一人提供多个条目的，只在最后一个条目后署名，不再一一署名。统计资料由统计局提供。照片由通州区各供稿单位提供。

目 录

CONTENTS

区情概况

特　载

专　文

大事记

中国共产党通州区委员会

通州区人民代表大会

通州区人民政府

中国人民政治协商会议通州区委员会

民主党派

人民团体

法　治

军　事

经济管理

金　融

农　业

工业·信息化·建筑业

商贸·旅游·运输

城乡建设

市政管理

科　技

教　育

文　化

卫　生

体育

社会生活

街　道

乡镇 · 园区

组织机构及负责人

先进单位、先进个人

统计表

附　录

索　引

领导关怀

9月10日，市委常委、常务副市长张工（左一）看望潞河中学教师　　（杨海涛　拍摄）

4月23日，副市长隋振江（右四）到通州区政务服务大厅指导工作　　（区政务服务管理办提供）

领导关怀

12月21日，副市长殷勇（左一）到通州区永顺镇北马庄调研　　（永顺镇提供）

10月17日，区委书记曾赞荣（右一）调研换届选举一街村，进行实地考察

（马驹桥镇提供）

领导关怀

5月22日，代区长赵磊（左二）到通州区政务服务大厅指导工作 （区政务服务管理办提供）

9月30日，区长赵磊（右二）带队检查加油站安全生产工作 （区安监局提供）

领导关怀

11月8日，区人大常委会主任李玉君（前、右一）率队调研中仓老旧小区加装首部电梯

（中仓街道提供）

9月28日，区政协主席赵玉影（右二）考察万生药业通州基地　（北京万生药业有限责任公司提供）

工程项目

6月6日，北京物资学院大运河研究院智库成立仪式　　（北京物资学院提供）

8月，再生能源发电厂运营　　（区城市管理委员会提供）

10月8日，潞河中学举办“钱学森班”授牌仪式

（杨海涛　拍摄）

11月29日，通州区法院与中国人民大学法学院在中国人民大学明德楼举行合作共建签约仪式

（区法院提供）

工程项目

11月，梨园砖厂第五空间公厕
（区城市管理委员会提供）

12月13日下午，北京造纸七厂有限责任公司与通州区人民政府房屋征收办公室完成签约，东方厂周边棚改项目国有土地非住宅（一期）房屋征收工作全面完成
（区住建委提供）

12月20日，中国电信入驻园中园
（北京市通州新城金融服务园区提供）

12月20日，史家分校教师学院成立　　（区教委提供　刘艳　拍摄）

12月27日，“运河计划”教育领域人才工作室启动　　（区教委提供 白文会　拍摄）

安全检查

3月8日，国务院安委会第8督导组督查通州安全生产工作　（区安监局提供）

6月13日，市人大领导检查杨坨安住总置房项目施工现场扬尘治理工作落实情况　（区住建委提供）

8月29日，国务院督察组到通州区人力社保公共服务中心检查　（区人力社保局提供）

安全检查

4月19日，区食药局迎接卫生区复审现场审核

（区食药局提供）

10月15—16日，接受“京津冀”农产品质量安全联合督导检查，现场检查农产品生产基地　　（区农业局提供）

11月26日，　区人大代表视察区残疾人职业康复中心工作　　（区残联提供）

安全检查

9月6日，通州区2018年种植业农产品质量安全专项检查，检查生产基地
（区农业局提供）

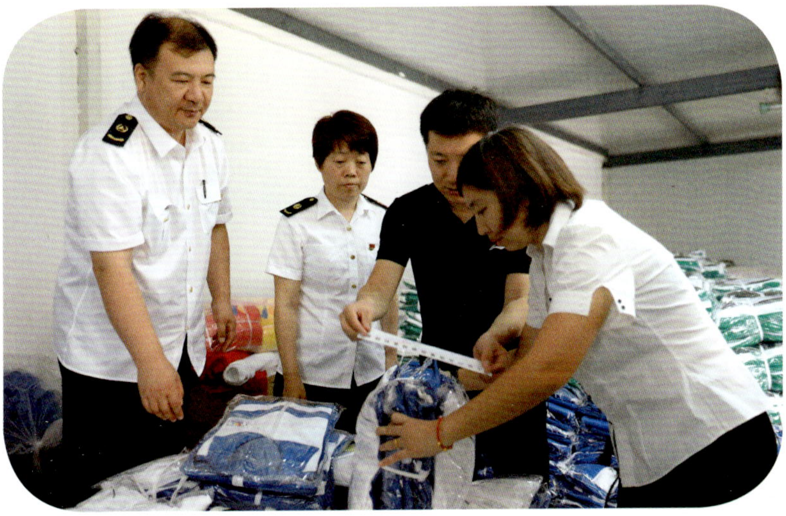

8月22日，区质监局执法人员开展学生装产品现场抽样活动
（区质监局提供）

3月19日，区质监局执法人员开展管材生产企业现场检查
（区质监局提供）

应急演练

5月29日，开展防汛应急演练　　（北京通州文化旅游区提供）

6月20日，开展防汛演练　　（区水务局提供）

应急演练

10月24日，通州区2018年有限空间事故应急救援演练　　（区安监局提供）

11月16日，永乐店镇结合“全民参与、防治火灾”消防宣传月活动，在老槐庄村举行2018年村级“11·9”消防实战灭火演练　　（永乐店镇提供）

9月19日，区消防协会组织梨园中学初一学生进行消防演练　　（区消防协会提供）

3月26日，在西集镇召开“通武廊”大型人才招聘会 （区人力社保局提供）

4月27日，在局四楼会议室举行通州区人力社保局优化营商环境工作会 （区人力社保局提供）

2018年北京通州发布获得的奖杯、证书

（区委宣传部提供）

北京物资学院舞剧《运》宣传剧照

（北京物资学院提供）

5月13日，举办2018北京通州半程马拉松赛事
（区体育局提供）

2月7日，“我们的中国梦”——首都文艺工作者送文化进万家慰问活动在通州区梨园镇魏家坟村举行
（区文联提供）

6月5日，永顺镇在通州文化馆举办“咏改革四十年、顺民意新篇章”群众歌咏比赛
（永顺镇提供）

3月20日，东潞苑市场普法宣传　　（永顺镇提供）

4月25日，通州区开展职业卫生宣传周宣传教育活动　　（区安监局提供）

11月1日，区委宣传部组建的通州区“扬帆新时代 建设副中心”百姓宣讲团在北苑街道宣讲

6月16日，通州区2018年安全生产月宣传咨询日活动救援机器人展示区 （区安监局提供）

宣传培训

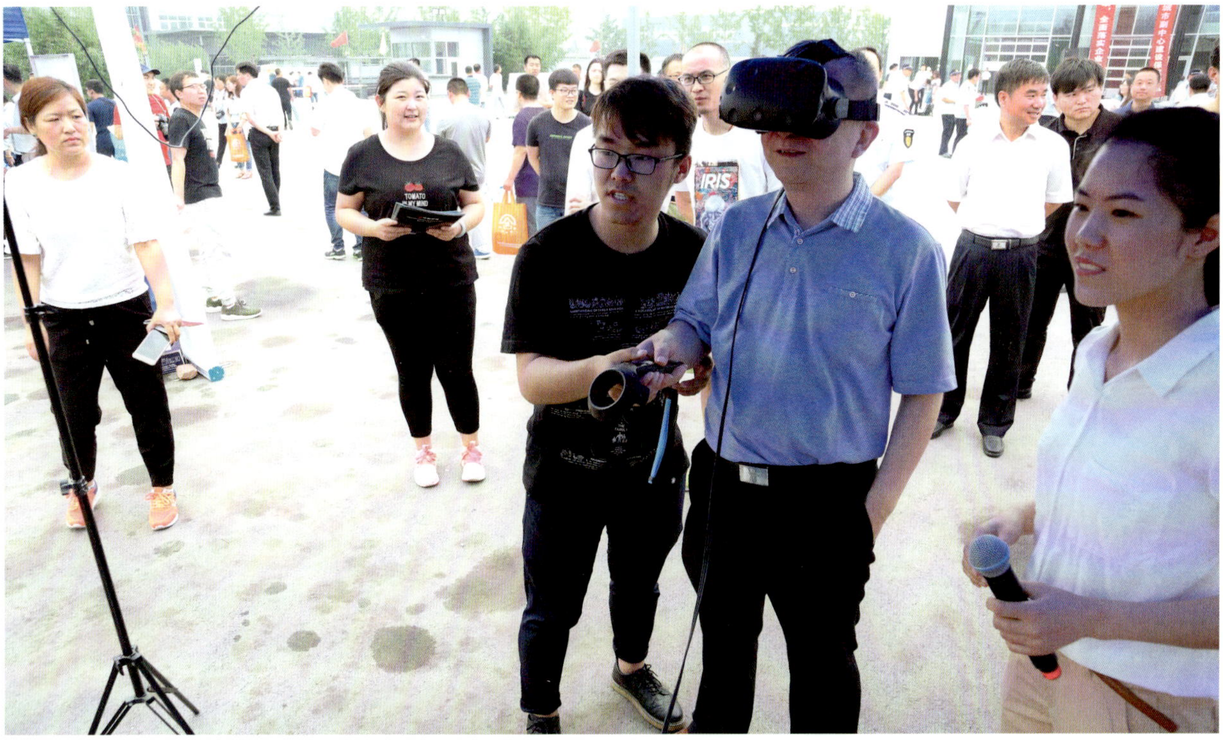

6月16日，通州区2018年安全生产月宣传咨询日活动VR体验区　（区安监局提供）

9月13日，区质监局开展质量月质量安全知识进校园活动　（区质监局提供）

宣传培训

10月16—17日，通州区农产品质量安全培训班开班　　（区农业局提供）

通州区食药局开展安全用药宣传——8月14日，食品药品监控中心“不良反应”宣教活动走进小稿村

（区食药局提供）

通州区食药局开展“大手拉小手”食品安全进校园活动——4月16日，新华食药所工作人员为贡院小学学生讲解食品安全知识

（区食药局提供）

区情概况

地情概况

【地理位置】 通州区位于北京市东南部，京杭大运河北端。区域地理坐标北纬39°36′～40°02′，东经116°32′～116°56′。东西宽36.5千米，南北长48千米，面积905.95平方千米（土地面积数据为2009年全国第二次土地调查数）。西邻朝阳区、大兴区，北与顺义区接壤，东隔潮白河与河北省三河市、大厂回族自治县、香河县相连，南和天津市武清区、河北省廊坊市安次区交界。

【地　貌】 全区地处永定河、潮白河洪冲积平原，地势平坦，平均海拔高程20米。分布13条河流，总长245.3公里，主要河流有北运河、潮白河、凉水河、凤港减河。

【气　候】 气候属暖温带大陆性半湿润季风气候区。2018年，日照2588.6小时，年平均气温12.3℃，降水672.7毫米。

【建置沿革】 通州区历史悠久，早在新石器时期，境域内即有人类活动。西汉高祖十二年(公元前195年)始建路县，先后改称通路亭、潞县、通州、通县。1948年12月通县解放，分置通县、通州市。1958年3月县市由河北省划归北京市后，合并为北京市通州区。1960年复称通县。1997年4月撤销通县设立通州区。通州区辖10个镇、1个回族乡、6个街道（2018年新成立潞源街道、通运街道两个街道）。

【人　口】 2018年，全区户籍人口78.7万人，其中，农业人口26.4万人、非农业人口52.3万人。年内全区常住人口出生率8.71‰，死亡率4.92‰。

（张亚昆）

国民经济和社会发展

【概　况】 2018年，地区生产总值832.4亿元，比上年增长7.5%。其中，一、二、三产业增加值15.9亿元、382.3亿元和434.2亿元，比上年分别增长-3%、2.3%和12.8%。三次产业结构为1.9：45.9：52.2。税收总额280.8亿元，比上年增长-7.6%。全社会固定资产投资比上年增长-21.8%。实现社会消费品零售总额439.8亿元，比上年增长5%。城镇居民人均可支配收入48682元，比上年增长9.1%。全区金融机构人民币各项存款余额3306.9亿元，比年初增加340.7亿元。

【城市副中心建设】 《北京城市副中心控制性详细规划（街区层面）》获中央批复，规划体系全面形成。该规划历经两年多的精心编制、反复论证，通过专业机构、职能部门的层层把关与社会公告，在市委全会专题研究讨论后，报中央政治局常委会审议通过。这版规划是在习近平亲自推动、多次主持会议研究并亲临实地视察指示下编制完成的，将对未来通州全域乃至京津冀区域产生重大而深远的影响。通州总体规划同步完成，9个乡镇的镇（乡）域规划形成阶段性成果。市政基础设施、地下综合管廊和海绵城市等专项规划通过市、区相关部门审核。全区各领域规划有机组合、紧密衔接，形成了全方位、立体化的“多维坐标系”。

市级机关搬迁有序推进，服务保障工作全面加强。截至12月底，市级机构一期搬迁单位实现入驻31家。6大方面37项重点服务保障工作全面落实，高标准建设了一批学校、医院和市政基础设施。健全完善安保“一总十四分”方案体系，创新建立信访工作责任制，落实公安消防等专业力量“贴身看护”。重要通道景观环境整治、交通拥堵综合治理初见成效，办公区周边至155平方千米范围内全面实施更高标准的精细化管理。以服务保障市级机关搬迁为带动，各项工作立标杆、上水平，区域综合功能与服务保障效能系统提升。

重要节点建设步伐加快，城市功能框架初具雏形。运河商务区整体品质不断提升，启动公共空间、滨水岸线详细规划编制，实施星级绿色建筑标准评价和国际绿色建筑认证。北环环隧等11条主要道路竣工，3座跨河大桥具备通车条件，能源中心实现并网发电。一期16个重点项目累计完工280万平方米。文化旅游区8条主次干路、19条综合管廊开工建设，环球主题公园一期进入施工建设阶段，环球大酒店等配套项目顺利推进。城市绿心完成千亩示范区主体绿化工程，三大建筑完成国际方案征集和初审工作。副中心站交通枢纽完成初步方案设计，周边一体化开发建设模式进一步明确。

区域协同发展持续推进，互促共进态势逐步显现。围绕“京津冀”协同，充分发挥桥头堡作用，初步完成《通州区与廊坊北三县地区协同发展规划》编制，与武清区、廊坊市签订各类合作协议45个，各项工程按计划推进落实。强化与雄安新区的共建机制，在规划衔接、产业互促等7个方面展开合作。积极开展对口支援，实现基层结对帮扶“两个全覆盖”。围绕城乡协同，科学推进城乡规划一体、资源配置协同。坚持文化引领、科技支撑、生态优先的发展思路，9个特色小镇功能定位全面明确，规划编制有序推进，后发优势不断集聚。高标准实施美丽乡村建设，第一批112个村庄规划形成成果，360个平房村环境整治全面完成。乡村公路建设管养获“全国四好农村路示范区”称号。绿色就业岗位稳步增加，精准实施“一户一策”帮扶，低收入农户收入稳步增长，低收入村集体经济自我发展能力持续增强。围绕新老城区协同，坚持以新带老，新老融合，更加注重老城功能提升，制定完成老旧小区综合整治三年行动计划和《老城区城市双修与更新实施方案》，搭建老城“规建管”数据平台，统筹开展改造提升各项工程。

【农　业】　全区实现农林牧渔业现价总产值39.6亿元，比上年下降2.9%。其中，农业产值14.1亿元，下降23.7%；林业产值13.5亿元，增长78.8%；牧业产值9.3亿元，下降16.2%；渔业产值1.7亿元，下降36.3%；农林牧渔服务业产值1亿元，增速与上年持平。

全年设施农业收入9.2亿元，下降31%。设施农业实际利用面积2043公顷，下降6.6%。其中，温室占地面积1337公顷，下降9.9%；大棚占地面积634公顷，增长1%；中小棚占地面积71公顷，下降5%。

【工　业】　全年实现工业增加值209.8亿元，比上年下降3.8%。全区规模以上工业企业366家，完成工业现价总产值602.4亿元，下降4.4%。其中，高技术制造业113.5亿元，增长13.4%。规模以上工业主营业务收入773.4亿元，下降1.7%。其中，高技术制造业113.3亿元，增长20.2%。

【建筑业】　全年完成建筑业增加值172.7亿元，比上年增长11.7%。全区具有资质等级的总承包和专业承包建筑业企业196家，完成建筑业总产值1267.4亿元，比上年增长7.8%，其中，在外省完成产值1151.5亿元，增长9.6%；在北京完成产值115.9

亿元，下降7.4%。签订合同额4455.2亿元，增长5.7%。其中，本年新签合同额1423.1亿元，下降8.7%。房屋建筑施工面积12699万平方米，比上年增长17.1%，竣工面积1860万平方米，增长10.2%。

【商业 对外经贸】 全年实现社会消费品零售总额439.8亿元，比上年增长5%。其中，限额以上单位实现零售额326.4亿元，增长3.5%；限额以下单位实现零售额113.4亿元，增长9.6%。

全年新批三资企业49家，比上年增加17家。其中，外商独资企业26家，中外合资企业23家。合同利用外资9.1亿美元，下降60.3%；实际利用外资6.3亿美元，下降22.8%。全区进出口贸易总额27.5亿美元，比上年增长17.4%；出口创汇总额9.2亿美元，增长0.1%；进口付汇18.3亿美元，增长28.6%。

【旅游业】 2018年，全区农业观光园58处，比上年减少4处；全年接待游客102.9万人次，下降7.4%；实现观光园总收入2.2亿元，下降24.2%；有从事民俗旅游经营140户，比上年增加52户，民俗旅游总收入1261万元，增长85.5%；接待游客3.4万人次，增长0.7%。

【城乡建设与管理】 2018年末，全区公路里程2386千米。其中，区级以上公路510千米；乡道1140千米；专用公路166千米；村道570千米。

全区民用机动车保有量33.5万辆，比上年增长2.4%。其中，载客汽车26.3万辆，增长4.8%，载客汽车中轿车17.3万辆，增长1.1%。年末全区郊区客运汽车623辆；营运出租汽车2087辆。郊区客运线路61条，郊区客运线路总里程1454千米。

全区货运汽车拥有量达到2.7万辆，从事货运户数4519户，比上年末减少265户。年末水域游船124艘，其中自航船27艘。

全区有邮政局所34个，其中农村25个。实现邮政业务总量2亿元，比上年增长10.3%。订销杂志65.4万份，增长5%；出口包裹快递293.9万件，增长26.4%；进口包裹快递416.3万件，下降12.8%。邮政储蓄年末收储余额66.4亿元，比上年末增长5.3%。

全年电信业务收入6亿元，比上年下降30.8%。其中，固网业务收入4亿元，移动业务收入2亿元。年末普通电话用户达到23.2万户，增长17.6%。年末固定互联网宽带接入用户数达到25.3万户，增长6.7%。

【科技 教育 文化 卫生 体育】 全年累计专利申请量5746件。其中，发明专利1289件，实用新型专利3527件，外观设计专利930件。全年专利授权量4285件。其中，发明专利330件，实用新型专利3100件，外观设计专利855件。

北京五中实现招生，人大附中小学部等5所学校具备开学条件，首师大附中、景山学校开工建设。北京一幼海晟实验园等6所幼儿园建设完成，新增公办、普惠制学位1920个。全区有幼儿园131所，比上年增加5所，其中市级优质园总数达到46所；幼儿园在园人数26938人，专任教师2280人。有小学84所，招生人数14024人，在校生67320人，毕业生9255人，专任教师4066人。全区初、高中学校41所。其中，初中招生人数6396人，在校生17339人，毕业生4116人；普通高中招生人数2601人，在校生8204人，毕业生2283人。初高中有专任教师3638人。

全区专业电影院12个，电影放映队16个。艺术表演场所24个，基层文化中心15个，文化演出场次1828场。审批文化市场经营单位261家。

全区有公共图书馆1个，总藏书74万册。拥有区级以上文物保护单位50处，博物馆4座，韩美林艺术馆1座。年末实有有线电视接收用户47.2万户。

全区有卫生机构616个。其中，医院24个，社区卫生服务中心（站）98个，新建5个急救工作站，“120”呼叫满足率提升21%。全部卫生机构实有床位3802张。其中，医院3044张，社区卫生服务中心床位458张。全区有卫生技术人员9966人。其中，执业医师3492人，注册护士3642人。

举办北京通州半程马拉松、运河绿道骑游周等品牌活动。建成95个便民体育健身设施，各种训练房53个，多功能球场40块。举办全区性各类竞赛74次，举办镇（局）级各类竞赛77次。参加市级各类竞赛获得奖牌152枚。其中，金牌50枚，银牌40枚，铜牌62枚。2018年全区体育活动经费投入达到4489万元。

【社会服务管理和社会保障】 2018年，城镇登记失业率为2.74%，失业人员参加培训944人。城镇登记失业人员实现就业10601人，失业人员就业率达到64.32%。参加职业技能培训人数达8766人，促进城乡就业人数19794人。

城乡居民最低生活保障标准提高至1000元，城乡低保困难家庭实现“一户一策一档”精准帮扶。30家社区养老服务驿站建成投入运营，通州区成为国家级居家和社区养老服务改革试点。全区有养老公寓等各类养老机构20个，收养人数1771人。

全年城市居民最低生活保障家庭886户，城市居民最低生活保障1241人；农村居民最低生活保障家庭2244户，最低生活保障3349人。享受定期补助4232人，享受定期抚恤金71人，安置志愿兵、转业干部人数304人。

全区城乡居民养老保险参保人数达22.6万人，续保率达98.6%。参加基本养老、基本医疗、失业保险人数分别为55.4万人、56.7万人和43.5万人；参加工伤保险人数41.5万人，领取工伤保险金额9924.4万元。

【精神文明建设 综合治理】 大力弘扬社会主义核心价值观，持续开展“通州榜样”评选表彰，充分挖掘“通州百姓”“最美家庭”等先进典型事迹，取得了一批重要成果。广泛开展文明引导行动，大力推动移风易俗，倡导文明守礼、诚实守信，公民文明素养和社会文明程度大幅提升。成功举办了运河文化艺术节等一批特色群众文化品牌活动；首都公共文化示范区创建取得重要进展，公共文化服务体系日趋完善；完成大运河文化带保护建设等规划，启动一批重点文物的保护与修缮工作，城市副中心文化影响力不断提升。

2018年，聚焦控车、降尘、减排、消煤四大领域，综合施策、全面发力、重拳出击，全年PM2.5累计浓度为55微克/立方米，同比下降12微克/立方米，改善率17.9%。持续加大进京路口执法力度，全年累计检查重型柴油车26.9万辆。完成全区全部35家加油站油气回收在线监控改造，淘汰老旧柴油货车6585辆。

全区有污水处理厂（站）109座。其中，城镇污水处理厂7座，污水处理率为79.26%；农村污水处理站102座，污水处理率77.17%。全区生活垃圾无害化处理率（根据垃圾清运量计算）为99%，提高0.05个百分点。

全区有森林面积27485.5公顷，比上年增长4.9%，森林覆盖率达到30.32%。本年造林面积2844公顷，林木绿化率34.29%，比上年提高1.41个百分点。城市绿化覆盖面积7049.9公顷，增长10.8%；城市绿地面积6337.7公顷，增长12.2%，城市绿化覆盖率达到45.48%。人均公园绿地面积15.09平方米，公园绿地500米服务半径覆盖率达到80%。

全年自来水销售量4210.6万立方米，比上年增长9.3%。其中，生产运营用水215万立方米，增长2%；公共服务用水1069万立方米，增长15.3%；居民家庭用水2926.6万立方米，增长7.8%。

通州地区全年用电量为67亿千瓦时。其中，第一产业用电1.7亿千瓦时；第二产业用电17.1亿千瓦时；第三产业用电24.5亿千瓦时；居民生活用电23.7亿千瓦时。

（张亚昆）

特载

在中共北京市通州区第六届委员会第六次全体会议上的报告（节选）

中共北京市通州区委书记　曾赞荣

2018年12月20日

一、2018年的主要工作

2018年是通州发展历史上具有划时代意义的重要一年。一年来，区委常委会深入学习贯彻习近平新时代中国特色社会主义思想，在市委的坚强领导下，坚定不移把方向、谋大事、抓党建、保平安，紧紧围绕服务保障市级机关搬迁入驻和高水平实施城市副中心控规，以“赶考”和“无我”的精神状态狠抓工作落实，各方面工作取得了突破性进展。

（一）深入学习贯彻习近平总书记重要讲话和中央、市委对城市副中心建设重大决策部署精神，进一步统一党员干部思想和行动

继市委全会后，中央政治局常委会议专题审议了城市副中心控规，这在北京城市发展历史上还是第一次，习近平总书记再次就城市副中心建设作出重要指示，为城市副中心擘画了宏伟蓝图和行动纲领；市委书记蔡奇同志先后14次到通州调研，对城市副中心建设作出全面部署。常委会把学习贯彻城市副中心控规与学习总书记重要指示精神、学习市委重大决策部署精神结合起来，全面把握，融会贯通，对标对表，不断深化发展思路和方向。我们进一步明确，城市副中心建设必须自觉站在京津冀协同发展大局、站在“一核两翼”发展大局中来谋划和推进；要更加突出服务首都功能、突出两翼齐飞、突出协同发展；要更加注重绿色生态、注重和谐宜居、注重文化传承保护；要把高质量贯穿到城市副中心建设全过程，努力打造“副中心质量”；当务之急就是疏解拓展空间、补齐功能短板、优化生态环境、筑牢产业支撑。这些思路得到了全区党员干部的广泛认同，广大党员干部对落实新的功能定位，实现高质量发展，把城市副中心打造成为新的重要一翼等全局性、战略性问题认识更加统一，行动更加自觉，各单位各部门的工作更加紧张有序，主动研究谋划、勇于担当作为、奋力干事创业的氛围更加浓厚。

（二）全力以赴做好服务保障市级机关搬迁入驻工作，努力营造和谐有序的良好氛围

我们把服务保障市级机关作为头等大事，主动对接，倒排工期，狠抓进度，把工作做细做实。一是下大力气治理交通秩序。完成了11处重点交通堵点改造、地铁站点沿线一批交通秩序乱点的整治，高标准完成了交通信号灯智能提升工程。新开通和优化调整了一批公交线路。完成了路侧停车电子收费一期工程，进一步规范了静态交通秩序。二是全面开展行政办公区周边环境综合整治。完成了行政办公区周边12条道路和市郊铁路副中心站等节点的环境整治，完成了长安街延长线、运河沿岸等一批市容景观提升工程，营造了恢宏大气、整齐靓丽的城市副中心景观。解决了行政办公区周边地区环境卫生、绿化美化、物业管理等一批问题。三是全力做好安全稳定工作。全面开展了矛盾隐患大排查行动，实行区级领导包案，推动了一批历史积案的化解稳控。构建“六有”智能化安保体系，圆满完成了中非论坛等重大活动安全服务保障工作，“雪亮工程”提前上线，扫黑除恶专项斗争取得重要成果，群众安全感排名全市前列。深入开展安全隐患大排查、大清理、大整治行动，全区安全生产形势保持平稳。四是坚决做好舆情引导和房价稳控。紧盯交通、教育、医疗、搬迁入驻等舆论热点，认真研判，主动发声，加强引导，舆情态势总体平稳。成立了区委网信办，加强了对网络舆情的引导管控。实施了全市最严限购政策，全区房地产市场稳控格局不断夯实。

（三）扎实推进规划编制和重点任务、重点工程建设，副中心综合承载力不断增强

我们坚持规划先行，坚定不移补短板，强基础，努力提升城市副中心的承载能力。一是把规划放在突出位置精心组织谋划。积极主动参与配合，圆满完成了城市副中心控规和一批专项规划的编制工作，乡镇镇域规划编制形成阶段性成果。完成了通州区“两图合一”等一批专题的研究。主动加强与市级部门的对接，形成了一批规划建设管理的新标准和新技术规范。二是深入推进京津冀协同发展。与雄安新区签署了共建北京“新两翼”战略合作发展框架协议。牵头建立了通武廊协同发展领导小组联席会制度，启动实施了北运河生态文化工程等12项重点共建工程，在推动三地协同发展方面迈出了重要一步。三是全力推动重点工程建设。针对我区主责的13项市级重大工程和109项区级重点工程，加强统筹调度，强化督查考核，抓进度、保工期，广渠路东延等一批道路全面开工，副中心配水干线工程启动建设，有机质生态资源处理站等一批工程建成投入运行，市政保障能力进一步提升。四是努力提升教育、医疗等公共服务水平。首师大附中通州校区等一批工程建设加快推进，北京五中通州校区等一批中小学校、幼儿园建成投入使用，进一步扩充了学位供给。市区学校手拉手项目深入开展，教师素质提升计划持续实施，全区教育教学质量进一步提升。友谊医院通州院区即将开诊，安贞医院等一批市级优质资源完成选址，与城四区、市疾控中心等单位在基层医疗卫生服务、科研教学方面开展了深层次合作，进一步提升了全区医疗服务水平。

（四）以更大力度抓好疏解整治促提升和城市精细化治理，副中心形象面貌显著提升

我们把疏解整治促提升、城市精细化治理作为拓展城市副中心发展空间，提升城市品质形象的重要抓手，全力推动相关工作向纵深发展。一是坚定不移推进拆违整治。我们自加压力，主动加码，坚持周末开展“四不两直”拉练大检查，每次一个主题，直奔问题点位，现场研究解决，层层传导压力，推动工作落实。凭着咬定目标不放松的笃定、坚决不降标准不减量的坚持，成功地啃下了红旗厂违建等一批积累多年的“硬骨头”，全年累计拆除违法建设2006万平方米，销账1356万平方米，腾退土地1777公顷，实现了城市副中心范围内基本无违建目标，违建拆除量、销账量以及腾退土地量均位居全市第一名。其他各项专项整治工作均完成或超额完成市级任务。二是深入推进城市精细化治理。深入落实创城、创卫长效机制，全民动员抓迎检，高分通过了全国文明城区和全国卫生城市复审。高标准完成三个重点片区的环境改造提升和首批99条背街小巷综合整治，背街小巷实现“小巷管家”全覆盖。大力推动智慧城市建设，完成了全区地下管线及城市部件的数字化管理。三是聚焦功能提升，增强群众获得感。新建和规范提升便民商业网点119个，加强老城区城市修补和生态重塑，建成了一批服务市民的小微绿地、口袋公园。通过疏整促和城市精细化治理，一批道路、节点的轮廓重新亮了出来，一批老旧小区和背街小巷整洁豁朗了起来，沿街商铺、便民市场更加规范有序，人民群众切实感受到了身边实实在在的变化，满意度大幅提升。

（五）以更高的标准推进污染防治，扩大绿色空间，副中心生态优势逐步显现

我们认真践行“绿水青山就是金山银山”理

念，坚决打好污染防治攻坚战，努力让蓝绿交织成为城市副中心的底色。一是坚持铁腕治理大气污染。突出加强对重型柴油车等移动污染源的监管整治，完成7个进京综合检查站标准化建设，全面把守进京路口，超标车辆处罚量居全市首位。全面加强扬尘污染精细化管理，对全区所有裸露地块实施绿化覆盖，启动200个施工工地扬尘状况实时监测，建立了渣土运输管理闭环机制，扬尘污染得到有效控制。截至11月底，$PM_{2.5}$累计浓度为56微克/立方米，改善率全市第二。二是下大力气推进水环境治理。全面完成53条段黑臭水体治理任务，河东再生水厂改造等工程基本完成，一批乡镇再生水厂建设基本完工，农村生活污水治理工程持续推进，全区地表水环境质量显著改善，改善率全市第一。海绵城市建设试点稳妥推进，河长制全面落实。三是全面启动森林城市建设。完成了4.35万亩的造林任务。完成了城市绿心千亩示范区主体绿化工程等一批项目建设，启动了西海子公园等23个城市公园和郊野公园建设，围绕群众身边见绿，建成了一批高品质的社区公园、健康绿道，进一步扩大了城市副中心的绿色生态空间。

（六）按照新的功能定位认真谋划推动高质量发展，经济活力进一步增强

我们把推动高质量发展放在更加突出位置，努力构建“高精尖”经济结构，取得了积极进展。一是围绕功能定位强化政策支撑。研究制定了通州区构建“高精尖”经济结构的政策体系，进一步深化和细化了城市副中心产业发展路径；制定了加快推进“高精尖”产业发展的八条措施，进一步加大了对重大项目引进的支持力度。二是下大力气优化营商环境。高标准制定了优化营商环境实施方案，具体指标设定达到或高于市级标准。建立了区级领导联系服务“高精尖”企业工作制度。推进了“一网、一门、一次”等一批新的改革措施，进一步提高了政务服务效率。三是积极推动重点产业项目引进和建设。聚焦四大板块深入开展对接洽商，推进项目建设，北京人力资源服务产业园通州园获批国家级园区，北京金融科技国际产业园等一批项目签约落地，还有一批重大“高精尖”产业项目正在积极洽谈中。四是积极推动城乡融合发展。启动美丽乡村建设三年专项行动，完成了首批112个村的规划编制工作，完成了全区360个村庄的人居环境整治工作，村庄面貌更加干净整洁、规范有序。大棚类农业设施治理顺利通过市级检查验收。五是狠抓改革落地见成效。机构改革和区划调整进展顺利，城市管理委员会等一批部门正式挂牌，潞源街道、通运街道正式成立，园区管理体制改革有序实施，审批和投融资体制改革、“街乡吹哨、部门报到”等改革都取得了重要阶段性成果。今年，全区地区生产总值预计同比增长7.5%、一般公共预算收入预计增长6%，社会消费品零售额预计增长7%，经济继续保持稳中有进、稳中向好发展态势。

（七）在补齐民生、社会发展短板上持续用力，人民群众获得感幸福感进一步增强

我们坚持以人民为中心的发展思想，在保基本、兜底线、促公平上下功夫，努力满足人民日益增长的美好生活需要。一是坚决打好脱贫攻坚战。高标准完成全区低收入农户动态管理，通过“一户一策”开展精准帮扶，低收入群体得到了更多实惠。深入抓好对口扶贫，加强产业对接合作，全面启动“万企帮万村”行动，带动受援地区6000余名群众脱贫。二是下大力气解决群众的切身利益问题。广泛挖掘就业岗位，城乡劳动力新增就业1.8万人，城镇登记失业率控制在2.8%以内。城乡居民基本医疗保险制度全面实施。中仓小区综合整治试点基本完工。4个保障房项目竣工，一批共有产权房和集体土地建设租赁住房项目启动建设，群众“住有所居”状况进一步改善。三是进一步丰富群众精神文化生活。大力弘扬社会主义核心价值观，持续开展“通州榜样”评选表彰，充分挖掘“通州百姓”“最美家庭”等先进典型事迹，取得了一批重要成果。广泛开展文明引导行动，大力推动移风易俗，倡导文明守礼、诚实守信，公民文明素养和社会文明程度大幅提升。成功举办了运河文化艺术节等一批特色群众文化品牌活动；首都公共文化示范区创建取得重要进展，公共文化服务体系日趋完善；完成了大运河文化带保护建设等规划，启动了一批重点文物的保护与修缮工作，城市副中心文化影响力不断提升。

（八）推动全面从严治党向纵深发展，为城市副中心建设提供坚强政治保障

我们坚持把抓好党建作为最大政绩，坚决贯彻落实中央、市委全面从严治党的新要求、新部署，管党治党主体责任得到有效落实。一是党对各个领域的领导不断加强。区人大六届四次会议作出了高水平实施城市副中心控规，推动通州区实现高质量发展的决议，为城市副中心建设奠定了坚实的政治基础。人大代表围绕疏解整治促提升、创城创卫复检等工作加强监督，发挥了重要作用。召开了政协党的建设工作会议，充分发挥人民政协作为专门协商机构作用，聚焦城市管理、美丽乡村建设等重点工作协商议政，有力推动了各项工作。大力加强统一战线工作，民主党派、工商联、无党派人士作用得到充分发挥。老干部工作不断加强。工会、共青团、妇联、文联等人民团体桥梁纽带作用更加突出。军民融合发展局面更加巩固。二是思想理论武装和作风建设更加深入。区委理论中心组先后召开13次会议，学习习近平新时代中国特色社会主义思想，切实用习近平新时代中国特色社会主义思想武装头脑、指导实践、推动工作。组织全体处级领导干部和600余名村书记、主任赴红旗渠进行专题培训，创新开展了“党旗飘扬副中心”系列活动，进一步深化了党员干部“建设副中心，向前站一步”的行动自觉。加强党对意识形态工作的领导，修订完善意识形态工作责任制督查考核办法，逐级压实主体责任，意识形态安全防线进一步巩固。三是领导班子和干部队伍建设持续加强。高标准制定实施了建设新时代高素质专业化干部队伍的意见，举办了“补短板、促能力”系列专题研修班，选派一批优秀干部到市级机关、外地挂职锻炼，进一步拓宽了干部视野，提高了干部专业素养。坚持贴近式考察识别干部，把一批能力素质突出的好干部选拔到城市副中心建设亟须的岗位上，全年共计调整干部18批265人次。制定出台发现储备和培养选拔优秀年轻干部的实施方案，深入开展调研走访，发现和储备了500多名优秀年轻干部。注重严管和厚爱相结合，对17家处级单位开展了选人用人专项检查，健全完善了关心关爱干部的工作机制。四是党的基层组织政治功能进一步提升，组织力持续加强。制定实施了区、处级党员干部指导督促分管部门抓党建工作制度，全面开展党建述职评议考核，推动了党建工作责任落地生根。坚持党建引领推进“街乡吹哨、部门报到”，创新开展“双报到、双积分”机制，全区1500余个党组织、3.7万余名在职党员踊跃回社区报到，形成了具有副中心特色的基层治理新模式。扎实做好村和社区“两委”换届工作，创新建立换届选举信息化平台，从严开展资格联审，为换届选举营造了风清气正的氛围。全面推行支部规范化建设，推进了一批软弱涣散村党组织整顿转化。五是人才发展环境持续优化。研究制定了高精尖缺人才创新创业政策体系，建立了一站式人才服务体系。启动实施“彩虹计划”，到北大、清华等高校开展了青年人才招募。深入推进“两高”等重点人才工程，举办了专家走进副中心系列活动。启动国际人才社区建设，鼓励扶持“产学研”机构，努力打造人才研究成果转化平台，为副中心发展集聚了一批海内外优秀人才。六是深入推进党风廉政建设和反腐败斗争。国家监察体制改革深入推进。逐级签订个性化责任书，强化日常考核，推动了全面从严治党向基层延伸。针对疏整促、扫黑除恶等重点工作开展全面监督。先后查处了违反中央八项规定精神问题20起，查处“为官不为”“为官乱为”问题46件。加大政治巡察力度，完成8轮33家单位党组织的巡察工作，发现了一批突出问题，涉嫌违纪违法线索已经移交处理。坚持抓早抓小与高压惩治相结合，运用监督执纪第一、第二种形态共处理615人次，立案148件，给予党纪政务处分200人，向社会公开曝光了一批典型案件，形成了强大的震

慑作用。

以上报告的是一年来常委会的主要工作。面对今年艰巨繁重的工作任务，全区各部门各单位敢于担当、行动有力，各方面工作都取得了显著成效。广大党员干部恪尽职守、奋勇当先，表现出了良好的精神状态和优良的工作作风。特别是基层的同志们，始终冲在第一线，为完成任务攻克一个又一个难关，工作非常紧张、非常辛苦、非常不容易。一年来的发展变化有目共睹，这是同志们一个汗珠子摔八瓣、一步一个脚印干出来的，在这里，我代表常委会，向所有辛勤工作的同志们，向所有参与、关心和支持城市副中心建设的朋友们，表示衷心的感谢！

在总结工作的同时，我们必须清醒认识到发展中存在的差距和问题，突出表现在：对照中央、市委关于城市副中心建设的新要求，我们在基础设施、公共配套、生态环境等方面的短板还很多，构建与城市副中心相适应的城市治理体系方面差距还很大，部分党员干部的思想观念、能力水平与新形势、新要求还不相适应等等，必须采取有力措施，切实加以解决。

二、勇担新时代城市副中心高质量发展新使命

通州作为一座历史上环境优美宜人、文化底蕴深厚、社会繁华开放的城市，长期以来在服务和拱卫京城中发挥着独特作用。改革开放40年来，通州人民不甘人后、不甘平凡，心无旁骛干事业、只争朝夕谋发展，在建设中国特色社会主义伟大进程中谱写了勇立潮头、开拓进取的壮丽篇章。通州人民对这座城市过去的辉煌倍感自豪，对未来的发展崛起充满期盼。今天，时代再次赋予这座城市新的历史使命，习近平总书记亲自召开政治局常委会议审定副中心控规、市级机关正式搬迁入驻，标志着通州正式成为了北京市的行政中心，标志着通州全面进入了高质量发展的新阶段。千载难逢的历史机遇正在转化成实实在在的发展资源，通州必将迎来新一轮的大发展、大跨越。把总书记亲自审定的城市副中心控规高水平实施好，更好地承接中心城区功能疏解，服务全市工作大局；更好地落实新发展理念，建设国际一流和谐宜居现代化城区；更好地推动高质量发展，构建北京发展新高地；更大尺度地融入京津冀，辐射带动周边区域发展；把城市副中心建设成为新时代城市发展的典范、首都建设的新地标。这是历史赋予我们的崇高使命。全区各级党组织和广大党员干部一定要牢记总书记的谆谆嘱托，牢记市委的殷切期望，以更大的战略格局、更高的目标追求、更强的责任担当，坚定不移地朝着中央和市委确定的目标奋勇前进。

第一，担当这一使命，必须进一步提高政治站位，牢固树立副中心意识。作为北京市行政中心所在地，在政治上必须要有更高标准，旗帜鲜明地立标杆。要绝对忠诚担当。坚决与党中央，与市委保持高度一致，坚决把总书记提出的重要指示和要求落实好，把市委、市政府的部署要求落实好，不打折扣，不搞变通。要全力做好服务。主动服务保障“一核一主”，承接好中心城区人口和功能疏解，实现以副辅主、主副共兴，在服务保障“四个中心”功能中更好地发挥作用。主动服务保障市级机关，尽一切努力为市级机关营造良好的办公和生活环境，为市委、市政府站好岗、放好哨。要努力争创一流。主动向中央、市委对标对表，一切工作都要坚持最先进的理念，最高的标准，最好的质量，发扬工匠精神，精益求精，各方面工作都要做标杆、做示范，把副中心建设成为新时代的精品工程。

第二，担当这一使命，必须进一步加强学习增进本领，坚持以人民为中心的思想。城市副中心建设对我们的知识结构、能力水平提出了前所未有的挑战。我们一定要加倍努力地学习。要加强对最新理念、最新知识的学习掌握，吃透实质，把握精髓，努力成为各方面工作的行家里手。要善于总结借鉴，全面吸收一切城市规划建设的先进理念、建设经验，创造性地应用于工作实践中。要把学习提高与落实规划结合起来，把建设与发展各个方面的

问题思考明白，研究透彻，站在更高的层次做好谋划工作。要坚持以人民为中心的思想。走好新形势下的群众路线，把群众的利益、群众的冷暖真真正正、时时刻刻放在心头，解决好群众关心的重点难点问题，真正做到民有所呼，我有所应。要结合城市副中心建设，切实把工作目标、工作任务从“我们想做什么”转变到“老百姓需要我们做什么”，进一步提高人民群众的参与度，要让更多的通州百姓受益，更多地拥有获得感。

第三，担当这一使命，必须进一步加强统筹谋划，以踏石留印、抓铁有痕的劲头抓好落实。城市副中心建设机遇与挑战并存，特别是副中心控规落地还面临着许多难题，需要我们一步一个脚印地去抓好落实。要加快制定落实控规的目标和行动计划。从现在开始要一年一个新节点，每年都有重大标志性进展。特别是基础设施和公共服务设施建设、生态环境建设、城市管理等方面的工作，要及早谋划，倒排工期，挂图作战，每一项工作都要有时间要求，都要有阶段性目标，都要有可操作的路径，能往前赶的要最大限度往前赶。要加强工作统筹。城市副中心建设，涉及部门交叉的工作非常多，一定要以高度负责的精神密切配合，把可能存在的问题研究透，形成工作合力，各自尽其力，往前站一步，共同破难题，做到全部工作一盘棋，各项工作有序衔接。要加强督查督办。对于市、区确定的重大工程、重点任务，要加大过程督查督办力度，敢于动真碰硬，以强有力的督查，确保各项决策部署快推进、快落实、快见效。通过我们脚踏实地的工作，把城市副中心的美好愿景、美好蓝图落到实处。

同志们，城市副中心建设全面展开，市级机关正式入驻，各类高端资源汇聚城市副中心的态势正在加快形成。可以预见，经过今后几年和未来的努力，一座体现新发展理念、展现大国首都窗口形象、承载通州百万人民梦想的国际一流和谐宜居现代化城区将在大运河畔迅速崛起。她将铭刻我们共产党人以人民为中心、为人民谋幸福的庄严承诺和生动实践。她将是一座“高精尖”产业蓬勃发展，低碳高效特色鲜明，绿色建筑和生态社区全面推广，绿色交通更加普及的绿色城市；将是一座大尺度森林湿地环绕，高品质公园绿地有机交织，绿色休闲空间丰富，人与自然和谐共生的森林城市；将是一座顺应运河水系脉络和自然生态本底，水资源合理利用，水文化特征显著，亲水特色突出的海绵城市；将是一座依托现代信息技术，城市管理更加智能精细，政务服务更加便捷高效，人民生活更加舒适安全的智慧城市；将是一座充分体现中华元素基因，运河文化特色鲜明，多元文化融合发展，文明气息浓厚的人文城市；将是一座基础设施更加发达，公共服务和社会保障更加充分，城乡协同发展，人民生活品质大幅提升的宜居城市。

九层之台，起于垒土；千里之行，始于足下。我们必须保持战略定力和历史耐心，稳扎稳打，步步为营，一张蓝图干到底，把新时代千年之城的宏伟愿景变成美好现实。

北京市通州区
人民代表大会常务委员会工作报告（节选）

——在北京市通州区第六届人民代表大会第五次会议上

北京市通州区人大常委会主任　李玉君

2019年1月5日

2018年主要工作

2018年，通州发展继往开来，万象更新，城市副中心建设如火如荼。走进新时代，面对新形势，常委会在区委的坚强领导下，认真贯彻习近平总书记关于坚持和完善人民代表大会制度的重要思想，以高质量建设城市副中心为主线，积极履行职权，主动担当重任，勇于开拓创新，注重提质增效。全年筹备召开两次人民代表大会会议，召开9次常委会会议，14次主任会议，听取和审议“一府两院”工作报告16项，作出决议、决定26项，依法任免国家机关工作人员50人次，各项工作取得新的进展。

一、贯彻新发展理念，精诚共筑城市副中心崭新面貌

深刻把握城市副中心战略定位，紧紧抓住事关通州发展的大事要事，着眼大局、统筹谋划、持续用力、共筑辉煌。

（一）聚焦规划引领，推动高起点建设城市副中心

集智汇力，促进城市副中心控规高标准编制、高质量实施。全程关注、主动参与，广泛征求意见，常委会依法审议、完善规划。筹备召开区六届人大四次会议，听取和审议区政府关于“高水平实施好城市副中心控规，推动通州区实现高质量发展”的报告，作出决议。会议提出要深刻领会规划蕴含的新理念、新思想、新战略，把握目标任务，推动转变方式，实现跨越式发展；要坚持规划引领，统一思想、勇于担当、凝心聚力、同心协力、久久为功，实现城市副中心高质量发展。

广征深研，促进“十三五”规划纲要深入实施。组织代表参与纲要实施中期评估，常委会对评估报告进行审议、作出决议，并批准调整部分指标。要求不断总结经验、查找差距、改进提高。提出要充分认识转型换挡期的艰难困苦、严峻挑战，凝聚全社会共识、集聚各方面资源、实现高质量发展；要增强典型示范意识，勇于自我革命、广泛吸收借鉴、深入改革创新，发挥聪明才智、统筹协调发展。

（二）聚焦优质资源，推动高品质建设生态环境

奋力夺取全国文明城区、卫生城市复审优异成绩。迎接复审检查是巩固成果、扩大战果、保持常态、追求长效的必然要求。常委会坚决服从区委指挥和调度，主任高频协调、一线督导，发现问题即刻解决，“兵合一处，将打一家”，全力以赴迎接复审。持续用力、精准发力、合力攻坚的战法更加娴熟；固化机制、乘势而上、保持常态的举措更加完善；全民参与、全员上阵、戮力同心、保卫荣誉的氛围更加浓厚。高水平通过了全国文明城区复审，全国卫生城市复审获得全市第一，树立了典型，介绍了经验。

坚定不移打赢蓝天保卫战、碧水攻坚战。扎实推进大气污染治理，聚焦秋冬季空气重污染防治、禁限放烟花爆竹等重点，综合分析研究、多措并举持续推动源头治理，大气污染主要治理指标都好于预期。持续关注水污染防治进程，推动“河长制”有效实施，

督促抓好水污染防治、污水处理厂建设、黑臭水体的治理。辖区内水环境不断改善、水生态不断修复。

持之以恒推进城市副中心“绿色一翼”建设。紧抓不放、持续监督、强力推进，促进生态环境高品质建设。一是加快推进新一轮百万亩绿化造林任务，大尺度、大手笔、大力度加快组织实施。攻坚克难，推进土地腾退、土地整理、留白增绿的进度。全力推动国家森林城市创建。二是融入发展大局，优化行政办公区环境、促进老旧城区提升、助力统筹协调发展、提高百姓生活品质。三是创新园林公共服务配套设施建设、提升镇域园林绿化养护标准、加强专业人才队伍建设、提高专业化精细化管理水平，打造更高水平、更高效益的绿色发展新格局。

（三）聚焦重大关切，推动改革发展

主动融入疏解整治促提升。区六届人大三次会议，将“散乱污”企业清理整治及产业退出列为议案。常委会全程督办、全员督办、全方位督办，开展广泛深入专题调研，提出督办意见：一是要注重进退取舍，留住好企业、留住空间、留住乡愁。二是要注重政策研究，统筹推进、注重提升。三是要注重综合施策，多措并举增加农民就业岗位、保障农民收入。要关注村集体收入，确保其有效运行。四是要注重耐心细致的工作，稳妥操作，有序展开。区政府加强统筹调度，统一制定指导性意见，千方百计破解资金难题，圆满完成了2000万平方米的拆违任务。

持续推动城市精细化管理。围绕“加强城市管理”议案，按照每年有重点、每季有动作、每月有进度、每天有效果的要求，连续督办。重点推动城市管理体制改革、执法力量下沉、“街乡吹哨、部门报到”有效落实；推进市容环境卫生、环卫一体化、垃圾分类处理、背街小巷整治提升取得成效；促进网格化管理、市场化运作、科技化支撑、智慧城市建设加快进程。围绕交通疏导、治堵治乱以及静态交通管理，多管齐下，主动出招破解，使交通环境有效改善。

二、发挥人大制度优势，履职尽责促进统筹发展

紧扣改革发展中不平衡不充分的重大问题、人民群众普遍关注的热点难点问题，主动介入，全方位履职。

（一）以经济为“基”，全力促进经济稳步健康发展

全力推动各项发展目标的实现。把脉上半年经济社会发展情况，专题调研国税地税体制改革，提出对策措施：一是要针对发展的转型期、阵痛期，转变观念、多方筹谋、整体推进。二是要加快构建高精尖产业体系，研究引入的激励政策，使更多的高精尖企业落户城市副中心。要优化发展布局、探索减量发展的体制机制，推进新旧动能转换，为高质量发展注入新的动力。三是要加快基础设施建设，加快人才引进，不断优化营商环境。四是要客观分析、科学预判，扎实做好税收征管。对国民经济和社会发展计划执行情况、下年度计划草案提出初审意见，为人代会审议批准年度计划提供参考依据。

着力推进重点领域建设发展。加强对国有资产管理、商业资产运营进行监督，推动完善国资管理体制、构建现代商业体系、打造自主特色品牌，推进国有资产保值增值，发挥最大的效益。始终把重点工程建设作为重点，连续跟踪行政办公区、运河商务区、文化旅游区建设情况，推进重要功能节点建设。统筹新老城区衔接、加快城市双修。

不断强化财政资金使用效益。依法履行审查监督职责，强化预算执行监督，发挥公共财政对经济社会发展的保障和促进作用。加强对财政决算、预算调整、预算草案进行初审。拓展监督方式，首次组织代表全过程参加政府项目财政绩效评价、预算事前绩效评估、部门预算编制。首次听取和审议审计查出问题整改落实情况报告，督促压实责任、细化措施、确保整改。开展对政府债务管理、新增债券使用、市区新体制增加转移支付、疏整促专项资金分配的监督，推动政府强化资金管理，提高使用效益，有效防范债务和财政风险。

持续推进城乡融合发展。加强对美丽乡村建设、农村集体“三资”监管、气象为农服务的监督，督促政府统筹乡村振兴和“三农”发展，打造区域特色，推动整体提升；着力解决农村医疗、教育、环境、交通、产业、就业等突出问题，切实维护农民利益；规范流程、严格程序、强化“三资”监管。

（二）以民生为“本”，坚持不懈推进各项事业加快发展

强化科技创新助推城市副中心建设。着力打造体系、形成整体合力；加快智慧城市建设，提升企业创新能力；加强创新平台建设，加快建立人才高地，充分发挥科技创新在城市副中心建设中的引领作用。区政府大力实施创新驱动发展战略，科技创新环境不断优化、自主创新能力持续增强、科普宣传日益深入、科技与经济结合更加紧密。

激发文化体育发展活力。开展大运河文化遗址规划建设专题调研，组织代表视察“面人汤”艺术馆、花丝镶嵌制作工作室、景泰蓝制作工作室，推动非物质文化遗产的传承保护。深入挖掘大运河文化，促进公共文化、文化与科技、教育、旅游业融合发展。持续开展全民健身条例执法检查，围绕公共体育基础设施建设，促进政府直面问题、超前谋划、完善乡村基础设施、加大场所开放力度、提高群众健身水平。

补足学前教育短板。紧紧抓住幼儿园学位紧缺这个民生热点问题，督促政府统筹资源、加强规划、扩充学位、优先布局、优化发展；要制定政策，创新体制机制，明确师资准入标准、拓宽渠道充实师资，打造与城市副中心相匹配的学前教育。

持续聚焦医疗卫生事业健康发展。视察妇幼保健院建设，对公共医疗卫生发展提出：一是要统筹规划、合理布局、织密网络，提供更加有效、便捷的公共卫生和基本医疗服务。二是要加强政策资金保障，强化重点学科建设，做优做强现有医院。三是要根据功能定位和百姓需求，做好市级优质医疗资源的引入工作。四是要加紧开工，建设更高水平、更高质量的妇幼保健新院。

紧扣社会保障促进和谐建设。视察调研食药监管工作，督促政府科学规划布局、加强源头管控，服务百姓生活、保障食药安全，推进全国食品安全示范区创建。对居家养老健康服务建设，提出要完善政策保障、加大财政投入、健全三级养老服务体系、加快推进国家级居家和社区改革试点进程。组织视察雪亮工程，推动资源整合、深度融合，推进平安通州建设。加强执法检查，大力推动残疾人保护、消防安全的深入开展。

（三）以法治为“要”，倾力推进法治通州建设

着力推进公共法律服务体系建设。督促政府要着力打造综合性、便捷性、多层次公共法律服务平台；拓展服务领域，推进人民调解、法律援助、远程调解等公共法律民生工程建设；全面打造多媒体、立体化的宣传平台，实现信息资源共享；加强组织领导、统筹规划发展、完善保障机制、加强队伍建设，打造公共法律服务体系新格局。

不断推进司法体制改革。对区法院提出：要严格落实主体责任，深入探索人员分类管理模式、完善案件繁简分流机制、创新法庭建设，提升审判质量；要配备充足辅助人员，打造稳定高效审判团队；加强信息化建设，加快建设智慧法院。视察区检察院公益诉讼工作，提出要提高站位、主动作为、加强宣传，切实维护公共利益和公共权力。组织代表走进监察委，加深了解、密切关注、确保健康流畅运行。

严格程序，扎实推进人事任免制度化、规范化。筹备召开区六届人大四次会议，高质量选举区人民政府区长。完善机制、优化流程，依法任命5名区政府副区长，1名区人大常委会工作机构人员；任免法检“两院”工作人员44人次，从组织上保证国家机关的正常运行，增强了国家机关工作人员的宪法、法律意识。

三、坚持代表主体地位，奋力开创代表工作新局面

着力把握代表工作的特点和规律，不断密切代表同人民群众的联系，代表作用得到充分发挥。

（一）强化创新，打造更加完备的服务保障体系

一是制定人大代表履职办法，常委会首次听取市人大代表履职情况报告，代表履职取得新突破。制作代表履职手册，服务代表履行职责、开展工作。二是集中组织区人大代表学习修订后的宪法；组织开展外出学习考察、多层次专题培训活动。三是拓宽代表履职渠道，组织代表担任义务监督员、参与政府绩效管理年终考评，发挥代表专业特长，增强监督实效。四是建立市区代表联系组，发挥资源优势，提高履职水平。加强三级人大代表联动，广泛征求对法律法规文稿的意见建议。

（二）强化规范，扎实推进代表履职深入开展

坚持常委会主任副主任联系代表小组、常委会组成人员联系代表、代表联系选民制度。组织代表听取“一府两院”半年工作报告，为代表提供经济社会发展动态。持续完善代表联系网络机制，健全代表固定联系选民、代表接待选民日、代表联动月活动等制度，更加密切代表与选民联系。改进方式、精心组织代表集中视察、会前代表活动、同区长座谈、代表询问，为代表履职创造条件。

（三）强化督办，推动建议办理更富成效

区六届人大三次会议以来，代表共提出建议115件（闭会期间1件），全部办复。常委会坚持主任、副主任重点督办，代表联络部门统筹督办，各专委会对口督办，市区代表联动督办；坚持严格分类、及时交办、综合分析、把握进度、复查补办；坚持开展代表调研督查、专项视察，听取办理情况报告，进行满意度测评，促进代表建议更高质量办理。

区政府高度重视，90%以上建议得到有效办理。代表提出的乔庄小学改造提升、老旧小区试点安装电梯、在城区四个街道加大社区养老服务驿站建设扶持力度、加强农村地区劳动力培训和就业扶持、尽快落实增加基层卫生院药品采购品种等一大批建议办理质量高、社会反响好。办理难度大、代表们连续几年提出的打通净水东路与土桥中路300米断头路的建议，得到了高效解决，赢得了群众高度赞誉。

四、全面从严治党，持之以恒提高常委会履职能力

以提高人大工作质量为目标，以全面从严治党为根本，着力创建团结奋进、充满活力的机关。

（一）党组领导核心作用更加凸显

坚持重大事项向区委报告制度，切实把党的主张、区委的部署转化为国家意志和人民的自觉行动。严格落实全面从严治党的政治责任，健全完善学习、议事、决策的各项工作制度，发挥把方向、管大局、保落实的领导核心作用。全面加强政治建设，提高政治站位、担当政治责任，推动新时代人大工作与时俱进。持续开展“两学一做”学习教育，推动作风建设常态化。切实担负起党风廉政建设主体责任，努力形成崇廉尚实、干事创业、风清气正、遵纪守法的良好生态。

（二）机关运行更加顺畅高效

梳理完善各项制度，着力构建规范、高效、有序的运行机制。开展“大学习、大走访、大调研”活动，组织干部深入研读十九大报告、撰写心得体会；组织各专委会外出学习考察，开阔眼界、拓宽思路，学习借鉴、转化成果。深入基层、调查研究、把握情况、指导工作。大力推动信息化建设，人大微信公众号上线运营，开发建设代表议案建议办理系统。改进方式、拓宽渠道、丰富内容，充分发挥人大网站、《通州人大》期刊、人大信息服务决策、服务代表、服务履职、交流宣传的作用。

（三）干部队伍更具活力

着力构建“学习型、创新型、和谐型、服务型”机关，营造和谐共进、活力彰显、用心成事的良好氛围。坚持党建引领，搭建平台、创新载体，发挥工青妇群团组织作用，增强凝聚力、向心力。完善干部选拔任用和轮岗交流机制，激发干事创业的热情干劲。

（四）基层人大工作更具特色

强力推动机构建设，批准建立区人大常委会潞源、通运街工委。加强对人大街工委和乡镇人大的联系和指导，开展学习培训、座谈交流、走访调研，推动总结经验、探索创新、完善制度、发挥作用。一年来，常委会各街工委、各乡镇人大积极履行职权，参与本地区建设发展，采取多种方式组织代表开展活动，形成了鲜活的生动实践、取得了显著的履职成效。

各位代表，一年来，常委会各项工作取得了新的进展和突出成效，这是区委坚强领导、高度重视的结果，是全体代表、常委会组成人员共同努力的结果，是“一府两院”密切配合的结果，是广大人民群众和社会各界大力支持的结果。在此，我谨代表区人大常委会，向大家表示崇高的敬意和衷心的感谢！

在总结成绩的同时，我们也清醒地认识到，面对新时代、新常态、城市副中心建设的新要求、人民群众的新期盼，常委会的工作还有一些不足。主要是履职尽责的理论素养、工作能力还需提升，攻坚克难统筹推动发展的办法还不是太多，整合资源协同创新的力度还需加大等等。对此，我们将以改革创新的精神，采取有力措施，切实加以改进。

北京市通州区人民政府工作报告（节选）

——在北京市通州区第六届人民代表大会第五次会议上

北京市通州区区长 赵 磊

2019年1月4日

2018年工作回顾

2018年是通州发展史上具有里程碑意义的一年。一年来，在市委、市政府和区委的正确领导下，在区人大、区政协的监督支持下，区政府始终坚持以习近平新时代中国特色社会主义思想为指导，全面贯彻党的十九大和十九届二中、三中全会精神，立足“一核两翼”和京津冀协同发展大局，紧紧围绕北京城市副中心建设，鼓足干劲、奋发进取，实现了经济社会的平稳较快发展，圆满完成了区六届人大三次会议确定的各项目标任务。

一、城市副中心建设进入历史新阶段

副中心控规获中央批复，规划体系全面形成。《北京城市副中心控制性详细规划（街区层面）》历经两年多的精心编制、反复论证，通过专业机构、职能部门的层层把关与社会公告，在市委全会专题研究讨论后，报中央政治局常委会审议通过。这版规划是在习近平同志亲自推动、多次主持会议研究并亲临实地视察指示下编制完成的，将对未来通州全域乃至京津冀区域产生重大而深远的影响。通州总体规划同步完成，9个乡镇的镇（乡）域规划形成阶段性成果。市政基础设施、地下综合管廊和海绵城市等专项规划通过市、区相关部门审核。全区各领域规划有机组合、紧密衔接，形成了全方位、立体化的“多维坐标系”。

市级机关搬迁有序推进，服务保障工作全面加强。截至12月底，市级机构一期搬迁单位实现入驻31家。6大方面37项重点服务保障工作全面落实，高标准建设了一批学校、医院和市政基础设施。健全完善安保“一总十四分”方案体系，创新建立信访工作责任制，落实公安消防等专业力量“贴身看护”。重要通道景观环境整治、交通拥堵综合治理初见成效，办公区周边至155平方公里范围内全面实施更高标准的精细化管理。以服务保障市级机关搬迁为带动，各项工作立标杆、上水平，区域综合功能与服务保障效能系统提升。

重要节点建设步伐加快，城市功能框架初具雏形。运河商务区整体品质不断提升，启动公共空间、滨水岸线详细规划编制，实施星级绿色建筑标准评价和国际绿色建筑认证。北环环隧等11条主要道路竣工，3座跨河大桥具备通车条件，能源中心实现并网发电。一期16个重点项目累计完工280万平方米。文化旅游区8条主次干路、19条综合管廊开工建设，环球主题公园一期进入施工建设阶段，环球大酒店等配套项目顺利推进。城市绿心完成千亩示范区主体绿化工程，三大建筑完成国际方案征集和初审工作。副中心站交通枢纽完成初步方案设计，周边一体化开发建设模式进一步明确。

区域协同发展持续推进，互促共进态势逐步显现。围绕京津冀协同，充分发挥桥头堡作用，初步完成《通州区与廊坊北三县地区协同发展规划》编制，与武清区、廊坊市签订各类合作协议45个，各项工程按计划推进落实。强化与雄安新区的共建机制，在规划衔接、产业互促等7个方面展开合作。积极开展对口支援，实现基层结对帮扶“两个全覆

盖”。围绕城乡协同，科学推进城乡规划一体、资源配置协同。坚持文化引领、科技支撑、生态优先的发展思路，9个特色小镇功能定位全面明确，规划编制有序推进，后发优势不断集聚。高标准实施美丽乡村建设，第一批112个村庄规划形成成果，360个平房村环境整治全面完成。乡村公路建设管养获“全国四好农村路示范区”荣誉称号。绿色就业岗位稳步增加，精准实施“一户一策”帮扶，低收入农户收入稳步增长，低收入村集体经济自我发展能力持续增强。围绕新老城区协同，坚持以新带老，新老融合，更加注重老城功能提升，制定完成老旧小区综合整治三年行动计划和《老城区城市双修与更新实施方案》，搭建老城“规建管”数据平台，统筹开展改造提升各项工程。

二、城市治理在夯实基础中迈向纵深

疏解整治促提升成效显著。深入落实“更加注重疏解整治与提升同步推进，更加注重市民群众满意度”的工作要求，制定《通州区疏解整治促提升专项行动三年工作计划》。成立疏整促工作专班，在全市率先建成区级信息化管理平台，各项任务实现了落点落图，建立了控新增、防反弹长效管理机制。累计拆除违法建设2006.77万平方米，销账1356.47万平方米，腾退土地1777.76公顷，均居全市首位，155平方公里范围内基本实现无违建；大棚房整治一次性通过市级验收；“开墙打洞”整治、一般制造业和有形市场疏解整治等专项行动顺利完成任务。加强腾退空间的统筹利用，实现“留白增绿”6200亩，新建和规范生活性服务网点119家，群众满意度和获得感大幅提升。

城乡综合治理深入推进。从以改善城市面貌为重点加快向深度梳理城市肌理转变，突出优化内在秩序和提升整体品质，全力打造整洁优美、井然有序的城市新风貌。牢固树立“创城永远在路上”的理念，持续巩固和扩大创城、创卫成果，以优异成绩顺利通过北京市创城测评和国家卫生区复审。正式引入中心城环境治理标准，实现155平方公里环卫作业一体化。完成99条背街小巷环境综合整治，街巷长制和小巷管家制实现全区全覆盖。大力开展“厕所革命”，首批超一类公厕“第五空间”投入使用。全面完成长安街延长线二期景观提升工程、市郊铁路副中心站及12条重要通道周边环境综合整治提升工程。架空线入地三年行动计划全面启动，155平方公里屋顶广告牌匾治理全面完成。玉桥等4个街道和张家湾镇垃圾分类示范片区完成建设，23条建筑垃圾资源化生产线投产运行。创新“新门前三包”管理办法，城乡环境建设考评综合成绩位居全市前列。

城市运行保障能力进一步提升。内联外通的城乡路网加快形成，首都环线高速、京秦高速正式通车，宋梁路改扩建、采林路等工程全面完工，地铁7号线东延、广渠路东延等12项重大项目全面推进。加快消除断头路、梗阻路，10条微循环道路实现通车，37处堵点、乱点完成改造治理。新开通和调整16条区内公交线路，市郊铁路副中心线正式运营。全面完成155平方公里范围303处交通信号灯智能提升工程，实现动态绿波控制等六大功能。市政基础设施建设力度持续加大。副中心配水干线工程加快实施，南水北调水厂供水范围稳步扩大。完成40个自备井置换和48个老旧小区供水管线改造。梁各庄220千伏变电站投入使用，500千伏北京东-特高压输电等工程进展顺利。再生能源发电厂、有机质资源生态处理站投入运营。河东5号调峰热源厂工程开工建设。完成38公里供热管网改造，惠及7个老旧小区。

三、生态环境在持续改善中展现亮点

大气改善率居全市前列。聚焦控车、降尘、减排、消煤四大领域，综合施策、全面发力、重拳出击，全年PM2.5累计浓度为55微克/立方米，同比下降12微克/立方米，改善率17.9%。持续加大进京路口执法力度，全年累计检查重型柴油车26.9万辆。完成全区全部35家加油站油气回收在线监控改造，淘汰老旧柴油货车6585辆。建成工地扬尘在线监测系统，全区200个工地实现实时监测，渣土运输实现闭环执法监管，裸地苫盖和绿化覆盖率达到100%。强化重点行业污染监管，超额完成挥发性有机化合物结构减排任务。强化散煤治理，全区散煤使用实现动态清零。

水环境质量不断提高。碧水攻坚战取得重大成果，全面完成建成区外34条段黑臭水体和80个村庄生活污水治理。新建污水管线101公里，张家湾、甘棠再生水厂投入运营，全区全年再生水用量达到1.7亿立方米。9个出境断面水质总体提升1~3个类别，地表水水质改善率居全市第一。萧太后河及通惠河水环境提升、宋庄蓄滞洪区二期等一批续建工程加快推进，北运河综合治理工程全面启动，水景观建设基础进一步夯实。海绵城市专项规划形成成果，完成20个海绵城市改造项目。节水型区创建全面完成。

园林绿化水平持续提升。深入落实“一环、两带、两区”绿色空间布局，创新林地绿地管理体制，实现统筹高效管理。全面启动新一轮百万亩造林工程，张家湾公园等27项绿化项目主体完工，新增绿化面积4.35万亩，全区森林覆盖率达到30.19%。凉水河、小中河等150公里绿道基本建成，环行政办公区、城市绿心等12条绿道加快建设，层次鲜明、功能多样、顺畅便捷的绿道系统加速形成。城市绿色生态空间进一步扩大，一批社区绿地、城市森林相继建成，公园绿地500米服务半径覆盖率达到80%。

土壤治理有序推进。在全市率先开展土壤环境调查，完成重点监管企业及周边土壤监测，全面开展涉重金属企业污染排查，实施农药化肥减量工作，切实从源头上减少土壤污染。加强建设用地环境风险管控，建立针对污染地块再开发利用的联动监管机制，确保土地使用安全。

四、区域经济在稳健发展中积蓄势能

主要经济指标稳中向好。克服低端产业退出等多重减收因素影响，全区经济运行总体平稳。全年地区生产总值实现832亿元，同比增长7.5%；一般公共预算收入实现83亿元，同比增长6%；社会消费品零售额实现440亿元，同比增长5%；全区居民人均可支配收入实现40553元，同比增长9%，实现了与经济发展基本同步。经济结构调整不断深入，发展质量稳步提升，可持续发展的良好态势初步形成。

高精尖产业基础进一步夯实。坚持强基础、提质量，在充分做足、做细、做实空间腾退、土地盘活的基础上，谋定后动、厚积薄发，加快优质产业项目的遴选和落地。运河商务区“一区、一园、一中心”产业发展格局初步形成，北京银行、建设银行等副中心分行成功入驻，“北京金融科技国际产业园”、“北京国际财富中心”、中国银行等项目实现落户，上海银行等6家金融机构达成入驻意向。文化旅游产业链研究取得重大成果，明确了主要业态、发展路径和实施重点。科技创新能力稳步提升，新增国家高新技术企业170家，打造了一批优质创新平台和众创空间；中关村科技园区通州园储备高精尖项目近100个，一批投资10亿元以上重大项目加快落地；国际种业园区研发中心等项目加快建设，高科技农业规模化、品牌化发展；中国北京人力资源服务产业园通州园获国家级园区，32家种子企业确定入园。

营商环境持续优化。围绕创新体制机制、完善政策体系、强化服务措施，系统提升营商环境建设水平。出台《关于建立通州区“高精尖”产业投资促进体制机制的改革方案》，成立通州区产业发展促进工作委员会和副中心产业发展服务中心，统筹全区招商资源。完善全区“1+X+2”政策体系，制定《关于加快推进北京城市副中心高精尖产业发展的实施意见》《通州区高精尖产业项目准入管理实施方案》等政策文件，扶持民营经济发展，吸引优质项目落户通州。持续深化“放管服”改革，累计精简政务服务事项386项，精简率达到55.5%。在全市率先实现“一网通办”，1485项政务服务事项纳入网上办理；率先实现营业执照、公章刻制、税务办理三个环节2.5天内办结。

五、社会民生在普惠发展中促优提质

各项社会事业健康发展。教育事业稳步发展。北京五中实现招生，人大附中小学部等5所学校具备开学条件，首师大附中、景山学校开工建设。北京一幼海晟实验园等6所幼儿园建设完成，新增

公办、普惠制学位1920个，市级优质园总数达到46所。启动“区管校聘”改革。高考本科上线人数稳步提升。成功获得全国农村职业教育和成人教育示范区荣誉称号。医疗卫生事业提质发展。北京友谊医院实现开诊，安贞医院等项目顺利推进，东直门医院“两院合一、主体东迁”取得阶段性成果，人民医院等项目加快建设。18家社区卫生服务中心与城四区优质资源实现精准对接。新建5个急救工作站，“120”呼叫满足率提升21%。推进大运河文化带建设，初步完成《通州区文物保护规划》和《三庙一塔景区保护利用规划》编制，全面实施文物修缮工程，大运河文化研究会正式成立。成功举办中国艺术品产业博览会、运河文化艺术节、啤酒文化节等活动。加快推进区体育场改造工程，建成95个便民体育健身设施。成功举办2018北京通州半程马拉松、运河绿道骑游周等品牌活动。2018中国（北京通州）残疾人半程马拉松成为国内首个面向残疾人的专业马拉松赛事。旅游、广播电视、新闻、气象、档案、史志、保密、民防、地震、红十字、残疾人、慈善等各项事业发展呈现新局面。

民生保障坚实有力。坚持织密扎牢社会保障网，多层次、多角度促进发展成果人民共享。就业形势持续保持稳定，新增就业1.8万人，城镇登记失业率控制在2.8%以内。四项专门针对副中心的市级就业扶持政策全部落地，3792名本地劳动力受益。城乡参保规模达到114.24万人次。城乡居民最低生活保障标准提高至1000元，通州区困难群众救助服务中心和街乡镇社会救助服务所挂牌成立。城乡低保困难家庭实现“一户一策一档”精准帮扶。30家社区养老服务驿站建成投入运营，通州区成为国家级居家和社区养老服务改革试点。新建3家儿童成长驿站。落实残疾人生活困难补贴和重度护理补贴，深入开展上门服务。做好双拥共建和转业安置工作，启动退役军人信息采集和悬挂光荣牌工作。严格落实房地产市场限购等调控措施，房地产市场价格保持平稳。深入实施25项为民办实事工程，切实解决群众的实际困难。

社会保持和谐稳定。社会治理改革全面推进，完成网格平台“多网”融合应用系统升级改造，建立“网上吹哨、线下执法、闭环管理、全程监督”的运行管理机制，网格事件结案率达到98.8%。“雪亮工程”提前一年上线，建立了涵盖综治、公安、环保、环卫、城管等多部门的综合应用系统。推进社区规范化建设，打造5个市级社区示范点，新建9个“一刻钟社区服务圈”。健全社会组织监管扶持机制，完成22家行业协会商会与行政机关脱钩工作。公共法律服务实体平台建设实现全覆盖，基层社会治理体系进一步完善。启动村（居）委会换届选举工作。深入开展安全生产隐患排查治理，加大矛盾纠纷排查调处力度，社会保持和谐稳定。迅速稳妥处置“非洲猪瘟”疫情，得到农业农村部和市委市政府的充分肯定。食品药品安全、应急管理、人民武装、宗教、侨务以及对台工作健康发展。

六、政府自身建设在改革创新中持续加强

深入落实重点改革任务。严格落实政策精神，制定完成机构改革方案，稳步推进政府机构改革。在全市率先完成规划、国土合一挂牌，国地税顺利合并。潞源街道、通运街道正式成立。城市管理体制改革平稳推进，成立区城市管理委员会，设立区城市管理指挥中心。园区管理体制改革有序实施，原有17家园区管理委员会全面整合优化，组建北京通州投资发展有限公司统筹园区开发建设。投融资体制改革加快推进，北京城市副中心投资建设集团有限公司揭牌成立，建设资金保障更为有力。全面启动新一轮国企改革，加强国有资产监督管理，促进国有资产保值增值。

积极改善政策政务环境。围绕市级5大类21项政策创新意见，初步形成支持副中心各领域建设的全方位政策支持体系。市区财政管理体制进一步理顺，在基本公共服务等重点领域建立起高标准保障新机制。进一步优化政务环境，以潞源街道为试点推行“大部制扁平化”改革，推动执法力量下沉，划转城管执法队至各乡镇街道，“街乡吹哨、部门报到”的效率进一步提升。政府绩效管理向乡镇、

街道延伸，政府督查与绩效管理深度融合。完成电子政务体系核心网络和传输网络升级改造，建设政务大数据平台，编制《副中心数字生态城市建设方案》，努力打造智慧通州政务服务品牌。

作风建设及依法行政取得实效。严格按照区委统一部署，深入开展“不忘初心、牢记使命”主题教育。坚决执行全面从严治党各项要求，持续整治“四风”，政府系统作风建设进一步加强。围绕国家重大政策法规的发布和全区中心工作，针对性开展领导干部会前学法；结合政务信息公开，深入落实法律顾问制度；修订实施《通州区人民政府工作规则》，加强重大行政决策全过程监督与合法性审查。主动向人大报告、向政协通报政府工作，自觉接受人大法律监督、工作监督和政协民主监督。全年办理市、区两级代表议案、建议和委员提案332件，办复率100%。

各位代表，过去一年成绩的取得，是市委市政府和区委正确领导的结果，是区人大、区政协监督和支持的结果，是各位代表和委员共同凝聚智慧、倾心建言献策的结果，是各民主党派、人民团体、驻通部队、武警官兵、公安干警、驻通中、市属单位鼎力支持的结果，是全区人民共同努力奋斗的结果。一年来，通州全区上下紧紧围绕党中央和市委市政府对城市副中心建设的部署和要求，以高度的历史使命感和责任感，同心同德、团结奋进，在各自的工作岗位上不断实现新提升、开创新局面，为城市副中心的宏伟事业写下了浓墨重彩的历史篇章！在此，我代表区政府向奋战在各条战线上的广大干部职工、向所有关心支持通州发展的各界人士和全区人民表示最崇高的敬意和衷心的感谢！

与此同时，我们也清醒地认识到，通州区经济社会发展中还存在不少困难和挑战，主要表现在：一是随着副中心控规的全面实施，通州长期以来作为远郊区县所存在的发展基础薄弱问题进一步凸显，特别是在市政基础设施、公共服务等方面仍然存在大量短板和历史欠账，提升区域整体发展基础、促进城乡区域协同的任务还十分迫切。二是符合副中心定位的高精尖产业体系尚处于构建成长期，原有支柱产业发展水平不高，产业项目缺大少新，产业能级和单位产出率比较低，在整合提升存量资源、优化营商环境方面还需付出加倍的努力。三是面对副中心框架下日益提高的精细化、精准化、法治化的施政要求，政府干部队伍干事创业的热情还没有全面转化为推动工作的强大执行力，改革创新的意识理念、破解难题的能力水平都存在差距，作风建设和能力建设还需持续加强。对此，我们将本着对党和人民、对副中心建设事业高度负责的态度，在今后工作中认真加以解决。

同志们，凡事预则立不预则废，宜未雨而绸缪，毋临渴而掘井。对于我们，刚刚到来的2019年，仍然是机遇与挑战并存的一年，更将是考验我们是否善于抓住机遇，是否善于迎接挑战的一年。一方面，随着市级机构的正式搬迁，副中心与雄安新区两翼齐飞态势更加明朗，中央的聚焦与支持的力度将进一步加大，政策环境、创新环境与品牌效应将更具优势，势必拉动高能级的社会资本与其它高端要素集聚，形成前所未有的战略机遇期。从通州自身的情况看，近年来我们在基础设施、生态环境、综合治理等方面打基础、搭框架、腾空间的工作初见成效。随着副中心控规的全面落地，对土地等优质资源的“松绑”效应将继续释放，进一步夯实良性发展、高端发展的基础。另一方面，宏观经济下行压力依然存在，中美贸易摩擦带来的不确定因素增多，地方财税收入增速可能放缓；同时，供给侧结构性改革“三去一降一补”政策效果显现，客观上金融条件的持续收紧与我们大规模建设的资金需求形成矛盾，需要我们持续创新资金筹措模式。此外，2019年我们还将迎来建国70周年、“一带一路”国际合作高峰论坛、世园会和亚洲文明对话大会等重大活动，我们不仅要提前谋划好相应的服务安保工作，也要科学利用好建设施工窗口期，加强重点工程的全面统筹，切实做到下好先手棋、打好主动仗。同志们，我们肩负着建设“千年城市”的历史重任，心系着全区人民的殷切期望，能否积极主动地把握机遇、规避风险、破解制约因素，将在很大程度上决定2019年乃至今后更长一个时期我们工作的成效。我们早一刻准备，就能抢占先机、步步超前；我们多一分思考，就能独辟蹊径、柳暗花明；反之就可能丧失机遇、处处被动、裹足不前。我们坚信，在市委市政府和区委的坚强领导下，在全区广大人民的支持下，在各位代表委员的积极帮助、建言献策下，我们一定能够争取主动、赢得机遇，克服各种风险与挑战！

政府工作报告名词解释
（按在报告中出现的先后顺序排列）

1.行政办公区安保“一总十四分”的方案体系：是指行政办公区安保工作总体方案和行政办公区安保勤务、交通安保、消防安保、专项警卫、反恐防恐、政治事件稳控、涉访处置、突发事件处置、内部单位安全保卫、科技防控、市级机关搬迁期间社会面防控、安保战训工作机制、安保前沿指挥部实体化运行、运河派出所巡逻勤务运行管理办法等14个分方案预案。

2.基层结对帮扶“两个全覆盖”：是指通州区的所有乡镇和街道都分别与受援地——内蒙古和西藏地区的乡镇、街道进行了精准结对，实现了通州区基层参与帮扶工作全覆盖和受援地所有乡镇、街道全覆盖。

3.第五空间：是继家庭空间、工作空间、社交空间、虚拟空间之后的“第五空间”。其概念是将结构功能单一化的公共厕所升级为综合服务空间，配备节水型便器、多维控味设备，增设第三卫生间、环卫工人驿站，集成自助缴费、自助充电、阅读室等多种公共便民设施，成为集基本公共服务、现代环保科技与城市景观建筑于一体的新公共空间。

4.出境断面水质类别：是指国家按照地表水环境功能分类和保护目标，规定了水环境质量应控制的项目及限值，从高到低分为Ⅰ类至Ⅴ类共五个水质类别。在河流各行政区域出境处设置水质考核断面，按月进行水质检测，判别其是否符合规划的水质类别。

5.“一环、两带、两区”绿色空间布局：“一环”指在城市副中心外围的环城绿色休闲游憩环。“两带”指东部潮白河生态绿带，西部与朝阳区之间的生态绿带。“两区”指副中心北部与顺义区、南部与亦庄开发区之间规划形成的大片绿化隔离区。

6.“一区、一园、一中心”产业发展格局：“一区”是指运河商务区。“一园”是指北京金融科技国际产业园。“一中心”是指北京国际财富中心。

7.“1+X+2”政策体系：是指通州区构建高精尖经济结构系列政策文件。其中，“1”是指一个指导意见，即《通州区关于加快构建“高精尖”经济结构的指导意见》；“X”是指四个暂行办法和其他配套政策，即《通州区关于促进行政办公功能性产业发展的办法（试行）》《通州区关于促进商务服务功能性产业发展的办法（试行）》《通州区关于促进文化旅游功能性产业发展的办法（试行）》《通州区关于促进科技创新功能性产业发展的办法（试行）》《关于通州区率先行动改革优化营商环境实施方案》等；“2”是指产业发展黑白名单，即《通州区“高精尖”产业活动类别》（白名单）、新增产业的禁止和限制目录（黑名单）。

政协北京市通州区第六届委员会常务委员会工作报告（节选）

——在政协北京市通州区第六届委员会第三次会议上

政协北京市通州区委员会主席　赵玉影

2019年1月3日

2018年工作回顾

2018年是通州发展历史上具有划时代意义的重要一年。一年来，在中共通州区委领导下，区政协常委会按照六届二次会议部署，深入学习贯彻习近平新时代中国特色社会主义思想和中共十九大精神，坚持团结和民主两大主题，把提质增效贯穿政治协商、民主监督、参政议政全过程，各项工作取得了新的成绩。

一、坚持党的全面领导，确保政协工作正确的政治方向

政治引领作用不断强化。牢牢把握人民政协是政治组织的属性，始终把加强党的政治建设摆在首位，旗帜鲜明讲政治。全体委员和机关干部牢固树立“四个意识”、坚定“四个自信”，坚决维护习近平总书记核心地位，坚决维护中共中央权威和集中统一领导。坚持人民政协性质定位，不断增进高度的政治认同、思想认同、理论认同、情感认同，把党的指导思想和政策主张转化为参加政协的各党派团体、各族各界人士的思想共识，各项履职活动更加契合中心任务、符合决策需要、体现人民心声。

思想理论基础不断加强。把深入学习贯彻习近平总书记关于加强和改进人民政协工作的重要思想，作为一项重大政治任务，推动大学习大研讨扎实开展。全体委员和机关干部对照专题、深学细悟，努力在学懂弄通做实上下功夫。在充分学习基础上，组织召开专题研讨会5次、大型研讨会1次，形成了一批理论学习成果，多次在全国和北京市政协系统座谈会上作经验交流。深入推进查摆整改，认真查找差距不足，深刻剖析问题原因，形成八个方面、23项整改措施，明确责任和时限，解决了一批长期困扰政协事业发展的问题。通过学习研讨，全体委员和机关干部进一步深化了对新时代人民政协新方位新使命的理解和认识，进一步明确了做好新时代人民政协工作的着力重点和努力方向，在坚持党对人民政协工作的全面领导、坚持思想政治引领和建言资政双向发力、正确处理一致性和多样性的关系、促进工作提质增效、加强委员队伍建设等重大问题上形成了新的共识，强化了思想理论武装。

党建工作质量不断提升。政协党组在区委领导下，充分发挥把方向、管大局、保落实的领导作用，及时主动向区委汇报重要工作、请示重要事项、报告重要活动。中央、市委、区委召开的重要会议、作出的重要部署和关于政协工作的指示精神，迅速得到传达学习、贯彻落实。政协的重大决策、重要工作安排都经过党组会议、常委会议研究决定。深入贯彻全国和北京市政协党的建设工作会议精神，首次召开区政协党的建设工作会议，全面部署政协党的建设总体要求和目标任务。按照区委《关于加强新时代通州区政协党的建设工作的实施意见》，进一步健全完善政协党的组织设置，推进政协党的组织和党的工作有效覆盖，实现党对政协工作的全面领导。持续加强作风建设，严格执行中央八项规定精神和市委、区委实施细则，驰而不息转作风、改作风。严格遵守政治纪律和政治规矩，把对党忠诚、为党分忧、为党尽职、为民造福作为根本政治担当，影响和带动广大委员守纪律、讲规矩、重品行。

二、坚持高质量履职，政协服务大局作用充分发挥

政治协商重点突出。认真落实区委年度协商计划，把政治协商融入全区工作大局。常委会议坚持抓大事、议大事，围绕服务保障市级机关搬迁入驻，就城市交通、周边环境综合整治提出建议；围绕法治通州建设，听取法检两院工作通报，就进一步强化担当意识、突出监督重点、提高执法能力和办案水平提出建议；围绕保障和改善民生，听取就业创业及人才工作通报，就推动就业政策更好惠及百姓、开创人才工作新局面提出建议。专题协商会聚焦发展大局，坚持边调研边协商，与专题调研紧密结合，开展多层协商议政，提出了一批破解难题的办法和对策措施。各专委会充分发挥人才荟萃、智力密集优势，围绕打赢污染防治攻坚战、推进城市精细化管理、推动经济高质量发展，加强与职能部门的对口协商，建真言、谋良策、出实招，得到积极响应和采纳。

民主监督推进有力。深入贯彻区委《关于加强和改进政协民主监督工作的实施意见》，把握监督定位，突出监督重点。常委会议两次听取区纪委监察委情况通报，就加强党风廉政建设提出建议。主席会议专题听取上年度建议案办理答复，切实追踪问效，区政府高度重视、相关部门狠抓落实，建议案取得较好效果。各民主监督组坚持问题导向，针对经济社会发展、“十三五”规划纲要中期实施、财政预算执行、环境综合整治、大气污染防治、学前教育、社会治理等重点难点，持续开展专项监督，提出了推动高精尖产业集聚发展、加大环境治理力度、发挥优质幼儿园示范引领作用、加强科技治污、拓展“雪亮工程”服务领域等合理化建议，推动了职能部门工作改进、效能提高。

参政议政扎实有效。按照区委统一部署，在农村人居环境整治、服务保障市级机关搬迁入驻、疏解整治促提升、巩固创城创卫成果等方面，广泛调研、合力推动，发挥了积极作用。主动服务大局，围绕北京城市总体规划、城市副中心控规及专项规划编制、实施，组织委员踊跃建言，助力北京城市副中心高标准规划建设。发挥政协优势，围绕供水和污水处理设施建设、垃圾分类处理、煤改气后续工程、社会组织建设、养老机构发展等问题，广泛开展视察、座谈、研讨，推动解决群众普遍关心的实际问题，促进了民生改善。

三、坚持高质量调研，建言资政水平进一步提升

调研选题精准聚焦。坚持高点站位，紧扣北京城市副中心建设中亟待解决的重要问题，充分征求各方意见，确定推进美丽乡村建设、加快构建优质营商环境、公共服务设施建设、学前教育均衡优质发展、加强智能化交通建设、社会组织参与社区治理、推进“厕所革命”7个课题，深入开展专项调研。调研与全区中心工作更加契合，问题导向、目标导向更加明确。

调研方法务实高效。坚持主席牵头重点调研制度。更加注重改进作风，不断改进调查研究方式方法，严格控制团组规模、优化队伍组成。更加注重依托专委会、民主党派和界别优势，集中各方面的智慧和力量。更加注重深入基层、深入实际、深入群众，着力反映真实民意。更加注重运用优质专家学者资源，学习借鉴先进经验，着力提高调查研究质量。

调研成果充分运用。坚持把调研作为议政建言的基础，把调研的过程作为协商履职的过程。及时将调研中一致的意见建议转化为提案、社情民意信息，提交党政部门办理或参考。及时将调研报告转化为主席会议建议案，报送区委区政府。调研成果受到区委区政府主要领导高度重视，充分纳入了相关部门工作方案，有力促进了美丽乡村建设专项行动、完善公共服务设施、打造“北京教育新高地”、提升副中心通行能力等工作。“加快通州区老城改造提升步伐”调研，被“北京信息”编辑刊发，得到市委主要领导关注并批示。专题调研已成为政协服务大局、联系群众、建言资政的重要载体和途径。

四、坚持大团结大联合，各方智慧和力量广泛凝聚

爱国统一战线组织作用充分发挥。支持各民主党派、人民团体和无党派人士在联合调研、专题协商等履职活动中主动作为，有效发挥作用。坚持区委、区政府、区政协主要领导阅批民主党派、人民团体、界别提案制度，并进行重点督办。加强与民族宗教界代表人士的联系，积极开展走访慰问、调研视察、座谈研讨，认真听取和反映委员意见建议，促进了民族团结、宗教和睦。

区域交流合作更加广泛深入。立足“一核两翼”发展大局，赴雄安新区学习交流，为打造京津冀协同发展示范区拓宽视野、增进共识。参与建立京津冀协同发展六城市（区）政协合作机制，与天津滨海新区、河北唐山等地共商协同合作、服务发展大计。加强与廊坊北三县的联系，为服务北京非首都功能疏解、建设城市副中心贡献力量。高质量接待全国政协、北京市及其他地区政协调研视察，宣传展示城市副中心良好形象。

团结联谊工作更加丰富多彩。组织参观“大道同行——从‘五一口号’到协商建国重要史事回顾展”“伟大的变革——庆祝改革开放40周年大型展览”，重温多党合作初心，坚定改革开放决心，凝聚伟大复兴信心，共同的思想政治基础不断巩固。按照隆重、节俭原则，举办“不忘初心，聚力副中心建设”主题活动，各位主席身体力行、委员和机关干部踊跃参与，纪念“五一口号”发布70周年、传承“五一口号”精神。依托联谊活动组，开展丰富多彩的活动，政协组织的活力和凝聚力进一步加强。

五、坚持凝心聚力，“助推”主题实践活动深入开展

以务实作为展现责任担当。继续开展“凝心聚力，助推北京城市副中心建设”主题实践活动，突出责任与担当。全体委员和机关干部在本职岗位上恪尽职守、勤奋工作，在协商议政、监督建言、调研视察等履职中不辱使命、奋发有为，在“情系职工促和谐”“重阳佳节送温暖”“文化进基层”“义诊送健康”等活动中全心投入、发挥优势，在扶贫济困、捐资助学等实践中服务社会、积极奉献，展现了强烈的社会责任感和为民情怀，书写了合力建设北京城市副中心的精彩篇章。

助力民营经济更好发展。驻会主席深入走访、联系服务民营企业，实地调研企业发展现状，帮助解决实际困难，广泛凝聚民营企业发展共识。组织召开“优化营商环境，促进我区民营经济高水平发展”座谈会，认真听取民营企业家意见建议，围绕制定民营经济发展规划、为企业提供个性化服务、营造公平市场环境、建立融资服务平台等方面畅所欲言、建言献策，促进区内民营企业实现更好发展。

深入开展对口帮扶。聚焦打好精准脱贫攻坚战，各界委员立足政协特点、发挥自身优势，深入贫困地区百余人次，累计捐款捐物近千万元，在产业合作、技术援助、就业培训等方面取得了实实在在的效果，赢得了良好的社会反响。按照区委安排，组织部分委员赴内蒙古奈曼旗，实地考察经济社会发展及民生项目建设，走访慰问贫困家庭，精准对接帮扶需求，为两地增进交流、充分利用政协资源脱贫攻坚，搭建了良好平台，贡献了政协力量。

传承历史文化底蕴。坚定文化自信，围绕大运河文化带建设、首都公共文化服务示范区创建、历史文化遗产保护，组织调研视察、座谈研讨，许多意见建议纳入党政决策。深入挖掘运河文化内涵，与大运河文化研究院联合开展村落文化调研，形成了第一期14个村落资料报告。举办纪念改革开放40周年书画展，召开大运河文化创作座谈会，用文化艺术作品传播通

州声音、讲好运河故事、展现良好风貌。持续向京杭大运河沿线城市、乡镇“益民书屋”赠送文史资料书籍，运河文化影响力不断扩大。

六、坚持加强自身建设，履职能力和服务水平持续提升

各项经常性工作协调推进。提案质量显著提升，办理力度明显加大，实际效果进一步显现，一批推动发展、惠及民生的实事好事得到有效解决；全年共收到提案251件，立案237件，实现办复率100%。高质量召开社情民意恳谈会，聚焦事关全局、事关发展、事关民生的热点难点问题，向区委、区政府道实情、建真言、献良策，得到党政领导的高度重视和充分肯定；畅通社情民意反映渠道，高质量编发《委员之声》61期，全部得到区领导批示或部门答复，推动了群众关心关注问题的落实解决。拓宽文史资料征集渠道，征集各类史料110余万字、图片400余张；编辑出版《志正永乐》，刊发《通州文史》两期，历史文献资料库更加丰富。把握政协宣传导向和特点，推进信息化建设，利用各类媒体传递政协声音、宣传工作亮点、展示委员风采；推进政协理论与实践进学校，首次开展中学生“模拟政协”活动，宣传社会主义协商民主的特点和优势，政协工作的社会影响持续扩大。

委员队伍建设不断加强。按照懂政协、会协商、善议政要求，出台《关于加强委员队伍建设的意见》，坚持优化服务与加强管理并重，进一步激发委员主体责任意识、提高履职能力。完善履职手册管理，全面考核委员履职业绩。树立先进典型，评选9名“榜样委员”，集体表彰61名获得市级以上荣誉的委员，营造了学先进、比贡献、促发展的浓厚氛围。积极搭建学习平台，围绕全国“两会”精神、全区经济社会发展形势等，举办7次知情明政大讲堂，持续开展会前视察，让委员通晓“上情”、把准“区情”、了解“下情”。委员履职尽责的责任感、使命感更加强烈。

机关工作水平不断提升。聚焦提升执行力、树立良好形象，深入开展谈心交流，机关凝聚力和向心力进一步增强。认真开展党性教育，扎实推进“两学一做”学习教育常态化制度化。落实全面从严治党主体责任，全力支持和配合区纪委监察委派驻机构开展工作，党风廉政建设持续加强。各专委会密切与界别和委员联系，有效发挥了在政协履职中的组织引导作用。综合部门加强统筹协调，主动接受市政协指导，各项工作运转更加顺畅。会务服务、视察调研、文稿起草等工作更加规范，学习培训、财务管理、请休假等制度更加健全，群团及老干部工作更加活跃。机关服务能力和水平的提高，为政协事业创新发展提供了坚实保障。

各位委员，区政协一年来取得的各项成绩，是中共通州区委坚强领导、市政协有力指导和区人大、区政府大力支持的结果，是区政协各参加单位和全体委员团结合作、认真履职的结果。在此，我代表常委会，向为政协事业发展倾注满腔热情、作出无私贡献的全体委员，向所有关心、支持政协工作的各级领导、各界人士，表示崇高的敬意和衷心的感谢！

在看到成绩的同时，我们也清醒地认识到，政协工作还存在一些差距和不足，主要是：党建工作还有薄弱环节，落实党建主体责任、实现党的工作对政协工作有效覆盖的力度仍需进一步加大；履职质量和效果有待提高，一些协商议政活动的深度仍需进一步拓展；专委会和界别作用发挥还不够充分，专委会基础性作用仍需进一步夯实；常委联系委员、委员联系群众的制度仍需进一步健全；政协机关在把握工作任务和节奏、搭建知情明政平台上仍需进一步统筹。这些都需要我们采取有力措施，切实加以解决。

忠诚履职 务实担当
努力实现北京城市副中心纪检监察工作高质量发展（节选）

——在中共北京市通州区第六届纪律检查委员会第五次全体会议上的工作报告

中共北京市通州区纪律检查委员会书记 郑 宇

2019年2月15日

2018年工作回顾

一年来，在市纪委市监委和区委的坚强领导下，全区各级纪检监察组织及广大纪检监察干部，牢固树立“四个意识”，坚定“四个自信”，践行“两个维护”，务实担当，锐意进取，围绕城市副中心建设大局，全面履行纪检监察职责，为城市副中心建设提供了坚强纪律保障。

一、坚持强化党的政治建设，推动全面从严治党层层落实

牢牢把握政治机关的职责定位。把讲政治贯穿于纪检监察工作的全过程，坚持紧密联系城市副中心建设和新时代纪检监察工作实际，以习近平总书记视察北京城市副中心时的重要指示精神为根本遵循，立足“一核两翼”和京津冀协同发展大局，切实把自身摆进去，把职责摆进去。把学懂弄通做实习近平新时代中国特色社会主义思想作为首要政治任务，提高政治站位、强化理论武装、深化思想认识。通过理论中心组学习、集中培训等形式，加强对党章、党的十九大精神、监察法的学习，为党中央和市委决策部署在通州落地生根、形成生动实践提供了坚强保障。

积极协助区委落实主体责任。完善责任体系，督促指导全区各级党组织逐级签订个性化党风廉政建设主体责任书6689份，推动全区5万余名党员签订廉洁自律承诺书，监督2000余个基层党组织完善设立纪检委员，区、处、科（村、居）、党员四级责任网络体系进一步健全。协助区委研究制定了《区委常委会带头落实全面从严治党的实施细则》，细化了“六个带头从严”要求，为区委发挥以上率下作用提供了保障。完善考核体系，优化考核方式，变年底集中考核为季度工作评估，将督促工作落实到平时，并纳入区委党建绩效考核内容，推动各项制度有效落实。强化警示教育，协助区委组织召开了全区领导干部警示教育大会，深刻剖析了在推进全面从严治党中存在的突出问题，对六届区委换届以来受到党纪政务处分和问责的处级党组织和处级领导干部点名道姓通报，首次将参会人员扩大到全区近1500名正科级以上领导干部，进一步强化了震慑作用。

二、坚持深化改革，监察、派驻、巡察监督作用进一步加强

监察体制改革向纵深发展。发挥先行先试优势，巩固试点成果，认真学习贯彻监察法，构建了在区委领导下集中统一、权威高效的监察体系。坚持市纪委市监委、区委对区纪委区监委工作的领导，不断加强请示汇报，全年向市纪委市监委报告工作149次，其中书面报告110件，向区委请示汇报重点事项50余次。进一步畅通运行机制，摸清底数，核定全区六类监察对象2.8万余人。在区委领导下，与公安机关密切配合，将潜逃21年的职务犯罪嫌疑人和潜逃1年零

8个月的职务犯罪嫌疑人等内逃人员全部追回，实现了内逃工作的清零和新突破。建立了通武廊三地纪检监察协同工作机制，先后8次高效率地为审查调查工作提供了服务，开创了纪检监察协同工作新局面。开创性地在永乐店、中仓等乡镇街道的近百个农村、社区设立监察专职工作者，探索了打通监察“最后一公里”的有效方式。

发挥派驻监督“探头”作用。认真学习中央关于深化派驻机构改革意见精神，强化统筹指导和服务保障，研究制定了关于派驻纪检监察组管理、考核的相关规定，并充实了14名具有金融、法律等多种专业背景、高学历的优秀年轻干部，进一步增强了派驻监督力量。一年来，十五个派驻纪检监察组扎实开展日常监督，共开展监督检查1247次，与党员干部谈心谈话3391人次，发现苗头性、倾向性问题77个，提出整改意见662条，与区纪委区监委机关有关部室共同开展专项监督检查11次，进一步推动了被监督单位主体责任的落实。

巡察利剑作用彰显。以对区委高度负责的态度高标准统筹推进巡察工作，巡察重点由“聚焦党的领导弱化、党的建设缺失、全面从严治党不力三大问题”向“围绕党的政治、思想、组织、作风、纪律建设以及夺取反腐败斗争压倒性胜利六个方面”深化，将巡察整改情况作为日常监督、派驻监督的重要内容，加强了对巡察整改情况的监督检查。到2018年底，六届区委共完成了8轮对33家单位党组织的政治巡察，发现主要问题919个，提出整改意见256条，向有关部门移交问题线索96件，挽回经济损失53.67万元，41名领导干部受到了党纪处分和组织处理，巡察利剑作用进一步彰显。创造性地指导潞城、宋庄等乡镇党委完成对11个村和1个企业党组织的镇级巡察试点工作，取得了良好成效，为在全区范围内开展镇级巡察工作提供了宝贵经验。

三、坚持强化纪律和监督意识，保障城市副中心建设廉洁高效

把纪律挺在前面。注重强化对党员干部的纪律教育，认真组织学习和贯彻新修订的《中国共产党纪律处分条例》，以考促学，严格依据“六大纪律”约束党员干部行为。开设了“清风通州”微信公众号，通过与网站、报纸、电视台等多种媒体协同发力，开展党规党纪、监察法的宣传，影响力进一步扩大。积极推进形式多样的廉政文化活动，进一步加强了廉洁教育。制作了《警钟长鸣——2018年通州区纪律教育警示录》等，充分发挥典型案件的教育作用。向全区各级党组织发放警示类、示范类光盘1800余套，教育和引导广大党员干部明底线、知敬畏、存戒惧、守纪律。一年来，区纪委区监委领导班子成员为各类培训班和党员干部讲授纪律教育课20余次，受众近3000人次，为全区各级党员干部进一步拧紧了思想之弦。

围绕大局抓监督。创新监督方式，构建了上下联动、横向配合、多方协作的监督工作格局，形成了监督合力。对全区各单位党组织履责情况进行了日常检查、季度考核、民主测评、社会满意度调查等多维度评估，推进监督的常态化。聚焦区委重大决策部署，监督推进“疏解整治促提升”工作并取得明显成效，市级违法建设拆除任务提前超额完成，拆除量、销账量、腾退土地量均位居全市第一名。持续强化对“大棚房”专项治理工作的监督执纪问责，推动全区“大棚房”整治顺利通过市级验收。围绕“街乡吹哨、部门报到”、大气污染防治、优化营商环境等重大工作任务持续开展11次专项监督检查，为区委区政府重要决策部署的贯彻落实提供了强有力的纪律保障。

强化问责力度。坚持失责必问，问责必严，把问责作为推进全面从严治党的有力抓手，针对城市副中心建设过程中出现的不正确履职或履职不力等问题，严肃处理，全年共查处“为官不为”“为官乱为”问题113件。尤其是针对环保督查工作中存在的不作为、乱作为问题，一次性问责19人，以强有力的监督执纪问责，推动各级党组织落实管党治党责任，切实抓好整改。

强化正风肃纪。深入贯彻落实中央八项规定精神，紧盯重要时间节点，严查形式主义、官僚主义问

题。坚持密切关注查找“四风”隐形变异问题，运用“大数据”手段，借助“雪亮”工程，一年来先后核查疑似问题线索400余条，立案查处违反中央八项规定精神问题25起，给予纪律处分21人，特别是严厉查处了 县镇残疾人联合会原负责人以及区动物卫生监督管理局潞城所原党支部书记、所长，两起违反中央八项规定精神、对抗组织审查、违反政治纪律案件，释放了越往后执纪越严的强烈信号。

四、坚持惩治腐败的高压震慑，积极践行监督执纪“四种形态”

纪法约束有硬度。全区纪检监察组织坚持高压态势不放松，一年来共处置问题线索1230件，立案218件，同比增长了3.8%；监委立案25件，留置15人；给予党纪政务处分217人，同比增长了20.6%，为国家挽回损失1800余万元。特别是严肃查处了张家湾镇原党委副书记受贿案，通州房地产开发有限责任公司原党委副书记、经理受贿和挪用公款案，税务系统行受贿、徇私舞弊不征少征税款案，张家湾镇张湾镇村原村主任受贿案等，起到了强大震慑作用。加大了对基层的指导和督促力度，乡镇、街道和派驻纪检监察组织立案117件，占总数的53.7%，其中自查立案37件，同比增长了54.2%。6次向社会公开曝光典型案件20起、37人，进一步营造了不敢腐的氛围。

批评教育有力度。坚持让“红红脸、出出汗”成为常态，在用好第一、第二种形态上下功夫。一年来，全区纪检监察组织运用监督执纪第一、第二种形态共处理838人次，占总数的93.7%。落实“谈话函询+”的监督模式，将每一次谈话函询作为思想教育的机会，督促及时改正；按一定比例对谈话函询结果进行了抽查核实，防止一谈了之、一函了之，全年通过核查转立案3件，并监督受到组织函询的57名党员干部在民主生活会、组织生活会上把问题讲清楚。针对执纪监督和审查调查中发现的共性问题，区纪委区监委共向有关单位发送监督、监察意见书30余封，提出整改意见，有效促进了各项工作的落实。

组织关怀有温度。坚持治病救人方针，继续加大回访关爱力度，关心帮助犯了错误的党员干部，对受处理干部进行跟踪回访。一年来，通过实地、书面和委托等形式，共回访关爱36人。建立了采信了结制度，对党员干部在谈话函询中如实说明情况且反映不实的予以采信并了结，同时予以澄清，消除影响，还干部清白。一年来共发出带有温情激励话语的《函询结果告知书》42份。

五、坚持整治群众身边的腐败和作风问题不放松，提高人民群众满意度

强化扶贫领域腐败和作风问题专项治理。对全区840个低收入户全部进行入户访，实现了面对面精准监督。积极构建对口扶贫协同工作机制，先后实地到内蒙古奈曼旗、翁牛特旗、科尔沁右翼中旗以及西藏拉萨市城关区监督对口扶贫工作，并建立与对口帮扶地区纪委监委的协同监督工作机制，为共同打赢脱贫攻坚战奠定了良好基础。

稳步推进扫黑除恶专项斗争工作。开展问题线索大起底，对市纪委市监委转来有前科的125名村干部名单信息全部认真梳理，密切跟进市纪委挂牌督办两个专案，对相关部门及人员进行了问责。积极与区委政法委、通州公安分局、区扫黑办联合会商协作，先后对接200余次，深挖彻查涉黑涉恶腐败和“保护伞”，“3·8”“3·15”“6·6”三个专案均取得阶段性成果。

全力抓好村（社区）“两委”换届选举正风肃纪工作。严把村（社区）“两委”换届候选人资格关，先后对9400余人次的任职资格进行了审查，共审查出120余人次不符合任职资格条件，为村（社区）“两委”换届工作的顺利开展提供了保障。构建了迅速沟通、迅速对接、迅速核查、迅速反馈的“四迅速”工作机制，在全市快速查处了台湖镇北火垡村贿选案，不到5天圆满办结，给予开除党籍处分，严肃了换届纪律，保证了换届选举风清气正。截止到2018年底，共查处6起9人涉嫌违反换届纪律的案件。

六、坚持加强纪检监察队伍建设，打造忠诚干净担当的纪律铁军

加强政治建设。旗帜鲜明讲政治，把抓班子、

带队伍摆在重要位置，带头维护以习近平同志为核心的党中央权威和集中统一领导。深入学习习近平新时代中国特色社会主义思想和党的十九大精神，组织全区纪检监察干部参加中央纪委、市纪委和区委组织的各类培训237人次，进一步提升了理论水平。加强机关党建引领，进一步完善组织架构，在成立机关党委的基础上成立了机关纪委、工会、青年工作委员会、妇女工作委员会，组织开展了形式多样的文化建设活动；充分发挥机关各党支部作用，不断增强党组织的凝聚力；专门召开了庆“五一”机关建设大会，开创了机关党建新局面。

强化能力建设。建立了班子成员联系基层制度，深入开展了迎接市级机关入驻矛盾排查化解专项行动，在全区上下的共同努力下，重信重访下降了12%，到市纪委越级集体上访同比下降了58%，做群众工作的能力进一步提升。一年来，各级各类媒体上刊发有关通州区纪检监察工作的文稿400余篇，实现了在中央级纪检监察媒体的全覆盖；组建了十二个重点课题组，班子成员带头开展调研，调研成果在《通州调研》《北京调研》《是与非》等区级、市级刊物刊发，文稿和理论研究水平进一步提升。树立了良好选人用人导向，提拔任用5名科级领导干部，10名优秀同志走上了处级领导岗位，对13名干部进行了交流轮岗，20名同志通过公开招考进入区纪委区监委工作，进一步改善了干部队伍结构。

自觉接受监督。按照监察法关于依法公开监察工作信息的规定，构建了“一开放、七公开”的工作模式，开创了“走进通州监委”品牌，全年组织开展了2次“走进通州监委”开放日活动，主动接受社会各界监督。以市纪委巡察整改为契机，研究制定了干部监督、过问案件备案登记、回避等工作制度，织密了制度笼子。同时，对出现问题的纪检监察干部严肃处理，绝不护短，强化了自我监督。全年共对63件反映纪检监察干部的信访举报进行了调查核实，向6家乡镇纪委下发了监督意见书，警示谈话2人，提醒谈话7人次。专题召开了机关作风建设工作会，以刀刃向内的勇气和决心，严防“灯下黑”，彰显了“打铁必须自身硬”的勇气和自觉。在全区纪检监察干部的共同努力下，2018年通州区监察委员会作为全市纪检监察系统唯一一家单位，被授予“首都劳动奖状”。

一年来，全区纪检监察工作取得了明显成效，有力推动了党风廉政建设和反腐败工作的开展。但也要清醒地认识到，全区反腐败斗争形势依然严峻复杂，全面从严治党依然任重道远。一些单位依然存在党的领导弱化、党的建设缺失、全面从严治党不力等问题。一些干部把区纪委区监委的容错纠错当作理所当然，不以为然；对已查处的他人的警示案例毫无触动，不以为然；对组织的教育提醒我行我素，不以为然。纪检监察机关履职尽责意识和能力、纪检监察工作信息化水平与新时代的要求仍有差距，一些干部工作作风不严不实等现象仍时有发生，等等，需要我们高度重视，在今后的工作中切实加以解决。

深刻把握新时代纪检监察工作的形势和任务

自1979年10月通县县委纪委筹备组开始工作以来，在市委、市纪委和区委的坚强领导下，全区各级纪检监察组织坚持党的领导，从严管党治党，探索积累了宝贵经验。以史为鉴，方能与时俱进。习近平总书记在庆祝改革开放40周年和十九届中央纪委三次全会上发表的重要讲话，深刻总结了改革开放40年来党和国家事业的伟大成就和宝贵经验，对纪检监察工作提出了更高要求，为做好新时代纪检监察工作提供了重要遵循，我们一定要深刻理解、倍加珍惜、自觉运用，结合通州实际，在新的历史实践中不断深化发展。

一、必须始终坚持强化党的全面领导，坚定做到“两个维护”

纪检监察机关是政治机关，纪检监察工作是政治工作，必须把政治建设摆在首位，进一步提高政治站位，增强“四个意识”，坚定“四个自信”，坚决维护习近平总书记在党中央的核心、全党的核心地位，坚决维护党中央权威和集中统一领导，以高度的思想自觉、政治自觉、行动自觉，在党的领导下开展工作，保持坚定的政治方向。进入新时代，要深刻认识到，我们开展工作，并非是为了查处几件违纪违法案件、留置多少人，而是为了全区2300多个党组织、近6万名党员、2.8万名监察对象积极营造风清气正的干事创业氛围，努力探索构建良好的政治生态。必须始终从政治和全局的高度审视和把握纪检监察工作，当好党的忠诚卫士，推动全区各级党组织将中央、市委、区委的决策部署和战略意图，不折不扣地落实到城市副中心建设的方方面面。

二、必须始终坚持协助党委推进全面从严治党的职责，不断提高管党治党水平

新修改的党章规定，纪委要协助党委推进全面从严治党、加强党风建设和组织协调反腐败工作，这是对纪检监察工作的最新定位和要求。纪检监察机关必须始终坚持紧紧围绕协助党委推进全面从严治党的职责定位来担当作为，始终随着党的事业发展与时俱进，有力有序有效地开展纪检监察工作。进入新时代，我们更要全面履行党章要求，找准政治定位，切实发挥好“协助”作用，坚持和加强党的领导的正确方向；持续充实调整，引领纪检监察工作不断与时俱进；坚定不移推进党的伟大自我革命，敢于清除一切侵蚀党的健康肌体的病毒，助力全面从严治党向纵深发展。

三、必须始终坚持以人民为中心的政治立场，切实维护人民群众的利益

中国共产党人的初心和使命，就是为中国人民谋幸福，为中华民族谋复兴。纪检监察机关必须不忘初心、牢记使命，把习近平新时代中国特色社会主义思想贯穿工作始终，坚持人民立场，始终把人民对美好生活的向往作为奋斗目标，让人民群众在全面从严治党中有更多的获得感。进入新时代，要着力解决好人民群众最关心、最直接、最现实的利益问题，凡是群众反映强烈的问题都要认真对待，凡是损害群众利益的行为都要坚决纠正，深入整治作风和腐败问题，以实际行动维护人民群众的根本利益。

四、必须始终坚持深入推进反腐败斗争，持续深化标本兼治

全面从严治党永远在路上，正风反腐也永远在路上。必须坚持反腐败无禁区、全覆盖、零容忍，将“严”字长期坚持下去，驰而不息深入推进党风廉政建设和反腐败工作，进一步把握规律性，增强预见性，遏制腐败滋生蔓延。进入新时代，要科学研判当前党风廉政建设和反腐败斗争形势，以全面从严治党永远在路上的坚韧执着，深化标本兼治，强化不敢腐的震慑，扎牢不能腐的笼子，增强不想腐的自觉；要贯彻惩前毖后、治病救人的方针，强化对监督执纪“四种形态”的综合灵活运用，充分体现从严治党的宽度、力度和温度；要全面加强党的纪律建设，以身边的勤廉榜样感化人，以典型违纪违法案例警示人，充分发挥纪律建设标本兼治的利器作用。

五、必须始终牢记打铁必须自身硬的重要要求，强化奋发有为的工作担当

纪检监察机关是党和国家自我监督的专责机关，肩负着党和人民的重托，必须牢记打铁必须自身硬的政治要求，积极践行忠诚、干净、担当的政治品格，做到执纪者必先守纪、律人者必先律己。进入新时代，我们要牢牢把握政治过硬、本领高强的基本要求，从严从实加强纪检监察干部队伍建设，以更高的标准、更严的纪律要求自己，强化自我监督，自觉接受党和人民的监督，确保党和人民赋予的权力不被滥用、惩恶扬善的利剑永不蒙尘。

专　文

通州区潞源街道成立

通州区潞源街道正式成立。2018年7月31日，通州区潞源街道党工委、人大街工委和办事处正式挂牌。潞源街道是通州区立足北京城市副中心的发展需要，在城市副中心范围新成立的首个街道，标志着城市副中心新型城镇化建设和城市精细化管理进入了新阶段。

潞源街道地处百里长安街延长线东端，位于副中心155平方千米范围核心区域。辖区面积6.9平方千米，东至宋梁路，南至北运河，西至东六环路，北至运潮减河，四至范围与行政办公区完全重合。作为全市街道管理体制改革试点之一，潞源街道构建了“六办一队四中心”的街道行政组织体系，“六办”为街道内部机构，包括综合办公室、党群工作办、城市管理办、平安建设办、社区建设办、民生保障办；“一队”即街道城管执法队；“四中心”是街道下属单位

通州区潞源街道　　（潞源街道提供）

事业单位，包括综合协调中心、市民服务中心、党建服务中心、社区服务中心。作为“街乡吹哨 部门报到”和大部制改革试点单位，潞源街道进行了广泛的探索。在城市精细化治理、服务市级机关和辖区百姓等方面形成了可复制、可推广的经验。

（潞源街道提供）

通州区通运街道成立

通运街道党工委、人大街工委、办事处自2018年12月初开始筹建，于2018年12月29日正式挂牌。

12月29日，区领导曾赞荣（中）、赵磊（左）、李玉君（右）参加通运街道挂牌仪式　（通运街道提供）

通运街道辖区面积约5.5平方千米，北至通胡大街—芙蓉路—运潮减河一线，与永顺镇、潞城镇接壤；东至六环路，与潞源街道办事处接壤；西南至北运河，与中仓、玉桥街道办事处接壤。管辖范围内共有运河湾、运河园、星河、水仙园、紫荆雅园、荔景园、京贸家园7个社区居委会，杨庄、魏庄、霍屯、杨坨4个行政村（将按照进度完成“农转非”）。截至年底，辖区户数20970户（其中三元村、杨坨村总户数2985户），常住人口33313人，流动人口19657人。

（通运街道提供）

北京通州运河商务区基础设施建设回顾

中共北京市通州区委党史工作办公室

通州运河商务区是北京城市副中心建设的先行区、示范区，位于百里长安街东延长线与六环路交汇处，北运河贯穿该区域，规划面积为17.48平方公里，其建成后将成为疏解北京中心城商务功能、提升消费功能、积聚文化功能的重要空间载体。推进运河商务区基础设施建设对于改善区域人居环境、全面提升城市综合承载能力和运行效率、未雨绸缪防治“城市病”、稳步推进副中心建设具有重要意义。党的十八大以来，通州深入学习、认真贯彻习近平总书记两次视察北京重要讲话精神，认真落实市第十二次党代会精神，加快推进北京城市副中心运河商务区规划建设。基础设施建设是运河商务区规划建设的重中之重，运河商务区基础设施建设突出重点，攻坚克难，创造性地落实中央、市委的各项部署与决策，目前，已经实现了商务区基础设施建设的基本建成和投入使用，助力通州向着建设国际一流的和谐宜居之都示范区的总目标迈进。

一、运河商务区基础设施建设背景

通州位于首都北京东部，京杭大运河北端，地处长安街轴线与东部发展带节点，是环渤海经济圈人流、物流、信息流交汇的中心地带，西距天安门20公里、北京CBD13公里，北距首都机场16公里，东距天津塘沽港100公里，素有“一京、二卫、三通州”的美誉。全区面积906平方公里，地势平坦，分布着大小13条河流，是北京多河富水特色最突出的区县，被评为国家级生态示范区。

通州区大规模推进城市建设肇始于20世纪80年代的城中老旧小区改造，但是，由于长期缺少统一规划和长远目标，土地利用度偏低、资源浪费严重，效果并不明显。1983年，《中共中央、国务院对〈北京城市总体规划方案〉的批复》，确定通州为北京的工业卫星城，赋予通州城新的功能定位，扩大了通州城的发展空间。1993年《北京城市总体规划（1991—2010年）》将通州规划定位为京东地区经济贸易中心和首都的综合性卫星城。在城市化进程中，通州将打造城市交通体系放在优先位置，注重基础设施建设，构建城市基本框架，通州卫星城建设逐渐与首都城市总体规划融为一体。

进入21世纪，北京市经济社会发展取得了巨大成就。然而，随着城市化的推进，北京市城市空间结构矛盾日益突出，北京单中心、同心圆式的城市空间格局，使城市功能过度集中于中心城区，给中心城区造成了严重的交通拥堵和环境压力，限制了北京综合承载能力的提升。另一方面，卫星城发展规模较小、基础设施建设落后以及与城区关系不紧密的问题仍然没有得到妥善解决。通州处在北京规划发展的东西轴线与两个发展带的交点，是北京城市功能战略转移的重要区域，又是东部发展带的腹地，区位优势突出。然而，长期以来，通州有城无业现象突出，主导产业和优势产业不突出，城镇居住与工作用地比例失调，“卧城”造成的潮汐式交通压力巨大。如何充分发挥区域优势特点，疏导中心城区功能，培育发展特色产业和优势产业，形成人才集聚效应是通州需要解决的问题。

2005年，国务院批复的《北京城市总体规划（2004—2020年）》提出的新城发展战略对城市空间布局做了调整，提出构建“两轴—两带—多中心”[“两轴—两带—多中心”：两轴，指沿长安街的东西轴和传统中轴线的南北轴；两带，指包括通州、顺义、亦庄、怀柔、密云、平谷的“东部发展带”和包括大兴、房山、昌平、延庆、门头沟的“西部发展带”；多中心，指在市域范围内建设多个服务全国、面向世界的城市职能中心，提高城市的核心功能和综合竞争力，包括中关村高科技园区核心区、奥林匹克中心区、中央商务区(CBD)、海淀山后地区科技创新中心、顺义现代制造业基地、通州综合服务中心、亦庄高新技术产业发展中心和石景山综合服务中心等］的新城市空间格局。为利于疏解城市功能、推动城乡统筹、促进区域协调、实现集约发展，提出了“中心城—新城—镇”的市域城镇结构。其中，新城是“两轴—两带—多中心”的具体体现和重要节点。《规划》提出建设11个新城，通州、顺义和亦庄为3个重点新城。2009年，北京市委十届七次全会明确提出“集中力量、聚焦通州，借助国际国内资源，尽快形成与首都发展需求相适应的现代化国际新城”，通州被赋予“北京发展新磁极、首都功能新载体”的全新定位。

通州抓住这一历史机遇，瞄准世界一流水平，高标准、高水平推进新城核心区规划建设。市委、市政府进一步加大对通州支持的力度，成立了通州新城建设领导小组，制定了《加快推进通州现代化国际新城建设行动计划》，市政府相关委办局对通州新城建设的指导帮助不断增强。完善的基础设施体系是提高城市承载力的重要因素，能够为引进高端要素打下坚实的基础。在通州新城建设中，基础设施规划和建设成为新城建设最重要的一环。运河核心区是整个新城建设的重点区域，按照规划，核心区建设加强地面-地下空间的一体化设计，突出对地下空间的统一布局和开发利用，将机动车道、轨道线路、交通枢纽、停车场、配套服务设施等置于地下，最大限度实现地下空间互联互通，形成通畅的地下走廊；采用城市管廊技术，综合安排地下市政管网，将供电、供热等市政管线整合于地下廊道之中。2011年，通州新城核心区地下立体交通设施建设启动，核心区地下隧道工程、地铁站工程、东关大道工程全面开工建设。

2012年6月，北京市第十一次党代会明确提出：“进一步落实聚焦通州战略，打造功能完备的城市副中心”。建设北京城市副中心，是党中央一项重要决策，通州被赋予北京城市副中心的全新定位，在战略地位上实现了历史性突破。北京市委、市政府加大对副中心建设的支持力度，从组织领导、政策倾斜、大项目布局等各个方面强化了对通州的支持，提出：“加快城市副中心和新城建设。坚持聚焦通州，科学规划、分步实施，完善相关配套政策，按照‘一核五区’（“一核五区”：“一核”，即：新城核心区；“五区”，即：文化旅游区、宋庄文化创意产业集聚区、国际医疗服务区、环渤海高端总部基地、国际组织聚集区。五个功能区以核心区为中心，彼此相辅相成，实现联动发展）布局，优化加快建设核心区起步区，力争重大基础设施、公共服务设施和重大项目建设取得较大突破，积极推动城市副中心建设”。面对千载难逢的历史发展机遇，通州区委、区政府和各部门、各单位通力配合、锐意进取，攻坚克难，加快步伐，全力推进核心区基础设施建设。

2017年2月24日上午，习近平总书记到通州视察

施工建设中的运河商务区

北京城市副中心行政办公区和大运河森林公园时指出，站在当前这个时间节点建设北京城市副中心，要有21世纪的眼光。规划、建设、管理都要坚持高起点、高标准、高水平，落实世界眼光、国际标准、中国特色、高点定位的要求。不但要搞好总体规划，还要加强主要功能区块、主要景观、主要建筑物的设计，体现城市精神、展现城市特色、提升城市魅力。早在2009年，按照规划，通州新城核心区将建成以总部形态为特征的高端文化商务中心区。2017年9月29日，《北京城市总体规划(2016—2035年)》正式公布，确定了城市副中心功能定位与发展目标。提出："沿运河布置运河商务区、北京城市副中心交通枢纽地区、城市绿心3个功能节点"，位于通州新城核心区的商务中心区更名为运河商务区，成为城市副中心的重要功能节点之一。按照新的城市总体规划，该区域将成为承载中心城区商务功能疏解的重要载体，新的目标和定位对运河商务区基础设施建设提出了更高的要求。2011年开工建设至今，运河商务区地下环隧、综合服务中心、城市市政管网和路网等重大基础设施建设陆续完工并相继投入使用，为下一步引进金融和总部项目、打造世界级国际商务新中心打下了坚实的基础。

二、运河商务区基础设施建设规划实现新的突破

作为展示北京世界城市的重要窗口，自市委十届七次全会提出"聚焦通州"之后，运河商务区的规划编制可谓"一年一跨越"。2009年，通州区确定了新城中心区规划范围由原先的16平方公里扩大到48平方公里，包括运河核心区、协同发展区、生活配套区和发展备用区，并明确运河核心区占地面积16平方公里，是文化底蕴深厚、环境景观独特、区位优势明显、适宜优先启动的重点区域。

2010年，由通州区政府联合北京市规划委员会牵头，北京市城市规划设计研究院及多家专业设计院协作组成规划设计团队，开展运河核心区地下空间规划、市政工程综合规划设计，为后续建设项目的开展提供规划依据和技术支持，为实现独具特色的通州国际新城打下坚实的基础。

3月，"通州国际新城规划论坛"在北京举办，来自法国、美国、加拿大、巴西等国的10多位世界顶级规划设计师受邀参与论坛。设计师们听取北京市、通州新城和运河核心区规划情况的介绍，实地考察运河核心区建设的进展、五河交汇处规划情况以及三教庙漕运码头和万亩滨河森林公园等人文景观，围绕论坛的主题，进行热烈研讨，在城市建筑、交通、历史文化遗产保护、滨水区域规划等方面，提出许多具有科学性、前瞻性、实用性的新理论、新观念、新思路。

8月，"世界城市建设中的通州国际新城发展论坛"在北京国际饭店隆重举行。论坛以"新使命 新定位 新发展"为主题，来自国家有关部委的领导、知名专家学者围绕"北京世界城市建设中的通州新城使命""通州新城建设发展理念与模式创新""通州新城品牌战略"等议题进行了深入研讨，对通州新城规划、发展定位等进行论证和深化。

经过考察论证和论坛交流，一版体现亲水生态、低碳环保和地下空间综合利用的新城核心区规划逐渐浮出水面。2011年，北京市规划委员会通州分局完成北环环隧和东关大道两条主干道的前期规划，优先启动核心区地下空间及基础设施建设，配合区园林局、水务局等单位，完成对河道整治、市政设施、垃圾真空回收系统等项目的规划编制。

2012年6月，北京市第十一次党代会将通州区定位为北京城市副中心，提出加大基础设施建设和重大产业项目布局力度，下更大决心聚焦通州，集中力量，力求取得重大突破。通州区委区政府认真贯彻区五届人大一次会议及人大常委会第一次会议精神，实施运河商务区（原通州新城核心区）基础设施建设计划，加快推进各项工作。为提高城市建设现代化水平和综合服务保障能力，新城中心区管委及规划、国土、住建、市政市容、交通、环保、水务等部门，积极为编制规划提供高效服务，组织并完成《通州新城运河核心区综合交通规划》《通州新城运河核心区市政基础设施专项规划》等的编制工作。

按照最新一版的规划，运河商务区规划面积为17.48平方公里，规划范围西起新华南北路，东至六环路，北到通燕高速，南至运河大街及规划路与六环路交汇处。其中，启动区位于北京城市副中心的核心位置，东以北运河为界，西至新华南北路，南邻玉带河大街，面积3.06平方公里，规划总用地298.01公顷。

运河商务区是整个新城建设的重点区域，在容量剧增、用地有限的情况下，具有强大生命力的地下空间已经成为城市发展中不可忽视的重要方面。城市地下空间开发利用可以集约利用城市土地资源，缓解城市交通压力，改善城市生活环境，从而促进城市的可持续发展。随着城市化进程的不断加快，城市地下空间开发利用已经成为未来城市发展的趋势。如何充分利用和挖掘地下空间的优势和资源，做出具有全局观点和可持续发展的长远规划，成为核心区规划面临的紧迫任务。

按照规划，运河商务区地下空间采用立体开发模式，统筹规划机动车道、轨道线路、交通枢纽、停车场、配套服务设施等，最大限度实现地下空间互联互通，形成通畅的地下走廊。同时，还采用城市管廊技术，综合安排地下市政管网，实施统一管护，避免反复挖路修路。运河商务区基础设施及公共服务项目涉及交通、电力、燃气调压站、水资源及环境、专业管线、公共设施、社会事业等项目，主要包括以下工程：东关大道、北环环隧、南环环隧、公共地下空间、三座地铁车站、新华大街交通枢纽、四座变电站工程、能源中心工程、两座燃气调压站工程、垃圾站、监控中心、停车场、公共地下停车场、河道治理、41条市政道路及管线工程、源头岛、通燕高速下穿工程。

以建设的难易程度和功能需求为导向，运河商务区基础设施建设总体安排遵循三大原则：一是“先地下、后地上”原则，确保优先建设地下隧道、地铁车站、地下市政管线；二是以土地上市出让作为项目建设的主线，优先安排能源设施，分批进行市政道路建设，满足地块开发需求；三是统筹考虑核心区内所有建设项目，以景观绿化建设作为核心启动区建设的收尾。按照上述原则，根据总体建设任务，运河商务区基础设施建设制定了分五年建成的实施计划：2011年，地下隧道工程、地铁车站等全面开工建设；2012年，完成地下隧道结构、地铁车站结构，同时220千伏变电站、燃气调压站、部分市政道路等开工建设；2013年，110千伏变电站、大部分市政道路及景观工程开工建设；2014年，完成主要市政道路建设，路网基本形成；2015年完善道路标识、监控系统等，同时配合二级开发商做好对接工作。

三、运河商务区基础设施建设施工管理展开新的思路

运河商务区基础设施建设涉及轨道交通、河道整治、能源子站、文物修缮启动区、专业管道及园林绿化等多个项目，是一项庞大而复杂的系统工程，为切实抓好商务区基础设施项目建设，通州成立了通州区主要领导总牵头，分管领导具体负责的工作领导小组，为项目建设服务。2011年2月，北京新城基业投资发展有限公司与北京城市副中心投资建设集团有限公司（原北京新奥集团有限公司）共同投资设立北京新奥通城房地产开发有限公司，负责运河商务区地下空间、河道治理、市政管网、交通枢纽等大型市政基础设施的建设。4月和7月先后启动总投资规模约27亿元的东关大道和北环环遂工程。

在商务区基础设施建设管理方面，根据运河商务区工程建设总部署，通州于每年年初下达年度建设项目建设计划，明确目标任务、工作要点、总体要求。根据年度计划要求，明确各个节点，责任落实到人、任务落实到位。对重点项目实现周报告制度，每月召开项目建设通报会，每季度召开分析推进会，及时掌握项目进度，协调解决项目建设过程中的相关问题，确保工程项目按计划顺利推进。

新奥通城公司借鉴北京奥运中心区建设经验，认真梳理分解区域建设项目分布特点，配合地铁建设、穿越河道，与开发商交叉一体统筹建设施工，分阶段部署施工任务，通过重要节点控制，分步骤有节奏地进行科学计划与控制，实现了运河商务区基础设施项目建设的有序推进。

作为北京市当时最先进的、同时更是最具技术含量的立体式地下空间工程，运河商务区基础设施建设在具体落实过程中常常困难重重，其中尤以东关大道工程过通惠河段施工最为棘手。东关大道工程于2011年4月7日开工建设，道路全长1.99公里，占地约8.6公顷，规划为城市主干路，道路设计南起新华大街，北至通燕路（桥下），经过8条城市道路，建成后将连接起核心区南北两区。对于东关大道地下结构工程而言，其亮点在于这条隧道将从地下20余米深处穿越通惠河，从而最大限度地减少对新城水乡区整体环境的影响，但是，这也成了整个施工的难点。由于通惠河是市内雨污水处理重要的下泄渠道，常年水流不断，给工程围堰（围堰：在水利工程建设中，为建造永久性水利设施，修建的临时性围护结构。其作用是防止水和土进入建筑物的修建位置，以便在围堰内排水，开挖基坑，修筑建筑物）等截流施工造成了很大麻烦，为尽量避免上游水量对工程造成的影响，过河段施工只能选在头一年汛期结束到第二年汛期来临之间短短八个月的相对枯水期进行。明确任务的紧迫性之后，各参建单位积极制定任务细化分解方案和应对措施，对各个工程节点进行逐一攻克，历经8个月紧张抢工，最终于汛期到来之前顺利完成过河段施工。2013年底，东关大道地下隧道的施工项目画上了圆满的句号，2015年11月，东关大道正式通车，经由东关大道的车辆可以直接驶入通燕高速。东关大道不仅沟通了运河核心区南北交通，也为副中心与中心城区之间的交通联系充分提供了便利。

随着运河商务区各产业项目进入施工建设的高潮期，市政基础设施竣工投入使用，通州区新城中心区管委会创新引入专业公司专业队伍，对运河商务区建设现场进行精细化、网格化、全方位管理，将运河商务区建设、运营、管理进行统筹考虑，实现无缝对接。2016年，区新城管委启动了运河商务区智慧城市运营管理工作。一是委托专业公司对运河商务区碳排放、能耗指标等内容逐项进行模拟计算和数据对比，将指标分解到各地块，并与已落地项目对接；编制智慧城市和海绵城市建设方案，将随项目建设进程分步实施。二是由新奥通城公司通过公开招标的方式确定运营管理物业单位及保安公司，明确岗位职责和管理范围，确保了北环环遂、东关隧道、市政综合配套服务中心及各条市政道路的设施设备运转安全。三是统筹推进气力垃圾系统建设。四是委托新奥通城公司对立体停车库进行运营管理。区新城管委在运河商务区基础设施建设管理中，努力提升服务意识，在管理中服务，服务中保障，让各参建单位都能从建设管理的成果中拥有更多的获得感，为商务区基础设施项目高质量地完成保驾护航。

四、运河商务区基础设施建设完成质的跨越

2011年至今，商务区基础设施建设有力、有序、快速推进，实现了运河商务区基础设施质的跨越，城市副中心的基础设施综合承载能力大幅度提升。

（一）城市地下空间高品质开发

运河商务区按照“先地上，后地下”的建设原则，引入世界领先技术与理念，高标准完成了北环环隧、南环环隧、东关隧道、市政综合配套服务中心等“看不见”的地下工程，构建了商务区工程最复杂、使用最便捷的地下交通枢纽。

北环环隧为全市首个涵盖城市道路交通与市政职能与一体的地下三层环廊系统，地下一层为行车道层，地下二层为设备夹层，地下三层为综合管廊，隧道设置4对进出口（4处进口、4处出口）与地面道路相接，设置22处进出口（10处同进同出、12处单进出）与地下车库相连。它采用“一体化”设计，通过整合地铁、环隧、地块、中间地带，形成统一的地下空间规划与建设，其综合化、集约化、科技化的建设方式，与地下空间开发高度融合统一，大大节约了城市市政用地空间，成为北京城市副中心的示范工程。东关大道下穿通惠河20余米深处，为地上市民亲水空间让道，尽管增加了施工难度，但市民亲水而居，临河而行的宝贵生态环境得以完整保留了下来。市政综合配套服务中心集智能停车、垃圾处理、监控指挥等多功能于一身，为运河商务区提供现代化管理和服务。南环环隧为地下行车隧道，为高效整合区域内资源，土护降工程延续了北环环隧一体化建设模式，为区域内各方开展合作打下良好基础。目前，运河商务区地下空间已经被铸造成结结实实的“地下城”，北环环隧、东关隧道、市政综合配套服务中心已经投入使用。

北环环隧地下行车道

（二）运河商务区坚实路网铸成

为配合运河商务区高品质路网建设和地下管网建设，全力提升区域交通能力和能源供给能力，通州加大交通设施建设，升级改造、续建、新建了一批道路，全面加快轨道交通项目和城际铁路建设，推动多层次轨道线网建设，加快形成一流的现代化城市交通网。运河商务区市政路网基本贯通，其中，东关大道、安顺路、新华南北路、新华大街、故城东路、玉带河大街、温榆河西滨河路、通燕高速辅路等城市主次干路已实现全线通车运行。域交通路网得到全面优化，交通环境品质得到大幅度提升。随着路网建设的完善，城市道路地下管线同步扩容升级。道路改造中，中水、给水、电力、照明、弱电、绿化工程及其他附属配套同期建设，主要能源管线大幅度增容，大大提升了运河商务区市政供给服务能力，为北京城市副中心未来能源需求提供了强有力保障。雨、污管线进一步分流，从源头上控制了污染，改善下游排水环境，为解决地区及上游区域安全度汛创造了条件。

（三）跨河桥梁靓丽景观初现

根据习近平总书记对北京重要讲话精神，北京城市副中心建设不但要搞好总体规划，还要加强主要功能区块、主要景观、主要建筑物的设计，体现城市精神、展现城市特色、提升城市魅力。作为北京城市副中心重要的市政基础设施，同时也是运河商务区重要的景观工程，北关大道跨通惠河桥和北运河桥均采用国际招标的形式进行方案征集，桥梁设计方案以桥梁历史文化环境艺术提升为主，综合考虑桥梁两岸及周边环境景观提升，将通州深厚的城市文化底蕴融入细节品质，打造与运河商务区城市文化高度融合的桥梁景观。

寓意为“青叶伏波”的北关大道跨通惠河桥，充分考虑与周边燃灯佛舍利塔、运河水乡区、程家大院、西海子公园、通惠河景观的空间形态关系，以“柳叶”作为设计母题，展现水乡区“柳叶随波”“龙舟撑出柳荫来”的美丽意境。寓意为“千荷泻露”的北关大道跨北运河桥，连接西岸众多遗址古迹的旖旎水乡和东岸现代都市CBD建筑群，设计了扭曲钢箱拱桥附带三层类似荷花造型的景观步道，为市民营造妙趣横生的亲水体验。随着北关大道跨通惠河桥建设完成，北关大道跨北运河桥已经具备使用条件，“青叶伏波”和“千荷泻露”的唯美造型屹立在副中心的河流之上，成了北京城市副中心的靓丽景观。

（四）科技提升建设品质

通州在运河商务区基础设施建设中引入多项世界领先技术与理念，着力打造高标准、国际化、绿色低碳的北京城市副中心。北环环隧采用“一体化”设计，在地下20米深处，通过整合地铁、环隧、地块、中间地带，形成统一的地下空间规划与建设，按照由深至浅的原则，实施基坑的一体化支护、开挖和回填，实现了多项目间的无缝衔接，在缩短工期的同时，大大节约了建设投资成本。运河商务区“中枢系统”市政综合配套服务中心，神奇的电灯“导光筒”利用高反射的光导管，将阳光从室外直接引入地下，打破了室内依靠电力照明系统的传统观念，能源节省率可达80%。

2013年年底，北环环隧地下综合管廊主体完工，隧道内建成国内首条区域真空垃圾回收舱。回收舱运用气力垃圾收集系统，覆盖商务区北区（通

“千荷泻露”——北关大道跨北运河桥

惠河以北，通燕路以南）的22个地块，服务面积约0.5平方公里。垃圾收集中心设置在运河商务区市政综合配套服务中心，主要由投放口、输送管道及收集中心3个部分构成，利用负压气流将垃圾输送到中央收集站内，实施垃圾气体和固体的分离处理。垃圾运输全过程密闭，垃圾收集分离过程中产生的废气经除尘过滤、除臭等处理，净化达标后排放。真空垃圾回收舱的运用，可以释放宝贵的地表空间，带来直接经济收益；有效杜绝垃圾扩散，避免二次污染；减少噪声、臭气污染，降低垃圾转运总量，充分体现“科技、绿色、低碳、环保”的理念。

跨河桥梁中，北关大道跨通惠河桥为全市首个单拱跨河全钢大桥，采用整体式全无缝结构，有效解决了由于主跨大、边跨小而出现的负反力问题，属国内较大规模的无缝桥。路面结构上，采用超韧性混凝土STC组合桥面的新技术，使桥面具有超高的抗拉韧性，大幅度提高桥面刚度和抗疲劳寿命。造型独特的上承式空间曲面连拱桥——北关大道跨北运河桥由一系列不规则异性构件组成，主桥含35根双曲面空间扭拱、22根长短不一的横梁、358根截面不同的立柱以及108段重量不同的钢箱梁。结构复杂，技术含量高，桥梁外装饰采用新材料FRP（玻璃钢复合材料），将桥梁侧面钢结构全部包裹起来，为国内桥梁首次规模使用。另外，在市政道路建设方面，采用新材料布敦岩天然沥青改性剂改善沥青路面性能，保证了市政道路的高稳定性、高抗水损、耐微生物侵蚀和抗车辙能力，有效延长了道路使用寿命。

规划建设北京城市副中心，是以习近平总书记为核心的党中央做出的重大战略部署，是千年大计、国家大事。习近平总书记高度重视，亲自谋划、亲自部署、亲自推动，为规划建设城市副中心倾注了心血、寄予了厚望。下一步，通州将继续坚持贯彻习近平总书记视察北京重要讲话精神，落实好“北京要发展，而且要发展得更好”的重要指示，落实市第十二次党代会精神，坚持创新、协调、绿色、开放、共享的发展理念，以建设国际一流和谐宜居之都示范区为总目标，以区域功能提升、非首都功能疏解、京津冀协同发展为重点，突出水城共融、蓝绿交织、文化传承的城市特色，高起点规划、高水平建设北京城市副中心。

审稿人：王葆刚

统稿人：马雪梅

执笔人：史圣洁

（摘自《北京改革开放实录（三）》）

大 事 记

通州区改革开放40周年大事记（节选）

1978年

12月28日 中共通县县委召开党员领导干部大会，传达中共十一届三中全会精神，要求各级党组织“解放思想，实事求是，团结一致向前看”，开展真理标准的讨论，工作重心转向经济建设。

1979年

9月17日 中共通县纪律检查委员会筹备组成立。

10月16日 全市第一台从美国引进的5171型喷灌机在张家湾镇里二泗大队安装试车成功并交付使用。

1980年

6月 中共通县县委以“要不要富”、“敢不敢富”和“怎样致富”为题，在全县掀起大讨论，持续半年。

1981年

12月 牛堡屯公社南大化第二生产队共产党员毕德山承包了30亩土地，平均亩产700多公斤，总产达到2.15万公斤，成为京郊粮田承包大户的一个先进典型。是年，通县被评为北京市平原绿化先进县。

1982年

9月29日 中共通县县委在牛堡屯公社垡头大队召开落实责任制现场会，推行南大化毕德山土地承包经验。县委强调要搞“统一经营，专业承包，联产到劳”。

1983年

1月4日 中共通县县委召开三级干部会议，传达《中共中央关于印发<当前农村经济政策的若干问题>的通知》等文件。会议总结了农村几年来实行联产承包责任制的经验，提出了进一步完善联产承包责任制的意见。

9月 全县开展第二次致富大讨论，并相继开展了“服务首都、富裕农民”和“增产、增收、增贡献”的讨论。

是年 通县卫生防疫站被卫生部授予全国卫生先进单位称号，并载入1984年《中国卫生年鉴》。

1984年

7月17—19日 中共通县县委、县政府召开企业工作会议，要求乡镇领导干部要解放思想，坚持改革，振奋精神，迅速动员起来，大规模地发展乡镇企业。

10月 中共通县委员会建立城镇工作部。

1985年

1月22日 中共通县县委、县政府召开农村工作会议，学习讨论《中共中央、国务院关于进一步活跃农村经济的十项政策》。根据中央指示决定，除个别农产品外，国家不再向农民下达农产品统购、统派任务，以推动农村经济向商品经济转化，农工商共同发展。从此，通县农村开始了第二步经济体制改革。

11月30日 县政府召开“怀念爱国将领、恢复佟麟阁、赵登禹大街名称”大会。1946年，为纪念佟麟阁和赵登禹两位爱国将领，将位于县城中部原新城南门内的南大街改为佟麟阁大街。1980年佟麟阁街因旧城改造而消失，1981年，赵登禹大街复名东关大街。

1986年

4月8日至12日 通县人大第八届第三次会议召开，通过了“七五”计划设想和通州卫星城总体建设规划。

10月30日 通县玉带河大街一期工程竣工通车，大街全长1936米，路面宽30米，其中，机动车道宽9米，两侧设1.2米隔离带，非机动车道各宽5米，人行道各宽4.3米，为三幅沥青路面，双路双灯照明。

1987年

7月4日晚8时50分 胡各庄、西集、侉子店、郎府等乡遭受新中国成立以来最严重的大风、暴雨、冰雹袭击，受灾面积11万亩。

9月25日 全长2681米的玉带河大街二期工程经过6个月的施工通车。

1988年

5月25日 通县少年宫和少年科技馆举行落成典礼。

9月15日 运河大街工程竣工，东起滨河路，西至果园环岛，全长3720米。

12月 中共通县县委在新落成的通县图书馆举行10年改革成果展览，历时3个多月。

1989年

10月1日 通县在体育场举行庆祝中华人民共和国成立40周年联欢晚会，近万人参加。

10月13日 位于侉子店乡兴各庄村与河北省大厂县窝坨村之间横跨潮白河的友谊大桥竣工通车。

1990年

1月27日 正月初一，中共中央总书记江泽民、国务院副总理田纪云、中共中央北京市委书记李锡铭、中共中央办公厅主任温家宝到梨园乡大稿村给农民们拜年。

3月7日 城关乡、梨园乡、徐辛庄乡、宋庄乡、张家湾乡、次渠乡、漷县乡、西集乡、牛堡屯乡、马驹桥乡，撤乡建镇。

1991年

2月16日 通县获首都环境保护优胜奖。

10月6—9日 通县举办首届美食小吃节，展售各种小吃和其他商品1370种，有60万群众参加，每年这个时间举办一届，到1996年终止，共办5届。

1992年

5月7日 中共通县县委、通县人民政府发出《关于解放思想加快改革开放与经济发展的思路》的通知，提出在新形势下调整经济结构，加快经济发展的新思路。

5月22日 中共北京市委正式批准通县在张家湾镇建立开发区。

9月28日 通州八里桥交易市场、金三角商城试营业。

10月 通县境内476个自然村实现村村通柏油路，总长度665.93千米，属全国之首。

1993年

5月21日 北京市远郊区县第一家股份制商业企业——北京银地股份有限公司正式成立和银地大厦落成开业典礼同时举行。

10月22日 京郊第一家蔬菜服务中心——通县蔬菜服务中心落成使用。

10月31日 通县人民商场前10个月销售额达10021万元，成为北京市远郊区县首家年销售额过亿的商场。

1994年

1月17日 国家统计局根据1992年制定的12项农村经济主要指标，评选出1993年度中国农村综合实力百强县，通县被评为百强县中第十名。

3月18日 通州八里桥市场铁路货场通车运营，铁路专线长2.5千米，年货物吞吐能力70万吨以上。

5月1日 通县又一座大型商场——北京金鼎大厦营业。

7月25日 潮白河兴各庄橡胶坝建成蓄水，该坝是北京市最大的橡胶坝，蓄水量可达1180万立方米。

1995年

1月12日 通县人民政府发布《关于促进个体、私营经济发展的规定》。

1月20日 为了减轻农民负担，通县人民政府印发《关于实施<北京市农民负担条例>的若干规定》。

2月6日 通州报社成立，《通县经济报》试刊出版。

12月27日 京通快速路修成通车。

1996年

9月19日 一部反映大运河沿岸风情的12集连续剧《运河人家》（原著刘绍棠）开机。

12月4日 京郊第一个乡镇有限电视网——通县次渠有限电视网建成，并开始使用。

1997年

4月26日 京东第一家旧货市场——通州西门旧货市场开业。

4月29日 国务院批复同意北京市撤销通县建置设立通州区，以原通县行政区域为通州区行政区域。

9月28日 北京市通州区正式成立。

10月24日 中共通州区委决定：撤销西城、南城、北城、东城、新建、运河、北苑七个办事处及党委，成立通州区中仓、新华、玉桥、北苑街道办事处及工委。

1998年

3月10日 通胡路一期工程动工，西起北苑环岛，东至东关大桥，全长3562米。

3月21日 潞河医院开始实行全日门诊，成为继朝阳医院、垂杨柳医院之后，全市第三个实行全日门诊的医院。

1999年

6月23日 通州区妇女儿童活动中心投用。

8月17日 北运河东关大桥改扩建工程动工。

8月31日 京沈高速路通州段全长26千米全线贯通。

11月26日 通州区妇幼保健院新院建成并交付使用。

2000年

8月15日 通马公路改造工程竣工，该工程北起果园环岛，南至京沈高速，全长4500米。

12月29日 新华大街改造工程竣工。

2001年

4月28日 长安街延长线通州区新华大街整治工作竣工。

5月18日 通州区招商局成立。

7月 通州进行撤乡并镇，全区定为下辖10个镇、1个民族乡、4个街道。

9月13日 第一部全面介绍通州历史与现状的权威性百科全书《通州百科全书》出版发行。

2002年

7月16日 举行《运河文库》丛书首发式。

9月21日 通州区首届城市运动会举行。

11月12日 通州区潮白河、温榆河、六环路“两河一路”绿色通道工程竣工。

11月30日 通州区定位北京新城区，市委书记刘淇到通州区调研。

2003年

4月8日 潞河医院收治本区第一例“非典”患者。

7月11日 通州30万人喝上市区水。

12月2日 北运河通运大桥改造工程竣工。

12月27日 北京地铁八通线开通试运营。

2004年

1月22—28日 通州首届运河文化春节庙会在运河文化广场举行，接待游客12万人次。

10月1日 北京阳光鑫隆百货市场有限公司通州市场开业。

10月16日　运河西大街改造工程开工，运河西大街西起果园环岛，东至滨河路，全长3554米。

11月1日　运河城市段整治拓宽至200米。

2005年

6月10日　北京名校办分校第三批签署，通州与北京市第二中学、史家小学、市育才学校签约。

7月15日　于家务回族乡被国务院授予全国民族团结进步模范集体称号。

10月22—26日　首届中国·宋庄文化艺术节举行。

10月26日　运河东大街道路竣工。

11月17日　北苑高架桥主路及匝道桥全线试通车。

2006年

5月18日　中关村科技园区通州园授牌、通州园管理委员会授牌暨项目签约仪式举行。

6月1日　果园环岛、漫春园景观改造工程竣工。

7月31日　运河文化广场改造工程完成正式对外开放。

10月28日　家乐福全球第1000家店在通州开业。

11月24日　运河大桥、东关大桥竣工通车。

12月7日　通州武夷花园二期建筑工地出土13座汉墓。

2007年

3月5日　北京工业大学实验学院落户通州，举行开学典礼。

7月13日　通州区“面人汤”面塑技术、风车制作技艺、花丝镶嵌技艺入选北京市第三批非物质文化遗产名录。

7月30日　通顺路温榆河桥改造工程竣工。

12月27日　通州区实现村村通公交车。

2008年

1月22日　张家湾镇皇木厂村被评为2007年度北京最美村。

4月28日　奥运吉祥物“福娃”主要设计者韩美林成为通州区奥运志愿者形象代言人。

6月25日　韩美林艺术馆开馆。

8月7日　奥运火炬传递活动在通州区运河城市段举行。

2009年

4月14日　通州区首座垃圾中转站投用。

9月8日　史家小学通州分校落成。

9月30日　朝阳北路东延邓家窑大桥竣工通车。

12月30日　通州区首个经济适用房项目——玉桥东小区经济适用房竣工。

2010年

1月16日　北京华联通州武夷购物中心开业。

8月7日　通州慈善协会成立。

9月25日　通州大运河森林公园开园。

9月29日　北京小学通州分校落成。

10月13日　运河核心区开工。

12月　轻轨亦庄线通车运营。

2011年

1月12日　蓝岛大厦通州店开业。

8月31日　通州区第三中学新址落成开学。

8月　北京通州文化旅游区管理委员会成立。

11月30日　北京汽车动力总成有限公司发动机厂竣工暨首台自主品牌发动机下线仪式在通州经济开发区东区新厂区举行。

2012年

3月30日　通州区政府与中国人民大学合作建设中国人民大学校区签约。

6月5日　通州区老旧小区综合整治首个项目——四海公寓开工。

9月3日　北京第二实验小学通州分校落成开学。

9月26日　首届中国艺术品产业博览会在通州开幕。

2013年

5月6日　通州区公共自行车（小绿）正式投用。

8月29日　通州区教师研修中心实验学校、通州西集中学、西集镇中心小学新校舍投入使用并开学。

10月9日 通州区文化中心落成。

2014年

6月22日 在多哈召开的第38届世界遗产大会宣布，中国大运河项目成功入选世界文化遗产名录，成为中国第46个世界遗产项目。

8月31日 通州区贡院小学建成投用。

12月28日 M6号线二期正式运营，区内站点8个，长度12.4千米。

2015年

7月11日 中共北京市委十一届七次全会审议通过了《京津冀协同发展规划纲要》，通州正式成为北京市行政副中心。

7月21日 潞城棚改A片区启动。

8月14日 市住建委、通州区联合发布《关于加强通州区商品住房销售管理的通知》，全国首个针对直辖市局部区域出台的限购政策。

11月5日 北京环球主题公园及度假区基础工程建设启动。

11月20日 东关大道正式通车。

2016年

4月 首都医科大学附属北京潞河医院新门诊楼投用。

4月 人大附中通州校区等4所名校正式进驻通州。

5月27日 中共中央政治局会议研究部署规划建设北京城市副中心和进一步推动“京津冀”协同发展有关工作。

6月 “北京环球主题公园主入口处地铁站方案”全球征集。

9月15日 潞城镇棚改二期启动签约。

9月30日 广渠路二期通车。

2017年

2月23日至24日 总书记习近平在京考察城市规划建设和北京冬奥会筹办工作。24日上午，习近平考察了北京城市副中心行政办公区和大运河森林公园。

4月12日 通州汉代路县故城遗址入选2016年度全国十大考古新发现。

8月 市委、市政府成立推进全国文化中心建设领导小组，并成立了大运河文化带建设组。

9月 北京市发布《北京城市总体规划（2016年—2035年）》，规划提出，北京城市副中心与河北雄安新区共同构成北京新的两翼。

11月17日 通州荣膺第五届全国文明城区和全国未成年人思想道德建设工作先进城区两项殊荣。

12月31日 北京市郊铁路城市副中心线首趟列车“京通号”出发。

2018年

3月29日 北京城市副中心详规首次向社会公开。

4月2日 中共中央总书记、国家主席、中央军委主席习近平到通州参加首都义务植树活动。

4月13日 国家大剧院舞美基地启用。

7月18日 通州区融媒体中心揭牌成立。

11月24日 市委书记蔡奇到通州调研，要求城市副中心要突出抓好十一个方面工作。

11月 北京城市副中心行政办公区启用。

12月 2018全球财富管理论坛在通州举办，城市副中心打造国际财富管理中心。

（摘自《通州时讯》）

通州区2018年大事记

1 月

3日 市委副书记、代市长陈吉宁到通州区调研基层党建工作。到永顺镇小圣庙村城市副中心“绿心”和棚改拆迁现场察看拆迁进展情况。

9日 通州区三乐康复老年公寓通过养老机构三星级评定，填补了通州区三星级养老机构空白。

17日 北京物资学院召开大运河研究院成立大会。宣布学校成立大运河研究院，聘请原《改革》杂志社专家王佳宁担任院长。

18日 通州区召开城市基层党建工作会。会上，区委常委、组织部部长韦江与美团点评集团党委书记钟永健共同发布“通州美团党员商户在线”项目。

▲ 通州区人民政府—北京市科学技术研究院开展科技成果对接会。会上，区委常委、副区长洪家志与北京市科学技术研究院副院长邵锦文签署《通州区人民政府—北京市科学技术研究院战略合作协议》，同时进行了《通州区科学技术委员会—北京科学学研究中心战略框架合作协议》《通州区玉桥街道办事处—北京北科维拓科技有限公司大数据社会治理项目合作协议》等项目的合作签约。

本月 通州区召开首届“两高”人才颁奖典礼，正式发布首批193名“两高”人才，即“灯塔计划”和“运河计划”入选名单。

2 月

22日 市委书记蔡奇，市委副书记、市长陈吉宁到通州调研。到通州友谊新华医院了解医院规划建设和通州区引进优质医疗资源、提升城市副中心医疗卫生服务能力情况。

3 月

22日 市委书记蔡奇，市委副书记、市长陈吉宁到潞城镇崔家楼村调研“煤改电”情况，并察看国网北京市电力公司电能替代实验室。

▲ 原通州规划分局、国土分局整合组建的市规划国土委通州分局正式挂牌，标志着北京市首个区级规划国土管理部门挂牌成立。

26日 通州国税局联合地税、工商等部门，正式入驻通州区企业开办大厅，为新办企业提供新户报到、设备发行等工作，实现“一站式服务、五天全办好”。

28日 “北京市不动产登记移动预约系统”开通运行，公众可使用移动设备关注微信公众号“北京市不动产登记”，预约不动产登记号源。

29日 市人大常委会听取审议《北京城市副中心控制性详细规划（草案）》。根据北京城市总体规划，北京城市副中心规划范围为原通州新城规划建设区，总面积约155平方千米。

4 月

2日 党和国家领导人习近平、李克强、栗战书、汪洋、王沪宁、赵乐际、韩正、王岐山等到通州区张家湾镇，同首都群众一起参加义务植树活动。习近平强调，开展国土绿化行动，既要注重数量更要注重质量，坚持科学绿化、规划引领、因地制宜，走科学、生态、节俭的绿化发展之路，久久为功、善做善成，不断扩大森林面积，不断提高森林质量，不断提升生态系统质量和稳定性。我们既要着力美化环境，又要让人民群众舒适地生活在其中，同美好环境融为一体。习近平指出，各级领导干部要率先垂范、身体力行，以实际行动引领带动广大干部群众像对待生命一样对待生态环境，持之以恒开展义务植树，踏踏实实抓好绿化工程，丰富义务植树尽责形式，人人出力，日积月累，让我们美丽的祖国更加美丽。前人栽树，后人乘凉，我们这一代人就是要用自己的努力造福子孙后代。在京中共中央政治局委员、中央书记处书记、国务委员等参加植树活动。

11日 区六届人大常委会召开第十二次会议，会议决定任命赵磊为通州区人民政府副区长、代理区长。

17日 市委书记蔡奇到通州区调研。先后到西联石材交易市场、通州博物馆、通惠河（通州段）水环境综合治理工程、通州商务园、张家湾古镇、再生能源发电厂，并在永乐店镇主持召开座谈会。

18日 通州区举办处级领导干部“强党性、促凝聚”（红旗渠）专题培训班集中开班仪式。

▲ 北京城市副中心投资建设集团有限公司揭牌仪式举行。同时，北投集团与国家开发银行、中国工商银行、中国农业银行签订战略合作协议，授信高达4600亿元，创造了银企战略合作最高授信额，这在北京市属国企的银企战略合作签约史上尚属首次。

24日 区领导曾赞荣、赵磊带队赴石景山区，与北京冬奥组委对接冬奥会筹办工作。座谈会上，双方从市场开发、文化宣传等多个角度，围绕通州区服务保障冬奥会筹办的具体工作进行深入交流。区委书记曾赞荣表示，通州区将提高政治站位，进一步增强责任感和使命感，全力以赴参与到冬奥会筹办工作中。将全面提升城乡环境面貌，持续开展蓝天保卫战，全力打好碧水攻坚战，全面开展绿化大会战，凸显冬奥主色系。将加快冰雪运动普及，扩大运河文化广场冰雪嘉年华影响力，充分利用环球影城项目平台，打造通州冰雪运动品牌，并将大运河文化、本土民俗文化等通州历史文化资源与冬奥会融合，讲好冬奥故事，在区内营造支持冬奥的浓厚氛围，为北京2022年冬奥会、冬残奥会的成功举办贡献通州力量。区领导还参观了首钢办公区“西十筒仓”规划展厅。

24日 北京市通州区人民政府发出《北京市通州区人民政府关于设立潞源街道办事处和调整潞城镇辖区范围的通知》。

25日 市长陈吉宁到通州区视察北京第五幼儿园通州分园和张家湾镇植树地块，并到玉桥街道新通国际社区居委会参与社区服务活动。

25日—27日 区委书记曾赞荣率通州区党政代表团赴内蒙古自治区，考察对接与兴安盟科尔沁右翼中旗、通辽市奈曼旗、赤峰市翁牛特旗开展扶贫协作、对口帮扶工作。座谈会上，区委常委、常务副区长崔松光分别与科尔沁右翼中旗和奈曼旗签订《携手奔小康行动协议（2018年—2020年）》，加上2017年8月11日与翁牛特旗签署协议，通州在内蒙古的对口帮扶单位已达三旗。区委常委、组织部部长韦江代表通州区分别向三旗捐赠扶贫资金。

27日 2018“书香通州”大运河阅读计划启动暨大运河阅读家对话活动在奥体公园举行。市新闻出版广电局局长杨烁、代区长赵磊为“书香游船”揭牌。

5 月

1日 原创舞剧《运》通州区专场演出暨通州区各界青年纪念五四运动99周年活动在区文化馆举行。

2日 通州区广播电视中心与北京人民广播电台签署战略合作协议和业务合作协议。

3日 通州区国地税举办优化营商环境新闻发布会暨云税体验中心启动仪式，标志着全市首家云税体验中心在城市副中心正式投入运行。

5日 市委书记蔡奇，中央和国家机关工委常务副书记孟祥锋，市委副书记、市长陈吉宁，市人大常委会主任李伟，市政协主席吉林和市直机关各单位干部职工近2000人在大运河森林公园参加“健康伴我行 建功副中心”健步走活动。

7日—8日 市长陈吉宁到通州区调研。检察了北苑街道玉带路社区、环境监控中心、张家湾镇马营村农村污水处理站、南火垡村工业大院腾退现场、榆林庄闸国家水质考核断面、潞城镇第二污水处理厂、京哈高速货运车辆西集卡口、漷县镇觅子店综合检查站、再生能源发电厂等重点点位，并现场督查。

10日 区领导曾赞荣、崔松光等到西城区陟山门街和大石作胡同、北京坊、西河沿街、广安门内街道街区整理体验馆，学习考察疏解整治促提升专项行动先进经验。

13日 北京银行·2018北京通州半程马拉松举行。

16日 《畿辅通会——通州历史文化展》在首都博物馆开幕，169组件文物回望通州千年历史，讲述北京城市副中心的前世今生。53组件副中心考古新发现集中亮相。

18日 区领导曾赞荣、赵磊、崔松光等到东城区前门东区西打磨厂街、三里河综合整治项目、景山东街、三眼井胡同、东四四至六条胡同等地，学习考察疏解整治促提升专项行动先进经验。

19日 2018北京通州运河绿道骑游周活动在大运河森林公园漕运码头举行。

20日 北京市首家“国家标准化代谢性疾病管理中心（MMC）”揭牌仪式在首都医科大学附属北京潞河医院举行。

23日 北京城市副中心行政办公区高压线改造工程全面完成，架空线全部入地。同时，在行政办公区6平方千米核心区域内，配套电力工程全面完工，形成一个高端智能配电网示范区，将为行政办公区搬迁进驻提供可靠供电保障。

25日 通州发布张家湾镇两处湿地公园的规划方案，将利用疏解腾退后的土地，建成张家湾公园和凉水河湿地公园两座大型湿地公园，占地13000余亩，将成为城市副中心新的绿色生态屏障。

▲ 十二届全国政协副主席王家瑞，文化和旅游部党组成员、副部长李群到国家大剧院台湖舞美基地合成剧场，观看《纽伦堡的名歌手》公开排练。

▲ 2018年第七届北京现代种业博览会在通州国际种业科技园区举办。

26日 主题为“新时代新青年新创客”的中国青年体育产业创新创业发展论坛暨新青年创客服务联盟（通州）启动仪式在通州区举行。

28日 中共中央政治局常委、国务院副总理韩正到通州区调研北京城市副中心规划建设工作。视察了北京城市副中心规划展厅、行政办公区建设工地和大运河森林公园，并主持召开座谈会，听取北京市和有关部门意见建议，研究部署下一步重点工作。韩正强调，要认真落实北京城市总体规划，深化城市副中心规划，做深做实控制性详规，强化与专项规划的衔接整合，以人为本做好城市设计，实现“多规合一”；要坚决维护规划的严肃性和权威性，增强规划的约束力和执行力，确保规划真正落地；要切实增强责任感和使命感，敢于担当，锐意进取，把北京城市副中心建设成为“京津冀”协同发展的标志性工程。

31日 市委常委、副市长阴和俊到通州区调研。考察了北京中科信电子装备有限公司和李宁（中国）体育用品有限公司，并听取通州区推动“高精尖”产业发展主要举措及有关情况的汇报。

6月

1日 通武廊渔政协同执法机制签约仪式在通州区农业局召开，通州区与天津武清区、廊坊市三地联合建立通武廊渔政协同执法机制，成立三地协同执法协调小组，签署协同执法机制协议书，制定《关于加强潮白河、北运河、凤河、港沟河等流域渔政协同执法工作方案》，定期开展联合执法，加大渔业违法行为打击力度。

5日 “京蒙有你·通奈有我”2018内蒙古奈曼旗（北京）旅游推介活动在通州举行。

6日 由北京物资学院及在京有关政策咨询机构、大运河沿线相关高校和新型智库共同发起的“中国大运河智库联盟”成立。

11日 内蒙古自治区兴安盟科尔沁右翼中旗党政考察团到通州区考察对接帮扶工作。考察了于家务回族乡国际种业园区、台湖镇中关村科技园光机电一体化产业基地、通州区商资公司下属品农超市（潞河旗舰店）、北京城市副中心规划展厅和大运河森林公园“月岛闻莺”观景平台，并听取相关工作情况汇报。

12日 通州区农广校第一所田间学校在中农富通园艺公司成立。

13日 北京物资学院物流学院与北京交通大学

交通运输学院签订战略合作协议，合作内容包括1个战略合作协议书和13项具体实施内容。

14日 通州区首家微型智能自助图书馆在马驹桥镇政务服务中心一层投入使用。

15日 通州区政府与清华大学全面合作框架协议签约活动举行。区委副书记、代区长赵磊与清华大学副校长、工程院院士尤政签署合作协议。

19日 市委书记蔡奇围绕“推动京津冀协同发展，把城市副中心打造成北京重要一翼”主题到通州区调研。察看潮白河友谊大桥过境交通、潮白河右堤路两侧及潮白河沿岸生态保护及环境景观等情况，并召开座谈会，强调要坚持协同发展的原则，加强顶层设计；要通过政府引导、市场运作，推动交通、公共服务、产业等向北三县延伸布局；要坚持生态优先，使绿色成为区域协同发展的底色；要加强与廊坊及北三县的沟通对接，健全常态化的工作机制，有步骤地推进各项任务落实。

21日 通州区与城市电力控股集团能源互联网基础设施项目投资签约仪式举行。

22日 通州区召开大运河文化研究会成立大会。市委宣传部副部长、国家大剧院党委副书记、副院长赵佳琛和区委书记曾赞荣共同为大运河文化研究会揭牌。

▲ 通州区对口帮扶区域产业发展推介大会召开。通州区5部门与内蒙古赤峰市翁牛特旗、通辽市奈曼旗、兴安盟科尔沁右翼中旗签署产业战略合作框架协议。

▲ 北京金融科技国际产业园揭牌暨企业入驻签约仪式举行。

▲ 市金融局、通州区政府与蚂蚁金服集团三方签署战略合作协议。

▲ 区六届人大常委会召开第十三次会议，任命刘贵明、黄世喆为区政府副区长。

▲ 通州区召开对口帮扶区域产业发展推介大会，与内蒙古赤峰市翁牛特旗、通辽市奈曼旗、兴安盟科尔沁右翼中旗签署产业战略合作框架协议。

28日 由区潞河医院、东直门医院东区、妇幼保健院、中西医结合医院、疾控中心、于家务卫生院、张家湾卫生院、永乐店卫生院共8家医疗卫生机构的46名医疗专家组成的通州区医疗队，赴内蒙古奈曼旗开展精准对口帮扶工作。

7 月

5日 区委副书记初军威带领相关部门负责人到东城区，先后前往王家园胡同35号院、东直门街道办事处、新中西里社区、东城区网格化服务管理中心，学习考察街道管理体制改革先进经验。

▲ 国家税务总局北京市通州区税务局正式挂牌成立，标志着原北京市通州区国家税务局、北京市通州区地方税务局正式合并。

6日 通州区召开国家卫生区复审迎检工作动员部署会。

17日 “吉祥运河·游你游我”旅游推介会暨2018香河荷花节启动仪式在西集镇阳光码头举行。

18日 北京市通州区融媒体中心成立。市委宣传部副巡视员梅松，区委书记曾赞荣，区委副书记、代区长赵磊共同为区融媒体中心揭牌。

19日 市人大常委会主任李伟到通州调研。先后到国家大剧院舞美基地、台湖镇外郎营村和北京文旺阁木作博物馆，视察“聚焦‘一核一城三带两区’，推进全国文化中心建设”议案办理情况。

20日 北京城市副中心控规草案公告工作完成。公告期间，市、区级展览馆接待参观人数15076人次（其中通州展厅参观人数10008人次），社会各界通过现场留言、网络留言、发送邮件和信件等方式提出约1900余条意见建议，其中现场留言1399条，网络留言意见457条，邮件和信件68条。

30日 中共北京市通州区第六届委员会第五次全体会议召开。会议审议通过了区委常委会工作报告，讨论了上半年全区经济社会发展工作的报告，表决通过了《中国共产党北京市通州区第六届委员会第五次全体会议决议》。

31日 中共北京市通州区委潞源街道工作委员会、北京市通州区人大常委会潞源街道工作委员会、北京市通州区潞源街道办事处正式挂牌成立。

8 月

4日 通州区召开深化“放管服”改革、优化营商环境工作大会。

8日 通州区再生能源发电厂项目正式运营。

10日 市委书记蔡奇，市委副书记、市长陈吉宁围绕“贯彻落实城市总规，推进副中心建设，推动老城区提升”主题到通州调研。实地察看中仓小区改造实施情况、南大街片区。在随后召开的座谈会上蔡奇强调，既要建设好新城区，也要提升好老城区，通过生态修复和城市修补，促进新老城区空间、功能深度融合，以新促老、新老融合，让人民群众更有获得感、归属感。老城区提升重在行动，要疏解一般性制造业，利用老旧厂房腾笼换鸟，发展科技创新和文化创意产业，推动老城区功能置换、产业升级；要抓住问题突出、带动性强、示范性好的重要节点率先突破，以点带面推动老城区提升。陈吉宁指出，通州老城区更新提升必须坚持以人民为中心的发展思想，抓好共建共治共享；要统筹好各项任务，认真落实城市副中心控制性详规，加强市区两级协调，完善落地实施机制，合理引导社会预期，平稳有序推进老城区改造提升工作。

18日 中非合作论坛北京峰会通州区服务保障工作动员誓师大会召开。

20日 首都地区环线高速公路（通州—大兴段）通车运营，比同等规模其他工程提前通车一年半。该工程通州区域内全长28千米，沿线涉及4个乡镇34个村。设计等级为高速公路，设计速度120千米/小时，双向6车道，路基宽度34.5米。

28日 《通州区国家森林城市建设总体规划》发布。

▲ 通州硬科技产业示范基地项目签约仪式在通州会议中心举行。

9 月

4日 通州区召开迎接北京市文明城区测评动员部署会。

7日 全国政协副主席刘奇葆率调研组，围绕大运河文化带建设进行调研。调研组先后察看了玉河遗址和通州区大运河森林公园、三教庙、燃灯塔，详细询问路县故城、张家湾古镇、通州古城等历史文化遗址的保护、发掘、利用情况。座谈会上，刘奇葆强调要深入学习贯彻总书记习近平有关重要指示精神，增强责任感、使命感。要做好保护、传承、利用三篇大文章，推进大运河历史文化遗产抢救、发掘和保护；挖掘大运河文化内涵和时代价值，讲好大运河故事；把文化资源优势转化为发展优势，促进区域经济社会发展。要坚持问题导向，着力解决大运河文化带建设中的突出矛盾和问题，推动下一阶段更有质量的建设。

▲ 市长陈吉宁到马驹桥镇北京嘉禾春天农产品专业合作社察看“大棚房”拆除清理、垃圾消纳处理等有关情况，并主持召开“大棚房”排查清理整治工作现场会。

▲ 全国政协副主席刘奇葆率调研组到大运河森林公园“月岛闻莺”观景平台和“三庙一塔”景区，就大运河文化带建设情况进行调研。

15日 副市长、国家大剧院党委书记、院长王宁，参加“国家大剧院2018台湖音乐周”开幕式。

18日 市委书记蔡奇围绕“落实城市总体规划，打造宋庄艺术创意小镇”主题到通州区调研。实地察看宋庄公园、宋庄国防艺术区、宋庄美术馆并召开座谈会，强调要坚持规划引领，促进宋庄发展提升；要做足艺术创意小镇文章，在小而特、小而精、小而美上下足功夫；要注重小镇品质提升；要抓好规范管理；要做好工作统筹。

20日 第27届北京国际燕京啤酒文化节通州专场活动在运河文化广场开幕。

21日 市委常委、统战部长齐静到潮白河左岸建筑渣土堆放地，视察建筑渣土堆放情况。

23日 “通州首届中国农民丰收节”在北京国际都市农业科技园开幕。

25日 北京通州台湖“设计之都”新平台高端论坛暨2018北京国际设计周台湖分会场开幕式在国家大剧院台湖舞美艺术中心举行。

27日 通州区老旧小区加装电梯试点项目竣工并投入使用。该部电梯位于中仓小区1号楼3单元，是通州区老旧小区加装的第一部电梯，载重630公斤，宽1.9米，高2.2米，投入运行后，最多可容纳10人，安装模式为半层入户，收费模式为租赁式。

28日 区六届人大四次会议闭幕。赵磊当选通州区人民政府区长。

29日 2018中国艺术品产业博览会在通州开幕。区委书记曾赞荣、北京文投集团董事长周茂非、市文物局副局长向德春共同开启艺博会主馆大门。

▲ 首都医科大学附属北京潞河医院举办140年历程潞河医疗与人文研讨会暨百年名院论坛。

▲ 2018中国艺术品产业博览会开幕。区委书记曾赞荣、北京文投集团董事长周茂非、市文物局副局长向德春共同开启艺博会主馆大门。

9月29日至10月5日 2018年中国艺术品产业博览会在通州区宋庄文化产业集聚区举行，并在天津、河北等地设立分会场。

30日 通州区烈士公祭活动在大运河森林公园周文彬塑像广场举行。曾赞荣、赵磊、李玉君、赵玉影、初军威等区委、区人大、区政府、区政协领导，以及老战士和烈属代表，部分区人大代表和政协委员，驻通州部队官兵代表，区属各单位及乡镇街道党政主要领导，劳动模范代表，妇女代表，师生代表和共青团员代表共同参加公祭活动。

本月 通州区正式发布《通州区国家森林城市建设总体规划（2018—2035年）》，标志着通州区创建国家森林城市工作进入全面实施新阶段。该规划围绕森林网络、城市森林健康、城市林业经济、城市生态文化、城市森林管理5大体系40项指标，以“一心、一环、两带、两区”为总体布局，着力推进森林进城围城工程、森林生态廊道建设工程、森林休闲体验工程、城市绿道网络建设、生态文化保护与传播等一大批重点工程。

10月

1日 市委常委、宣传部部长杜飞进到宋庄艺术区，调研2018中国艺术品产业博览会运行情况。

▲ 2018北京（台湖）影偶艺术周开幕。

2日 区长赵磊，区委常委、宣传部部长查显友与来自斯洛文尼亚前总统图尔克、葡萄牙前欧洲事务与外交部部长布鲁诺及夫人参观了中国艺术品产业博览会主会场。

▲ 2018北京·运河国际艺术周在区文化馆开幕。

8日 通州区举办“彩虹计划”青年人才培养工程首批学员赴浙江嘉兴培训启动仪式。

11日 区委书记曾赞荣在重阳节来临之际到水恋晶城小区看望慰问百岁老人张仲娴。

▲ 区六届人大常委会召开第十六次会议，任命董明慧、苏国斌为北京市通州区人民政府副区长。

12日 通州区召开服务保障市级机关搬迁动员部署大会。

▲ 中国少年先锋队北京市通州区第一次少代会开幕。

13日 区委书记曾赞荣，区委副书记、区长赵磊与廊坊市委书记冯韶慧，市委副书记、市长陈平就两地规划、交通、产业、生态等多领域进行座谈。

▲ 玉桥街道首届“玉桥嘉年华·社区欢乐汇”开幕。

17日 通州区工商联“百企联百村”协议签订仪式暨致公党“侨助致明”公益活动在吕家湾村举行。

24日 第二十二届北京·香港经济合作研讨洽谈会开幕式在北京国际饭店举行。开幕式结束后，举行以“聚焦新时代的北京发展机遇”为主题的北京城市副中心推介会，推介会由副区长苏国斌主持，区长赵磊作北京城市副中心推介演讲。

25日 北京市国家卫生区创建与复审工作现场会在通州区召开。区人大常委会主任李玉君介绍了通州区在“创卫”复审工作中的经验和做法。

26日 市委书记蔡奇到城市副中心行政办公区调研。在检察工勤人员召里宿舍区、市政协2号楼、市人大常委会5号楼、市委1号办公楼，听取行政办公区建设进展情况、第一批搬迁工作准备情况、搬迁交通通行保障情况汇报后强调，要进一步细化搬迁工作方案；要抓好工程收尾工作；要做好干部职工生活保障；要加强工作统筹。

▲ 首都职工志愿服务助力北京城市副中心建设启动仪式在通州举行。市总工会党组成员、副主席韩世春，区委副书记初军威，以及来自全市各职工志愿服务总队和分类队伍的2000余名职工志愿者出席仪式。

▲ 通州区农业局与天津市武清区农业委员会和河北省廊坊市农业局共同签署《深化“京津冀”农业执法区域联动框架合作协议》，成立通武廊农业执法区域联动协作小组。

27日 由致公党中央和北京市政协主办的中国发展论坛·2018在通州区举办，就“新时代新理念引领城市群发展”主题展开研讨。

28日 北京市徒步运动协会、通州区人民政府举办2018（第五届）北京徒友嘉年华暨通州区徒步大会。

11月

1日 通州公安分局以“我是副中心警察”为主题的警史展正式开展。

7日 市政协副主席李伟带领社会与法制委员会调研组到通州区视察《北京城市副中心社会建设三年行动计划（2018—2020年）》实施情况。在视察梨园镇网格分指挥中心和新华街道党群活动服务中心网格化运行及社会领域党的建设等工作后，听取相关情况汇报。

8日 大运通州网手机版网站上线运行，弥补了大运通州网移动端宣传的空白，也提升了大运通州网的品牌效应和影响力。

12日 纵贯北京城市副中心的北运河启动综合整治。北运河始于通州北关拦河闸，向南流至西集镇出京，长约40千米。上游12千米曾在2007年进行过治理，此次综合整治主要针对下游28千米河段。

16日 城市副中心首批安置房回迁启动。城镇后北营、胡各庄等村的801户百姓开始新生活。项目建设历时3年，小区内配套设施齐全，建有幼儿园、养老院等。

17日 副市长卢彦到通州区调研。检察了张家湾公园一期工程建设、台湖镇江场村“留白增绿”项目建设和台湖游憩园建设情况。

21日 通州区党政代表团赴河北雄安新区学习考察。先后到雄安市民服务中心和白洋淀新安北堤木栈道，考察政务服务中心、雄安展示中心、凯骊酒店、企业联合办公区等规划建设情况，以及白洋淀生态环境保护、水域治理、发展旅游等情况。

22日 中科院微电子研究所、北京师范大学、中国农业大学科技成果在通州区3家高新技术企业落地的成果转化签约仪式在经略天则园区举行，签订合同金额1000余万元。会上，副区长苏国斌、人大常委会副主任金文岭等领导为台铭花园等11家区级众创空间授牌。

24日 市委书记蔡奇到通州调研。实地检察北京环球影城主题公园项目施工现场并主持召开座谈会，蔡奇强调，要认真贯彻总书记习近平对城市副中心规划建设的一系列重要讲话指示精神，对标对表抓好副中心控规实施，把高质量发展要求贯穿于副中心规划建设管理的各方面全过程，更好地加强对主城区首都功能的服务保障，全面体现京津冀协同发展，坚持以人民为中心，努力把城市副中心建设成为新时代城市建设发展的典范、首都的新地标。蔡奇要求按照城市副中心控规要求，坚持注重提升城市综合承载力，注重重要功能节点建设，注重生态环境建设，注重提升城市文化内涵，注重产业优化升级，注重改善民生，有序推进副中心规划建设。要突出抓好十一个方面工作：一是行政办公区，二是城市绿心，三是水系景观，四是环球主题公园，五是剧院、图书馆、博物馆等文化设施，六是坚持科技创新，七是老城提升，八是六环路入地，九是特色小镇，十是历史文化保护，十一是与廊坊北三县协调发展。

27日 国家发展改革委副主任林念修等到北京城市副中心调研。考察了北京环球影城主题公园、潞河医院、行政办公区千年守望林和市发展改革委办公楼，并听取相关情况汇报。

▲ 文化旅游区将军府东路装配式综合管廊工程正式开工。将军府东路地下综合管廊工程，是北京市首个装配式综合管廊工程。

▲ 东直门医院东、西两区班子合一、统一管理，标志着推进“两院合一、主体东迁”完成决定性的一步。

29日 2018年通州区“服务社会，和美通州”社区节闭幕。

▲ 通州区首次携近百岗位走进清华大学，举办专场推介招聘会。此次招聘推介会是通州区招募培养青年人才工程“彩虹计划”的开端，也是首次尝试在招聘前走进高校，与应届毕业生们面对面地开展咨询与交流。招聘岗位主要围绕城市副中心建设急需的经济金融、生态环保、文化创意、科技创新、区域规划、城市管理等领域。

12 月

4日 通州区召开非洲猪瘟疫情防控工作会议。会后，区领导以“四不两直”的方式前往武窑村路口、豆各庄路口、友谊大桥路口、沙古堆路口，检查大型路口、村级路口、检查站的停车检查及防疫消毒情况。

10日 通州区召开美丽乡村建设工作会议。

20日 中国共产党北京市通州区第六届委员会第六次全体会议召开。全会听取和审议了曾赞荣同志代表区委常委会所作的工作报告，讨论了关于全区经济社会发展情况的报告，审议了《北京市通州区机构改革方案（送审稿）》和区委常委会抓党建工作情况报告。全会审议通过了《北京市通州区机构改革方案（送审稿）》，同意上报市委、市政府审批；表决通过了《中共北京市通州区第六届委员会第六次全体会议决议》。

22日 友谊医院通州院区试开诊。为落实新版北京城市总体规划，有效疏解非首都核心功能、优化医疗卫生资源布局的整体部署，北京友谊医院通州院区于12月22日8时试开诊。友谊医院通州院区总床位规划1050张，一期800张床位将逐步开放。该院区功能定位为医疗服务中心、医学研究中心、综合保健中心、科技创新转化中心和人才培训基地，推动区域医疗卫生资源均衡发展，完善城市副中心医疗服务体系建设，为副中心建设提供优质的医疗卫生保障。

24日 新办公区举行升国旗仪式。

▲ 通州区新的社会阶层人士联谊会成立大会暨第一届一次会员（理事）会议召开。

26日 通州区法院与中国政法大学在中国政法大学学院路校区举行法治教育合作签约仪式，通州区法院成为中国政法大学首个全国领导干部法治教育培训基地。

29日 中共北京市通州区委通运街道工作委员会、北京市通州区人大常委会通运街道工作委员会、北京市通州区通运街道办事处正式挂牌成立。

本月 经人力资源和社会保障部、全国博士后管委会正式批准，北京万生药业有限责任公司获批国家级博士后科研工作站。

注：“▲”表示“同日”。

中国共产党通州区委员会

11月29日、12月7日，区委组织部分别在清华大学和北京大学举办英才选聘系列活动

（区委组织部提供）

概　述

2018年是通州发展历史上具有划时代意义的重要一年。一年来，区委常委会深入学习贯彻习近平新时代中国特色社会主义思想，在市委的坚强领导下，坚定不移把方向、谋大事、抓党建、保平安，围绕服务保障市级机关搬迁入驻和高水平实施城市副中心控规，以“赶考”和“无我”的精神状态狠抓工作落实，各方面工作取得突破性进展。

（一）深入学习贯彻总书记习近平重要讲话和中央、市委对城市副中心建设重大决策部署精神，进一步统一党员干部思想和行动

继市委全会后，中央政治局常委会议专题审议了城市副中心控规，这在北京城市发展历史上还是第一次，习近平再次就城市副中心建设作出重要指示，为城市副中心擘画了宏伟蓝图和行动纲领；市委书记蔡奇先后14次到通州调研，对城市副中心建设作出全面部署。常委会把学习贯彻城市副中心控规与学习总书记重要指示精神、学习市委重大决策部署精神结合起来，全面把握，融会贯通，对标对表，不断深化发展思路和方向。常委会进一步明确，城市副中心建设必须自觉站在京津冀协同发展大局、站在“一核两翼”发展大局中来谋划和推进；要更加突出服务首都功能、突出两翼齐飞、突出协同发展；要更加注重绿色生态、注重和谐宜居、注重文化传承保护；要把高质量贯穿到城市副中心建设全过程，努力打造“副中心质量”；当务之急就是疏解拓展空间、补齐功能短板、优化生态环境、筑牢产业支撑。这些思路得到全区党员干部的广泛认同，广大党员干部对落实新的功能定位，实现高质量发展，把城市副中心打造成为新的重要一翼等全局性、战略性问题认识更加统一，行动更加自觉，各单位各部门的工作更加紧张有序，主动研究谋划、勇于担当作为、奋力干事创业的氛围更加浓厚。

（二）全力以赴做好服务保障市级机关搬迁入驻工作，努力营造和谐有序的良好氛围

常委会把服务保障市级机关作为头等大事，主动对接，倒排工期，狠抓进度，把工作做细做实。一是下大力气治理交通秩序。完成11处重点交通堵点改造、地铁站点沿线一批交通秩序乱点的整治，高标准完成交通信号灯智能提升工程。新开通和优化调整一批公交线路。完成路侧停车电子收费一期工程，进一步规范静态交通秩序。二是全面开展行政办公区周边环境综合整治。完成行政办公区周边12条道路和市郊铁路副中心站等节点的环境整治，完成长安街延长线、运河沿岸等一批市容景观提升工程，营造了恢弘大气、整齐靓丽的城市副中心景观。解决了行政办公区周边地区环境卫生、绿化美化、物业管理等一批问题。三是全力做好安全稳定工作。全面开展矛盾隐患大排查行动，实行区级领导包案，推动一批历史积案的化解稳控。构建“六有”智能化安保体系，完成中非论坛等重大活动安全服务保障工作，“雪亮工程”提前上线，扫黑除恶专项斗争取得重要成果，群众安全感排名全市前列。深入开展安全隐患大排查、大清理、大整治行动，全区安全生产形势保持平稳。四是坚决做好舆情引导和房价稳控。紧盯交通、教育、医疗、搬迁入驻等舆论热点，认真研判，主动发声，加强引导，舆情态势总体平稳。成立区委网信办，加强对网络舆情的引导管控。实施全市最严限购政策，全区房地产市场稳控格局不断夯实。

（三）扎实推进规划编制和重点任务、重点工程建设，副中心综合承载力不断增强

常委会坚持规划先行，坚定不移补短板，强基础，努力提升城市副中心的承载能力。一是把规划放在突出位置精心组织谋划。积极主动参与配合，完成城市副中心控规和一批专项规划的编制工作，乡镇镇域规划编制形成阶段性成果。完成通州区“两图合一”（城市总体规划与土地利用规划）等一批专题的研究。主动加强与市级部门的对接，形成一批规划建设管理的新标准和新技术规范。二是深入推进京津冀协同发展。与雄安新区签署共建北京“新两翼”战略合作发展框架协议。牵头建立通武廊协同发展领导小组联席会制度，启动实施北运河生态文化工程等12项重点共建工程，在推动三地协同发展方面迈出重要一步。三是全力推动重点工程建设。针对通州区主责的13项市级重大工程和109项区级重点工程，加强统筹调度，强化督查考核，抓进度、保工期，广渠路东延等一批道路全面开工，副中心配水干线工程启动建设，有机质生态资源处理站等一批工程建成投入运行，市政保障能力进一步提升。四是努力提升教育、医疗等公共服务水平。首师大附中通州校区等一批工程建设加快推进，北京五中通州校区等一批中小学校、幼儿园建成投入使用，进一步扩充了学位供给。市区学校手拉手项目深入开展，教师素质提升计划持续实施，全区教育教学质量进一步提升。友谊医院通州院区开诊，安贞医院等一批市级优质资源完成选址，与城四区、市疾控中心等单位在基层医疗卫生服务、科研教学方面开展深层次合作，进一步提升了全区医疗服务水平。

（四）以更大力度抓好疏解整治促提升和城市精细化治理，副中心形象面貌显著提升

常委会把疏解整治促提升、城市精细化治理作为拓展城市副中心发展空间，提升城市品质形象的重要抓手，全力推动相关工作向纵深发展。一是坚定不移推进拆违整治。自加压力，主动加码，坚持周末开展“四不两直”（指国家安全生产监督管理总局建立的安全生产暗查暗访制度，分别为不发通知、不打招呼、不听汇报、不用陪同接待、直奔基层、直插现场）拉练大检查，每次一个主题，直奔问题点位，现场研究解决，层层传导压力，推动工作落实。凭着咬定目标不放松的笃定、坚决不降标准不减量的坚持，拆除红旗厂等一批积累多年的违建，全年累计拆除违法建设2006万平方米，销账1356万平方米，腾退土地1777公顷，实现城市副中心范围内基本无违建目标，违建拆除量、销账量以及腾退土地量均位居全市第一名。其他各项专项整治工作均完成或超额完成市级任务。二是深入推进城市精细化治理。深入落实“创城”“创卫”长效机制，全民动员抓迎检，高分通过了全国文明城区和全国卫生城市复审。高标准完成三个重点片区的环境改造提升和首批99条背街小巷综合整治，背街小巷实现“小巷管家”全覆盖。大力推动智慧城市建设，完成全区地下管线及城市部件的数字化管理。三是聚焦功能提升，增强群众获得感。新建和规范提升便民商业网点119个，加强老城区城市修补和生态重塑，建成一批服务市民的小微绿地、口袋公园。通过疏整促和城市精细化治理，一批道路、节点的轮廓重新亮了出来，一批老旧小区和背街小巷整洁豁朗了起来，沿街商铺、便民市场更加规范有序，人民群众切实感受到了身边实实在在的变化，满意度大幅提升。

（五）以更高的标准推进污染防治，扩大绿色空间，副中心生态优势逐步显现

常委会认真践行“绿水青山就是金山银山”理念，坚决打好污染防治攻坚战，努力让蓝绿交织成为城市副中心的底色。一是坚持铁腕治理大气污染。突出加强对重型柴油车等移动污染源的监管整治，完成7个进京综合检查站标准化建设，全面把守进京路口，超标车辆处罚量居全市首位。全面加强扬尘污染精细化管理，对全区所有裸露地块实施绿化覆盖，启动200个施工工地扬尘状况实时监测，建立渣土运输管理闭环机制，扬尘污染得到有效控制。截至11月底，PM2.5累计浓度为56微克/立方米，改善率全市第二。二是下大力气推进水环境治理。全面完成53条段黑臭水体治理任务，河东再生水厂改造等工程基本完成，一批乡镇再生水厂建设基本完工，农村生活污水治理工程持续推进，全区地表水环境质量显著改善，改善率全市第一。海绵城市建设试点稳妥推进，河长制全面落实。三是全面启动森林城市建设。完成

4.35万亩的造林任务。完成城市绿心千亩示范区主体绿化工程等一批项目建设，启动西海子公园等23个城市公园和郊野公园建设，围绕群众身边见绿，建成一批高品质的社区公园、健康绿道，进一步扩大了城市副中心的绿色生态空间。

（六）按照新的功能定位认真谋划推动高质量发展，经济活力进一步增强

常委会把推动高质量发展放在更加突出位置，努力构建“高精尖”经济结构，取得了积极进展。一是围绕功能定位强化政策支撑。研究制定通州区构建“高精尖”经济结构的政策体系，进一步深化和细化城市副中心产业发展路径；制定加快推进“高精尖”产业发展的八条措施，进一步加大对重大项目引进的支持力度。二是下大力气优化营商环境。高标准制定优化营商环境实施方案，具体指标设定达到或高于市级标准。建立区级领导联系服务“高精尖”企业工作制度。推进“一网、一门、一次”等一批新的改革措施，进一步提高政务服务效率。三是推动重点产业项目引进和建设。聚焦四大板块深入开展对接洽商，推进项目建设，北京人力资源服务产业园通州园获批国家级园区，北京金融科技国际产业园等一批项目签约落地，还有一批重大“高精尖”产业项目正在洽谈中。四是推动城乡融合发展。启动美丽乡村建设三年专项行动，完成首批112个村的规划编制工作，完成全区360个村庄的人居环境整治工作，村庄面貌更加干净整洁、规范有序。大棚类农业设施治理通过市级检查验收。五是狠抓改革落地见成效。机构改革和区划调整进展顺利，城市管理委员会等一批部门正式挂牌，潞源街道、通运街道正式成立，园区管理体制改革有序实施，审批和投融资体制改革、“街乡吹哨、部门报到”等改革都取得了重要阶段性成果。

（七）在补齐民生、社会发展短板上持续用力，人民群众获得感幸福感进一步增强

常委会坚持以人民为中心的发展思想，在保基本、兜底线、促公平上下功夫，努力满足人民日益增长的美好生活需要。一是坚决打好脱贫攻坚战。高标准完成全区低收入农户动态管理，通过“一户一策”开展精准帮扶，低收入群体得到更多实惠。深入抓好对口扶贫，加强产业对接合作，全面启动“万企帮万村”行动，带动受援地区6000余名群众脱贫。二是下大力气解决群众的切身利益问题。广泛挖掘就业岗位，城乡劳动力新增就业1.8万人，城镇登记失业率控制在2.8%以内。城乡居民基本医疗保险制度全面实施。中仓小区综合整治试点基本完工。4个保障房项目竣工，一批共有产权房和集体土地建设租赁住房项目启动建设，群众“住有所居”状况进一步改善。三是进一步丰富群众精神文化生活。大力弘扬社会主义核心价值观，持续开展“通州榜样”评选表彰，充分挖掘“通州百姓”“最美家庭”等先进典型事迹，取得一批重要成果。广泛开展文明引导行动，大力推动移风易俗，倡导文明守礼、诚实守信，公民文明素养和社会文明程度大幅提升。举办了运河文化艺术节等一批特色群众文化品牌活动；首都公共文化示范区创建取得重要进展，公共文化服务体系日趋完善；完成大运河文化带保护建设等规划，启动一批重点文物的保护与修缮工作，城市副中心文化影响力不断提升。

（八）推动全面从严治党向纵深发展，为城市副中心建设提供坚强政治保障

常委会坚持把抓好党建作为最大政绩，坚决贯彻落实中央、市委全面从严治党的新要求、新部署，管党治党主体责任得到有效落实。一是党对各个领域的领导不断加强。区人大六届四次会议作出高水平实施城市副中心控规，推动通州区实现高质量发展的决议，为城市副中心建设奠定坚实的政治基础。人大代表围绕疏解整治促提升、“创城”、“创卫”复检等工作加强监督，发挥了重要作用。召开政协党的建设工作会议，充分发挥人民政协作为专门协商机构作用，聚焦城市管理、美丽乡村建设等重点工作协商议政，有力推动了各项工作。大力加强统一战线工作，民主党派、工商联、无党派人士作用得到充分发挥。老干部工作不断加强。工会、共青团、妇联、文联等人民团体桥梁纽带作用更加突出。军民融合发展局面更加巩固。二是思想理论武装和作风建设更加深入。区委理论中心组先后召开13次会议，学习习近平新时代中国特色社会主义思想，切实用习近平新时代中国特色社会主义思想武装头脑、指导实践、推动工作。组织全体处级领导干部和600余名村书记、主任赴红旗渠进行专题培训，创新开展了“党旗飘扬副中心”系列活动，进一步深化党员干部“建设副中心，向前站一步”的行动自觉。加强党对意识形态工作的领导，修订完善意识形态工作责任制督查考核办法，逐级压实主体责任，意识形态安全防线进一步巩固。三是领导班子和干部队伍建设持续加强。高标准制定实施了建设新时代高素质专业化干部队伍的意见，举办“补短板、促能力”系列专题研修班，选派一批优秀干部到市级机关、外地挂职锻炼，进一步拓宽干部视野，提高干部专业素养。坚持贴近式考察识别干部，把一批能力素质突出的好干部选拔到城市副中心建设亟需的岗位上，全年调整干部18批265人次。制定出台发现储备和培养选拔优秀年轻干部的实施方案，深入开展调研走访，发现和储备了500多名优秀年轻干部。注重严管和厚爱相结合，对17家处级单位开展选人用人专项检查，健全完善关心关爱干部的工作机制。四是党的基层组织政治功能进一步提升，组织力持续加强。制定实施区、处级党员干部指导督促分管部门抓党建工作制度，全面开展党建述职评议考核，推动党建工作责任落地生根。坚持党建引领推进“街乡吹哨、部门报到”，创新开展“双报到、双积分”机制，全区1500余个党组织、3.7万余名在职党员踊跃回社区报到，形成了具有副中心特色的基层治理新模式。扎实做好村和社区“两委”换届工作，创新建立换届选举信息化平台，从严开展资格联审，为换届选举营造风清气正的氛围。全面推行支部规范化建设，推进一批软弱涣散村党组织整顿转化。五是人才发展环境持续优化。研究制定高精尖缺人才创新创业政策体系，建立一站式人才服务体系。启动实施“彩虹计划”，到北大、清华等高校开展青年人才招募。深入推进“两高”等重点人才工程，举办专家走进副中心系列活动。启动国际人才社区建设，鼓励扶持“产学研”机构，努力打造人才研究成果转化平台，为副中心发展集聚了一批海内外优秀人才。六是深入推进党风廉政建设和反腐败斗争。国家监察体制改革深入推进。逐级签订个性化责任书，强化日常考核，推动全面从严治党向基层延伸。针对疏整促、扫黑除恶等重点工作开展全面监督。先后查处了违反中央八项规定精神问题20起，查处“为官不为”“为官乱为”问题46件。加大政治巡察力度，完成8轮33家单位党组织的巡察工作，发现了一批突出问题，涉嫌违纪违法线索已经移交处理。坚持抓早抓小与高压惩治相结合，运用监督执纪第一、第二种形态处理615人次，立案148件，给予党纪政务处分200人，向社会公开曝光一批典型案件，形成了强大的震慑作用。

（蔺　艳）

重要会议和活动

【领导调研与视察】 1月3日，市委副书记、代市长陈吉宁到通州区调研基层党建工作。实地查看永顺镇小圣庙村城市副中心“绿心”和棚改拆迁现场并主持召开座谈会，听取通州区坚持党建引领推进城市副中心建设实现新跨越工作汇报。

2月22日，市委书记蔡奇，市委副书记、市长陈吉宁到通州友谊新华医院调研医院规划建设和通州区引进优质医疗资源、提升城市副中心医疗卫生服务能力情况。

3月22日，市委书记蔡奇，市委副书记、市长陈吉宁到潞城镇崔家楼村调研“煤改电”情况，并察看国网北京市电力公司电能替代实验室。

4月2日，党和国家领导人习近平、李克强、栗战书、汪洋、王沪宁、赵乐际、韩正、王岐山等到通州区张家湾镇，同首都群众一起参加义务植树活动。在京中共中央政治局委员、中央书记处书记、国务委员等参加植树活动。

4月17日，市委书记蔡奇到西联石材交易市场、通州博物馆、通惠河（通州段）水环境综合治理工程、通州商务园、张家湾古镇、再生能源发电厂调研。

5月28日，中共中央政治局常委、国务院副总理韩正到通州区调研北京城市副中心规划建设工作。视察了北京城市副中心规划展厅、行政办公区建设工地和大运河森林公园，并主持召开座谈会。

6月19日，市委书记蔡奇围绕“推动京津冀协同发展，把城市副中心打造成北京重要一翼”主题到通州区调研。察看潮白河友谊大桥过境交通、潮白河右堤路两侧及潮白河沿岸生态保护及环境景观等情况，并主持召开座谈会。

7月19日，市人大常委会主任李伟到国家大剧院舞美基地、台湖镇外郎营村和北京文旺阁木作博物馆，视察“聚焦‘一核一城三带两区’，推进全国文化中心建设”议案办理情况。

8月10日，市委书记蔡奇，市委副书记、市长陈吉宁围绕“贯彻落实城市总规，推进副中心建设，推动老城区提升”主题到中仓小区、南大街片区调研。

9月7日，全国政协副主席刘奇葆率调研组围绕大运河文化带建设，到通州区大运河森林公园、三教庙、燃灯塔进行调研。

9月18日，市委书记蔡奇围绕“落实城市总体规划，打造宋庄艺术创意小镇”主题到宋庄公园、宋庄国防艺术区、宋庄美术馆调研。

10月1日，市委常委、宣传部部长杜飞进到宋庄艺术区，调研2018中国艺术品产业博览会运行情况。

10月26日，市委书记蔡奇到城市副中心行政办公区调研。视察工勤人员召里宿舍区、市政协2号楼、市人大常委会5号楼、市委1号办公楼，并主持召开座谈会。

11月24日，市委书记蔡奇到北京环球影城主题公园项目施工现场调研，并主持召开座谈会。

12月13日，北京市人民政府副市长隋振江一行到北京物资学院指导工作，对学校“国家级物流系统与技术教学示范中心”进行考察。

【通州区领导干部大会】 2月5日，通州区召开领导干部大会。区委副书记赵磊传达全市区委书记、系统党（工）委书记抓基层党建述职评议会会议精神。区委常委、常务副区长崔松光，区委常委、政法委书记刘贵明分别就通州区城市运行保障、安全生产和维护稳定工作进行通报。区委书记曾赞荣传达全市区委书记会议精神和市委书记蔡奇在研究推动疏解非首都功能后的“腾笼换鸟”工作进行拉练式调研时的讲话精神，并就做好春节和全国“两会”期间相关工作提出要求。9月30日，通州区召开领导干部大会。区委副书记、区长赵磊传达市委书记蔡奇在区委书记月度工作点评会上的讲话精神；区委常委、常务副区长、政法委书记刘贵明部署国庆期间及今后一段时期全区安全保卫、安全生产、城市运行保障、环境氛围布置等工作。区委书记曾赞荣对落实区委书记月度工作点评会精神、做好城市运行和各项服务保障工作及疏解整治促提升工作提出要求。

【区委常委（扩大）会议】 1月4日，区委召开常委（扩大）会议。区委副书记赵磊传达市委副书记、代市长陈吉宁调研通州基层党建工作精神。区委书记曾赞荣主持，并强调要深刻学习领会市领导讲话精神、抓好贯彻落实；要聚焦重点任务，开创城市副中心党建工作新局面。1月22日，区委召开常委（扩大）会议。区委常委、区纪委书记郑宇传达市纪委十二届三次全会精神。区委书记曾赞荣就贯彻落实市纪委十二届三次全会精神提出要求。1月30日，区委召开常委（扩大）会议。区政协主席赵玉影传达市政协十三届一次会议有关精神，区人大常委会主任李玉君传达市十五届人大一次会议有关精神；区委副书记、区长张力兵传达陈吉宁在通州团审议时讲话精神。区委书记曾赞荣指出，要聚焦重点、狠抓落实，全力抓好副中心建设和推动通州高质量发展；要科学组织安排，抓好岁末年初各项工作。3月23日，区委召开常委（扩大）会议。区委副书记、区长张力兵传达市委书记蔡奇，市委副书记、市长陈吉宁等领导调研讲话及2022年冬奥会和残奥会筹办工作动员部署大会精神。区委书记曾赞荣强调，要坚持问题导向，坚决做好大气污染防治各项工作；要牢固树立副中心意识，全力以赴实现全年各项工作良好开局。4月18日，区委召开常委（扩大）会议。区委副书记、代区长赵磊传达市委书记蔡奇到通州调研讲话精神。区委书记曾赞荣指出，要牢固树立副中心意识，推动通州高水平发展；要对照任务分解抓好落实，以优异成绩推动中央和市委市政府的决策部署在副中心落地生根。5月29日，区委召开常委（扩大）会议。区委副书记、代区长赵磊传达中央领导到通州调研讲话精神。区委书记曾赞荣指出，要进一步增强政治自觉和担当自觉，牢固树立副中心意识，追求副中心质量；要抓好当前的重点工作，坚定不移推进疏解整治促提升，抓好生态环境建设，打赢三大攻坚战。6月20日，区委召开常委（扩大）会议。区委副书记、代区长赵磊传达市委书记蔡奇调研通州精神。区委书记曾赞荣强调，要进一步增强政治自觉、担当自觉、落实自觉，不折不扣抓好当前重点工作。7月14日，区委召开（常委）扩大会议。副区长王岩石传达北京市生态环境保护大会精神。区委书记曾赞荣强调，要勇于担当、攻坚克难，坚决打好污染防治攻坚战；要强化责任意识，坚持改革创新，加强督查落实。7月25日，区委召开常委（扩大）会议。区委书记曾赞荣传达市委十二届五次全会精神，并就抓好全会精神的学习和贯彻落实提出要求。8月10日，区委召开常委（扩大）会议。区委副书记、代区长赵磊传达市领导调研通州讲话精神。区委书记曾赞荣强调，要牢固树立副中心意识，协调联动、形成合力、找准短板，大幅提升城市管理水平，确保老城区提升工作稳步推进。9月8日，区委召开常委（扩大）会议。区委书记曾赞荣传达市委十二届六次全会精神，强调要增强大局观念，以实际行动落实好市委决策部署和相关要求，严明政治纪律和政治规矩，严肃组织纪律、财经纪律，加强监督和执纪问责。9月19日，区委召开常委（扩大）会议。区委副书记、代区长赵磊传达市委书记蔡奇调研宋庄艺术创意小镇建设工作指示精神，区委书记曾赞荣传达2018年中非合作论坛北京峰会北京市服务保障工作总结大会精神。9月26日，区委召开常委（扩大）会议。区委书记曾赞荣传达拉练式检查及造林绿化现场推进会议精神，强调要攻坚克难，确保高质量完成今年绿化造林任务；要抓紧时间谋划好明年绿化造林工作，确保后续工作有序跟进。9月30日，区委召开常委（扩大）会议。区委常委、组织部长韦江传达全市村和社区“两委”换届选举工作协调会议精神；区委常委、宣传部长查显友传达全市宣传思想工作会议精神；副区长王岩石、阳波分别通报全区大棚房专项整治有关情况并部署工作。区委书记曾赞荣强调，要坚决落实好中央决策部署和市委要求，确保选举过程符合法规政策，选出好的带头人。要牢牢把握宣传思想工作政治方向，紧紧围绕副中心建设，落实好“举旗帜、聚民心、育新人、兴文化、展形象”的使命任务。各乡镇要高度重视、严肃对待大棚房专项整治工作，牢牢守住耕地保护这条红线，加大力度整改，严防大棚房问题反弹。10月19日，区委召开（常委）扩大会议。区委常委、宣传部长查显友，区政协副主席石宝玉分别传达全市教育大会、市政协系统党的建设工作会议精神。区委书记曾赞荣就贯彻落实全市教育大会和市政协系统党的建设工作会议精神提出要求。10月27日，区委召开常委（扩大）会议。区委副书记、区长赵磊传达市委书记蔡奇调研城市副中心行政办公区和区委书记月度工作点评会精神。区委书记曾赞荣强调，要落实好蔡奇书记在区委书记月度点评会上的讲话精神；要主动对标对表，主动进行整改。11月1日，区委召开常委（扩大）会议。区委书记曾赞荣传达市委常委扩大会议关于学习贯彻习近平总书记主持中央政治局常委会会议审议《北京城市副中心控制性详细规划（2016年—2035年）》时的重要讲话精神，指出要牢固树立副中心意识，高水平落实规划，打造副中心质量；要切实践行以人民为中心的发展思想；要做好市级机关入驻服务保障工作。11月16日，区委召开常委（扩大）会议。区委书记曾赞荣主持并传达全市领导干部警示教育大会精神，强调要主动对照蔡奇同志提出的9个方面突出问题，以案为鉴、对号入座，查找不足、立行立改；党员干部要严守纪律底线，在工作和生活中严于律己；要把思想上的提升落实在工作中，层层压实责任，确保全年任务高标准、高质量、高水平完成。11月24日，区委召开常委（扩大）会议。区委副书记、区长赵磊传达市委书记蔡奇调研通州讲话精神。区委书记曾赞荣强调，要提高政治站位，牢固树立副中心意识，努力提高服务保障水平；副中心建设要坚持以高水平、高标准创造“副中心质量”。12月1日，区委召开常委（扩大）会议。区委副书记、区长赵磊传达区委书记月度工作点评会精神。区委书记曾赞荣指出，要对标对表，举一反三，主动查找自身问题；要认真反思媒体曝光的问题，尽快拿出整改方案，落实到位；要聚焦老百姓关心的问题，做到民有所呼，我有所应。12月19日，区委召开常委（扩大）会议。区委副书记、区长赵磊传达习近平总书记在庆祝改革开放40周年大会上的重要讲话精神和市委常委扩大会议精神。区委书记曾赞荣强调，要坚持改革开放精神，推动“街乡吹哨、部门报到”改革不断深化，继续打好“三大攻坚战”，统筹做好改革发展稳定和改善民生各项工作。12月29日，区委召开常委（扩大）会议。区委副书记、区长赵磊传达市委十二届七次全会精神及市委书记蔡奇在全会上的总结讲话精神。区委书记曾赞荣强调，要高质量服务市级机关入驻，努力为市级机关营造良好的办公和生活环境；要高标准实施副中心控规，高质量抓好重点项目建设；要全面加强城市精细化管理。

【区委六届五次全会】 7月30日，中共北京市通州区第六届委员会第五次全体会议召开。会议审议通过了区委常委会工作报告，讨论了上半年全区经济社会发展工作的报告，表决通过了《中国共产党北京市通州区第六届委员会第五次全体会议决议》。区委书记曾赞荣强调，学习贯彻落实市委十二届五次全会精神，高质量实施好城市副中心控制性详规，必须要牢牢把握城市副中心的战略定位和主导功能，把握城市副中心关于空间结构和城市特色的要求，努力创造“副中心质量”，努力建设未来没有“城市病”的城区，坚决维护规划的严肃性权威性。处理好“主”与“副”的关系、“新”与“老”的关系、“城”与“乡”的关系、通州和北三县的关系。重点做好六方面工作，一是全力服务保障市级机关搬迁入驻；二是全面完成“疏整促”各项任务；三是坚决打赢生态环境建设攻坚战；四是全面提升城市精细化管理水平；五是加快构建“高精尖”经济结构；六是进一步落实全面从严治党要求。

【区委六届六次全会】 12月20日，中国共产党北京市通州区第六届委员会第六次全体会议召开。全会听取和审议了曾赞荣代表区委常委会所作的工作报告，讨论了关于全区经济社会发展情况的报告，审议了《北京市通州区机构改革方案（送审稿）》和区委常委会抓党建工作情况报告。全会审议通过了《北京市通州区机构改革方案（送审稿）》，同意上报市委、市政府审批；表决通过了《中共北京市通州区第六届委员会第六次全体会议决议》。区委书记曾赞荣在总结讲话中对近期重点工作提出要求，要进一步提升服务保障水平，为市委、市政府站好岗、放好哨；要全面推动2019年的重点工作和重点任务；要下大力气抓好城市精细化管理；要积极稳妥推进机构改革；要认真做好村和社区“两委”换届；要做好民生保障和“两会”筹备工作。

（蔺　艳）

组织工作

【概　况】　截至2018年年底，全区有2452个基层党组织，63816名党员；有处级干部986人，其中处级领导干部621人。在区委的坚强领导下，全区组织系统坚持以习近平新时代中国特色社会主义思想为指导，全面贯彻中共十九大精神，扎实践行新时代党的组织路线，围绕城市副中心建设这个大局，推动各项工作取得了重要进展和积极成效。

推进习近平新时代中国特色社会主义思想学习贯彻往心里走、往深里悟、往实里做。将学习贯彻新思想贯穿组织工作各方面和全过程。深化“两学一做”（“学党章党规、学系列讲话，做合格党员”学习教育）学习教育常态化制度化，开展学习新思想专题读书活动，创新“一学一测一评”（学知识、做测试、晒评论）活动，围绕“不忘初心、牢记使命”“党旗飘扬副中心”开展系列主题活动，激发党员干部学习践行新思想、建功立业新时代、共建共享副中心的使命担当和行动自觉。

深入贯彻落实全国、全市组织工作会议精神，扎实践行新时代党的组织路线。第一时间组织传达学习，谋划未来一个阶段全区组织工作。突出事业为上选贤任能，突出政治功能固本强基，突出政治吸纳集聚人才，打造与城市副中心建设相匹配的高素质专业化干部队伍、相适应的基层党建示范区、相融合的高层次人才聚集地，推动全区组织工作进一步迈向高质量发展。

立足城市副中心建设的新起点，高质量服务保障市级行政中心入驻。推进市、区部门“双向挂职”（通州区与市级相关单位双向挂职锻炼工作）常态化，选派18名区直部门干部到市属单位挂职学习。开展“贴近式”（通过“听其言、观其行、察其绩”，采取实地调研走访、个别谈话了解、查阅文字资料等方式，近距离、多渠道、全方位了解干部）考察，从中发现和使用一批敢担当、善作为的干部。建立党建协调委员会区域化议事协商平台，统筹区域各类资源，做好市级行政中心服务保障工作。

坚持“民有所呼、我有所应”，扎实开展党建引领“街乡吹哨、部门报到”工作。以党建引领为核心，坚持组织化、社会化、机制化、集约化“四轮驱动”，充分发挥各牵头部门作用，打造党组织统一领导、各类组织积极协同、党员群众广泛参与的基层治理体系。创新“双报到、双积分”[基层党组织带动其他各类组织形成“党组织+”，在职党员带动其他党员及群众形成“党员+”，分别到街道（乡镇）和社区（村）进行报到，并通过参加活动或提供服务获取积分，凭借积分兑换反馈服务]工作，建立组织发动、党员带动、积分促动、反馈互动新机制。全区1500余个党组织、3.7万余名在职党员，参与周末大扫除、环境攻坚战等活动5000余次，参与党员16万余人次，为首都基层治理提供了副中心经验。建设实体化综合执法平台，优化街道和社区工作职能，实现力量下沉、减负增效。制定《“吹哨报到”（党建

4月19日，区委书记曾赞荣到玉桥南里南社区参加“党旗飘扬副中心，党员服务我先行”在职党员回社区服务活动　　（区委组织部提供）

引领街乡管理体制机制创新实现“街乡吹哨、部门报到”）绩效考评制度》，推动工作取得实效。

高标准推进村和社区“两委”换届，全力抓好基层政治生活的这件大事。成立区、街乡两级换届选举工作领导小组和工作专班，对全区469个村党组织、130个社区党组织进行“拉网式”摸排。严格落实“五好十不能”[五好为政治思想好、能力素质好、遵纪守法好、道德品质好、群众基础好。十不能是凡被判处刑罚正在服刑期间或刑满释放（或缓刑期满）的；因涉黄、涉赌、涉毒受到行政拘留处罚，被认定为涉黑涉恶、“村霸”等人员的；涉嫌违纪违法正在接受纪检监察机关、公安机关、司法机关立案调查的；因侵占村和社区集体资产资源资金，特别是支农和帮扶资金、农业补贴资金、社会救助资金被有关部门查处的；参与或指使他人以暴力、威胁、欺骗、贿赂、伪造选票、虚报选举票数等不正当手段参选的；因非法占地、违法建设等行为被有关部门查处且尚未整改的；因违法信访、破坏选举秩序，组织或利用邪教、会道门、迷信活动扰乱社会公共秩序被有关部门处理的；有失信行为被法院列入失信被执行人名单的；受到党纪政务处分尚未超过所受纪律处分有关任职限制期限的，近三年内被责令辞职或者免职的，在有关任期内被评定为不合格党员或者连续两次民主评议为不称职的；丧失行为能力等不能正常履职的其他情形]要求，对“两委”[村（社区）党（总）支部委员会和村（居）民委员会]候选人6143人次进行资格联审。创新搭建选举现场视频同步回传平台，实现实时监控、快速处置。坚持压茬进行，同步推动村、居委会换届选举，按照“五个一批”（劝退一批、转岗一批、安置一批、选派一批、转居一批）要求，对195个非“一肩挑”[村（社区）党组织书记和村（居）民委员会主任由同一人担任]村进行分类攻坚。结合扫黑除恶专项斗争，营造风清气正氛围。

【基层党建服务】 牵头制定区委党的建设工作领导小组2018年工作要点。制定实施《通州区2019—2021年基层党建工作规划》，持续完善基层组织体系，以提升政治功能和组织力为重点，推动基层党组织全面进步、全面过硬。健全“一规两册一表一网一体系”（“一规”即《党支部工作规范》；“两册”即《党支部工作手册》和《党员手册》；“一表”即《党支部学习活动年度安排表》；“一网”即北京长城网及“党员E先锋”等党员教育管理平台；“一体系”即《通州区基层党建工作考核评价指标体系》）支撑载体，督促指导各村级组织落实“三务公开”（对村级党务、村务、财务进行公开）和“六有六上墙+三示”（“六有”：即有场所、有设施、有标志、有党旗、有书报、有制度；“六上墙”：即党旗、党徽、入党誓词、党员权利、党员义务、“三会一课”制度等要悬挂上墙；“三示”即党务工作有公示，党员活动有展示，作用发挥有显示）等制度。依托基层党建“三级联创”[在区、乡镇（街道）和村（社区）三级党组织中，创建“五个好”目标：一是领导班子好，二是党员干部队伍好，三是工作机制好，四是小康建设业绩好，五是群众反映好]、巡回督导、拉练观摩等工作，进一步加强基层党组织规范化建设。开展基层党组织书记大轮训。从严发展、教育、管理和监督党员，认真做好发展党员全程记实系统试运行工作。制定实施区委常委、党员副区长和处级领导干部两个层面的抓党建工作制度，完善区领导联系重难点村制度，为每个软弱涣散村安排1～2名区领导作为联系人。健全《基层党建工作考核评价指标体系》，实现明责、履责、督责、问责“闭环”链条。落实好每年3000万党建专项扶持资金，用于提升党组织引领发展能力、加强软弱涣散基层党组织整顿。划拨补交党费400万元用于精准扶贫。扎实推进党群服务中心建设。

【建设契合副中心需要的高素质干部队伍】 年内，实施《通州区建设新时代高素质专业化干部队伍的意见》，强化处级领导班子和干部队伍建设，全年调整任免干部19批269人次。高标准组织开好全区处级领导班子民主生活会。健全完善领导班子综合分析研判制度，全面了解领导班子建设和领导干部履职情况，为做好机构改革干部调整奠定基础。坚持知事识人、依事择人、人事相宜，大胆启用了一批在一线担当作为的年轻干部任乡镇党政正职，推动干部在副中心建设中担当作为。持续推进素质提升工程，举办“强党性、促凝聚”“补短板、促能力”等系列专题培训班，举办副中心理论大讲堂，选派干部赴中心城区、艰苦地区、副中心建设一线挂职锻炼。全年，区委组织部直接举办各类培训班次24期，培训干部3325人次，派出挂职干部72人。突出抓好重点管理监督、日常管理监督和专项管理监督。举办“在监督下成长、为新时代奋斗”年轻处级领导干部主题培训班，管好“关键人”。结合巡察工作对25家处级单位开展选人用人专项检查。加大领导干部个人事项报告查核力度。探索纪律处分和组织处理之间有效衔接举措，健全“六位一体”关心关爱机制，创新开展处级干部心理健康研究，强化组织关爱。研究制定《通州区发现储备和培养选拔优秀年轻干部的实施方案》，开展年轻干部集中调研走访，建立年轻干部人才库。

5月12日，通州区“强党性、促凝聚”专题培训班学员参观红旗渠青年洞　　（区委组织部提供）

【建设副中心人才高地】　年内，坚持党管人才原则，整合人才队伍政策体系、服务体系、资源体系和发展平台，着力集聚各方面优秀人才。健全区人才工作领导小组，建立“大人才”工作格局，推动全年5类26项重点人才工作任务高质量完成。实施“灯塔计划、运河计划、彩虹计划”，打造高层次人才引进、本土人才培养、优秀年轻人才储备的人才工作链条。推动中国北京人力资源服务产业园通州园区建设，打造高端化人力资源支撑体系，初步进入试运营阶段。启动国际人才社区建设，营造类海外人才发展环境。鼓励扶持“产学研”机构，推动“高精尖缺”人才技术和成果在副中心转移转化。加强通武廊人才一体化发展示范区建设，推进人才与产业融合发展，以人才协同推动区域协同。打造“五专”人才服务模式，设立一个人才专窗、配备一批服务专员、成立一个工作专班、配置一部人才专线、建立一本审批提速专账，为人才提供优质高效服务。

【村党组织第一书记工作】　1月9日—11日，举办为期3天的村党组织第一书记培训班。2月1日，召开通州区第二批村党组织第一书记现场述职会。6月30日，通州区支援农村建设志愿服务分队与北京自然博物馆、北京天文馆、北京麋鹿生态实验中心党总支签署结对共建协议。截至12月底，全区有市、区两级第一书记34人在村任职。

【人才引进培养】　1月25日，第十批“人才京郊行”总结对接会在通州召开，对第九批“人才京郊行”工作进行总结，并做好第十批6名挂职干部对接工作。4月11日，李玮等20余位国家重点人才工程入选者在通州区举办座谈会。9月17日—21日，组织通州区顶尖专家人才赴宁夏参加专家休假疗养活动。

【优化人才发展环境】　1月26日，启动通州区第二届“两高”人才评选，最终有9人入选“灯塔计划”，199人入选“运河计划”。6月12日，启动2018年度人才公寓配租工作，34户申请家庭成功配租。7月31日，召开通州区国际人才社区建设启动会。10月19日，启动国际人才社区核心区全球方案征集工作。

【干部管理监督】　2月8日，召开全区领导干部大会，对局级领导班子和领导干部进行2017年度考核测评。2月—3月，组织全区各处级单位召开2017年处级领导班子和领导干部年度考核测评会，安排25名干部开展全覆盖式全程监督检查。10月，启动2018年度团职军转干部安置工作。年内，对249名领导干部个人有关事项报告进行查核，对14名干部进行提醒、73名干部进行函询、10名干部进行诫勉；加大干部关心关爱工作力度，全年看望慰问干部26人，组织1000余名处级干部参加健康体检。

【基层党员干部队伍建设】　3月起，开展具有前科劣迹村“两委”委员中党员入党过程核查、村和社区

“两委”委员中党员入党过程核查、十八大以来发展党员工作核查、预备党员逾期未转正情况核查、全区基层党组织补交党费使用管理情况核查、退役军人未落实组织关系核查6次专项核查工作。4月，启动区人力资源公共服务中心流动党总支党员疏解转接工作。6月27日—29日，与区纪委区监委机关、市规划国土委通州区分局、区委党校联合举办第一期村“两委”负责人“大棚房”清理整治专题培训班。7月2日—13日，分4期组织全区村党组织书记、村委会主任赴河南省红旗渠开展“问初心、践使命”专题培训。

【干部培养锻炼】 4月，选派2名优秀科级干部到区信访办进行为期半年的挂职锻炼。4月—10月，选派4名干部到内蒙古挂职锻炼，选派30名专业技术人才开展对口帮扶。6月，选派1名干部到中央金融单位挂职。7月20日，启动第二批市区“双向挂职”工作，选派18名干部到市级相关部门挂职，并接收2人到通州区挂职。

【年轻干部队伍建设】 4月—9月，联合区人力社保局开展2018年通州区选调生招录工作，选拔20名选调生。6月，对全区43家单位35岁以下的副处级、正科级年轻干部进行调研走访，择优储备518名年轻干部进入全区优秀年轻干部人才库。6月28日，召开通州区引进高校优秀学生挂职实习工作对接会，来自清华、北大等5家高校47名优秀学生分别到12家单位进行暑期挂职实习。10月15日，召开通州区优秀年轻干部挂职锻炼工作部署会，选派16名区直部门优秀年轻干部分别到16个乡镇街道，进行为期一年的挂职锻炼。实施“彩虹计划”——通州区青年人才培养工程，11月29日、12月7日，分别在清华大学、北京大学举办专场推介招聘会，招募年轻干部人才。

【干部考察工作】 5月，开展北京市出席团的十八大代表候选人初步人选考察对象考察。6月，开展中国妇女第十二次全国代表大会初步人选考察对象考察。7月，开展中国工会第十七次全国代表大会代表候选人初步人选考察。9—12月，到区卫计委、区委政法委、区财政局等单位进行“贴近式”考察。10—11月，对79家区直单位的党政领导班子和班子成员进行集中考察，涉及398名处级领导干部，1875名干部群众参加考察谈话。年内，开展2018年度试任职处级干部的试用期满考察，考察并同意正式任职干部14人。

【信息化建设】 6月15日，举办通州区发展党员全程记实系统试运行工作动员部署暨培训会，对全区1600余名系统管理员进行全覆盖式培训。10月19日，下发《关于征集发展党员全程记实系统使用意见建议的通知》，进一步完善信息系统的使用管理。10月24日—26日，承办全市党员干部现代远程教育终端站点管理员培训示范班。年内，完成约1000名区管干部信息库重建。

【通武廊人才一体化发展】 9月12日，启动第二批通武廊人才挂职交流工作，19名来自北京通州、天津武清、河北廊坊相关单位的优秀人才代表分赴三地相关部门开展为期6个月的挂职锻炼。12月10日—14日，举办首期通武廊专家理论读书班暨通州区第十二期专家理论读书班。

（张可强）

宣传工作

【概　况】 坚持把学习宣传贯彻习近平新时代中国特色社会主义思想作为首要任务，理论武装工作扎实推进。按照学懂弄通做实的要求，深入推进习近平新时代中国特色社会主义思想和中共十九大精神的学习宣传贯彻。围绕“八个明确”和“十四个坚持”制定《2018年区委理论学习中心组学习计划》。主动加强对处级单位理论学习中心组学习情况的指导督促，落实巡听旁听制度，推进学习的制度化、规范化。理论宣讲成效显著，依托周末社区大讲堂等品牌活动，全年开展宣讲活动572场次，受众达到41500余人次。3人入选北京市“我与改革开放”百姓宣讲团，在全市开展巡回宣讲。理论宣传有效有力，全年刊发《通州党员学习参考》12期，刊发手机报52期，将前沿理论、热点时评、区内重点工作动态送到普通党员身边。

切实压紧压实意识形态工作责任，掌握意识形态工作领导权和主动权。进一步完善意识形态工作机制，修订完善《通州区党委（党工委、党组）意识形态工作责任制督查考核办法（试行）》，制定乡镇街道和委办局两套考核标准，提升工作科学化水平。推进区委、各党委（党工委、党组）、党支部层层签订意识形态责任书，建立完整责任体系。充分发挥意识形态会商研判、情况通报、风险防控、管控处置等机制，针对全国两会、市级机关搬迁、改革开放40周年等重要时间节点，加大会商研判频率，及时掌握、把控基层意识形态领域新情况、新问题。组织开展“清源”“固边”“秋风”“扫黄打非”等专项行动，强化对文化市场的监管，检查各类文化经营单位890余次，立案91起，没收各类非法出版物50余万册。坚持管控与服务相结合，重点做好宋庄地区意识形态工作，严格执行展览备案制度，对敏感题材、有异议的艺术作品做到提前介入、提前处理；充分发挥宋庄镇党委、艺术家党支部、新联会作用，探索艺术工作者评定职称、社会保险两大难题的化解途径，加强沟通交流、关心慰问，切实将艺术家团结在党组织周围。

主流舆论持续壮大，城市副中心的美誉度、影响力不断提升。坚持稳中求进的总体原则，传统媒体和新媒体有效联动、呼应，打好重点宣传战役。在重要节点、重点工作上持续开展新闻发布，全年开展新闻发布活动102场，在《人民日报》、新华社、《北京日报》等中央和市级权威主流媒体刊发稿件1380篇，获得2018年北京市新闻发布优秀单位称号。组织开展“贯彻落实十九大 建设城市副中心”年度性集中采访活动，累计组织各类采访活动47场次，刊发各类报道800多篇（含区级媒体）。“北京通州发布”政务新媒体平台表现不俗，全年9次荣登全市微信政务公众号月度数据排行榜榜首，全年排名第一。融媒体改革工作扎实推进，在顶层设计、工作模式、激励机制上不断创新。主动与人民网开展合作，高标准量身定制通州区媒体融合改革发展方案；再造采编发流程，探索构建一次采集、多种生成、多元传播、全方位立体化的报道格局，提高了工作效率。健全完善激励机制，区属媒体记者实现了“要我投稿”到“我要投稿”的转变，发稿质量不断提升。

打好舆论引导调控组合拳，副中心舆情态势平稳。坚持网上网下同步推进，不断完善舆论调控机制，联动应对形成合力。建立全时监测、预警评估、舆情共享、迅速处置、正面引导五项舆情工作机制，全年流转处置舆情790条，有效管控了北京东旭英华双语艺术幼儿园学生饮用水事件、新华医院职工安置等敏感舆情，敏感舆情平复率达到100%。探索构建区、街道乡镇委办局两级监测体系，加强联动互动，做到线上沟通、线下处置，实现上下联动、多方参与、齐抓共管格局。探索构建核心网评员、骨干网评员、基层网评员三级网评工作体系，培育三级网络评论员队伍；研究起草《通州区网络发言人工作制度》草案，在重要部门和重点地区开展建立网络发言人队伍试点工作，着力构建起覆盖全区的网络发言工作体系。组织开展舆情处置和媒体融合培训班。举办网络知名人士走进城市副中心、网络安全知识巡展，协调13个部门联合举办网络安全周等系列宣传活动；会同市委网信办举办“千年韵·万象河”大运河文化传播活动，全网传播1.4亿人次。

加强对历史文化的保护、传承和利用，大运河文化带建设开创新局面。全力做好大运河文化带建设各项工作，推动历史文脉的传承保护。起草完成《通州区大运河文化带保护建设规划》和《通州区大运河文化带保护建设五年行动计划》，等待择机发布。成立大运河文化研究会，凝聚全国运河文化研究领域专家学者65人，构建运河文化研究智库。通州古城核心区保护进展顺利，完成“三庙一塔”景区整体方案设计招标工作，佑胜教寺损毁文物本体和紫清宝宫建筑主体修缮完成。潞河驿复建工作通过专家论证。召开李贽墓迁移专家恳谈会，为迁移修建李贽墓、做好遗迹展示提供依据。运河城市段景观提升工程完成总量的95%。启动编制《通州大运河创建国家AAAAA级景区总体规划》。通惠河一期治理工程全面完工。西海子公园改扩建（一期）工程完工。编辑出版《北京城市副中心·通州历史文化丛书》《潞阳遗韵》等一批通州运河历史文化研究成果，《天地运河情》等一批展示运河文化的文艺作品，获得社会广泛好评。

【京津冀协同发展专题报道】 2月5日，区委宣传部协调10余家中央、市级媒体及区属媒体参与了关于“城市副中心开通至燕郊、大厂常规高峰公交线路”的集中采访活动。就“城市副中心至北三县常规高峰公交线路正式开通”采访了相关单位，具体内容分别在中央电视台、北京电视台、《北京日报》、《北京晚报》、千龙网及区属媒体等10多余家媒体进行了报道。

【“三下乡”集中示范活动】 2月9日，2018年文化科技卫生“三下乡”集中示范活动暨新春慰问演出在永乐店镇应寺村举行，活动吸引了500余名群众，送出春联800余幅、为15户农民拍摄了全家福、义诊接待80人次，受到广大农民朋友的欢迎。

【疏解整治促提升专题报道】 4月12日，区委宣传部组织协调10余家市级媒体及区属主流媒体参与了关于“城市副中心今年实现基本无违建”的集中采访活动。协调区城管执法局等相关单位进行实地采访，相关内容分别在新华社、《北京日报》、《北京晚报》、《北京晨报》、《北京青年报》等10余家媒体进行报道。

【2018年百姓宣讲骨干培训班】 5月14日，区委宣传部举办百姓宣讲骨干培训班，邀请北京市委讲师团老师徐艳丽，采取授课、点评、互动提问等方式进行授课。徐艳丽以“百姓宣讲中的理、事、情”为主题，详细讲解了如何确定宣讲的主题，如何撰写一篇吸引人的百姓宣讲稿，以及怎样在舞台上把宣讲故事更好地呈现出来，对深入了解百姓宣讲的技巧和方法有很大帮助。

5月14日，区委宣传部举办百姓宣讲骨干培训班
（区委宣传部提供）

【“践行社会主义价值观 释放青春正能量”系列文化活动】 为激发广大学生积极进取、全面发展、勇攀高峰的热情和爱国情感，区委宣传部、区教委于5月至8月开展主题为“践行社会主义核心价值观 释放青春正能量”系列文化活动，以参观爱国主义教育示范基地、书法作品征集展示、“爱家乡·游运河”等形式，使社会主义核心价值观融入青少年的学习生活和精神世界，增强中小学生开拓进取的精神，凝聚起建设北京城市副中心党的强大力量。

【优秀百姓宣讲团评选比赛】 6月20日、21日，区委宣传部举办2018年“贯彻十九大 建设副中心”优秀百姓宣讲团评选比赛。来自全区各乡、镇、街道和委、办、局的24支百姓宣讲团参加比赛。经过激

6月20日、21日，区委宣传部举办2018年“贯彻十九大 建设副中心”优秀百姓宣讲团评选比赛
（区委宣传部提供）

烈角逐，区文化委“多彩运河”百姓宣讲团、区公共文明协调办“运河畔上柠檬黄”宣讲团、张家湾镇“古镇辉煌 凤凰涅槃”百姓宣讲团和北苑街道办事处“身边故事”百姓宣讲团4支队伍获得一等奖。

【大运河文化研究会成立】 6月22日上午，大运河文化研究会在通州会议中心举办成立大会。大会由通州区委副书记、区长赵磊主持。市委宣传部副部长、国家大剧院党委副书记、副院长赵佳琛，通州区领导曾赞荣、赵玉影、查显友等领导参加。研究会聘请文化部原常务副部长高占祥、《人民日报》原常务副主任李希凡、中国文化遗产研究院院长张廷皓任顾问，会长由中国人民艺术剧院原创作室主任、国家一级编剧王梓夫担任，同时设6名副会长、18名理事，共有会员65人，均是来自全国运河文化研究各个领域的专家学者，下设大运河文献编撰、大运河文化发展战略规划、大运河文化遗产保护与发展、大运河文化发展研究、大运河生态研究、大运河文化与旅游发展研究共6个课题组。将以“大运河文化建设”为基石，以具体的课题研究为核心，逐步形成通州大运河文化研究的系列理论成果，为北京推进大运河文化带建设、构建大运河文化顶层设计提供科学的理论依据，助力城市副中心建设和助推全国文化中心建设。

【“生态文明”建设专题报道】 6月26日，区委宣传部协调10余家市级媒体及区属主流媒体参与了关于“水环境治理”的集中采访活动。协调区发改委、区水务局等相关单位，前往碧水污水处理厂等地进行了现场采访，相关内容分别在《北京晚报》、光明网、千龙网等10余家媒体进行报道。

【百姓宣讲团开展巡回宣讲】 8月，区委宣传部组建了通州区“扬帆新时代 建设副中心”百姓宣讲团。宣讲团由6名来自基层的普通干部群众组成，以真人、真事、真感情，讲述城市副中心建设过程中发生的可喜变化，从群众视角传递老百姓的获得感和幸福感。自8月起，宣讲团在全区开展巡回宣讲10余场。11月6日—8日，宣讲团代表通州区参加北京市2018年百姓宣讲调研汇讲活动，获得2018年北京市优秀百姓宣讲团称号。

【庆祝改革开放40周年系列活动】 为庆祝新中国成立69周年和改革开放40周年，培育和践行社会主义核心价值观，区委宣传部、区文化委于9月至11月组织开展系列文化活动，内容包括原创文艺作品评选、主题征文、爱国影片展播等活动，把习近平新时代中国特色社会主义思想和中共十九大精神在北京城市副中心建设中形成的生动实践及改革开放40年的光辉历程、伟大成就和宝贵经验，以文化活动的形式展示出来，为建设北京城市副中心营造良好的社会氛围。

11月19日，通州区庆祝改革开放40周年原创文艺作品评选大赛活动现场 （区委宣传部提供）

（张 祎）

纪检监察工作

【概 况】 2018年，区纪委、区监委以总书记习近平视察北京城市副中心时的重要指示精神为根本遵循，立足“一核两翼”和京津冀协同发展大局，切实把自身摆进去，把职责摆进去。完善责任体系，督促指导全区各级党组织逐级签订个性化党风廉政建设主体责任书6689份，推动全区5万余名党员签订廉洁自律承诺书，监督2000余个基层党组织完善设立纪检委员，区、处、科（村、居）、党员四级责任网络体系进一步健全。协助区委研究制定《区委常委会带头落实全面从严治党的实施细则》，细化“六个带头从严”要求，为区委发挥以上率下作用提供了保障。完善考核体系，优化考核方式，变年底集中考核为季度工作评估，将督促工作落实到平时，并纳入区委党建绩效考核内容，推动各项制度有效落实。强化警示教育，协助区委组织召开了全区领导干部警示教育大会，强化警示震慑作用。

【深化推进改革任务】 年内，发挥监察体制改革先行先试优势，巩固试点成果，构建了在区委领导下集中统一、权威高效的监察体系。坚持市纪委、市监委、区委对区纪委、区监委工作的领导，全年向市纪委、市监委报告工作149次，其中，书面报告110件，向区委请示汇报重点事项50余次。进一步畅通运行机制，摸清底数，核定全区六类监察对象2.8万余人。

发挥派驻监督“探头”作用。15个派驻纪检监察组扎实开展日常监督，开展监督检查1247次，与党员干部谈心谈话3391人次，发现苗头性、倾向性问题77个，提出整改意见662条，与区纪委、区监委机关有关部室共同开展专项监督检查11次，进一步推动了被监督单位主体责任的落实。

巡察利剑作用彰显。巡察重点向“围绕党的政治、思想、组织、作风、纪律建设以及夺取反腐败斗争压倒性胜利六个方面”深化，将巡察整改情况作为日常监督、派驻监督的重要内容，加强对巡察整改情况的监督检查。截至2018年底，六届区委完成8轮对33家单位党组织的政治巡察，发现主要问题919个，提出整改意见256条，向有关部门移交问题线索96件，挽回经济损失53.67万元，41名领导干部受到党纪处分和组织处理。

【强化纪律和监督意识】 开设“清风通州”微信公众号，通过与网站、报纸、电视台等多种媒体协同发力，开展党规党纪、监察法的宣传，影响力进一步扩大。制作了《警钟长鸣——2018年通州区纪律教育警示录》等，充分发挥典型案件的教育作用。向全区各级党组织发放警示类、示范类光盘1800余套，教育和引导广大党员干部明底线、知敬畏、存戒惧、守纪律。区纪委、区监委领导班子成员为各类培训班和党员干部讲授纪律教育课20余次，受众近3000人次，为全区各级党员干部进一步拧紧了思想之弦。

围绕大局抓监督。创新监督方式，构建了上下联动、横向配合、多方协作的监督工作格局，形成了监督合力。对全区各单位党组织履责情况进行日常检查、季度考核、民主测评、社会满意度调查等多维度评估，推进监督的常态化。聚焦区委重大决策部署，监督推进疏解整治促提升工作并取得明显成效，市级违法建设拆除任务提前超额完成，拆除量、销账量、腾退土地量均位居全市第一名。持续强化对“大棚房”专项治理工作的监督执纪问责，推动全区“大棚房”整治通过市级验收。围绕“街乡吹哨、部门报到”、大气污染防治、优化营商环境等重大工作任务持续开展11次专项监督检查，为区委、区政府重要决策部署的贯彻落实提供了强有力的纪律保障。

强化问责力度。把问责作为推进全面从严治党的有力抓手，针对城市副中心建设过程中出现的不正确履职或履职不力等问题，严肃处理，全年查处“为官不为”“为官乱为”问题113件。针对环保督查工作中存在的不作为、乱作为问题，一次性问责19人，以强有力的监督执纪问责，推动各级党组织落实管党治党责任，切实抓好整改。

强化正风肃纪。深入贯彻落实中央八项规定精神，紧盯重要时间节点，严查形式主义、官僚主义问题。坚持密切关注查找“四风”隐形变异问题，运用大数据手段，借助“雪亮”工程，核查疑似问题线索400余条，立案查处违反中央八项规定精神问题25起，给予纪律处分21人。

【惩治腐败】 坚持高压态势不放松，年内，处置问题线索1230件，立案218件，同比增长3.8%；监委立案25件，留置15人；给予党纪政务处分217人，同比增长20.6%，为国家挽回损失1800余万元。加大对基层的指导和督促力度，乡镇、街道和派驻纪检监察组织立案117件，占总数的53.7%，其中自查立案

37件，同比增长54.2%。6次向社会公开曝光典型案件20起、37人，进一步营造了不敢腐的氛围。

批评教育有力度，全区纪检监察组织运用监督执纪第一、第二种形态处理838人次，占总数的93.7%。落实“谈话函询+”的监督模式，将每一次谈话函询作为思想教育的机会，督促及时改正；按一定比例对谈话函询结果进行抽查核实，防止一谈了之、一函了之，全年通过核查转立案3件，并监督受到组织函询的57名党员干部在民主生活会、组织生活会上把问题讲清楚。针对执纪监督和审查调查中发现的共性问题，区纪委、区监委向有关单位发送监督、监察意见书30余封，提出整改意见，有效促进了各项工作的落实。

【整治群众身边的腐败和作风问题】 强化扶贫领域腐败和作风问题专项治理。对全区840个低收入户全部进行入户访，实现面对面精准监督。构建对口扶贫协同工作机制，先后实地到内蒙古奈曼旗、翁牛特旗、科尔沁右翼中旗以及西藏拉萨市城关区监督对口扶贫工作，并建立与对口帮扶地区纪委监委的协同监督工作机制，为共同打赢脱贫攻坚战奠定了良好基础。

稳步推进扫黑除恶专项斗争工作。开展问题线索大起底，对市纪委、市监委转来有前科的125名村干部名单信息全部认真梳理，密切跟进市纪委挂牌督办两个专案，对相关部门及人员进行问责。与区委政法委、通州公安分局、区扫黑办联合会商协作，先后对接200余次，深挖彻查涉黑涉恶腐败和“保护伞”，“3·08”“3·15”“6·06”三个专案均取得阶段性成果。

全力抓好村（社区）“两委”换届选举正风肃纪工作。严把村（社区）“两委”换届候选人资格关，先后对9400余人次的任职资格进行审查，审查出120余人次不符合任职资格条件，为村（社区）“两委”换届工作的开展提供了保障。快速查处了台湖镇北火堡村高某贿选案，严肃换届纪律，确保换届选举风清气正。截至2018年底，查处6起9人涉嫌违反换届纪律的案件。

（潘丽丽）

统　战

【概　况】 2018年是具有特殊意义的一年，既是新时代开局之年，又是改革开放40周年，还是市级机关正式搬迁入驻年。在市委和区委的领导下，全区统一战线以习近平新时代中国特色社会主义思想为指导，围绕中共十九大精神，认真贯彻落实中央、市委关于统战工作重要指示和要求，立足于北京城市副中心建设大局，服务通州区经济社会发展，稳步推进统战工作和社会建设工作不断向纵深领域发展，完成了年初制定的各项工作任务。

【组织建设】 2018年，区委统战部党支部组织集体学习18次，集中专题讨论6次。组织支部全体党员学习总书记习近平重要讲话精神、《中国共产党章程》、《中国共产党纪律处分条例》、《中华人民共和国监察法》、《中国共产党廉洁自律准则》和新发行的《中国共产党支部工作条例（试行）》等，不断提升党员理论水平，增强党性修养；集中组织支部党员观看电影《信仰者》《红海行动》《青年马克思》，增强党支部的战斗力、凝聚力和向心力。与区工商联联合开展“强党性、促凝聚”红旗渠专题培训班训后延伸“三个一”（参训学员撰写一篇体会文章、领导班子成员开展一次主题讨论、主要领导讲一次集中党课）活动，区委常委、统战部部长洪波以《弘扬红旗渠精神 做合格共产党员》为题为统战部、工商联全体机关党员讲党课。

以“五一口号”发布70周年和改革开放40周年为契机，举办纪念“五一口号”征文比赛活动；组织新的社会阶层代表人士中部分艺术家赴革命圣地西柏坡集体采风，感受新中国建立和发展历程，歌颂新中国取得的伟大成就。组织2期共计300人次统战人士专题培训班，实地参观“伟大的变革——庆祝改革开放40周年”大型展览、天津市武清区和廊坊市大厂城市规划馆等，为城市副中心建设献计出力；赴湖北、内蒙古开展扶贫调研，建立对口帮扶机制支持民主党派开展学习服务活动。

【联谊活动】 9月19日，区委统战部组织举办通州区统战人士中秋联谊会，区七个民主党派、工商联成员，党外知识分子联谊会、海外联谊会、侨联代表，少数民族和宗教代表人士，台资企业代表人士及宋庄艺术区新的社会阶层联谊会代表等百余名统战人士欢聚一堂，共叙北京城市副中心建设大好形势，展望发展前程美景。

【新的社会阶层工作】 2018年，接待40余批次全国及本市统战系统单位调研考察宋庄新的社会阶层统战工作。组织举办“印迹国中——‘一带一路’文化交流活动”，7月31日，引导宋庄艺术区新的社会阶层人士投身于落实市委书记蔡奇9月18日调研宋庄时提出的“打造具有国际影响力的艺术创意小镇”目标，助推宋庄艺术创意小镇的发展。12月24日，通州区新的社会阶层人士联谊会成立大会暨第一届一次会员（理事）会议召开，选举产生通州区新的社会阶层人士联谊会第一届理事会领导班子。

【民族宗教工作】 6月15日是信仰伊斯兰教的中国10个少数民族的传统节日“开斋节”。区委常委、统战部部长洪波，区政府副区长张德启，区政协副主席石宝玉等区领导到通州区西关清真寺，与穆斯林群众共度开斋节，并送去慰问金，带去了节日的问候和良好的祝愿。12月24日，区委常委、统战部部长洪波，区政协副主席石宝玉一行，区政府副区长、公安局长朱益军，区政府副区长董明慧一行分别来到位于潞城镇贾后疃村的天主教堂、永顺镇杨庄村的通州基督教堂进行慰问，与广大信教群众共度圣诞节，并为他们送去慰问金，希望他们一如既往支持区委、区政府工作，为北京城市副中心建设作出贡献。

【非法教会专项治理】 年内，开展了非法教会专项整治活动。按照区委统一部署，完善了党委（工委）书记牵头主抓、专职党委（工委）副书记协调负责、政府主管领导亲自上手的工作机制，建立了区、乡镇（街道）、村（社区）三级落实责任机制，成立了“一人一组、一人一策、一人一档”转化工作小组，采取分类摸清底数、普遍疏导分流、重点敲打瓦解、属地盯人管控、集中时间取缔等措施办法，关闭非法教会宋庄分堂，思想教育转化信徒60余人，专项治理工作取得实效。

【专题培训】 4月16日—17日，区委统战部组织举办2018年度通州区统战人士专题培训班，培训班邀请了中央社院、区委研究室、区社院的业务领导和知名教授为全体学员讲授“深入学习领会习近平总书记统一战线重要思想”“新时期统一战线”“调研选题及报告的撰写”“不忘初心，携手前进——纪念五一口号发布70周年”等课程，全区各民主党派、非公有制经济人士、知联会、海联会、侨联、宋庄新联会的班子成员和业务骨干，区委统战部、区工商联部分机关干部80余人参加培训。为进一步打造与副中心定位相匹配的统战干部队伍，区委统战部于5月24日—27日，组织各乡镇、街道统战干部、各统战口内单位政工科长40余人，赴河南红旗渠干部学院进行为期四天的培训学习。培训班采取专题讲座、音像教学、现场观摩、讨论交流等多种方式，使学员系统地学习了红旗渠精神和新时期统战理论。为深入学习贯彻中共十九大精神、总书记习近平统一战线重要思想，使广大统战人士直观感受改革开放40年来，特别是中共十八大以来，人民生活所发生的伟大变迁，国家所取得的辉煌成就，进一步把通州区广大统一战线成员凝聚在党的周围，做到与党同心同向同行，更好地为北京城市副中心的建设献计出力。11月27日—28日，区委统战部组织举办2018年度通州区统战代表人士培训班，在听取《深刻领会习近平总书记治国理政新思想、新理念、新战略》专题报告后，到国家博物馆参观“伟大的变革”——庆祝改革开放40周年大型展览。

（李　晶　王琪琛）

【通州区举办台商考察北京城市副中心活动】 6月9日，北京市台资企业协会通州分会举办台商考察北京城市副中心活动，包括市台办、市台协、区台办、各区台商等60余人欢聚一堂，共叙北京城市副中心建设大好形势，展望发展前程美景。与会人士参观考察了大运河两岸建设，听取了北京城市副中心整体规划介绍，对城市副中心的建设表示由衷的赞许。

（张　静）

网信工作

【概　况】 中共北京市通州区委网络安全和信息化领导小组办公室为2018年新成立的区委序列机构。在区委的正确领导下，2018年区委网信办围绕区委中心工作，服务大局，充分发挥在网络舆情管控、网络宣传和舆论引导、网络安全保障等方面的统筹协调作用，为高标准推进副中心建设创造良好网络舆论氛围，全力打造副中心清朗的网络空间，共同构建网上网下同心圆。3月6日，中国共产党北京市通州区委员会网络安全和信息化领导小组办公室成立，加挂北京市通州区互联网信息办公室牌子，为区委工作机构，挂靠区委宣传部，机构规格正处级。8月9日，中国共产党北京市通州区委员会网络安全和信息化领导小组成立。日常工作由中国共产党北京市通州区委员会网络安全和信息化领导小组办公室承担。

【大运河文化之旅主题活动】 8月15日，与市委网信办联合举办的“千年韵·万象河”大运河文化之旅主题活动在通州区文化馆启动，组织运河沿线省市网信办走进副中心，共同传播和弘扬大运河文化。这是深入贯彻落实总书记习近平关于大运河文化带建设的重要批示精神，在中央网信办网络社会工作局和北京市委宣传部的指导下举办的大运河文化带传播系列活动之一，是通过新媒体平台讲好运河故事，展示运河沿线各地城市风采，打造运河沿线各省市彰显文化特色、共谋运河传承发展的重要举措。同天举办的“遇见大运河　V行北京通州”采风活动，邀请苏岑、巴松狼王等网络名人看副中心规划、赏“三庙一塔”（“三庙一塔”：文庙、紫清宫、佑圣教寺，燃灯佛舍利塔）景区、运河泛舟感受运河风韵。大运河文化之旅主题活动启动仪式及“遇见大运河　V行北京通州”采风活动，引发网民热烈反响，8月15日活动当天网民总参与量过亿。

8月15日，大运河文化之旅启动仪式

（区委网信办提供）

【开通“网信通州”微信公众号】 9月12日开通“网信通州”微信公众号并进入试运营，开设政策法规、网络安全、辟谣平台三大板块，2018年发布28期57篇文章。通过网络政策法规宣传、网络安全知识普及等方式，开展网络舆论引导传播正能量。

【国家网络安全周宣传活动】 9月17日至9月23日，组织开展2018年通州区国家网络安全周宣传活动。统筹教委、公安分局、区金融办、团区委等13家单位以“网络安全为人民，网络安全靠人民”为主题，开展6个主题日、“建起我的‘防火墙’”百人健步行、线上答题、专题讲座等系列宣传活动，并组织区内自媒体多形式多渠道开展宣传。策划制作“学习网络强国战略思想 做网络时代合格党员”主题展，在区委、区政府、区纪委、区监委、区公安分局等近10家单位进行巡展，受到广泛好评。

9月17日至9月23日，国家网络安全周活动（区委网信办提供）

【网络安全保障】 年内，联合编办、公安、经信等部门对全区官方网站、网络运营服务商、新媒体等进行摸底统计，为网络安全管理工作奠定坚实基础；与区经信委、区公安局等部门建立联动机制，印发《中非合作论坛北京峰会期间通州区网络安全保障工作方案》的通知，保障上合峰会、中非合作论坛等期间通州区网络安全，加强风险防范；与市网信办、市经信委对通州区电子政务网络开展联合检查，确保关键信息基础设施安全稳定运行，提高党政机关的网络安全防范能力。

【专项整治】 年内，区委网信办在全区范围内持续关注网络生态专项治理工作，根据举报并经调查核实，累计清理涉网络生态问题的有害信息49条，注销违法违规账号2个。

【网络舆情处置情况】 2018年，编发《舆情日报》365期，流转处置舆情827条。其中一般性舆情626条，通过马上解决问题、及时回应平复的舆情602件，解决率达96%，其余24条通过政策说明取得网民谅解；处置三级以上重点舆情201条，其中191起易被炒作事件通过“马上办”机制得以有效平复，其余现行政策下无法解决的10条，也通过政策解读和深入基层与群众面对面取得群众谅解，未发酵延伸，敏感舆情平复率达100%。

（葛海云）

调查研究与全面深化改革

【概　况】 2018年，区委研究室坚持以习近平新时代中国特色社会主义思想为指导，全面贯彻中共十九大和十九届二中、三中全会精神以及中央、市委关于北京城市副中心建设的各项决策部署精神，围绕区委中心工作，认真履行文稿起草、调查研究、全面深化改革等职能，各项工作取得新成效。2018年，由区委研究室牵头或独立承担起草包括区委六届五次和六届六次全会报告，区委历次向市委、市政府的工作情况汇报等71篇重要文稿。编发《通州调研》22期，有10篇调研文章在市级以上刊物刊发。

【开展通州区社会治理、城市管理系列调研】 1月，区委研究室成立社会治理调研组，赴福建省厦门市开展实地调研，学习调研厦门市在城市社会治理方面的好经验好做法，在此基础上结合通州实际，形成《厦门市城市社会治理经验及启示》，刊载于《北京调研》2018年第5期。6月，深入基层一线对副中心社会治理问题进行专项调研，邀请区委社工委、北苑街道进行专题讲座，介绍副中心社会治理、社区志愿服务的经验做法，并就工作中存在的问题进行研讨交流。结合实地调研和座谈交流成果，形成《关于城市副中心社会治理问题研究》。11月，在前期研究基础上，深入学习领会副中心控制性详规中关于社会治理和城市管理的新理念、新要求，结合最新工作进展情况，起草形成《关于落实好北京城市副中心规划推进共建共治共享》，将刊载于《北京调研》2019年第1期。

【起草市委、市政府主要领导到通州调研时的工作情况汇报】 2月，为扎实做好市委、市政府主要领导到通州调研城市副中心建设情况时的各项工作，区委研究室对城市副中心建设重点工作开展全面调研，结合区委主要领导要求，形成《城市副中心建设有关情况汇报提纲》。此汇报总结了2017年城市副中心建设重点工作完成情况，明确提出了2018年全区在服务保障市级机关搬迁入驻、规划编制和重点工程推进、产业发展、生态建设与城市治理以及党的建设等方面的工作思路和具体措施，为市领导调研提供了重要参考。

4月，为扎实做好市委主要领导到通州调研时的各项工作，区委研究室对全区经济社会发展情况开展调研，结合区委主要领导要求，形成《通州区工作情况汇报》。此汇报突出强调通州区围绕服务保障市级机关搬迁这一中心任务，把打赢“三大攻坚战”、抓好“三件大事”放在更为突出的位置，全面推进各项工作。明确提出下一步在抓好规划的制定和落实、全面完成年度疏解整治促提升任务、推进老城更新改造和城市精细化管理、全面打造优美的生态环境、努力实现高质量发展、推进各项改革任务取得实质性突破以及以党建为引领推动城市副中心建设等方面的工作思路和具体措施，为市领导调研提供了重要参考。

11月，为扎实做好市委、市政府主要领导到通州调研时的各项工作，区委研究室对全区经济社会发展情况开展调研，结合区委主要领导的要求，形成《关于落实规划做好2019年工作的汇报》。此汇报明确了下一步工作总的思路是：高水平实施好副中心控规，明确阶段性目标，抓好各项重点工程、重点任务建设，每年都有标志性重大进展，拉开副中心建设框架，全面提升服务保障市级机关水平，推动实现高质量发展，同时，提出了努力提升服务保障市级机关水平、进一步增强副中心综合承载能力、推动实现高质量发展、进一步推动“京津冀”协同发展、用好党的建设这一法宝等五个方面的具体任务，并对2019年全市工作提出建议，为市领导调研提供了重要参考。

【起草通州区委六届五次全会报告】 按照区委要求，区委研究室于6月中旬成立起草组，启动了区委六届五次全会报告起草工作。在起草工作中，起草组对全区经济、社会、党建、群团等各方面工作进行充分调研，搜集整理了大量资料，并多方听取意见，认真研讨分析，形成《在区委六届五次全体会议上的报告》。此报告全面回顾了通州区2018上半年的主要工作，强调要深入学习市委十二届五次全会精神，全面贯彻落实好城市副中心控制性详规：全面认识、深刻把握城市副中心的战略定位；全面认识、深刻把握城市副中心建设的目标方向；把高质量贯穿到城市副中心建设全过程，努力打造“副中心质量”；不折不扣抓好城市副中心控制性详规的组织实施。明确提出下半年必须以更加饱满的热情、更加优良的作风，狠抓工作落实，做到“四个坚持”：坚持副中心意识、标准和质量；坚持以人民为中心的发展思想；坚持解放思想，开放、接纳、创新；坚持以钉钉子精神狠抓工作落实。同时，提出五个方面的具体工作任务：全力以赴做好服务保障市级机关入驻工作、下大力气打造优美的生态宜居环境、努力推动经济向高质量发展转变、全面发力推动重点领域改革再突破、深入推进全面从严治党。报告得到了区领导的充分肯定和全区干部的广泛认可。

【承担并完成市委重点课题的分课题研究】 6月，按照市委部署和区委要求，区委研究室承担了市委重点课题“把城市副中心打造成北京重要一翼”的分课题研究，主要包括两项任务：一是城市副中心与通州区关系研究，二是把北京城市副中心建设成为未来没有“城市病”的城区研究。区委研究室成立课题小组，深入学习有关理论和政策，广泛了解国内外经验做法，并向专家请教，深度交流，深入基层与实际工作的同志、与群众座谈，听取对相关问题的意见建议。在此基础上形成研究报告，反复征求各方面意见，于10月形成最终成果并上报市委。

【起草通州区委六届六次全会报告】 按照区委要求，区委研究室于11月中旬成立起草组，启动了区委六届六次全会报告起草工作。在起草工作中，起草组对全区经济、社会、党建、群团等各方面工作进行了充分调研，搜集整理了大量资料，并多方听取意见，认真研讨分析，形成了《在区委六届六次全体会议上的报告》。此报告全面回顾了通州区2018的主要工作，对全区在发展中存在的差距和问题作了具体阐述，深入分析了通州区面临的新形势、新机遇和新要求，对2019年的工作作了全面部署，提出六个方面的工作任务：高标准实施城市副中心控规，抓好重点工程、重大任务落地，进一步提升城市综合承载能力；高质量做好服务保障，确保市级机关安全有序运行；全力以赴推进生态文明建设，打好生态环境治理攻坚战，进一步提升城市品质形象；坚定不移疏解功能谋发展，努力构建“高精尖”经济结构，推动实现高质量发展；坚持以人民为中心，让广大群众在城市副中心建设中有更多的获得感；全面推进大运河文化带和公共文化示范区建设，不断提升城市副中心文化软实力。报告还对深入落实新时代全面从严治党新要求，推动全面从严治党向纵深发展作出了具体部署：加强党的政治建设，抓好宣传思想工作；发挥党总揽全局、协调各方的领导核心作用，凝聚干事创业的强大合力；加强党对改革工作的领导，进一步激发发展活力；坚持正确选人用人导向，建设高素质、专业化的干部和人才队伍；夯实基层基础，打造坚强有力的战斗堡垒；狠抓党风廉政建设和反腐败斗争不放松，全面净化党内政治生态。报告得到区领导的充分肯定和全区干部的广泛认可。

（杨璐森）

【全面深化改革工作】 2018年，区委改革办按照区委部署与区委全面深化改革领导小组的工作要求，从会议组织、督办督察、调研和培训等方面，促改革见成效，服务全区改革工作大局。

会议组织。组织召开9次六届区委全面深化改革领导小组会，会上审议通过《区委全面深化改革领导小组2018年工作要点》、《关于调整区委全面深化改革领导小组与专项小组设置的方案》、《关于对区委深改领导小组工作规则等三项规则进行修订》、“街乡吹哨、部门报到”改革文件、《通州区关于构建“高精尖”经济结构的指导意见》《通州区园区管理体制机制改革方案》等34件改革文件。组织召开7次改革办主任办公会，配合并参加专项小组会议32次，有力推进了全年改革任务顺利完成。

督办督察。研究出台《2018年度区委深改领导小组督察意见》，建立区委深改组督察工作机制，以议题计划为基础，制定《督察计划》，明确了督察任务表和路线图。开展“一月一调度，一项一督察”，7月，改革办主任带队检查，加大对重难点事项的督促落实。巩固改革办与“两办”联合督察机制，新建改革办与两办督查室、区委组织部、区纪委、区监委机关5部门联合集中督察模式，由“三督”向“三察”深化，做到督察全覆盖，对年度50项改革要点开展3轮专项督察。

调研和培训。全年开展调研活动30余次，形成调研材料10余篇，其中4篇在市级刊物刊发，包括《探索生态环境保护领域行刑衔接工作新模式》《通州区以“镇级巡察”试点为载体探索提升农村基层治理能力新途径》《微改革 有实效——通州区住建委以微改革助力北京城市副中心建设》《通州区推进“街乡吹哨，部门报到”的三种模式》。对全区各单位开展的微改革、微创新进行梳理，精选、编辑形成《通州区2018年微改革文集》，区委书记曾赞荣为文集作序。12月初在党校组织全面深化改革专题培训班，区委副书记初军威做开班动员讲话，全区改革一线干部参加培训。

促改革见成效。各领域改革重点突破，整体成效逐步显现。城市规建管方面，完善规划工作市区两级联动机制和分级会议制度，制定实施《通州区规划委员会工作规程》，为加强统筹调度和组织实施好控规奠定了坚实基础；城市管理委员会正式挂牌运行，深化环卫作业改革，构建覆盖副中心全域的综合环卫服务和精细化监督管理体系，实现155平方千米环卫作业一体化；实施非编人员队伍管理机制改革，分类整合、统筹管理、调剂使用协管员队伍；与东城区、西城区在全市率先全面实施道路停车改革，实现路侧停车电子收费。党建方面，高效落实“吹哨报到”改革，探索形成“双报到、双积分”等具有副中心特色的实施路径；在全市率先成立统一管理的综合考评机构，将党建绩效、政府绩效和“吹哨报到”纳入一个考评体系；制定实施“高精尖缺”人才创新创业政策体系，推进中国北京人力资源服务产业园通州园区建设。协商民主方面，深化新的社会阶层人士统战工作，创新管理体制机制改革，加强工作力量配备，建立新的社会阶层工作联席会议制度；潞源街道、通运街道挂牌运行；初步实现区、街道（乡镇）、社区（村）三级“多网”信息系统深度融合；通州区成为国家级居家和社区养老服务改革试点；全面落实医药分开综合改革后续重点任务，持续推进家医工作室试点建设。科技创新方面，推进服务业扩大开放综合试点改革，推出全流程网上办理等一批服务业扩大开放举措；出台“高精尖”产业投资促进体制机制改革方案，建立区产业发展促进工作委员会和副中心产业发展服务中心，统筹全区招商资源；推进国家知识产权试点城区建设，在专利质押融资贷款等方面实现重点突破。文化教育方面，深化媒体供给侧改革，组建区融媒体中心；深化公共文化服务供给侧改革，形成一批特色群众文化活动品牌；推进基础教育综合改革试验区建设，深化落实14个基础教育质量提升计划重点项目，设立通州区教师服务中心，制定实施教育人才引进与管理改革行动计划；实施“区管校聘”体制改革，选取7所农村中心小学试点实施师资动态调剂机制，选取16所中小学启动编外教师选聘试点。经济方面，整合优化原有17家园区管委会，重设三大功能区管委会，有序推进园区体制改革；全面推开“多证合一”改革，实行“二十四证合一”登记注册；在全市率先实现“一网通办”，率先实现企业开办2.5天内办结。生态方面，构建生态环境保护领域行刑衔接工作新模式，破获案件数量占全市总战果数60%；实施“环保检测，交管处罚”执法模式，筛查超标移交交警车辆在全市排名第一。全面落实河长制，全区地表水环境显著改善，改善率居全市第一；海绵城市建设试点稳步推进；落实“一心、一环、两带”规划布局，加强森林城市建设。纪律检查方面，深化监察体制改革，构建纪律监督、巡察监督、派驻监督、监察监督四个全覆盖监督格局；在潞城镇试点开展镇级巡察，推动巡察工作向农村基层党组织延伸；在永乐店镇试点设立监察专职工作者，打通监察“最后一公里”。法治方面，推进副中心公安机构优化调整，全面加强行政办公区及周边安保建设；开展“雪亮工程”推广应用，形成“一域、三圈、百线、千点”通州模式；率先开展的“多元调解+速裁”工作被誉为“通州经验”，入选最高人民法院司法改革指导案例；建立全市首家（梨园）全功能一站式公共法律服务站，探索形成了公共法律服务“通州模式”，并在全市推广。

（刘佳佳）

保密工作

【概　况】 2018年，通州区保密工作围绕区委、区政府的中心工作，深入学习贯彻习近平新时代中国特色社会主义思想和中共十九大精神，深入贯彻落实中央、市委关于保密工作的决策部署和区委六届四次全会精神，围绕城市副中心发展，突出“党管保密、依法治密、科技强密”的主题，建立健全协调工作机制，优化工作流程，规范工作标准，加强保密宣传教育，强化保密管理，推动保密工作制度进一步完善，确保党和国家秘密的安全。全年全区各单位没有泄密事件发生。6月19日，充实调整全区各单位保密委员会组成人员；7月17日，充实调整区委保密委员会组成人员；8月21日，设立区委保密委员会专职副主任；9月12日，设立北京市通州区保密技术宣传指导中心，为区委保密办所属正科级财政补助事业单位，核定全额拨款事业编制5名，主要职责是承担区内保密技术宣传指导相关的事务性和服务性、技术性工作。

【督查考核强化保密工作责任】 1月3日，对2017年全区各单位考核中“发生重大失泄密事件一票否决考评项”的保密工作进行督查考核。8月14日，保密工作列入区综合考评办《减分项考评实施细则》中，督促全区各单位保密工作责任和各项保密工作任务的落实。

【加强依法确定国家秘密事项管理】 1月4日，对2017年全区各单位产生和接收的国家秘密事项汇总统计，完成国家秘密事项动态管理；7月—12月，开展编制“国家秘密事项一览表”工作，依法确定国家秘密事项规范化、精准化。

【各类考试的保密管理工作】 5月—12月，加强对高考、高自考、成人高考、中考、高中会考和英语四、六级考试的保密管理工作，2018年各类考试考务人员签订保密承诺书1004份。保密工作贯穿于考前、考中、考后的全过程，全年没有发生考试泄密事件。

【保密宣传教育】 5月1日—31日，开展“加强保密知识学习，提高保密意识”为主题的《中华人民共和国保守国家秘密法》宣传月活动，采取在区政府门户网站宣传保密知识，在大运通州网“保密知识园地”登载保密知识，在区电视台连续7天滚动播放保密宣传教育口号，在《通州时讯》登载保密知识宣传材料，向全区发放3万份宣传报纸，向各机关单位发放《机关单位保密自查自评工作指导手册》500本。6月—9月，开展“传承红色基因，筑牢保密防线”系列宣传活动，活动采取观看《胜利之盾》纪录片、保密委主任讲党课、大讨论、征文、主题党日等活动展开。12月4日，为落实“12·4”国家宪法日，学习《中华人民共和国保守国家秘密法》《中华人民共和国国家安全法》，发放保密宣传教育图片、保密知识书签600张、保密警示彩信1500条。11月20日，印发《关于开展军事设施安全保密法制宣传教育活动的通知》，提出具体工作要求。在全年的保密宣传教育活动中，采取每月向全区领导干部和涉密人员有针对性的发送保密警示彩信1500条。

【开展保密工作自查自评】 5月—9月，全区各单位开展保密工作自查自评。自查自评从严格落实领导干部保密工作责任制、加强保密制度建设、加强保密宣传教育、加强对涉密人员的管理、规范定密工作、规范国家秘密载体管理、规范信息系统和信息设备保密管理等16个方面进行。8月9日—10日，对区委办公室等7个机关单位的自查自评工作进行“回头看”检查。9月17日—19日，抽调区委保密委成员单位组成三个联合检查组对全区18家单位自查自评工作进行抽查，抽查采取听汇报、查资料、问询、指出存在问题、现场打分的方式进行。

【开展全员保密干部培训】 5月30日—31日，举办2018年通州区保密干部培训班，培训班针对“信息化条件下的安全保密管理与防护、机关工作保密管理常识、提高保密意识加强保密防护、保密工作自查自评”等保密知识进行详细解读，全区党政机关和保密资质单位184名涉密人员参加培训，通过考试取得“通州区保密干部培训证书”，具备了保密干部上岗资格。7月9日，举办保密技术检查培训班，全区100个单位的保密干部参加培训，培训针对如何提升自主防范和日常监管能力、防止计算机信息系统泄密发生进行讲解，下发限时版保密检查工具100套。7月12日，举办落实党政机关绝密级文件保密管理工作培训会，做到依法管理绝密级文件。10月10日—12日，全体专职保密干部参加市国家保密局举办的保密干部依法行政培训班。10月23日，组织85名保密委主任到北京交通大学进行保密教育参观培训，观看案例讲解、技术演示和保密警示教育片，聆听“保密工作基本问题”知识讲座。11月13日—16日，组织区经信委等单位参加国家保密局在青岛举办的保密技术交流大会。

【开展保密工作督导检查】 7月26日，开展《北京市通州区“七五”保密法制宣传教育规划》《通州区保密事业“十三五”规划》贯彻落实情况检查。8月17日，北京市保密局督导检查组对通州区保密工作进行督导检查，重点检查了保密机构设置、涉密人员管理、办公自动化设备保密管理等，查看了相关文件、资料，检测了计算机设备，问询了有关问题，指出了存在问题，提出了整改方向。

【规范涉密人员管理】 8月29日，印发《关于进一步加强和规范涉密人员确定管理工作的通知》，规范确定涉密人员，明确确定工作中注意事项。10月16日，转发《北京市党政机关工勤服务人员保密管理办法（试行）》的通知，提出具体工作要求。

【加强副中心保密管理】 9月3日，印发《关于做好机构改革及机关搬家中保密管理工作的通知》，明确工作步骤、工作职责。11月22日，印发《关于进一步加强涉密载体保密管理工作的通知》，提出具体工作要求，确保在特殊时期国家秘密的安全。

【开展“双随机”检查】 10月26日至11月29日，对通州行政区域内的4家武器装备科研生产定点单位、2家国家秘密载体印制乙级资质单位进行“双随机”（在监管过程中随机抽取检查对象，随机选派执法检查人员）检查，重点检查了保密管理体系运行等9个方面工作情况，检查中严格程序，严查问题，廉政监督贯穿始终。

【加强通信与网络管理】 2018年，加强计算机及门户网站保密技术动态监管，开展门户网站域名调整，维护调整检查平台数据库；开展信息公开保密管理工作，坚持“谁公开，谁审查，谁审查，谁负责，先审查，后公开”的原则；建立完善计算机及网络信息系统保密管理组织协调工作机制；开展党政机关互联网门户网站、政务微博、微信、无线网络等信息公开保密检查，加强智能手机等移动终端使用保密管理；4月12日—13日，完成区党委信息化电子政务内网初审测评工作。

【加强特殊行业保密管理】 2018年，加强通州区域内的3家国家秘密载体定点复制单位、11家武器装备科研生产单位的日常监管工作，对1家国家秘密载体定点复制申请单位进行初审，认真做好全区各单位国家秘密载体销毁工作，全年销毁10吨涉密文件、资料、磁介质等。

（郭立针）

社会建设工作

【概　况】 年内，推进“一刻钟社区服务圈”建设。采取新建、改扩建、购买以及落实配建指标、资源整合利用等多种方式，推进社区管理服务用房达标建设。区财政投入资金440余万元，解决各街道办事处社区管理服务用房通过租赁方式达标产生的租金，全区所有社区管理服务用房均达到350平方米以上。建成“一刻钟社区服务圈”示范点57个，覆盖社区105个，覆盖率达到87%。推进网格化体系建设全覆盖。成立网格监督指挥中心，由区长任组长，109家区属单位及16个街道乡镇参加。配备网格长1809人、网格员7309人、专业力量2422人、协管力量2520人、志愿者12454人。完成网格平台的“多网”融合应用系统升级改造。研发升级“社管通”手机移动终端和“通州E政通”微信公众号网格系统功能。建立90人区级网格监督员队伍。整理入库人口数据110万条，城市部件29万个，楼宇数据2.7万条，企业组织数据2.8万条，接入8600路公安高清探头、163路国土高空探头及区应急办视频系统。开展

“一格一警”信息采集，将环保网格员信息实名录入网格。“网格化+社会服务工作”建立起社会建设数据库。截至10月底，全区上报网格事件70.2万件，结案69.2万件，结案率98.6%。推进基层社会治理创新。制定了《通州区关于加快社会组织发展的意见》。在全市率先启动社会组织“政社分开、管办分离”，完成通州区社会组织联合会和社工联合会的改革工作。北苑街道“双向积分”、新华街道“双协商”、中仓街道“四有四服务”等形成品牌。推进社会治理共建共治共享。截至年底，购买公共服务项目23个，社会工作创新项目11个。开展社会组织公益活动3000余场次。“等灯 等灯”文明交通引导志愿服务活动获得银奖。组织引导全区7家非公企业和社会组织开展京蒙精准帮扶工作，义诊服务680人，“一对一”助学11个贫困家庭，捐款捐物42.2万元。打造“古月佳园生活圈”，创建

6月13日，通州区社会领域纪念建党97周年暨北京通州物流产业园区“345党建”启动仪式在物流园区举行。区委常委、统战部部长洪波，区委常委、组织部部长韦江，市委社会工委“两新”党建处处长李明洪，区委社会工委书记、区社会办主任何海龙等领导出席活动 （区社会工委提供）

9月17日，通州区委社会工委对口帮扶科右中旗合作协议暨爱心捐赠仪式在巴彦呼舒镇九八抗洪纪念广场举行 （区社会工委提供）

“慈航体检”等4个“社区之家”示范点。组织20名社区党组织书记、居委会主任挂职锻炼。建立健全“社工+志工”协作机制。组织社会组织负责人参加政府购买社会组织服务项目申报、社会组织治理创新暨能力提升等区级专题培训，培训200余人次。组织“两新”组织党组织负责人到杭州参观学习，组织区社会领域党建联席会成员单位到福建泉州市委学校培训，组织社区和部分非公企业、社会组织党组织负责人集中培训，通过培训，使党组织负责人转变了观念、开阔了视野、拓宽了思路。推进社会领域党的组织和党的工作全面覆盖。印发《关于进一步健全完善党建工作协调委员会制度的实施意见》，明确社区党建工作协调委员会的职能范围和工作机制。开展纪念建党97周年暨“345”党建工作模式推广会，推进社会领域党建开展。巩固提升联东集团、京通医院、蒙牛党委、环保园区等原有党建工作品牌，打造物流园区党建“345”模式，中保伟业保安公司、中加学校等党建工作示范点，引领和启发更多非公企业和社会组织加强党建工作。

【首届社会组织公益创投启动仪式】 6月29日，“益汇通州 共创共享”——通州区首届社会组织公益创投启动仪式暨通州区社会创新发展园社会组织入壳仪式在中仓街道党群服务中心举办。

【北京社会公益汇获奖】 9月19日—21日，第四届北京社会公益汇在北京展览馆举办，通州区近10家社会组织报名参展，曙通社会工作事务所策划实施的“等灯 等灯”文明交通引导志愿服务项目，获得第四届北京市社会组织公益服务品牌银奖。由通州区永通社会工作发展服务中心提交的“绿动通州”环境保护宣传推广项目和困境儿童精准帮扶行动项目，由通州区悦心社会工作事务所提交的“佳佳佳”社区融合项目和北京通州爱康志愿服务队提交的点亮心灯——视障人士试点关爱项目获得提名奖荣誉证书。

【社区节】 9月20日，通州区2018年社区节开幕式暨“寻找最美社工”、推进“公益创投”和“志愿服务微创投”社区节系列活动启动仪式。11月29日，区委社会工委、社会办、文化委、文明办、民

政局联合举行“服务社会，和美通州”通州区2018年社区节系列活动闭幕式，区委常委、统战部部长洪波，副区长董明慧出席闭幕式，并为通州区最美社工、通州区优秀社会组织代表颁发荣誉证书。

【社会工作培训实践示范基地挂牌】 9月26日，在首都医科大学附属北京潞河医院举行“北京市通州区社会工作培训实践示范基地”挂牌仪式。

9月26日，通州区社会工作培训实践示范基地在潞河医院挂牌，区委常委、统战部部长洪波出席挂牌仪式

（区社会工委提供）

【认定区级“枢纽型”社会组织】 10月12日—25日，认定北京市通州区社会组织联合会、北京市通州区社会工作者联合会为区级“枢纽型”社会组织。

【社会管理服务中心划入区城管委】 12月28日，通州区社会管理服中心划入北京市通州区城市管理委员会交接仪式在社会管理服务中心举行，副区长张德启，区委社会工委书记、区社会办主任何海龙，区城管委主任程卫民等领导出席交接仪式。

12月28日，通州区社会管理服务中心划入区城管委交接仪式在社会管理服务中心会议室举行

（区社会工委提供）

（朱志媛）

老干部工作

【概　况】 2018年，区委老干部局提高政治站位、紧贴中心大局，结合职能职责、用心真抓实干，突出重点抓大事、集中精力解难事、贴近需求办好事，离退休干部“三项建设”（离退休干部政治建设、离退休干部思想建设、离退休干部党组织建设）更加有力有效、服务管理更加精准精细、正能量活动更加深入深化、部门建设更加向上向好，赢得了广大离退休干部和社会各界的好评。

【离退休干部基本情况】 截至2018年底，由区委老干部局服务管理的离退休干部1047人。具体包括离休干部167人，退休干部880人。离休干部平均年龄89岁，年龄最大的96岁，年龄最小的82岁。抗战时期参加革命工作的离休干部28人，解放战争时期参加革命工作的离休干部132人。全区有离退休干部党支部34个，老干部党校社区课堂26个，老党员先锋队32支400余人。

【搭建正能量平台】 2018年，“炫夕阳”老干部宣讲团多次深入社区宣讲正能量故事，并在区委宣传部举办的“贯彻十九大 建设副中心”优秀百姓宣讲比赛中荣获二等奖；市委老干部局宣传处拍摄了退休干部李思文的先进事迹专题片；北京人民广播电台播出了老干部宣讲团成员单金钊留住通州历史记忆的事迹；“北京老干部”微信公众号刊登了正厅级退休干部陈发芳在通州第二故乡倾情奉献余热的感人事迹；北京电视台《晚晴》栏目播出了2017年度北京市离退休干部工作先进集体——通州卫潞中心的先进事迹等。

【老干部迎新春座谈会】 2月8日，2018年区县级老干部迎新春座谈会在通州区会议中心举行，曾赞荣、张力兵、李玉君、赵玉影等区领导同部分离退休区县级老领导欢聚一堂，通报通州区经济和社会发展情况，共迎新春佳节。

【文化养生系列活动】 2018年，以庆祝改革开放40周年为契机，老年收藏协会举办了老物件收藏展，老年诗词研究会举办了专题诗歌朗诵会，老年书画研究会举办了书画摄影展；老干部大学举办了建校25周年庆典，老干部艺术团成功承办通州区离退休干部庆元旦、庆“七一”文艺演出，并在厦门举行的第十八届全国中老年艺术大赛中荣获特殊贡献奖，混声表演唱《喀秋莎》夺得大赛金奖；老干部徒步队沿京杭大运河沿线组织多次徒步活动，积极宣传运河文化和古城通州。

9月7日，通州区老干部大学建校25周年暨教师节庆典现场 （区老干部局提供）

2018厦门第十八届全国中老年艺术大赛获金奖 （区老干部局提供）

【离退休干部参观考察】 5月—11月，区委老干部局先后组织区县级离退休干部到河北正定参观学习，并到北京城市副中心规划展厅了解副中心详细控制性规划；组织部分离退休干部党支部书记和老干部宣讲员参观房山区霞云岭“没有共产党就没有新中国”纪念馆；组织400余名处级退休干部参观顺义区奥林匹克水上公园。

10月26日，组织部分退休干部参观奥林匹克水上公园 （区老干部局提供）

（崔　益）

党校工作

【概　况】 2018年，通州区委党校以习近平新时代中国特色社会主义思想为指导，坚持党校姓党，聚焦主责主业主课，紧密结合副中心建设形势任务，举办主体班、专题班、进修班、公务员班等各类培训班次62期、培训5781人次。培训班次主要包括优秀中青年干部培训班1期，培训38人；处级干部进修班1期，培训46人；年轻处级干部培训班1期，培训35人；理论大讲堂1期，培训160人；对口援助西藏培训班1期，培训36人；对口援助内蒙古培训班1期，培训51人；“强党性促凝聚”（红旗渠）专题培训班4期，培训583人；村党组织第一书记培训班1期，培训34人；村党组织书记、村委会主体班“问初心、践使命”异地培训班4期，培训641人；组工干部培训班1期，培训89人；第一期村“两委”负责人“大棚房”清理整治专题培训班1期，培训38人；保密干部培训班1期，培训182人；事业单位科级干部培训班3期，培训121人；公务员大规模轮训班3期，培训509人；统战代表人士培训班1期，培训127人。

【创新构建科学管理框架】 年内，落实区委常委会决定，完成校务委员会领导体制改革。完成机关党总支及分支支部党组织建设，促进党建与中心工作的有机融合。以微改革为抓手，构建大教务工作新格局。强化教务处在教学培训中的统筹作用。对标主业主课要求，调整组建理论教研室和党史党建教研室，促进专业教师的专业化。

【教学培训工作】 年内，以做好十九大精神培训轮训为重点，紧跟形势，精心做好培训设计。实现十九大精神和习近平新时代中国特色社会主义思想课程全覆盖。党的理论教育和党性教育课程占比73.4%，党性教育课程占比20%以上。注重区情教育和能力提升，认真落实领导干部讲课制度。10名区委常委全部到党校参加教学活动，领导干部授课比例达24.7%。改进教学方法，提高培训实效。加大案例式、体验式等教学比例，进一步增强教学吸引力、针对性和实效性。加强基层党校教学规律研究和精品课建设，提升主业主课教学水平，举办北京市党校系统党史党建专业教学观摩活动。扩大对外交流，先后接待两批中央党校县委书记培训班到通州调研，观摩副中心建设。接待德国北威州行政学院参观访问，促进中外同行间学术与业务交流。

【强化科研咨政驱动作用】 年内，完善《科研项目管理与优秀成果奖励办法》，树立务实的科研工作导向。围绕区委、区政府重点关注问题选题立项。在市校院科研表彰会上，再获优秀科研工作组织奖、科研工作管理者奖和科研成果奖，在全市基层党校中居于前列。深化基层党建和社会治理创新研究，注重成果转化。指导北苑街道双向积分和物流基地“345”党建模式（“345党建”模式即三联动、四同步、五作用。具体来说就是以党的建设为引领，园区管委会党组织为主导，园区党建部为载体，引领和带动园区内国有企业党组织和非公有制企业党组织，按照“互联、互助、互促”的基本思路，充分发挥各自职能优势，实现“三方”党建活动同开展、园区发展同协商、各方资源共分享，加快推动园区经济的转型升级和企业的科学发展，构建党建与企业发展共赢的新格局）党建创新。指导新华街道和潞城镇社会治理微协商、微创投工作。

【宣讲工作】 年内，构建内外结合的大培训格局，持续开展“百讲党课进基层”活动。全年结合学习十九大精神和习近平新时代中国特色社会主义思想，开展各类宣讲活动145场，其中落实“吹哨报道”工作总要求，主动服务街道、乡镇宣讲74场。

【学历教育】 年内，市委党校2015级在职研究生国学专业研究生培训班毕业。完成市委党校2018级在职研究生国学专业研究生班招生工作，录取新学员62人。

（杨亚鹏）

区直机关工作

【概　况】 2018年，区直机关工委以习近平新时代中国特色社会主义思想为指导，结合工作实际，扎实推进机关党的思想、组织、作风、制度、反腐倡廉和精神文明建设，进一步提升党建工作水平。

【入党积极分子培训班】 1月19日，在区委党校举办入党积极分子培训班，对168名入党积极分子进行集中培训。

【基层党组织专题组织生活会和民主评议党员】 2月26日至4月8日，建立4个督导组对264个机关党支部、1200多名党支部班子成员参加的组织生活会进行指导，对4218名机关党员的民主评议进行监督。

【党组织书记述职评议】 3月，召开区直机关党组织书记集中述职评议会，65家直属党组织书记参加述职评议，其中38家党组织书记现场述职，并接受工委书记点评。

【先进表彰】 3月30日，召开了2018年区直机关党建工作会议，表彰34个先进机关党组织和211名优秀共产党员以及14家在风采展示和特色主题党日活动获奖的机关党组织。

【爱心倡议活动】 3月，下发了“一张纸献爱心，救助贫困患病儿童行动”的倡议，有21家单位响应号召，建立了爱心屋。

【党组织书记培训班】 5月17日—25日，举办区直机关直属党组织书记培训班，培训采取“2+5”（两天党校培训、5天外省培训）模式，对66名党组织书记进行了培训。

【改革开放40周年主题征文】 6月，开展“纪念改革开放40周年主题征文”活动，收到投稿416篇。

【党员发展对象培训班】 6月4日—6日，举办为期3天的党员发展对象培训班，对48名党员发展对象进行集中培训。

【道德文化大讲堂】 9月26日，特邀中央党校教授乔清举进行题目为“阳明心学与全面建成小康社会”的道德文化讲堂。

【规范化建设】 10月，研究制定《区直机关党组织发展党员全程纪实手册》《区直机关党组织选举工作指导手册》。

【纪检委员培训】 12月3日，举办机关党支部纪检委员培训班，对75名纪检委员进行集中培训。

【党员示范班】 12月4日—7日，在党校举办为期4天的机关党员示范班，有71名党务干部参加。

【基层党组织调整换届工作】 年内，先后对28个基层党组织进行换届选举或调整，基层党组织班子健全率达到100%。

【走访慰问困难党员活动】 在重大节日期间开展走访慰问困难党员活动。各类党内帮扶关怀资金约11.8万元。

【帮扶工作】 年内，帮扶滦县镇后尖平村，为村里配备党建书籍500册、书柜8个、党建展板12块、折叠桌子14个、公开栏2块。

（苏东跃）

通州区人民代表大会

2019年1月5日，北京市通州区第六届人民代表大会第五次会议举行

（人大办提供）

概　述

2018年，通州发展继往开来，万象更新，城市副中心建设如火如荼。走进新时代，面对新形势，区人大常委会在区委的坚强领导下，认真学习贯彻习近平总书记关于坚持和完善人民代表大会制度的重要思想，以高质量建设城市副中心为主线，积极履行职权，主动担当重任，勇于开拓创新，注重提质增效。

全年筹备召开两次人民代表大会会议，召开9次常委会会议和14次主任会议，听取和审议“一府两院”工作报告16项，依法作出决议、决定26项，依法任免国家机关工作人员53人次，各项工作取得新的进展。

2018年常委会主要做了以下工作：一是认真筹备召开区六届人大四次会议。依法选举产生北京市通州区人民政府区长。听取和审议北京市通州区政府关于高水平实施好城市副中心控制性详细规划，推动通州区实现高质量发展的报告并作出关于高水平实施好城市副中心控制性详细规划，推动通州区实现高质量发展的决议。二是紧紧抓住事关通州发展的大事要事，着眼大局、统筹谋划、持续用力、共筑辉煌。聚焦规划引领，推动高起点建设城市副中心。集智汇力，促进城市副中心控规高标准编制、高质量实施。广征深研，促进“十三五”规划纲要深入实施。聚焦优质资源，推动高品质建设生态环境。奋力夺取全国文明城区、全国卫生城市复审优异成绩。坚定不移打赢蓝天保卫战、碧水攻坚战。持之以恒推进城市副中心“绿色一翼”建设。聚焦重大关切，推动改革发展。主动融入疏解整治促提升。持续推动城市精细化管理。三是规范程序，依法行使人事任免权。全年任免国家机关工作人员53人次，其中，任免区人大常委会工作机构人员1人次，区政府及工作部门负责人8人次，“两院”工作人员44人次。常委会坚持对拟任命人员进行任前法律知识考试制度，切实提高被任命人员的国家意识、法律意识、公仆意识。进一步严格任命程序，认真组织实施国家机关工作人员向宪法宣誓制度，组织常委会组成人员参加干部任前民主推荐，提高常委会任免质量。四是依法审议决定重大事项，规范财政收支管理，强化政府债务使用。五是代表议案、建议办理成效显著，服务代表水平显著提升，更加充分有效支持和保障代表依法履职。六是自身建设明显加强，着力构建“学习型、创新型、和谐型、服务型”机关，营造和谐共进、活力彰显、用心成事的良好氛围。坚持党建引领，搭建平台、创新载体，发挥工青妇群团组织作用，增强凝聚力、向心力。完善干部选拔任用和轮岗交流机制，激发干事创业的热情干劲。强力推动机构建设，批准建立区人大常委会潞源、通运街工委。加强对人大街工委和乡镇人大的联系和指导，加强学习培训、座谈交流、走访调研，推动总结经验、探索创新、完善制度、发挥作用。

（张　招）

依法审议决定重大事项

9月27日—28日，召开区六届人大四次会议，选举赵磊为北京市通州区人民政府区长。听取和审议北京市通州区政府关于高水平实施好城市副中心控制性详细规划，推动通州区实现高质量发展的报告并作出关于高水平实施好城市副中心控制性详细规划，推动通州区实现高质量发展的决议。

8月27日，召开区六届人大常委会第十四次会议，听取和审议区政府关于2018年上半年工作情况的报告。听取和审议区政府关于2017年区级财政决算草案的报告，审查和批准2017年财政决算。听取和审议区政府关于北京市通州区2017年度预算执行和其他财政收支的审计工作报告。听取区政府关于2018年上半年财政预算执行情况的报告，听取区人大财经委关于北京市通州区2017年区级财政决算草案的审查结果报告，会议批准了北京市通州区2017年区级财政决算。听取区政府关于2018年国民经济和社会发展计划上半年执行情况的报告，听取区人大财经委关于北京市通州区2018年国民经济和社会发展计划上半年执行情况的意见和建议。会议表决通过了关于北京市通州区第六届人民代表大会代表的代表资格审查报告，作出了关于召开北京市通州区第六届人民代表大会第四次会议的决定。

10月30日，召开区六届人大常委会第十七次会议，听取和审议区政府关于提请调整2018年财政预算的报告，作出了关于批准调整北京市通州区2018年预算的决议。

11月28日，召开区六届人大常委会第十八次会议，听取和审议区政府关于北京市通州区“十三五”规划纲要实施情况的中期评估报告及部分内容调整的方案（草案）的说明，作出了关于批准北京市通州区国民经济和社会发展第十三个五年规划纲要部分内容调整方案的决议。听取和审议区政府关于2017年区级预算执行和其他财政收支审计查出问题整改情况的报告。会议通过了关于北京市通州区第六届人民代表大会第五次会议代表的代表资格审查报告，作出了召开北京市通州区第六届人民代表大会第五次会议的决定，审议了北京市通州区第六届人民代表大会第五次会议议程（草案）。

12月11日，召开区六届人大常委会第十九次会议，听取了区政府副区长苏国斌作的关于“散乱污”企业清理整治及产业退出议案办理工作报告，听取了区人大农村委主任委员徐佩松作的关于“散乱污”企业清理整治及产业退出议案督办工作报告，会议决定将两份报告提交区六届人大五次会议。

（张　招）

重要会议

1月18日召开区六届人大常委会第十次会议。会议进行了补选北京市第十五届人民代表大会代表事宜。审议通过了关于补选北京市通州区西集镇第四届人民代表大会代表的决定。

3月14日召开区六届人大常委会第十一次会议。传达市十五届人大一次会议精神。审议通过了区人大常委会2018年工作要点。审议通过了关于补选北京市通州区第六届人民代表大会代表的决定、关于补选北京市通州区于家务回族乡第五届人民代表大会代表的决定。审议通过了北京市通州区第六届人民代表大会第三次会议代表建议、批评和意见综合分析报告。会议进行了人事任免。

4月11日，召开区六届人大常委会第十二次会议。审议通过了关于补选北京市通州区第六届人民代表大会代表的代表资格审查报告。会议进行了人事任命。

6月22日，召开区六届人大常委会第十三次会议。听取和审议区政府关于北京市通州区公共法律服务体系建设情况的报告。听取和审议区政府关于北京市通州区大气污染防治工作情况的报告。听取和审议区政府关于北京市通州区科技创新助推城市副中心建设情况的报告。会议进行了人事任免。

8月27日，召开区六届人大常委会第十四次会议。听取和审议区政府关于2018年上半年工作情况的报告。听取和审议区政府关于2017年区级财政决算草案的报告,审查和批准2017年财政决算。听取和审议区政府关于北京市通州区2017年度预算执行和其他财政收支的审计工作报告。听取区政府关于2018年上半年财政预算执行情况的报告，听取区人大财经委关于北京市通州区2017年区级财政决算草案的审查结果报告，经审议表决，会议批准了北京市通州区2017年区级财政决算。听取区政府关于2018年国民经济和社会发展计划上半年执行情况的报告，听取区人大财经委关于北京市通州区2018年国民经济和社会发展计划上半年执行情况的意见和建议。会议表决通过了关于北京市通州区第六届人民代表大会代表的代表资格审查报告，作出了关于召开北京市通州区第六届人民代表大会第四次会议的决定。会议作出了关于补选北京市通州区第六届人民代表大会代表的决定。经审议表决，会议决定设立北京市通州区人民代表大会常务委员会潞源街道工作委员会。会议进行了人事任免。

9月18日，召开区六届人大常委会第十五次会议。听取和审议关于召开区六届人大四次会议的有关事项。审议通过了关于补选区六届人大代表的代表资格审查报告。通报了区人大常委会关于北京市第十五届人民代表大会通州代表小组代表报告履职情况工作安排并听取意见。审议通过了北京市通州区人大代表报告履职情况办法。会议进行了人事任命。

9月27日—28日，召开区六届人大四次会议。选举赵磊为北京市通州区人民政府区长。听取和审议北京市通州区政府关于高水平实施好城市副中心控制性详细规划，推动通州区实现高质量发展的报告并作出关于高水平实施好城市副中心控制性详细规划，推动通州区实现高质量发展的决议。

9月27日，北京市通州区第六届人民代表大会第四次会议举行　（人大办提供）

10月11日，召开区六届人大常委会第十六次会议，进行了人事任命。

10月30日，召开区六届人大常委会第十七次会议。听取和审议了区政府关于提请调整2018年财政预算的报告，作出了关于批准调整北京市通州区2018年预算的决议。听取和审议了区政府关于北京市通州区园林绿化重点工程建设情况的报告。

11月28日，召开区六届人大常委会第十八次会议。听取和审议了区政府关于北京市通州区“十三五”规划纲要实施情况的中期评估报告及部分内容调整的方案（草案）的说明，作出了关于批准北京市通州区国民经济和社会发展第十三个五年规划纲要部分内容调整方案的决议。听取和审议了区政府关于2017年区级预算执行和其他财政收支审计查出问题整改情况的报告。听取和审议了区政府关于“加强城市管理”议案办理情况的报告，会议决定将报告提交区六届人大五次会议。会议通过了关于北京市通州区第六届人民代表大会第五次会议代表的代表资格审查报告，作出了召开北京市通州区第六届人民代表大会第五次会议的决定，审议了北京市通州区第六届人民代表大会第五次会议议程（草案）。经审议表决，会议决定设立北京市通州区人民代表大会常务委员会通运街道工作委员会。听取部分市人大代表履职情况的报告，会议决定将以上履职报告提交区六届人大五次会议。

12月11日，召开区六届人大常委会第十九次会议。听取和审议了区政府关于“散乱污”企业清理整治及产业退出议案办理工作报告，决定将报告提交区六届人大五次会议。听取和审议区政府关于2018年北京市通州区人大代表建议、批评和意见办理情况的报告，决定将报告提交区六届人大五次会议。研究召开区六届人大五次会议有关事项。会议研究了区人大常委会工作报告稿，决定将报告稿提交代表会前活动讨论，并提交区六届人大五次会议。

（张　招）

监督工作

深刻把握城市副中心战略定位，紧紧抓住事关通州发展的大事要事，着眼大局、统筹谋划、持续用力、共筑辉煌。

聚焦规划引领，推动高起点建设城市副中心。集智汇力，促进城市副中心控规高标准编制、高质量实施。全程关注、主动参与，广泛征求意见，常委会依法审议、完善规划。筹备召开区六届人大四次会议，听取和审议区政府关于高水平实施好城市副中心控规，推动通州区实现高质量发展的报告，作出决议。广征深研，促进“十三五”规划纲要深入实施。组织代表参与纲要实施中期评估，常委会对评估报告进行审议、作出决议，并批准调整部分指标。

聚焦优质资源，推动高品质建设生态环境。奋力夺取全国文明城区、卫生城市复审优异成绩。迎接复审检查是巩固成果、扩大战果、保持常态、追求长效的必然要求。常委会坚决服从区委指挥和调度，主任高频协调、一线督导，发现问题即刻解决，“兵合一处，将打一家”，全力以赴迎接复审。持续用力、精准发力、合力攻坚的战法更加娴熟；固化机制、乘势而上、保持常态的举措更加完善；全民参与、全员上阵、戮力同心、保卫荣誉的氛围更加浓厚。高水平通过了全国文明城区复审，全国卫生城市复审成绩获得全市第一，树立了典型，介绍了经验。坚定不移打赢蓝天保卫战、碧水攻坚战。扎实推进大气污染治理，聚焦秋冬季空气重污染防治、禁（限）放烟花爆竹等重点，综合分析研究、多措并举持续推动源头治理，大气污染主要治理指标都好于预期。持续关注水污染防治进程，推动“河长制”有效实施，督促抓好水污染防治、污水处理厂建设、黑臭水体的治理。辖区内水环境不断改善、水生态不断修复。持之以恒推进城市副中心“绿色一翼”建设。紧抓不放、持续监督、强力推进，促进生态环境高品质建设。

聚焦重大关切，推动改革发展。主动融入疏解整治促提升。区六届人大三次会议，将“散乱污”企业清理整治及产业退出列为议案。常委会全程督办、全员督办、全方位督办，开展广泛深入专题调研。持续推动城市精细化管理。围绕“加强城市管理”议案，按照每年有重点、每季有动作、每月有进度、每天有效果的要求，连续督办。重点推动城市管理体制改革、执法力量下沉、“街乡吹哨、部门报到”有效落实；推进市容环境卫生、垃圾分类处理、背街小巷整治提升取得成效；促进网格化管理、市场化运作、科技化支撑、智慧城市建设加快进程。围绕交通疏导、治堵治乱以及静态交通管理，多管齐下，主动出招破解，使交通环境有效改善。

（张　招）

视察与调研

2018年，区人大常委会围绕全区中心工作、常委会工作要点和人大代表、人民群众关心、关注的热点问题，组织常委会组成人员、人大代表开展考察与调研。

开展常委会审议监督议题调研。围绕大气污染防治、公共法律服务体系建设、科技创新助推城市副中心建设、园林绿化重点工程、2017年区级财政预算执行和其他财政收支审计查出问题整改、区六届人大一次会议“加强城市管理”议案办理情况、区六届人大三次会议“散乱污”企业清理整治及产业退出的议案办理情况、区六届人大三次会议代表建议办理情况等工作进行调研。通过采取多种形式，做到点面结合，上下联动，充分发挥代表作用，形成高质量的调研报告，为常委会和政府工作提供决策参考。

开展专题调研。围绕大气污染防治、公共法律服务体系、科技创新、农村“三资”（农村集体的资金、资产、资源）监管、国民经济和社会发展计划及财政预算执行情况、“散乱污”企业整治、园林绿化建设等工作进行专题调研开展专题调研。为人大常委会正确行使职权、发挥好职能作用，解决社会热点难点问题提供准确依据。

开展人大制度理论研究。围绕加强区人大常委会党组建设和人大机关自身建设开展人大制度理论研究。为做好新时期、新形势下人大工作提供重要保证。

视察工作。一是围绕常委会监督议题开展视察；二是围绕专题主任会议开展视察；三是围绕工作落实情况开展视察，组织代表对“生活垃圾分类与减量”的审议意见落实情况以及常委会主任、副主任重点督办件办理情况进行视察；四是围绕常委会重要工作开展视察，组织对残疾人保障、区属国有商业资产运营管理、学前教育发展、非物质文化遗产保护、检察院公益诉讼、美丽乡村建设、公共体育基础设施建设的视察工作；五是认真组织年底人代会前代表视察工作。

10月16日，第10次主任会议视察妇幼保健工作情况
（人大办提供）

（张　招）

代表工作

着力把握代表工作的特点和规律，不断密切代表同人民群众的联系，代表作用得到充分发挥。

强化创新，打造更加完备的服务保障体系。一是制定人大代表履职办法，常委会首次听取市人大代表履职情况报告，代表履职取得新突破。制作代表履职手册，服务代表履行职责、开展工作。二是集中组织区人大代表学习修订后的宪法；组织开展外出学习考察、多层次专题培训活动。三是拓宽代表履职渠道，组织代表担任义务监督员、参与政府绩效管理年终考评，发挥代表专业特长，增强监督实效。四是建立市区代表联系组，发挥资源优势，提高履职水平。加强三级人大代表联动，广泛征求对法律法规文稿的意见建议。

强化规范，扎实推进代表履职深入开展。坚持常委会主任副主任联系代表小组、常委会组成人员联系代表、代表联系选民制度。组织代表听取“一府两院”半年工作报告，为代表提供经济社会发展动态。持续完善代表联系网络机制，健全代表固定联系选民、代表接待选民日、代表联动月活动等制度，更加密切代表与选民联系。改进方式、精心组织代表集中视察、会前代表活动、同区长座谈、代表询问，为代表履职创造条件。

强化督办，推动建议办理更富成效。区六届人大三次会议以来，代表提出建议115件（闭会期间1件），全部办复。常委会坚持主任、副主任重点督办，代表联络部门统筹督办，各专委会对口督办，市区代表联动督办；坚持严格分类、及时交办、综合分析、把握进度、复查补办；坚持开展代表调研督查、专项视察，听取办理情况报告，进行满意度测评，促进代表建议更高质量办理。全年90%以上建议得到有效办理。代表提出的乔庄小学改造提升、老旧小区试点安装电梯、在城区四个街道加大社区养老服务驿站建设扶持力度、加强农村地区劳动力培训和就业扶持、尽快落实增加基层卫生院药品采购品种等一大批建议办理质量高、社会反响好。一些难度大、代表们连续几年提出的打通净水东路与土桥中路300米断头路的建议，得到高效解决，赢得群众高度赞誉。

（张　招）

人事任免

3月14日，北京市通州区第六届人民代表大会常务委员会第十一次会议决定，任命张立、张若琳、薛兵、庄庆龙、郭伟、林文彪、赵智一、王宝荣、田雪姣、霍云、宋剑涛为北京市通州区人民法院审判员。任命武鲁华为北京市通州区人民检察院检察员。免去王成喜北京市通州区人民法院副院长、审判委员会委员、审判员职务；免去李卓、陈佳蓉、潘伟、金曦、苏伟、张力、徐硕、梁睿、赵胤晨、窦江涛、高贵、周浩北京市通州区人民法院审判员职务。

4月11日，北京市通州区第六届人民代表大会常务委员会第十二次会议决定，任命赵磊为北京市通州区人民政府代理区长。

4月11日，区六届人大第十二次会议上赵磊作表态发言（人大办提供）

6月22日，北京市通州区第六届人民代表大会常务委员会第十三次会议决定，任命刘贵明、黄世喆为北京市通州区人民政府副区长；任命高文斌、徐东为北京市通州区人民法院审判员、审判委员会委员；刘井玉为北京市通州区人民法院行政审判庭副庭长、审判员；曹玉乾为北京市通州区人民法院立案庭副庭长、审判员；陈丹为北京市通州区人民法院民事审判第四庭副庭长、审判员；贾毅为北京市通州区人民法院民事审判第三庭副庭长、审判员；孙锋为北京市通州区人民法院民事审判第二庭副庭长、审判员；唐述梁为北京市通州区人民法院台湖人民法庭副庭长、审判员；侯晨阳为北京市通州区人民法院民事审判第一庭副庭长、审判员。免去杨少青、徐伟东北京市通州区人民法院审判委员会委员、审判员职务。

8月27日，北京市通州区第六届人民代表大会常务委员会第十四次会议决定，任命王博为北京市通州区人民政府副区长；程卫民为北京市通州区城市管理委员会主任。免去刘连成、邓张恒一、霍云北京市通州区人民法院审判员职务；谢志娇、栾鸾、翟福生、王艳北京市通州区人民法院人民陪审员职务。免去李峥北京市通州区人民检察院检察委员会委员职务。

9月18日，北京市通州区第六届人民代表大会常务委员会第十五次会议决定，任命倪德才为北京市通州区人民代表大会常务委员会潞源街道工作委员会主任。

9月28日，北京市通州区第六届人民代表大会第四次会议第二次全体会议选举产生赵磊为北京市通州区人民政府区长。

10月11日，北京市通州区第六届人民代表大会常务委员会第十六次会议决定，任命董明慧、苏国斌为北京市通州区人民政府副区长。

（张　招）

通州区人民政府

11月2日，中国北京人力资源服务产业园通州园区推介会签约仪式在通州区亚太花园酒店举行 （区人力社保局提供）

概　述

2018年，区政府立足“一核两翼”和“京津冀”协同发展大局，围绕北京城市副中心建设，实现了经济社会的平稳较快发展。

城市副中心建设进入历史新阶段。副中心控规获中央批复，规划体系全面形成。通州总体规划同步完成，9个乡镇的镇（乡）域规划形成阶段性成果。运河商务区、文化旅游区、城市绿心、副中心站交通枢纽等重要节点建设步伐加快，城市功能框架初具雏形。初步完成《通州区与廊坊北三县地区协同发展规划》编制，与武清区、廊坊市签订各类合作协议45个，9个特色小镇功能定位全面明确，高标准实施美丽乡村建设，制定完成老旧小区综合整治三年行动计划和《老城区城市双修与更新实施方案》，区域协同发展持续推进，互促共进态势逐步显现。

城市治理在夯实基础中迈向纵深。疏解整治促提升成效显著，建立控新增、防反弹长效管理机制。城乡综合治理深入推进，正式引入中心城环境治理标准，实现155平方千米环卫作业一体化。完成99条背街小巷环境综合整治，街巷长制和小巷管家制实现全区全覆盖。加快消除断头路、梗阻路，10条微循环道路实现通车，37处堵点、乱点完成改造治理。全面完成155平方千米范围303处交通信号灯智能提升工程，实现动态绿波控制等六大功能。完成40个自备井置换和48个老旧小区供水管线改造。

生态环境在持续改善中展现亮点。全年PM2.5累计浓度为55微克/立方米。建成工地扬尘在线监测系统，全区200个工地实现实时监测，渣土运输实现闭环执法监管，裸地苫盖和绿化覆盖率达到100%。全面完成建成区外34条段黑臭水体和80个村庄生活污水治理，9个出境断面水质总体提升1～3个类别。海绵城市专项规划形成成果，完成20个海绵城市改造项目。节水型区创建全面完成。全面启动新一轮百万亩造林工程，新增绿化面积4.35万亩，全区森林覆盖率达到30.19%。公园绿地500米服务半径覆盖率达到80%。

区域经济在稳健发展中积蓄势能。主要经济指标稳中向好，经济结构调整不断深入，发展质量稳步提升，可持续发展的良好态势初步形成。运河商务区“一区、一园、一中心”产业发展格局初步形成，文化旅游产业链研究取得重大成果，新增国家高新技术企业170家，打造了一批优质创新平台和众创空间，高精尖产业基础进一步夯实。成立通州区产业发展促进工作委员会和副中心产业发展服务中心，统筹全区招商资源。完善全区“1+X+2”政策体系，持续深化“放管服”改革，营商环境持续优化。

社会民生在普惠发展中促优提质。各项社会事业健康发展。北京五中实现招生，人大附中小学部等5所学校具备开学条件，首师大附中、景山学校开工建设。6所幼儿园建设完成，新增公办、普惠制学位1920个。启动“区管校聘”改革。高考本科上线人数稳步提升。获得全国农村职业教育和成人教育示范区荣誉称号。北京友谊医院实现开诊，18家社区卫生服务中心与城四区优质资源实现精准对接。新建5个急救工作站，“120”呼叫满足率提升21%。推进大运河文化带建设，全面实施文物修缮工程，大运河文化研究会正式成立。建成95个便民体育健身设施，成功举办2018北京通州半程马拉松等品牌活动。民生保障坚实有力，社会保持和谐稳定。食品药品安全、应急管理、人民武装、宗教、侨务以及对台工作健康发展。

（李楠楠）

政务工作

【为民办实事】 2018年，新建和规范提升生活性服务业网点119家，其中，蔬菜零售网点41个，连锁化率达到49.1%，覆盖率达到90.6%。“阳光餐饮”企业达到3357家，实现区域内社会餐饮、学校食堂、托幼食堂、养老机构食堂、中央厨房及集体配送餐单位等全领域阳光餐饮覆盖。结合北京城市副中心建设要求，聚焦背街小巷、老旧小区、城乡结合部等城市管理薄弱地区，加大对非法小广告、散摊游商摆摊设点等违法行为的执法力度，在重点点位采取定人定岗、加强巡查相结合的方法，强化日常管控，提升城市精细化管理水平。立案查处无照经营16836起，非法小广告501起。按照《通州区城市管理综合监管考核评价办法》，从综合协调、综合监管、公众评价、环境秩序、信息宣传五个方面对各乡镇政府和街道办事处开展环境综合整治情况进行考核，成绩排名每月于《通州时讯》专版进行公示。完成天旭地块、土桥地块、富力地块、贡院地块及商务园地块5处城市休闲公园建设。在北苑、新华、中仓、玉桥4个街道办事处13个社区所属小区楼门设置便民宣传牌1650块。开展空气污染对人群健康影响监测，对群众进行健康防护指导。制定并印发《2018年空气污染对人群健康影响研究项目工作方案》，完成月度气象数据监测、环保数据监测、医院门诊量监测和急救数据的监测。制定155平方千米范围道路污染物负荷控制工作方案，建立主要道路台账，配备落实全部道路扬尘控制车辆（50辆步道清洗车，20辆雾炮降尘车），各主要道路开展降尘作业。完成40个自备井置换工作。大运河森林公园配套服务设施提升改造，完成停车场工程、卫生间及服务设施工程任务。2018年计划完成30家社区养老服务驿站建设，截至年底完成36家社区养老服务驿站建设并运营。开展远程影像诊断，方便患者就近就医。成立区域医联体工作群，制定并完成医联体综合绩效考核指标，开启借助信息化系统推进影像医联体间远程会诊和分级诊疗联动转诊的工作模式，6家基层单位加入区域影像医联体，完成线上远程报告14894例，远程影像系统总体运行平稳。开展覆盖全区的户籍适龄妇女宫颈癌、乳腺癌免费筛查工作，全区完成宫颈癌筛查22086人，乳腺癌筛查23963人。完成通州区一、二级视力及肢体残疾人居家入户体检，服务残疾人2909人。北京市第一幼儿园胡各庄分园精装修工程完成；富力金禧花园幼儿园进场施工；潞苑幼儿园完工、泰禾拾景园小区配套幼儿园、润枫领尚小区配套幼儿园完工。提高城乡低保标准，从2018年1月起进行补发。全区超转人员新标准调标补发工作有序发放。调整企业退休职工养老金72329人，调整城乡居民养老保险基础养老金涉及56377人，调整福利养老金43202人，调整工伤保险定期待遇339人次。失业保险金发放标准自9月1日起执行，外埠城镇人员一次性失业保险金月发放标准在现行基础上，每档增加244元，农民合同制工人一次性生活补助费标准由1128元调整到1372元。新开或调整公交线路10条。完成科普体验厅建设。为乡镇、街道建设55个室内健身室项目，更新100套全民健身工程器材项目，建设40个多功能球场项目。完成公益放映17433场次，吸引观众44万人次。完成各类文艺演出1600场。提升市民素质，广泛开展“2018通州榜样”主题教育活动。深入单位、街镇开展“道德文化大讲堂”40次。利用文明通州微博、微信等平台开展网上精神文明传播活动。编纂《创建撷英——2015—2017年度首都精神文明创建先进单位2018年文明创建风采展示》画册，展示工作成果。举办全市“美丽乡村·筑梦有我”大型新闻公益行动。以清明节、六一儿童节、“七一”党的生日、国庆节等节日为契机，开展“我的中国梦”主题教育实践活动。

（董冠楠）

【市领导到通州区调研】 2月27日，副市长王宁到胡各庄小学、北京一幼海晟园（后北营园）、北京五幼、人大附中通州校区检查中小学开学情况，并察看市行政办公区教育重点工程进展情况。3月9日，副市长殷勇到通州区调研。考察了副中心信访临时接待场所、规划展厅、复地中心、新光大中心、清华大学五道口金融学院选址地块，并听取相关情况介绍。4月25日，市长陈吉宁到通州区考察北京第五幼儿园通州分园和张家湾镇植树地块，并到玉桥街道新通国际社区居委会参与社区服务活动。5月7日—8日，市长陈吉宁到通州区调研。考察了北苑街道玉带路社区、环境监控中心、张家湾镇马营村农村污水处理站、南火垡村工业大院腾退现场、榆林庄闸国家水质考核断面、潞城镇第二污水处理厂、京哈高速货运车辆西集卡口、漷县镇觅子店综合检查站、再生能源发电厂等重点点位，并现场督查。5月31日，市委常委、副市长阴和俊到通州区调研。考察了北京中科信电子装备有限公司和李宁（中国）体育用品有限公司，并听取通州区推动高精尖产业发展主要举措及有关情况的汇报。8月14日，副市长卢彦到通州区调研园林绿化建设工作。考察了东郊森林公园、宋庄公园、六环西辅路带状公园、减河公园和大运河森林公园，并听取相关情况汇报。9月7日，市长陈吉宁在代区长赵磊、副区长阳波的陪同下，到马驹桥镇北京嘉禾春天农产品专业合作社察看“大棚房”拆除清理、垃圾消纳处理等有关情况，并主持召开“大棚房”排查清理整治工作现场会。9月7日，全国政协副主席刘奇葆率调研组到大运河森林公园“月岛闻莺”观景平台和“三庙一塔”景区，就大运河文化带建设情况进行调研。11月7日，市政协副主席李伟带领社会与法制委员会调研组到通州区考察《北京城市副中心社会建设三年行动计划（2018—2020年）》实施情况。在考察梨园镇网格分指挥中心和新华街道党群活动服务中心网格化运行及社会领域党的建设等工作后，听取相关情况汇报。11月17日，副市长卢彦到通州区调研。考察了张家湾公园一期工程建设、台湖镇江场村“留白增绿”项目建设和台湖游憩园建设情况。

【义务植树活动】 4月2日，党和国家领导人习近平、李克强、栗战书、汪洋、王沪宁、赵乐际、韩正、王岐山等到通州区张家湾镇与首都群众一起参加义务植树活动。

【健步走活动】 5月5日，市委书记蔡奇，中央和国家机关工委常务副书记孟祥锋，市委副书记、市长陈吉宁，市人大常委会主任李伟，市政协主席吉林和市直机关各单位干部职工近2000人在大运河森林公园参加“健康伴我行 建功副中心”健步走活动。

【天津市领导到通州区考察】 7月19日—20日，天津市副市长金湘军等到通州区考察。考察了北京城市副中心规划展厅、市行政办公区综合管廊、市行政办公区建设现场和大运河森林公园，并听取相关情况的介绍。

【成都市领导到通州区考察】 8月8日，成都市委常委刘守成等到通州区考察学习。参观了北京城市副中心规划展厅、市行政办公区、大运河森林公园“月岛闻莺”观景平台，并听取通州区规划建设基本情况的介绍。

【美国洛杉矶郡市长代表团到通州区参观访问】 8月30日，美国洛杉矶郡市长代表团到通州区参观访问。参观了大运河森林公园、北京城市副中心规划展厅、韩美林艺术馆和宋庄镇东韵丝绸文化艺术馆。

【2018中国艺术品产业博览会开幕】 9月29日，2018中国艺术品产业博览会开幕。区委书记曾赞荣、北京文投集团董事长周茂非、市文物局副局长向德春共同开启艺博会主馆大门。区领导初军威、洪波、查显友、黄世喆出席活动。

【2018北京（台湖）影偶艺术周开幕】 10月1日，2018北京（台湖）影偶艺术周开幕。市委宣传部常务副部长赵卫东，市文联党组书记、常务副主席沈强，区领导赵磊、初军威、查显友参加开幕式。

【廊坊市领导到通州区座谈】 10月13日，廊坊市委书记冯韶慧、市长陈平等到通州区，就两地规划、交通、产业、生态等多领域问题与区领导曾赞荣、赵磊、初军威、刘贵明、阳波进行座谈。

【国家发展改革委领导到北京城市副中心调研】 11月27日，国家发展改革委副主任林念修等到北京城市副中心调研。考察了北京环球影城主题公园、潞河医院、行政办公区千年守望林和市发展改革委办公楼，并听取相关情况汇报。

【2018全球财富管理论坛在通州区举办】 12月1日，2018全球财富管理论坛在通州区国际财富会议中心举办。副市长殷勇出席论坛开幕式并致辞。区长赵磊从北京城市副中心的发展规划、发展优势、发展方向、发展空间、金融产业发展态势和营商环境等方面进行推介。

（王文秀）

【《通州区创建北京市深化服务业扩大开放综合试点示范区实施方案》出台】 2月14日，为深入贯彻落实《北京市服务业扩大开放综合试点实施方案》，以更高水平建设北京城市副中心，主动服务“京津冀”协同发展，推动高端服务业加快发展，促进通州区经济转型升级，为北京市服务业扩大开放提供经验，区政府制定了《通州区创建北京市深化服务业扩大开放综合试点示范区实施方案》。

【《通州区2018年国家卫生区复审工作实施方案》出台】 2月23日，根据《国家卫生城市评审与管理办法》和全国爱卫办《关于2018年国家卫生城镇复审工作安排的通知》要求，2018年北京市爱卫会、全国爱卫会将分别组织专家对通州国家卫生区各项工作进行复审，重新命名。为切实做好复审工作，结合通州实际，区政府制定了《通州区2018年国家卫生区复审工作实施方案》。

【《通州区创建国家农产品质量安全县实施方案》出台】 2月23日，为进一步提高农产品质量安全水平，切实保障食品安全和消费安全，2014年底农业部组织开展国家农产品质量安全县创建活动，依据农业部《国家农产品质量安全县创建活动方案》和《国家农产品质量安全县考核办法》，按照《北京市农业局关于转发农业部〈国家农产品质量安全县管理办法（暂行）〉的通知》和《北京市农村工作委员会等部门关于印发〈北京市创建“国家农产品质量安全市”实施方案〉的通知》要求，通州区决定开展国家农产品质量安全县创建活动，区政府制定了《通州区创建国家农产品质量安全县实施方案》。

【《通州区2018年交通综合治理实施方案》出台】 5月4日，为了进一步改善通州区交通运行状况，不断提高交通服务水平和交通治理能力，营造良好的交通出行环境，有效缓解城市交通拥堵，通过广泛征求人大代表、政协委员、社区群众及交通领域专家和相关部门的意见建议，结合市级下达的缓堵任务、副中心交通微治理和堵点改造两项研究成果及通州区实际情况，区政府制定了《通州区2018年交通综合治理实施方案》。

【《2018年通州区水污染防治工作方案》出台】 6月5日，为全面落实《北京市人民政府关于印发〈北京市水污染防治工作方案〉的通知》《北京市人民政府办公厅关于印发〈北京市进一步聚焦攻坚加快推进水环境治理工作实施方案〉的通知》工作要求，以降低全区河流水体污染物浓度为主线，推进各类水污染治理工程，强化各类污染源治理，全面改善通州区河流水体环境质量，区政府制定了《2018年通州区水污染防治工作方案》。

【《通州区政府2018年度绩效管理工作实施方案》出台】 8月7日，为确保市、区年度重点工作任务落实和各单位主要职责全面履行，加快推进北京城市副中心建设，按照市、区政府绩效管理工作的相关要求，结合通州区实际，区政府制定了《通州区政府2018年度绩效管理工作实施方案》。

【《通州区疏解一般制造业工作奖励暂行办法（试行）》出台】 8月29日，为加快疏解非首都功能产业，加强疏解一般制造业企业奖励资金管理，根据《北京市大气污染防治条例》以及北京城市副中心建设需要，结合通州区实际，区政府制定了《通州区疏解一般制造业工作奖励暂行办法（试行）》。

【《关于推进代征城市绿化用地移交建设管理的实施方案》出台】 10月12日，为加强代征城市绿化用地（以下简称代征绿地）移交建设管理，确保完成代征绿地移交手续，依据《北京市城乡规划条例》、《北京市绿化条例》和《北京市代征城市绿化用地移交建设管理办法》等相关规定，结合通州区实际，区政府制定了《关于推进代征城市绿化用地移交建设管理的实施方案》。

【《通州区政府性债务管理办法》出台】 12月3日，为加强通州区政府性债务管理，规范政府性债务举借、使用、偿还等行为，防范债务风险，根据《中华人民共和国预算法》《国务院关于加强地方政府性债务管理的意见》《国务院关于深化预算管理制度改革的决定》等规定，结合通州区实际情况，区政府制定了《通州区政府性债务管理办法》。

（东　滨）

【政府信息工作】 2018年，收到各单位报送信息8600余条，采用2412条；编辑《昨日区情》专刊、普刊、特刊248期，《今日媒体热点》10期，完成政务信息督查18期。向市政府办公厅报送信息2099条，其中政务信息1316条、舆情信息783条，采用信息190条；参与北京市政务信息约稿12次，其中国办约稿6次，采用信息4条；上报调研信息7篇，采用4篇，刊发市情特刊3篇。得到市、区领导批示58条，其中市领导批示9次，市委书记蔡奇、市长陈吉宁批示各1条。被评为市政府信息系统嘉奖单位。

（张晓燕）

【便民电话工作】 2018年，区非紧急救助服务中心（以下简称“分中心”）办理北京市非紧急救助服务中心（以下简称“市中心”）系统派发工单（除去重复派单）99321件，同比增长3.99%。工作人员直接接听群众电话诉求约3196个。办理系统工单总量在全市16个区政府分中心排名第四。办理区长信箱1116件；办理人民网“地方领导留言板”网友留言180件；办理市长电话值班专报17件；办理市中心每周重复案件专项督办768件；印发每月通报12期；组织业务培训60余人次；组织区领导到市中心“12345”政府热线接听电话活动1次；完成对政府部门绩效考核“12345”政府热线评分工作。

（张　蕾）

【建议、提案办理工作】 2018年，市政府办公厅交由通州区政府研究办理全国及市人大代表建议、市政协委员提案共22件。按照市政府有关规定，22件建议、提案全部在法定期限内办复。

2018年，区政府系统承办区人大代表建议和区政协委员提案309件，办理区人代会议案2件，办理完成区政协主席会议建议案3件。办理区人大代表建议114件。其中，区六届人大三次会议交区政府办理113件，闭会期间区人大常委会交区政府办理1件。内容涉及城市建设与管理方面40件，占35%；社会事业与民生方面29件，占26%；城乡一体化方面25件，占22%；综合经济方面5件，占4%；其他方面15件，占13%。区政府按照“分级负责、归口办理、重点督办”的原则，分别交由49家单位研究办理，全部按期办复。办理区政协委员提案195件。其中，区政协六届二次会议交区政府办理193件，闭会期间2件。内容涉及社会事业与民生方面78件，占40%；城市建设与管理方面73件，占37%；城乡一体化方面20件，占10%；经济发展方面15件，占8%；其他方面9件，占5%，全部按期办复。

（郭　娜）

【信息公开工作】 年内，精简、规范、公开区政府部门权力清单。印发了权力清单、通用责任清单和大气污染防治等专项责任清单，对清单进行动态调整。按照中央和本市行政审批制度改革的要求和部署，按照权力清单动态调整办法，2018年取消行政职权事项19项（其中取消行政许可事项5项），新增行政职权事项14项，承接市级下放行政职权5项，变更行政职权事项基本要素26项。截至年底，通州区权力事项有1035项。

清理规范性文件。对与现行法律法规不一致、以宣布失效的国务院和市政府文件为依据、不符合放管服改革、生态文明建设和环境保护要求、已被新规定涵盖或替代、调整对象已消失、工作任务已完成或者适用期已过的区政府文件在区政府网站上公示进行清理，共计115件，其中，拟保留86件，废止29件。同时将宣布失效的文件在区政府门户网站中标记失效或删除。

加强政民互动，了解倾听民意。2018年，通州区立足群众需求，引导公众参与政府决策、执行、管理、服务、结果全过程，健全政府主导、社会协同、民众参与的共治体系。全年接收留言1197条，办理留言1178条、开展意见征集15期，公布调查结果12期，接收意见建议738067条、开展在线访谈26期，接收网民留言386条，回复率100%。同时，拓宽互动形式，对2018年度区政府中期、年终述职考评工作会进行网上直播。

加大公开力度，加强解读回应。在通州区政府门户网站设置“解读回应”频道，围绕区政府重大决策部署和重要民生事项，对年度政府工作报告等37项重大民生政策进行深度解读，“区政府常务会议专题”配发5篇解读图表、图解，对政策措施的背景依据、目标任务、主要内容、涉及范围、执行标准等进行图文解读，方便公众了解各项政策措施。同时实现政策解读与政府文件在政府网站的同步关联发布，并通过官方微博、官方微信、社会化媒体转发等形式促进政策传播渠道。

通州区持续开展业务培训。召开政府信息公开工作会议、专题会议104次，举办各类培训班45次，接受培训人员数量近千人。

通州区2018年主动公开政府信息10965条，环比增长36.48%。在主动公开的信息中，机构职能类信息538条，占总体的比例为4.91%；法规文件类信息855条，占总体的比例为7.8%；规划计划类信息318条，占总体的比例为2.90%；行政职责类信息814条，占总体的比例为7.42%；业务动态类信息8440条，占总体的比例为76.97%。

通州区2018年度收到政府信息公开申请674件。其中，当面申请156件，占总数的23.15%；通过电子邮箱提交申请72件，占总数的10.68%；以信函形式申请446件，占总数的66.17%。申请内容主要涉及农村集体土地征收批复、公告、补偿安置方案，房屋拆迁政策及补偿办法，环评结果、立项批复等。

通州区2018年因政府信息公开产生行政复议13件。其中维持具体行政行为的7件，被依法纠错的4件，其他情形的2件。

通州区2018年因政府信息公开产生行政诉讼案件18件。其中维持具体行政行为或驳回原告诉讼请求12件，被依法纠错的2件，其他情形的4件。

（姚彤旭）

人事人才

【概　况】　2018年，通州区树立正确的选人用人导向，贯彻落实人才强区战略，推进人才发展体制机制改革，人才队伍建设持续增强，人事制度改革进一步深化，人事人才公共服务体系更加完善。区人力社保局深刻认识和自觉遵循人才的成长、服务和使用规律，创新人事人才工作思路，科学规划，在政策制定、选拔培养、管理服务、评价考核等方面，探索和创新有利于人才成长的体制机制，努力实现人事管理与服务水平新提升，激发各类人才队伍发展活力。

【公务员招录工作】　2018年两次招录共发布职位76个，招录公务员91人（首次招录87人，补充录用4人）。

【组织开展多期公务员培训】　2018年，组织10期、5729人次公务员培训。包括2期144人次的初任培训，3期540人次的大规模轮训，1期2000人次的公共知识培训，1期200人次的科学素质大讲堂，1期63人次的科级任职培训，1期180人次的组织人事干部培训班，全年2602名科级及以下公务员完成在线学习培训。

9月3日，在通州区委党校举办公务员初任培训班（区人力社保局提供）

【事业单位公开招聘工作】 年内，对事业单位新进工作人员进行公开招聘，通过实行单位招考和全区统一联考的方式，招聘工作人员874名。

【推进事业单位岗位聘任和备案管理工作】 年内，完成全区539个事业单位、2万余人的岗位聘任和登记备案。

【推动扶持高层次人才创新创业平台建设】 2018年，在中关村科技园区通州园管理委员会增设3家分站博士后科研工作（国家级）站即北京万生药业有限责任公司、李宁（中国）体育用品有限公司及北京市春立正达医疗器械股份有限公司；为高层次人才发放政府特殊津贴和购房补贴178.3万元；为博士后科研工作站及在站高层次人才发放扶持资金43.85万元。

【举办高层次人才论坛活动】 年内，依托于自主研发的通州区高端人才信息管理系统，结合当前通州区经济社会发展现状，将通州区优秀杰出人才分为教育、医药卫生、农业、科技创新、文化创意和党政六个人才界别组，制定《“智·融副中心”系列高层次人才论坛实施方案（2018—2019）》，意在推动通州各类英才将自身能力与才华融入副中心建设和发展，探索“人才—企业—政府职能部门”同频共振、同向发力、精准施策的新路径、新模式、新机制，推动人才服务工作的精细化、多元化和个性化，激发人才活力和内生动力，全面助推北京城市副中心建设和发展。截至年底，举办两期高层次人才论坛即针对教育和卫生人才的“智•汇副中心”论坛和针对科技创新人才的“智•创副中心”论坛，高层次人才热情参与，反响较好。

【打造“两高”人才品牌工程】 2018年，推进通州区“两高”即通州区海外高层次人才引进计划（“灯塔计划”）和通州区高层次人才发展支持计划（“运河计划”）人才工程的实施。评选出“灯塔计划”创业类项目入选者8名、工作类项目入选者1名，并发放奖励资金180万元；发放2017年“灯塔计划”入选者奖励资金270万，总计450万元。

【人才引聚工作】 2018年，全区引进各类人才6846人，其中，引进高层次人才33人，引进非京生源毕业生357人，解决夫妻两地分居26人，办理北京市工作居住证671件。

【人事考试工作】 2018年，组织完成市、区下发的一级建造师、专职安全员、公务员等18个科目的考试工作，共1280场，98742人次参加考试；完成社区工作者、环保监督员和专职安全员等4次面试工作，416人参加面试；发放25类资格证书8991个；完成二级建造师、一级建造师和一级注册消防工程师等13个科目考试的资格审核，审核人数近万人。

【完成全区晋级晋档、增长薪级审批工作】 2018年，工资福利与退休科完成了全区机关事业单位在职人员晋级晋档、增长薪级审批工作，累计审批2.6万余人。

【组织机关健康体检】 5月，工资福利与退休科组织党政群机关工作人员赴北京市干部度假疗养中心进行健康体检，全区有130名考核优秀人员、业务骨干、组织人事干部以及离岗、离退休人员参加活动。

【选聘大学生村干部到基层】 大学生村干部与选调生工作并轨后，选拔工作严格执行公务员标准。年内，根据选聘原则和程序，经过笔试、资格审查、面试、体检、考察、签订就业协议等程序，选聘30名大学生村干部（选调生）到基层工作。

【接收安置军转干部工作】 2018年，接收军队转业干部和随调家属。组织开展通州区2018年随军家属专场招聘会一场，20家用人单位为随军家属提供

45个就业岗位，200余名随军家属参与招聘洽谈活动，62名随军家属现场与用人单位达成初步就业意向。“八一”“两节”期间慰问特困军转干部，发放慰问金5.1万元。

【人才服务平台建设】 2018年，人力资源公共服务中心在全市率先全面推行综合柜员制，档案、保险等29项业务可在一个窗口办结，受理业务7万余笔；做好中心档案管理等工作，集体存档户3470家，存档量为112745份，其中个人存档99418人，集体存档13327人；快速推动流动党员疏解，对1283名流动党员的信息进行逐一采集、对所有党员档案进行审查，疏解党员792人，催缴党费18万余元；充分发挥人才市场在人才资源配置中的基础性作用，举办现场招聘会271场，参会单位3490家次，提供职位59774个次，求职人才达87866人次，初步达成意向26376人次。

（何媛媛）

劳动就业

【概　况】 2018年，通州区人力社保局围绕副中心建设大局，坚持就业优先战略和更加积极的就业政策，从就业政策落实、就业岗位挖掘、重点群体帮扶、就业技能培训、产业园区建设、服务效能提升等六个方面做好做实就业工作，全面拓展就业空间，促进通州区劳动力更高质量更充分就业。

【全区就业情况保持稳定】 年内，全区城乡劳动力就业19794人，完成指标的165%，城镇登记人员就业率达到64.32%；期末实有城镇登记失业人员5463人，城镇登记失业率2.74%，同比增加0.24个百分点。

【完成城乡就业困难人员就业工作】 年内，全区城乡就业困难人员就业9818人，完成任务指标的179%，就业困难人员就业率达到69.91%。

【落实各项促进就业政策】 2018年，为187家次用人单位招用的827人次符合政策的就业困难人员申请享受岗位补贴218.8万元、1257人次符合政策的就业困难人员申请享受社会保险补贴867.1万，合计申请1085.9万元。社会公益性就业组织累计安置287名就业困难人员，申请市、区两级资金共计1663.3万元。新增10287名自谋职业（自主创业）、灵活就业人员，累计享受补贴31439人，累计享受补贴金额2.28亿元。受理506家企业稳定岗位补贴申报材料，批复资金1662.6万元，涉及人数达99742人。审核接收213家企业的4740名退休人员转退休化管理，为494名社会化管理退休人员申报清洁能源自采暖44万元。

【创业促进就业工作】 年内，开展创业培训17期，培训各类学员包括失业人员及农村转移就业劳动力等504人。培训后取得工商营业执照可持续经营的172人，创业成功率为34.1%。直接带动就业1546人。开展特色创业一体化见习培训13期，包括“北京环球主题公园就业培训行动计划”创业培训项目的特色培训班、互联网+虚拟VR创业培训班以及大学生训练营创业培训班等，涉及学员379人。

【首届创业创新大赛举办】 年内，举办首届中国创翼北京市通州区创业创新大赛，全区76个创新创业项目参赛，经过赛前培训、计划书评比、项目路演等环节，有10个创业创新项目获得一等奖和优胜奖，分别获得资金和免费孵化奖励。创业组一等奖的一个项目在北京市创业板挂牌上市。

【职业技能培训工作】 2018年，开展城乡劳动力培训8766人，其中，城镇失业人员技能培训944人，农村劳动力技能培训527人；外省市到京务工人员1010人；在职职工培训5554人；其他人员731人。开展创业一体化见习培训26期，共计448人。组织专场职业资格鉴定考试201批次，有20084人参加鉴定考核，18128人取得证书，取证率90%，其中，取得初级职业资格证书13802人，取得中级职业资格证书3214人，取得高级职业资格证书232人，取得技师职业资格证书880人，取得高级技师职业资格证书0人。全年批复培训补贴资金518.316万元，补贴人数3630人，其中，市级培训补贴资金224.166万元，补贴人数1654人，区级培训补贴资金294.15万元，补贴人数1976人。进一步加强技能人才队伍建设，与区妇联联合开展“通州巧娘”培训计划。完成环球主题公园“1531”培训计划。

【对口帮扶工作】 与内蒙古翁牛特旗、奈曼旗、科右中旗签订《北京内蒙古劳务协作协议》，共建扶贫机制；与拉萨城关区签订《对口支援协议书》，在考察交流、培训等方面达成协议。2018年，向内蒙古三旗提供岗位信息11984个，在翁牛特旗、奈曼旗分别举办对口帮扶专场招聘会，组织区内13家优质企业参加，提供就业岗位1050个，与科右中旗人力社保局联合开展网络专场招聘会，开发就业岗位372个，在各项活动中达成初步就业意向91人。针对帮扶地区开展创业、技能培训班20个班次，培训人员1062人。根据内蒙古三旗实际情况，拨付资金128万元，创建6家就业实训基地。

7月17日，通州区人力社保局赴翁牛特旗开展北京内蒙古对口帮扶活动　（区人力社保局提供）

【“4+3”就业扶持政策落地】 6月，从制度、个人及单位受益、托底安置三个层面申请的四项就业促进政策（政策一：全域纳入城市化建设地区，实行统一就业失业管理制度；政策二：农村地区劳动力到城市公共服务类岗位就业可享受补贴；政策三：加大用人单位岗位补贴和社会保险补贴力度；政策四：享受重点帮扶地区公益性就业组织岗位补贴帮扶）全部落地，为做好与市级政策衔接，充分发挥政策推动就业的作用，12月底制定并出台三项区级延伸配套就业政策（政策一：加大公益性就业组织岗位补贴；政策二：加大培训补贴力度；政策三：扩大城市公共服务类岗位补贴覆盖范围），打造全市最优政策环境。市级政策批复后，促进4703名本地劳动力实现就业。

【退休审核工作】 全年核准退休6905人。其中，正常退休4824人，特殊工种提前退休891人，因病提前退休（退职）216人，领取一次性养老金31人，职转居943人。

【工伤认定工作】 全年接待工伤来访10645人次；认定工伤1033件，其中建筑业农民工工伤认定64件，个人申请工伤认定35件，工伤康复34人。

【劳动能力鉴定人次增加】 2018年，组织劳动能力鉴定43场，外出鉴定9场，鉴定人数932人次，其中工伤评残鉴定693人次(含配置辅助器具)，病退鉴定239人次，结论改变率零，组织医疗专家培训2次。外出总行程约4200千米，覆盖北京、河北、内蒙古、河南等多个省、自治区、直辖市。

【集体合同覆盖工作】 年内，全区执行期中的集体合同户数3226户，覆盖职工12.1万人。其中，2018年新增备案企业1782户，涉及职工1.9万人。

【严格特殊工时审批许可】 年内，为90家企业9027名职工申请综合工时和不定时工作制度进行行政许可。

【加强劳务派遣审批管理】 年内，全区审批经营劳务派遣企业88家，变更劳务派遣许可32家，延续18 家，跨区迁入4家，跨区迁出1家。

【加大监察执法管理力度】 2018年，日常巡查检查单位3460家，涉及劳动者15920人。办结各类案件1217件，其中，投诉举报案件295件，“12345”非紧急救助841件，市监察总队转办25件，本市流转13件，天津协查案1件，突发事件42件，涉及劳动者5694人，各类款项5427.19万元，结案率100%。对企业违法行为作出行政处罚94起，处罚金额52.88万元；作出行政处理2起，处理金额338.67万元；申请强制执行1起，执行金额4万元。

【压实“治欠保支”工作责任】 2018年，通州区在施工程项目达483个，占全市工程项目20%以上，参与建设农民工数量约4.9万人，劳动监察队积极应对用工管理新挑战，“群策群力”强化体系保障，建立并完善治欠保支工作各成员单位欠薪应急处置机制和重点案件会商机制；“全覆盖排查”细化工程管理，完善行业主管部门纵向把控、属地政府横向摸排的工作机制，确保底数清、情况明、范围全；“有的放矢”加强重点巡防，对重点项目专班管理，定期走访施工进展；重点监管一年内出现过群体访的工程项目，做好监控、研判和预防；“传帮带”加强队伍建设，强化执法人员的政治责任和政治担当，全面压实“治欠保支”工作责任。

【高效化解群众诉求】 2018年，劳动监察队处理“12345”案件数量高达841起，同比增长281%，且办理时限短、要求有求必应、一单一回复。面对巨大的案件办理压力，劳动监察队始终秉承“接诉即办”原则，在耐心做好解释工作的同时积极查处用人单位的违法行为，获得劳动者的一致认可。

【优化人力市场环境】 年内，对工商企业密集区、流动人口集散地和自发形成的人力资源交易场所等重点区域进行常态化监管，严厉查处违法行为，连续三年被人社部和国家工商总局评为全国清理整顿人力资源市场秩序专项行动成绩突出单位。

【签署通武廊监察协查协议】 年内，与河北省廊坊市人力社保局、天津市武清区人力社保局签署《关于跨地区劳动保障监察案件协查协议》，约定在跨区调查中协助调查并提供调查结果，调查结果互为有效证据等内容，推动劳动监察资源共享，为构建通武廊三地和谐稳定的劳动关系奠定坚实基础。

【建立“治欠保支”法律援助站】 年内，在劳动监察接待室设立“治欠保支”法律援助站，对劳动监察不能受理、需通过司法渠道解决的诉求，由法律援助律师当场为农民工免费解答相关法律问题，符合受理条件的免费代理、现场立案，在第一时间帮助劳动者解决困难，降低维权成本，引导劳动者理性维权。全年接待司法政策咨询150人，经司法局审批法律援助成功73人，诉求援助金额135.87万元。

【劳动人事争议调解工作】 2018年，区劳动人事争议案件受理量达8803件。其中，劳动人事争议仲裁委员会受理6768件，各级调解组织调处2035件；仲裁委受理集体争议案2742件，占受理总量的40.5%。仲裁委受理案件中审结6508件，结案率为96.16%，调解率为63.8%；各级调解组织成功调处1979件，调解率为97.25%。

【深化区域协同处理机制】 年内，进一步落实《关于通武廊劳动人事争议协同处理工作的意见》，协同武清区、廊坊市召开通武廊合作工作部署会，联合签订《关于通武廊劳动人事争议处理过程中委托调查取证、委托送达仲裁文书的协同合作意见》，为进一步完善通武廊劳动人事争议案件就地处理及时化解机制建设打下了基础。2018年，受理涉及天津、河北企业的劳动争议24件。其中，涉及天津企业10件，涉及河北企业14件。

（何媛媛）

社会保障

【概　况】 2018年，区人力社保局注重加强社保行政部门与经办部门间的协调配合，通过整合优势资源、强化风险防控、加强基础管理，构建起社会保险基金管控体系、内控监督体系和综合管理体系，提高了社保业务经办效能。年内，转非劳动力补缴、税费统征统管对接、社会保险待遇标准调整、定点医药机构新增、打击欺诈骗取医疗保障基金专项行动等重点工作完成。全区各项社会保险参保单位达3.65万家，养老、医疗、工伤、失业、生育保险参保规模分别达85.0万人、88.4万人、41.5万人、43.5万人和39.0万人，各项基金收支规模达187.21亿元，社会保障范围不断扩大，待遇标准和水平逐步提高。

【城镇五险扩面征缴工作】 年内，辖区城镇五险参保规模进一步扩大，参保单位3.65万家，参保人员56.67万人，同比分别增长14.1%和7.4%。基金累计收缴92.49亿元，同比增长14.9%，完成全年任务指标的105.0%。其中，基本养老保险、基本医疗保险、失业保险、工伤保险和生育保险累计收缴分别为52.33亿元、34.61亿元、2.19亿元、1.31亿元和2.06亿元。

【城乡居民养老保险续保率达98.6%】 年内，全区城乡居民养老保险累计参保22.56万人，续保率达98.6%。基金累计收支11.84亿元，有5.95万人享受居民养老保险待遇。

【城乡居民基本医疗保险制度全面实施】 城乡居民正式告别医保待遇二元分化局面，实现“六统一”，即覆盖范围、筹资政策、保障待遇、医保目录、定点管理、基金管理六个方面的统一。年内，全区城乡居民基本医疗保险参保31.76万人，基金累计收支4.90亿元。

【社会保险待遇标准不断提高】 年内，及时上调养老、失业、工伤等社会保险待遇标准。其中，全区7.68万名企业离退休人员月人均领取养老金达3418.61元；城乡居民养老保险待遇人员基础养老金标准调整为每人每月705元/715元；无保障老年人福利养老金标准调整为每人每月620元/630元；失业保险金发放标准每档增加244元；工伤人员伤残津贴按工伤等级逐级增加，最低档每人每月增加280元；工亡人员供养亲属抚恤金每人每月增加185元。

【落实机关事业单位养老保险各项政策规定】 年内，完成区教委所属92家事业单位、11家林业站、5家绩效医院及原国税共4275名工作人员的信息采集和缴费工作；完成区属404家机关事业单位2万余名在职人员职业年金虚账做实补缴工作，补缴资金3.24亿元；完成机关事业单位2018年度社会保险缴费工资申报工作，涵盖全区441家机关事业单位的2.6万名工作人员。

【转非人员安置工作】 2018年，完成漷县、潞城、台湖、马驹桥、梨园、张家湾、永顺7个乡镇34个村992名劳动力的转非安置补缴社会保险工作，涉及基金20763.85万元，其中，补缴养老保险13996.64万元、医疗保险5865.92万元、失业保险901.29万元。

【社会保险费征收改革】 年内，按照北京市社会保险费交由税务部门征收，实现税费统征统管的工作要求，与税务部门成立社保费征收移交工作专班，开展专题业务培训7次，并根据需求，配合税务部门深入街镇社保所，就社会保险费征缴过程中涉及的制度政策、业务流程、征收现状、信息管理等情况进行学习交流和摸底调研。

【开展定点医药机构新增工作】 年内，成立医药机构新增工作领导小组和实施小组，研究制定工作实施方案和工作人员纪律规定。全年完成辖区45家零售药店、22家医疗机构的社会保险诚信信息核查、资料查验、现场检查、函询区级相关行政部门、区级专家评估及公示等环节工作。年内申报的14家零售药店和9家医疗机构通过市级新增定点医药机构考察评估。

【启动打击欺诈骗取医疗保障基金专项行动】 按照全市打击欺诈骗取医疗保障基金专项行动的工作要求，及时成立区级联席会议协调议事机构，并抽调专人组成专项行动检查组。年内，完成对辖区33家次定点医疗机构和2家定点零售药店的现场检查，追回医疗机构违规费用1.76万元；完成13名费用过高疑似骗保的参保人员约谈工作，追回违规费用2.51万元。

【优化社会保险经办服务效能】 升级网上预约取号系统，增设社保待遇资格核准、社保补缴资格核准、机关事业单位工资核准三项预约审批事项；重新梳理“通州社保”微信平台服务事项，增设社保权益、缴费金额、常用表格等信息查询功能；搭建社保讲堂微信预约平台，为参保企业提供良好的培训体验，全年开展培训33期，培训人员3113人次，发放宣传材料30.7万份。

【强化基础管理工作】 年内，按照优化营商环境工作要求，对278项社保业务进行梳理，优化流程60项，精简材料17项；完成社会保险内控业务延伸系统的开发，实现了退休审批工作在社会保险行政科室与经办部门之间的数据共享和相互制约与监督。

（何媛媛）

机关事务服务工作

【概　况】 2018年，在区委、区政府的正确领导下，区机关事务服务中心坚持以习近平新时代中国特色社会主义思想为指导，深入贯彻中共十九大精神和区委全会精神，认真落实全面从严治党主体责任，深入开展“不忘初心、牢记使命”主题教育，服从服务大局，积极履行职责，主动担当重任，完成区委、区政府交办的各项任务，为区委、区政府工作顺利开展提供了坚强的后勤保障。

【重大公务活动接待保障工作】 2018年，保障各类会议5600余场次，8万余人次，其中市级及以上接待保障163次。完成国务院安委会考核组、区大棚房专项治理工作督查组和农业部非洲猪瘟疫情调查组的接待保障工作，完成区六届人大四次会议、五次会议，政协通州区六届三次会议的生活保障工作。

【潞城办公区改造工程】 年内，在时间紧、任务重的情况下，历时4个多月完成潞城办公区改造工程，确保区四大家顺利入驻。该项目共改造维修、新建装配式建筑16栋，总建筑面积3万余平方米，入驻人员800余人。安防采用人脸识别系统、车辆识别系统、防入侵警示系统等，实现智能化管理。另外，启动土桥办公区和张家湾办公区，为区民政局、审计局、科委等9家单位提供就餐及物业后勤服务。

【办公用房管理工作】 年内，完成区审计局、民政局、红十字会、特种设备检测所及国家安全局通州分局等单位办公用房修缮工程。严格落实中央八项规定精神，对全区办公用房使用情况进行抽查。12月，向全区96家行政事业单位下发《办公用房基础数据统计表》，完成办公用房数据统计工作，进一步强化了对全区办公用房使用情况的监督与管理。

【实物资产管理工作】 2018年，完成集中办公区内19个部门的实物资产购置审核工作，批复资产3075件，价值651万余元。对区巡查办、区信访办、种子管理站、区卫计委、区环保局污染普查办等多家单位的实物资产进行调剂调拨，调拨电脑、打印机、办公桌椅等办公设备和家具1056件。

【公务用车管理工作】 根据市、区车改工作要求，对车管平台所属168辆公务用车张贴标识，并纳入平台统一管理。12月，完成全区党政机关、企事业单位2000多辆公务用车GPS定位设备的安装工作，并依托市车管平台，实现对公务用车的全天候、全方位监管，有效杜绝了公车私用等违规行为。车管平台

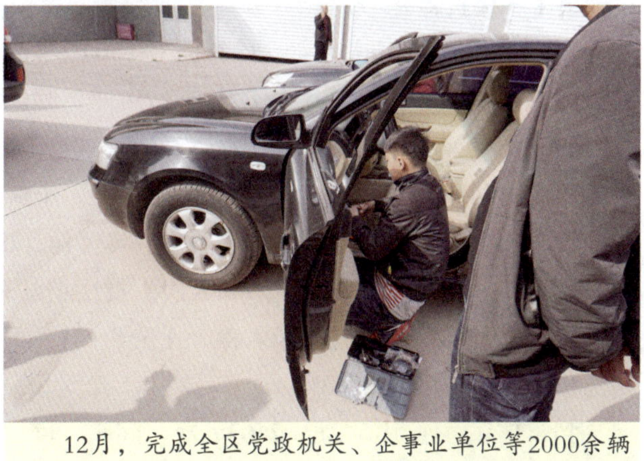

12月，完成全区党政机关、企事业单位等2000余辆公务用车GPS定位设备安装（区机关事务服务中心提供）

全年借出车辆55台次，保障重大活动等租用或派车120余次，保障“四大家”及区级机关公务出行累计派车6200余次，安全行驶75万千米。

【机关后勤服务】 年内，对机关食堂职工餐制作项目进行集中招投标，引入社会化服务公司，通过市场竞争，提升了食堂社会化管理水平，有效降低了食堂运行成本；制定《机关食堂用餐标准》《通州区行政事业单位服务外包管理办法（试行）》，对全区行政、事业单位服务外包事项及机关食堂管理做出进一步规范；全年开展办公区安全检查12次，消防检查50次，完成各类设备维修、更换8000余件次。各办公区实行24小时值班制度，严格排查进入车辆及人员，确保办公区的安全稳定。全年累计协助相关部门处置上访事件800余起，1.3万余人次，其中20人以上群体上访130余起。

路城办公区食堂　（区机关事务服务中心提供）

（王辰雨）

信访工作

【概　况】 2018年，全区信访系统认真落实习近平总书记有关信访工作的指示精神，全面贯彻市委、市政府和区委、区政府关于信访工作的指导意见，围绕建设北京城市副中心重点工作，加强对信访工作的研究，推动重点问题的解决，为副中心建设做出了积极贡献。

2018年全区信访总量为3438件，与2017年的3391件相比有所上升。其中群众来信2654件，同比（2681件）下降1%。其中群众来访784批/4817人次，同比（710批/4389人次）批次增加74批，上升10.4%，人次增加428人次，上升9.8%；集体访206批/3948人次，同比（199批/3646人次）批次增加7批，上升3.5%，人次增加302人次，上升8.3%；重复访366批，同比上升29.3%。

到市信访办上访1542批/2663人次，同比（1152批/2510人次）批次增加390批，上升33.9%，人次增加153人，上升6.1%；集体访103批/1059人次，同比（100批/1147人次）批次增加3批，上升3.0%，人次减少88人次，下降7.7%。

接待群众复查及咨询237批/476人，同比批次（181批）增加56批、上升31%，人次（341人）增加135人、上升40%；立案复查91件，其中立案受理76件，不予受理15件；其中撤销原办理机关意见32件，维持办理机关意见39件，引导法定途径9件，变更原办理机关意见2件，正在办理中9件。完成《关于切实推进依法分类处理信访诉求、大力维护北京城市副中心的和谐稳定》的专题调研一篇。

【区级领导信访接待】 2018年，区级信访积案25件全部实行领导包案制，通过包案区领导协调，责任单位主动落实工作责任，区级信访积案中7件基本结案，5件有实质性进展，需要进一步加大工作力度的有11件，仍需长期努力解决的有2件。有效促进了重点疑难案件的化解。

【领导批阅群众来信】 2018年，区级领导阅批群众来信280件，其中区长赵磊阅批14件，副区长刘贵明阅批166件，其他区级领导阅批100件；本办领导阅批41件，其中主要领导阅批21件。加大了领导亲自协调和组织解决问题的力度，有效推动了矛盾纠纷的化解。

【全面开展矛盾排查工作】 年内，区信访办开展社会矛盾纠纷排查2次，专项排查6次，排查矛盾纠纷126件。全区排查出的矛盾纠纷已办结98件，办结率达78%。

【加大初信初访化解力度】 年内，区信访办通过认真落实初信初访办理工作办法，强调首办责任，打造公开透明的信访工作新模式，着力推动第一时间把群众合理合法诉求解决到位。

【全面提升办信工作效率】 2018年，全区来信2690件，同比增长2.2%。初信1727件、重信963件，个体信2530件、联名信160件（8768人），到区内信644件、到区外信2046件。从增幅上看，除联名信及到区外信同比下降3.6%和7.8%外，其他指标同比均有增长，其中到区内信同比指标增长较快，为55.9%。为进一步规范群众来信办理程序，结合通州区实际，制定了《通州区办信人员岗位职责》《网上信访工作制度》《群众来信办理工作规则》等制度，规范了工作程序，明确了工作责任。在加强制度建设的基础上，强化信件的督办，所有立案交办的来信事项，及时进行督办，落实倒查责任，确保群众来信一次性办结，减少重信，杜绝“信访”变“走访”。

【复查复核工作】 强化案前指导，答复意见书备案进一步规范。2018年，办理答复意见书备案256件，通过案前指导全区各职能部门的信访答复意见书得到全面提升，答复意见书中对事实认定、证据、依据的把握都有了全面的提高。强化依法分类，对信访事项的把握进一步规范。强化案件调解，矛盾化解工作进一步规范。办理信访复查请求时做到案前调解、案中沟通、结案回访，复查时能够坚持实事求是的原则，对办理机关事实认定、办理程序、答复意见结论及相关证据的真实性与合法性进行全面审查。

【信访保障工作】 年内，完成重大活动信访保障任务。制定《通州区群众到非信访接待场所上访处置预案》，明确各成员单位职责及工作要求，细化到非信访接待场所上访的等级、处置要求，规范操作程序及相关后续工作，并将此项工作纳入综治考核和绩效考核。信访办与公安、乡镇街道等单位密切配合，主动做好信访排查、信访重点人思想教育工作，突出重点时期、重大活动、重要部位，强化集体访预测、预报、预警能力，落实区级领导接待日制度，强化领导干部约访、下访和联合接访，强化疏导教育稳控，最大限度避免大规模集体越级上访和到非信访接待场所聚集。完成全国“两会”、中非合作论坛等重点活动信访任务。

【信访宣传工作】 2018年，组织全区各单位开展信访宣传一次，发放信访宣传材料4万余份，通过通州区信访头条号发布各类信访宣传信息2200余条，通州区信访头条号获评全国最具影响力的信访头条号。

（王仁华）

外事工作与港澳事务

【概　况】 2018年，通州区外事和港澳工作全面贯彻中共十八大、十九大精神和总书记习近平系列重要讲话精神，认真落实党和国家对外方针政策，以及市委外事工作领导小组部署要求，坚持围绕北京城市副中心国际化建设，服务国家外交大局，创新外事工作机制，突出服务功能，为推动北京城市副中心的稳定健康发展做出积极努力。参与“一带一路”建设，深化国家外交布局；发挥外事资源优势，推动全区经济社会发展；推动国际交往中心功能建设，扩大区域国际影响力；强化涉外管理机制和涉外安全机制建设，全区外事工作取得一系列新进展和新成果。

【外事管理】 2018年，通州区坚持党委对外事工作的领导体制，区委外事工作领导小组坚决贯彻执行上级对外工作方针政策和决策部署，全面履行对本区外事工作的直接领导职责，强化外事统一管理；部署全区外事领域重点工作，协调解决重大问题；加强区因公出国管理，审定相关工作制度和年度出访计划；统筹全区外事资源和渠道，监督检查区外事重点工作。做好通州区因公出国工作的统筹谋划，促进务实出访。严格执行因公出国（境）任务审批、经费管理和监督检查等一系列管理措施，完善因公出国（境）访前和访后公示规范和回访制度，强化因公出访成果转化。

【因公出国（境）工作】 2018年，全区组织37个团组208人次执行教育、环境、文化、城市管理、友城等领域的重点对外合作和交流项目。主要成果有：加强与“一带一路”倡议的重点国家和城市的沟通与联系，通过出访交流，成功向国外推介北京城市副中心，提升副中心的国际影响力，为通州区经济、文化、教育等各个领域的国际交流合作奠定基础。同时，通过出访学习国外关于城市建设，特别是城市规划、基础设施、生态环境建设、社会管理、医疗卫生、小城镇等领域的先进经验和做法，洽谈引进一系列先进技术和智能管理平台，助力建设北京城市副中心智慧型城市。

【对外友好交往】 梳理友好城市资源，维护与拓展国际友好城市关系。年内，区委书记亲自率团访问友好城市日本东京都文京区，洽谈开展中日文化周活动；依托宋庄艺术文化方面的优势，组织“印迹国中‘一带一路’文化交流活动”，及时传播和弘扬中国传统文化，讲好中国故事的展示平台；搭建教育国际交流与合作平台，组织通州区多所学校分别与德国、美国等几所知名院校进行教育交流研讨，推动北京城市副中心教育国际化发展；多次邀请并安排来自荷兰、丹麦、瑞典、芬兰、美国等国家的水务资源专家到通州区就水资源利用和水务工程技术进行交流研讨，助推城市副中心海绵城市建设。

【外事礼宾接待】 2018年，通州区深化落实国际交往中心建设要求，高标准服务保障外交部、中联部、全国友协、市外办等上级部门重要团组，完成上级交办的外事任务，服务中央整体外交。全年接待美国洛杉矶郡市长代表团、NGO北京国际对话代表团等来访团组8批次、123人次，有力地推介了北京城市副中心，有效提升了副中心国际交往水平。

【重要外事活动】 9月，落实中非合作论坛服务保障工作，服务首都主场外交，做好中非论坛中华传统文化传播工作，以通州区民俗工艺品唐人坊绢人娃娃为论坛提供国家级文化礼品服务。9月，在北京国际设计周台湖分会场开幕式上启动“设计之都”新平台合作意向书签约，推动台湖演艺小镇建设，依托环球影城辐射效应，带动文化优质资源集聚，同时，以台湖高端总部基地为核心发展设计产业，合理布局设计产业发展。10月，成功举办第七届中欧风险论坛，来自8个国家的15位外国专家和12位国内专家及各相关单位150余人出席论坛活动，搭建国内外有关各方在城市建设、管理、风险防控方面的交流合作平台，做好北京城市副中心现代化的城市安全保障体系。

【国际语言环境建设工作】 年内，开展形式多样的国际语言环境建设工作。协助区旅游委完成《通州旅游手册》的翻译工作；向全区所有外语角及英语爱好者发放多种外事宣传资料及市民讲外语系列学习材料；联合区公安分局、综治办等多家单位和部门通过发放宣传材料、宣传物品、现场讲解等形式向市民传播国家领事保护、防范敌对组织滋扰破坏等涉及国家安全各个领域的安全知识。

【外事服务】 年内，引导区内重点国有和民营企业拓展国际市场，参与全球经济竞争。落实《通州区企业人员申办APEC商务旅行卡实施细则》，为企业“走出去”提供便利。组织区经信委、商务委、投促局、园区管委会等单位，以及各乡镇、街道向全区1000多家重点企业及外向型企业发放宣传手册、申办指南。全区APEC商务旅行卡申办数量连续三年翻两番。

【涉外与涉港澳管理】 年内，筹备组建通州区涉外应急指挥部，建立健全关于外国和港澳记者、境外非政府组织和民间组织涉外活动的涉外机制，进一步加强外事、公安、宣传等部门涉外协调管理联动机制建设，及时消除外部不稳定因素，为各项事业发展营造良好的涉外环境。

【外事宣传】 年内，做好外事对内对外宣传工作。强化外事信息管理，完善通州区外事信息上报审批制度，完善信息公开上报工作流程，确保信息及时准确的上报到上级主管部门，并公开发表于市级部门对外宣传刊物上；创新外事宣传途径，开通“通州外事”微信公众号，确保通州区外事信息能够及时准确地进行对外宣传推广，扩大北京城市副中心的对外宣传范围，树立良好国际形象。

【港澳工作】 2018年，接待到通州区的港澳团组2批次20余人次，向港澳特区政府推介城市副中心投资环境和产业空间。参与京港澳青少年交流，与香港地区书院开展中学生互联网交流活动。10月，在第二十二届京港洽谈会上举办以“聚焦新时代的北京发展机遇”为主题的北京城市副中心推介会，吸引京港两地政府及众多高精尖企业到通州投资。

（李伶娟）

应急工作

【概　况】 2018年，通州区未发生重大、特别重大突发事件。全区应急管理处置事故灾难、自然灾害、社会安全、公共卫生等四大类突发事件410余起。完成全国“两会”、中非合作论坛、副中心机关搬迁等重大活动服务保障工作。完成绿道骑游、北京通州半程马拉松、运河文化庙会等大型活动的应急服务保障工作。进一步提高应急准备和保障水平，深化“京津冀”应急管理合作机制，持续开展预案体系、监测预警体系、宣教动员体系、技术保障体系建设，全区应急体系进一步完善，应急处置能力进一步提高。

【应急指挥】 年内，完成政务值班规范化建设试点工作，市应急办《应急管理动态》第14期，以狠抓值守应急和信息报送突出现场处置为题，专题专刊介绍通州区值守应急规范化建设经验。完成应急专家队伍组建工作，全区各专项应急指挥部全部完成各自专家组建设工作，区应急委专家顾问组组建完成，涉及安全生产、消防火灾、森林防火、建筑工程、交通安全等重点行业和领域的48名专家。更新全区应急队伍和应急物资数据库，完成对应急装备物资、应急救援物资、生活必需品等各类物资10万余件及21支应急处置队伍的重新登记和备案。

【预案管理】 年内，进一步完善预案体系，完成地震、环境污染、水源地保护、水环境污染、食品药品、空气重污染、大风分级预警等区级预案的制定修订工作。完成46个成员单位地震专项保障预案及570个社区、行政村三级预案体系的修订、汇集备案。强化应急演练工作，下发区级应急演练工作计划和工作台账，在全区开展各类应急演练1200余次，其中区级综合应急演练2次。

【信息管理】 年内，收集各类应急管理信息1300余条，向市应急办报送应急管理信息710条，采用率98%以上，编辑《值班快报》59期。强化信息报送时效，建立区内主要医疗机构专项事件信息直报机制。加强突发事件舆情监控引导，与区委宣传部建立舆情共享机制。

【宣教动员】 年内，制定《通州区应急管理宣教培训计划》和《通州区应急管理宣教培训工作台账》，将全区应急系统各单位4大类131项宣教培训工作制成工作台账。围绕“防灾减灾日”“安全生产月”等重要时间节点，开展形式多样的防灾减灾系列宣传活动，制发应急知识宣传展板600余块、各类宣传品5万余件。围绕预案管理、信息报送、技术保障等应急管理基础工作，聘请各领域专家学者，针对区应急委各单位主管领导开办应急管理实务班。

【技术通信】 年内，对现有防汛指挥系统、空气重污染指挥系统、气象灾害系统、建筑工程监控等系统进行有效整合，实现与区级应急指挥平台的数字对接。初步完成区应急指挥平台与公安大图像14164路监控的对接工作。完善现有应急视频会议系统。完成潞源街道、区委临时办公区、潞城办公区市、区会议视频系统的接入和调试工作。

（邸　萌）

投资促进工作

【概　况】 2018年，全区洽谈重点招商项目72个，计划投资总额超过2060亿元。重点“高精尖”产业招商项目按产业板块划分：行政办公1个；商务服务25个，约592亿元；文化旅游9个，约81.6亿元；科技创新35个，约1291.55亿元；医疗健康1个，约50亿元；教育类1个，约45.5亿元。全部项目中，签约的9个，投资总额共约219.51亿元；在谈的63个，投资总额约1841亿元。

【重点区域项目引进情况】 年内，围绕行政办公板块，组织了中智、诚通人力、猎聘网、举贤网等50余家人力资源企业考察通州。围绕商务服务板块，促进涛石投资、市住宅建筑设计研究院等重大项目达成明确的入驻意向，阿里健康北京公司在通州注册。围绕文化旅游板块，推动北人文化产业园、香格里拉项目、中意设计创新基地、中国服装设计师协会项目、七幕人生、巧克力梦工场、皇马俱乐部项目等10多个项目与文旅区、台湖镇进行实地对接。围绕科技创新板块，区投促局与北京硬创梦工场科技有限公司签署战略合作协议（对赌协议），将建设中关村硬科技产业示范基地项目，打造首都科技成果项目转化中心、硬科技产业标准推进中心、中关村智造大街规模化基地、项目人才国际交流中心；与分享通信集团总部、工业互联网智慧科技园区、培慕科技、大数据产业园、中关村城市科技前沿技术创新中心、中国网库集团总部、九次方大数据、越洋紫晶、海量数据、国家网络安全产业园进行实地对接。

【对接区域资源】 年内，对全区产业资源进行全面摸底，建立“全区楼宇（园中园）项目”和“全区闲置资源项目”2个数据库。梳理全区具备招商条件的园中园及楼宇资源42个，占地面积396.6万平方米，规划面积1164.09万平方米，建成面积382.2万平方米，出租面积20.18万平方米，出售面积133.577万平方米，待租待售面积228.443万平方米。梳理全区闲置资源67个，占地面积7155.43亩，现有建筑面积159.93万平方米。

【第22届“京港洽谈会”副中心专场推介会召开】 10月24日，第二十二届北京·香港经济合作研讨洽谈会开幕式在北京国际饭店举办，开幕式结束后，现场举行北京城市副中心推介会。此次推介会由北京市投资促进局、香港贸易发展局、通州区人民政府主办，区投促局负责执行。会上，区长赵磊作了《聚焦新时代的北京发展机遇》的北京城市副中心专场推介，这是北京市16个区中第一个在京港会开幕式主会场进行的专题推介，京港两地政府及工商、金融和专业服务业界的1000多名代表参加，会上香港中银集团投资有限公司投资金融中心项目成功签约。通过京港洽谈会，区投促局对接了51家企业和机构。

【北京绿色金融国际论坛召开】 11月8日，通州区人民政府联合北京绿色金融协会、北京市金融工作局、北京市、清华五道口金融学院举办2018北京绿色金融国际论坛，区投促局作为承办单位，开展协调会务工作。论坛以“推进绿色国际金融合作与首都绿色金融中心建设”为主题，中国人民银行副行长陈雨露、北京市人民政府副市长殷勇、英国驻华使馆公使Christina Scott等出席会议并致辞。殷勇在会上宣布将在城市副中心争取设立国际绿色金融改革创新试验区，为全国绿色金融改革创新探索和积累经验，在城市副中心建设具有国际竞争力和区域辐射力的财富管理中心，完善财富管理行业的全产业链。区长赵磊介绍了北京城市副中心的发展情况。

【第十届投资北京洽谈会举办】 11月15日，由北京市投资促进局举办的投资北京洽谈会举办，吸引500多名中外企业参与活动。副市长殷勇出席活动并致辞，副区长苏国斌在会上进行了推介演讲。会上，区投促局在会场设置了投资咨询展台，与现场60多家企业进行对接洽谈。

【全球财富管理论坛举办】 12月1日，由北京市地方金融监督管理局、北京市通州区人民政府指导，由《财经》杂志社、中国财富管理50人论坛、华夏经济学研究发展基金会—金融街88号论坛主办的2018全球财富管理论坛举办，区投资促进局负责统筹协调通州区负责部分工作。该论坛是北京城市副中心打造的首个以财富管理为主题的国际论坛，也是北京城市副中心举办的首个国际性金融专题论坛，约500余人参加，为将北京副中心打造成具有国际竞争力和区域辐射力的财富管理中心发挥积极作用。本次论坛上，通州运河商务区“北京国际财富中心”正式命名并开始启用，以“北京国际财富中心”为代表的运河商务区高端金融服务区重点项目建设工作取得了实质进展。

【“高精尖”产业项目投资服务平台启动】 8月10日，区投促局与区工商局、区税务局、区政务服务管理办公室、北京市外商企业服务中心和宁波银行北京分行联合举办通州区“高精尖”产业项目投资服务平台启动仪式暨企业家恳谈会。区15家上市公司和拟上市公司、“千人计划”专家创办公司、已获B轮融资科技公司等“高精尖”企业代表参加会议。会上签署了通州区“高精尖”产业项目投资服务平台战略合作协议，标志着通州区“高精尖”产业项目投资服务平台正式启动。

【举办优化营商环境系列活动】 5月29日，区投促局与区国税局、区法制办、区文明办联合主办了深入推进北京城市副中心优质高效发展专项培训活动，由各有关部门以及区内企业负责人130余人参加。活动围绕“减税政策和税制改革对企业的影响”和“企业投资落地及运营过程中所涉及的相关法律情况”等内容对培训人员进行了详细讲解。

年内，举办了银企合作交流会、政银企改革和优化营商环境交流会、“政银企直通车”交流座谈会等多场企业交流活动，促进企业互联合作。联合区企业联合会、区企业家协会，组织了70多家会员企业参会。邀请专家为企业家深入分析金融业前沿动态、作了《2018年金融市场展望与交易策略》主题报告，提供了企业融资、防范金融诈骗等政策咨询及个性化服务，解读了习近平新时代中国特色社会主义经济思想的深刻内涵和重大意义，帮助企业对金融知识进行“充电”。

【区产业发展促进委员会成立】 年内，研究制定了《关于建立通州区“高精尖”产业投资促进体制机制的改革方案》，改革方案经六届区委第十次深改领导小组会议审议通过。根据改革方案成果，12月12日经区机构编制委员会批准，同意设立区产业发展促进委员会，主要职责包括研究拟定本区产业发展促进工作计划、方案和措施；协调、解决本区产业发展促进工作中的重要事项和重大问题，由区委副书记、区长任主任，在区投促局设立办公室。作为全区“高精尖”产业发展的最高领导机构，明确了各单位各部门在项目引进工作中的责任，做到统筹全区的招商选资工作、统筹全区的招商资源、统一全区的项目引进准入标准，做到投资促进服务“一口进、一口出”。

【提高项目准入门槛】 年内，根据市统计局“高精尖”企业指数，完善了通州区产业项目准入标准评价体系并在运河商务区试行，通过测算项目的投资强度、税收强度、节能环保等指标，提高副中心项目的准入门槛。推行了产业项目入区投资承诺制，完善了项目退出机制。退出的观点是投促局在全区第一个提出的观点，并在通州硬科技产业示范基地项目中得到实施，在通州区历史上第一次签署了对赌协议。

【创新招商手段】 年内，对拟上市的重点企业进行摸底调查，筛选出已完成B轮及B＋轮融资企业名单670家，以局长名义向这些企业发出邀请函，诚挚邀请企业到通州考察投资，对接联系72家，实地考察25家。

【签订战略合作协议】 年内，有序推进产业疏解转移，与蒙东三旗、山东乐陵、河北乐亭等8家机构签署战略合作协议。带领10家企业到产业承接地进行考察对接，与当地招商部门进行工作对接，举办各类企业对接、实地考察、专场活动等15场次。

（贾一彤）

政务服务管理工作

【概　况】 2018年，区政务服务管理办公室（以下简称“政务服务办”）在区委、区政府的正确领导下，围绕北京城市副中心建设，努力打造“互联网＋政务服务”体系，优化营商环境，承办区委、区政府主要领导批示件1件，完成绩效考核任务14件。全年接待269943人次，受理各类审批事项101731件，受理政务服务事项56082件，核发各种证照68603件。

【推进“一网通办”】 10月25日，通州区在全市率先实现“一网通办”，网上可办率100%，与北京市网上政务服务大厅进行联通。

【优化营商环境】 在一层设立企业开办专区，经过不断优化流程，在全市率先实现企业开办2.5天内办结，一次性领取营业执照、印章和发票，免费发放印章，切实提升企业开办效率。落实“9+N”政策，按照“应进必进”原则，区发改委、住建委、规土委等14家固定资产投资审批部门和水电气热等5个服务部门进驻大厅，实现“只进一门”，完善了市场准入、固定资产投资、工程项目服务三项职能“一站式”办理。开展对优化企业开办事项和落实“9+N”系列政策的专项培训，提高工作人员的业务能力和服务水平。

9月13日，海淀万寿路街道办事处到区政务服务办交流工作　　（区政务服务办提供）

【政务服务体系建设】 年内，推进“一网、一门、一次”改革工作，在“一门”方面，全区政务服务事项1639项全部进驻区政务服务大厅和各专业大厅，“一门”率达到100%；在“一窗”方面，区政务服务大厅进驻36个部门、849个事项全部实现“一窗”办理，各专业大厅全部实现“一窗”办理，“一窗”率达到100%。完善各级政务服务机构设置，通州区镇街、村居政务服务实体大厅名称全部统一为政务服务中心（分中心）或服务站。

【设立“人才服务综合窗口”】 年内，在区政务服务大厅设立“人才服务综合窗口”，为“高精尖缺”人才提供“一站式”全流程政务服务，建立“通州区相关职能部门服务‘高精尖缺’人才业务快捷办理事项汇总表”，对人才需求的业务事项进行梳理，服务人才的94个业务事项，在落实

“9+N”政策的基础上，办理时限再压缩30%以上，部分事项的办理时限压缩50%以上。

【建立政务地图长效运维工作机制】 按照市级相关工作要求，区政务服务办组织全区各级政务服务机构对向社会公布的机构名称、办公地址、电话、办公时间、机构性质等信息进行自查，建立政务地图长效运维工作机制，区级大厅、11个乡镇、4个街道及下属村居的政务地图均准确更新，确保地图良好运行。

【党员示范岗】 年内，充分发挥党员干部的先锋引领作用。政务服务大厅各窗口持续推进党员示范岗工作，通过设立党员示范窗口、党员责任区等方式，要求党员佩戴党徽、亮出身份，让身边群众感受到党员的带头作用和精神风貌。另外，还组织机关党员开展党员回社区报到工作，既有效发挥了在职党员在社区治理中的作用，又为在职党员更好地服务辖区群众搭建了平台，形成“工作在单位、服务在社区、奉献双岗位”的党员教育管理新模式。

9月10日，区政务服务办志愿者帮助办事人安装轮椅
（区政务服务办提供）

（李　臣）

档案工作

【概　况】 2018年，区档案局(馆)围绕北京城市副中心建设大局，深入学习习近平新时代中国特色社会主义思想和中共十九大会议精神，牢固树立“四个意识”，开拓创新、扎实作为，全区档案事业取得新进展。

【规范社区档案】 4月25日，区档案局与区民政局联合组织召开全区社区档案工作业务培训会。会上对11个乡镇和4个街道办事处的办公室主任、档案员及全区129个社区的档案员共160余人进行了文书档案、声像档案、数码照片档案、数码音频、视频档案及实物档案五个门类的专题档案培训，并就社区档案管理人员在工作中遇到的问题进行现场解答与交流。

【加强立档单位影像留存】 6月13日，区档案局召开“通州记忆”影像资料留存工作部署会，对通州区今后影像资料留存工作的长期开展进行了部署。区属立档单位档案工作主管领导和档案员参加会议。

【机关档案测评】 年内，区档案局对2015年通过测评验收的区安监局、区地震局、区总工会等10家单位进行复查并同步进行档案行政执法检查；对通州区经管站、团委等5家单位的档案工作进行市级优秀单位测评。

【专项执法检查】 3月—4月，区档案局对潞城镇、梨园镇、漷县镇等9个乡镇的55个行政村的档案人员管理、年度归档、档案安全保管等情况进行执法检查。7月—9月对区工商联、交通局、广电中心等单位的档案工作进行随机抽查，对区经信委档案工作进行测评复查并同时进行执法检查。

【档案法制宣传】 “国际档案日”活动期间，区档案局利用区运河文化广场、梨园镇广场电子屏宣传档案法制知识，大力开展档案法制宣传。联合梨园镇政府在龙鼎园社区开展“国际档案日——提高全民档案意识，依法保护利用档案”主题宣传活动。活动吸引150余社会公众参与，发放各种宣传资料1000余份。利用法制挂图进橱窗、散发宣传资料等形式开展档案宣传进乡村、进社区活动。

【民国档案文件著录工作】 年内，区档案馆对馆藏民国时期3472卷38380件档案进行著录并上报北京市档案馆。

【到期档案开放鉴定】 年内，区档案馆完成53个立档单位61个全宗档案的开放鉴定工作，共计5933卷88482件。

【利用服务】 年内，区档案馆接待利用者7098人次，利用档案9887卷（件）次，开具各种证明15791份，复印档案资料8521件23327页，接待利用馆藏资料27人次，192册次。

【编印档案工作刊物】 年内，区档案馆编辑出版《档案与文化》第五期和第六期，每期印制1200册。编辑出版《档案信息三十年》汇编。该汇编近19万字，重点集录了1986年—2016年刊登在业务资料上的文章和信息412篇。

【征集图书资料】 年内，区档案馆下发《关于征集各级各类图书资料进馆的通知》，重点收集反映通州区的重大事件、历史变迁、机构沿革、文化教育等情况的各种书刊资料等，征集到98件图书资料。

【展示交流活动】 6月14日—15日，区档案馆开展了档案编研材料展示交流活动，向全区各基层单位展示编研成品。展示的编研材料除征集来的材料外，还有从馆藏资料中借来一些可供学习的编研材料共计百余件册，来自全区基层单位的档案员150余人参加活动。

【举办“雷锋文献资料展”】 3月5日，区档案馆于学习雷锋纪念日在妇幼保健院和中山街小学举办“雷锋文献资料展”。在中山街小学举办“大手拉小手 雷锋精神伴我行”活动，为学生讲解展出的雷锋文献资料，宣扬雷锋精神。

【举办“面人汤”艺术作品展】 区档案馆和区文化馆共同举办了“弘扬运河文化——‘面人汤’艺术作品展”，向公众展示三代面人汤的面塑、画稿等作品及珍贵档案资料近60件，邀请面人汤第三代传人汤岭带来部分展品并进行现场讲解。展出共持续十天。

【举办“共建运河文化 献礼毕业季”活动】 区档案馆向中山街小学赠送了通州籍著名作家王梓夫亲笔签名的《梨花渡》和通州籍著名作家刘绍棠的《蒲柳人家》《刘绍棠年谱》等书籍，并签订共建协议，双方就副中心和大运河文化带建设背景下未成年人的思想、道德和文化教育进行友好约定，共同为未成年人的健康成长营造良好的文化氛围和社会环境而努力。活动中邀请专业面塑老师教学生制作通州争创全国文明城区的形象大使——运河娃。

【电子文件接收】 年内，区档案馆接收经管站、经信委等30个立档单位数字化成果，共计10662卷64200件，电子图片1450351页，数据容量657吉字节。

【重要数据检查工作】 年内，区档案馆对馆藏全宗所有数字化目录与数字化图片进行核对，共计核对174个目录、1474万页。

【婚姻档案信息核对工作】 年内，区档案馆对馆藏婚姻档案目录信息进行核查，将涉及的25个全宗、31个目录、卷内文件条目数191136条、文件535374页、数据容量257吉字节的数字化副本上报市档案馆。

【档案征集工作】 年内，区档案馆走访艺术家60余人次，新建包括中国美协会员徐家礼、山水画家魏宏声等11人的档案，与31位建档艺术家通过电话、微信进行回访。走访艺术家工作室49次，征集艺术作品72件，画册、宣传品、光盘等实物档案资料103件，艺术家最新电子档案43件；征集区内非物质文化遗产相关档案5件及1979年、1980年土壤普查期间老照片2张；征集西集镇“爬楼椅”发明者李荣标无偿捐赠的实物、获奖证书、发明专利等运河文化档案资料近200件。

【出版《艺术家档案汇编（第三期）》】 区档案馆在档案文化建设方面充分挖掘档案资源，努力打造档案文化精品，彰显档案文化属性。年内编辑出版了《艺术家档案汇编(第三期)》，收录馆藏艺术家的书画及艺术作品67幅，展示艺术家档案收集成果。

（陈　晨）

中国人民政治协商会议通州区委员会

2019年1月3日，中国人民政治协商会议北京市通州区第六届委员会第三次会议举行

（区政协提供）

概　述

2018年，在中共通州区委领导下，区政协常委会按照六届二次会议部署，深入学习贯彻习近平新时代中国特色社会主义思想和中共十九大精神，坚持团结和民主两大主题，把提质增效贯穿政治协商、民主监督、参政议政全过程，各项工作取得了新的成绩。常务委员会主要做了以下几个方面的工作：一是坚持党的全面领导，确保政协工作正确的政治方向。二是坚持高质量履职，政协服务大局作用充分发挥。三是坚持高质量调研，建言资政水平进一步提升。四是坚持大团结大联合，各方智慧和力量广泛凝聚。五是坚持凝心聚力，助推主题实践活动深入开展。六是坚持加强自身建设，履职能力和服务水平持续提升。年内组织常委会议7次，主席会议6次。截至12月31日，政协通州区第六届委员会有委员259人，常务委员会组成人员47人。

（张俊国）

政治协商

2月2日召开第十一次常委（扩大）会议。传达政协北京市第十三届委员会第一次会议和北京市第十五届人民代表大会第一次会议有关精神；传达北京市委书记蔡奇、市长陈吉宁、市政协主席吉林重要讲话精神。会议邀请参加政协北京市第十三届委员会第一次会议的部分委员交流体会。

讨论通过2018年区政协常委会议题计划、2018年区政协专题协商议题计划和2018年区政协民主监督议题计划、通报2018年区政协调研课题及主要任务分解情况。

6月15日，召开第十二次常委（扩大）会议。听取区检察院检察长关于全区检察职能和工作情况通报；听取副中心协调办副主任高福东关于城市副中心专班对接工作情况通报。讨论通过《通州区政协关于加强委员队伍建设的意见》。会议就学习贯彻总书记习近平关于加强和改进人民政协工作的重要思想进行动员部署。

7月12日，召开第十三次常委（扩大）会议。听取区纪委副书记、区监察委副主任石建华关于全区党风廉政建设情况通报。听取区人力社保局局长杨连元关于人力社保局就业创业和人才工作情况通报。讨论通过有关人事任免事项,免去李北江专委会工作一室主任职务。传达总书记习近平关于加强和改进人民政协工作的重要思想和座谈研讨。

7月31日，召开第十四次常委（扩大）会议。审议《政协北京市通州区委员会常务委员会2018年上半年工作总结和下半年工作安排》；通报2018年常委暑期读书班有关事宜并作开班动员。

10月25日，召开第十五次常委（扩大）会议。听取区法院院长陈立如关于通州区法院2018年工作情况通报；听取区检察院院长关于通州区检察院2018年工作情况通报。

11月29日，召开第十六次常委（扩大）会议。区政协秘书长杜德耕传达区政协党的建设工作会议精神，并就如何贯彻落实会议精神作了汇报；审议通过关于召开区政协六届三次会议的决定（草案）、会议议程（草案）和会议日程（草案）。

12月25日，召开第十七次常委（扩大）会议。研究通过2019年区政协委员学习培训工作计划；审议通过区政协六届三次会议大会秘书长名单、大会副秘书长名单、秘书处下设机构及负责人名单、各次大会主持人名单；审议通过区政协六届三次会议决议起草委员会委员建议名单、提案委员会委员名单、委员分组办法及各组召集人名单、委员联组讨论分组办法及各联组召集人名单；听取2018年度政协委员履职情况汇报、讨论六届区政协常委会工作报告和关于提案工作情况的报告等事宜。

1月19日，召开第十一次主席（扩大）会议。讨论通过2018年调研课题、主席会议题计划、常委会议题计划、专题协商议题、民主监督议题。

6月19日，召开第十二次主席（扩大）会议。听取区政协六届二次会议提案分析情况汇报，确定驻会主席督办提案。讨论常务副主席季志会、副主席田春华牵头的“大力推进公共服务设施建设，努力打造国际一流和谐宜居之都”专题调研；主席赵玉影，副主席贾君刚、王子江牵头的“北京城市副中心建设新形势下加快推进乡村建设”专题调研；副主席贾君、王子江牵头的“推进北京城市副中心学前教育均衡发展”专题调研；副主席石宝玉、吴涛牵头的“加强智能交通建设，提升副中心服务能力”“推进社会组织参与社区治理，提升副中心基层社会治理水平”专题调研等5个调研报告。

7月23日，召开第十三次主席（扩大）会议。听取六届区政协2018年上半年工作总结和下半年工作计划安排的报告；讨论通过六届区政协2018暑期常委读书班有关内容；讨论通过“大力推进公共服务设施建设，努力打造国际一流和谐宜居之都”“北京城市副中心建设新形势下加快推进乡村建设”“推进北京城市副中心学前教育均衡发展”“加强智能交通建设，提升副中心服务能力”“推进社会组织参与社区治理，提升副中心基层社会治理水平”5个专题调研报告。

10月25日，召开第十四次主席（扩大）会议。审议通过《关于大力推进公共服务设施建设 努力打造国际一流和谐宜居之都的建议案》《关于在北京城市副中心建设新形势下加快推进美丽乡村建设的建议案》《关于推进北京城市副中心学前教育均衡优质发展的建议案》《关于加强智能化交通建设，提升副中心通行能力的建议案》《关于推进社会组织参与社区治理 提升副中心基层社会治理水平的建议案》《关于加快构建城市副中心优质营商环境的建议案》《关于推进“厕所革命”，提升副中心卫生环境水平的建议案》。

11月29日，召开第十五次主席（扩大）会议。区政协召开第十五次主席（扩大）会议，观看2018年提案办理情况专题片，听取区委、区政府2018年提案办理工作情况通报和区政协提案委员会2018年提案工作汇报，审议关于召开区政协六届三次会议的决定（草案）、会议议程（草案）和会议日程（草案）。

12月21日，召开第十六次主席（扩大）会议。讨论六届区政协常委会工作报告和关于提案工作情况的报告，审议通过区政协六届三次会议大会秘书长名单、各次大会主持人名单等事宜。听取区政府相关部门《关于以特色小镇建设为抓手、全力推进国家级新型城镇化示范区的建议案》《关于北京城市副中心产业疏解与发展的建议案》等区政协2017

年主席会建议案的办理情况。

4月26日，为传承“五一口号”精神，不忘多党合作之初心，在城市副中心建设新征程中，努力展现人民政协新形象、新作为，不断凝聚建设副中心新力量，由区政协主办、区文化委协办的“不忘初心 聚力副中心建设”——通州区政协纪念“五一口号”发布70周年纪念活动，在通州区文化馆剧场举办。各位主席身体力行、委员和机关干部踊跃参与，依托联谊活动组，开展丰富多彩的活动，各界别委员表演了诗朗诵、合唱、男女生独唱、诗音画、舞蹈等节目。政协组织的活力和凝聚力得到加强。

活动表彰了张松、陈喜波、郎浩俊等9位爱岗敬业、热心公益、积极履职的委员榜样。编辑了《通州政协委员风采录》。

7月31日至8月3日。区政协召开第十四次常委会暨常委暑期读书班。会议审议了《政协北京市通州区委员会常务委员会2018年上半年工作总结和下半年主要工作安排》，通报了常委暑期读书班有关事宜。主题是深入学习贯彻总书记习近平关于加强和改进人民政协工作的重要思想，着眼“京津冀”协同发展战略，为城市副中心建设做出新贡献。其间参观了正定历史文化街区、乡村和正定新区规划展览馆，了解古城保护先进经验、村庄发展变迁和美丽乡村建设情况；参观雄安新区，察看新安北堤水系及生态环境综合治理有关情况；参观保定中关村创新中心，了解“京津冀”协调发展等有关情况。

12月19日，召开社情民意恳谈会。区政协注重发挥组织优势、搭建平台，通过整体协商、专题协商、协商恳谈、调查研究等形成一批成果，通过区政协信息刊物《委员之声》等方式报送给区委、区政府和市政协，为党政部门决策建言献策。政协委员面对面集中向区领导反映社情民意，为区委、区政府决策提供参考，促进北京城市副中心更好发展。来自各民主党派、各族各界的政协委员代表带着人民群众的心声，提出《关于在美丽乡村建设中加强乡村历史文化保护、传承和利用的意见建议》《关于“疏整促”后发展区域经济工作的意见建议》《关于促进学前教育均衡优质发展的意见建议》等15个涉及城市管理、新农村建设、医疗以及教育等领域的议题。

专题调研。紧扣北京城市副中心建设中亟待解决的重要问题，征求各方意见，确定了推进美丽乡村建设、加快构建优质营商环境、公共服务设施建设、学前教育均衡优质发展、加强智能化交通建设、社会组织参与社区治理、推进“厕所革命”7个课题，调研深入基层、深入实际、深入群众，着力反映真实民意。将调研中的意见建议转化为提案、社情民意信息，提交党政部门办理或参考。将调研报告转化为主席会议建议案，报送区委、区政府，受到区委、区政府主要领导高度重视。专题调研已成为政协服务大局、联系群众、建言资政的重要载体和途径。

（张俊国）

专门委员会工作

提案委员会（一室）。2018年，提交提案251件，经审查立案237件，立案率94.4%。其中，党派团体界别提案29件，委员提案208件。立案提案全部办复完毕，提案办复率100%，提案建议采纳率

85%。对六届二次会议提案进行分析，从中归纳出提案的主要特点和存在的共性问题，提出改进意见和建议。组织驻会主席督办提案工作，促进4件提案落实。选取13件提案与承办单位进行协商，选题更加聚焦，参与形式更加多样，协商效果更加明显。搭建提案网络管理平台，为提案工作全面迈入信息化、智能化时代奠定了坚实基础。刊发《重要提案摘报》20期，精选主要内容呈送区委、区政府领导决策参考。评选表彰优秀党派团体界别提案18件，优秀委员提案42件。

文史和学习委员会（二室）。拓宽文史资料征集渠道，征集各类史料110余万字、图片400余张。编辑出版《志正永乐》，刊发《通州文史》两期，历史文献资料库更加丰富。坚定文化自信，围绕大运河文化带建设、首都公共文化服务示范区创建、历史文化遗产保护，组织调研视察、座谈研讨，许多意见建议纳入党政决策。深入挖掘运河文化内涵，与大运河文化研究院联合开展村落文化调研，形成第一期14个村落资料报告。举办纪念改革开放40周年书画展，召开大运河文化创作座谈会，用文化艺术作品传播通州声音、讲好运河故事、展现良好风貌。持续向京杭大运河沿线城市、乡镇“益民书屋”赠送文史资料书籍，运河文化影响力不断扩大。搭建学习平台，围绕全国“两会”精神、全区经济社会发展形势等，举办7次知情明政大讲堂，持续开展会前视察，让委员通晓“上情”、把准“区情”、了解“下情”。组织参观“大道同行——从‘五一口号’到协商建国重要史事回顾展”“伟大的变革——庆祝改革开放40周年大型展览”，重温多党合作初心，坚定改革开放决心，凝聚伟大复兴信心，共同的思想政治基础不断巩固。

经济科技委员会（三室）。围绕高标准规划建设城市副中心新形式下推进通州区美丽乡村建设开展专题调研，为高质量推进城市副中心美丽乡村建设建言献策。视察农村环境治理、建筑垃圾综合处理资源化利用、农村“煤改气”路面修复情况。召开推进城市副中心美丽乡村建设专题协商会。参与推进城市副中心学前教育均衡优质发展和加快构建城市副中心优质营商环境专题调研，召开专题协商会议。就对口联系的13个政府职能部门上年度工作完成情况和新的一年工作计划安排向委员通报情况，征求委员意见建议，开展民主监督。召开城市副中心规划编制工作和城市副中心美丽乡村建设规划编制工作协商恳谈会。听取区季度经济运行情况通报，建言献策，民主监督。听取区财政预算执行情况及财政工作情况通报，召开民主监督专题协商会议。召开专题监督协商座谈会，就区“十三五”规划纲要中期实施情况进行监督、协商，建言献策。围绕提高城市副中心科技创新能力，促进高精尖科技成果落地、为副中心高质量发展提供新动能召开协商会议建言献策。开展形式多样的界别履职活动。充分发挥人民政协优势，深入推进通州区与内蒙古通辽市奈曼旗对口帮扶，搭建有针对性的对口帮扶推荐平台。

教文卫体委员会（四室）。聚焦学前教育不平衡不充分问题，开展专题调研，完成《关于推进北京城市副中心学前教育均衡优质发展调研报告》1篇，形成区政协主席会议建议案1件。召开学前教育专题协商会。关注食品药品安全工作，开展食品药品安全民主监督活动。关注群众“看病难”问题，视察医联体建设工作。关注运河文化带建设，视察非物质文化遗产保护工作。完成相关提案分析、驻会主席督办提案工作。联合区教委在12所中学开展“模拟政协”活动，举办通州区青少年“模拟政协”第一届模拟提案活动总结表彰暨雏鹰建言启动大会。联合民盟通州区工委开展“文化进基层·新春送祝福”活动。联合农工党通州区工委、致公党通州区工委、北京医师协会开展“服务副中心，义诊送健康”活动。联合北京口腔医院开展“相约守护进通州”知名专家义诊活动。联合区卫生计生委、区红十字会、致公党通州区工委开展“重阳佳节送温暖、送健康”活动。联合区总工会、体育局开展“骑迹印象”2018年通州职工运河骑游主题活动。组织摄影小组委员开展采风交流活动。完成江苏省淮安市政协、天津市北辰区政协、杭州市余杭区政协到通州考察和北京市政协学前教育专题调研组到通州调研接待工作。

城建环保委员会（五室）。开展“加强智能化交通建设，提升副中心通行能力”专题调研。组织部分委员到先进地区学习智能化城市管理先进经验。开展“推进厕所革命，提升副中心卫生环境水平”专题调研。围绕副中心建设重点领域开展民主监督活动，组织城建环保委监督组委员视察大气污染防治情况、地下空间的使用和管理情况、区保障性住房建设情况。上半年参加了区政府环境办组织的每月一次的环境建设拉练检查活动。围绕人民群众关心的民生问题组织委员视察垃圾分类治理情况、污水处理治理情况。围绕“智能化交通建设”“厕所革命”开展专题协商。针对71件涉及城市建设管理和环境治理方面的提案组织提案分析工作。组织区政协委员非履职音乐组活动。加大走访慰问密度，主动关心关爱政协委员，通过提供全面服务，为政协委员排忧解难。

社会法制与民族宗教委员会（六室）。围绕区政协常委会、主席会议的工作部署，围绕大局，抓住关键、突出重点，切实履行职能。围绕推进社会组织参与社区治理召开专题协商会，提出大量具有前瞻性、建设性的意见、建议；组织法制民主监督组部分委员通过听取情况通报、工作检查、实地视察等方式，重点对“雪亮工程”“推进以审判为中心的刑事诉讼制度改革”开展民主监督；依托专委会、民主党派和界别优势，确定了“推进社会组织参与社区治理，提升城市副中心基层治理水平”调研课题，开展专题调研；密切与民族宗教界代表人士的联系，定期走访慰问民族宗教界委员，走访慰问委员40余人次，主动了解委员所想所需所议，主动为委员多做实事，主动帮助委员解决生产生活难题。开展好民族宗教传统节日走访慰问活动，在伊斯兰教的开斋节和天主教、基督教复活节办实事好事，开展走访慰问活动。

（张俊国）

民主党派

11月1日，区工商联随区委统战部赴内蒙古通辽市奈曼旗开展对口帮扶考察对接活动，与奈曼旗工商联签署帮扶合作协议和友好工商联协议 （区工商联提供）

中国国民党革命委员会通州区工作委员会筹备委员会

【概　况】　2018年，中国国民党革命委员会通州区工作委员会筹备委员会（简称民革通州区工委筹委会）共有6个支部、129名党员。

【参政议政】　在区政协六届三次会议上，民革通州区工委筹委会提交了《关于组建专家顾问团协助做好通州副中心绿心规划方案的提案》《关于通州区发展集中养老服务业的提案》《关于加快基于城市副中心职能的商业餐饮服务设施建设的建议》《关于建立"通州杯"群众文体活动品牌的提案》4篇提案。

【社会服务】　民革通州区工委筹委会副主委兼妇女青年专委会主任、中日医院皮肤科主任医师张晓艳带领全国社区医疗服务志愿团走入江西寻乌、广西崇左、河北林州等革命老区、贫困山区和"京津冀"经济圈新建社区开展医疗服务和健康扶贫，如今已经成为国内规模最大、规格最高、服务基层次数最多的全国性医疗公益团队。在"5・20"助残日为保定市残疾人职业培训学校捐赠价值十万元的远程教育设备。筹委会主任、北京市知识产权局副局长李钟促成北京市优质知识产权服务资源在广西崇左落地，探索建立京桂暨崇左两地知识产权信息共享合作机制。民革通州区第五支部联合马驹桥镇食药监所到通州区三乐康复老年公寓慰问孤寡老人。

【自身建设】　为纪念中共中央发布"五一口号"70周年和民革成立70周年，民革通州区工委筹委会和民革海淀区工委联合组织领导机构成员、基层支部负责人及中青年骨干赴西柏坡、李家庄和阜平城南庄晋察冀边区革命纪念馆等地参观学习。

赴重庆、四川开展"不忘合作初心，继续携手前进"主题教育培训活动，参观红岩革命纪念馆、中共中央南方局八路军驻重庆办事处旧址、中国民主党派历史陈列馆等，回顾各民主党派与中国共产党风雨同舟、荣辱与共的光辉历程。为纪念改革开放40周年到四川广安市参观邓小平故里。

按照民革北京市委关于成立通州区1～6支部的批复意见，民革通州区第1支部、第2支部、第3支部、第4支部、第5支部、第6支部于年内相继成立，并按照民革组织章程，选举产生了支部委员会。

开展示范支部创建活动，按照民革中央印发的《民革示范支部创建活动指南》，立足实际，对照标准，查漏补缺，从思想建设、组织建设、履职能力建设和制度建设等方面，有计划地实现支部工作的制度化、规范化、程序化。

全市首个民革党员之家在通州区运河书院建成并举行揭牌仪式，从而更好地满足民革党员学习、交流、履职等组织活动，为党员打造精神家园，提升组织归属感，营造"家"的温暖。运河书院被市侨联评为"示范侨之家"。

【获奖情况】　中宣部授予北京榜样群体"时代楷模"称号，民革党员张晓艳代表群体领奖；民革党员郑磊撰写的《"五一口号"的历史必然和深远意义》获得市委统战部纪念中共中央"五一口号"发布70周年征文活动三等奖。

（郭守红）

中国民主同盟通州区工作委员会

【概　况】　2018年，民盟通州区工委新发展和转入盟员共21人，截至12月29日，在册盟员有164名。

【参政议政】　2018年，委员们参政议政的能力、效果都有明显提高。韩德正委员提交的《关于提升小区内海绵城市微环境的提案》受到区政协的重视，展开了“扩面协商”。由王伟执笔提交的《教师研修中心拆旧改新提升教育功能的提案》，列为主席督办提案，召集教委、住建委、规土委等现场办公，做出妥善安排。由张晓岚执笔提交的《关于整理发掘历史文献，推进运河历史文脉树立和传承研究的提案》，专项投入100多万，已经完成了两部史志的整理。

在政协六届三次大会上，民盟工委提交了2篇党派提案，10篇委员提案。《关于推进通州历史文脉梳理和传承研究的提案》获2018年度优秀党派提案。张宝海、韩德正、王金华等委员获优秀委员提案奖。韩德正、李秋红被评为优秀信息员。

3月至6月，池雪斌主委以及张晓岚、王金华、吴雅思参与区政协组织的“落实‘幼有所育’，推进副中心学前教育均衡优质发展”专题调研，撰写分题建议书，并做会议发言。主委池雪斌、委员韩德正参与了区政协组织的“大力推进公共服务设施建设”的专题调研，并在主题协商会上做了大会发言。

11月，2018年民盟华北五省市区盟务工作会暨乡村振兴发展论坛在北京开幕。池雪斌、张晓岚、韩德正参与民盟北京市委专职副主委宋慰祖带领的华北五省考察团70余人赴通州调研工作。

【社会服务】　“文化下乡”新春送福进入临沟屯。“墨韵盟声”第二届书画展于1月19日在宋庄同泽艺术馆开幕。“郭振宇书画工作室”在北京小学分校举行揭牌仪式。刘金平携新华医院口腔科同仁，进入武夷花园水仙园社区，进行口腔义诊和牙防知识宣传。王晶华带领亿达口腔医院同仁，先后进入北苑社区、滨河南三街社区、复兴南里社区、中山街社区，广泛开展口腔义诊和健康讲座活动。

【自身建设】　开展“纪念民盟通州组织成立三十周年”系列活动。通过征集“我是民盟人”的征文、走访老盟员、更新盟员信息库等工作，对通州民盟沿革和影音资料进行梳理，编辑出版《通州民盟》《盟员风采》两本书和《通州民盟30年回顾》短片。12月23日，召开“薪火相传，再谱华章——纪念民盟通州组织成立30周年”庆祝大会，领导、嘉宾和盟员百余人，聚集一堂，回顾30年历程，不忘初心，继续前进。完善机构建设。组建新专委会，如基础教育专委会、医疗卫生专委会、经济发展专委会和传统文化研究会。大力推进“盟员之家”的建设。10月，“盟员之家”交付使用。

【获奖情况】　武剑飞大型重彩山水作品入选北京行政办公区政协大楼，并获得“宋庄文化传播使者”称号。何维仁《八零后散记》一书印刷出版，并被通州图书馆收藏。

（郭守红）

中国民主建国会通州区工作委员会

【概　况】　截至2018年12月31日，民建通州区工委共有155名会员，工委会由1名主委、4名副主委、9名委员组成。

【参政议政】　撰写《城市副中心便民服务设施的研究与建议》和《北京地区农产品电子商务发展情况调查及建议》调研报告。在通州区政协六届三次全会上，工委提交《关于多措并举建设副中心便民服务设施，提高市民幸福感指数的提案》，个人提案14件。王可山教授撰写的《关于盐业改革》的信息被民建中央评为优秀社情民意信息，主委金文岭撰写的《有序开发利用北京地热资源，改变城市能源消费结构》被民建北京市委评为优秀信息。

【社会服务】　组织"为爱而走"为血友病人募捐活动。在于家务乡和漷县镇开展健康义诊和法律服务活动。在西上园社区、玉带路社区举办公益法律讲座，在新华街道举办1次义诊。参加首届玉桥嘉年华欢乐汇暨"爱心传递　孝行玉桥"社区公益大集活动并提供公益法律咨询，参与会员30人次，服务群众近500人。

【自身建设】　召开工委全体会员大会，开展十九大精神专题学习辅导。开展纪念中共"五一口号"发布70周年系列活动：组织工委、支部班子成员参加纪念中共"五一口号"发布70周年学习活动；27名会员参加中央社会主义学院第39期民主党派干部进修班、民建市委纪念中共中央发布"五一口号"70周年暨2018年基层组织负责人学习班、通州区2018年度统战人士专题培训班；4月13日—14日组织骨干会员23人赴西柏坡参观学习；工委微信群里定期推送、转发有关中共"五一口号"的系列文章50余篇；组织会员撰写"五一口号"心得征文24篇，会员陈莹的征文获民建北京市委优秀征文奖。

突出民建组织特色，开展庆祝改革开放40周年活动：参加民建市委改革开放40周年征文活动，其中1篇被中共市委统战部收录；6月22日—25日组织部分工委委员、企业委委员赴小岗村亲身体验和学习回顾改革开放的丰硕成果；组织企业委委员到雄安考察调研；综合二、四支部举行"我与改革开放"主题座谈会、读书会；举办庆祝改革开放40周年摄影展、主题演讲会。

加强会史学习和统一战线理论研究：对四位老会员进行口述采访和资料整理工作；6月、12月分别组织骨干会员赴孙起孟故居、黄炎培故居、江冷通故居参观学习，领悟民建先贤的初心，坚定为副中心建设努力奉献的信心和决心。撰写《"同心"与"凝聚"是统一战线多党合作的法宝》《政协创新协商形式　提升委员履职实效——以通州区为例》《深入学习，精准推进，画出圆满》理论文章。

【获奖情况】　工委被区政协评为2018年度反映社情民意工作先进单位，于琳、周薇、刘建勇被评为先进个人；《关于加强环球主题公园项目就业培训的提案》被评为2018年度优秀党派团体提案；邹晓美《关于适应城市副中心产业调整，加强服务业技能提升的提案》、周薇《关于塑造大运河文化带上重要节点张家湾古镇假设的提案》、张敏《关于规范和整治送餐快递交通违规问题的提案》、陈莹《关于构建社区"医体结合"公共服务模式的提案》、孙卫《关于恢复通州大运河文化水事民俗的提案》和《关于健全三教庙管理模式的提案》等被评为优秀委员提案。会员企业北京京东科技有限公司被北京市人民政府评为北京市就业创业工作先进集体，会员企业北京京通医院、年年教育集团被评为首都文明单位，会员企业北京慈航医院被区政协评为热心公益榜样，会员企业北京水米田教育集团被中国管理科学研究院教育科学研究院评为教育教学创新贡献奖及最具社会影响力教育机构。冯志宇被评为全国归侨侨眷先进个人，张东明被评为第五届北京市优秀中国特色社会主义事业建设者，潘跃勇被中国管理科学研究院教育科学研究院评为教育行业领军人物。

（郭守红）

中国民主促进会通州区工作委员会

【概　况】　根据民进市委“属地化”管理的要求，民进通州区工委于2018年下半年接纳了原市属支部——民进农业科技支部转入通州。转入39名会员，新发展6名会员，截至年底，通州区工委会员总人数为147名。根据民进市委组织处的组织工作部署，在2018年12月上报了工委班子届中调整名单。

【参政议政】　组织会员中政协委员和人大代表，深入北京名校通州校区进行调研，包括人大附中通州校区、首师大附中通州校区、北京五中通州校区、北理工附中通州校区等。通过调研，进一步了解多家学校几年来取得的成绩和经验、未来发展方向、存在的问题和挑战等，为政协委员和人大代表上“两会”反映社情民意提供了依据和线索。组织骨干会员去农村进行调研，深入农村校——永乐店中学。通州区已经正式成为了“副中心”，学校布局、教师结构、学生数量等有了相当大的改变，百姓对基础教育质量的要求也明显提升，通过调研，深入了解了农村校当下所面临的办学处境和困难，为撰写党派团体提案提供了基础材料支撑。多名骨干会员，全程参与了通州区政协组织的“关于通州区学前教育状况的调研”。在历次研讨、座谈、协商等会议上均提出了有较高质量的意见和建议。民进区工委在充分调研基础上，撰写并向政协全会提交了《关于完善教师队伍管理体制，应对副中心师资缺口的建议》党派团体提案。

【社会服务】　骨干会员王艳荣、张秀梅等赴内蒙古奈曼旗支教一周，开讲座“学校文化建设策略”，做示范课，指导研究课等，会员盛梁赠送数台电脑。

【自身建设】　5月19日，与门头沟区工委联合开展“不忘初心—积极奉献”主题活动。民进通州区工委组织了系列文化大讲堂活动。邀请市青委会40多名会员到通参加大讲堂活动。组织全体在职会员赴西柏坡，围绕“新中国从这里走出”开展了系列主题活动。组织会员参加了民进市委组织的“马克思诞辰200周年”的参观活动。

【获奖情况】　在区政协全会上获2018年优秀党派团体提案和2018年度反映社情民意信息工作先进单位。

（郭守红）

中国农工民主党通州区工作委员会

【概　况】　农工党通州区工委现有党员84名。农工委班子成员：主委胥振阳；副主委：马唯、齐梦瑚、王敬萍、甘建军。通州工委分为三个支部，第一支部33人，主委马唯，副主委郑玲玲；第二支部

20人，主委王敬萍，副主委胡磊；第三支部31人，主委齐梦瑚，副主委张秀娟。其中有5名中青年业务骨干入党，申请要求加入农工民主党3名。

【参政议政】 各支部政协委员认真履行参政议政职责，参加环境污染、老旧小区改造、严厉查处打击通州区非法医疗美容行为，义务献血、垃圾分类、大气污染、绿色交通等专题研讨会，受到政府及相关部门重视。反映社情民意、报送信息3次，委员提案10多项，获得团体优秀提案2项，优秀委员提案4项。王丽娟参加“全面对接全国文化中心建设高标准建设国际旅游休闲区的食品安全问题”调研。王敬萍作为市人大代表提交了关于传染病防控体系建设和控烟建设等方面的建议3条，受到相关部门的高度重视。

【社会服务】 3月，组织农工系列科普大讲堂。郑玲玲主任开办多次痤疮及皮肤护理、艾滋病防治等科普讲座和“健康之约”节目录制。王敬萍、史鹤龄参加万达广场结核病防治日宣传活动。5月，齐梦瑚参加通州区妇幼保健院世界哮喘日义诊咨询，胥振阳、齐梦瑚、马唯、王孟武、王敬萍、史鹤龄、张秀娟、郑玲玲、胡磊、汪芗参加区政协农工致公界委员服务副中心潞城镇崔家楼联合咨询义诊活动，苏彦萍参加全民营养周宣传活动，在史家小学通州校区开展健康知识讲座。10月，程洪波在河北女子监狱参加“服刑人员子女一对一帮扶”公益活动。李胜利参加农工北京市委社会服务组并从事社会服务工作。张秀娟多次到玉桥等社区举办健康大讲堂教育讲座。

【自身建设】 组织党员深入学习贯彻习近平新时代中国特色社会主义思想和中共十九大精神，贯彻落实农工党十六大部署。参加中共农工市委及区委统战部组织的统战人士专题培训班、纪念“五一口号”发布70周年报告会、关于加强和改进人民政协工作的思想专题报告会及“不忘合作初心，继续携手前进”的主题健步行等活动，激励广大青年党员服务的热情，为今后的党派工作指明方向。胥振阳、段勇、胡磊、王孟武及郑玲玲等参加了北京农工市委组织的“北京国际医药促进会第七届第一次委员大会”，郑玲玲、徐昊等参加农工北京市委宣传理论工作座谈会并发言。

4月16日—17日，甘建军、叶洪旺等6人参加区委统战部举办统战人士专题培训班。4月20日，苏彦萍、徐昊等6人参加农工市委举办纪念“五一口号”发布70周年报告会。4月26日，胥振阳、齐梦瑚等参加区政协举办的“不忘初心，聚力副中心建设”纪念“五一口号”发布70周年活动。5月21日，齐梦瑚、王敬萍参加听取市政协举办“中美经贸关系和我国的对外开放”专题报告会。9月25日至9月30日，王敬萍、齐梦瑚、参加区委统战部组织的赴湖北丹江口及罗田县对口帮扶工作调研活动。9月29日，王丽娟、史鹤龄等9人参加农工市委在房山长阳公园组织的“不忘合作初心，继续携手前进”的主题健步行活动。10月18日，苏彦萍参加京堰协同卫生应急演练及对口支援工作研讨会。

【获奖情况】 郑玲玲《“5·25”爱肤日科普知识护肤问答》荣获2018护肤日十大优秀科普文章三等奖和区政协反映社情民意信息工作先进个人；郑玲玲、李玉清、胡磊、甘建军、曲丹、张秀娟、王孟武荣获市委优秀党员；胥振阳、周超男、史鹤玲、齐梦瑚获区政协优秀委员提案。延林获得北京市朝阳区律师协会2015—2018年度朝阳区社会公益奖。胥振阳、齐梦瑚获通州区政协2018年度优秀党派提案。汪芗带领所在的科室获得所在医院先进集体和先进个人。周超男获得中国智慧城市先锋人物奖。

（郭守红）

中国致公党通州区工作委员会

【概　况】 2018年，致公党通州区工委发展新党员2名，转入党员3名，转出1名，去世1名，同时，有多名积极分子列入考察，截至2018年底，通州区党员总数达到111人。

【参政议政】 致公党通州区工委围绕北京城市副中心热点、难点问题开展调研，撰写了《发展科技服务业，助力通州区高精尖产业发展研究》《发挥副中心引领作用，打造运河文化经济带》等5篇课题。其中《大运河文化带的传承、保护和利用》在致公党北京市委的调研评审中排在前列，与《关于加快推进北京城市副中心智慧交通建设的建议》《基于“艺术城市”概念的大运河文化带（通州段）传承、保护和产业发展研究》等课题被选为致公党北京市委2019年市政协会议提案材料。累计报送信息28篇，其中8篇被致公党北京市委选用，15篇被通州区政协选用。主委吴涛撰写的《关于吸引“钟摆族”回流，做好北京城市副中心招商引资工作的建议》被致公党中央选用并报中共中央统战部，信息《关于加快构建北京城市副中心优质营商环境的建议》以建言专报形式报至中共北京市委，获中共中央政治局委员、中共北京市委书记蔡奇关注并作出重要批示，并被市政府办公厅以专题座谈会形式予以研讨。

【社会服务】 一支部继续开展“爱眼护眼健康行”活动，开创性地与中共盛世润禾党支部、中共通州区西集吕家湾党支部举办共建帮扶活动，切实地为群众办实事、办好事；二支部秉持“关注民生、服务社会”的理念，与通州区马驹桥大杜社小学结成帮扶对子，为提升农村的基础教育水平贡献力量；三支部与北京医师协会联合举办服务副中心潞城镇崔家楼健康咨询义诊活动，参与致公中央、致公市委组织的医疗社会服务活动；四支部先后于4月和11月慰问潞河镇敬老院，计划长期与潞城镇敬老院保持联络。

【自身建设】 年初，制定了思想教育工作计划，6月，召开参政议政宣传工作会议，明确分工落实责任，再次强调要加强十九大会议精神及致公党中央十五大会议精神的宣传学习。参与市委统战部组织的纪念“五一口号”七十周年征文活动，17名党员踊跃投稿，20篇文章分获一、二、三等奖和优秀奖，因投稿数量多质量高，受到致公党北京市委表扬，被区委统战部全部选入汇编。组织党员参观了“大道同行——从“五一口号”到协商建国重要史事回顾展”专题展览。组织党员参与学习班报告会、大型宣传教育展览、红色教育基地实地参观及跨区、跨党派的联合参观学习活动，不断增强政治共识。在通州区政协召开的学习贯彻总书记习近平关于加强和改进人民政协工作的重要思想征求意见座谈会暨理论研讨会上，吴涛主委做了“让‘人民民主的真谛’落地生根”主题发言。对组织建设工作常抓不懈。4月，召开组织工作会议，传达最新的入党程序及要求。2名具有“侨海”身份背景的党员成为致公党通州区工委的新成员。

【获奖情况】 党员汪云云《携手迈向新时代》荣获市委统战部纪念“五一口号”70周年征文活动三等奖；副主委尚珂入选为市委统战部智库人才；党员张洪被评为第六届通州区政协优秀政协委员；致公党通州区工委被评为中国致公党参政议政工作先进集体、2018年度通州区政协反映社情民意信息工作先进单位，吴涛被评为2018年度通州区政协反映社情民意信息工作先进个人。

（郭守红）

九三学社通州区工作委员会

【概　况】　九三学社通州区工委2018年底在册人数110人，分为四个支社。副主委乔梦虎、石逸杰、申学军，工委委员12人。

【参政议政】　一是深入调查，建言献策，在推动北京城市副中心建设、保障和改善民生、促进社会和谐等方面发挥了积极的作用。提交了党派团体提案《促进副中心街区文化建设的建议》，提交《关于提升北京城市副中心邮政服务的提案》《关于加快城市副中心公共厕所建设的提案》等9篇委员提案。二是副主委乔梦虎代表工委参加区社情民意恳谈会。三是九三学社中的政协委员参加政协调研活动。王合兴参加区政协的调研课题并撰写《推进厕所革命，提升副中心卫生环境水平》。四是围绕通州区的中心工作献计献策，并依据《信息报送审核制度》上报参政议政信息29篇次。

【社会服务】　10月13日，重阳节来临之际，十几位经验丰富的医学专家在徐辛庄敬老院开展义诊活动。7月23日，社员王福林为通州区徐辛庄敬老院捐赠一台价值三千元的浩泽牌饮水机。王福林一向热衷社会公益，经常为附近工地农民工朋友捐赠衣服和生活用品，2018年捐赠衣服近百件。重阳节来临之际，社员徐君华赴徐辛庄敬老院义诊，赠送了一台功能齐全的牙科综合治疗台，填补了徐辛庄卫生院口腔科设备空白。社员曹健在万达广场，为甘肃省平凉市灵台县上良乡三村张希望小学组织现场义捐，整理了2000多件棉衣，重量约2吨，约有300余名学生和100余名老师受益，受到区文明办的认可和大力支持。

【自身建设】　九三学社通州区工委副主委乔梦虎、社员骨干20多名开展十九大精神和二中、三中、四中等文件学习。主委赵静升任区工商联主席，依据规定，按照程序，由副主委乔梦虎接任主持工作。工委坚持“保证质量、适度发展”的原则，发展层次高、能力强、符合九三特色的社员5人。

【获奖情况】　《关于响应“文化北京”专项行动，促进城市副中心全域文化建设》《关于坚持疏解与提升并举，培育副中心楼宇经济》提案在通州区六届二次政协全会上评为2018年度优秀党派团体界别提案。申学军、吴非委员个人提案被评为优秀委员提案。王合兴荣获首都统一战线纪念“五一口号”发布70周年征文一等奖。丁路、王合兴、徐君华、张威忠、巴彦布荣获社市委年度优秀社员。

（郭守红）

人民团体

10月26日，区住建委职工志愿者代表参加由市、区两级工会主办的首都职工志愿服务助力北京城市副中心建设活动启动仪式　　　　　　　　（区住建委提供）

通州区总工会

【概　况】 通州区总工会所属乡镇、街道总工会、委局、行业、开发区及直属基层工会55个，基层工会1673个，职工人数101648人，会员人数96034人。2018年通州区总工会以习近平新时代中国特色社会主义思想和中共十九大精神，以及中国工会十七大精神为指引，以工会改革为主线，以职工队伍现状调查结果为抓手，高举职工权益维护的大旗，始终坚持围绕大局公转，围绕需求服务，围绕效率创新，着力激发基层组织活力，努力扩大服务职工的覆盖面和实效。

【开展“两节”送温暖系列活动】 2018年，区总工会找准工作结合点和着力点，扩大工会工作有效覆盖，出资300万元推出“六送”活动。畅想新时代、启航2018——通州区总工会送温暖，为全区200余名困难职工送上节日慰问金和慰问品，为2000名一线职工送上慰问品；送祝福通过市总工会“12351”职工服务平台，为全区1.2万名职工送上新年福字礼包、馒头、酱菜等春节祝福；送健康搭载健身房、美发店，为职工提供最大惠利的健身、美发优惠；送文化通过市总工会“12351”职工服务平台，为3万余名职工送上电影票、春节庙会门票；送技能与区人保局联手，举办1～2场职工技能培训，并推荐相应的就业岗位；送保障为全区5万余名女职工投保《在职女职工互助保障计划》，为她们筑起一道抵御风险的坚实防线。

【慰问环保局一线职工及困难职工代表】 2月1日，区总工会党组书记、常务副主席关平，副主席吕庆申、徐淑兰一行到通州区环保局，看望慰问了坚守在一线的区环保局干部、职工及张家湾镇困难职工，为他们带去了工会组织的关怀与关爱，送去了冬日温暖。

【举行“春风行动”】 3月2日，区总工会、通州区社保局、通州区妇联联合举办针对棚户区改造的农民工和返京就业农民工专场招聘会。21家企业推出160个岗位进行现场招聘。区总工会、区妇联对农民工权益维护进行现场咨询活动。约有300余名农民工参加现场咨询和招聘活动。

【法律宣传教育系列活动】 3月29日，由北京市总工会与区总工会主办，区人力资源和社会保障局、区司法局、区安全生产监督管理局、区妇女联合会等单位共同协办的“尊法守法，携手筑梦——知法懂法守法，共谱和谐劳动乐章，温暖农民工，情系副中心”工会法律宣传教育系列活动，在通州区万达广场北广场2号门前启动。中华全国总工会法律工作部部长徐微，法律工作部副部长黄龙，北京市通州区区委副书记赵磊，区人大常委会副主任、区总工会主席尚祖国，区总工会党组书记、副主席关平，副主席徐淑兰等领导一同参加活动。活动现场播放了北京市总工会宣传片，开展了职工沟通会及法律宣传活动。

【全市600单身职工相聚通州寻幸福】 4月21日，由北京职工婚姻家庭建设协会和通州区总工会联合主办，第五季龙水凤港生态露营农场承办的“相约北京副中心 启航人生幸福路”职工鹊桥专场联谊会暨第六届“相遇春天”爱情运动会在通州举行。来自通州、朝阳、顺义、平谷、怀柔、东城、公交集团及中央和市属企事业单位的近600名单身职工相聚在一起，寻找另一半。现场有6对单身男女职工牵手成功。

【寻找最美农民工——暨首都劳动奖颁奖晚会】 4月26日，总工会联合北京市总工会和城市副中心行政办公区工程建设办公室工会，共同举办了寻找最美农民工——暨首都劳动奖颁奖晚会。晚会上，为32名农民工，8名获得首都劳动奖章、1个首都劳动奖状、3个北京市工人先锋号、1个全国工人先锋号及1名全国五一劳动奖章获得者颁奖。

【召开劳动争议调解六方多家工作会】 5月30日下午，通州区召开2018年上半年劳动争议调解六方多家工作总结会。会上，与会人员各自通报了2018年上半年劳动争议调解工作进展情况，针对通州区北京城市副中心建设、疏解非首都功能和腾退散乱污企业出现的劳动争议案件进行分析和研判。2018年通州区劳动争议调解中心受理案件171件，成功调解158件，集体29件，涉及167人，涉及金额697万元。受理法援93件，涉及93人，涉及金额218.25万元，提供法律咨询173人次，代写代书127人。

【高考志愿服务活动】 6月7日—8日，是每年一度高考的日子，为缓解考生家长送考、候考的紧张情绪，解决考生家长在考场外无处休息的问题，区总工会根据北京市总工会、北京市职工服务中心首都志愿服务运营中心的安排，开展“暖心伴考”志愿服务活动。此次志愿活动，由区总工会职工志愿服务总队，组织北苑街道、梨园镇、城管执法局、盛仁堂等单位20余名志愿者与区教委4名劳动模范一起，分别在潞河中学和运河中学两个高考考点，设立工会“暖心伴考”志愿服务站，无偿为考生家长提供遮阳棚4座、座椅200余个、饮用水5000瓶及扇子、纸巾、充电设备、图书、小药箱等物品和心理咨询服务，一站式的解决了考生家长的基础需求，使广大考生家长充分感受到来自通州区职工志愿者“最后一公里”的贴心服务。

【为一线职工“送清凉”】 7月3日上午，通区总工会党组书记、常务副主席关平带领区总工会职工服务中心相关工作人员，到通州文化旅游区、通州京环环境服务有限公司、通州区交通支队，开展“情系一线职工　夏季送清凉慰问活动”，为在高温下奋战的建筑、环卫工人及执勤民警，送去绿豆、白糖、清凉饮品及洗护用品等价值30余万元的防暑降温物品。

【召开职工互助保障工作培训会】 7月5日，区总工会举办了为期两天的2018年职工互助保障业务工作培训会，来自全区64个基层工会的160名职工互助保障经办人员参加培训。培训会邀请中国职工保险互助会北京办事处事业部部长刘丽莉、公益部部长许鹏等相关业务部门进行培训并现场答疑。2018年上半年通州区职工互助保障代办处，完成《在职女职工特殊疾病互助保障计划》全覆盖工作，续保52102人，投保金额2084080元；全区职工互助保障参保112820人次，保费522万余元；赔付325人，赔付金额183万余元；第一季度二次报销会员10466人，报销金额93万余元。

【通州区“快乐暑期”托管班开营】 7月16日，北京市通州区宋庄镇华仁学校“快乐暑期”托管班开营。区总工会副主席徐淑兰，区工商联副主席林鹏等相关领导参加开营仪式。本次托管班，每班学生30人左右，配备班主任1名、助教2名、英语外籍教师1名、特长课专业教师若干名，全部为校方日常任教老师，辅导孩子们完成假期作业，开设陶艺、表演、手工、书法、绘画、篮球、排球、网球等丰富多彩的教学课程，组织参观主题教育等集体活动，解决了家长们的后顾之忧。

【举办通州区职工互助保障全覆盖集体赔付仪式】 7月20日上午，区总工会举办通州区职工互助保障全覆盖集体赔付仪式。仪式上对全区涉及理赔的9家单位的17名患重疾的职工给予24.4万元的赔付及慰问。

【举办2018年度工会系统信息员培训班】 8月2日，通州区总工会举办了2018年度工会系统信息员培训班。培训班邀请区委信息科闫怀征科长、区融媒体中心吕建杰编辑，分别以“信息写作与技巧”及“如何发现并发掘新闻线索”为题，从大众视角，全方位、多角度，深入简出的为60余位学员进行授课。

【建立京蒙青困难职工帮扶基金救助机制】 为深入贯彻中央关于东西部扶贫协作决策部署，认真落实中央关于对口支援帮扶协作工作的相关要求，完善大帮扶格局，助力精准脱贫工作，9月3日—7日、9月13日—16日，由通州区人大常委会副主任、区总工会主席尚祖国、副主席徐淑兰带领相关部门工作人员，先后到内蒙古兴安盟科右中旗、通辽市奈曼旗、赤峰市翁牛特旗、青海省玉树州开展帮扶对接工作。科右中旗等4个对口帮扶地区共有未脱贫的建档立卡户7万余人。区总工会与各地区签订《北京市通州区总工会对口支援三年合作协议》《困难职工三年帮扶基金捐赠协议书》。捐赠50万元困难职工帮扶基金，主要用于困难职工会员本人及其配偶、未成年子女，患重大疾病和因突发事件或意外灾害造成生活困难的帮扶救助。

【开展国家网络安全宣传周走进企业主题活动】 9月21日，区总工会举办通州区2018年国家网络安全宣传周走进企业主题活动。此次网络安全宣传周活动，区总工会组织全区广大职工参与网信办组织的线上闯关答题活动，通过官方微信公众号向全区广大职工推送《致广大职工朋友提升个人信息保护意识和技能的一封信》，并组织全区15个乡镇街道总工会及张家湾开发区工会、光机电工会，共34个宣传点位，于9月20日、21日，集中时间走进辖区企业，开展主题活动，通过多种渠道和形式，发动企业、职工广泛参与网络安全宣传教育活动，有效的提高了广大职工的网络安全意识和防护技能，普及了网络安全知识。

（屈丽军）

共青团北京市通州区委员会

【概　况】 2018年，团区委以学习宣传贯彻中共十九大精神为主线，围绕区委、区政府全局，以新时代新要求深入谋划和推动通州共青团实现新发展，全力打造与北京城市副中心相适应的共青团。全区有团员12886人，基层团组织中团委60个，基层团工委7个，团总支16个，团支部1026个，团区委直属团组织62个。

【共青团群众工作】 年内，完成党支部换届，配合区委巡察工作，认真开展集中学习，支部活力显著提高。建立区青年工作联席会议制度，完成区青联换届，推动区志联规范化建设，实现社区、村团工作全覆盖。区教工委设置少办，联合开展引导服务青少年工作，召开区第一次少代会。引进高校实习生参与团区委工作，为所有街乡配备15名团建督导员。全年开展活动1200余场、覆盖青年3万人次，活动吸引力显著增强。全年召开书记会12次，完善机关制度汇编，以从严治党带动从严治团。

【“青春通州”自媒体平台建设】 “青春通州”微信公众号粉丝量增至5万人，累计阅读量达2827830次，较2017年粉丝量增加4万余人、累计阅读量增长近20倍。协调联合潞河医院、交通支队、京环集团、红十字会、消防支队、法院、北投集团、青联、内蒙古对口帮扶地区等24家单位推出专题宣传日，“青春通州”新媒体平台内容更丰富、资源更广泛、影响更扩大，2018年在全市16区团区委自媒体排名中长期处于榜首，荣获北京共青团腾讯微力指数排行榜综合影响力、爆款热文奖等奖项。

【志愿服务】 从马斯洛需求分析模型出发，深入了解青年群体每一层次的实际需求，从找工作、找组织到找对象、找发展，到个人价值的实现，时刻关注着青年的关注，时刻反映着青年的关切，时刻留意着青年的需求。志愿服务是团员青年找组织报到的主要实践形式，在号召团员回社区（村）报到的工作中，推动11367名团员注册成为“通州百姓”志愿者，参与595个社区（村）志愿服务1220场，提升团员青年的获得感和归属感。

【开展线上线下活动】 通过大量线上线下O2O活动凝聚青年，开展了“文明过节　拥抱蓝天”微承诺、舞剧《运》、大逗相声公益专场演出、通州MV拍摄等多项互动活动，打造了一批如“晨读时光”“梦想书荐”“通州夜话”“通州青联说”“改革开放40年之通州”等原创栏目，推出了“通州百姓”表情包、“青春通州”文创产品，组建了累计500余人的青春通州粉丝群，有效增强了粉丝互动和粉丝关注。

【原创正能量作品引领青年】 2018年，发布《通州》《通州欢迎您》《最美是青春》等原创MV作品3部，总点击量超过20万，利用五四青年节、八一建军节、教师节、国庆等契机推出原创产品，打造了《“最强大脑”强势推荐通州“最强表情包”！》《<通州>MV全新演绎　献礼我的青春我的国！》《青年榜样评选强势上线！为身边的通州好青年打call吧！》等3篇10万+推送作品，有效引领青年听党话跟党走，汇聚青春正能量。广泛开展“青年榜样”评选活动，用榜样精神激励青年为城市副中心建设做出更大贡献。2018年《这里是通州》运河文化手绘系列推出20期，点击量超过10万，由知名青年画家捐赠的82幅画作于2018年12月至2019年1月进行爱心义卖，筹得善款18万余元，全部捐赠给区慈善协会和区红十字会，用于扶贫济困工作。

【开展各类募捐活动】 通过“青春通州”平台同步发布青春通州论坛，总受众超过5000人次，栏目阅读量超过20万；开展各类募捐活动10余次，筹集图书20万册，衣物五万余件，资金逾38万元；通州百姓账号累积发布志愿服务活动1000余条，注册志愿者34万人；开展了“三行情诗表白妈妈”等一系列青年乐于参与的活动，“青春通州”成为通州青年学习、成长的助手，交流分享的平台。

【开展“这里是副中心”主题活动】 为助力市级机关搬迁，团区委持续开展“这里是副中心”主题活动，邀请市直机关青年近千人次走进副中心，强化市区青年工作融合。4月20日，市直机关团工委组织市直机关200余名团员青年来到城市副中心“绿心”开展春季义务植树活动。据不完全统计，2018年协助组织兄弟单位在通州举办党团活动63场，其中有平均年龄80岁的清华离退休党员，有跨越16000里来到通州的芬兰学生会调研团，有在舞台上载歌载舞、绽放光芒的东方歌舞团党委，有最体育的NBA青年队教练访团，还有由院士、长江学者、“千人计划”专家学者等30余名清华教授组成的最学术的清华大学水利系访团，以及关注基础教育的致公党调研团等。

【推进青年创新创业】 孵化实施“梦想空间”项目，从北京城市副中心产业升级、科技创新、社会服务、文化聚焦等角度出发，搭建青年创新创业平台，优化创新创业环境，建立就业实习基地，加大青年就业创业培训力度、开展就业技能培训，在整合社会资源、搭建服务平台中点燃青少年创新创业梦想。注重对青年创新创业人才的挖掘和培养，加强对优秀创新创业青年典型的选树和宣传。深化通武廊三地交流合作，联合发布三地青年工作合作协议。

【创新青年人才培养体系】 推进青年人才培训服务平台建设和青年人才队伍服务体系建设，深入推进青年人才政策和工作体制机制创新。启动“彩虹计划”通州区青年人才培养工程，面向35岁以下通州区青年骨干选拔学员200人进行集中培训，接受理论授课33次、小班教学18次。开展“青春通州”论坛活动，邀请党政领导干部、专家学者、资深从业导师举办专题论坛17场、覆盖青年5000人次。配合区委组织部开展高校优秀学生引进工作，7月—8月47位硕士、博士研究生在区委宣传部、区委研究室、区发改委、团区委等15家机关单位进行为期两个月的挂职实习。11月—12月，配合区委组织部面向高校优秀毕业生开展选聘活动，在清华大学、北京大学召开专场选聘宣讲会，覆盖高校毕业生500余人。

【推进扶贫工作】 年内，团区委发动组织区青联委员、团干部和清华大学教师代表走进内蒙古赤峰市翁牛特旗、通辽市奈曼旗、兴安盟科尔沁右翼中旗和西藏拉萨市城关区实地了解困难需求，力求扶贫工作精准发力，开展了“一千个心愿——京蒙助力 青春同行”爱心图书募捐、“送给你一份不一样的中秋节礼物”微心愿捐赠等活动。10月，邀请对口支援地区13名团干部及教师代表到通州区学习调研，并参加了“彩虹计划”通州区青年人才培养工程浙江嘉兴培训。全年募集各类款项逾56万元、图书1700余册，爱心信笺1000余封，覆盖帮扶对象逾千人次。

【加强未成年人司法保护】 加强未成年人司法保护，承接全区合适成年人派出任务，组建47人的合适成年人队伍，全年派出157次。持续开展青少年法治教育，扎实做好全区中小学法治副校长工作，2018年全区163名法治副校长深入学校授课652讲，覆盖青少年近10万人次；针对全区366名重点青少年，全年开展“爱心观影”“爱心市场”“爱心之旅”“爱心口罩捐赠”等帮扶活动5次。推动共青团送温暖活动常态化，“两节”期间，为全区284户低保重残青少年、服刑人员未成年子女、留守儿童、困境青少年、农民工子女和新中国成立前老党员等6类群体送去价值20万元的慰问品和慰问金。

【参与文明城区常态化建设】 全区实名认证志愿者34万余人，累计服务时长3910万小时，840人次保障重要活动。建立志愿服务回馈激励机制。开展激励回馈志愿者活动8场，覆盖志愿者750人次，推出“志愿咖啡”项目。强化社区志愿者队伍专业能力建设。开展9场主题宣讲，覆盖通州百姓2000人次。推进“五大青年行动”（清洁空气、保护河湖、垃圾分类、文明出行、背街小巷整治）服务社区凝聚民心。4700名志愿者开展志愿服务活动236场，志愿服务时长8000小时。

（李阳　王洁玲）

通州区妇女联合会

【概　况】　2018年，区妇联围绕中心工作，在服务大局、服务妇女群众中，以思想建设凝聚人心，以围绕中心引领建功，以家庭文明厚植根基，以改革提升促进发展，做大做强新时期妇联工作。2018年进行了基层妇联改革后，全区各乡镇、街道妇联组织16个；村级妇联和社区妇联组织587个；机关企事业单位妇女委员会115个；“两新”（新经济组织、新社会组织）组织妇委会93个。基层妇联干部由原来的602名增加到10728名，把热心妇女工作且有能力的女性吸纳为妇联兼职副主席和执委。其中，乡镇、街道妇联主席15名，专职副主席15名，兼职副主席36名，执委363名；社区、村妇联主席578名，兼职副主席1177名，执委8544名。全区130个社区、470个村，95%实现基层妇联主席与村“两委”班子同步酝酿并接踵产生。其中，100%的村（社区）“两委”有一名以上女干部；100%的妇联主席进入村（社区）“两委”班子；女性党支部书记占比达23.5%；村委会中女性占比达31.5%。

【培训工作】　先后邀请全国妇联、中华女子学院、市妇干校的领导和专家对基层妇联骨干、全区女领导干部等开展专业培训6次，组织千名女干部思想政治和专业素质提升大型培训活动2次，累计培训3500人次；建立了覆盖通州所有街道乡镇，每周定期开展的政治理论学习读书会，街镇级女干部全年思想政治理论培训超过5万人次，组织集中学习活动500余场，发放学习资料3万余份。300余个基层微信群自年初建群以来总结汇编的“学习心得”超百万字。区妇联新媒体平台对2018年三八红旗手，最美家庭，妇女十二大代表，李银环、于文静等先进个人典型事例采取多种形式进行宣传报道。

【实施创业就业服务工程】　区妇联与区人保局联合主办“巾帼筑梦·春风送岗”网络女性专场招聘会，62家企业提供了300多岗位、1000多个的用人需求，活动当天有2000多人咨询和投递简历。两个单位联合组织开展了“通州巧娘”职业技能专项培训计划，开设茶艺师、育婴员、中西式面点师、中西式烹调师等工种培训，截至年底，培训1063人，有387人拿到从业资格证。

【打响“通州巧娘”的品牌】　区妇联精心制作了22名巧娘工作室的事迹在妇联官网、微信号及《北京青年报》通州版进行推送，全年发布与巧娘相关报道81篇（期）；制作和出版了图书《通州巧娘”（第一部）》。“七一”前夕，区妇联举办了“巧手大运河·芬芳副中心”——纪念改革开放40周年“通州巧娘”手工艺创新创意作品暨女性文化展，征集7大品类100余件作品。9月，在花仙子万花园举行首届农民丰收节和“双学双比”基地交流分享会，并在主会场举办“通州巧娘”创新创意作品展，通州巧娘与少数民族地区的手工艺人进行切磋交流，展示展卖了百余种手工艺产品。“通州巧娘”的景泰兰、手工编织、编绳、布艺、手工箬帚还被邀请参加了10月的义乌中国妇女手工精品展。

【妇女创新创业工作】　年内，承办了市级“双学双比”工作会，并启动“春风送暖”行动。北京农林科学院对接北京阳光满园种植基地和“良冠花卉”，送去特菜、果蔬、休闲农业等专家现场指导和授课。区妇联先后选拔和组织近40名女能人参加市妇联组织的乡村振兴与农业品牌化建设、新型女能人、电子商务、“双创”等培训，学习交流分享了企业发展理念。区妇联荣获北京市就业创业工作先进集体荣誉称号，女能人刘桂红、张西芬荣获北京市就业创业工作先进个人。2018年全区农村妇女创新创业项目经费达120万元，帮扶“双学双比”示范基地9个。

【巾帼志愿服务活动】 年内，与区综治办等9家单位联合创建婚姻家庭纠纷矛盾化解机制。全年接访60例，婚姻家庭纠纷占80%；区级及街镇婚姻家庭人民调解工作室全年调解案例104例，进行司法确认的19件。与区司法局联合开展通州区首届妇女权益法律知识竞赛；创立“巾帼维权·送法到家”女律师普法宣讲品牌。熊德杰等7名优秀巾帼志愿者、卢丽等10个优秀志愿家庭、“潞河之光”等5个巾帼志愿团队、“邻里守望·礼阅家庭”等5个优秀巾帼志愿服务项目获得市级优秀表彰。发起的“巾帼建功新时代·志愿服务暖人心”活动一条主线贯穿全年，发展壮大潞河医院粉红丝带志愿服务队等31支巾帼志愿者队伍。巾帼志愿服务组织成为基层妇联组织的一支重要力量，为妇女儿童家庭提供方方面面的暖心服务。与潞河医院开展5年的粉红丝带“两癌”关爱公益活动，引入通州区社会工作者联合会共同开展“向幸福出发”、“生命重建”双丝带、“两癌”志愿服务活动，成立了由老癌友组成的“铿锵玫瑰”巾帼志愿服务队，创建心理疏导的微信群，线上线下同时给予新癌患友心理支持和关爱。区妇联慰问贫困“两癌”妇女245名，发放慰问金40余万元，为100名患者赠送了义乳文胸。

【妇女儿童工作】 2018年，先后完成“十三五”妇女儿童规划和家庭教育五年规划的中期自评估，并分别接受了市级两个中期评估督导组的督导，两次评估工作的指标达标率都在95%以上。在区妇儿工委相关成员单位的努力下，大部分问题整改完毕，还有少数问题正在整改中，一些重难点问题也制定了2020年前的整改方案。按照市妇儿工委的工作要求，通州区制定《通州区政策法规性别平等评估工作方案》，成立通州区政策法规性别平等评估向区级延伸试点工作领导小组和评估工作委员会，组织相关培训，并在全区各单位开展政策法规文件清理清查工作，全区各相关单位全部实现政策法规性别平等评估机制的建立。与区委组织部、区社保局联合开展“通州区女干部队伍建设”调研工作，发放和回收问卷900余份，撰写完成《对通州区加强女干部队伍建设的若干建议》。

【开展对口帮扶和交流交往合作】 2018年，是区内外对口帮扶、精准扶贫重点年，区妇联先后两次组织“唐人坊”等巧娘工作室对西集吕家湾、耿楼等低收入村的60多名妇女进行手工技能培训；协助西集镇妇联组织妇女到漷县镇绢花厂培训，实现灵活就业，增加家庭收入。组织爱心女企业家到内蒙古奈曼旗对接资源和开展帮扶，10位爱心妈妈与10个贫困家庭儿童牵手并约定常年给予孩子物质和精神上的照顾直至成年；部分女企业家将当地土特农产品对接到北京展销和售卖。参加市妇联对口支援西藏城关区的活动，为西藏低收入姐妹送上1000人次的7场手工技能培训。先后联合举办“带你去旅行”相亲会、妇女儿童公益服务创新项目大赛、“家风传清风”——通武廊党员干部家风行等活动，有效提升了活动质量、影响力和传播力。2018年，区妇联“五元联盟”成员单位共同合作开展活动千余场，活动内容也从辖区公益服务，扩展到培训参观、交流交往、扶贫帮困等领域。

【家庭建设三年行动方案】 区级层面项目化运作、社会化参与，先后举办了“恋爱时光”婚恋系列相亲会，“诵国学、扬家风”亲子吟诵大赛，“亲子朗读者”亲子阅读作品征集，“绿书签”抵制有害出版物和信息签名等活动；开展了“邻里守望、礼阅家庭”，“融·未来”家庭心理健康服务，家庭心理健康网上特色服务，“让爱领航”美好婚姻幸福家庭服务，女律师协会家庭普法宣传等项目，吸引全区5万余个家庭热情参与。仅“邻里守望、礼阅家庭”项目就开展活动500场，参与家庭2万余个。各街乡镇妇联全年开展家庭相关主题活动超过1300场。通州区“互联网+家庭建设”工作受到全国妇联和市妇联的充分肯定，作为2018年妇联改革典型案例在全国推广，10月北京电视台一套新闻节目专题播出；区妇联、永顺镇妇联、春晓社工和志宏律师事务所共同制作了微电影《家》；区妇联、区文明办共同制作的2018通州“最美家庭”宣传片在北京市七夕文化节开幕式上展播；开展微课堂教学60余期，制作了相关家庭心理学系列网上音视频节目，一次二次传播累计超过2万人次。

（张燕栩）

通州区科学技术协会

【概　况】　2018年，区科协以习近平新时代中国特色社会主义思想为指导，深入学习贯彻中共十九大精神，围绕区委、区政府的中心工作，夯实基础，搭建平台，创新发展，科协的组织体系、服务体系、科学传播体系、荣誉体系建设和党建强会创新取得新突破。年内，区科协下设11个乡镇科协、4个街道办事处科协和4个园区科协、94个企业科协、5个学会等各类社会团体，并对其进行服务、指导和管理。

【举办青少年机器人大赛】　1月6日，2017年—2018年北京市通州区青少年机器人大赛在张家湾镇中心小学举办，来自全区38所中小学的129支代表队、340人欢聚赛场，共享机器人带来的乐趣与挑战。经过一天的角逐，有21支队伍胜出。

【举办科技金融对接和科技助残活动】　1月25日，科技金融对接和科技助残活动在北京泰利新能源有限公司企业科协举办，活动邀请了区残联和华夏银行的相关负责人详细为企业讲解企业残保金缴纳及残疾人就业等政策和几种金融贷款方式，使企业更加了解政策，开拓融资途径。同时，针对如何为企业科协和科技工作者更有效地服务进行深入交流和探讨，总结了一年来开展各项工作的经验和不足。韬盛科技、凯隆仪器、京东科技等10家企业负责人参加活动。

【举办“创森林城市　生态科普游园”活动】　4月25日，结合2018北京永乐·海棠文化节，通州区科协举办“创森林城市　生态科普游园——2018通州区科普之春”活动。当天来自北苑街道的新华社区、五里店社区居民100余人来到永乐店镇观赏230亩海棠花海，了解海棠新品种的科学知识，同时扩大百姓对创森林城市的知晓率。按照实际、实用、实效宣传的原则，围绕创建森林城市，科普之春活动期间充分利用乡镇科普场馆开展多种形式的科普宣传活动。

【开展全国科技工作者日慰问活动】　5月30日，在第二个全国科技工作者日到来之际，区委常委、组织部长韦江走进国家高新技术企业——北京韬盛科技发展有限公司，慰问了专注于研发智能化高端建筑装备与安全技术应用的科技人员，听取了董事长郝海涛代表公司科研团队在科技创新和科技工作者工作生活方面的介绍。韦江考察了企业党建创新工作，充分肯定了韬盛科技团队在科技创新、党的建设以及承担社会责任方面所作的工作，希望企业把党建融入到企业发展中，凝心聚力，更好地为副中心建设做出更大贡献。

【2018通州区科技周暨运河小学科技节开幕】　6月4日，2018通州区科技周暨运河小学科技节开幕。活动的主题是“走进科技，放飞梦想”，全校师生和来自“京津冀”共同体天津武清区杨村十六小的师生、河北廊坊管中三小的师生以及通州区联盟校的临河里小学、永顺小学、乔庄小学的师生一起开始活动。本届科技节活动融入“京津冀”教育协同发展工作体系，促进京津冀教育事业资源共享、学校共建、研训协同、师生交流，助推三区市在推进教育改革和发展方面研究解决共性问题、相互学习借鉴、共同发展提高。

【组织科技人员参加创新方法培训】　6月21日—25日，区科协携手北京市科协咨询中心，组织通州区约基工业、中际联合、英惠尔、永新医疗等16家企业的32名科技人员参加科技部在北京举办的TRIZ理论深度培训班，通州区有16人参加认证考试。创新方法培训是由中国科协、科技部共同发起，由北京市科协在首都地区组织实施，目的是致力于在企业一线推广普及以TRIZ理论为代表的创新方法，通过创新方法培训为企业一线员工提供创新理论、发明原理及创新工具，从而不断增强企业的创新能力，推动首都科技创新中心建设和创新型国家建设。

【通州区青少年机器人4支代表队入围国赛】 7月20日，由中国科协主办的第十八届中国青少年机器人竞赛于在贵阳开赛，全国各地有554支队伍通过省级竞赛选拔推荐，获得全国竞赛参赛资格。通州区潞河附属小学、人大附通州校区、北京市第二中学通州校区代表队、次渠中学通过层层选拔择优进入国赛。李卫华老师带领的潞河附属师生在第十八届中国青少年机器人竞赛中获WER一等奖，综合技能二等奖。张之浩老师带领的北京市第二中学通州校区代表队完成既定目标，为北京夺得一块金牌。杨森老师带领的人大附通州校区代表队获得一等奖，夺得金牌一块。次渠中学代表队夺得银牌一块。

【举行庆祝改革开放40周年活动】 10月17日下午，以“弘扬科学家精神 讴歌新时代旋律”为主题的第三届全国老科技工作者日暨北京第十四届老科技工作者日活动在通州区文化馆启动。来自“京津冀”地区的多个单位领导和老科技工作者代表600余人齐聚一堂共同庆祝改革开放40周年。本届全国老科技工作者日北京主场活动特别邀请“京津冀”三地老科技工作者共同欢聚，希望能够借此加强三地老科协和老科技工作者的交流合作，开展更多三地联动的活动。本次活动还首次采用网络直播的互动形式，视频由光明网全程在线直播，全国各地老科技工作者和广大网友的热情参与和同步收看为本届全国老科技工作者日增添许多热度。

【通州区成立药械学会】 12月7日，通州区药械学会成立。通州药械学会是通州区首个科技类行业社团，是通州区药械工作者和单位自愿结成的学术性、非营利性的法人社团。截至年底，有27个团体会员，47个个人会员。一是将通州区药械行业的人才资源、信息资源和科技资源进行更加充分有效的整合，密切企业与企业、企业与政府以及各企业科研人员之间的联系与合作；二是为企业搭建科技创新平台，促进科研水平和生产能力增强，助力企业核心竞争力提升。三是为区委、区政府就本行业发展提出前瞻性的意见建议，为副中心建设贡献智慧和力量。

【通州区成立信息产业学会】 12月21日，通州区信息产业学会成立大会在北京潞电电气设备有限公司举行。信息产业学会的成立将通州区信息产业的人才资源、信息资源和科技资源进行了更加充分的整合，密切了企业与企业、企业与政府以及各企业科研人员之间的联系与合作，为广大科技工作者提供广阔的空间和舞台，为进一步推动通州区信息产业科研水平提高和行业健康发展做出贡献。

（耿宏纲）

通州区工商业联合会

【概　况】 2018年，工商联围绕区委、区政府的中心工作，学习贯彻落实中共十九大精神，以习近平新时代中国特色社会主义思想为指引，围绕“两个健康”（非公有制经济健康发展、非公有制经济人士健康成长）工作主题，优化营商环境，弘扬优秀企业家精神，牢固树立“四个意识”，切实提高政治站位，充分发挥桥梁纽带和助手作用，切实加强自身建设，把智慧和力量凝聚到各项目标任务上来。

【加强各地区的友好交流】 4月12日，内蒙古赤峰市翁牛特旗工商联到访区工商联，开展座谈交流，并签订友好工商联协议书，建立友好工商联关系。5月30日，天津市津南区工商联到通州区进行考察交流，与区工商联签订友好工商联协议书，缔结友好工商联关系。9月26日，拉萨市城关区工商联到通州区进行考察交流，与区工商联签订友好工商联协议书，缔结友好工商联关系。11月1日，区工商联随区

4月12日，内蒙古赤峰市翁牛特旗工商联到访区工商联，开展座谈交流，并签订友好工商联协议书，建立友好工商联关系　　（区工商联提供）

委统战部赴内蒙古通辽市奈曼旗开展对口帮扶考察对接活动，与奈曼旗工商联签署帮扶合作协议和友好工商联协议。

【全国助残日活动】　5月15日—16日，区工商联带领会员企业参与全国助残日系列活动。区工商联与区残联召开残疾人就业座谈会。此次座谈从政策上对企业在安置残障人士就业过程中遇到的问题作了细致的分析和解答，提高了企业对于残保金征收办法的认识，消除了企业对于使用残障员工的顾虑，增强了企业对于实现“全面小康社会，残疾人一个也不能少”的信心。为企业更深入准确了解残疾人政策、安置残障员工、节约残保金，具有非常重要的指导意义。区工商联副主席林鹏、区残联相关负责人以及6家青创

5月16日，区工商联组织22家会员企业参与残疾人艺术品拍卖活动　　（区工商联提供）

会会员企业，前往西集镇、漷县镇两个职康站慰问残疾人，捐献爱心资金1.2万元。区工商联组织22家会员企业参与残疾人艺术品拍卖活动。

【优化营商环境】　5月18日，由区法院主办、区工商联协办的首届企业家法治论坛召开。区工商联企业家代表围绕副中心建设给企业带来的新情况、新问题及企业、企业家权益保护新需求提出看法和建议，为通州区法治化营商环境的建设献计献策。12月21日，在区司法局召开律师服务民营企业工作座谈会。会议中提到区司法局及区律师协会将共同开展民营企业法律服务律师团的一系列工作，深入重点民营企业“一对一”开展以“讲、询、调、训、建、治、防、报”八个方面为主要内容的法律服务，提高民营企业法律服务质量。2018年，区工商联与区人力资源服务中心合作，为会员企业搭建优质招聘平台，开展4场招聘会，百余家会员企业参与招聘。

5月18日，由区法院主办、区工商联协办的首届企业家法治论坛召开　　（区工商联提供）

【助力脱贫攻坚】　9月6日，区工商联带领4家会员企业赴科右中旗开展“万企帮万村”精准扶贫工作，为当地贫困村捐助资金36万元。各民营企业向科右中旗捐款270万元。10月17日，重阳节到来之际，区工商联组织5家会员企业到西集镇吕家湾村开展“百企联百村”帮扶活动，签订“百企联百村”帮扶协议书，同时开展免费理发、发放老花镜、爱心义诊等公益活动。11月1日，区工商联在区委统战部的带领下赴内蒙古通辽奈曼旗开展对口帮扶考察对接活动，两地工商联签署帮扶合作协议，3家会员企业捐赠扶贫资金18万元，专项用于建立手工粉条加工车间项目。

【提高区工商联组织活力】　10月12日，区工商联于大运河森林公园举办“共筑绿色梦，相约运河行”徒步活动，活动以大运河森林公园漕运码头为起点，左堤巡河道武兴沟处为折返点，全程6千米。旨在倡导科学的健身理念，推荐实用的健身方式，展示区工商联会员良好的精神风貌和健康体魄，让更多的会员朋友亲近大自然、增强体质、提升素质，不断激发干事、创业的激情和昂扬向上的斗志。加强会员间的了解，创造会员们熟悉交流的机会，提高工商联组织的凝聚力。

（陈宇昕）

法 治

3月10日，全国政协委员、通州区法院民一庭庭长李迎新在全国政协十三届一次会议第三次全体会议上作主题发言（区法院提供）

概　述

2018年，全区政法工作抓住党管政法这个牛鼻子，坚持以人民为中心的工作总思路，严格执法、公正司法、综合施策、重点攻坚，进一步筑牢北京城市副中心安全稳定的工作基础，营造安全的政治环境、稳定的社会环境、公正的法治环境和优质的服务环境，人民群众获得感、安全感普遍提升。2018年度，通州区荣获北京市政法系统工作公众总体满意度测评第一名，平安北京建设考核全市第一，并连续7年被评为全市优秀区。

政法党建工作机制进一步优化增强。成立政法党建领导小组，全面总抓公、检、法、司党的建设，形成统一协调党的建设互动工作机制。凸显党的引领力作用，坚持和完善公检法司“四长会”专题会、政法委委务会，推动政法党建议事规则、政法党建考评、政法优秀干部实岗锻炼等措施的落实，规范了党对政法工作的领导工作机制。丰富政法党建工作载体，打造“政法党员大讲堂”“政法党建论坛”“习近平新时代中国特色社会主义思想”党建专题培训班，政法系统庆“七一”系列主题活动等党建品牌；创新推出“把党小组建在办案团队上”党小组工作法、“员额法官、检察官个人重大事项报告”等党建队建模式，全面把好通州区政法工作正确方向。

政治和社会安全不断巩固提升。全面推进国家安全人民防线建设工作，深化国家安全宣传教育，“4·15”全民国家安全教育日，全区开展“护航新时代”主题宣传活动。完善全区国家安全制度，强化干部队伍管理，压实各级领导责任，确保队伍安全稳定。从严打击违法犯罪，坚决保证社会安全。重拳扫黑除恶，建立完善组织机构和工作方案体系，统一执法办案工作标准，背景审查3158名村社区干部，营造基层“两委”换届风清气正环境。年内破获涉恶案件132起，抓获违法犯罪人员412人，打掉涉恶犯罪团伙33个，形成重拳打击黑恶违法犯罪的高压态势。开展“金盾2号”行动，打击震慑犯罪，迅速破获“滨江帝景砸撬密码锁入室盗”等一批大案重案，传统“盗抢骗”、入室盗窃案破案率大幅提升，街头刑事发案和社区可防性案件“双下降”。着力解决执行难问题，启动“雷霆2号”执行攻坚行动，优先重点执结影响北京城市副中心建设和人民公平正义感的案件，维护了司法公信力。

社会面管控能力和综合治理水平全面提高。三级综治中心规范化建设取得新进展。全区15个街乡镇、536个社区村全部完成规范化建设，社区（村）级精品综治中心完成100家。梨园镇、宋庄镇、马驹桥镇、北苑街道开展与“雪亮工程”融合试点工作，逐步实现资源共享、力量整合、捆绑作战效能。信访工作责任制体系架构搭建完成，信访工作责任压力进一步向基层延伸，配套出台联席会议制度、约谈办法、长效机制、督查制度四项措施，部分重点社区村信访责任试点工作有序推进。智能化视频监控体系基本建成。“雪亮工程”整合视频图像2万路，开发后端27个应用子系统，发挥了查处环境污染事件、监控公车廉政管理、打击违法犯罪活动等作用。智慧社区建设初见成效，完成30个小区的建设试点任务，开启全区大建设的序幕。公共法律服务体系进一步优化。区级公共法律服务中心、15个镇（街）公共法律服务站和535个村（居）公共法律服务室全部建成并启动运行。大力开展金融风险防范工作，建立公安、工商、金融等部门联动机制，运行金融风险监测大数据预警平台，全面摸排投资管理公司，压缩高风险企业生存空间，严格类金融企业准入和变更，重拳出击打掉非法集资团伙。开展重点地区综合整治工作，市、区、街乡镇三级重点挂账整治地区和市级重点挂牌督办整治乡镇，基本达到治安秩序可控、环境秩序良好、违法形态明显减少的工作目标。市级和区级19个挂账重点整治村，结合美丽乡村建设，村容村貌、环境秩序得到大幅提升。

司法体制机制改革持续深化。稳妥推进国家安全机关改革。有效推动国家安全人民防线建设组织建设和制度落实，完成国安分局大楼建设，增强政治安全保卫力量，夯实国家安全专业基础。高效推进公安警务工程建设。公安局警务中心地上结构完成封顶，3个派出所和8万平方米的综合业务用房持续推进建设，5座消防救援站建设陆续完成，消防救援能力得到提升。深入实施执法司法、依法行政检查监督。加强对刑事立案、侦查活动、审判活动、刑事执行和未成年人检察监督，着力防止冤假错案和执法不公问题。坚决实施公益诉讼，维护国家和社会公益，向职能部门和属地制发诉前检察建议，督促行政机关高效公正履职，切实保障公众利益。全面深化落实员额法官司法审判工作机制。优化审判案件繁简分流格局，落实员额法官审判责任制，实施院庭长办案常态化。独任法官、合议庭自行签发裁判文书比例达99.93%，法官人均结案500余件，审判质效连续第三年领跑全市。持续创新司法服务工作机制。配置村(居)法律服务专员，为群众提供订单式法律服务。建成并运行区人民调解指导中心、指挥中心，完成社区矫正智慧化管理系统招投标，基本实现远程法律服务的“智慧司法”阶段性目标。

重点时期稳控力和案件化解力不断增强。完成全国“两会”、青岛上合峰会、中非合作论坛等重大节庆日活动的安全保卫任务。依托区、街乡镇和社区村三级联动指挥调度机制的高效运转，层层传导压力、措施环环相扣，社会面管控不留死角，社会大局持续稳定。中非合作论坛期间，全区1300名机关干部，2500名民警、6万余名“通州百姓”实名上岗，对4807个防控岗位开展24小时巡逻防控，对违法犯罪分子形成强大的震慑态势。全面压实属地和部门责任，摸排61件重点矛盾，严格落实主要领导包案制度，开展集中大接访，有效地将矛盾解决在当地、化解在基层。

（朱　静　王金生）

政法委

【举办“涉法涉诉”信访专题培训】　4月24日—25日，“涉法涉诉”信访专题培训班在区行政学院举办。区法学会邀请人民日报《网络舆情》杂志总编辑祝华新，时任北京市民政局副局长董明慧，北京市和润心理健康公益服务中心发起人、国家二级心理咨询师、国家一级危机干预师海凌，区司法局副局长张改朝等专家围绕“舆论生态和舆情处理”“社会救助途径与方法”“心理危机干预”“打造公共法律服务体系”等4个方面内容，对全区各单位150余人信访工作人员进行培训。

4月24日—25日，“涉法涉诉”信访专题培训班在区行政学院举办　（区委政法委提供）

（毛　伟）

【完成法治建设领域改革专项任务】 研究制定《机构设置方案》《工作规则》《法治建设领域改革专项小组2018年工作要点》《改革方案参考模板》《督察督办工作实施细则》等制度文件，全面规范法治小组的工作模式、流程、标准。年内，召开专项小组全体会议5次，刊发工作动态6份，出台制度文件9份，完成调研报告3篇。微改革《全力打造“雪亮工程”护航北京城市副中心建设》，载入《通州区2018年微改革文集——纪念改革开放40周年》。

（韩燕平）

【完善信访工作责任制体系】 围绕信访责任落实，经充分调研、征求意见，研究出台工作联席会议制度、约谈办法、长效机制和督查工作制度等四项试行配套措施。明确各行业主管单位、街乡镇职责任务，信访工作责任制体系进一步完善。

【重大决策社会稳定风险评估】 进一步健全完善重大决策社会稳定风险评估机制，促进决策科学化、民主化、法制化，服务全区经济发展和社会大局稳定。年内，通州区报备重大决策事项59件，完成风险评估报告12件。组织联席会议12次，民众座谈会、专家评审会18次，做到应评尽评。15件重大决策全部顺利实施，凡经评估事项均未引发不稳定因素。

（赵　元）

【开展反邪教讲师团进基层活动】 区委防范办与北京通州运河书院合作，开展反邪教讲师团进基层活动。讲师团走进街乡镇、机关、企业和校园，为党员干部、社区居民、村民，网格员、保洁员、文明引导员、中小学生等各类群体，宣讲反邪教知识。年内完成宣讲52场次，直接受教育群众近万人，群众防范和抵制邪教意识和能力全面提升。

（李文凤）

社会治安综合治理

【概　况】 2018年，通州区综治系统围绕城市副中心建设大局，以“平安通州”建设为载体，为城市副中心建设创造了安全稳定的社会环境。在2018年度全市平安北京建设考核工作中，通州区取得全市第一的历史最好成绩，并连续7年被评为全市优秀区。

【扫黑除恶专项斗争】 成立“1+6+24”扫黑除恶专项斗争领导体系，组建区委政法委总牵头，区纪委区监委、区委组织部、区委宣传部和公、检、法6家单位骨干参加的工作专班。年内，开展护航村“两委”换届选举专项工作，对软弱涣散、问题突出的村进行集中座谈、敲打震慑，对破坏选举秩序行为及时予以打击。2018年，全区破获涉恶案件132起，抓获违法犯罪人员412人，惩治涉恶犯罪团伙33个。

【“雪亮工程”建设】 完成新建摄像机14072个，整合联网视频图像20255路。6月，系统平台上线试运行，实现在治安防控、政府决策、社会治理、服务民生等领域的深化应用。

【承办全国“雪亮工程”建设现场培训班】 12月24日—26日，全国“雪亮工程”重点支持城市（区）项目建设现场培训班在通州区举办。中央政法委副秘书长陈训秋，北京市委常委、政法委书记张延昆出席并发表讲话。通州区委书记曾赞荣介绍“通州经验”。全国31个省（区），101个地市的政法系统主要领导参加培训。

12月25日，通州区委书记曾赞荣在全国“雪亮工程”现场培训班重点支持城市（区）项目建设现场培训班上介绍“通州经验”　　（区委政法委提供）

【群防群治工作】　春节、全国“两会”、中非论坛、国庆节等重点时期，通州区全面启动社会面一级超常防控等级，广泛发动乡镇街道、委办局和6.4万余名“通州百姓”参与巡逻站岗，完成各项安全保卫工作。中非论坛结束后，评选100名通州区“志愿先锋岗”，并从中选优，推选申报市级最美志愿者，进一步树立“通州百姓”志愿服务品牌。

9月，玉桥街道群防群治力量参与中非论坛期间安全保卫街面巡逻工作　　（区委政法委提供）

【社会治安重点地区整治】　在重点地区整治方面，对市级、区级、街乡镇级挂账地区26个突出问题，进行全面整治。在市级重点挂牌督办整治街乡镇方面，年内，通州区重点挂牌督办整治街乡镇为台湖镇，经各有关单位综合整治，台湖地区刑事发案率，社区可防性案件发案率、治安案件发案率均大幅下降，治安秩序和环境秩序明显好转。

【基层综治中心规范化建设】　2016年—2019年，累计投资1.1亿元，完成全区15个街乡镇级、536个社区村级综治中心的规范化建设。设立统一对外窗口，强化工作机制运行，实现统一挂牌，并配合完成综治中心点位网上标注工作。合格率达到100%，完成基层综治中心3年规范化建设任务。马驹桥镇级综治中心代表北京市接受全国综治中心建设情况网上督查，并介绍经验，得到中央和市委政法委的高度认可。

2月，马驹桥镇西田阳村综治工作中心建成　　（区委政法委提供）

【创新社会治安综合治理（平安建设）考核】　年内，组织各评分单位按照首都综治委、市委政法委年度工作要点，对自身承担考核项目进行调整，增减考评指标、更新考核细则。依托综治信息化平台，研发综治考核模块，实现考评结果网上报送、审核、发布，有效提升考核工作的准确性、高效性、科学性。

【完善铁路护路联防工作】　年内，新招录25名护路队员，进一步壮大护路联防人员队伍。持续规范护路队员管理制度，加强专业培训，配齐智能设备，强化动态管理。在京承、京哈、京津城际铁路沿线，建立7所铁路护路工作站，运用智能手段，及时发现、上报、处置问题，全面提升通州区铁路护路工作水平。

（叶迪铭）

法治政府建设

【概　况】 2018年，通州区政府法制办在区委、区政府的坚强领导下，围绕北京城市副中心建设这个大局，强化“四个意识”，提高政治站位，主动靠前，围绕中心、突出重点、注重创新、讲求实效，法治政府建设取得新进展。

【完善重大行政决策程序和规范性文件制发程序】 依据新修订后的市政府工作规则，修订印发《通州区人民政府工作规则》，规范重大决策事项程序，把公众参与、专家论证、风险评估、合法性审查和集体讨论决定严格纳入重大决策的必经程序。以区政府办名义下发《关于进一步加强行政规范性文件制定和监督管理的通知》，进一步明确规范性文件的发文主体、发文程序和备案管理等。加强规范性文件制定和监督管理工作，提高规范性文件制发质量。

【规范性文件合法性审查和清理工作】 2018年，对区政府重大行政决策和规范性文件出具合法性审查意见185件次（含32件批办件）；为区属各单位出具征求意见回函137件；区属各单位报备规范性文件17件；向市政府报备规范性文件6件；完成市政府法规规章征求意见9件。审核区委、区政府重大合同、协议42件。按国务院统一部署，完成通州区涉及产权保护的规范性文件清理工作，依法平等保护各类产权，服务、支持和保护民营经济合法权益，促进民营经济健康发展。按市人大常委会办要求，完成通州区涉生态环境保护的规范性文件清理工作。清理区政府文件10件，保留7件，废止3件，区政府工作部门废止1件，确保了法制统一。协助区妇联做好涉及性别平等相关的政策性文件清理相关工作。

【推进城市副中心立法相关工作】 年内，为高标准落实《北京城市总体规划（2016年—2035年）》和《北京城市副中心控制性详细规划（街区层面）》，发挥立法的引领和保障作用，法制办立足于副中心发展实践，通过必要性和可行性分析，借鉴上海浦东新区、滨海新区等地立法成功经验，提出可以通过在国家层面的“授权”、市人大和市政府层面立法保障、规范通州区制定的规范性文件的三条对策建议，努力用法治化思维推进北京城市副中心各项事业发展。

【创新推进政府法律顾问制度建设】 年内，推进法律顾问室建设，建立行政决策合法性论证平台。先后印发《通州区人民政府关于加强法制机构建设落实法律顾问工作的实施方案》《关于规范基层法制机构职责和外聘法律顾问管理的通知》《通州区外聘政府法律顾问工作管理规定》，着力构建符合通州区实际的政府法律顾问体系。先后下发《关于在优化营商环境中更好发挥法律顾问作用的通知》和《关于在疏解整治促提升“治理违法建设”专项任务中更好发挥律师作用的通知》，法律顾问发挥专业优势，在服务保障中心工作中作用发挥明显。

【开展副中心法治建设前瞻性研究】 年内，针对新增违法建设层出不穷，治理成本高的问题，开展新增违法建设治理机制的前瞻性研究，形成《以发现和制止为重点建立健全新增违法建设治理机制》报告。紧扣副中心建设实际，组织完成《优化营商环境改革与创新研究——以营造更加公平的法治环境为研究重点》《街乡行政执法机制研究》等9个政府法治课题研究，课题成果转化效果良好。

【为征收拆迁工作提供法制保障】 年内，在造纸七厂未达成征收补偿协议后，法制办启动征收补偿决定程序。通过与被征收人谈话、实地调查、对评估程序审核等工作后，与法院沟通，补充完善相关程序，制定《关于造纸七厂征收补偿工作方案》，代区政府拟定征收补偿决定，经多方努力，最终促成签约。针对司空征收项目剩余6户强制执行难题，法制办和区法院沟通协调，以区政府名义向法院申请变更执行主体为区法院，并启动执行程序，促成全部签约。

【构建良性“府院”沟通机制】 年内，构建区“府院”联席会议工作机制，实现在重大政策出台、重大专项行动实施前，加强沟通研判，提前预判风险，有效化解纠纷，降低信访、复议、诉讼压力，维护社会稳定，提高政府公信力。

【加大行政执法监督力度】 截至2018年年底，全区30个行政执法单位（不含公安、垂管部门和乡镇街道）有持证人员1126名，行政处罚职权7318项。全年办结行政处罚案件29245件，人均处罚量30.18件。全年行政检查总量为125116件，人均检查量为129.18件。上述案件涉及行政处罚职权723项，处罚职权履行率为9.88%。处罚金额4637万元。行政执法各项指标数据较2017年均有明显提升，全面履行法定职责持续向好。重点领域执法工作力度加大，行政执法对城市治理、非首都功能疏解、生态环境保护、安全生产、产业转型升级、优化营商环境等方面支撑作用明显，保障了区委、区政府的中心工作。执法队伍规范化建设水平不断提升，执法能力显著提高。

【创新行政复议、应诉、调解工作】 2018年，办理行政复议案件168件，行政诉讼案件94件。完善复议案件办理机制，更多采用重大案件会商、现场调查、谈话约谈等方式，促进行政争议实质性化解。妥善办理涉及征地拆迁、拆违、低端产业退出等事关中心工作行政复议案件，实现办案政治效果、法律效果和社会效果“三统一”。做好负责人出庭工作，区长赵磊、副区长董明慧率先垂范，代表区政府出庭应诉，宣示厉行法治决心。全市首次全面推行行政复议“三公开”（行政复议工作报告公开、行政复议决定公开、行政复议典型案例公开）制度，自觉接受社会监督，提高办案质量，倒逼依法行政。全面梳理总结通州区20年行政复议工作，形成《通州区行政复议报告（1999—2017）》，并向社会发布。编制《通州区行政复议应诉典型案例汇编》，发布《通州区行政复议应诉十大典型案例》，更好发挥典型案例的教育指引作用。进一步健全府院沟通交流机制，完善重大案件会商、办案数据共享等机制。加强行政调解工作，把行政调解贯穿于行政复议全过程，努力实现案结事了，维护社会稳定。

【依法行政宣传培训】 年内，以学习宣传贯彻习近平新时代中国特色社会主义思想和中共十九大精神为核心，结合副中心定位，组织好区政府常务会会前学法、法制讲座。充分利用“12·4”宪法宣传周、行政复议开放日、行政负责人出庭应诉、法院旁听等形式开展法治宣传教育。举办领导干部依法行政、政府信息公开培训班，提高领导干部法治工作能力和水平。

（于 瑶）

公 安

【概 况】 2018年，通州分局聚焦“用最先进理念，打造国际一流警务”目标，强意识、增能力、严作风、快推进，打造担当、平安、智慧、服务、高效的“五个一流警务”，有力保障市级机关安全入驻行政办公区，全力助推疏解整治促提升、蓝天保卫战等全区大事，完成中央首长到通州植树、中非合作论坛等重大活动安保任务。年内，全面参与“创城”复检和“创卫”复审，配合完成2000万平方米拆违，助推烟花爆竹禁限放新规落地；侦办环境违法案件25起，排名全市第一；交通执法上升69%，25处堵点、乱点全部打通。全年办理户政、出入境业务25.25万件，创新推出专室处理、专人负责、专业化解窗口机制，接待答复群众28.6万人次；“7×24小时”社区警务室昼夜运转，累计服务群众3万余人次，解决矛盾255件；4万余件群众求助警情第一时间有效处置，市局110警情回访满意度达到100%，全年接收锦旗156面、感谢信22件。纵深推进扫黑除恶专项斗争，确保政治生态清清朗朗；自主开展“金盾2号”和“四严”专项，传统“盗抢骗”破案同比上升41.6%；扎实推进打整控专项，涉黄、“黑车”扰序、盗销自行车打击破案数同比分别上升261%、210%和330%，5个市、区级挂账重点地区全部摘牌。检查出租房屋13.3万户，清理传销窝点78处，整改火灾隐患2.34万处，火警和火灾事故“双下降”，街头刑事发案和社区可防性案件同比分别下降11.9%和36%，全年盘查车辆1395.9万辆次，查获违法犯罪人员863名、违禁品382件，创历史新高。高质量推进“雪亮工程”，高起点规划智慧警务，全力推进科技创安工作，高标准推进科技建设。健全完善执法办案监督管理体系，推动执法信息化建设，构建完善涉案财物“一站式”网上管理模式；“五型”监所建设经验被市局推广，连续八年获评全国一级看守所。机构改革稳步落地，与副中心定位相符的现代警务体制雏形初现；抓好警务基础建设，扎实推进《副中心警务基础建设专项规划》。深入学习贯彻习近平新时代中国特色社会主义思想，筑牢全警“四个意识”的政治自觉，建立基层党建“三查三评”（自查自评、互查互评、联查联评）工作机制，建立“三训”体系，执法办案、群众工作、服务大局“四大能力”明显提升；“我是副中心警察”系列主题活动贯穿全年，全警文化认同感、历史使命感、职业荣誉感进一步增强；开展“抓规范、促形象”执法执勤提升大整顿，全警“精神为之一振、警风为之一新”；建立“岗位能手”评选机制，严格落实谈心谈话、家访制度，刚性执纪问责，有力维护党纪政纪权威。

【推进“雪亮工程”建设】 年内，通州分局高质量推进“雪亮工程”，项目主体建设完成并投入运行，打造全天候、立体化视频防控网，服务平安建设、社会治理和城市管理。

【打造精品警务室】 年内，通州分局全力推进警务室建设，在第一批30个“7×24”小时警务室运转良好的基础上，推进第二批警务室建设，在快速出警、解决纠纷、便民服务等方面提供全方位服务。同时将北苑万达、张家湾开发区、次渠定海园、梨园贵友“7×24”社区警务室分别打造成守护型、纽带型、保障型、综合型等具有副中心特色精品警务室。全年，累计服务群众3万余人次，解决矛盾255件。

【开展警营开放日活动】 1月10日，通州分局在万达广场组织开展以“110，守护新时代美好生活”为主题的集中宣传暨警营开放日活动。现场向群众集中宣传拒绝毒品、预防一氧化碳中毒、防范入室盗窃、防电信诈骗、火灾预防等安全知识，发放春联、日历宣传画等宣传品。各派出所设立分宣传点，宣传110在打击违法犯罪活动、维护社会治安秩序、保障人民生命财产安全等方面发挥的显著作用。

【推动落实烟花爆竹禁限放工作】 1月，通州分局全面推动落实烟花爆竹禁限放工作。依托治安、交通检查站开展定点检查、动态巡控和设卡盘查；加强对与河北、天津接壤的乡镇厂房、大院等部位安全检查力度，及时查处非法存储、运输烟花爆竹行为；对禁放区、限放区、16类禁放点等进行多波次隐患排查，开展“拉网式”可燃物清理；会同区安监、工商等部门，加强烟花爆竹经营、储存及质量环节的安全监管；整合综治力量，以街道、社区为单元，以辖区道路、重点地区、楼群单位、行业场所为重要点位，落实网格化实名看护。

【春节安保工作】 2月15日—21日，通州分局完成2018年春节安保工作。分局坚持细致、精致、极致的工作标准，全警动员、全力以赴，严密社会面防控、强化安全监管、抓实禁限放工作，从严从细扎实推进春节各项安保工作，确保社会治安大局持续稳定。

【完成全国“两会”安保工作】 3月1日—20日，通州分局坚持“四个第一”理念，超前谋划、打防并举，严密管控，对表对标“细致、精致、极致”标准，全面强化“十严”措施，扎实推进各项安保任务，完成全国“两会”安保工作。

【推进夏季攻势专项行动】 4月20日至8月31日，通州分局结合“守护·2018平安行动”“金盾2号”“6+N”波次整治等专项工作，深入推进夏季攻势专项行动，强化组织部署、主动进攻、重点整治，最大限度提升规模打击效能，最大限度净化社会治安环境，维护全区治安秩序持续稳定。

【完成2018北京通州半程马拉松安保工作】 5月13日，2018北京通州半程马拉松围绕京杭大运河两岸举行，比赛全程21.0975千米，8000余名长跑爱好者参加比赛。通州分局提前实地踏勘，制定周密安保方案，长跑路线全程码放警力，全力做好秩序维护和突发事件处置工作，完成安保工作。

【开展“5·15”打击和防范经济犯罪主题宣传活动】 5月15日，通州分局在梨园镇文化广场开展“5·15”打击和防范经济犯罪主题宣传活动。活动以“与民同心，为您守护——远离非法集资、防范网络传销、拒绝高利诱惑”为主题，通过设置展板、咨询台、宣传屏幕等重点围绕非法集资、电信诈骗、假冒伪劣商品、传销等开展宣传活动，普及防范和打击经济犯罪的知识，提供法律咨询、政策宣传和犯罪线索举报受理等服务。同时在乡镇街道设置宣传站点25处，发放各类宣传资料1.1万余份，受教育人数达2万余人次。

【完成普通高等学校招生考试安保工作】 6月7日—8日，通州分局完成2018年普通高等学校招生考试安保工作。严密安全检查、安全监管、试卷押运、保密看护、打击整治、安全服务各个工作环节，确保高考顺利进行和社会治安平稳。

【开展“6·26”国际禁毒日宣传教育活动】 6月26日，通州区在大运河森林公园漕运码头开展以“健康人生，绿色无毒”为主题的“6·26”国际禁毒日宣传教育活动。组织社会团体、禁毒志愿者及市民群众开展主题签名、健步走活动，向群众宣讲《中华人民共和国禁毒法》，介绍毒品的危害和防毒、识毒、拒毒知识以及举报涉毒违法犯罪，发放宣传品1000余份，受教育群众2000余人。

【开展“金盾2号”专项行动】 7月5日至10月15日，通州分局开展“金盾2号”专项行动，集中力量保持严打、严整、严管三个高压态势，持续推动落实矛盾化解、消防安全、综合治理三大责任，严打突出违法犯罪、严整辖区治安环境、严控各类安全隐患，提高人民群众安全感、满意度，为副中心建设营造良好的治安环境、政治环境和发展环境。

【完成中非论坛安保任务】 8月22日至9月4日，分局完成2018年中非论坛安保任务。分局将中非论坛安保工作作为压倒一切的首要政治任务，搭建指挥系统，构建方案体系，坚持“四个第一”理念，对标对表“细致、精致、极致”标准，全力以赴投入安保工作。

【启动港澳台居民居住证申领发放工作】 9月1日，落实中央、国务院《港澳台居民居住证申领发放办法》，本市正式启动港澳台居民居住证申领发放工作。通州分局启动港澳台居民居住证申领发放工作首日，为7名港澳台居民办理了居住证。

【完成第27届北京国际燕京啤酒文化节通州专场活动安全监管任务】 9月20日—24日，第27届北京国际燕京啤酒文化节通州专场活动在运河文化广场举办。通州分局在整体部署、充分演练、实地踏勘的基础上，以“防挤踩、防酒后滋事、防酒后驾车、防盗窃、防火灾事故”为重点，多警联动，严密措施，完成安全监管任务。

【完成国庆黄金周安保工作】 10月1日—7日，通州分局依托“守护·2018平安行动”和“金盾2号”专项行动，全面强化社会面巡逻防控、严密外围防线查控、紧盯人员密集场所管控、加强重点地区清理整治、严格大型活动和商市场安全监管，完成2018年国庆黄金周安保工作。

【举行通州公安警史展暨“副中心警察”融媒体工作室揭牌仪式】 11月1日，通州分局举行通州公安警史展暨“副中心警察”融媒体工作室揭牌仪式。警史展设置主题形象墙、前言、关怀与见证、改革与变迁、历史记忆、通州公安发展历程、荣誉与榜样、实物展示八个部分，全面展示73年通州公安进步发展的历程；成立融媒体工作室，开通“副中心警察”微信公众号，围绕新老民警传承和“五个一流”（打造一流的担当警务、平安警务、智慧警务、服务警务、高效警务）警务的主线，制作推出《我是副中心警察》主题形象宣传片，展示副中心警察的崭新形象，深化全局民警“副中心警察”意识。

【文艺会演比赛获佳绩】 12月17日—18日，首都公安2018年“不忘初心、铸就忠诚”文艺会演在北京警察学院举行。通州分局自编自导自演的歌舞《我是副中心警察》获得一等奖、优秀创编奖，相声《你好警察》获得优秀奖，通州分局被授予优秀组织奖。

【完成全国“雪亮工程”现场筹备暨汇报展示工作】 12月24日—26日，2019年全国“雪亮工程”重点支持城市现场培训班在通州区召开，通州分局作为组织承办会议的主力单位，提前谋划，多方筹备，制作通州“雪亮工程”经验汇报片，展现“雪亮工程”在维护安全稳定、创新社会治理、服务保障民生等方面发挥的突出作用，并完成现场系统演示讲解。同时明确职责、严密措施，确保会议活动及现场考察路线绝对安全，完成2019年全国“雪亮工程”现场筹备暨汇报展示工作。

（高凤霞）

检　察

【概　况】 2018年，通州区人民检察院（以下简称通州检察院）全年审查逮捕刑事犯罪案件1088件1512人，同比上升9.13%和17.57%，依法批准逮捕723件955人，批捕率为63.16%。审查移送起诉案件1228件1560人，同比上升23.7%和30.98%，提起公诉1073件1341人。依法打击一批放火、涉爆涉枪、重大责任事故等危害公共安全犯罪，抽调干警百人次参与社会面巡逻防控，为中非合作论坛北京峰会的召开贡献检察力量；依法严惩暴力阻碍拆除违法建设、袭警类妨害公务等严重扰乱社会秩序的行为，有力震慑犯罪，维护区域安全稳定；严厉打击副中心建设过程中各种犯罪行为，保障建设工作有序平稳推进。审慎办理了社会影响较大的“308”案、金色摇篮幼儿园教师虐童案等一批社会广泛关注的案件，避免负面舆情发酵，切实维护“三效”统一；严格贯彻落实中央开展扫黑除恶专项斗争部署要求，组建专业化办案团队，建立侦查介入、检监协作等办案机制，从严从快，打准打狠。全年排查出涉黑涉恶案件线索16件，审查涉“恶势力”犯罪22人，批准逮捕21人，追捕3人，专项斗争取得明显进展；妥善办理全市首例食品安全领域行政公益诉讼案件，打击销售有毒有害食品违法行为，守护舌尖上的安全；依法办理通州区首例通过网络购买个人信息发送广告的侵犯公民个人信息案，有效缓解人民群众对滋扰型“软暴力”的焦虑感；成功办理全国最大少儿图书盗版案，保护著作权人利益，维护社会公义，及时开展专项调研，总结梳理形成《知识产权案件中执法行为规范化问题研究》，引导规范行政机关调查取证行为；针对涉及环境卫生、食品安全的餐馆泔水“直供”千头生猪食用问题，督促农业、环保及属地政府及时查处违法行为、修复整治环境。全年，通州检察院针对环境资源保护、行政机关履职、知识产权保护、幼儿园外教管理等领域制发多个专项检察建议，提出行业预防对策223条，督促共同解决社会管理中的突出问题。

夯实检察宪法定位，检察监督工作取得新成就。对公安机关“该立案而未立案、不该立案而立案”的行为加大监督力度，筛查不立案信息300余件，筛查经济犯罪立案信息600余件，受理各类立案、撤案监督案件36件，监督公安机关立案10件、撤案2件、维持不立案决定21件，立案监督案件同比上升233%。深入推进“两法”衔接工作机制，调取筛查各类行政处罚信息1300余件，书面回复行政执法机关案件咨询34件，开展案件会商30余次，受理“两法”衔接案件22件，监督行政执法机关移送公安机关立案36人，案件数量同比上升200%。重点审查破坏环境资源和危害食品药品安全“两个专项”案件线索17件27人，案件量位居全市前列。侦查活动监督平稳推进。对公安机关的侦查活动是否合法实行专门法律监督，追究有无遗漏犯罪、刑讯逼供、暴力取证、冤假错案等问题。提前介入侦查81件250人，书面指导侦查737件1206人，确保引导侦查机关及时、全面、充分收集证据，准确查明犯罪事实，提高案件办理质量。审查侦查活动监督线索25件，纠正违法行为16次，回复整改率为100%。依法决定不批准逮捕刑事犯罪案件368件560人，不起诉133件190人。追加逮捕、追加起诉犯罪嫌疑人27人，同比增长31.25%；追加犯罪事实41起，同比增长106.25%；改变侦查机关移送罪名74件141人，同比增长31.9%。审判活动监督有序开展。综合运用抗诉、检察建议、再审检察建议等方式强化对审判活动和裁判的监督，坚决维护司法公正。出台《刑事上诉案件同步审查规定》《监督线索办理规定》等制度，监督触角全面覆盖，坚决维护司法权威。同步审查一审尚未生效的判决1137件，同步审查刑事上诉案件95件，重点审查法院改变区检察院法定量刑情节等诉判不一的案件20件，纠正审判活动错误或不当10次、提请抗诉案件3件，受理刑事申诉案件、办理申请国家司法救助案件、指定再审案件数均获得突破，切实提升监督活动的示范效应和辐射效应。刑事执行监督继续强化。开展“监督维护在押人员合法权益”“推进财产刑执行”“推进判处实刑罪犯未执行刑罚”“戒具使用情况”等专项检察监督工作，制发各类监督文书34份，同比增长100%，整改回复率达87.5%，办理羁押必要性审查案件69件，有效维护刑事执行公平公正。参与通州区“两委”换届选举工作，对4000余名候选人进行筛查，筛查出60余人因受到刑事处罚，违反“五好十不能”标准，不具备参选资格，保证选举的规范性和严肃性。

公益诉讼工作全面开展。当好公共利益的代表，以检察监督“五化”建设为抓手，全面履行公益诉讼职责。拓宽公益诉讼和法律监督线索来源，综合运用大数据、人工智能等手段，开展公益侵害舆情监测等新业务，提升公益诉讼信息化建设，筛查出舆情信息3000余条，并对其中60余条进行重点分析研判。发现公益诉讼线索32件，立案审查20件，履行诉前程序20件，受理同级监督案件2件。对北京市首例国有资产保护领域行政公益诉讼案件提起公诉。督促行政机关查处行政违法行为39件39人，催缴、追缴排污费和环境违法行为罚款数百万元，整顿外卖商家1500余家，督促清理河道垃圾2500吨、基本农田堆放垃圾1100立方米，注销动物防疫许可证30余家，督促拆除破坏生态环境的违法建设约54.5万平方米，有效促进了副中心的生态环境和资源保护，有力推动了依法行政。开展“保障千家万户舌尖上的安全”专项行动，全面排查全区饮用水水源地保护情况、网络餐饮经营规范化情况以及各类学校、教育机构学生就餐安全等问题。

【宣传防诈骗知识】 3月28日，区检察院院与区邮政分公司、区国税局等多家单位联合举办“学雷锋公益讲座”活动，干警梁志龙天代表区检察院赴通州区城市副中心华业小街住宅项目工地，为农民工朋友宣讲防范诈骗知识。

【承办公益诉讼现场会】 5月14日，北京市检察院主办、区检察院承办的“深耕监督、守护公益——北京市检察机关行政公益诉讼工作现场会之通州站”在区检察院举行。市院党组成员、副检察长朱小芹，区检察院党组书记、检察长祁治国，各基层院行政检察工作主管检察长及部门负责人参加会议。会议由市院行政检察部主任于静主持。

【开展技能比武培训活动】 7月18日，民事检察部组织开展技能比武培训活动。此次培训邀请了曾获检察系统“全国十佳”律师王真作为主讲解剖技能比武技巧，提升干警业务技能水平。

【开展普法活动】 12月4日，审判监督部与公诉部国安办案组“十进百家、千人普法”走进土桥地铁站开展普法活动。12月5日，行政检察部开展“十进百家、千人普法”之进区环保局活动，检察官和助理一行4人赴区环保局进行检察职能宣传，调研行政处罚执行情况。

（丛　源）

法　院

【概　况】 2018年，通州法院坚持司法为民、公正司法工作主线，以服务保障北京城市副中心建设为工作重点，贯彻创新、协调、绿色、开放、共享五大发展理念，坚持最高标准、最严要求、最好效果，忠实履行宪法和法律赋予的职责，完成艰巨而繁重的审判任务，各项工作取得新进展。2018年，通州区法院新收案件60834件，排名全市法院第4位、全国基层法院第15位，同比上升4.58%；已结案件61387件，同比上升3.73%；案件总量67302件，同比上升2.52%；结案率91.21%，同比上升1.06个百分点；法官人均结案596件，同比上升1.71%；未结案件5915件，同比下降8.55%，实现“五升一降”（新收案件数、已结案件数、案件总量、结案率、法官人均结案数同比上升，未结案件数同比下降），审判综合质效指数连续三年排名全市第一，完成全年审判执行工作任务。

区法院自2016年明确提出转型跨越升级目标以来，理念意识不断更新，体制机制不断健全，资源能量不断集聚，正从一类大院向一流强院奋力迈进。2018年区法院重点开展以下几方面工作：一是聚焦“使命与担当”协调发展提升服务大局新水平，凝心聚力护航副中心建设，践行总体国家安全观，保护民生利益，优化营商环境，良性互动促进行政权依法行使，强力推进解决执行难，围绕副中心建设开展各项工作，促使审判执行与服务保障大局紧密融合、同步推进。二是聚焦“公正与效率”创新发展实现司法改革新突破，优化完善“多元调解+速裁”机制，纵深推进司法体制综合配套改革，健全审判监督管理机制，努力构建公正高效的司法机制。三是聚焦“忠诚与作为”绿色发展焕新干警担当新面貌，认真落实总书记习近平提出的“五个过硬”要求，充分发挥党建工作的政治引领作用,监督直指司法作风、直对审判团队、直达“神经末梢”，构建梯次型人才培养格局、结对式培养模式、多元化激励机制，努力打造一支忠诚干净担当的干警队伍。四是聚焦“满意与获得”共享发展书写司法为民新篇章，提升服务促使司法为民更加高效、便捷、贴心，加强司法救助、农民工权益保护、残疾人帮扶，进一步提升宣传水平、丰富普法形式、深化未成年人保护，坚持发展为了人民，提升人民群众的获得感、幸福感、安全感。五是聚焦“公开与透明”开放发展迈上阳光司法新台阶，主动接受人大依法监督、政协民主监督，主动接受社会各界监督，主动推进司法公开，坚持开放导向，不断健全接受监督机制，以公开促公信，以透明助发展。

【法官李迎新成为第十三届全国政协委员】 1月22日—24日，政协第十二届全国委员会常务委员会召开第二十四次会议，会议决定了政协第十三届全国委员会委员人选名单。通州法院李迎新法官成为北京市法院系统唯一一名新一届全国政协委员。李迎新现任区法院民事审判第一庭庭长，四级高级法官。两会期间，李迎新积极履职，精准发声，在全国政协十三届一次会议第三次全体会议上作了题为《新时代司法体制改革的新期盼》的大会发言，受到各方好评。

【“多元调解+速裁”工作】 区法院坚持以“强、广、实”为要求，推进人民调解员调解，引进实习律师调解，探索员额法官指导下的紧密型诉调对接机制，经过两年努力，“多元调解+速裁”工作机制日趋成熟。2018年，区法院速裁庭审结案件3万件，是其他民商事庭室结案量的1.6倍，占全部民商事审结案件数的61.54%，用全院9%的员额法官高效化解约62%的民商事案件，全院9个速裁审判团队中有4个跻身全市民商事结案数前十，“多元调解+速裁”工作再创新高，被誉为“通州经验”，入选最高法院司法改革指导案例，即将全市推广。

4月20日，通州区法院速裁庭荣获多元调解与速裁工作先进单位奖（区法院提供）

【发布副中心行政审判白皮书】 4月，区法院向社会公开发布《2016—2017年度涉城市副中心行政案件司法审判白皮书》，以点带面，向社会各界介绍通州区法院行政审判的基本情况与亮点工作，对基层行政执法中存在的共性问题进行实证剖析，对新时代的城市法治政府建设提出务实性意见与建议。

4月10日,通州区法院召开新闻发布会向社会公开发布《2016—2017年度涉城市副中心行政案件司法审判白皮书》（区法院提供）

【打造“运河商事”品牌】 5月，区法院举办首届企业家法治论坛，并召开新闻发布会，向全社会公开发布涉企业商事案件十大典型案例、《企业法律风险防控白皮书》，助推副中心营商环境建设，工作举措被《人民法院报》整版报道。同月，世界银行评估北京营商环境，区法院参与座谈并就执行合同与办理破产指标等向世界银行专家汇报。

5月18日，通州区法院举办首届企业家法治论坛
（区法院提供）

【获2018年度智慧法院最佳实践奖】 6月，由中国信息产业商会主办、中国信息产业商会人工智能分会承办的2018第二届检法信息化融合发展创新大会在北京召开。会上，由组委会专家组评选出2018年度智慧法院最佳实践奖，通州法院“慧眼平台系统”获该奖项，这是继上年被《中国电子政务年鉴》收录和获奖后的又一荣誉。

【开展“雷霆2号”执行攻坚行动】 8月，区法院举行“雷霆2号”执行攻坚行动启动仪式，对攻坚行动进行动员部署。攻坚行动主要针对四类案件：一是严重阻碍北京城市副中心建设和“疏解整治促提升”专项行动等重点工作的“骨头案”；二是“涉军停偿”执行案件；三是影响通州区营商环境、严重损害诚实守信的商业秩序的执行案件；四是由于被执行人隐匿行踪、隐藏转移财产、拖延抗拒等导致久执不结的涉民生案件。“雷霆2号”执行攻坚行动集中全院资源，全力攻坚克难，逐个突破阻碍北京城市副中心建设等各项重点工作顺利开展的“骨头案”，为通州区工作大局提供强有力的司法保障，《法制日报》《法制晚报》《通州时讯》等12家媒体均予以重点报道。

【搭建“ADR+ODR”一体化诉调平台】 为满足新时期人民群众多元化司法需求，打通为民司法的“最后一公里”，区法院运用互联网技术，搭建“ADR（替代性纠纷解决方式）+ODR（在线争议解决方式）”线上线下一体化诉调平台，实现立案、多元调解和速裁深度融合。在“一院多所”联动巡回司法确认工作模式的基础上构建常态化在线联动巡回调解和确认工作模式，全年300余名当事人通过手机、电脑完成预约调解、在线调解。

【扫黑除恶专项斗争】 年内，区法院及时学习传达市高院及通州区开展扫黑除恶专项斗争的相关会议精神，就开展扫黑除恶工作进行了全面部署，积极行动。聚焦非法高利放贷、暴力讨债、村霸、行霸等重点领域，全年摸排核查案件3000余件。从严治乱，判处一起“黑中介”寻衅滋事案件，两起“黑物流”敲诈勒索案件。

【创建“三横三纵”大审管机制】 为应对案件数量激增和案件结构转型的双重压力，区法院建立覆盖宏观、中观、微观，贯穿立审执协调、重大敏感案（事）件管理、服务保障副中心联动的“三横三纵”大审管机制。“三横三纵”大审管机制推动审判管理工作由事务性向专业性转变，取得明显成效。2018年，区法院审判质效综合指数连续第三年保持全市第一。

【承办全国法院审判管理工作座谈会】 10月10日，全国法院审判执行工作会议暨审判管理工作座谈会在北京召开。大会分为上午和下午两个阶段进行。下午的会议在区法院现场举行，最高人民法院党组成员、副院长杨万明出席会议并讲话，会议由最高人民法院审管办主任李亮主持。北京市高级人民法院党组书记、代院长寇昉，北京市通州区委书记曾赞荣在会上致辞。会上，北京市通州区人民法院党组书记、院长陈立如以“重塑审判格局 创新审判管理 全力服务保障北京城市副中心建设”为题作经验介绍，受到与会领导和代表的一致好评。

【获评第一届全国法院审判管理优秀业务单位】 最高人民法院于年初启动第一届全国法院审判管理优秀业务成果评选工作，经报名参评、组织初评、考察调研和组织评定，评定62个基层法院、32个中级法院为优秀业务单位。区法院将以本次评选为契机，进一步深入总结执法办案和审判管理方面的宝贵经验，注重发现推动审判执行工作良性发展的优秀业务成果，推动执法办案和审判管理工作再上新台阶。最终，通州法院获评第一届全国法院审判管理优秀业务单位。

【结项市法学会重点课题】 11月，通州法院承担的市法学会重点课题“北京城市副中心建设法治保障问题研究”以优秀等级结项。2017年，在院长陈立如的正确领导和副院长张朝阳的精心指导下，区法院申请的“北京城市副中心建设法治保障问题研究”成功中标市法学会法学研究重点课题，这是通州法院历史上首次承担省部级重点课题。课题植根于副中心建设本身，以满足副中心建设实际法治需求为导向，聚焦副中心建设的法治需求与供给，提炼出了副中心法治保障当前面临的突出问题与不足，并量体裁衣，为法治保障提供了更加切实可行、有针对性、实效性的法治保障方案。

（刘乙璞）

司法行政

【概　况】 2018年，通州区司法局下设8个科室，分别是法律援助指导科、法制科、法制宣传科、政工科、办公室、基层工作科、社区矫正和安置帮教科、司法鉴定科。下辖16个基层司法所和3个事业单位。3个事业单位分别是通州区法律援助中心、北京市潞洲公证处和通州区阳光中途之家。2018年被首都精神文明建设委员会评为首都文明单位。

人民调解工作。坚持重点排查，日常矛盾定期排查，在重大节日、重大会议以及5月、9月矛盾纠纷排查调处月等时间节点组织开展专项排查调处活动，实行矛盾纠纷排查情况日报告制度，有效维护了社会稳定。指导基层司法所服务小圣庙棚改、上马头棚改、张辛庄棚改等项目，抽调调解骨干服务北京ONE项目，助力疏解工作有序推进。制定《通州区诉前人民调解员管理办法》和《通州区诉前人民调解员考核办法》。诉前调解员自上岗以来，共调解矛盾纠纷18394件，化解16399件。推进“人民调解进立案庭”工作，组织招聘第二批次诉前调解员18人，满足诉调对接工作需求。创新“人民调解+司法确认”工作机制，全年办理司法确认436件。2018年，全区各级调解组织调处各类纠纷11580件，成功11572件。加强人民调解队伍建设，组织“京津冀”地区骨干调解员外出培训2批次，组织专职调解员培训8期；联合区妇联成立通州区婚姻家庭人民调解工作室及各乡镇（街道）婚姻家庭人民调解工作室，联合区信访办成立信访诉求调委会和调解室，建成宋庄艺术区人民调解工作室、漷县金三角人民调解工作室、于家务老杜民族事务人民调解工作室3个品牌调解室。

社区矫正和安置帮教工作。完成结合“两会”、

2月7日，司法确认经验交流现场会召开

（区司法局提供）

中非论坛北京峰会等重要节点安全保卫任务。以队伍建设为核心，开展“警钟长鸣固防线 排查整治铸安全”专项活动。以非监禁刑罚执行要求为根本，为全区在管社区服刑人员投保意外伤害保险，与区民政局、区红十字会等单位建立“两类”（社区服刑人员和安置帮教人员）人员开展人道救助、温暖救助、“三无人员”（无家可归、无业可就、无亲可投）及特殊老病伤残人员应急救助等工作机制，2018年发放节日救助金2万余元、米面油等救助品60份，救助生活困难两类人员100人次。融合“线上”“线下”两条线开展教育，实现社区服刑人员教育矫正100%覆盖目标。服务区委、区政府中心工作，对全区300余名社区服刑人员开展政治面貌统计筛查工作。对全区3000余名“两委”委员的资格进行审查工作。2018年，聘请586名社区评议员开展评议2400余人次，发放资金90余万元。开展进监帮教，前往监狱开展重点帮教人数7人，累计安置124人，累计帮教312人。开展未成年子女帮扶救助。对通州区79名服刑在教人员和298名社区矫正人员未成年子女情况开展统计，核实服刑在教人员未成年子女89名，在管社区服刑人员未成年子女11名。解决服刑在教人员及“两类”人员拆迁委托、财产分割、临时居住、临时救助等工作20余人次。妥善处置解决市局转办“12345”非紧急救助热线事件1件。办理服刑在教人员远程视频亲情会见5次。

法治宣传教育工作。组织召开“七五”普法中期区长专题工作会，全面总结并部署下一阶段工作。制发《通州区国家机关“谁执法谁普法”普法责任制实施办法》和《通州区落实普法责任制联席会议制度》。法宣工作纳入区社会治安综合治理（平安建设）考核和区政府绩效考核。将法治教育列入党校培训常规课程。围绕青少年深入校园，开展“百场法治讲座进校园”、“美好生活 与法同行”、“健康人生 绿色无毒”、“税法进校园”、假期微信法律知识竞答、青少年法治文艺作品、法治漫画征集活动。组织“同心共筑中国梦 法治文艺京城行”2018年法治文艺大赛，获全市组织奖。举办法治动漫微电影作品征集展映活动，获全国组织奖和作品一等奖。推进法律进地铁，建设土桥站区首个地铁法律服务室，在地铁八通线和6号线通州站区设立站台灯箱普法公益广告。开展“12·4”国家宪法日主题系列宣传活动，在全区形成浓厚宪法宣传氛围，活动被中央电视台《焦点访谈》栏目报道。在全区开展扫黑除恶普法宣传活动。

宪法和扫黑除恶普法宣传材料进地铁
（区司法局提供）

法律服务工作。充分发挥律师职能优势，围绕区委、区政府工作大局，开展“驻镇律所”工作，为深入宣传、落实依法治国基本方略，服务通州区经济社会科学发展，保障群众合法权益，维护社会公平正义，促进社会和谐稳定做出了贡献。律师担任政府重大经济建设项目的法律顾问，为政府依法行政、疏解整治促提升专项工作和永顺镇、张家湾镇、潞城镇棚户区改造等重点项目提供全方位的法律服务。为进一步规范律师律所执业行为，确保通州区律师行业健康、稳定发展，区司法局认真履职，坚持党建引领，完善协会建设，狠抓律师纪律建设，持续推进律师队伍建设，不断提升全区律师队伍政治素养，带动全区律师发挥职能，以更好的姿态服务北京城市副中心建设。

基层建设工作。制定出台《关于规范和加强基层司法所工作的意见》，加强基层司法所规范化管理。完成全部15个镇（街）级实体平台建设任务，全区541个村（居）级实体平台建设实现全覆盖。组织招聘第三批次专职调解员12人，分配至区信访事项调委会、区人民调解指导中心及各镇（街）公共法律服务站，参与地区社会治理。组织开展骨干人民调解业务培训2次，各司法所完成辖区调解员培训2次。制定《通州区专职人民调解员培训方案》，按月开展专职调解员培训，组织专职调解员岗前培训、实践培训、视频培训、专项培训8场次；指导司法所人民调解、案件补贴申报等工作开展，开展人民调解案件补贴工作，严格按照相关程序进行审核并发放补贴，开展第一、二、三季度人民调解案件补贴工作3次，审核通过352件书面协议、496件口头协议，合计发放案件补贴168370元。平均每周下所3～4次，开展督查检查，按照《基层司法所年度工作任务考评细则》按季度对司法所工作情况进行评分，推进基层司法所工作落实。

5月17日，专职人民调解员岗前培训 （区司法局提供）

11月8日，专职调解员视频培训 （区司法局提供）

【开展青少年寒假网络法治知识竞答】 1月25日，联合区教委共同举办第五届“假期与法同行 青春有法护航”——2018通州中小学生寒假法律知识答题主题宣传教育活动。

【开展主题法治宣传教育活动】 4月15日，联合区委政法委等18家单位组织开展“护航新时代”——“4·15”全民国家安全教育日主题法治宣传教育活动。全区34家单位共举办15场活动，吸引5万余人参与活动，发放宣传材料和宣传品10万余份。

【启动青少年法治文艺大赛】 4月17日，联合区教委面向全区中小学、职业学校下发《关于开展通州区青少年法治文艺作品征集活动的通知》，开展“贯彻落实十九大 法治文艺校园行”青少年法治文艺作品征集活动。

【正式印发《通州区司法局践行治本安全观三年行动计划》】 5月15日，区司法局正式印发《通州区司法局践行治本安全观三年行动计划（2018—2020年）》，为通州区社区矫正和安置帮教未来三年发展明确了“任务书”、制定了“施工图”。

【开展法治文艺大赛活动】 6月1日，联合14家单位开展“同心共筑中国梦 法治文艺京城行”通州区2018年法治文艺大赛活动。全区11万各界群众参与活动，累计报送500余件作品，在全区营造了浓厚的法治氛围。

【签署《通武廊社区矫正和安置帮教工作协同发展合作协议》】 6月20日，通州、武清、廊坊三地司法局在天津武清签署《通武廊社区矫正和安置帮教工作协同发展合作协议》，建立社区服刑人员居住地核实和社会调查评估工作的三地合作，定期交流会商，信息化建设共享等机制。

【举办京津冀（通武廊地区）人民调解专题研修班】 10月7日—13日，通州区司法局组织通州、武清、廊坊三地51名学员赴浙江大学举办为期7天的京津冀（通武廊地区）人民调解专题研修班。

【组织开展“百场法治讲座进校园”暨“青春船长法治启航”活动】 11月—12月，联合区公安分局、区检察院、区法院、区教委等多家单位，围绕宪法、未成年人保护、校园安全、防范校园暴力、校园欺凌等多个主题，在全区中小学开展法治讲座进校园活动。累计完成100余场，取得良好的普法效果。

【开展“12·4”国家宪法日宣传活动】 12月4日，开展宪法宣传周活动启动仪式，区委政法委常务副书记张志军等领导出席活动。活动累计发放宣传海报3000张，《宪法》折页5万张，《宪法》读本4000册，全区累计开展“12·4”国家宪法日主题系列宣传活动500余场。

12月4日，通州区启动国家宪法日及宪法宣传周活动
（区司法局提供）

【举办首届通武廊律师创新发展论坛】 12月7日，举办首届通武廊律师创新发展论坛，三地司法行政系统代表、律师协会负责人、律师代表等200余人参加活动。

【完成“2019零点报告行动”】 12月31日零时，通州区司法局完成市司法行政系统2018年零点报告行动，标志着通州区2018年社区矫正工作实现无脱管、无漏管，社区矫正工作质量稳步提升。

（魏　楠）

军 事

11月22日，通州区文联举办“我们的中国梦”送书画进军营活动

（区文联提供）

人民武装

【概　况】　2018年，通州区人民武装部党委坚持以中共十九大精神和习近平强军思想为指导，坚决贯彻北京卫戍区党委和通州区委、区政府的决策部署，坚决服从服务国防和军队改革大局，主动适应新体制新职能新要求，坚持政治建部、团结兴部、实干强部的工作思路，着力在抓思想铸军魂、抓班子强队伍、抓备战提能力、抓作风正风气、抓融合促发展上下功夫使实劲，突出制度建设，狠抓工作落实，全面建设取得新的发展进步。

【民兵政治教育】　年内，通州区人武部采取刊授教育、基地教育、网络教育等形式，大力抓好十九大精神和习近平新时代中国特色社会主义思想的学习贯彻；利用民兵整组、民兵安保执勤等时机，深入开展"传承红色基因，担当强军重任"主题教育和"驻通州、爱通州、建通州"教育实践活动，打牢民兵政治合格的思想基础，增强广大民兵国防意识和使命意识。

【民兵整组工作】　年内，通州区人武部按照任务牵引、建用一致、重点优先的原则进一步压缩全区基干民兵数量，完成基干民兵组织整顿任务。适应形势任务需要，适时调整区级民兵应急分队的编成结构，对乡镇、街道基层武装部民兵应急分队进行统一规范。着眼实现人员编得实、队伍拉得动、任务用得上，不断调整优化编组结构，年初雨季来临前期和9月下旬，分别组织全区应急分队成员，围绕应急、防暴、防汛、消防等课目，进行综合训练演练，完成了上级赋予的训练任务。

【全民国防教育活动】　年内，通州区人武部按照《中华人民共和国国防教育法》《北京市国防教育条例》和北京卫戍区有关要求，扎实开展国防教育和征兵宣传，以媒体宣传、基地宣传、活动宣传等多种方式普及宣传国防知识。8月，制定下发《关于推动新形势下国防教育工作常态化落实的措施》，探索形成适合通州区特点的国防教育进学校、进机关、进社区活动，并将国防教育纳入乡镇、街道年终绩效考评内容，在全区营造关心国防、热爱国防、投身国防的浓厚氛围。

【民兵安保执勤】　年内，通州区人武部指导乡镇、街道成立民兵应急分队、治安巡逻队。根据维护社会面安全稳定需要，全国"两会"和中非合作论坛会议期间，先后遴选民兵全天24小时值守进京道路，重要目标点位，配合公安部门开展北京东部外围防线的治安查堵工作，确保首都东大门的安全稳定。

【征兵工作】　年内，通州区人武部着眼征集高素质兵员，以量化考评为抓手，以廉洁征兵为底线，深入探索新时代征兵工作方法路子，狠抓适龄青年兵役登记、宣传摸底、网上报名、上站体检、预征预审等环节，完成了北京市赋予通州区的征集任务。7月，组织开展征兵宣传月活动，充分利用电视、广播、报刊、网络等媒体，将宣传活动渗透到每个街道、社区和学校，有效激发广大适龄青年参军报国的热情。坚持廉洁征兵"零容忍"，聘请群众监督员，设立意见举报箱，公布24小时举报热线电话。8月3日，召开通州区征兵工作动员大会，总结2017年夏秋季征兵工作，部署2018年征兵任务，表彰2017年征兵工作先进单位和先进个人，宣布《通州区人民政府2018年夏秋季征兵命令》。

【"双拥"共建工作】 年内，区人武部组织协调驻通州部队和广大民兵预备役官兵，投入到通州区首都城市副中心建设工作中，并结合自身优势，充分发挥好桥梁纽带作用。利用春节、"八一"等节日，协调区四套班子领导走访慰问驻通州部队；协调有关部门帮助解决随军家属就业、子女入学、转业干部安置等实际问题。推进停偿工作，收集整理驻通州部队停偿项目，专项协助多家部队开展停偿工作。协调组织驻区部队防汛演练、环境整治、铲冰扫雪等工作任务，进一步增强和巩固军政军民团结。

（任　钧）

人民防空

【概　况】 2018年，在区委、区政府正确领导和市局精心指导下，通州区民防局围绕区委、区政府中心工作，坚持民防为民，走融合发展之路，完成各项工作任务，促进了民防事业健康发展。5月7日，根据区政务统一安排，区民防局审批科室进驻区政务服务中心，成立民防审批窗口，方便办事人员办理审批事项；在行政审批工作中，坚持规矩意识，明确各环节内容，依法依规进行审批。严格按照相关法律、法规进行审批，确保审批开展规范有序。对于梳理的流程、操作规范、相关表格等结合区政府电子政务建设进行信息公开，审批结果进行双公示，主动接受社会各界监督。

【公共安全宣传教育】 3月1日，利用国际民防日开展了以"民防和国家危机情况管理机构能力建设"为主题的社会宣传活动。5月11日，区民防局会同地震局、区红十字会共同组织开展"行动起来，减轻身边的灾害风险"主题宣传演练活动。区民防局与特种救援队全程参与演练活动，通过摆放宣传展板、悬挂宣传横幅、展示应急救援设备及民防应急通信指挥车等形式宣传防灾减灾知识，以提高学生的安全意识和自救互救能力。

【社区民防体验馆建设】 年内，完成城市副中心社区民防体验馆一期工程。探索民防宣教场馆社会化管理模式，利用现有的民防宣教中心，组织社会各界及中小学生近万人采取参观和体验的形式，开展各类宣传教育活动，充分发挥其应有的社会效益。在此基础上，开拓创新，以梨园民防指挥宣教中心作为试点，开展社会化运营，截至年底，该试点完成组织中小学生民防夏令营活动10余次。

【指挥通信建设】 年内，完成宋庄镇、漷县镇、马桥镇、西集镇、于家务乡指挥调度设备移机安装、调试工作，实现了互联。配合区"雪亮工程"完成地下指挥中心视频接入工作；完成电子沙盘和行政办公区高点监控建设的验收工作，为进一步提高应急指挥能力奠定了基础。新装8台防空警报，更新1台，移机1台，对全区警报器进行巡检，对2010年—2015年安装的21台警报器更换防误鸣组件，更新12台警报备用电源，完成9月的警报试鸣工作。完成"双节"和"两会"期间应急值守备勤任务，完成中非论坛期间的跨区支援任务。

【人防工程管理服务】 按照市、区总体部署，区民防局不断加强对人口的疏解力度和对人防工程检查执法力度，结合人防工程综合整治等专项行动有效疏解人口。针对在用的员工宿舍，原计划2018年—2020年分三年全部清理完成的任务，通州区于6月10日在全市率先完成人防工程员工宿舍清退任务，提前实现人防工程“零”居住，得到市人防办和区领导的肯定；“两会”、“双节”和中非论坛期间，采取领导亲自带队，分3组会同属地不间断的对辖区内的人防工程进行检查、抽查或网上监控巡查，截至年底，出动检查人员3618人次，检查人防工程1809处次，网络巡查18480处次，查出安全隐患557处，下发责令整改17份，隐患全部实现了闭环管理，做到了检查有记录、隐患有整改、复查有报告，实现了全天候无死角的人防工程安全管理防控格局。

【防汛工作】 年内，重新修订防汛应急预案，防汛抢险预案。针对市级防汛演练，确定演练场地和演练程序，组织召开演练协调会，准备演练所需的物资，制定后勤保障计划。5月31日在京通罗斯福广场举办防汛应急演练，本次演练以京通罗斯福地下车库发生雨水倒灌，引发车辆和财产损失为背景，重点演练前期准备，先期处置，现场指挥，支援抢险，善后处置等环节的应急处置行动。此次演练3只队伍共100余人参加，出动防汛抢险车辆8台，动用防汛物资200余件。

【人防工程维护维修】 为深入落实市委、市政府关于疏解腾退人防工程再利用的工作要求。区民防局就闲置工程优先用于补充城市功能，补齐公益便民服务短板，提升居民生活性服务业品质，制定《通州区人民防空工程平时使用指导意见》并以区政府办名义印发，为补充副中心城市的短板释放了空间；人防工程维护维修在有利于工程保持良好状态的同时，注重加强风险防控。2018年，完成68处人防工程维护维修工作；加强对人防工程汛期的抢险抢修工作，应急抢险队预警天气24小时备勤，接到情况报告及时响应，快速处理，未发生危及人民生命及财产安全的事故。

【科技创安】 为了能有效提升管理工作效率，推进人防工程管理更上新台阶，对于已完成的覆盖6个街乡办事处的5期人防工程监控系统进行设备巡检，系统维护。为服务市委、市政府搬迁工作，保障重要地区人防工程的安全，年内，在行政办公区周边的人防工程内安装技防设备，8月24日通过专家验收合格。截至年底，利用技防手段对工程实施管理达到对城区的人防工程全覆盖，实现无死角、无盲区、网格化管理的技防格局，确保能够及时发现问题，并作出相应处理，把安全隐患消灭在萌芽状态。

（杨　絮）

经济管理

7月24日，2018年“尚德守法 食品安全让生活更美好”宣传周活动启动

（区食药局提供）

综合调控

【概　况】 2018年，区发改委全面开展“十三五”规划纲要中期评估，促进规划实施，对40项指标、7大任务和187项重大工程进展情况进行系统检验，结合发展环境变化，提出促进规划实施的对策建议。强化综合调度，分析排查经济社会发展的新变化、新动态、新问题和新特点，做到每月有跟踪、每季度有分析。与财政、税务、统计、经信、商务、园区等经济职能部门建立“十联办”工作会议制度，通过数据交流与共享，集体会商交流，前瞻性地做好全区宏观形势研判。建立起重点工程管理平台系统信息化调度管理机制，每两周一次分批对重点工程进行梳理调度，逐月进行项目追踪、督查落实情况。12项市级重点工程正在加快推进，109项区级重点建设工程中有84项抓紧施工。拨付区级项目13亿元支持副中心建设。拟定《关于北投集团全面参与城市副中心建设项目工作方案》和《关于加强政策创新推进通州区集体产业用地统筹利用工作有关问题的请示》，为领导决策提供参考。会同区财政局、规土分局、副中心区协调办共同建立项目统筹管理工作专办，启动通州区投资项目储备三年行动计划（2019年—2021年）编制，截至年底，形成2019年投资计划项目和三年行动计划项目初稿。建成区级疏整促信息化管理平台，区主要领导每周末带队开展拉练检查。建立疏整促专项行动联席会议，成立疏整促工作专班。截至12月底，完成17项市级任务。制定出台《通州区率先行动改革优化营商环境实施方案》《通州区进一步优化营商环境加强区级领导联系服务“高精尖”企业实施方案》《通州区关于落实　北京市进一步优化营商环境行动计划　（2018年—2020年）的实施意见》等文件。组织召开全区优化营商环境工作大会，组织各部门先后召开20余次工作调度会，通州区在联合验收、开办企业等指标方面均走在全市前列。形成16位区级领导75家重点企业名单，协调区领导实地调研走访重点企业，解决企业发展面临的瓶颈。为企业量身定制服务包，累计送出服务包559个。上缴市扶贫资金5005万元，区委、区政府自筹资金4500万元，累计获得捐赠资金5400多万元。针对人才支援、产业扶贫、劳务扶贫、教育扶贫、健康扶贫、社会力量扶贫和乡镇、村居结对帮扶，分别制定不同扶贫方案和措施，确保扶贫效果的最大化。形成《关于“把城市副中心建成重要一翼”座谈会上的若干观点和建议》《北京城市副中心城市管理综合改革研究》《关于“把北京城市副中心建设成为未来没有‘城市病’的城区”的研究报告》等研究材料。牵头通武廊三地成立实施通武廊协同发展领导小组联席会制度；推动通武廊三地联合发布《2018年通武廊三地重点推进十二项工程》，组织印发实施了《2018年通州区“京津冀”协同发展工作计划要点》，获得2018年“京津冀”协同发展创新案例奖。推动市委、市政府出台《关于加强北京城市副中心政策集成创新的意见》，明确5大类21项支持政策，制定经济体制改革专项小组工作实施方案，形成《改革要点细则落实预案》，统筹推进9项改革事项。审议通过4项改革任务，其余5项加快推进。截至2018年年底，全区各类持牌金融机构达72家，其中银行机构27家，保险公司28家，证券公司16家，期货公司1家；小额贷款公司、交易场所、融资租赁公司等准金融机构达9家，私募基金管理人达57家，金融业态不断丰富。

【北京金融科技国际产业园揭牌】 6月22日，北京金融科技国际产业园揭牌暨企业入驻签约仪式举办。新浪金融、银客集团、涂鸦智能等首批意向入驻企业签署了合作备忘录。

【通州区政府、国研财富管理研究院与富华国际集团战略合作框架协议签约仪式举行】 8月3日，通州区政府、国研财富管理研究院与富华国际集团战略合作框架协议签约仪式在运河商务区富华水乡举行。通州区区长赵磊、副区长阳波，富华国际集团董事局主席陈丽华、副总裁赵勇，中国财富管理50人论坛学术委员会主席、全国社保基金理事会原副理事长王忠民等领导，以及区发改委、区金融办等部门负责人参加签约仪式。

【北京国际矿业权交易所落户通州区】 北京国际矿业权交易所有限公司是经北京市人民政府批准的矿业权交易公共服务平台，是经北京市国土资源局指定的矿业权出让和转让公开交易场所，是国内商业勘查资本市场的建设者。北矿所成立于2010年7月，注册资本5800万元，2018年2月5日，北京市金融工作局正式批复北京国际矿业权交易所有限公司注册地由西城区变更至通州区，成为通州区第一家交易所业态企业，弥补了金融业发展空白。

【金融街88号论坛落户通州】 7月4日，金融街88号论坛落户通州签约揭牌仪式举行。金融街88号由中国保险资产管理业协会、金融街商会、北京金融促进中心等多家机构以及多位金融、资管行业专家学者共同发起设立。论坛定位为宏观分析、资产配置和实操经验的交流平台，旨在为国内外大资产管理行业发展提供一流水准、观点独到的宏观分析，为行业监管与金融稳定建言献策。市金融局局长霍学文、区长赵磊参加签约仪式。

【完成“十三五”规划中期评估】 2018年是“十三五”规划执行的中期，区发改委全面贯彻中共十九大精神以及中央和市委、市政府对城市副中心规划建设的新要求、新部署，紧密对接市总规、区总规、副中心控规等的新理念、新布局，以目标和问题为导向，既基于规划纲要，对40项指标、7大任务和187项重大工程进展情况进行系统检验；又聚焦新形势新要求，全面审视新部署、新任务的落实情况。从评估结果看，“十三五”确定的全区主要经济指标和重点任务进展良好，总体上实现了规划的阶段目标。形成《关于北京市通州区国民经济和社会发展第十三个五年规划纲要实施情况的中期评估报告》《关于北京市通州区国民经济和社会发展第十三个五年规划纲要部分内容调整的方案》，并经区六届人民大表大会常务委员会第十八次会议审议通过。

（李建梅）

【推进优化营商环境工作】 一是强化顶层设计，构建全方位政策体系。按照市级“9+N”系列政策、三年行动计划等政策部署，先后制定出台区级优化营商环境实施方案、区领导联系服务“高精尖”企业实施方案和落实市级优化营商环境行动计划的实施意见等系列文件。二是强化宣传部署，凝聚全区优化营商环境合力。召开全区深化放管服改革、优化营商环境大会，邀请100余家重点企业参会。编制政策文件汇编，发放给区内50余家单位作为参考资料。密集开展宣传报道和培训解读，累计覆盖180余家政府机关及企（事）业单位1600余人。三是牵头营商环境年度考核评价自查工作。围绕市级考核要求，对157项三级指标进行任务分解，明确各任务牵头单位和责任部门。梳理企业库名单，最终报送有效企业2849家。围绕工作导向中的“三年行动计划落实情况”逐条逐项进行全面自查，认真梳理各项指标的验证材料，形成通州区营商环境评价工作导向指标自查报告。最终取得2018年营商环境评价排名第五的好成绩。

【推进区级领导联系服务重点企业】 一是牵头编制了区级领导联系服务“高精尖”企业实施方案，将重点企业、领军企业等纳入信息化项目库，实行统一管理。就企业遇到的难点问题和实际需求进行统一汇总，形成问题清单，并建立分级调度机制。截至年底，区级领导走访服务企业399家次，为企业解决问题559个。二是探索建立服务包制度，编制完成《通州区关于落实重点企业服务包制度的工作机制》。

【制定“通八条”产业扶持政策】 年内，牵头编制“通八条”产业扶持政策，逐项推敲政策表述。同时详细梳理政策依据及数据支撑，对比全市16个区及总体GDP结构分析通州区产业结构，梳理7大千亿级产业集群，进行GDP产值测算，分析上市公司情况，进行招商任务分配核算等。

【推进构建“高精尖”经济结构】 围绕三大功能、四大板块产业功能定位，加强顶层设计，编制了构建“高精尖”经济结构系列文件，包括指导意见，以及促进行政办公、商务服务、文化旅游、科技创新四大功能性产业发展的暂行办法。

【北京环球主题公园首寰度假酒店项目取得市发展改革委批复】 3月3日，首寰度假酒店项目位于通州文化旅游区内，建筑规模132553.54平方米，建设内容为酒店客房、餐饮、会议展示。总投资180818万元，全部由北京首寰文化旅游投资有限公司自筹解决。该项目是环球主题公园配套项目，计划2018年8月开工建设，2020年竣工，为环球主题公园表演人员及工作人员提供必要的住宿条件，同时为2020年开园营业做好保障工作。

【加强社会事业领域项目审报批服务】 政府投资项目：争取市级资金支持，主动与市发改委对接，及时掌握政策，调动项目单位积极性，用足用好“区级公共服务领域教育、医疗、文化、体育、民政等项目市级支持资金比例从70%提高至90%”，全力配合项目单位做好争取资金服务。社会投资项目：超前研究主动服务，深入落实全国发展和改革工作会议精神，补齐公共服务供给短板，发展社会领域产业，对社会投资项目从行业主管部门意见到项目前期深度严格把关。主动加强项目单位与市发展改革委有关处室沟通对接，全力推进对汇禧润福艺术家养老公寓、通州半壁店医养结合等社会投资项目建设。截至年底，汇禧润福艺术家养老公寓项目取得市发改委批复的前期工作函。

【推进医药卫生体制改革】 一是深化医药卫生领域“放管服”改革，对社会资本参与的医疗卫生项目严把准入关口，对公共卫生服务中心、妇幼保健院等区级重点医疗项目建立督办记录。二是强化服务促进医疗卫生项目建设。继续推进中西医结合医院、潞河医院分院、潞河医院四期等项目建设，将乡镇卫生医院改扩建项目列入区重点工程。三是持续推进医药分开综合改革。对全区参改医疗机构急诊人数、督导检查情况进行重点监测，为每个医疗机构建立台账，及时纠正医疗机构明码标价不符合规定等行为，充分利用“12358”平台及时处理药品源头涨价的价格投诉，确保医药分开、部分医疗服务价格放开等政策平稳落实。

【完成建安投资目标】 不断创新工作方法，全面加强投资管理，2018年完成建安投资484.4亿元。一是强化项目支撑。对26家单位主责的308个项目实施“清单化”管理，实现固定资产投资工作项目化、项目任务化、任务责任化。二是建立高位、高效调度机制。区委、区政府主要领导先后五次组织重点工程项目拉练检查，对东方棚改安置房、九德路二期等23项重点工程开展问题专项督导。三是全力推进审批制度改革。主动对接项目单位了解项目需求、主动沟通职能部门协调解决问题，全年完成办公区道路网配套道路立项、漷马路初步设计概算等审批事项127个。四是做好统计服务。建立发改、统计、住建等部门投资监测会商机制，互通共享立项手续、施工许可、统计入库等项目信息，做好丁各庄公租房、土地复垦、厕所革命等一批项目纳统服务。

【疏解整治促提升任务完成】 截至2018年底，全区拆除违法建设2006.78万平方米，完成市级任务量（618万平方米）的324.7%，完成区级任务量（2003.4万平方米）的100.2%。腾退占地1777.77公顷，完成市级任务（618公顷）的287.7%。全区实现“留白增绿”，园林绿化6193.78亩，完成市级任务量（6193.78亩）100%。土地复垦331.75亩，完成市级任务量（300亩）的110.6%。完成无证无照经营整治2242户，完成市级任务量（1600户）的140.1%，完成区级任务量（1949户）的115%。治理“开墙打洞”封堵349处，完成市级任务量（180处）的193.9%，完成区级任务量（323处）的108%，市级任务销账180处，销账率100%，区级任务销账323处，销账率100%。11个市级挂账村和8个区级挂账重点村综合整治均已完成。5个老旧小区改造项目为跨年任务，已全面启动。背街小巷整治市级完成52条，完成市级任务量（52条）的100%；区级完成47条，完成区级任务（47条）的100%。疏解一般制造业企业116家，完成市、区级任务量（82家）的141.5%。清理“散乱污”企业39家，实现“动态清零”。有形商品市场疏解提升市级销账5家，完成市级任务量（5家）的100%。区级完成39家，完成区级任务量（35家）的111.4%。完成119家商业便民网点的建设，完成市、区级任务量（100家）的119%。完成人防地下空间整治34处，完成市、区级任务量（34处）的100%。完成违法群租房清理整治1240户，完成区级任务量（800处）的155%。完成棚户区改造1128户，完成市、区级任务量（950户）118.7%。直管公房清理整治实现“动态清零”。

【完成通州区大运河文化带保护建设规划和五年行动计划编制工作】 年内，形成《通州区大运河文化带保护建设规划》和《通州区大运河文化带保护建设五年行动计划（2018年—2022年）》，并通过通州区推进全国文化中心建设领导小组会议审议。

【形成政策集成创新意见分工方案】 年内，逐条明确《关于加强北京城市副中心政策集成创新的意见》5大类21项72条政策任务的落实举措、主要责任单位及负责人、协办单位和完成时限，并对照市级部署提出组织落实要求，于11月10日通过区政府专题会审议，现《分工方案》由区副中心协调办正式印发实施。

（马文杰）

财　政

【概　况】 2018年，区财政坚持以习近平新时代中国特色社会主义思想为指导，深入学习贯彻中共十九大精神，坚定贯彻新发展理念，牢固树立副中心意识，坚决落实上级决策部署，坚持稳中求进、依法科学理财，财政预算执行情况良好，各项工作任务圆满完成，有力服务保障了副中心建设和全区经济社会发展。

【完成组收任务】 大力加强与税务、工商及各乡镇之间的联动，从严落实组收责任，强化非税收入管理，财政收入“钱袋子”进一步充实。2018年，全区地方财政收入完成126.89亿元。其中，一般公共预算收入完成83.07亿元，同比增长4.8%，完成人大批准预算收入的100.1%；政府性基金收入完成43.82亿元；国有资本经营预算收入完成875万元，同比增长52.2%。全区申请地方政府债券67.55亿元，其中，新增债券50亿元，再融资债券17.55亿元。

【合理安排支出】 科学统筹一般公共预算、政府性基金预算、国有资本经营预算和一般转移支付资金，严控“三公”经费等一般性支出，强化部门预算执行主体责任，全力保基本、保运行。全区支出进度符合上级要求、结构得到改善，有力服务保障了“疏整促”行动、营商环境优化、市级机关搬迁、拆违、棚改、创城、水环境和大气治理等副中心建设发展的资金需求。2018年，全区地方财政支出完成526.86亿元，同比增长24.5%。其中，一般公共预算支出405.4亿元，同比增长26.4%；政府性基金预算支出121.46亿元，同比增长18.4%；“三公”经费计划支出3419.85万元，同比下降0.78%。

聚焦污染防治，建设和谐宜居环境。大气污染治理投入13.6亿元，重点用于推进煤改清洁能源和无煤化；低氮燃气锅炉补助；疏解一般制造业“散乱污”和工业大院清理；扬尘污染治理和环境基础能力建设；强化对周边污染源的精细化管理等，大气环境不断得到改善。水环境治理投入14.8亿元，重点用于黑臭水体治理清淤；支持海绵城市建设、城市副中心污水管线建设、雨污合流管网改造、水网建设等重点水利工程；推进节水型社会建设和“两田一园”高效节水灌溉，换装全区节水器具，创建节水载体；管线及排水泵站设施养护；河长制河道养护等。园林绿化建设投入27.3亿元，重点用于城区绿地养护；平原造林工程养护；绿化隔离地区和“五河十路”绿色通道生态林用地补助及管护；“新一轮百万亩造林任务”重点工程建设；平原地区规模化苗圃土地流转；大运河森林公园、东郊森林公园养护及运维工作等。

加强城市治理，保障城市有序运转。疏解整治促提升投入23.22亿元，重点支持拆除违法建设，整治占道经营，提升商业便民网点，背街小巷环境整治等，推进疏解整治促提升年度任务圆满完成。城乡基础设施建设投入42.6亿元，重点用于保障新城核心区建设和市政基础设施工程；推进美丽乡村建设，支持农村基础设施维护、乡村公路维修及养护；整治农村环境，推进村庄绿化美化、农村饮用水水质提升和污水治理、农村厕所改造、建立长效管护机制等。城乡环境治理投入11.2亿元，重点用于高标准保障道路清扫保洁、垃圾收集处理、粪便处理、公厕保洁等；道路维护、公共设施更新以及城区环境整治；继续支持垃圾分类工作，配备垃圾分类设施和处理设备，安排宣传指导员，提升垃圾分类收集、处理效果；推动环球影城周边区域、张家湾镇及梨园镇、中心商务区周边区域等环境综合提升。改善交通出行环境投入17.2亿元，重点用于保障云瑞南街、曹园南大街、漷小路、宋梁路等重点道路工程建设；进一步完善镇村道路网；增加公共自行车服务网点，倡导绿色出行；推进路侧停车电子收费系统建设；支持区内小公共票价折扣补贴，提升交通运输承载能力。城市维护管理及安全运转投入14.2亿元，重点用于保障公安机制建设；推进“雪亮工程”建设；保障公安、消防支队火灾隐患信息研判中心运行；保障安全监管、城管执法等城市运转支出。

推进民生建设，持续增强人民福祉。社会保障和就业投入17.6亿元，重点用于落实城乡居民养老保险、基础养老金、城乡无保障老年生活补贴等政策；实施积极就业政策，给予公益性岗位补贴；落实大学生村干部（选调生）待遇政策；落实社会优抚救助补助政策，保障退役士兵一次性经济补助、城乡低保对象补助、征地超转人员生活费和医药费、居家养老助残等。医疗卫生投入14亿元，重点用于支持通州区公立医院设备更新及学科建设；建成潞河医院、东直门医院东区、新华医院、通州区中西医结合医院、同仁医院为核心医院的医联体，开展专家下基层、基层人才培养、预约挂号、预约就诊、双向转诊、慢病管理、急诊绿色通道管理等工作；做好新华医院新建社区服务中心的保障工作；完善医疗卫生服务体系，稳步推进医药卫生体制改革。保障性安居工程建设投入5.8亿元，重点用于支持老旧小区综合整治工作及保障性住房建设等。

加大教育文化科技投入，提高公共服务水平。教育投入43.4亿元，重点用于推进教师招聘制度改革工作，落实高层次人才引进、社会化人才管理、教育人才综合补贴，加强教师队伍建设；支持学前教育“三年行动计划”，落实学前生均经费补助；引进北京五中等4所优质资源校，提升副中心教育承载力。人才奖励、科技创新及公共服务投入7.3亿元，重点用于“运河计划”“灯塔计划”等人才奖励；支持城市建设与管理、科技医疗、科技农业、文化产业等重点方向的科技创新型项目发展；支持科技创新人才资助与奖励项目，建立科技创新人才资助与奖励机制；支持知识产权工作，资助授权专利实施转化；持续优化营商环境，全面推广“一网通办”，提升政务服务效率等。文化体育事业投入2.8亿元，重点用于推进“大运河文化带”沿线文化站点建设，扶持文化创意产业；支持农村文艺演出星火工程、百姓周末大舞台、周末场演出计划、公益电影放映等民生文化项目；支持运河绿道骑游周、第十五届市运会、体育总会赛事活动及多项市区级综合性体育赛事活动，推动文化体育事业协调发展。

【财政改革】 按照副中心总体规划要求和乡镇功能定位，本着事权和财权相统一的原则，综合考虑经济发展水平、人口、资源及环境等多种因素，以及税务机构改革、园区管理体制改革等带来的变化，研究完善区与乡镇、园区财政管理体制，既保障乡镇、园区合理支出需求，又充分发挥乡镇、园区组收积极性。加速推进“营改增”、“放管服”和“互联网+政务服务”改革，财税优惠政策、涉企收费清理落地见效，企业负担进一步减轻，机关服务效率有效提升。建立预算执行进度、绩效结果与预算安排性结合的绩效考核机制，加大事前绩效评估力度，绩效评价范围涵盖了整个财政支出领域预算，绩效管理水平得到全面提升。完成国库业务电子化改革和市财政电子票据改革试点任务，实现了政府采购系统的升级改造，财政信息化建设水平有效提升。实行评审中介驻场办公新模式，有效提升了评审工作的质量和效率，受到市财政局的充分肯定。

【财政监督】 建立起财政与人大、审计、监察等监督力量的协调联动机制和内部控制制度，全过程绩效管理实现了预算部门全覆盖，财政评审规模和质量双提升，“双随机一公开”监管频次加密，财政所有权力清单全部按要求公布，财政监督“大笼子”进一步织密扎紧。2018年，区级一、二级预算单位和乡镇全部纳入国库集中支付动态监控；除涉密信息外，所有使用财政资金部门的预决算全部公开；主动公开政府信息184条，收到信息公开申请10件、“12345”便民服务热线3件全部按期答复；预算执行动态监控系统收到预警信息384条、涉及金额1.3亿元，全部妥善解决；绩效评价范围涵盖78个部门预算项目和5个部门整体支出，财政支出绩效评价总规模达50.97亿元，同比增长36%；完成财政评审项目589项，送审金额79.53亿元、同比增长14.49%，审减金额16.56亿元、审减率20.83%，完成目标评审金额的159%。全年检查项目资金单位40家，38个项目，资金3.86亿。

【债券债务管理】 严格债券债务管理，将一般债券纳入一般公共预算管理，专项债券纳入政府性基金预算管理，定期向区人大常委会报告债务限额管理和政府举债情况。建立《新增债券资金使用情况台账》，实行支出进度周报制度，实时跟踪掌握政府债券资金使用情况，督促资金支出进度。2018年，全区新增债券资金50亿元，历史借款全部处理完毕，未发生债务风险事件、未进入政府债务风险预警地区、未进入政府债务风险提示地区。坚持依法行政、依法办事，强力推进“互联网+政务服务”，办结区六届人大三次会议提案18件；制订《公平竞争审查制度》，清理规范性文件50件，出具法律意见书65件，审核协议合同63件；开展行政检查104家，做出行政处罚3件、行政许可决定26件，并按时进行“双公开”。

（陈彦松）

税　务

【概　况】 国家税务总局北京市通州区税务局（简称“通州区税务局”）位于通州区玉桥中路136号，由原北京市通州区国家税务局（简称“原国税局”）、原北京市通州区地方税务局（简称“原地税局”）合并而成，7月5日正式挂牌。全局有干部职工759人，18个内设机构，2事业单位，17个派出机构。

全局深入学习贯彻习近平新时代中国特色社会主义思想和中共十九大精神，推进“两学一做”学习教育常态化制度化。成立党建工作领导小组，按照规定程序完成机关党委、机关纪委、团委、工会选举，设立39个党支部，选优配齐145名支委。

年内，面对区域经济下行压力，牢牢把握组织收入主动权，推动成立由区长任组长的通州区组收工作领导小组，全面摸排税源底数，科学研判收入形势，加强重点税种调控，建立起“全区统筹，两级施策，两线互动”组收格局。截至2018年6月底，原国税局组织各项税费收入94.79亿元，实现区级公共预算收入18.80亿元；原地税局组织各项税费收入75.97亿元，实现区级公共预算收入21.42亿元。全年组织各项税费收入280.8亿元，收入规模位居全市第九。其中，一般公共预算收入147.2亿元，区级公共预算收入68.4亿元,完成全年收入任务目标。

【国税地税征管体制改革】 严格按照市局统一部署，精准落实改革动作。7月5日，完成新机构挂牌，并高效完成标牌印章制作、发文立户、规范性文件集中转换等基础工作。整合105项业务流程差异，完成双系统736人次4万余条权限配置，匹配19万余户纳税人与派出机构信息。统一工作规范，明确值班值守、保密舆情等10余项工作制度。9月21日，举行科级领导干部任命仪式，“三定方案”（定职能配置、定机构设置、定人员编制）正式落地。9月27日，完成对768名干部职工和全局37个科、室、厅所搬迁调整，人员全部到位，办公场所全部安排到位。全局迅速投入工作状态，人员稳定，衔接顺畅，改革达到预期目标。

7月5日，国家税务总局北京市通州区税务局正式挂牌成立　　　　（区税务局提供）

【提升税收综合治理能力】 整合办税服务资源，搭建“一主、一辅、多点便利化”（一主、一辅、多点便利化，指一个中心厅、一个辅助厅、多个派出服务点）实体厅布局，深化“一中心两平台”（一中心两平台，指综合服务指挥中心、线上服务平台、线下办税平台）纳税服务体系建设，创新建立“三员一岗”（三员一岗，指在业务窗口之外，设置导税员、自助办税辅导员、窗口业务支持员和特殊事项处理岗）服务运行机制，高标准构建城市副中心特色的纳税服务体系。编制“高精尖”企业税收数据情况手册，为全区百户重点税源派送“税政服务包”，提供精准政策支持。上线全市首家云体验办税中心，简化退税办理流程，实行分类注销模式，实现跨区迁移即时办结，吸引优质企业向副中心聚集。领导班子带队走访，主动问需，帮扶企业生产经营，累计调研86家民营企业，召开2场专题座谈，解决涉税问题23个。委托第三方机构对纳税服务情况进行查访，使纳税服务投诉从被动接受转变为主动预防，全年累计拨测电话960次，全年投诉数量较上年减少9.7%，纳服热线接通率达100%。

11月22日，通州区税务局召开民营企业专题座谈会　（区税务局提供）

【服务城市副中心】 年内，围绕副中心控规战略要求，切实发挥税收职能作用，服务全区经济社会发展大局。持续运用税收手段，引导113户企业疏解腾退。深入对接市级机关搬迁税收服务需求，开辟绿色通道，全力做好迁入服务保障。重点关注区级引进重点企业和重点项目，超前服务，做好环球影城主题公园项目落地税政支持及涉税服务。发挥以税咨政作用，3篇经济分析报告得到上级领导批示肯定。落实“放管服”改革要求，不折不扣地落实好国家各项减税降费政策，全面贯彻落实小微企业、高新企业等所得税税收优惠，减免税款34.58亿元，激发了企业创新创业活力，有力支持了全区实体经济发展。

【提高征管质量】 年内，进一步厘清纳税服务所与税源管理所职责边界，探索分级分类的税源管理模式和团队化管理经验，高标准建立城市副中心特色税收征管模式。完成企业所得税汇算清缴，开征水资源税和环保税，加强土地增值税清算和后续管理，强化非居民基础管理和反避税管理水平，有序推进社保费和征管职责划转工作。针对涉嫌虚开高发态势，开展增值税发票风险防控专项行动。经过5个月综合整治，走逃户数和虚开金额均大幅下降。

【推进依法治税】 年内，深入开展规范性文件清理，落实税务法律顾问制度。持续深化内控机制建设，提升干部税收执法水平。开展税收知识进校园、进地铁、进街道等系列普法活动，邀请专家学者举办宪法专题讲座，切实加强法治理念教育。选送的节目获得区法治文艺大赛二、三等奖，朱意俊撰写的两篇论文获得环渤海区域法治论坛、“京津冀”法学交流研讨会等多个奖项。

【个税改革】 年内，认真落实市局部署要求，第一时间成立个税改革领导小组，制定工作方案，开展集中办公，区所两级发力，突出社会共治，保障个税改革各项政策平稳落地。工作开展以来，区税务局通过“线上+线下”模式广泛开展政策宣传和辅导工作，累计开展各项培训119场，实现对2.7万户有扣缴税款企业的100%面对面培训，发放宣传折页2.5万余份，开展两次“个税答题送红包”活动，累计参与人数4.8万人次，实现宣传产品扣缴义务人推送率100%全覆盖。设立3处个税临时服务点，成立个税后备梯队和专家团队，与物资学院合作成立个税改革大学生志愿服务团队，多措并举确保个税改革平稳过渡和顺利实施。

12月18日，通州区税务局召开个税改革专题工作会

（区税务局提供）

【行政管理】 年内，统一工作规范，整合公章审批、财务报销等多项工作制度，保障政务工作运转顺畅。实实在在地把对老干部的关心爱护落到实处，建立多功能老干部活动中心，丰富离退休干部职工的精神文化生活。开展安全隐患排查整治，配合区政府开展整顿和规范市场经济秩序，打黑除恶专项斗争等各项综治重点工作任务，提高综治工作水平。加强信访、保密、涉税舆情管理，将不稳定因素消解在萌芽状态。贯彻落实网络安全法，制定完善信息系统应急响应预案，保障全局网络运行安全。

（刘婷婷）

统　计

【概　况】 通州统计立足统计工作新形势、新要求，以通州实际情况为依托、以统计服务理念为导向，围绕城市副中心建设目标任务，转变工作作风，创新工作方法，提高工作效能，服务科学发展。

【信息分析工作】 年内，通州局队立足城市副中心新定位，结合新形势对统计服务工作的新要求，建章立制，对分析信息考核工作进一步细化。在考核任务“量”（文章撰写量）的同时更注重“质”的测评（文章采用量、批示情况、获奖情况等方面），同时规范工作流程，明确部门职责，健全奖惩措施，推动统计分析管理的规范化。

【信息编研】 2018年，通州局队及时调整分析思路、形式和内容，聚焦副中心建设、产业功能疏解、结构调整、人口调控、节能降耗、民生改善等热点问题。局队撰写统计分析195篇、编发各类信息1056条，被市局及区政府网站采用信息505条（篇），有10篇调研分析被区领导批示。在2018年度全市优秀统计分析报告评比，各区及北京经济技术开发区局队组中，《经济运行总体平稳 “缓、好、忧、进”新特征》获形势类三等奖，《关于北京城市副中心产业发展的研究与思考》获专题类三等奖。2018年发布《北京城市副中心统计专刊》9期，提供给市、区两级领导及相关部门，为领导和相关部门及时掌握副中心建设推进情况及科学决策提供参考依据，发挥统计参谋助手作用。其中，《宜居环境建设有序推进 通州总体满意度全市第一》获通州区委书记曾赞荣批示。

【“通州统计”手机报定期推送】 2018年，通州局队推送12期手机报。在《经济快讯》《统计科普》《工作动态》《一句话信息》《宏观视野》《转型升级》六个栏目的基础上，根据最新经济形势适时增加城市副中心155平方千米季度统计监测内容，丰富发布内容，发挥其“短、平、快”优势，第一时间将相关数据推送给市、区相关领导，拓宽数据推送渠道，创新服务手段。

【优化“北京通州统计”官方微信公众号】 2018年，通州局队进一步优化官方微信公众号“北京通州统计”，在手机端增加数据查询、检索报表指南等功能，方便读者获取统计数据。微信公众号推送69期推文，154篇图文消息，单篇最高阅读量达775次，总阅读量19817人次，总转发量1076人次，便捷、高效地提供统计服务。

【开展科研课题深度研究】 2018年，通州局队适应新形势，开展科研课题深度研究，围绕副中心建设和统计业务创新，以“弘扬统计精神，为副中心建设添彩”为主题举办第四届统计论坛，论坛展示科研课题14项，研究内容紧扣产业结构调整、职住平衡、高精尖企业指数、投资格局变化、产业疏解等城市副中心建设的难点和热点。论坛成果汇编成书《统揽社会 数观天下》，发放给区主要领导及有关部门，提高统计资政辅政水平。

【创建监测评价指标体系】 年内，通州局队主动思考，积极作为，构建城市副中心及通州区建设监测评价指标体系。通过数据定期追踪和指数测算，客观反映城市副中心的建设成果和建设特征，通过与政策规划发展目标进行对比，从经济社会、生态环境、公共服务多方位进行深度监测分析，为副中心建设推进提供决策支撑。2018年《城市副中心及通州区建设监测评价指标体系报告》获通州区副区长刘贵明批示。

【开展第四次全国经济普查】 为全面了解第二产业、第三产业的发展规模、布局和效益，根据《全国经济普查条例》的规定和《国务院关于开展第四次全国经济普查的通知》要求，组织开展通州区第四次全国经济普查工作，普查标准时点为2018年12月31日，时期资料为2018年度资料。经济普查作为重大国情国力调查，全面准确反映供给侧结构性改革、新动能培育壮大、经济结构优化升级等方面的新进展。为加强和改善宏观调控、科学制定中长期发展规划提供科学准确的统计信息支持。

【完成北京市3%人口抽样调查】 年内，按照《北京市人民政府办公厅关于开展年度人口抽样调查工作的通知》和《北京市人民政府办公厅关于印发〈北京市人口动态监测工作方案〉的通知》文件精神，通州局队周密计划，精心组织，稳步有序完成北京市3%人口抽样调查工作。

【统计执法工作】 2018年，统计执法坚持事前督导，将执法、服务、宣传相结合，坚持严格执法、文明执法、理性执法。通州局队完成执法检查任务211家，其中，常规执法60家、专项执法147家、催报4家。对违法行为轻微的31家单位做出简易处罚处理，对检查中发现统计违法行为较为严重的15家单位进行立案处理。

【开展专项调查工作】 2018年，通州局队完成北京市统计局专项调查处部署的4项调查：北京家庭医生签约服务需求调查、北京企业发展状况调查、北京市2019年重要民生实事调查、北京市小微企业融资状况调查；完成1项本地区自主调查项目：2018年通州区群众安全感民意调查。

（董可静）

审　计

【概　况】　按照市审计局、区委和区政府的工作要求，区审计局年内完成审计项目43个，查出违规金额1.85亿元，管理不规范金额5.63亿元，非金额计量问题121个，提出审计建议125条，移送问题线索6件，依法给予行政处罚1次。

【预算执行审计】　1月—4月，开展了财政预算执行审计，具体安排了区级预算执行情况审计，区教委、区公安局等17个区级部门预算执行和决算草案审计，继续加大对财政资金管理、分配、使用各关键环节的审计力度，持续关注财政存量资金的盘活利用情况，促进财政资金的有效统筹、发挥效益。及时发现和反映重大违纪违规行为以及倾向性、苗头性问题，从机制、制度层面加强分析、提出建议。审计结果表明，各预算部门能够高度重视预算管理工作，不断完善各项财务制度，预算执行的效率和财务管理水平进一步提高。

【政策跟踪审计】　根据审计署《2017年国家重大政策措施落实情况跟踪审计指导意见》，结合市政府2018年重点工作任务，按照市审计局统一部署，对通州区违法建设拆除、核心区街巷环境整治、基本便民商业网点建设提升、各类公共厕所改造升级及政府债务管理等情况进行跟踪审计，涉及区发改委、区财政局、区市政市容委、区工商局、区城管局等单位。通过审计，有效促进了通州区疏解整治促提升专项行动的依法、有序推进。

【政府投资项目跟踪审计】　年内，围绕城市副中心建设的中心工作，继续对重大的政府投资建设项目进行审计，截至年底，已开展的政府投资项目149项，涉及建设单位42个，涵盖了关系生态环境改善的园林水务项目、煤改气项目和涉及人民群众切身利益的老旧小区改造、医院、学校及道路建设等项目，审计金额109.38亿元。针对2018年新增的1个政府投资审计项目和22个区政府临时交办的政府投资审计任务，在组织方式上由过去单纯“全委托”方式调整为以区审计局审计人员为主导、同时聘用社会中介机构协助审计和“全委托”审计相结合的方式。开展了1个医院建设工程项目审计，由区审计局审计人员为主导进行审计，严格执行国家审计准则以及审计组长、业务部门、审理机构三级复核程序，审计报告经审计业务会集体讨论审定。对于区委、区政府临时交办的政府投资审计任务，仍采用“全委托”方式，以中介审计机构为主导进行监督，同时，采取各项措施加强对中介审计机构的日常管理，降低审计风险。

【经济责任审计】　年内，开展了16名领导干部经济责任审计项目，涉及西集镇、中仓街道办事处等单位。审计重点关注贯彻执行经济决策部署以及本部门职责履行情况、重大经济决策情况、预算执行和其他财务收支情况等，促进领导干部守法、守纪、守规、尽责，充分发挥经济责任审计在权力制约和监督体系中的作用。开展领导干部自然资源资产离任审计，聘用自然资源资产行业专家，首次运用遥感影像技术进行审计。一方面，编制了土地资源专项评价指标体系，该项评价指标体系由政策制度落实及执行情况、规划编制及目标责任制完成情况、土地节约集约利用情况、土地资源保护及治理情况4方面构成，建立了26个二级分析指标，为类似区域审计工作的开展确定了工作方向和评价依据。另一方面，与中科院遥感所建立合作关系，充分运用高分遥感影像技术以领导干部任职期间多源、多时相、高分辨率卫星遥感影像为基础，通过首末两期遥感影像对比，找出领导干部任职期间自然资源的变化情况，发现疑点，核实问题，极大地提高了审计工作效率与准确性，为以后工作创建了新的模式与技术方法。

【国有企业审计】 对通州区房地产开发有限公司2017年度的资产、负债、损益的真实、合法、效益情况、重大经营决策和内部控制制度建立健全和有效情况、国有资产的保值增值情况等进行审计，进一步落实对国有资产审计全覆盖的要求，加强国有企业审计监督，加强内部管理，提升经营效益，实现国有资产保值增值。

【内部审计】 为提升全区各单位内部审计人员的整体管理水平，丰富内审人员的专业技术知识，制定了全区一级预算单位及乡镇2018年度内部审计工作指导意见，组织全区一级预算单位和乡镇内审人员70人参加市内审协会组织的培训，结合审计署集中整训，组织内审单位162人次学习了有关廉政 、财政和审计知识等。组织召开了根据《北京市内部审计规定（征求意见稿）》区属部分内审单位交流座谈会，为全区各内审单位提供审计业务咨询，全力助推北京城市副中心的发展。

（李树为）

价格管理

【举报投诉情况】 2018年，接到投诉举报案件372件，其中，国网投诉举报案件59件，北京市投诉举报案件（包括“12358”、“12345”、转办和来信）313件，结案355件，结案率95.4%。在办理案件时，从对举报人的受理告知到案件办结，严格按照投诉举报相关规定开展工作，对发现的违法问题，一查到底，依法处罚。全年处罚6家商超和一家房地产企业，没收违法所得245.3元，处罚金额15.6万元。

（王爱军）

【价格监督检查】 2018年，通州区发改委物价检查所收费检查科先后进行供水、供气、供暖和电信领域价格重点检查，春节期间旅游市场的价格监督检查，清明节价格专项检查，机动车停车收费专项检查，学前教育收费价格专项检查，殡葬服务收费专项检查，涉企收费专项检查，“冬病夏治三伏贴”专项检查，疫苗价格专项检查，转供电环节电价重点检查，房地产市场价格行为专项检查，教育收费检查及价格举报投诉处理等多项检查。累计检查核查企事业单位1375户次，调查企业6户，处理价格举报970件（包括咨询件），责令整改29户，价格处罚3件，累计没收26107元，累计罚款4200元。

（李建梅）

工商行政管理

【概　况】 2018年，通州工商分局贯彻落实区委、区政府和市工商局工作部署，围绕服务北京城市副中心建设这根主线，按照主动适应、深度融合、勇于创新、促进提升的指导思想，发挥职能作用，在落实商事制度改革，参与城市综合治理，推进疏解整治促提升，服务北京城市副中心建设上作出了新贡献。截至2018年12月底，通州区实有市场主体156344户，同比增长5.17%。企业106987户，占68.43%，同比增长13.64%（其中内资企业106054户，同比增长13.73%；外资企业933户，同比增长4.36%）；个体工商户48968户，同比下降9.52%；农民专业合作社365户，与同期持平；代表机构24户，同比下降7.69%；企个比2.18。

【设立“E窗通”平台】 3月26日，推出企业登记一站式服务。实现“只进一门、只对一窗，五天全办好、印章免费刻”。8月29日，进一步简化业务流转，实现2.5天办结，其中领取执照＜1.5日、公章＜0.5日、发票＜0.5日，在全市率先提速50%。截至12月底，有4000余户新设企业3日内办结开办手续，进驻企业开办专区发放营业执照11000余份，公章10300余套，发票90户。

【动产抵押登记业务系统上线运行】 5月25日，全国市场监管动产抵押登记业务系统正式上线运行。分局引导申请人应用总局系统在线办理动产抵押登记，对申请人在操作中遇到的问题及时给予帮助和指导；登记人员及时收集归纳自身和申请人在系统应用过程中的问题，向开发人员反馈，保证动产抵押登记工作的及时性和登记信息的准确完整性。年内，办理登记56件，融资金额达115100.6064万元，其中5月25日后共办理新登记32件，融资金额达23543.34万元，网上驳回69次，减少企业往返138次、行程近5000千米，实现“互联网＋政务服务”优越性。

【核发首张“一区一照”营业执照】 8月3日，核发首张副中心“一区一照”营业执照，实现副中心首家生活性服务业品牌连锁企业“一区一照”登记。依据《生活性服务业品牌连锁企业试点名录》，对于纳入试点范围的单位，登记窗口避免同一公司分店重复办照、简化受理程序、详细告知所需材料，优化副中心营商环境。

【全市首推“刷脸”取照服务】 8月22日，推出全市首个自助快速取照柜，让办事人可在8小时外通过“刷脸”（拍照身份认证+电子签名）自助取照、章，既让办事人等待时间减少80%，又弥补工作时间外的空白，实现零等候、零排队、随来随取。截至12月底，有3200余户申请人领取，占开业取照量73%。

【推行营业执照免费快递到家】 设立梨园、永顺、宋庄、马驹桥、张家湾5个企业登记注册分中心，做好基层服务便民工作。11月9日，登记注册大厅开通免费寄递服务，截至年底，为4000余户企业免费寄递营业执照、公章、发票，减少企业办事往返成本4万余元。

【扩大全程电子化登记工作】 9月19日起，扩大企业全程电子化登记业务范围，企业变更、注销登记纳入网上提交电子材料方式办理，办事人可以在网上将变更资料进行提交，做到即时核准，截至年底，企业开办专区中通过全程电子化进行设立登记8500余户，占90%以上。完成400余户变更电子化登记，办事人最多跑一次。

【新设商标注册联办窗口】 9月20日，在通州区设立首个商标受理、动产抵押登记和广告发布联办窗口，建立10人引导员、咨询员和帮办员队伍，85%申请材料一次性通过，全程电子化新设企业占比90%以上。截至年底，窗口接受商标注册咨询100余件，受理商标注册70件。

【持续疏解非首都功能】 年内，分局落实“疏整促”牵头任务。发挥区联席会议统筹调度作用，积极牵头、深入落实、加快推进无证无照经营和“开墙打洞”治理，组织召开5次区级调度会，走访学习借鉴核心区经验，建立完善防反弹等6项工作机制，组织“回头看”行动，通过“物防、人防、技防”三个维度遏制反弹。全年无证无照经营专项整治市级任务1600户，完成1600户，完成比率100%；区级任务1949户，完成2231户，完成比率114.47%。“开墙打洞”专项整治市级任务180处，封堵180处，封堵率100%；区级任务323处，封堵347处，封堵率107.43%。继续做好非首都功能疏解，疏解提升有形市场14家，疏解商户2265户，疏解面积64047平方米，涉及人口5855人。

【服务创建全国文明城区、卫生城区】 年内，充分发挥“创卫”“创城”迎检有形市场工作的牵头作用，主动与职能部门和属地政府对接，强化市场主办单位的培训指导，升级改造有形市场5家。同时对重点区域和点位开展不间断检查，摸清问题底数，建立问题台账实施挂账督办，911处问题全部整改。东潞苑市场被评为“创卫”复审农贸市场先进典型。

【打好大气污染防治攻坚战】 年内，按照“先停产、再拆除”工作原则联合属地政府清理市级无证无照“散乱污”主体50户，区级“散乱污”市场主体1514户。开辟“绿色通道”注销、变更生产加工制造企业登记58件，驳回“禁限目录”禁止和限制发展行业的注册申请124件。首次组织天然气质量抽检，抽检成品油、燃煤、车用尿素、涂料胶粘剂、天然气五类大气污染防治类商品310组，发现不合格商品1组，合格率99.68%。

【主动报到协建“街乡吹哨”平台】 在原有试点基础上继续深化城乡综合治理协同平台建设和机制建设。开发智能化APP调度系统，开通微信公众号，深化跨部门数据共享、全天候响应和闭环控制，深化网格员、社区工作者和社会公众的参与。同时以设立街乡实体化综合执法中心为契机，入驻执法人员受属地政府直接管理，深化工商职能与政府工作的融合。截至年底，平台覆盖台湖镇46个单位，扩展用户550人。归集市场秩序管理、城市管理等各类事件信息8000余条，处置率90%以上。发起联合执法158次，在“三大行动”、污染治理等工作中得到应用和检验。副区长刘贵明、市局副局长况旭等领导多次实地调研并给予充分肯定。

【深化京津冀三地交流协作】 年内，落实《京津冀三地企业登记注册工作协作备忘录》要求，加强登记注册信息、政策共享互通。深化通武廊三地打传联防联动区域合作机制，推进部门深度交流协作。

【“双随机”抽查工作】 年内，分局组织类金融企业定向抽查、房地产经纪机构定向抽查、流通领域电动自行车定向抽查、企业和个体年报抽查、危化品企业抽查、农资农机定向抽查等15次定向抽查。抽查市场主体5424户，通过抽查列入异常名录619户。加大对重点领域和重点行业的重点检查，开展了名称中带绿色、有机、无公害字样36户主体重点检查和2018年房地产经纪机构重点检查1236户。

【推进市场疏解】 年内，工商分局继续推进商品交易市场疏解工作，引导个体经济转型升级。提升市场17家，疏解提升面积15.83万平方米，涉及商户2726户，从业人员8733人。加大对开业市场内虚数的清理力度，消减存量。采取动员商户主动注销、市场主办单位代办注销或成批吊销等多种方式彻底清除市场内的虚户。清理市场虚户2264户，其中，吊销1325户，注销651户，转异常名录288户。

【开展副中心商品质量抽检工作】 2018年，以北京城市副中心155平方千米为重点，把涉及消防安全、大气污染防治、影响人体健康和人身财产安全等业态列为重点行业，聚焦电动自行车、电线电缆、家用电器、婴幼儿及儿童用品等商品，通过日常“双随机”抽查、风险监测、质量抽检和重点检查，不断夯实流通领域商品质量监管工作基础，适应当前副中心建设对工商工作提出的新要求。全年抽检41种，712组商品，发现不合格商品131组，办结各类商品案件187件，罚没款合计380.42万元。

【开展违规电动车专项治理行动】 年内，在全区范围内深入开展违规电动车销售专项治理，通过严格市场准入、强化商品质量抽检、加大案件办理力度、广泛开展政策宣传及行政约谈指导，不断强化对违规电动车经营主体的监管。下架违规电动车412辆，立案17件。

【完善商标品牌战略实施工作】 为继续推动商标品牌战略，工商分局发挥职能优势，年内，通州区累计有效注册商标65869件，商标注册申请数量18718件。截至2018年底，通州区有驰名商标12件。

【开展打假行动】 年内，重点打击汽车配件、酒、生活日用品、服装、箱包等与人民群众息息相关的侵权和销售不合格产品行为。执法人员利用先验信息对全市范围内大众、日产、起亚、长安等品牌4S店的刹车片进行抽检，有两个品牌三组刹车片产品不合格，立、结案4件，罚没款71.22万元。

【严厉打击传销、规范直销】 工商分局强化执法，严厉打击传销违法行为。年内，接涉传举报30件，出动执法人员532人次，与公安部门联合执法8次，取缔涉传窝点3个，全部移送公安部门处理，移送涉传销人员83人。分局结合自身职能，开展无传销村（社区）创建工作。在马驹桥镇大白村、北苑街道办事处新华联家园北区再创建2个无传销村（社区）。截至年底，通州区共有无传销村（社区、学校）9个。

（贾　静）

私营个体经济

【概　况】 2018年，通州区私营个体经济协会贯彻中共十九大会议精神，按照市2018年工作部署，坚持为政府、会员、社会服务的方针，以促进私营个体经济发展为重点，不断开创副中心工商非公党建新局面。

【搭建融资服务平台】 2018年，在缓解企业融资难的工作中，以降低企业的融资成本为出发点，充分发挥融资服务平台的资源优势，区协会通过星展银行、广发银行等多家融资部门为11家企业融资3560万元，为缓解会员企业融资难问题起到积极作用。

【拓宽商品配送渠道】 年内，围绕食品放心工程，拓宽商品配送渠道。区协会加强对商品配送服务中心的指导和监督管理，完善商品配送服务的各项规章制度和措施，保障配送商品的质量。通州区3家商品配送站，以诚实、守信、方便会员的原则为全区300余家会员商户、9家连锁超市，配送质优价廉的商品。由于从源头把握进货渠道，确保配送商品的质量，降低了会员进货成本，确保了食品安全。

【开展义务帮助会员年报工作】 2018年，按照年报工作的具体规定，充分发挥协会服务职能，协会召开理事会、小组长会议，通过电话、会议部署等方式通知辖区个体、企业进行年报，并将年报程序形成文字，向会员公示，协助会员填写年报所需材料。

【规范非公党建示范点建设】 年内，要求各支部达到“一规一表一册一网”和有队伍、有活动、有阵地、有制度、有保障的“五有”党支部的标准，个别没有完善的，提出改进意见，限期进行整改，并下发《关于非公党支部规范化建设工作提示》，建设“五有”党支部。

【推进非公经济组织党建工作】 6月28日，组织非公企业深入开展中共十九大精神学习讲座和推进“两学一做”开展“不忘初心、牢记使命”主题教育。活动从回应问题和目标、新思想的内涵、领航新征程三个方面对中共十九大精神进行深入解读。分局非公党建工作领导小组9个成员单位、8个非公企业党支部代表在主会场参加，15个工商所的所长、主管非公党建工作的副所长和负责非公党建工作的党务工作者、45个非公企业党支部代表在分会场参加。

（贾　静）

消费者权益保护

【概　况】 2018年，通州工商分局学习贯彻中共十九大精神，围绕主动适应、深度融合、勇于创新、促进提升的指导思想，强化放心消费创建工作，加大消费侵权案件查处力度，深化“两项”维权制度落实，完善消费维权网络体系建设，坚持“首善”标准，打造经营者良心，工商部门尽心，消费者放心的副中心消费维权服务品牌，推动城市副中心建设再上新台阶。

【做好消费者投诉举报工作】 年内，分局接收各类消费投诉73604件，为消费者挽回直接经济损失428余万元。其中，“12315”系统接收投诉32849件，同比下降85.23%；消费投诉调解成功9059件，为消费者挽回经济损失390余万元，消费争议绿色通道成员单位和解成功1417件，为消费者挽回经济损失20余万元；接收举报3190件，同比下降47.25%，举报立案496件，举报立案率为15.55%，罚没款总金额32422.6万元。

【加强消费教育引导】 年内，围绕“放心消费在社区”宣传活动月、“品质消费、美好生活”、“3・15”主题宣传活动以及“北京消费投诉”APP上线宣传推广活动，深入开展消费教育引导，增强消费者辨识能力和维权水平，树立正确的消费理念。组织普法宣传和咨询活动86场次，发放各类宣传资料4万余件。开展消费教育精品课堂活动，打造工商服务品牌。立足百姓消费升级趋势和消费热点，开展进商场、进社区、进校园、进园区等消费教育宣传活动。通过专家授课、现场体验、互动交流开展消费教育精品课堂17场次。

【落实企业责任】 年内，推进绿色通道及小额纠纷快速解决机制建设，发展绿色通道成员单位135家。同时引导帮扶工业园区、市场主办单位、集中办公区建立消费纠纷快速和解绿色通道联盟机制，以绿通联盟为纽带，以苏宁易购、通州万达、鑫隆市场、运乔建材城为重点，强化园区企业、市场经营主体和集中办公区招商引资企业的社会主体责任，缩短解决时间、降低维权成本，提高和解效率，降低行政调解量。在“北京苏宁”推介《电子商务经营者保护消费者权益合规引导》，实现“北京苏宁”第三方经营主体数据信息共享。

【开展消费投诉信息公示】 年内，加强重点领域消费投诉分析研判，梳理重点投诉企业名单，以问题为导向，深挖“12315”数据，以控降投诉为目标，对投诉量集中的共享单车、房地产中介、预付费、旅游等领域的经营主体进行重点披露，相关领域的投诉数量呈下降趋势。拓宽信息披露渠道，采取公告栏张贴、电视报刊等媒体曝光等形式，增强对失信企业的惩戒力度，提升消费维权信息披露的知晓率。开展各类形式信息披露656次，披露被诉经营主体322家。

【强化舆情风险监测】 年内，针对辖区投诉举报量较高经营主体、群众反映问题集中重点行业或重点区域、突发性群体投诉事件等情况，及时发布风险预警、消费预警，提前预判群诉事件可能引发的不稳定因素，为开展靶向式监管提供了有力的数据支撑。发布消费舆情监测风险提示11次。

【组织“3・15”主题宣传活动】 “3・15”活动期间，区消协、工商分局以“品质消费 美好生活”为主题，通过进社区、进学校、进企业、进商城、进市场等形式联合10余家单位，在通州区万达广场开展相关的宣传教育活动。主要结合社会关切、群众关心和政府关注的问题做好宣传教育引导工作，对现场过往的群众进行消费疑难解答，发布消费警示提示，宣传相关法律法规。

【开展新消法宣传工作】 以宣传新《中华人民共和国消费者权益保护法》为重点，优化通州区消费环境。制作播出《消费维权在身边》电视专题节目12期，微视频课堂5期，制作《画说新消法》《消费教育丛书》等宣传学习资料，发布消费教育提示130多条。

【开展消费教育活动】 年内，依托消费教育基地，针对不同群体、不同行业，广泛普及消费知识，组织消费体验活动，发布消费警示和提示。组织实施“消费教育精品课堂”活动10余次，惠及各类消费群体2000余人，组织6期“两项”维权制度普法专题培训。

【强化侵权案件查处】 年内，通州工商分局加大侵权案件查办力度，严厉打击销售假冒伪劣商品、虚假宣传误导消费、违反合同约定等侵害消费者权益违法行为，立案481件，罚没款73.34万元。

【“放心消费在社区”宣传活动】 10月15日至11月11日在全区范围全面启动“放心消费在社区”宣传活动，制定相关工作方案，成立宣传活动领导小组，强化组织保障。突出重点，强化宣传。加大对人员流量大、社区人口密集区域的宣传力度，力争做到辖区社区全面覆盖，重点社区深度覆盖。并制作“放心消费在社区”H5小视频，调动群众力量覆盖式转发社区微信群，印发《致广大社区居民的一封信》彩页，依托社区工作人员宣传到户，打造线上线下联动宣传。

（贾　静）

质量技术监督

【概　况】 2018年，通州区质监局在原北京市质监局和通州区委、区政府正确领导下，全面贯彻习近平新时代中国特色社会主义思想和中共十九大精神，围绕北京城市副中心建设需要，充分发挥质监职能作用，完成各项工作任务。

【绩效管理】 认真梳理2018年市、区重点工作任务，结合北京城市副中心建设需要，制定《绩效考核管理办法》和《绩效考核评分细则》，统筹推进各项工作。年内，开展行政执法活动1876起，查处案件565件，罚没款70余万元，办结行政许可事项1767件，依申请公开信息5件，协办人大政协建议提案2件，受理办结群众投诉举报411件。检测水表75619块，计量标准器452件，强检计量器具15901台；检测锅炉656台，压力容器314台，电梯9956台，起重机359台，厂内机动车2362台，压力管道6300米，校验阀门2035只，安装修理改造监检其他特种设备1313台。

【市重要民生实事项目】 继续开展住宅老旧电梯风险预警监测，完成通州区355台住宅老旧电梯风险评估。6月21日，通州区政府常务会议讨论通过《通州区电梯安全评估隐患治理工作方案》。7月12日，组织召开通州区电梯安全评估隐患治理协调会，推进电梯安全评估后续治理工作，顺利完成年度隐患治理目标。

【老旧小区综合整治】 年内，针对老旧小区加装电梯实施“三通一免”措施：开通业务办理绿色通道、打通技术通道、畅通救援通道、免除检验费用。主动开展特种设备安全政策宣传，中仓小区加装电梯投入使用。

【疏解一般性制造业和“散乱污”企业治理专项行动】 年内，组织消防产品、低压电器、食品相关产品、燃气灶具等一般制造业调查摸底，结合《北京市工业产品生产企业生产许可证情况的通报》、企业信息数据库、日常监督检查、生产许可证年度审查等日常工作，摸清企业底数、掌握企业情况、完善企业档案，指导督促27家企业注销退出生产许可证。

【加油站油气回收在线监控设备改造】 年内，会同区环保局对34家加油站油气回收在线监控设备改造工作开展计量验收。

【机动车检验检测机构记分制管理】 年内，与区环保、公安交管部门联合实施《北京市机动车检验检测机构记分制管理办法（试行）》，对通州区机动车检测场开展现场检查7次，严格按照办法要求实施记分管理。

【蓝天保卫战】 年内，研究制定《通州区质监局蓝天保卫战2018年行动计划》，开展大气环境相关重点产品执法检查。主动加强建筑涂料、胶粘剂等环保相关生产企业产品质量监管，开展挥发性有机物产品执法检查36家次，抽取建筑类涂料、胶粘剂样品28个，合格率100%。开展生产领域车用油品、车用尿素生产企业监督检查，检查2家已停产车用尿素生产企业12家次，经排查未发现车用油品生产企业。开展空气重污染和重大活动应急执法7次，检查相关产品生产企业36家次。主动与区环保局建立信息互通机制，协助查处使用高排放厂内机动车辆行为，6次向区环保局通报新增叉车2109台，未发现涉嫌使用高排放场内机动车辆行为。

【国家级新型城镇化标准化试点验收】 4月17日，通州区国家级新型城镇化标准化试点项目通过国家标准委专家组验收，《通州区海绵城市评价导则》和《通州区综合管廊工程技术导则》两项标准在多个小区、路段和重点区域实施推广。11月，与中国质量协会及河南新县质监局开展国家新型城镇化标准化试点工作调研，做好经验总结和工作推广。

【质量提升行动】 年内，研究制定《通州区服务零距离、质量零缺陷“双零”工作方案》《通州区建设百个重点项目、培育百户重点企业工作方案》等质量提升行动系列文件，确定通州区潞城敬老院星级评定标准体系和农业矮化密植栽培技术作为质量提升项目，有序推进全区质量提升行动。

【养老机构星级评定】 年内，指导通州区三乐康复老年公寓申报通过三星级养老机构评定，填补通州区三星级养老机构空白。深入潞城敬老院开展标准化工作调研，指导潞城敬老院创建四星级养老机构。

【农业标准化】 年内，4次对金果天地（北京）生态科技有限公司开展第九批国家级果品矮化砧密植标准化示范区项目工作督导，通过原市质监局专家组年中督导审查。

【企业标准化服务】 年内，全区300家企业在“标准信息公开服务平台”公开标准1970项，为1家企业1项国家标准申报获得北京市技术标准制（修）订补助资金5万元。

【市级机关搬迁特种设备服务保障】 年内，研究制定《副中心行政办公区域市级党政机关搬迁特种设备服务保障工作方案》和《副中心行政办公区域市级党政机关搬迁特种设备服务保障应急预案》，开展现场执法检查，组织应急救援演练，提升突发事件应急处置能力。

【特种设备专项整治】 年内，围绕特种设备安全薄弱环节，开展超期特种设备、液化石油气瓶充装、特种设备生产单位、危险化学品相关特种设备、电站锅炉管道、压力管道使用单位、安全生产督查等特种设备专项整治行动。

6月22日，区特检所开展化工企业特种设备现场检测
（区质监局提供）

【重点工业产品监管】 年内，持续开展生产企业摸底调查，摸排全区生产企业2600家，工业产品生产许可证企业57家。处置产品质量安全风险68件，开展缺陷产品召回36件。结合“3·15”“质量月”“双打”“质检利剑”等重点时期和专项行动，组织开展消费品、农资、建筑材料、电动车、汽车配件等重点工业产品执法检查，督促问题企业加强整改。

4月10日，区质监局执法人员开展农膜生产企业现场检查 （区质监局提供）

【民生计量监管】 在“春节”“五一”等重要节日，组织超市、饭店、眼镜店、茶叶店等门店在用计量器具专项检查。协调东里市场（乔庄市场）、西上园市场、梨园鸿市场开展计量器具检定，稳妥解决强检计量器具多周期未检问题。

【法治质监建设】 年内，采取集中培训、聘请法律顾问、案件初审、案卷评查、普法活动等措施，不断提高全体执法人员依法行政水平。全年人均开展行政执法检查72.15起，人均办理案件23.31件，办理行政复议案件3起，组织听证会2起。

【优化营商环境】 全面梳理行政审批事项，主动优化服务流程，特种设备使用登记办理期限由30个工作日缩短至30分钟，特种设备告知办理期限由5个工作日缩短至10分钟。压力容器、压力管道、叉车等特种设备使用单位变更行政许可事项实现线下即时办理，15大类公共服务事项全部实现网上办理。年内，网上办理349家企业行政许可事项1262件。

【检验检测】 年内，计量检验所检测通过法定计量检定机构考核和20项社会公用计量标准复核，完成酸度计、分光光度计、灌装机、眼镜等6项计量标准建标，启动出租车计价器计量标准建标筹备工作。完成全市14家冷水水表产品计量首检、民生计量器具数据统计分析和电子秤、B超计量比对工作；特种设备检验所检测完成小圣庙地区办公场所搬迁任务，修订完善《内控制度》，申报技术改造项目，确保检验检测工作正常开展。主动创新工作方法，联合北京特高换热器有限公司试行安全阀校验社会合作模式。

9月12日，区特检所检验检测人员现场检测潞河医院电梯 （区质监局提供）

【信息宣传】 突出抓好重要时间节点宣传工作，在“3·15”消费者权益保护日、“5·20”世界计量日、“10·14”世界标准日、“安全生产月”、“质量月”等重点时期组织开展质量知识进社区、进乡村、进学校、进医院、进企业系列宣传活动，充分利用报纸、电视、期刊、微信、微博、网站等线上线下媒体平台，发布各类宣传信息454篇次。

3月12日，区质监局执法人员开展“3·15电梯安全知识”进商场宣传活动 （区质监局提供）

3月13日，区质监局执法人员开展“3·15”质量宣传进校园活动　（区质监局提供）

9月12日，区特检所检验检测人员在潞河医院开展质量月质量安全进医院活动　（区质监局提供）

6月7日，区质监局执法人员开展特种设备安全知识进企业活动　（区质监局提供）

9月17日，区计量开展计量检测进社区活动　（区质监局提供）

（陈海涛）

国有资产监督管理

【概　况】　2018年，区国资委以“服务副中心建设，保障民生”为工作主线，攻坚克难抓改革，凝心聚力促发展，全系统资产监管、国企改革、党的建设、保安全、保稳定等各项工作稳步推进。截至年底，区国资委一级监管企业10户，全部独立法人单位61户。监管企业资产总额456亿元，负债总额224亿元，净资产总额232亿元，平均资产负债率49%。监管企业实现营业收入12.35亿元，缴税金4.62亿元。

【混合所有制改革】　年内，国资委系统推进混合所有制改革，重点推动区属国企同央企、市企的合作，探索跨区域、跨层级、跨所有制的经营合作方式。其中，国资公司与北京建工、首旅集团等企业就副中心重点建设项目展开合作；商资公司所属烟酒公司与中粮酒业签订2018年长城星级酒的京津冀地区合作协议，全面加强与央企的战略合作。根据副中心发展建设需要，按照区委、区政府工作部署，设立北京通州投资发展有限公司，公司于2018年11月16日注册成立。

【全面深化国企改革】　年内，依据中央和北京市国企改革精神，并结合通州国企实际，国资委拟定《全面深化区属国有企业改革实施方案》，进一步明确区属国企改革发展的方向、路径和主要着力点。区国资委通过比选，确定咨询机构，召开区属国企深化改革动员部署会。咨询公司按照区属国企实际情况，制定企业访谈计划及调研工作安排。在调研访谈的基础上，国资委将继续深化《通州区属国企改革实施方案》。

【参与副中心建设】 2018年，区属国企围绕副中心基础设施建设、环境提升、民生保障启动了一批重点工程。国资公司加快推进环球影城主题公园、文化旅游区拆迁、八里桥棚户区二期等副中心重点项目，承担安置房建设，全面推进养老院、档案馆、新华医院、东直门医院二期等20项重点代建工程，融资163亿元保障副中心重点项目建设。大运河水务公司参与水环境治理，南水北调通州水厂并网试水，碧水污水处理厂项目通水运营，再生水建设运营项目全面铺开，行政办公区管网建设快速推进，城市副中心水环境治理项目稳步实施。金通公司推动原水泥厂平房“棚改”工作，通过对居民住户进行政策宣传及方案解答，实现100%签约。

【民生保障】 区属国企把握为政府分忧、为百姓解困的职责，在服务民生、保障民生、惠及民生方面，取得了新的成绩。通盛达公司不断优化区域交通环境，根据副中心发展建设的新要求，对运营的24条线路进行调整，为清洁能源公交车安装车内监控系统，完成“一卡通”设备更新工作。商资公司承接了区政府“菜篮子”进社区工程，2018年有80家“品农果蔬”店开业，整体投资近7000万元，经营网点基本覆盖副中心全区域。商资公司、国资公司、供销社实施精准扶贫，全力开展帮扶对接。3家企业签署帮扶合作协议4份，签署捐赠协议书4份，合计捐款60万元。为提高帮扶地区的“造血”功能，商资公司与内蒙古帮扶地区开展“精准帮扶”销售内蒙特产，携手脱贫帮扶工作。

【国企创新发展】 推进系统重点工程。商资公司推进人力资源产业园入驻工作，功能性装修改造进入收尾阶段；硬科技产业示范基地项目落户铝材厂地块，签订租赁合同，正在进行方案设计和前期手续办理等工作；煤炭公司源创科技研发楼项目完成设计招标，正在办理土地出让手续。着力提升商业品牌影响力。商资公司所属小楼饭店制定菜品提升计划，加大序列开发，拓展旅游产品，深入挖掘老字号品牌价值。创新经营运作模式。通盛达公司拓展汽车租赁业务，与国资公司合作推进智能车库项目。煤炭公司涉足传媒及科技服务业领域。其中，通煤创艺与央视合作推出“我的副中心”系列宣传片；通煤科信全力推进公共卫生环境检测，检测项目达到299项；通煤网讯对接清华同衡，搭建智慧城市管理软件研发平台。探索与副中心相适应的学前教育产业发展。商资公司建设的国际双语幼儿园正式开园。

【监管机制建设】 完善“三重一大”决策制度（重大问题决策、重要干部任免、重大项目投资决策、大额资金专用，上述必须经集体讨论做出决定的制度）。对国资监管和国企改革发展重大事项，严格履行决策及审批程序；制定《区属国有企业房屋出租管理意见》，有效规范国有企业经营性房屋、土地出租管理工作。有效规范国企经营投资行为，2018年国资委出台《国有企业违规经营投资责任追究办法》，真正使国企经营投资行为纳入制度化框架。加强审计监督工作，对区属国有企业一、二、三级领导人员履行经济责任情况实施审计；强化经济效益审计和财务收支审计，2018年启动糖业烟酒公司、新城投资公司两项经济效益专项审计；严格落实审计整改，做到有审必严，推动审计发现的问题整改到位、问责到位。推进国企负责人薪酬制度改革，拟定《深化区属国有企业负责人薪酬制度改革的意见》，遵循重业绩、讲回报、强激励、硬约束原则，不断优化考核过程，促进企业发展的导向功能更为突出。

【保安全保稳定】 2018年，从国资委党委到各级企业领导班子，都高度重视保安全、保稳定工作。各部门、各企业不断完善安全生产责任制，深入开展安全大检查，建立隐患排查整改长效机制，注重各项公共安全和应急管理工作，进一步强化信访工作，在企业改革、城市拆迁、疏解整治、利益分配等矛盾集中的关键环节，做到全面洞察、预防为主、信息反馈及时、应急处置到位。国资委系统为国有企业健康平稳发展营造了良好的基础环境，有力维护了全区社会稳定。

（冯　禹）

国有资本运营工作

【概　况】　2014年3月，根据区委、区政府工作部署，区国资委启动对北京通州房地产开发有限责任公司、北京新城基业投资发展有限公司、北京新城投资运营有限公司、北京国润新通投资发展有限责任公司、北京通政国有资产经营公司五家企业的资源整合与战略重组。同年10月28日，重组后的平台公司，北京市通州区国有资本运营有限公司注册成立；同年12月30日，通州区国有企业改革工作会暨国资公司成立大会召开，会议明确国资公司承担北京城市副中心建设战略功能平台和融资保障平台作用。截至2018年底，国资公司注册资本金7亿元，资产总额407.51亿元，负债总额190.14亿元，所有者权益217.37亿元，实现营业收入7.41亿元，上缴税金4.3348亿元，国有资产保值增值率96.81%，资产负债率46.66%。

【重点工程项目】　年内，参与环球影城主题公园、文化旅游区拆迁、棚户区改造等北京城市副中心重点项目。其中，文化旅游区项目56条道路取得全部的设计方案批复、取得38条道路的前期工作函和8条道路的施工登记意见函，8条道路实现开工建设；环球主题公园项目与美方共同出资成立北京国际度假区有限公司，负责环球影城的主题公园、城市大道等建设，主题公园、停车场等配套取得项目核准批复，主题公园项目有5个标段取得建设规划许可证，同时进行施工图审查；08片区安置房项目取得项目控规、规划条件，完成7.8亿元销售亏损资金回笼，10片区安置房项目共38栋楼的土地移交协议，其中的27栋楼开展建设收尾工作，推进文化旅游区剩余的17个地块征地进程，移交土地面积4872.16亩，4.6亿元资金通过区资金审核小组使用申报；八里桥棚户区改造项目（二期）实现投资14.4亿元、非住宅签约85户、拆除9.3万平方米，安置房初步选址永顺镇李庄村地块；漷县“棚改”项目取得区政府实施主体授权批复，深化了镇域规划方案。

【民生保障】　年内，国资公司体现区属国企担当，充分发挥民生保障职能，全面推进养老院、新华医院、消防站等各项重点代建工程。养老院项目取得消防设计审核修改意见，正在深化装修图纸、施工图审核、办理征地批复手续；新华医院项目完成各专业施工及验收工作；中医医院二期项目（东直门医院）、中西医结合医院项目、潞河医院分院项目（含郎府卫生院）均完成项目主体结构；张家湾、宋庄、潞城、永乐店和台湖消防站等项目主体建设正在加紧施工；运河公园成功举办冰雪嘉年华及文化庙会、承接通州半程马拉松、燕京啤酒节、七夕文化节等通州区大型活动；自航船、非自航船累计接待游客约21万人次，自航船出航531次，安全出航率达到100%。

【投融资平台建设】　国资公司作为重要投融资平台，是发挥国有经济控制力、影响力和带动力的重要载体。自公司成立以来，累计融资约162.155亿元，其中，委托贷款方式54.1亿元（用于彩虹之门项目），通过应收账款质押方式融资14.25亿元（用于核心区、北苑商务区、杨坨安置房等），企业债10.8亿元（用于西海子棚户区项目），股权融资22亿元（用于八里桥棚改项目），2013年北方信托股权融资项目19.375亿元（用于潞城人民大学项目和宋庄电影学院项目），2014年北方信托股权融资30亿元（用于金桥产业基地国家集成电路产业园项目），运河核心区西海子棚户区VII-14、VII-15地块建设工程0.38亿元，帅府二期及文旅区安置房11.25亿元。对外提供担保约31亿元，为全区中小企业担保项目98个、金额7.6亿元。

【对外合作】　年内，国资公司落实筹备成立通州区纾困专项基金，由下属通房开公司和中域资本共同建立基金管理公司，联合券商、金融机构以及通州区内民间资本，引进符合条件的高科技上市公司；阳光会议中心被确定以政府购买服务方式向北京市政府提供服务，历时4个月按期完成整体装修改造工程；硬科技产业示范基地项目落户铝材厂项目地块，已签订租赁合同，同期进行资产交接，现进行方案设计和前期手续办理等工作；新投建环公司承接的环球影城项目建筑垃圾处理项目工作有序进行，完善了“绿心”建筑垃圾处置项目方案；新城绿源公司组成联合体中标通州区海绵城市建设试点技术咨询服务项目；签订北京当代万国城北区的《绿色生态示范区项目绿色生态住区咨询》合同；位于通州新城0602街区的定向安置房地下车库，盛通泰达公司负责的近800个智能立体车位项目，进入现场踏勘与初步方案编制阶段；中信富通融资租赁公司运用“经营租赁+融资租赁”模式，业务涵盖医疗健康、新能源、智能机器人、城市生态环保等多个板块。

（姚雪峰）

安全生产监督管理

【概　况】　2018年，通州区安全生产工作以全面落实市政府下达的安全生产目标责任书为主线，深入推进安全生产领域改革发展和重点行业领域整治攻坚，完成年度各项任务，全区安全生产形势持续保持稳定。

完成安全生产多项重点工作任务。全区486家企业完成标准化达标，完成年度总任务的194%；在全市率先完成100家“一企一标准、一岗一清单”编制任务；新增安责险投保企业2945家，完成年度总任务的140%；提前完成9家加油站贯标改造任务，工作进度和质量获得市局通报表扬；各类生产安全事故死亡人数下降18%（市目标值5%），未发生较大以上事故和社会影响大的事故；市委、市政府对通州区2017年度安全生产督察反馈问题整改落实率达到100%；主动将区职能部门安全生产督查检查队规范化建设“达标率70%”提高至90%，复评达标率100%。全市区级职能部门安全生产督查检查队规范化建设示范区现场会在通州区召开，“通州模式”在全市推广。

夯实安全生产监管保障能力建设。进一步深化城市安全风险评估工作。完成全区575家重点行业领域企业的风险源辨识，绘制安全风险地图，制定安全风险管控办法，持续开展城市安全风险评估进行季度动态更新，督促各行业企业建立安全风险管理档案，确保安全风险源得到有效控制。全面提升安全生产应急处突能力。指导区属各相关部门编制重大安全风险源企业“一对一”安全事故应急预案，如期组建应急专家组，全年组织应急演练130余次，推动建立跨区域应急联动模式，10月10日，举办2018年“京津冀”协同应对事故灾难桌面推演会，有效提高了京津冀区域安全生产应急救援组织协调能力。深入推进隐患排查治理体系建设。以政府办名义印发《北京市通州区人民政府办公室关于印发通州区城市安全隐患治理三年行动方案(2018—2020年)的通知》，突出9个重点行业领域，全面启动城市安全隐患治理三年行动。区政府召开会议专题研究审议行动方案，区安办成立专班统一调度，建立信息管理、台账管理等各项制度，年度211项区级挂账隐患全部完成整改销账。

护航副中心建设安全稳定。区委、区政府领导班子成员坚持以上率下，以“四不两直”（四不两直：不发通知、不打招呼、不听汇报、不用陪同接待，直奔基层、直插现场）的方式对安全生产工作开展多轮次督导检查。区安委会着眼形势任务部署开展了一系列专项治理和联合执法行动，稳步推进危险化学品三年行动计划、大型商业综合体消防安全专项整治、电动自行车消防安全综合治理、粉尘危害专项治理、“三大行动”（三大行动：安全隐患大排查大清理大整治专项行动）整改情况核查等工作，确保高危行业运行安全平稳。在重要节日和重点时期，及时启动安全生产保障行动，完成全国“两会”、“一带一路”高峰论坛、北京市第十二次党代会、中央领导植树、中非合作论坛北京峰会、中国艺术品产业博览交易会、春节庙会等重大活动、重点时期的安全生产保障任务。扎实推进“街乡吹哨、部门报到”工作。作为2018年1号重点工程，高位统筹推进，建立“吹哨—接哨—驰援”链条式响应机制，遴选17名骨干执法力量，分8个联勤执法小组，第一时间下沉基层。积极应哨参与综合执法51次，出动执法人员102人次，消除各类隐患107项。同时统筹全局力量主动驰援，以日夜连查的模式实施为期一个月的“迎接市级机关搬迁入驻，打好打赢安全生产保卫战”专项行动。

加强安全生产基层基础工作。进一步提高安普数据更新和企业台账管理工作水平。完成全区15个乡镇街道及文化旅游区的全部抽查工作，并整理出台《2018年通州区企业台账数据分析报告》。在市局抽查中，台账系统数据准确率97.78%，位于全市第一名。全面运行北京市安全生产行政执法系统，实现执法过程可记录、结果可溯源、成果可展现、

6月13日，通州区第十三届安全文化节，街道安全员演讲 （区安监局提供）

数据可共享。依托安全生产条件普查动态更新和企业台账信息系统，开展大数据可视化分析平台建设，充分发挥安全生产大数据在“双随机”执法、定向执法、精细化执法方面的支撑作用。巩固安全生产社会共治格局，自觉接受人大、政协对安全生产工作的法律监督和民主监督。开展安全文化节等宣传教育品牌活动，举办第十三届安全文化节和全国重大工程安全管理创新与事故防范经验交流会，稳步推进安全社区创建，其中，中仓街道安全社区被列入市级安全社区建设库。

2018年，通州区先后获得北京市安全生产先进单位、“安全生产月”活动优秀组织奖、最佳实践活动奖、优秀新闻报道单位、“北京市职业安全健康宣讲活动”优秀组织单位、北京市“职工技协杯”职业技能竞赛活动优秀组织奖，被首都文明办评为首都学雷锋志愿服务站，被市安监局、市妇女联合会评为第一届“寻找最美安监巾帼”主题活动优秀组织奖多项荣誉。

【易制毒化学品专项检查】 1月—3月，通州区安全监管局对全区易制毒化学品企业开展产品流向登记、定期上报易制毒进销产品季报和年报、建立易制毒化学品台账等情况开展检查，检查企业5家，排查整改安全隐患14项，下达行政执法文书10份。

【全国“两会”期间安全检查】 2月—3月，通州区安全监管局对全区加油站、油库、涉氨企业和重大危险源企业进行执法检查，督促其落实“两会”期间安全保障人防、技防和物防措施，确保危险化学品企业各类重点装置、设施的监测、报警和紧急切断装置运行可靠。全国“两会”期间检查企业20家，处理隐患84处，处罚2家。

【重点时段管控】 2月14日至3月2日，通州区安全监管局组建6个烟花爆竹执法小组，对全区2个烟花爆竹零售网点和全区危险化学品重点企业进行执法检查。除夕、初五等重点销售、燃放时段，突出对烟花爆竹零售网点和加油站、油库、重大危险源企业等危险化学品重点企业进行不间断检查和夜间突击排查，同时对全区2个零售网点加装视频、音频监控装置，

并抽调专人进行实时监控检查。检查烟花爆竹零售网点和危险化学品企业86家次，出动执法人员131人次，出动执法车辆64车次，消除隐患12处。

（辛晋峰）

【全国“两会”期间安全保障】 3月，通州区安全监管局组织全区安监力量开展全国“两会”期间安全生产保障工作。全国“两会”期间，全区安监系统出动检查人员12142人次，检查单位8664家，发现隐患10114项，消除5818项，下达责令限期整改指令书3265份，现场处理措施决定书1398份。

（张　伟）

【统筹执法检查】 3月，通州区安全监管局制发《关于印发〈2018年度安全生产监管检查计划〉的通知》，对全年行政执法工作日、其他执法工作日、非执法工作日和监督检查生产经营单位家次等有关数据进行认真测算。确定全年计划检查670家，其中重点检查单位407家，包括93家危险化学品经营单位、10家爆粉尘生产经营单位、132家涉及职业卫生生产经营单位、4家近三年发生过造成人员死亡的生产安全事故的生产经营单位和118家其他应当纳入重点检查安排的生产经营单位列为重点检查单位，并选取50家单位重点检查生产经营单位应急预案备案情况。

（张　哲）

【打击危险化学品违法专项行动】 3月—12月，为保障市级机关顺利进驻副中心，消除全区危险化学品领域安全隐患，通州区安全监管局牵头区相关部门在全区开展危险化学品领域“打非”专项行动。通过采取“四不两直”、明察暗访、突击夜查等方式对全区城乡接合部、工业大院、已退出企业厂房等重点区域进行逐一排查。针对发现的违法违规行为，严格按照“四个一律”（四个一律：是指对非法生产经营建设和经停产整顿仍未达到要求的，一律关闭取缔；对非法违法生产经营建设的有关单位和责任人，一律按规定上限予以经济处罚；对存在违法生产经营建设行为的单位，一律责令停产整顿，并严格落实监管措施；对触犯法律的有关单位和人员，一律依法严格追究法律责任）要求坚决予以查处。全年查处违法行为15起，其中，联合市、区公安部门查缴各类违法化学品2000余箱，化学试剂200余种。

（辛晋峰）

【职业病防治法宣传周】 4月25日，通州区安全监管局联合台湖镇政府及区疾病预防控制中心举办2018年《中华人民共和国职业病防治法》宣传周启动仪式。此次活动举办研讨会、员工座谈会、知识讲座等12次，接受电视、报刊等媒体报道2次，发放宣传材料1.5万余份，受教育群众1.1万余人次。

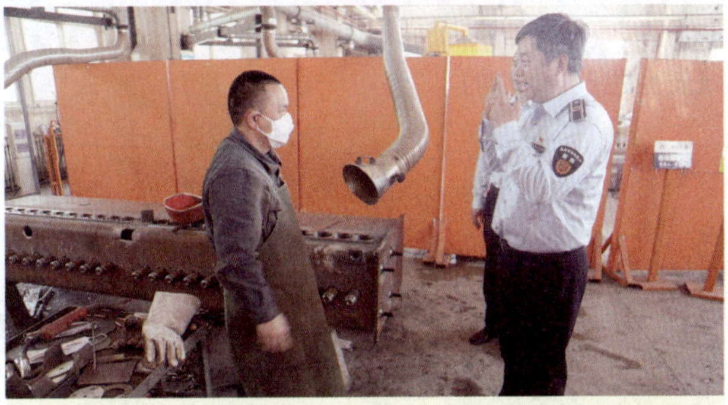

4月25日，通州区职业卫生宣传周宣传教育活动中，执法人员现场进行宣传　（区安监局提供）

（杨钦然）

【安全隐患大排查大清理大整治“回头看”】 4月—5月，通州区政府组织开展安全隐患大排查大清理大整治挂账隐患“回头看”抽查工作，先后召开紧急调度会2次，部署推进会3次，对“回头看”进行部署，明确工作目标、内容和要求。全区各部门、各单位出动执法检查人员15738人次，核查隐患3080项，核查率达到100%。其中停产停业74家，关闭取缔71家，行政处罚13.5万元，拆除违法建设4.63万平方米。对市级挂账的3080项“三合一、多合一”及高风险密集居住场所安全隐患全部核查完毕。

（汪泓溢）

【有限空间作业大比武】 5月—8月，通州区安全监管局从全区选拔出16支参赛队伍参加有限空间作业大比武活动。通过理论知识与实操考试，北京新城禹潞环保科技有限公司获得一等奖；北京新城热力有限公司、北京华油联合燃气开发有限公司马驹桥分公司获得二等奖；北京华源志峰给排水管理有限公司、北京悦豪物业管理有限公司、中国联合网络通信有限公司北京市通州区分公司获得三等奖。

（杨钦然）

【防高温和防汛隐患排查】 5月—9月，通州区安全监管局结合夏季高温和汛期特点，对全区加油站、油库和重大危险源企业开展防高温和防汛安全隐患排查，督促企业严格落实高温和汛期的防范措施，制定高温和汛期预警条件下的事故应急预案，严防在极端天气条件下安全事故的发生。检查企业104家次，排查隐患112处。

（辛晋峰）

【安全生产月活动】 6月，通州区安委会办公室以“生命至上，安全发展”为主题，开展一系列宣传教育活动。6月16日，在马驹桥镇利星行（北京）汽车维修服务有限公司设立主会场，开展安全生产咨询日宣传活动。活动现场分为安全生产展板展示区、VR体验区、消防逃生体验区、救援机器人展示区、宣传品发放区、“12350”咨询区等区域，全面开展安全生产法律法规、燃气安全、安全科普、应急救援、职业健康、安全诚信、安责险等知识宣传。全区各部门、乡镇街道、企业近3000人参与安全生产宣传咨询活动。安全生产月活动期间，悬挂横幅2000条，摆放展板1600块，发放各类宣传资料360种20万份，受教育人数50万人。

6月16日，通州区2018年安全生产月宣传咨询日
（区安监局提供）

（邢鑫爽）

【用电安全专项执法】 6月—8月，通州区安全监管局制定并印发《关于开展生产经营单位电气安全专项执法检查工作实施方案》，在高温、潮湿、多雷雨的特殊时期，在全区范围内开展用电安全专项执法工作。检查企业80家次，下发各类执法文书212份，查处各类安全隐患100余处，对5家存在违法违规行为的企业给予罚款4万元。

【打击假冒特种作业人员专项执法】 6月—10月，通州区安全监管局制定并印发《关于打击特种作业“持假证上岗、无证上岗”专项执法行动实施方案的通知》，在全区范围内特种作业“双打”工作。检查企业25家次，下发各类执法文书75份，对2家存在违法违规行为的企业给予罚款3万元，对2名持假证的特种作业人员由公安机关给予拘留的行政处罚。

（张　伟）

【危险化学品企业风险评估】 6月—9月，按照市安全监管局统一部署，通州区安全监管局投入专项资金聘请第三方机构对全区96个加油站、1个油库的危险化学品重点工艺装置、高风险设备设施和作业场所进行风险评估，出具风险评估报告，同时督促已完成风险评估的企业，按照时限和要求完成网上在线风险评估填报，确保全区重点企业风险评估工作顺利完成。

（辛晋峰）

【安全事故应急演练】 7月3日，通州区在北京中油晟德石油销售有限公司开展重大危险源企业“一对一”预案应急演练。此次演练由通州区安监局、宋庄镇人民政府联合举办。演练以北京中油晟德石油销售有限公司发现进出油阀门泄漏并发生火灾为背景，检验各成员单位在爆炸泄漏事故应急响应关键环节的协同配合意识，提高区生产安全事故应急指挥部成员单位对爆炸泄漏事故应急响应流程及其各自职责的认识，提高联合应急处置能力。

（羿　琳）

【重点企业自动化设施专项检查】 7月—9月，按照市安全监管局统一部署，通州区安全监管局对全区危险化学品重点企业的紧急切断、停车、监测报警、安全防护等自动化装置设备开展执法检查，督促存在问题的企业限期完成隐患整改并按照要求向属地乡镇、街道安全科上报本企业隐患整改情况，确保各类自动化控制和监测报警装置的良好运行。

（辛晋峰）

【“职工技协杯”竞赛】 7月—11月，通州区安全监管局认真组织街乡专职安全员参加全市“职工技协杯”职业技能竞赛活动，经过广泛动员、认真组织、层层选拔、脱产集训，赛前强化等方式，通州区最终参赛的8名专职安全员，凭借着扎实理论知识和过硬的业务技能，取得决赛个人第一名、全市前十名中独占4席、参加决赛的8名选手中有7名进入全市前三十名的好成绩，通州区获得优秀组织奖。

（庄　威）

【专职安全员培训】 7月30日至8月17日，通州区安全监管局组织全区748名区政府职能部门及乡镇街道（园区）安全生产专职安全员统一开展3期（每期5天）专题集中封闭培训。培训内容包括电气安全专业培训、危险化学品安全监管、职业卫生监管、建筑施工安全监管等多类别专项培训，着力培养专业型专职安全员队伍。

（张　哲）

【金牌宣讲员】 7月—12月，通州区安全监管局组织全区专职安全员开展第四届金牌宣讲员评选活动。从教学态度、教学内容、教学方法手段、教学能力4个方面，对基层安全生产宣讲员进行评选，最终评选出金牌宣讲员1名，银牌宣讲员2名，铜牌宣讲员3名，优秀宣讲员7名。来自台湖镇的贾永玲荣获金牌宣讲员称号。

【优秀课件评选】 7月—12月，通州区安全监管局组织全区专职安全员开展第三届“优秀课件评选”。从教学设计、内容呈现、有效使用三个方面，对参选课件进行评选。获奖优秀课件将进行全区推广，实现资源共享。最终评选出一等奖1名，二等奖2名，三等奖3名，优秀奖6名。来自永顺镇王斯斯的《人员密集场所消防安全》荣获一等奖。

（邢鑫爽）

【中非论坛北京峰会安全保障】 8月—9月，通州区安全监管局对全区加油站、油库、涉氨企业和重大危险源企业落实中非合作论坛北京峰会期间各项安全保障措施情况开展执法检查，督促企业落实论坛期间领导带班值守制度，做好应急救援力量的备勤，同时配合各乡镇、街道做好对辖区危险化学品重点企业的巡查、看护。检查企业82家，处理隐患93处，处罚9家。

（辛晋峰）

【安全生产监察执法人员培训】 9月25日—29日，通州区安委会办公室对全区安全生产监察执法人员进行为期5天的封闭培训。培训邀请各领域安全生产专家开展有针对性的授课，内容包括安全生产相关法律法规、安全检查知识要点、安全教育培训检查要点等。全区安全监管局执法人员、各乡镇街道安监科检查人员77人参培。

（邢鑫爽）

【安全生产标准化三级达标复评】 9月—12月，通州区安全监管局统一组织全区涉及安全标准化评审的企业进行自评人员培训，通过聘请第三方评审机构协助指导各企业按照标准化要求对本企业的问题和隐患进行整改治理，随后市级评审机构对企业标准化达标情况进行审查。截至12月30日，全区加油站和油库全部完成标准化三级达标复评工作。

（辛晋峰）

【“金安企业”评审】 10月—12月，通州区安全监管局开展第九次安全生产标准化“金安企业”创建工作。由相关行业领域专家组成评审工作组进行评审，评出第九批安全生产标准化“金安企业”25家，经公示后，在全区安全生产大会上进行表彰。

（张　伟）

【京津冀协同应对事故灾难联合演练】 10月10日，北京市安全监管局组织相关单位在通州区召开2018年京津冀协同应对事故灾难桌面推演。此次专项演练活动根据《京津冀协同应对事故灾难试点工作方案》要求，以及2018年的工作计划安排，以中国航油津京输油管道泄漏事故为背景，针对特定事故场景，采取桌面推演的形式展开。

（羿　琳）

【有限空间事故应急演练】 11月，通州区安全委员会办公室主办通州区2018年有限空间作业事故应急救援演练活动，多部门参演。旨在通过演练，进一步明确有关部门在应急救援工作中的任务，普及有限空间作业事故应急救援知识，掌握有限空间应急救援运行程序和方法，积累应对有限空间作业中毒、窒息等突发情况的快速反应、科学处置、高效应对经验，此次演练取得圆满成功。

（杨钦然）

【烟花爆竹网点行政许可及布设】 11月—12月，通州区安全监管局对全区烟花爆竹零售直销网点进行登记报名，对申报网点进行审核并统一开展培训考核，严把准入关；联合区公安、交通、消防、市政等部门完成对全区2个零售网点的联合审查和许可增项手续等工作。

（辛晋峰）

【法制宣传日】 12月4日，通州区安全监管局开展“12·4”国家宪法日系列宣传活动。活动现场发放法律科普书籍200余本，普法宣传海报、普法宣传温馨提示信等300余份，宣传品300余份。

（张　哲）

【危险化学品领域安全大检查】 12月，通州区安委会办公室牵头组织区相关部门对全区涉危企业、涉危场所和涉危装置设施开展全面隐患排查，重点对涉氨、城镇燃气、医院、高校、餐饮、公交场站、重大危险源企业开展安全隐患大清理、大排查、大整治，检查单位314家次，发现隐患645处，处罚11家，罚款21.2万元。

（辛晋峰）

【生产安全事故】 2018年，通州区发生各类生产安全死亡事故49起，死亡50人。其中，道路交通事故43起，死亡44人；工贸行业生产安全事故5起，死亡5人；铁路交通事故1起，死亡1人；未发生生产经营性火灾和农业机械死亡事故。

（张恒岩）

【安全生产督查检查队规范化建设】 2018年，通州区19家职能部门安全生产督查检查队全部通过市局规范化建设终评验收，超额完成了规范化建设达标率90%的任务目标。

【村（社区）级安全监管体系建设】 2018年，通州区各行政村和社区均成立村（社区）安全工作领导小组，建立安全巡查员队伍。全区15个乡镇、街道共459个行政村、132个社区，配备安全生产巡查员1217人，其中，专职234人，兼职983人。完成通州区巡查员工作证的更换发放工作，实现统一持证上岗。

（庄　威）

【安全生产条件普查数据】 2018年，通州区安全监管局做好重点区域内企业安全生产跟踪式管理，确保企业台账的新、准、全。对全区1.6万余家企业单位按照不低于10%的抽检比例，进行抽检验收，完成16个乡镇街道安全普查抽查工作。在2018年全市企业台账系统运行情况以及企业台账数据抽查中，通州区不仅在系统平稳运行、数据动态更新、企业信息完整性、及时审核情况全部四项指标中均超过全市平均水平，而且在市局此次抽查工作中，以台账系统数据准确率97.78%的成绩，位于全市第一。

（步　凡）

【“安责险”工作】 2018年，通州区安全监管局进一步提升服务水平和能力，合理划分保险公司服务区域，召开通州区安责险试点工作动员部署会。年内有2964家生产经营单位投保“安责险”，企业年参保率达19.97%。

（张恒岩）

【安全生产标准化】 2018年，通州区安全监管局全面开展工贸行业安全生产标准化建设工作。有486家企业完成安全生产标准化三级达标和岗位达标，其中三级达标企业150家，岗位达标企业286家。

（张　伟）

【安全生产举报投诉】 2018年，通州区安全隐患和安全生产违法行为举报中心接到群众举报投诉93件。受理的93件举报投诉中，办结93件，办结率100%，且均将查处情况向实名举报的举报人进行回复，满意率100%。

（张恒岩）

【加强危险化学品行政许可管控】 2018年，通州区安全监管局在2016年—2017年主动消减5家危险化学品生产企业和60家危险化学品经营企业的基础上，通过许可措施再次调整退出32家危险化学品经营（无储存）企业，消减危险化学品重点品种28项，同时根据副中心建设发展规划要求，明确了今后不再新增许可危险化学品企业。

【危险化学品企业执法检查】 2018年，通州区安全监管局检查危险化学品企业474家次，发现各类安全隐患482处，下达各类执法文书1926份，行政处罚32家，罚款60.3万元。

【加油站贯标改造工作】 2018年，通州区安全监管局加大对加油站贯标改造施工现场执法检查力度，督促加油站和施工单位制定施工安全保障方案和应急预案，落实各类特种风险作业的安全保障措施，严防各类安全生产事故的发生，同时组织第三方评审机构专家对完成改造的加油站进行现场材料审核工作验收，全区90家加油站全部完成改造工作。

【配送销售】 2018年，烟花爆竹批发单位为通州区零售网点配送烟花爆竹824箱，同比上年598箱上升37.8%；网点完成销售824箱，同比上年572箱，上升44.1%。

（辛晋峰）

【隐患排查治理体系建设】 2018年，通州区安全监管局完成100家企业的隐患排查治理“一企一标准、一岗一清单”编制工作。推进安全生产综合管理与服务平台建设，全区安全监管系统执法终端使用率100%。聘请专业服务机构，由专家指导企业开展隐患排查治理工作。

（雷文龙）

【涉爆粉尘企业专项整治】 2018年，通州区安全监管局在前两年治理工作的基础上持续推进涉爆粉尘企业安全专项整治工作。截至年底，全区有3家涉爆粉尘企业被疏解清退，北京欧陆金鑫木业有限公司在执法人员的检查和督促下，大力投入对隐患进行整改，对整改不到位的北京阂阂同创工贸有限公司给予4万元罚款。上海烟草有限公司北京卷烟厂严格按照市级专家的建议完成整改，并经市验收组验收合格。

（张　伟）

【应急预案备案工作】 2018年，依据国家安监总局《生产安全事故应急预案管理办法》，通州区安全监管局要求各乡镇、街道要高度重视应急预案备案工作，有71家生产经营单位进行备案，25家新增生产经营单位进行首次备案。

【城市安全风险评估】 2018年，通州区安全监管局通过组织领导、召开会议、全员培训、绩效考核等方式，继续推动通州区城市风险评估各项工作。参加了通州区安监局2017年安全生产隐患排查治理专项资金——城市安全风险评估试点工作资金项目绩效评价现场评价会，考核等级为优秀。区安全监管局以区安委会办公室名义印发《通州区城市安全风险管控办法》，完善安全风险信息数据库。通过对通州区重点企业（96家加油站）的安全风险评估及管控效果的核查工作，包括风险源、管理制度、安全生产管控效果等方面，形成通州区重点企业（加油站）的安全风险评估及管控效果核查报告。

（羿　琳）

【安全生产执法检查】 2018年，通州区安全监管局依法监督检查生产经营单位1828家次，人均检查量为65.29件，全市排名第5名；依法查处事故隐患2027处，实际完成事故隐患整改1845处；下达各类行政执法文书6350份，其中下达责令限期整改指令书1044份；依法进行行政处罚320次，其中经济处罚125次，人均处罚量为11.43件，全市排名第6名；执法检查过程中触发职权60项，职权履职率为14.89%，全市排名第2名。

【重点时期安全检查】 2018年，通州区安全监管局在元旦、春节、“五一”、“十一”期间，对劳动密集型企业、人员密集场所、建筑施工工地等重点领域开展检查。检查企业46家，下发各类执法文书170份，查处各类安全隐患120余处，对5家存在违法违规行为的企业给予罚款7.3万元。

【城市副中心建设项目安全保障】 2018年，通州区安全监管局与相关部门配合，有效保障核心区建设工作的安全、稳定。针对核心区建设项目，开展安全生产监督执法检查140家次，发现安全生产隐患

258处，下达限期责令改正指令书32份，全部隐患均已整改到位。

（张　伟）

【应急管理专项检查】　2018年，通州区安全监管局通过查阅生产经营单位台账资料、实地检查、询问等方式，依法监督检查生产经营单位214家，查处事故隐患96处，实际完成事故隐患整改96处；下达各类行政执法文书424份，其中下达责令限期整改指令书65份；处罚5家，处罚金额5万元，有力地打击和震慑了安全生产非法违法行为。

（羿　琳）

【职业健康监督检查】　2018年，通州区安全监管局开展职业健康监督检查工作，检查企业448家，复查448家，下达行政执法文书1334份，排查整改安全隐患465项，约谈企业负责人50余人，对20家生产经营单位给予行政处罚，罚款36.4万元。开展职业病危害项目申报工作，432家企业完成职业病危害网上申报。

【职业卫生普查】　2018年，通州区安全监管局按照全市“重点行业领域生产经营单位职业病危害普查”工作部署，制发《北京市通州区重点行业领域生产经营单位职业病危害基本情况普查工作方案》，组织210名安全员配合普查机构对全区15个乡镇街道内3618家涉及职业危害生产经营单位进行普查，超额完成市安全监管局工作要求。

【职业卫生抽检】　2018年，通州区安全监管局对23家涉及职业危害用人单位作业场所进行职业病危害因素抽检，包括检查工作中存疑复检17家，处理投诉举报1家，汽车制造业零部件专项整治检测5家。

（杨钦然）

【安全生产大培训】　2018年，通州区生产经营单位主要负责人和安全生产管理人员培训工作按照广泛动员、主动协调、跟踪督导的工作思路，通过机关认真筹划、属地深入宣传、培训机构严密组织，实现了实名确认到位、培训保障到位、培训延伸到位，完成年度培训考核工作。2018年，培训任务7516人(超额完成7558人）全部完成。

9月17日，通州区开展2018年安全生产监管干部培训班　　（区安监局提供）

【安全社区创建】　2018年，通州区安委会办公室借鉴北苑街道、玉桥街道在安全社区创建中的经验做法，通过积极引导、共建互促等手段，启动梨园镇、于家务乡、永顺镇、潞城镇、新华街道、中仓街道等单位安全社区创建工作，不断提升街乡安全领域管控水平，护航城市副中心建设。中仓街道安全社区创建工作被列入北京市市级安全社区建设库。

（邢鑫爽）

【有关文件清理】　2018年，通州区安全监管局对2004年—2017年区安委会、安委会办公室、安全监管局制发的文件进行清理，确定保留区安委会、安委会办公室文件95个，区安全监管局文件48个，审查2017年区安全监管局规范性文件88件。

【案卷评查】　2018年，通州区安全监管局制作行政处罚案卷125卷，法制科审查案卷25卷。在市安全监管局案卷评查中，抽取通州区安全监管局10卷参评案卷，均为优秀卷，其中满分9卷。在区政府法制办案卷评查中，抽取区安全监管局2本参评案卷，均获得了优秀的成绩。

（张　哲）

食品药品监督管理

【概　况】 2018年，在区委、区政府和市局的正确领导下，区食药监局以习近平新时代中国特色社会主义思想为指引，以京津冀协同监管为重任，以创建食品安全示范区为动力，推进各项重点工作，全区食药监管工作取得实效。

【创建食品安全示范区】 年内，完成通州区创建食品安全示范区首轮验收工作。接受市级验收组对近4000份资料进行检查审阅，并对食药所、社区监测点、食堂、农产品批发市场、超市、食品生产企业等进行实地查验。经第三方调查，公众对食品安全总体满意度为81.67%，对创建示范区工作知晓率为88.9%、支持率为98.5%。区食药监局全面实行监管服务精细化管理，探索食品药品安全监管新机制，进一步夯实食品安全示范区创建工作基础。

11月15日，通州区人大常委会主任李玉君（右三）带队到通州食药局调研食药监管工作

（区食药局提供）

【通武廊食品药品战略合作】 年内，召开通武廊食品药品安全区域联动协作联席会议，就优质食用农产品进京等事项进行深入探讨。承办北京冬奥会食品安全“区域协作　基地保障　全程监管”动员部署大会“牛羊肉禽蛋”分会，通州区食药安委与三河市、香河县、安次区、固安县、大城县等地食药安委签署协作保障协议7份，京内外109家食品企业间签订合作协议46份。通过食品药品检测结果互认协议，加强三地在检测应用领域合作，不断深化京津冀食品药品安全协同发展。

【行政许可】 年内，落实“放管服”改革，行政审批提质增效。承担食品、保健食品、药品、医疗器械等52项行政许可，按“一窗口受理　一站式办理　一平台共享　一网式通办”模式有序运行。6月起，食品经营、药械经营等许可及有关备案事项办理时限压缩至5个工作日。仅需进行书面形式审查的事项实行即时办理。2018年完成行政许可7370件。

【打造“阳光餐饮”】 实施精细管理，全面推进“阳光餐饮”工程。截至2018年底，通州区有餐饮服务单位4027家，其中3357家餐饮企业达到“阳光餐饮”工程要求，总体完成率为83%。社会餐饮2957家，完成2758家；职工食堂、工地食堂829家，完成485家；学生食堂64家，全部完成；托幼机构食堂104家，全部完成；养老机构食堂17家，全部完成；中央厨房、集体用餐配送单位27家，全部完成。

9月18日，通州食药局与环球影城项目对接餐饮和食品安全标准　　（区食药局提供）

【“四品一械”抽验抽检】 年内，加大监测力度，做好风险防控。全年完成“四品一械”（食品、药品、保健食品、化妆品、医疗器械）抽验抽检，食品

监督抽检3290批次，合格率为98.5%；完成药品监督监测抽检754批次，合格率为99.3%。食品药品安全形势总体稳定向好，针对问题，随时组织专项抽检，提前完成风险排查，做到早谋划、早准备、早处理。

【完成重大保障和应急处置任务】 年内，完成北京"两会"、全国"两会"、中高考、端午节、啤酒节等重大活动、节日期间的食品药品应急保障工作。妥善处理疑似食物中毒报告及食品药品突发事件19起。

【案件办理】 2018年行政处罚总量1036件，一般程序642件，简易程序231件，不予处罚决定58件，撤案105件。作出处罚决定案件数873件，罚款1091.35万元，没收80.83万元，罚没合计1172.18万元，与上年同期930.87万元相比增长25.92%。办理涉刑案件6件，刑拘7人。

【隐患排查治理】 组织贯穿全年的全领域隐患排查治理工作，从村到乡再到镇，呈现出食品监管网状高压震慑效力。2018年出动执法人员28334人次，排查食品生产经营者11788户次，有证主体覆盖率100%，无证主体排查区域覆盖率100%。排查出食品风险隐患537起，治理完成537起，上账隐患治理率100%。责令停产停业7起；注销、疏导办证等5起；办理案件73起，涉及罚款金额案件14起，罚没款合计523337.1元；取缔无证生产经营者65户。

【无照无证餐饮治理】 年内，完成1714家挂账无照无证餐饮单位的销账治理工作，消减率为100%。

7月10日，通州区食药局中仓食药所取缔南大街一处无证加工黑窝点 （区食药局提供）

北京市通州区开墙打洞系统中涉及食品和餐饮的无证无照台账总数为1263户，已经确认消减970户，网上在账未治理数为266户，待确认数为14户，经属地食药所核实后退回数为13户，消减率为76.8%。

【专项整治情况】 年内，加大对高风险领域、高风险企业、高风险品种的监督检查频次，形成对社会面的有效控制。加大对重点企业、重点产品和重点环节的检查频次，开展"双随机"检查。

通州区食药局执法人员持续检测春节市场肉类供应安全——2月13日，食药检查人员夜查八里桥市场牛羊肉厅 （区食药局提供）

【依法行政】 2018年，接收行政复议79起，接收决定书65起，维持决定29起；驳回申请20起；重新作出行政行为9起；限期答复2起；终止9起。应诉21起，行政诉讼裁定驳回2起，判决驳回起诉7起，裁定撤回起诉6起，判决重新处理1起。

【投诉举报信息】 2018年，接投诉举报6207件，咨询107件，意见建议1件，投诉举报件中，食品类5902件，药品类114件，医疗器械类41件，化妆品类77件，保健食品类73件。对投诉举报事项的初查率达100%；按规定期限内回复反馈率达100%。

（崔 海）

金 融

3月9日，在北京市通州区创建全国文明城区总结表扬暨常态化建设动员部署会上，市区领导为建行北京通州分行等单位颁发“全国文明单位”奖牌

（建行北京通州分行提供）

概　述

2018年，金融机构不断优化金融信贷营商环境，构建普惠金融和绿色金融服务体系。多举措推动银行机构降低小微企业融资成本，持续加大银行机构服务收费优惠减免力度，降低相关开户费用，针对优质小微企业以及“三农”小微企业贷款实行定向优惠。加快推动普惠金融服务建设，在机构和服务设置上，鼓励银行设置普惠金融事业部，在政策支持上，推动针对小微企业信贷业务制定奖励政策，鼓励政银、税银、银企合作，提高对企业的服务效率。推动银行机构加快创新绿色金融信贷模式，探索投贷联动业务，推进探索副中心绿色金融示范区工作。

推进企业上市挂牌工作，鼓励企业运用资本市场做大做强。梳理企业上市条件和流程，配合相关部门研究鼓励企业上市的优惠政策。组织企业开展有针对性上市辅导服务，通过培训和宣传，鼓励企业进一步运用资本市场做大做强。组织园区内多家中小企业赴中关村国家自主创新示范区参加2018年北京区域股权市场专题培训、2018年北京地区企业运用机构间私募产品报价与服务系统发行资产证券化产品培训和股权融资3场培训会，重点培训区域股权市场的挂牌流程和最新政策。截至年底，通州区主板上市企业3家，“新三板”挂牌公司37家，“四板”挂牌公司180家。鼓励银行金融机构优化小微企业服务、助推企业上市。

开展政务服务流程优化，全面实现类金融企业审批“一网通办”。配合市级部门研究修改交易场所、P2P网贷机构相关检查办法，配合区相关部门做好服务业扩大开放试点、构建“高精尖”产业发展服务体系、促进商务服务功能性产业发展、促进总部经济发展、规范政府性债务管理、高端人才金融扶持方案、支持企业上市发展等一系列政策的研究和落实工作。配合区政务服务办要求与市局沟通，指派专人对政务服务事项进行全面梳理，梳理三大区级政务服务事项：交易场所设立与变更批准、融资性担保机构的设立与变更审批、小额贷款公司设立与变更，实现高频事项“最多跑一次”，实现所有服务事项网上办理。

聚焦财富管理和金融科技产业，抢占首都金融业发展高地。聚焦财富管理、金融科技等“京津冀”金融增值业务，推动副中心金融业高起点、高标准、高质量发展。在运河商务区核心地块预留产业用房，以市场化运作方式，启动北京金融科技国际产业园建设，培育引入国际化金融科技企业。与蚂蚁金服签署战略合作协议，未来将引入蚂蚁金服集团在人工智能、信息安全、大数据、云计算等领域的金融安全风控技术，搭建金融科技服务平台，提升金融风险的监控和防范能力。推进区政府与国研财富管理研究院、富华集团签订三方战略合作协议，重点引进财富管理机构。

围绕运河商务区板块打造创新金融和高端总部集聚区。做好优质金融资源的疏解承接，引进恒丰银行、光大银行两家北京通州分行，完成通州国开村镇银行深化股权结构改革，引进北京国际矿业权交易所,实现金融街88号论坛落户。华夏保险、邮储银行在运河商务区购置楼宇。中银富登村镇银行总部、农业银行北京分行、华夏银行北京分行、五道口金融学院正在进行或完成选址。人民银行副中心分行、工行、国开等也表达了入驻意向，中英绿色金融孵化器、巴基斯坦哈比银行等项目正在持续推进。

鼓励金融机构运用金融科技提升服务水平。加快推进银行机构战略转型，鼓励银行机构探索运用金融科技手段提升服务水平。推广社区E服务、网上银行、手机APP等线上业务，为社区和农村偏远地区百姓提供便利的金融服务。探索通过机器学习、大数据智能云平台等前沿技术，提高交易处理效率；引进金融超市、智能柜台、智能理财桌等高端智能机具，提升客户服务体验。

提前谋划金融科技发展布局。结合副中心建设实际，在与市级部门沟通过程中，建议先期在运河商务区启动区3平方千米范围内、通州商务园北部以及宋庄镇部分地区布局发展金融科技产业，充分利用该片区现有闲置楼宇资源以及宋庄文化创意产业基础，发挥五道口金融学院人才聚集带动作用，将财富管理、金融科技等金融要素与文化要素相融合，集聚一批资产管理、基金、信托、投资等财富管理类企业和金融科技公司，将文化与金融“联姻”，最终在商务园和宋庄地区形成集文化创意、财富管理和金融科技“多点支撑、高端驱动”的综合型特色街区。

协调各部门排查金融风险，运用大数据等创新手段预防金融风险。加强高风险企业监管预警，通过排查摸清企业经营情况、风险状况，推进对高风险企业的预防处置。截至三季度末，协同公安、工商等部门核查非法集资线索16条，核查风险企业142家。与数联铭品公司建立合作关系，搭建新金融大数据监测预警平台，将现有注册企业及新落户企业和市级通报的关注企业纳入监测，根据冒烟指数预警和市风险企业名单，及时通报核查。截至年底，对7000余家驻区企业实施日常监测，预警风险企业200余家。

配合做好互联网金融机构风险防控。加强十亿元规模以上网贷平台的监督管理力度，通过约谈企业负责人、下发警示通知书等手段，督促纳入整改范围的3家网贷机构采取有效手段持续控制平台借贷余额、当前出借人数和借款人数等关键性指标，加强P2P网络借贷行业数据统计与报送，制定整改措施，加快落实机构数量及业务规模“双降”要求。在全国网贷机构频繁“暴雷”的敏感时期，责令网贷机构负责人不得离境，共同应对行业风险，截至年底，通州区未发生网贷机构“暴雷”问题。

加强金融知识普及和金融风险教育。继续加大金融安全知识宣教力度，提高百姓防范非法集资意识，营造良好的金融发展氛围。截至三季度末，协调全区27家单位开展防范非法集资宣传教育活动13场，参与群众2700人次；组织全区乡镇街道开展金融知识普及月金融知识进万家宣传活动69次，发放宣传材料8700余份，微信推送信息2200余条，微信宣传阅读量达到5.3万余次，受众群体达到4.65万余人，切实提升了辖区群众的金融知识水平。

建立通州区违法违规金融活动报告机制。为进一步完善违法违规金融活动报告机制，按照市金融局的工作部署和统一要求，协调各乡镇街道建立通州区违法违规金融活动报告机制，分别确定各乡镇街道联络员，建立区级、乡镇街道级工作微信群，形成覆盖全区的网格化报告机制。截至年底，通州区有联络员480余名。

（周亚琼）

中国工商银行股份有限公司北京通州支行

【概　况】　中国工商银行股份有限公司北京通州支行位于通州区新华西街47号，全行现有在职员工468人，全行设10个内设部室，18个营业网点，营业网点数量在通州地区各银行间占比12%。代理人民银行国库业务和发行基金保管库业务。2018年，通州支行认真贯彻落实习近平新时代中国特色社会主义思想和总分行党委各项决策部署，紧抓副中心建设机遇，不断深化发展思路和方向，加快经营转型，加强改革创新，提高核心竞争力和风控水平，提升党建促经营发展动力，使各项工作取得显著成果。截至2018年末，通州支行全年实现本外币拨备前利润76791.74万元，同比增加5848.51万元，同比增长8.24%，以领军优势，位居同业前列。

【渠道建设】　年内，支行根据城市副中心东迁工作进展情况，在市政府行政办公区内部和周边地区布设网点，充分挖掘潜在的对公和个人客户资源。支行认真贯彻落实总、分行关于副中心金融工作的决策部署，加强与市委、市政府以及各委、办、局等单位的沟通协调，以良好的服务口碑和品牌形象赢得各单位的一致认可，成为五大行中唯一入驻市政府办公区的银行。支行根据分行科技创新工作部署和人工智能的发展趋势，先后在通朝支行、运河东大街支行和新华分理处安装了“魔镜”系统、人脸识别系统以及多功能九连屏，以高端的金融科技元素，有效促进了网点与客户的互动交流，进一步提升了客户的体验度和好感度。

【风险防控】　为进一步强化支行各部门案防履职意识，提高风险防控能力，支行在年初将各项案防工作进行归纳整理，制作了案防履职清单，便于各部门案防工作的开展，提升履职效率。建立内控案防制度学习清单，将应知应会的制度进行系统的总结归纳，指导各部门开展内控案防教育活动，提高全行干部员工的风险防控意识。为实现“全年无案件和风险事件”的目标，支行从制度规范、教育培训、提高日常检查频率、加大通报力度等方面入手，不断强化风险防控工作，同时以严格的考核为抓手，践行严管就是厚爱的理念，为支行的经营发展保驾护航。

【网点服务】　支行不断夯实网点服务基础工作，从网点环境管理、员工精神状态、服务态度等方面入手，切实解决网点服务问题。通过加大检查频次、扩大检查范围、提高通报强度等方式，日复一日、毫不松懈的对网点存在的服务问题监督整改。支行以投诉工单作为突破口，深入分析网点存在的服务流程、业务处理机制等问题，进一步帮助网点优化服务流程、改善服务机制。支行的服务管理工作在打基础、细标准、强规范的同时，更加重视与业务发展的融合互助，在管理理念、工作思路、措施方法上都有了新的探索和突破。截至2018年末，支行客户平均排队等候时间6.83分钟，同比下降2.23分钟，客户满意度为95.4，同比提升1.4，累计获得锦旗5面、表扬信15封、“95588”工单表扬55件，服务口碑和品牌形象持续提升。支行新华分理处还在中银协服务千佳单位评比中，获得2018年银行业文明规范服务千佳单位称号。

（刘　洋）

中国建设银行股份有限公司北京通州分行

【概　况】　中国建设银行股份有限公司北京通州支行于2017年11月更名为中国建设银行股份有限公司北京通州分行，隶属于中国建设银行股份有限公司北京市分行，位于北京市通州区玉带河西街25号，下设11个部室，15个营业中心（含营业部），1个个人金融中心。营业中心为潞河支行、运河支行、光谷支行、财满街支行、瑞都国际支行、群芳中三街支行、玉桥东路支行、玉带河东街支行、云景里支行、鱼市口支行、汇鸿家园支行、物资学院路支行、杨庄路支行、新华西街支行。年内在岗人员372人，平均年龄35.04岁，其中本科及以上学历人员287人，党员133人。

2018年，通州分行全年实现本外币账面利润8亿元。截至2018年12月31日，本外币全口径存款时点余额476.27亿元；本外币各项贷款时点余额136.55亿元；五级分类不良贷款余额0.1亿元，不良率0.08%。

【服务副中心建设】　2018年，为“绿心”项目、通马路改造、广渠路东延、京安城际铁路、北片区水环境治理项目、于永片区水环境治理项目等10余个重点项目提供授信额度支持64.3亿元。

【推行“三大战略”】　通州分行围绕总行住房租赁、金融科技、普惠金融“三大战略”，承担社会责任，服务实体经济，践行大行担当。年内，通州分行实现全辖16个网点全年开放“劳动者港湾”，提供服务总计6398人次，其中，服务户外劳动者总计2247人次，服务老弱病残孕幼等特殊群体1690人次。在25个行政村内建设“裕农通”服务站。累计为789户小微企业提供贷款支持。

（孟宪赟）

中国农业银行股份有限公司北京城市副中心分行

【概　况】　2018年，通州支行升格为北京城市副中心分行，全行400余名干部员工牢固树立副中心意识，以敢闯敢拼的韧劲和干事创业的魄力全力以赴服务副中心建设，抢抓副中心历史机遇，收到较好成效。

年内，本外币核心存款余额创建行以来最高水平，较2015年末增加近150亿元。重大项目开花结果。与多家区属机构企业单位建立合作关系，为后续业务打下基础，显著提升农行影响力。积极服务实体经济，全面超额完成普惠任务，对接国家级批发市场八里桥市场ERP项目并顺利运行，实现北京分行互联网业务的突破。综合绩效和客户建设多项指标排名实现争先进位。响应总行“金穗圆梦”和区政府发起的“京藏援手”捐资助学2次，开展“孝满潞城·爱在重阳”等敬老助残2次。

【“双基”管理】　年内，完成“双基”（基层和基础）管理。优化资产质量，实现法人不良贷款全部清零。夯实运营基础，对账工作大幅提升、自助设备管理进一步细化、柜面差错得到有效控制、完成5个档案周转库建设，将近21万余册的凭证及账簿全部整理入库。紧抓风控案防，内控评价考核排名跃居北京分行第5名，历时4年重归一类行，“三线两点一网格”（行内系统考核名称）考核列北京分行第一名。

（王　晗）

中国银行股份有限公司北京通州支行

【概　况】　中国银行股份有限公司北京通州支行位于通州区车站路44号，内设8个部门，下辖10个营业网点。分别是通州九棵树支行、通州新华西街支行、通州果园支行、通州梨园支行、通州马驹桥支行、通州光机电支行、青年路支行、朝阳北路支行、广渠东路支行、土桥支行。通州支行努力践行分行党委战略方针，紧抓通州北京城市副中心建设机遇，真抓实干，团结拼搏，取得了较好的经营业绩，实现了各项工作协调发展。

【主要经营范围】　人民币结算业务：对公对私结算业务，代缴税费，电子银行服务，企业代发薪，工商验资账户开立，单位客户集中收款，对公现金汇集通，中央财政非税收收入收缴，军保卡、银医卡等特色联名卡等。公司银行服务：账户服务，国际结算业务，人民币/外币理财，远期结售汇，养老金等。个人银行服务：传统存款服务，联名账户存款，信用卡服务，国际汇兑服务，投资理财服务，私人银行服务，出国留学金融服务。传统/特色贷款融资：住房贷款，个人抵（质）押循环贷，公积金贷款，综合贷款额度，固定/流动资金贷款，房地产企业贷款，中小企业贷款，项目融资，供应链融资等。利用海外分支机构众多的优势，为客户提供旅行支票、外币汇票等票据的购买及兑付和美元、欧元等多种外币的小额零钞兑换服务，为百姓出国提供了更加便捷、安全、省钱的外币携带方式。

【推进业务发展】　支行响应总、分行号召，秉承建设新时代全球一流银行的经营理念，以强责任，转作风，重服务，促效能作为提升干部履职能力，推进内生动力机制的四个抓手，以基层支部为核心，确立了明确一个活动目标，解决一个发展短板，提升服务能力，提高盈利水平的基层活动主题，组织各网点、部室，锁定客户基础差、业务较单一的发展短板，下大力气拓展、壮大支行的公司、个人、授信客户群体，着力拓展行政事业客户、中高端私人客户、普惠金融客户、民营企业客户，并对新增客户、目标客户“穷追不舍”，力求见到成效。

【拓展智能银行】　2018年，支行加强智能化银行建设，在电子银行、自助设备等渠道上加强推广，大力推进网银、手机银行等客户群体拓展，以高度的自助化设备服务通州百姓，提升效率，不断提升客户满意度。

（田　联）

中国农业发展银行北京市通州区支行

【概　况】　中国农业发展银行北京市通州区支行成立于1997年3月，位于通州区新华北路55号，内设3个部室。作为农业政策性银行的分支机构，始终专注主业、回归本源，切实履行政策银行金融职能，服务首都粮食安全。通州区支行认真践行总、分行工作部署，坚持党建领行、创新强行、服务兴行、合规治行的工作思路，全行上下“撸起袖子加油干”，稳步发展各项业务，夯实基础管理，防控各项风险，一步一个脚印，努力推进通州区支行高质量发展。2018年，支行荣获了总行级粮棉油信贷管理工作标杆行称号。

【专注粮食贷款主业】　为更好服务国家和首都的粮食安全，为粮食供应提供资金支持，2018年通州区支行新增中央储备粮贷款，累计向北京粮食集团有限责任公司发放流动资金贷款32亿元。全年粮棉油贷款投放、收回额度超60亿元。通过采取积极的政策引导手段，发挥了稳定粮食价格、保障首都粮食供应及安全的政策职能作用。

【服务首都生态环境建设】　通州区支行认真贯彻十九大和习近平系列讲话精神，大力支持节约资源、保护环境的基本国策，践行“绿水青山就是金山银山”的发展理念。响应国家为解决民营企业“融资难”“融资贵”等问题，为桑德集团北京市垡头污水处理厂（一期）升级改造项目提供了的4.25亿元授信额度，年末累计发放贷款1.8亿元。

【助力京津冀一体化建设】　通州区支行金融服务京津冀协同发展取得新成效，为普天创新创业管理有限公司建设的中国普天天津创新产业园项目提供2.9亿元授信额度。该产业园将引入京津冀乃至全国大量高科技优秀企业，进一步优化京津冀地区科技创新的营商环境。

（张钰培）

北京银行股份有限公司通州支行

【概　况】　北京银行股份有限公司通州支行成立于2004年4月，截至2018年末有员工88人，在通州区设有9家营业网点，4家社区支行。9家营业网点分别为北京银行通州支行，位于新华西街59号（通州万达广场北侧）；北京银行瑞都支行，位于九棵树大街165号（果园环岛家乐福超市南侧）；北京银行运河支行，位于通胡大街11－1号（水恋晶城小区底商）；北京银行光机电园区支行，位于通州区台湖镇次二村南6号美达大厦一层；北京银行马驹桥支行，位于马驹桥镇245号院12号商业楼105号（兴华嘉园小区底商）；北京银行国际新城支行，位于通州区梨园南大街326号；北京银行车站路支行，位于通州区车站路22号；北京银行宋庄支行，位于通州区小堡南街1号院；北京银行潞城支行，位于通州区三水潞城西区古月佳园27号楼。4家社区支行分别为新华联家园社区支行，位于通州区杨庄南里8号楼－1（新华联家园小区）；怡乐北街社区支行，位于通州区怡乐北街92号1层B－通州区怡乐北街92号；玉桥西里社区支行，位于通州区玉桥西里72号院21号楼商8号（新通国际小区）；梨园西里社区支行，位于通州区梨园西里27号楼1层1单元01。截至2018年年底，北京银行通州支行本外币各项存款时点余额94.2亿元，总贷款规模34.95亿元，本外币资产总额99.89亿元。

【网点建设】　2018年，北京银行通州支行在总分行的大力支持下，根据副中心规划方案及通州区经济发展特色，进一步整合网点资源，加大网点建设。完成北京银行宋庄支行、潞城支行的新建和开业工作，另有1家支行处于在建状态，宋庄支行为北京银行在通州地区打造的第一家文化金融特色支行，未来将形成综合网点与社区支行相配合、全面覆盖城市副中心主要功能区的网点布局。同时，借助智能机具加速网点转型步伐，通过机具的布放，大幅提升服务效率，进一步提升客户服务体验，提高网点效能。

【支持副中心建设】　2018年，为落实党中央、国务院决策部署，加快贯彻北京市委、市政府建设副中心的规划目标，北京银行通州支行全力支持城市副中心建设，为通州区重点项目提供金融支持，重点支持了通州区东方厂周边棚户区改造项目即城市绿心项目，为该项目提供40亿元授信；作为棚户区改造项目的代理结算行，北京银行通州支行以总分支联动组建了专业服务团队，紧盯项目进度，举全行之力保障服务工作。随着城市副中心建设的推进，北京银行通州支行将加大对副中心的资源倾斜和产品创新力度，通过信贷和产业基金、银保债权等多样化创新产品，为通州区乃至京津冀范围内的各类企业提供全方位投融资咨询服务。

（周严妍）

北京农村商业银行通州支行

【概　况】 截至2018年末，北京农商银行通州支行有营业网点35个；在职员工610人；资产总额达到693.47亿元，各项存款余额691.2亿元，占通州区存款市场份额15.15%；各项贷款余额51.43亿元。

【支持通州区城市副中心建设】 随着“京津冀”一体化的不断推进和城市副中心建设的加速进行，北京农商银行通州支行加强与政府机关的沟通，提高区域内金融服务力度，全力支持潞城地区拆迁工作，同时介入水务、园林、基础建设等重点项目，为行政办公区项目、城市“绿心”项目、人大附中通州学校项目等提供全方位的金融服务。主动服务属地实体经济，将普惠金融业务作为一项政治任务对待，践行社会责任，对接区域各类协会、商会组织，主动参与普惠金融业务宣讲，为各类协会、商会组织提供金融技术支持，参加各类交流座谈会，为企业面对面提供咨询解答、设计个性化金融服务方案。截至2018年末，普惠金融类授信业务放款近1.18亿元，其中企业经营类5800万元，个人经营类6000万元。

【服务渠道多样便捷】 北京农商银行通州支行不仅拥有区域内数量最多的物理营业网点，还提供包括网上银行、手机银行、微信银行等电子服务渠道，具备全天候、方便、快捷的服务能力和水平，客户可以自助办理账户管理、网上购物、转账支付、自助缴费、投资理财等业务，确保“足不出户、完成支付”，同时“96198”电话银行客服为客户提供7×24小时365天的咨询服务，及时解决使用中遇到的各种问题。通州支行的468台ATM机、自助终端、网银体验机、存折补登机等自助设备为广大百姓提供服务，方便了客户办理业务，有效支持了区域经济建设。

【助农惠农到基层】 惠农、便民始终是农商银行的主要工作，通州支行代理发放农村地区各项政策性资金，包括农村地区无保障人员养老金、城乡居民养老保险、民政部门各项低保金、抚恤金等30余项政策性资金，涉及城乡居民达12余万人，每年发放金额超过15亿元。为通州区60岁以上养老助残卡客户累计发卡23万张，发放养老助残券70.4万人次、金额7184万元，各项养老助残卡客户金融服务工作稳步推进。

【金融服务村村通】 面对农村地区金融服务渠道匮乏的实际现状，结合市政府金融服务村村通工程，北京农商银行通州支行创新服务模式，按照农村地区客户特点量身打造了全新的“乡村便利店”农村金融服务模式。截至年底，开通运行100家乡村便利店，覆盖全区100个行政村，受益百姓达17万人。百姓足不出村即可办理小额存取款、转账、汇款、查询余额、补登存折、缴费等业务。2018年，通州支行乡村便利店为百姓提供现金业务13.4万笔、缴费业务5.9万笔，有效解决辖内偏远地区金融服务盲区问题，切实履行服务全区百姓的社会责任。

（岳俊磊）

中国人民财产保险股份有限公司北京市通州支公司

【概　况】　中国人民财产保险股份有限公司北京市通州支公司是中国人民财产保险股份有限公司北京市分公司的分支机构，位于通州区玉带河大街4号，是通州区内历史最悠久、业务规模最大、综合实力最强的财产保险公司。公司用诚信、责任、专业、价值塑造了享誉国内外的优势品牌，参与社会风险管理和社会保障体系建设，不断创新保险机制，服务社会管理，充分发挥专业技术和服务优势，利用保险市场化的风险转移机制、社会互助与管理机制，保障经济发展，促进社会和谐，认真履行社会责任。2018年，通州支公司按照公司制定的去中介、降成本、优服务、强黏性的工作要求，持续提升承保及理赔服务水平。提供风险保障1019.89亿元，实现保费收入3.61亿元，同比增长3.54%。机动车险全年实现保费收入3.38亿元，增长2.73%。在车险市场竞争加剧、全行业车险保费负增的不利情况下，通州支公司细化管理过程、及时分析市场变化，采取有效措施，保证了机动车险业务的正增长。

【安全生产责任险】　安全生产责任险是由安监局牵头，保险公司落地推广的险种。2018年，通州支公司加大宣传，扩大安全生产责任险承保范围，有效的化解了企业的经营风险，保障员工和群众利益。为通州区931家企业提供保险服务，风险保障达39.19亿元，保费收入87.79万元。

【打造理赔服务品牌】　年内，深入推进以客户为中心，全力打造车险“心服务・芯理赔”品牌，让服务有温度，让理赔更简单。车险万元以下案件实现定后即赔；小额人伤案件开展线上“一站式”服务；节假日在主要交通枢纽设立“心服务站”，提供便民保险服务；建立人伤航空应急救援体系，为客户提供直升机救援与地面救援相结合的“空地一体化”特色服务。

【政策性农业保险业务】　2018年，通州支公司继续加强对永乐店镇、漷县镇农户的服务。为824户次农企、农户提供风险保障2.06亿元，涉及生猪、奶牛、大棚、果树等14个险种，支付赔款1009.22万元，放大区级财政补贴3.21倍，充分体现了“人民保险、服务人民”的社会担当。

（董延瑞）

农　业

12月26日，京津冀非洲猪瘟疫情防控应急演练　　（区农业局提供）

概述

2018年，全区实现农林牧渔业总产值（现价）39.6亿元，比上年下降2.9%。其中农业产值14.1亿元，同比下降23.7%；林业产值13.5亿元，同比增长78.8%；牧业产值9.3亿元，同比下降16.2%；渔业产值1.7亿元，同比下降36.3%。全区居民人均可支配收入40553元，同比增长9.1%。其中工资性收入28754元，同比增长8.1%；经营净收入1212元，同比下降8.7%；财产净收入5002元，同比增长21.4%；转移净收入5585元，同比增长8.3%。农业增效、农民增收、农村增绿取得新进展。

下大力气帮扶低收入户增收与低收入村发展。2018年，通州区上下合力全面推进低收入农户增收及低收入村发展，攻坚脱低成效显著。全区现有低收入农户838户、1921人，较上年动态减少13户、33人，低收入村3个，包括西集镇的耿楼村、车屯村、吕家湾村。加强资金支持，推动低收入村产业发展。2016年—2018年市级低收入发展专项资金869.03万元全部拨付至低收入村开展产业项目，耿楼村农业精品示范园区项目累计带动本村低收入户劳动收入83.37万元；车屯村“梦田园·车屯实践教育基地项目”累计带动本村低收入户劳动收入11.6万元。制定帮扶政策，“一户一策”开展精准帮扶。结合市级精神，通州区印发《关于进一步加强低收入农户帮扶工作实施方案》，制定精准帮扶措施32项，进一步加大工作力度，推动从单纯的增收向包括加强教育、医疗、住房保障在内的帮扶转变；制定资金使用政策进一步引导精准帮扶，2018年，通州区匹配资金350万元用于各乡镇开展低收入农户帮扶工作。多部门联动开展多渠道帮扶举措。区委组织部、区委宣传部及民政、社保、教育、残疾、园林、经管等部门及企事业单位、社会团体实施多项帮扶救助政策，全面开展部门对接帮扶和“第一书记”选派、着力提升教育保障、就业保障、社会保障、医疗保障、住房保障水平。

高质量推进都市农业发展。2018年，通州区以绿色兴农、质量兴农为引领，加大调结构、转方式力度，高标准创建国家农产品质量安全示范区、市级现代农业示范区和现代农业产业园，大力促进乡村产业振兴。推进蔬菜产业优质发展。加大蔬菜质量安全和标准化生产政策支持力度，新发展蔬菜塑料大棚800亩，建设水肥一体化700亩；开展全生物可降解膜田间示范470亩；建设蔬菜基质化栽培基地5家；探索通州区农田废弃物源头处理及循环利用模式，为全区清洁田园整体推进提供有利支撑。加大农业生态治理。开展种养殖业面源污染防治和化肥农药减量工作，推进农业废弃物资源化利用，试点建立农村有机废弃物收集、转化、利用三级网络体系；农业系统化肥、农药利用率分别达到37.5%和43%以上，完成全区拟保留规模化畜禽养殖场粪污治理，并实现粪污资源化利用，畜禽粪便综合利用率达到75%，完成50家规模化养殖场畜禽清退任务。推进农业信息化建设。组织通州区园艺作物数字农业建设农业部信息化试点项目，重点开展智能化蔬菜生产控制系统和软件系统建设和研发，推动大数据、互联网、遥感、移动互联等现代信息技术在设施园艺生产各环节的深度应用。开展信息进村入户工程，建设专业型益农信息社130家，标准型益农信息社35家，建设智慧乡村3个；筹备建立通州区数字农业大信息管理系统，支持农业经营主体在生产经营领域应用信息技术。组织通州区首届农民丰收节等农业节庆活动。组织8家企业和特色农产品参加第十六届农产品交流会，组织12家企业参加2018中国（武清）“京津冀”优质农产品展示交易会。全力推进大棚类设施农业及“大棚房”专项清理整治行动。按照“一村一册、一棚一档”的要求，完成全区设施农业台账建设，排查大棚类农业设施项目1406宗，涉及大棚29365栋，发现“大棚房”项目25宗、1488栋，清理整治工作100%通过市级验收。

有序推进美丽乡村建设。2018年，围绕环境整治、规划编制、基础设施与公益设施台账建立等方面推进美丽乡村建设。按照清脏、治乱、增绿、控污的要求启动环境整治工作，第一批112个美丽乡村建设村庄和360个平房村全面完成环境整治任务。同时，第一批112个村庄规划形成成果。全区各村基础设施台账建立工作已经完成，数据全部录入全市统一平台，为后期全市核算管护资金、新增设施建设资金提供依据。

深化推进农村各项改革。2018年，按照乡村振兴战略总要求，通州区持续深化农村改革，激活乡村土地、劳动力等资源要素，增强乡村发展新动能。健全农村集体“三资”监管机制。通过完善监管制度、建立“三资”监管信息系统、规范农村财务管理和集体经济合同管理、开展农村集体资产清产核资以及规范农村产权流转交易市场等工作，不断深化农村“三资”监管改革，保障农村集体经济组织成员权益。推进农村土地承包经营权确权登记颁证。全区有334个村完成确权公示，涉及农户8.7万户，土地面积42万余亩，完善土地承包合同8.4万份。推动农村土地经营权有序流转。规范土地流转合同档案管理，拓宽土地流转服务范围，健全承包经营纠纷调处机制，引导农民以多种形式流转土地。提升农民合作社发展水平。加强农民专业合作社规范化建设，推进国家和市区级示范社建设，培养高素质专业化管理人才；截至年底，在工商登记注册的合作社有365家，核心社员1.5万户，带动社外农户3.5万户，其中市级示范社20家，国家级示范社12家。

（魏　征）

农村经济管理

【概　况】 2018年，围绕农村经管工作，区经管站完成了农村产权制度改革、“三资”监管、农村社会事务管理等工作任务，农村审计和农民负担“两项监督”得到了进一步强化。

【农村土地承包经营权确权登记颁证】 坚持土地集体所有权，稳定农户承包权，放活土地经营权，完成农村土地承包经营权确权登记颁证工作。2018年，全区334个村完成确权公示，涉及农户8.7万户，土地面积42万余亩，完善土地承包合同8.4万份。

【完善农村土地承包经营纠纷调处机制】 规范土地流转合同档案管理，拓宽土地流转服务范围，引导农民以多种形式流转土地。加强区级仲裁机构建设，对仲裁委员会人员设置进行合理调整。2018年，接待农村家庭土地承包类政策咨询及利益诉求48件次，全部调解完成。

【转型发展农村产权流转交易市场建设】 研究制定《关于规范通州区农村产权流转交易工作的意见》《通州区农村产权交易管理办法》，完成工作模式转换。2018年，进行招投标事项64宗，中标总价5757万元，合同期内为村集体增收节资440万元。

【助推农村城市化与城镇化改革】 年内，结合新型城镇化建设的新形势新要求，研究制定《通州区乡镇土地股份联社（联营公司）设立方案》，组建完成台湖镇联营公司，指导张家湾、西集、于家务等6个乡镇形成初步设立方案。同时，完成保障市级部门搬迁工作任务，研究制定《通州区撤村建居农村集体资产处置及移交工作方案》，指导相关镇、村做好撤村建居工作。

【引导农民合作社健康发展】 加强农民专业合作社规范化建设。推进国家和市区级示范社建设，对国家级示范社实施动态监测和运行分析。截至2018年底，在工商登记注册并在区经管站备案的合作社有365家，核心社员1.5万户，带动社外农户3.5万户，其中市级示范社20家，国家级示范社12家。组织优质合作社申报市级农业项目，获扶持资金130万元。培养高素质专业化管理人才。开展合作社规范化建设培训，以《中华人民共和国农民专业合作社法》、财务规范化及合作社经营为重点，组织乡镇农民专业合作社辅导员、合作社法人及财务管理人员进行培训。摸清市区两级合作社底数。开展农民专业合作社发展情况摸底调查，与区工商分局等部门共同研究非正常经营合作社合理退出机制。截至年底，全区有118家合作社正常经营，141家非正常经营，106家合作社因各类原因待注销。

【规范农村财务管理和集体经济合同管理】 研究制定《通州区村级经济组织财务公开工作管理制度》，规范村级账户设置及印章管理等工作流程。定期对村级财务公开进行严格检查，确保474个村级经济组织实现100%公开。拓宽财务公开渠道，开发手机微信小程序，在3个乡镇试点实现网络公开。同时，加强对新签订农村集体经济合同的规范管理。有效运用“三资”监管信息系统，做到基础信息同步录入、审批程序同步实施、合同监管同步进行。2018年，全区纳入乡镇管理的经济合同21449份，涉及525亿元，更新问题合同4848份，回收拖欠金额4亿元。

【审计监督和民主监督】 研究制定《加强农村集体经济审计监督工作的意见》，建立审计整改问题回访和销账机制。2018年，开展各类审计1499次，涉及770亿元。完成“一事一议”、农交中心财务收支的内审工作。

【农民负担事项监督管理】 年内，重点检查了村级负担、公益事业补助资金拨付使用、“一事一议”筹资筹劳、农民负担重点领域治理等四方面情况，涉及农户13.2万户。检查中发现个别村存在报刊订阅费超额的问题，涉及1个乡镇24个村。

【有序推进“一事一议财政奖补”项目】 切实强化项目管理、规范资金使用。经逐级评审，全年实施项目19个，投资总额2760万元，惠及人口1.58万人。项目主要涉及路面硬化、村内雨污排水改造、绿化美化等村级公益事业。2018年，建设完成排水约20千米，路面5.5万平方米，种植树木500余棵。

【深化农村集体“三资”监管信息系统建设】 结合基层党风廉政建设工作需要及各乡镇使用需求，不断升级完善“三资”监管系统。优化调整模块内容，增加使用功能，截至年底，有模块11个；定期进行安全等级测评，修补系统漏洞，确保信息安全；开发系统外网功能，在全区推广应用手机端审批软件，强化实时监控，提高工作效率。2018年，信息系统监管大额资金使用14837笔154.17亿元，否决不合理资金使用592笔6.12亿元。

【农经统计分析和低收入村、户监测工作】 落实新版农经统计调查制度，强化统计数据分析。2018年，全区农民人均所得28040元，同比增长9%。全区统一制作《低收入农户收入监测台账》，要求逐户签字认定，确保数据真实准确。截至年底，全区低收入监测户833户1904人，发放补贴10.68万元；低收入村3个。

（潘　静）

种植业

粮食及其他作物种植

【概　况】 2018年，全年粮食种植面积51949.7亩，比上年减少14831.3亩。亩产412.58公斤，比上年减少6.91公斤，总产21433.3吨，比上年减少6580.5吨。夏粮种植面积16270亩，比上年减少3424亩；总产6208.6吨，比上年减少1485.6吨；亩产381.6公斤，比上年减产9.09公斤。秋粮种植面积35679.7亩，比上年减少11407.3亩；总产15224.7吨，比上年减少5094.9吨；亩产426.71公斤，比上年减少4.82公斤。其中玉米种植面积33896.5亩，比上年减少11499.5亩；总产14915.8吨，比上年减少5087.3吨；亩产440.04公斤，与上年持平。大豆种植面积1720.2亩，亩产156.43公斤，总产269.1吨，与上年基本持平。薯类种植面积63亩，亩产631.75公斤，总产39.8吨。总体来看，粮食种植面积、总产量与上年相比有较大幅度下降，小麦、玉米亩产与上年基本持平。

【春季管理及备耕工作】 年内，组织协调各业务站对冬小麦墒情、苗情、生长情况进行调查，下发《关于做好当前冬小麦抗旱工作通知》《关于做好2018年冬小麦春季田间管理技术意见的通知》，以及《通州区小麦春季管理意见》和《通州区小麦春季植保工作意见》，为农户搞好冬小麦春季管理提供了技术保障。对全区春白地面积和各乡镇种子、化肥、农药等农资准备情况进行摸底调查，准确掌握春种和备耕工作情况。

【“三夏三秋”服务工作】 年内，制定“三夏三秋”工作意见，对“三夏三秋”工作进行安排和部署，成立“三夏三秋”工作协调小组，制定并下发冬小麦、夏玉米生产技术规程和植保工作意见。做好收、种、管情况调查及各项技术服务工作，建立“三夏三秋”工作情况通报制度和各种自然灾害调查统计上报工作机制，及时沟通情况，解决“三夏三秋”期间各种技术问题，完成“三夏三秋”各项工作。全区秋播冬小麦面积10356亩。

【农情信息报送工作】 年内，累计上报农业部“春播农作物种植意向表”“夏季粮油生产情况调查表”“夏收、夏播情况调查表”“全年农作物种植意向表”等各类农情报表200余套，上报全区农业生产、技术服务等农情信息81条，上报市农业局“三夏三秋”生产进度表18套，完成农业局粮经种植档案网上调查统计汇总5次，为农业部、市农业局全面掌握通州区粮食生产情况提供了基础数据。

（陈学孟　白秋梅）

蔬菜种植

【概　况】 2018年，蔬菜播种面积8.6万亩，其中设施蔬菜播种面积5.94万亩，露地蔬菜播种面积2.69万亩；蔬菜产量32.5万吨，新建塑料大棚639.41亩。蔬菜产品更加丰富，种植品种由单一型向多元化发展，食用菌、鲜食玉米、草莓添加进居民的菜篮子，食用菌面积1800亩，草莓1000亩，鲜食玉米550亩。全区围绕着提质增效、节肥减药、节水灌溉、农产品质量安全展开工作。

【降低农药施用量】 加强农业有害生物监测预警，设立29个农业有害生物监测点，全年发布病虫情报27期2780份，有效推动病虫害防控。建立10家植物诊所，开具合格病虫害绿色防控处方3324份。推动绿色防控技术应用，建设全程绿色防控示范基地，示范面积4500亩。推广绿色防控产品，绿控产品有作物天敌、性诱剂、授粉昆虫等，补贴资金462万元。扶持2家病虫害专业化服务组织进入市级蔬菜病虫害专业化统防统治服务组织名录。开展多形式专业化防控服务10万余亩次。多项措施的综合施用，化学农药施用量225克/亩（折百量），化学农药利用率提高到43.25%。

【降低化肥施用量】 推广应用测土配方施肥技术，开展农户施肥调查100份，提供施肥建议卡1000份。建立漷县徐官屯、张家湾镇碧海圆、潞城镇中农富通、于家务乡西垡测土配方施肥示范基地；开展生菜、西兰花等作物田间肥效示范，制订区域大配方6个，全区推广施用配方肥2400吨，缓释肥500吨。推广水肥一体化技术，截至2018年，建立蔬菜水肥一体化示范基地3095.5亩；开展有机肥替代化肥减量田间示范，推广应用有机肥面积1万亩；建立耕地质量长期定位监测点20个，监测点位面积3000亩。通过科学施肥，化肥施用量29.8公斤/亩，化肥利用率提高到37.5%，测土配方施肥技术物化落地率稳定在98%以上。

【农药废弃包装物回收】 年内，全区建立13个回收点，采取“以物换物”的方式开展农药废弃包装回收工作，全年回收废弃包装280.49万个，总重30.33吨，100%经过无害化处理。

【农产品质量安全监管】 检查肥料门市140余家次，抽取肥料样品47个；抽检农药样品82个，农药产品标签76个，检测结果全部合格；开展农药残留定性检测1499个，定量检测300个，农残定性检测合格率99.9%。指导农药经营门店281个次，农药生产企业8个次；开展蔬菜生产基地农药库房专项检查，检查内容包括出入库记录、农药使用档案记录、是否存放禁用农药、是否有过期农药等；对94家无公害蔬菜基地和37家提出无公害认证的企业进行专项检查，检查企业资质及生产环境、质量管理制度、生产过程管理、农药库房管理等内容，对问题企业提出整改建议。

【菜田废弃物源头化处理及循环利用示范基地建设】 年内，改变菜田废弃物处理现状，在永通昌盛、中农富通等5个蔬菜生产基地引进示范推广菜田废弃物“机”+“屋”+“菌”=“废变肥”的新型处理模式，真正实现菜田废弃物“源头化”处理。在改善农业生产环境的同时，可改善土壤结构，提升土壤耕作质量。

（张光伟　王艳青）

果树和花卉种植

【果树产业】 年内，完成5800余亩高效高产果园现代化管理工作。全区果品年产量达4752万公斤，产值约4.1亿元。

【规模化苗圃】 2018年，规模化苗圃累计达到38家，总面积2.99万亩，栽植苗木1048万株，吸引社会投资16.4亿元。

（刘永光）

养殖业

【概　况】 2018年，区农业局全面贯彻中共十九大精神和实施乡村振兴战略的重大部署，深入学习贯彻总书记习近平两次视察北京重要讲话精神，把握北京城市副中心的战略定位，以转变农业发展方式为主线，以提升质量安全为路径，以建设重点项目为抓手，扎实做好农产品质量安全监管、重大动物疫病防控、渔业等各项工作，农业发展保持平稳势头。截至年底，全区家畜总存栏13.9万头（只），累计出栏58.1万头（只）；家禽总存栏70.1万只，累计出栏362.9万只；累计产蛋6132吨；

累计产奶12.4万吨。全区现有渔业水域总面积9561亩，渔业养殖户669户。现有渔业养殖面积中，食用鱼成鱼养殖户119户、养殖面积1870亩；食用鱼鱼种养殖户197户、养殖面积2137亩；观赏鱼养殖户304户、养殖面积5008亩；休闲垂钓场户49户、开展休闲垂钓水面546亩。全区渔业总产值21509万元。其中，食用鱼成鱼总产量4519吨，产值4515万元；休闲垂钓量2000.4吨，产值4384万元；鱼种产量3600吨，产值4410万元；观赏鱼商品鱼产量2.6亿尾，产值8200万元。2018年，全区放养食用鱼水花鱼苗2.4亿尾，其中草鱼1.55亿尾、鲂鱼5000万尾、白鲢2000万尾、花鲢1000万尾、鲤鱼300万尾、鲫鱼200万尾，观赏鱼自孵鱼苗4.1亿尾。

【严厉打击渔业违法行为】 全年组织渔业执法活动363次，出动执法人员1162人次。检查养殖户214个次，检查古玩工艺品店30家，累计巡查河道1500千米，清理违规网具3600米，处理各类举报43起，放生违规网具中渔获物90公斤，放生违法者捕获渔获物30.5公斤，没收电捕工具3套，没收违规渔船3艘，立案25起，罚款2400元，无害化处理不合格水产品200公斤，发放宣传材料3400份，区级以上媒体报道49次。

【建立通武廊协同执法机制】 年内，与天津市武清区畜牧水产业发展服务中心、河北省廊坊市农业局，共同签署《建立通武廊渔政协同执法机制协议书》，建立通武廊渔政协同执法机制，并成立通武廊渔政协同执法工作协调小组。三地按照“谁查获、谁处理”的原则，实行联合执法并建立信息通报和联席会议制度。以依法行政，文明执法为原则，共同做好协同执法工作。共同探讨通武廊水产品质量安全协作执法工作，渔政执法行刑衔接事宜，潮白河、运河增殖放流协同合作机制。

【畜禽规模养殖场相关项目】 2018年，开展畜禽养殖主要污染物减排、北京市美丽生态牧场创建、全程农产品质量安全标准化示范基地建设、畜禽粪污资源化利用等畜牧业重点项目。

【饲料生鲜乳监管工作】 年内，完成31家饲料企业年度备案，9份饲料和饲料添加剂委托生产备案，5份饲料企业生产许可申报材料的审核。配合市级专家组到换证饲料企业现场审核工作，完成两家饲料厂的市级示范企业申报验收工作。配合市级部门完成饲料及生鲜乳抽样工作，完成8辆生鲜乳运输车准运证的到期换证。

【创建国家农产品质量安全县】 4月12日，召开2018年通州区农产品质量安全工作部署暨创建国家农产品质量安全县动员大会，全面部署国家农产品质量安全县创建工作。为提高创建“农安县”群众知晓率，营造良好的“农安县”创建氛围，切实提升群众对农产品质量安全的满意度，8月，制定了《2018年通州区创建国家农产品质量安全县暨北京市质量兴农万里行宣传活动方案》，在全区范围内开展创建国家农产品质量安全县宣传活动，确定2018年宣传主题为“尚德守法，共治共享农产品质量安全”，同时制定16条宣传标语。9月27日，召开

6月1日，通武廊渔政协同执法机制启动会
（区农业局提供）

4月12日，召开2018年通州区农产品质量安全工作部署暨国家农产品质量安全县动员大会 （区农业局提供）

通州区农产品质量安全工作领导小组全体会议，通报国家农产品质量安全县创建工作情况、无公害认证工作进展情况。11月通过市级专家组的中期调研评估。

【标准化基地建设及“三品一标”认证工作】 截至12月底，全区建成备案标准化基地139家，备案总产量42.51831万吨，标准化覆盖率87%，较上年增长23%。现有备案基地按照行业划分：畜牧业基地53家，种植业基地77家，水产基地9家；备案基地按照等级划分：优级基地74家，良好级基地16家，达标级基地3家，无等级基地46家；备案基地按照全程等级划分：市级全程标准化2家，区级蔬菜全程标准化基地18家。通州区“三品”认证产量443586.4吨，认证率90.7%。其中，无公害产品认证产量438103.2吨，认证率89.6%；绿色产品认证产量3070吨，认证率0.6%；有机产品认证产量2413.2吨，认证率0.5%。其中种植业无公害农产品认证产量297184.7吨，认证率82.9%，认证主体99家；畜禽类认证产量136406.6吨，认证率100%，认证主体41家；水产类认证产量4511.9吨，认证率79.1%，认证主体15家。

【普法宣教工作】 以“七五”普法为契机，围绕北京城市副中心建设新定位和“十三五”规划目标，坚持法治导向、问题导向、需求导向，按照“谁执法、谁普法”的普法责任制要求，以“3·15”消费者权益保护日、放心农资下乡进村宣传周、“5·12”防灾减灾日为契机，组织7个执法单位深入开展多层次、多主题的农业法治宣传教育活动。截至年底，区农业局及7个执法单位出动执法人员140人次，悬挂横幅标语12条，发放明白纸等宣传材料2.13万份，发放宣传书籍4560本。举办现场咨询培训13场次，接待群众咨询2300余次。

4月25日，开展“放心农资下乡周”主题宣传活动
（区农业局提供）

【严格农资市场监管】 一是坚持问题导向，深入推进专项治理。紧盯重要农时季节，针对农兽药、种子、化肥、饲料、农膜等重要产品，假冒伪劣、有效成分不足、隐性添加等突出问题，组织开展打击侵犯品种权和制售假劣种子专项行动、饲料生产企业专项检查等一系列执法行动，有效保障了春耕生产需要，维护了农民的合法权益。二是坚持协作联动，形成农资打假合力。加大与公安、食药、水政等部门的信息沟通和案情会商，从严从快查办了危害大、影响坏、群众反映强烈的各种违法行为，进一步规范了农业市场秩序。三是坚持改革创新，提高农资监管水平。运用“智慧农法”“微语农药”“国家兽药综合查询”APP等信息化手段，全面提升农产品质量安全的信息化监管水平。

【严格官方兽医检疫制度】 2018年，全区产地检疫各种动物305.9万头（只），其中禽类286.4万只、生猪15.65万头、牛6462头；屠宰检疫生猪104万头，禽类398万只，牛2230头；监督检查动物1265.1万头（只），动物产品26.78万吨，消毒车辆8.44万辆，有效地保证了外埠进京畜禽及产品安全无疫。

【动物疫病免疫监测工作】 2018年，通州区免疫禽高致病性禽流感513.1925万羽次，免疫口蹄疫89.271万头次，免疫小反刍兽疫4.3345万头次，免疫羊布病0.437万头次，免疫犬狂犬病7.2412万条。免疫猪蓝耳病17.408万头次，免疫猪瘟25.4528万头次，免疫新城疫39.96万羽次。通州区动物疫病预防控制中心对全区6类养殖品种、6种重大动物疫病进行10项免疫抗体监测，监测场点达258个，检测样品数量13307份。

【非洲猪瘟防控及疫情处置工作】 强化生猪调运及检疫监管，各进京动物卫生监督检查站点加强值守应急，加大查验力度，对每批次从京外调入的生猪及其产品严格查验，严禁疫情省市、疫情省相邻省市以及陆路途经疫情省的生猪调运进入本市。组织养殖环节排查，组织动监局各乡镇所对全区生猪养猪场（户）进行排查，并严格落实非洲猪瘟排查日报告制度，按时报送排查结果；同时对辖区内泔水养猪情况开展排查工作。强化屠宰环节监管，加大对辖区内生猪屠宰企业监管力度，督促生猪屠宰企业切实落实入场查验制度，加强查证验物，严防疫情省市、疫情省相邻省市生猪流入屠宰厂，落实待宰静养、屠宰检验检疫等质量安全控制措施。督导生猪屠宰企业做好运输车辆、从业人员的清洁与消毒，围绕待宰圈、屠宰车间、运输车辆等重点环节加强消毒灭源。强化生物安全防护及消毒灭源工作。督导养殖场户做好防疫消毒、病死动物无害化处理和生物安全防护等工作，严格落实封闭管理措施，减少人员进出频次，围绕养殖场地、运输车辆、圈舍环境等重点环节加强消毒灭源。通州区在疫情发生后，立即启动应急响应机制，迅速果断采取了封锁、扑杀、无害化处理、消毒、监测等一系列措施，使疫情得到有效处置。

【重大动物疫病应急演练】 为提高通州区动物防疫队伍对突发重大动物疫情的反应和应急处置能力，切实保障养殖业可持续发展和人民群众生命安全，区农业局组织开展2018年度突发重大动物疫情应急演练活动。应急演练采取分散演练和集中演练两种形式进行，分散演练开展两次，参加人员达500人次。在全国非洲猪瘟疫情应急防控期间，为了锤炼应急队伍，提高应对突发重大动物疫情的快速反应能力和实战水平，加强“京津冀”一体化的非洲猪瘟防控机制，由北京市重大动植物疫情应急指挥部办公室主办，北京市通州区防治重大动物疫病指挥部办公室承办，12月26日，举行了京津冀非洲猪瘟疫情防控应急演练，区动物疫病预防控制中心、区动物卫生监督所、动监局各乡镇所包片兽医、相关业务人员、村级动物防疫员以及区防治重大动物疫病指挥部成员单位相关人员参加演练。

【科学开展增殖放流】 4月11日，区农业局实施2018年春季增殖放流项目，利用区级财政资金30万元，在北运河通州段放流鲢鳙鱼种2.38万公斤。10月24日，北京市农业局在通州区北运河水域开展秋季渔业增殖放流活动，放流鲢鱼、鳙鱼鱼种1.6万公斤。

【落实各项补贴政策】 2018年，继续实施能繁母猪及后备母牛补贴项目。其中，能繁母猪补贴9577头，发放补贴资金95.77万元；后备母牛补贴3284头，发放补贴资金164.2万元。

【推进村级全科农技员培训、考核工作】 2018年，通州区上岗服务的村级全科农技员212名，分布于8个涉农乡镇，实现涉农乡镇、村“全覆盖”的目标，有效地解决了农业科技进村入户“最后一公里”的问题。为进一步提升村级全科农技员队伍的综合素质，分批、分阶段开展两期村级全科农技员技能提升集中培训。通过填写考核手册、提交个人工作总结等方式，对全体农技员进行半年及全年考核工作，并对服务农户满意度进行电话抽查，及时将考核结果反馈各农业服务中心，方便乡镇农技员管理人员指导工作。

7月25日—26日，开展通州区“三品一标”认证培训（区农业局提供）

【发展都市型现代农业】 2018年，以10个有一定基础的园区为试点，为园区进行提升建设，建立10个四星级专业型益农信息社。全面启动标准型益农信息社建设，建设推进标准型益农信息社35家，12家正式运营。新增的23家，硬件设施基本完成。正式上岗前，组织相关信息服务人员进行岗前培训2次，并进行考核。截至年底，通州区开通农场云服务并纳入专业型益农信息社的用户达到100余家。

（宋 玥）

林　业

【概　况】 北京市通州区园林绿化局（简称区园林绿化局），挂北京市通州区园林绿化委员会办公室（简称区绿化办）牌子。负责本区园林绿化工作，设6个内设机构和北京市通州区园林绿化局森林公安处（简称森林公安处），以及18个局属基层单位。

2018年，在区委、区政府的正确领导下，围绕城市副中心战略定位，完成区委、区政府和市园林绿化局部署的各项任务，全区森林总面积达到27485.53公顷（41.23万亩），森林覆盖率达到30.32%；城市绿色生态空间进一步扩大，建成一批社区绿地、城市森林，公园绿地500米服务半径覆盖率达到80%。高标准开展“两带、一环、一心”建设，大力推进以台湖万亩游憩园、永顺城市公园为代表的西部生态带建设，和以潮白河森林景观带为代表的东部生态带建设。以刘庄公园、宋庄公园、张家湾公园等重点公园建设为带动，并结合环城绿廊和绿道，推进串联13个公园的副中心环城绿色休闲游憩环建设。完成党和国家领导人义务植树、首都全民义务植树日植树等大型义务植树活动。结合市级机关搬迁入驻，在进出通州区主要道路及沿线进行园林景观建设工程，有效提升行政办公区周边区域绿化景观。推进20条城市风景林荫路建设，在新华大街等主要道路沿线及重要节点实施地栽花卉常态布置，进一步彰显城市副中心绿化景观品质。开展新型集体林场试点建设，严格落实森林防火责任制，完善预警监测和应急指挥体系建设，做好火情防控和可燃物清理工作，实现森林火灾零发生。全面提高林业病虫害绿色防控、应急防控、社会化防控能力，无公害防治率达到95%。2018年被国家林业草原局评为全国三北绿化先进单位。

【平原造林】 2018年，完成4.35万亩新一轮百万亩平原造林主体大树栽植任务。

【规划编制】 年内，高水平编制了《国家森林城市建设总体规划》《新一轮百万亩造林绿化建设规划》等多个规划。

【副中心园林绿化养护管理机制】 年内，按照市、区两级指示精神，研究制定《北京城市副中心公共绿地养护移交方案》《北京城市副中心公共绿地养护监督管理工作办法》《北京城市副中心公共绿地养护管理考评工作细则》《北京城市副中心公共绿地特养特护管理办法》等园林绿化移交管理标准化文件材料，明确责任、标准、流程和质量要求。

【义务植树】 年内，完成党和中央领导人义务植树等大型义务植树活动21次，参加义务植树20.58万人次，完成（折合）植树102.85万株。

【首都绿化美化创建】 2018年，创建花园式社区1个，花园式单位5个，森林城镇1个，绿色村庄4个。

【森林防火】 年内，严格落实森林防火行政首长负责制，加强可燃物清理、社会面宣传和巡查防控力度，强化专业森林消防大队建设，全区连续33年实现无森林火警、火险。

【林木有害生物防治】 2018年，实施飞机防治166架次，预防控制面积约24.9万亩次。

【林业行政执法】 2018年，开展园林绿化资源专项检查和打击破坏野生动物资源违法犯罪活动专项行动，立案查处行政案件10件、刑事案件5件，确保森林资源安全。

【食用林产品安全监管】 年内，开展食用林产品无公害基地认证、果品抽样检测、食用林产品安全宣传等工作，完成11家无公害生产基地新申报及3家复查换证工作。

【蜂产业】 年内，全区蜜蜂饲养量925群，现有养蜂户19户，养蜂专业合作社1个（运河源养蜂专业合作社），养殖和生产技术不断提升。

【科技创新成果】 年内，完成北京城市副中心生态园林动物多样性构建、平原造林虫害本底调查研究工作。开展"智慧园林"前期研究工作，推广海绵城市新理念。

【专项行动】 4月1日至5月31日，区森林公安处在全区范围内组织开展打击破坏森林违法犯罪专项行动，代号"春雷2018行动"。9月1日至12月10日，区森林公安处在全区范围内组织开展打击破坏野生动物违法犯罪专项行动，代号"绿剑2018"。

【宣传工作】 年内，围绕城市副中心生态游憩环建设、创森工作、绿化条例与常识、爱鸟护鸟法律法规、广渠路东延树木移植等相关工作开展形式多样的宣传工作。

（刘永光）

农　机

【概　况】 2018年，区农机服务中心按照区委、区政府的总体要求，围绕全面推进城市副中心建设目标，以农机惠农政策为指引、农机技术推广为先导、农机安全监理为保障、农机技术培训为基础、农机管理服务为手段，扎实开展各项工作，进一步提升农机服务现代农业水平，完成了各项工作目标。

截至2018年年底，全区拥有农机总动力12万千瓦，小麦万亩拥有联合收割机62台，万亩玉米拥有收获机31台。万亩耕地拥有总动力0.28万千瓦，拖拉机487台，其中大中型拖拉机379台，小型拖拉机108台；拖拉机配套农具1039台（件/套），其中大中型配套农具805台（件），小型配套农具258台（件）。收获机械136台，植保机械252台，农副产品加工机械77台，渔业机械4852台，畜牧业机械215台，青贮收货机10台，全区卷帘机6190台，微耕机1319台，农用排灌机械5205台。

【落实国补机具政策】 年内，按照通州区农业产业结构调整和城市副中心建设要求，区农机服务中心贯彻落实国补机具政策，加大购机补贴政策的实施力度，加快提升农业重点产业机械化水平，发展都市农业急需的农业机械与设备，推进落实市农业农村局各项农机补贴工作。按照市农业农村局的要求，结合通州区实际情况，区农机服务中心对区购机者的资质和购机手续进行了严格的审核，同时还对区农机具需求数量和补贴资金进行了细致的摸底。通州区2018年补贴农机需求数量751台（套）、总资金761.961万元、补贴资金340.3205万元，申报市农业农村局。

【淘汰低速货车】 年内，利用车辆年度检验，告知"低速货车淘汰"的重要性和必要性，提高车主自觉意识。联合各乡镇农机主管部门做好劝说工作，让机主办理注销手续，对于尚在使用，车况老旧、有危险性的低速货车，劝说机主进行报废更新。在完成有关部门淘汰低速货车比例目标的基础上，区农机服务中心对全部在册的300台低速货车进行催检注销工作并邮寄告知书，截至年底，有54封无主信函退回。

【农机安全生产】 年内，成立农机安全监督领导小组，全面落实安全生产责任制，使农机安全得到加强。在春耕、"三夏"、"三秋"期间成立巡查组，对投入的各类农机具进行安全技术状态检查，保障安全生产。采取送检下乡，服务上门的工作方式，为农机手提供主动服务，对所有在册的符合年检条件的，特别是国补机具逐台进行预约上门年检，消除了农机安全隐患。年检拖拉机173台、联合收割机62台，注销闲置拖拉机75台、联合收割机21台。

6月16日，“三夏”检查农机具（区农机中心提供）

【秸秆禁烧工作】 年内，成立领导小组，制定禁烧方案，建立联合督查机制，成立由专门人员组成的禁烧联合督查队伍，对乡镇禁烧工作开展定期与不定期的巡查，并在春耕、“三夏”和“三秋”重要农忙时节组织开展禁烧督查专项行动，形成多部门统筹协调，齐抓共管的工作格局。加强培训与宣传，提高从业人员素质，强化年检、维修，提高农机装备技术性能，消除秸秆焚烧隐患。采取多种形式向农民宣传秸秆禁烧意义，推广秸秆科学利用的方法，加强工作宣传覆盖。实现了秸秆全面综合利用，秸秆禁烧零火点，真正做到不伤人，不冒烟。

【申报区级财政预算项目及农机购置补贴工作】 9月，向区财政局申报了2019年两个财政预算项目。一是推广小型遥控自走式果园喷雾机项目，推广小型遥控自走式果园喷雾机2台。二是2019年实施农机监理移动检测线设备更新项目，更新移动检测线设备1套。10月，向市农业农村局申报了2019年通州区农机补贴需求。通州区2019年补贴农机需求总数量278台（套）、总资金2177.9万元、补贴资金1079.612万元。

【推广自动控制卷膜器工作】 年内，区农机研究所继续延续2017年日光温室自动卷膜器推广项目，帮助种植户科学监控棚内温度，为农作物提供理想的生长环境并减少病虫害，降低农药用量，提高农作物质量。由于开闭风口实现了机械自动化，能有效的减少种植户的劳动强度，同时起到了增产增收的目的。据统计每栋温室约增产5%～8%。

【开展蔬菜农机服务组织创建工作】 按照区农委《2018年通州区创建蔬菜农机专业化服务组织奖励政策》的文件精神和有关工作部署，区农机服务中心开展蔬菜农机服务组织创建工作，工作期限为2018年6月至2019年6月。6月初，对潞城镇的中农富通园艺有限公司、于家务乡的农耕农业机械服务有限公司和宋庄镇的金帝怡红农业开发有限公司提交的申请资料进行申报。8月，3家企业全部通过申请，为方便以后的验收工作，农机中心编写制作“服务作业合同”“农机作业服务确认单”“(乡镇级）年内服务明细表”，并下发给3个企业及其所在乡镇。3家企业按照要求开展蔬菜农机专业化服务组建工作。

【土地深松工作】 4月初，完成对全区土地深松摸底情况的调查工作，并报市农机处。同时，与农机服务组织——北京国际种业科技有限公司签订深松协议。6000亩深松任务指标，落实到于家务乡国际种业科技园区，并于10月底前完成任务指标。深松作业涉及1个园区，9个单位、土地户主9户；按照市农业农村局的要求，待服务组织完成2018年深松（6000亩）任务指标，并审验手续合格后，将深松补贴资金30万元发放到承担深松作业的农机服务组织手中。

9月20日，深松现场作业　　（区农机中心提供）

【农机培训工作】 区农机服务中心联合农机学校围绕中心党委部署的工作重点，坚持“服务大局、服务三农”的宗旨，采取主动送教下乡的方式，对全区10个乡镇的农机驾驶操作人员进行巡回培训教育，培训内容包括农机生产法律法规、农机驾驶操作知识、农机使用维护和保养、安全作业常识等。年内，培复训农机从业人员100人次。

（牛仕芽）

拖拉机驾驶证考试现场 （区农机中心提供）

气 象

【概 况】 2018年，区气象局在区委、区政府和北京市气象局的坚强领导下，以需求为引领，以提高预报预警和服务能力为核心，把握北京城市副中心建设和“京津冀”协同发展重要机遇，全面落实市委书记蔡奇到通州区调研时的系列讲话精神，进一步提高气象现代化水平，在深入推进党建精神文明建设，贯彻全面从严治党，安全生产等各方面工作取得新成果。

监测能力全面提升。一是持续提升气象监测站网密度，2018年区气象局新建10个区域自动气象站，在汛期发挥巨大的作用。二是将部分站点翻斗式雨量监测仪升级为称重式雨量监测仪，一定程度上解决了局地强对流天气难以监测和冬季降雪监测点稀少的问题。三是投资建设气象水文信息共享平台，提升气象数据的准确性和整体服务效果。四是在行政办公区千年守望林内建设生态气象监测站，将气象监测数据融入智慧园林工程项目，实现数据共享。

气象为农服务成果显著。一是在通州区人大常委会、人大农村委调研组对气象为农服务工作的考察中获得高度肯定。二是联合气候中心完成对通州区名优果品张家湾镇葡萄的气候品质认证。

通武廊气象联防加快落实。在《通武廊三地气象战略合作框架协议书》的基础上，完成通武廊气象防御协同工作平台本地化的初步架设。平台的正式运行能够扩大气象精细化监测范围，实现三地气象联防联动，进一步推动区域气象防灾减灾工作。

汛期气象服务工作获得表彰。2018年汛期服务工作得到各级领导和区兄弟单位的高度肯定。在7月23日对台风“安比”的会商中，坐镇通州指挥的副市长杨斌称赞区气象局预报“有思路，有特点，不跟风，准确率高，针对性强”。

融入通州区政府绩效考核体系。进一步完善“督考合一”的体系建设，以绩效为抓手，提高乡镇、街道对气象工作的重视、支持力度。

开展精神文明建设，深入学习十九大精神，践行社会主义核心价值观，开展群众性创建活动。2018年度区气象局获评首都文明单位；获市委、市科协授予的2018年—2020年北京市科普教育基地称号；通州区气象局党支部获区直机关工委系统先进党组织称号；党组书记、局长李文华被评为北京市防汛抗旱先进个人。

（段然 苏丽爽）

【气候评价】 本年度的气候特点：气温偏低，降水量偏多，日照时数偏多。

本年度平均气温为12.3℃，比常年13.4℃偏低1.1℃。其中，3月—7月平均气温与常年同期接近；1月、9月、11月平均气温比常年同期偏低；2月、10月、12月平均气温比常年同期明显偏低；8月平均气温比常年同期偏高。年极端最高气温为39.2℃，出现在6月29日。年极端最低气温为-15.3℃，出现在1月26日。年降水量为672.7毫米，比常年512.4毫米偏多31%。年内降水分布不均：1月微量降水，2月无降水，3月、5月—6月、9月—12月降水量比常年同期偏少，7月比常年同期偏多，4月、8月降水量比常年同期明显偏多。年度最长连续无降水日数149天；日最大降水量100.6毫米，出现在8月8日；最大小时降水量71.4毫米，出现在8月8日。年日照时数为2588.6小时，比常年2399.7小时偏多188.9小时。其中，4月—5月、11月日照时数接近常年同期，3月、7月较常年同期偏少，其余各月比常年同期偏多。本年度出现雾80天，出现霾140天，出现大风11天，出现浮尘6天。

（赵　岩）

【气象宣传】 通州气象科普场馆在荣获全国气象科普教育基地命名之后，2018年7月又荣获北京市科委、市科协授予的2018年—2020年北京市科普教育基地命名。在“3·1”国际民防日、“3·23”世界气象日、“5·12”防灾减灾日等纪念日进行一系列气象科普、气象法制进社区、进农村、进学校的宣传活动。通过多种形式围绕第58届世界气象日“智慧气象”主题，向社会普及气候变化、气象防灾减灾知识及气象法律、法规。在气象为农服务中融入科普宣传。通过对通州区特色农产品张家湾鲜食葡萄的气候品质认证，为提高农业质量效益和竞争力，实现由传统农业向现代农业转型保驾护航。以请进来、走出去相结合的形式开展气象科普、气象法制进学校的宣传活动，组织北京市师达中学师生、纽带国际教育幼儿园的小朋友参观通州气象科普场馆，走进大豆各庄小学、纽带国际教育幼儿园进行生动形象的气象科普宣传。以气象信息服务站推进气象科普进乡镇、街道，进农村、社区，为乡镇、街道配备更新宣传栏、宣传展板。

（高晓容）

【气象服务】 通州区气象局开展“业务能力建设年”活动，着力提升气象服务保障能力，完成全国“两会”、北京市直机关第五届运动会健步走活动、国家大剧院台湖音乐周、北京（台湖）影偶艺术周、通州半程马拉松及七夕文化节等大型活动的气象服务保障任务。

在汛期气象服务过程中，区气象局服务效果获得市领导和主管区长肯定。2018年发布预警信号145期，天气实况68期，天气快报52期，重要天气报告11期。同时，通过手机短信、微信公众号、网站等方式，向社会公众提供未来三天天气预报及未来七天天气趋势分析。手机短信累计覆盖400余万人次。

（张永楠）

【气象行政】 推进政务服务事项进驻综合性实体政务大厅，梳理服务清单，公示审批事项，优化流转程序，开展“一窗办理”相关工作，平稳运行雷电设计审核及竣工验收网上审批平台。主动服务乡镇、街道，通过加强部门联动、联合执法等方式强化防雷减灾安全管理工作，充分发挥政府统一领导、气象部门牵头、有关部门配合的防雷减灾监管联动作用。全年与北苑街道、台湖镇等15个乡镇街道开展行业安全检查，并牵头与大兴区气象局、朝阳区气象局开展3次东南片区联合执法检查。2018年受理气象行政许可5件，开展行政执法检查176次，做出行政处罚6次。拓宽普法渠道，打造法治文艺作品，营造良好的气象法治环境，规范防雷服务行业及施放气球服务市场健康发展，强化部门管理及社会监督。

（宋　明）

工业·信息化·建筑业

8月22日，中关村通州园管委会组织召开中关村先行先试政策通州园培训会

（中关村通州园管委会提供）

概　述

2018年，在区委、区政府的坚强领导及市经信局等部门的指导支持下，区经济信息化委认真贯彻落实中央及市委、市政府建设北京城市副中心等工作的会议精神和要求，全面落实区委、区政府的决策部署，攻坚克难，扎实推进工业经济和信息化领域的各项工作。

2018年区域工业完成总产值631.7亿元，同比下降11.0%；营业收入812.4亿元，同比下降6.2%；增加值188.5亿元，同比增长3.3%；利润总额50.8亿元，同比下降9.2%；上缴税金51.4亿元，同比增长1.2%。其中全区规模以上工业企业完成总产值602.4亿元，同比下降4.4%，占区域工业总产值的比重为95.4%。

经济运行特点，高技术制造业持续良好的发展态势。通州区高技术制造业近年来一直呈现出良好的发展态势，为区域工业平稳发展提供了重要支撑。其中生物与医药产业持续表现良好，增速较快，2018年完成产值73.8亿元，同比增长14.2%，拉高规模工业产值增速1.5个百分点。区域工业主要经济指标持续回落。受近几年停产、退出企业较多的影响，规模以下工业形成较大减量，全年产值增速同比下降11.0%。个别支柱行业持续低迷对全区影响较大。作为全区行业产值总量第一的汽车制造业自2017年下半年以来持续下行，2018年产值增速同比下降11.0%，拉低全区规模工业产值增速2个百分点。

（金绍光）

【固定资产投资项目管理】　截至2018年12月底，完成非政府投资工业和信息化领域固定资产投资项目备案77个，总投资44.3亿元，其中，新建项目75个，技术改造项目2个。

【“高精尖”产业发展】　贯彻落实总书记习近平视察北京时关于“北京要发展，而且要发展好”和“腾笼换鸟，构建‘高精尖’的经济结构”重要指示精神，加快构建“高精尖”经济结构。把好入口关，建立“高精尖”产业准入标准。编制《通州区高精尖产业项目准入管理实施方案》，研究提出通州区“高精尖”产业准入条件，建立评分指标体系与评分方法，明晰操作流程，形成规范全区产业准入管理的纲领性文件。紧扣产业链，建设“高精尖”产业发展服务体系。编制《建设通州区“高精尖”产业发展服务体系工作方案》，力求打造“高精尖”企业+科技创新+金融服务+产业人才“四位一体”服务平台，建设具有示范和带动作用的“高精尖”产业发展服务体系。规范资金链，加强“高精尖”产业发展资金管理。编制《通州区“高精尖”产业发展资金管理办法（试行）》。“高精尖”资金采用拨款补助、贷款贴息、融资租赁补贴、以奖代补等支持方式，发挥引导和带动作用。建强人才链，吸引“高精尖”人才创办企业。成立引进知名专家领导小组，采取专家+团队+产品+资本的四维体系对项目进行评价，有7位知名专家在通州创办企业，涉及大数据、激光芯片、新能源、生物医药等多个前沿产业。

（鲁云乐）

【疏解整治】　加快通州区不符合首都功能定位和北京城市副中心定位的产业疏解退出，优化区域发展空间布局，加快构建“高精尖”经济结构。以奖促退，超额完成疏解一般制造业工作。编制《通州区2018年疏解一般制造业企业工作方案》，严格落实《北京市工业污染行业生产工艺调整退出及设备淘汰目录（2017年版）》，依法依规，持续推进不符合首都功能定位的一般制造业企业退出。2018年，全区疏解一般制造业116家，完成市区级任务的141.5%，居全市第三。认真抓好《通州区疏解一般制造业企业奖励暂行办法（试行）》政策的落实，严格按照奖励办法将奖励资金及时兑现给相关企业。动态清零，保持对“散乱污”企业的高压监管态势。2018年，区经信委会同区环保局在巩固近年“散乱污”企业清理整治工作成果基础上，重点针对存在环境违法问题的家具制造、印刷、工业涂装、食品饮料生产、汽修等行业进行清理整治，采取升级改造、关停取缔等措施，实现动态摸排、动态清零，严防“散乱污”企业反弹回潮。2018年，通州区纳入“散乱污”涉污企业台账的企业39家，完成关停取缔38家，完成整改1家。部门联动，全面清理整治工业大院。利用通州区企业信息管理系统，对全区范围内的工业企业进行全面摸底，经摸排，全区现存工业大院3家，分别为漷县镇马头村、漷县镇黄厂铺村和宋庄镇都市农民就业基地，有37家企业。10月26日，3家工业大院内的14家企业的整治工作通过验收，完成2018年工业大院整治工作任务。

（刘书标）

【智慧城市建设】 加快信息化建设，打造智慧通州品牌。加强顶层设计，实现多规协同推进。起草编制《北京城市副中心数字生态城市建设行动计划》《通州区电子政务云总体建设方案》《通州区政务大数据平台建设方案》；编制《北京城市副中心数字生态城市实施方案》，按照“1+N+X”（1个区级综合大数据平台，N个行业大数据应用平台，X个大数据应用场景）的总体架构，建设通州区政务大数据平台。夯实基础保障，强化设施要素支撑。对现有资源整合增强、升级优化，建成高速的、智能化、安全可控的一体化网络传输平台，完成政务外网网络安全等保三级评测工作和核心网络和传输网络的升级改造工作。开展区政府门户网站群集约化、区级生态环境综合治理平台建设和政府投资信息化项目全流程管理等工作，促进智慧城市建设。打造示范工程，探索智慧社区建设。编制完成《通州区智慧社区实施方案》，搭建一个面向居民、企业、物业和政府的统一的资源服务管理平台，整合社区“服务+管理”的相关业务应用，并依托“互联网+”引入社会化运营资源，实现政府监管下的平台运营。

（魏　锐）

【社会信用体系建设】 推动政务诚信建设，展现信用通州形象。事前纠偏，构建政府机构失信事件的沟通机制。建立政府机构失信惩戒前信息沟通机制，采取措施及时纠正、修补、消除失信行为，使通州区26起政府机构失信案件得到及时处理，打造通州区与北京城市副中心地位相称的营商环境和信用环境。事后惩戒，开展政府机构信用修复。依据2018年发布的第五期、第六期通州区诚信“红黑名单”，加大失信行为惩戒力度，产生257起联合惩戒案例，有力促进了联合奖惩落地。组织了第一期信用修复培训，79家失信主体签订信用承诺书。积极推进北京城市副中心诚信文化建设。做好双公示，推进公共信用信息公开。制发《通州区社会信用体系建设联席会议办公室关于推进行政许可和行政处罚信息归集共享工作的通知》，实现行政许可和行政处罚等信息7个工作日内通过区政府网站双公示专栏全量公示。2018年双公示数量达11728条，其中行政许可信息7178条，行政处罚信息4649条。

（魏永刚）

【工业领域空气重污染应急】 按照《通州区空气重污染应急预案（2017年修订）》及《北京市通州区空气重污染应急工业分预案（2017年修订）》要求，空气重污染期间每天派出督查组进行实地督查，确保停限产措施的有效落实。2018年，出动人员46人次，车辆18台次，对全区81家企业停限产措施落实情况进行抽查和督查；全区各乡镇、街道办事处出动人员6792人次，车辆1454车次，检查企业4654家次。

（廉　威）

【减轻企业负担】 制定《2018年通州区减轻企业负担工作实施方案》。宣传北京市关于减轻企业负担的相关政策，促进通州区减负工作的开展。组织企业参加“第七届全国减轻企业负担政策宣传周”活动，用多种形式开展政策宣传，帮助企业了解有关惠企减负政策，营造社会关心支持实体经济发展的舆论氛围。

（张桂明）

【金通公司概况】 2018年，为加速推进国有企业公司制改革，完善现代企业制度，健全公司法人治理结构，按照区国资委《关于全面推进区属国有企业现代企业制度建设工作的通知》要求，结合公司实际情况，经公司党委讨论通过，拟订《北京金通资产经营管理公司现代企业制度建设工作方案》，建立以“政企分开、产权清晰、权责明确、管理科学”为制度的现代企业。

截至年底，公司管理非经营性资产45万平方米，分布在42处不同地方，全部为原改制破产企业遗留下来的老旧小区。全年公司系统投入近190万元，对所管的京华大院、新华北路59号院、潞苑南大街88号院等10个小区点位进行基础设施修缮；完成翠屏里216、217号楼、杨庄小区、冷冻小区和国资委食堂共9270平方米防水工程；更换2处下水管道；路面硬化200余平方米；暖气管道维修；加装配电柜安全护栏和更换各类照明设施等，为老旧小区的居民创造了安全、和谐、舒适的生活环境。原北京水泥厂平房棚改工作，经过六方工作小组共同努力，实现100%正式签约，同时完成公司所属相关附属设施认定和补偿工作。此项棚改工作的完成，不仅有效推进城市“绿心”工程的建设,还为公司发展新项目增添了活力。

按照公司“十三五”规划，自2018年始，公司坚持以“正确处理发展改革关系，实现改革发展的统一”为指导方针，着力研究解决长期存在的历史遗留问题，使企业努力摆脱沉重包袱，全面提高企业的竞争力。针对第一批30家留守企业已在工商查询了所有档案，在欠税、金融担保、资产负债、呆坏账目等存在的问题，通过聘请北京天鸿永信会计师事务所（普通合伙），进行清产核资并理清债权债务关系。按照相关规定程序，公司与天正律师事务所和创企优帮（北京）企业管理有限公司合作，对北京市通利达食品厂等10家资不抵债的企业进行破产清算处置；对北京豪泰星物资供销有限公司等13家未现亏损的企业进行清算注销处置。上述23家企业预计在2019年底处置完毕，从而真正实现公司结构优化和健康发展。

2018年，区“创城”和“创卫”工作迎来第一次复检，金通公司始终将此项工作作为一项政治任务来抓。多次召开“创城”“创卫”工作会，对表对标、对标达标、举一反三，尽快整改落实。为了达标，公司系统先后投入资金50余万元，加大所属小区环境卫生整治、小广告清理、补种绿植、垃圾清运和协助拆除违建等工作力度，经过近4个月的努力，公司系统先后通过“创卫”和“创城”复检工作。根据区国资委对疏解整治促提升的具体要求，金通公司系统所涉及的车站路9号、杨庄北街4号院、永顺南街304号院等7处违建进行拆除，截至年底，拆除违建2300平方米。

（刘义亭）

部分重点工业企业

【电信科学技术仪表研究所有限公司】 电信科学技术仪表研究所有限公司建于1958年，位于北京市通州区北苑155号，历史上先后使用过邮电部北京仪表研究所、信息产业部电信科学技术仪表研究所以及电信科学技术仪表研究所等名称，2000年10月根据国家决定由科研型事业单位转制为科技型全民所有制企业，2017年11月根据中央和上级单位要求改为公司制企业，改用现名（简称“仪表所”）。仪表所专门从事各种通信测试设备研发与生产的高新技术企业，隶属于国务院国有资产监督管理委员会，其直接领导单位是中国信息通信科技集团有限公司（2018年7月20日，电信科学技术研究院和武汉邮科院合并为中国信息通信科技集团有限公司）。截至2018年12月底，有在职职工325人。所内设党委，有党员182人，分设7个党支部，其中2个离退休党支部。下辖全资子公司北京大唐联电科技有限公司。仪表所现有两大业务板块，SMT业务板块（中小批量高端电子产品表面贴装业务）和资产经营板块（园区房屋租赁经营）。

SMT业务是仪表所的主要产业，从1992年开始致力于SMT贴装工艺研究、SMT制造及相关服务。现拥有5条高端进口生产线，20多名行业专家技术人才，通过了质量、环境、职业健康三体系认证，是集团特通产品生产基地；是北京电子学会团体会员、北京电子学会SMT委员会产学研基地。仪表所SMT产业在高可靠性焊接方面具有较高的自主控制能力，在行业当中保持着较高的工艺技术领先优势，成为环渤海地区具有重要地位和深远影响力的SMT综合性制造服务标杆。SMT业务在面向集团主体产业做好配套服务的基础上，将原有业务延伸至产业的前后端，针对军工、铁路、医疗、广电、通信等多个领域开展PCB装联、器件代采、整机装配、板卡调测、技术开发、可制造性设计、可靠性工艺研究等多项技术服务，为北京市及周边地区300多家高科技企业产品的成果转化及产业化提供了强有力的中试支撑。本年度产能变动情况：重点业务增加，大客户规模初步显现，智能料架系统投入使用，采购过程和仓储管理更加规范有序。

北京大唐高新技术创业园是2002年4月26日经通州区政府和大唐电信科技产业集团共同批准创办的，十多年来有近千家企业入驻园区，成为北京市通州区范围内独具特色的办公园区，吸引200多家创新型公司入园兴业，累计上缴税收上亿元，为改善地区经济结构和社会发展做出了重要贡献，先后孕育出国金黄金股份有限公司、北京荣会艺品国际文化传播有限公司、北京东方风光新能源技术有限公司、北大青鸟通州区分部等一大批国内知名企业。2013年，与工商行政部门合作，设立工作点为园区内各企业办理工商注册、年检等手续提供便利。2016年，申请通州科委众创空间项目，拟通过有效整合资源，完善服务模式，培育创新文化，探索新的商业模式，协助申请中心企业服务平台项目，争取更多的政府支持。2018年，为配合北京市通州区副中心城市发展规划，将园区建设放在首位，以孵化器、众创空间、智造加速器平台建设、北京市中小企业平台建设等内容为依托，通过提升客户服务及园区的综合服务能力提升客户满意度，留住老客户吸引优质新客户，板块收入有所增长。

（艾思文）

【北京岱摩斯变速器有限公司】 北京岱摩斯变速器有限公司成立于2003年3月21日，是由韩国现代岱摩斯株式会社、韩国现代汽车株式会社、韩国起亚汽车株式会社、现代汽车（中国）投资有限公司共同投资设立的外商独资企业。公司投资总额约3亿美元，注册资金约1亿美元，现有员工508名，是通州区最大的外商投资企业之一。公司位于北京市通州区中关村科技园通州园·光机电一体化产业基地嘉创路2号，厂房面积总和约10.3万平方米，年生产能力118万台变速器。其中手动变速器工厂3个，年生产能力73万台变速器；DCT双离合变速器工厂1个，年生产能力45万台变速器。公司主要生产手动挡、双离合汽车变速器和汽车零部件，拥有自己的实验场地及变速器实验室，现主要为北京现代、东风悦达起亚汽车提供配套服务，服务的主要车型有北京现代的索纳塔九代、领动、新途胜、悦动、ix35及起亚汽车的新一代智跑、KX5，新一代福瑞迪，新一代K3等车辆。

（张　丽）

公司成立专门的安全管理部门，建立安全生产工作领导小组，配备专职安全、消防、职业健康管理人员，有完善的安全管理制度，并逐级签订了安全生产目标责任书，将安全责任落到实处；公司管理人员每日进行安全巡查，对检查隐患提出整改意见，由责任部门制定计划按时整改，最后安全管理人员按期进行复查，彻底消除各类隐患。公司严格执行门禁制度，实现区域封闭管理，对进出厂的人员及车辆进行严格检查。对外来施工人员实行作业审批制度，通过资质审查，签订安全协议，对其进行安全教育，进行施工备案登记，张贴施工告示，并配备充足的防护、救援器材，包括安全管理人员不定期安全检查等一系列措施，确保施工期间不发生安全、火灾、环境污染事故。职业健康管理人员在第三方检测机构的帮助下对公司的职业危害因素进行识别。根据识别结果，定期为员工发放相应劳动防护用品。根据国家相关法律法规要求，每年对公司职业危害因素进行检测，并对涉及职业健康危害的员工进行职业健康体检。2018年，参加了日照威亚承办的第三次中国区法人安全交流会。在会上大家相互交流安全管理经验，学习先进的安全管理理念。通过此次会议发现自身安全管理的不足，对进一步提升公司安全管理水平提供了很大的帮助。2018年4月通过OHSAS 18001职业健康安全体系认证。识别了相关法律法规，完善了各类制度，学习了风险识别方法，提高了公司安全管理水水平。每年对新员工、复岗、转岗、特种作业等都进行安全培训教育，坚持持证上岗作业。并开展安全月活动、安全知识答卷、安全隐患有奖提报、观看宣传教育片、安全知识竞猜、安全专项培训及火灾应急演练等一系列丰富多彩的安全主题活动。对配套企业进行消防安全、电气等抽查，覆盖了工作厂区、动力室、仓库、职工宿舍及食堂等，确保任何环节不发生意外。

（张　昭）

2018年公司采取了一系列节能项目及措施，全工厂照明定时关闭，年节电10.74万千瓦时；周末无生产时停供压缩空气，年节电68.4万千瓦时；全工厂排风机定时控制，年节电33.1万千瓦时；新增中央空调集中控制系统，年节电4.6万千瓦时；采取合同能源管理模式，建太阳能发电站，年发电44万千瓦时，减少碳排放约266吨；全工厂无生产时关闭设备电源，年节电275万千瓦时；DCT工厂风扇代替冷冻机运行，年节电56.25万千瓦时。由于2018年度生产经营状况下滑严重，产量下降，产品价格下调，导致2018年万元产值能耗水平略有上升，在可控范围之内。2018年万元产值能耗0.026吨标准煤/万元，相比2017年0.024吨标准煤/万元上升8%，相比2016年0.31吨标煤/万元下降16%。2018年实施节能措施24件，节约能源费约730万元，减少碳排放4228吨。

（郝俊名）

【北京市通州烟草公司】　2018年，北京市通州烟草公司按照高质量要求，围绕卷烟销量与利税总额两项核心指标，落实总量控制、稍紧平衡调控原则，强化目标考核引领，规范客户经营行为，全年经济运行稳中向好。2018年销售卷烟67299箱，同比增长2.1%；单项销售额29990元，同比增长1.7%；实现利税44700.75万元，同比增长3.07%；费用率1.65%，同比增长0.15个百分点。

年内，全面筛查辖区内风险客户，对疑似存在异地经营、规模与档位不符的违法违规客户进行整改或暂停访销处理，避免违规经营现象发生，维护守法户利益。认真落实控制大户、发展中户、扶持小户的工作要求，努力打造“橄榄形”客户结构，制定《超限量供货管理办法》，依法组织开展治理卷烟大户专项行动。持续抓好“天价烟”管理，不断巩固治理成果，加强卷烟市场价格监测，严禁不规范卷烟营销、严禁价格炒作、严肃查处违规经营行为，保证辖区良好卷烟经营秩序。

本着突出市场、突出业务、突出能力的原则，对营销队伍人力资源进行重新整合和优化，成立卷烟营销服务组、市场信息组、品牌培育组，根据不同组别，量身制定工作内容和服务对象，提升客户经理队伍的工作能力和服务质量，以更加快速、便捷、高效的响应速度满足客户多元化需求。在队伍重组的基础上，修订考核办法，实施工作积分制，全方位调动客户经理的工作积极性与自觉性，促进工作效率和服务质量的提升 。

聚焦品牌培育，以价类为基础，构建以主导规格为引领、护卫规格为支撑、潜力规格为补充的梯次化品牌发展模式。利用“四维立体式”品牌评价法，确定利群（西子阳光）、中南海（典8）、黄山（红方印新制）等17个重点培育规格，2018年，17个规格销量1857.4箱，同比增长49.93%，再购率同比增长35.5%，其中15个规格成长率同比增长76.94%、上柜率同比增长43.81%。提高新品培育精准度，制定《新品卷烟投放选点规则》，将品牌培育与消费营销、客户服务进行有机融合，促进新品销售良性循环，全年新品卷烟销量5154箱，销量占比7.66%；销售额1.57亿元，占比7.8%。加强工商协同，以品牌推介为舞台，共筑品牌示范阵地，联合浙江、山东、湖北等工业公司开展品牌宣讲会16次；联合江苏中烟开展“激情世界杯”主题营销活动；制定特色主题培育推广方案，与河南中烟、全时便利店共同开展“黄金叶”品牌培育；与北京卷烟厂开展“这就是北京”主题品牌推广，显著提升中南海（北京）的知名度和美誉度。

年内，精心挑选客户，开展“云POS”新型终端系统和“中烟新商盟”一体机试点使用，为操作系统全面推广积累经验。建立北京俊亚竹商店消费者数据库，通过对该店客户群消费数据进行分析，以点及面，为未来辖区品牌塑造、营销策略改进、实施精准化营销提供参考依据。协同营销中心召开零售终端专题培训，提升零售户知法律、懂经营、育品牌的能力与水平。深化自律互助小组建设，成立自律互助小组25个，覆盖客户262户，全年召开小组会议100余次，在自律互助的氛围下，稳定辖区卷烟价格，规范卷烟销售，提升零售户盈利水平。

始终把专卖管理监督工作抓紧抓实，保持高压态势，持之以恒推进打假打私，实现查获“加热不燃烧烟草制品案件”零的突破，以实际行动维护辖区卷烟市场稳定。2018年，查获涉烟案件329起，查获违法卷烟930.52万支，同比增长3.96%；查获假、私卷烟363.38万支，同比增长20.46%；查获以我为主的网络案件1起，协助兄弟单位办理网络案件8起。

年内，突出“以打为主”方针，在“两节”期间组织开展“鹰眼”专项治理行动，查获各类违法卷烟271.44万支、假私卷烟180.42万支。市局高度关注“鹰眼”行动取得的成果，根据市局领导批示，区局续发“鹰眼”之力，再次查获一起特大违法卷烟存储窝点案，查获违法卷烟265.56万支，涉案金额70.5万余元。

年内，根据辖区地理位置和违法卷烟现状，对症下药治理寄递环节。通过断渠截流和“点、线、面”结合的方式，地毯式走访分拣中心和货运场站，在物流寄递环节治理效果明显，查获违法案件68起，查获违法卷烟379.68万支、假私卷烟292.18万支，有效遏制了外埠卷烟对辖区市场的冲击。

年内，加强“三统一”（即专卖内管工作内容、流程、考核评价体系三统一）信息系统的使用，以“双随机、一公开”（即随机抽取检查人员、随机抽取检查对象、公开检查结果）监管模式为依托，强化APCD（分析、计划、检查、处理）工作法应用。加强对涉烟案件和“12313”举报投诉信息的应用，强化专销结合，认真开展大户治理，梳理排查并切实解决二次批发、左右价格、扰乱市场等现象问题。

年内，落实简政放权工作要求，换位思考办证过程中存在的难点与问题，制定针对性措施，切实解决办证“堵点”问题。优化市场资源配置，结合辖区实际，修订并印发区局《烟草制品零售点合理布局规定》。加强事中事后监管，清理长期不经营户317户。主动“走出去”，首次实现通过区政务网站公示行政许可信息，促进行政许可规范工作水平提升。

加强卷烟非法流通治理，严肃查处不规范经营行为，有效遏制真烟非法流通，2018年，真烟跨区流出11.64万支，跨省流出24.90万支，无“双30”“双50”案件发生。开展规范卷烟经营专项督查，切实做好大户治理，大户占比20.14%，同比下降14.64%，低于全市平均值。加强专销内三部门信息沟通和联动，及时准确反馈预警异常信息，提升协作能力，向营销部门出具“建议书”12份。

注重做好干部职工和零售户的法律法规宣传教育，2018年，开展职工法律大讲堂培训2期、专卖执法人员法律法规专题培训2期、辖区零售户集中培训4次；以“3·15”“5·15”“6·29”“12·4”为契机，开展普法宣传、送法进店活动。建立经营管理法律咨询机制，为销售部门提供法律意见6次。落实控烟条例要求，开展第31个世界无烟日宣传活动，于湛获得2018年度首都控烟先进个人荣誉称号。严格执行法律审核制度和重大执法行为法制审核制度，对案卷开展“全覆盖式”评查，强化执法监督，全年未发生执法纠纷。依法组织召开辖区烟草制品零售点合理布局听证会，确保规定合法发布。加强经济合同审核和规范化管理，有效防控经营活动法律风险。

（李　婧）

【北京中丽制机工程技术有限公司】　北京中丽制机工程技术有限公司成立于2005年，是中国纺织科学研究院有限公司法人独资企业，其前身为北京化纤机械厂。现有注册资本1.9亿元人民币，资产规模12.87亿元人民币，员工710人，子公司3家。公司拥有国家发改委颁发的甲级工程咨询资质，属国家高新技术企业，是国家科技部认定的国家合成纤维工程技术研发中心。经过多年改革发展，公司已成为国际化纤机械制造和工程技术服务行业的龙头企业之一，是中国化纤装备行业的主要研发和生产基地。

公司引进各类世界先进数控机床和加工中心等自动化、柔性化加工设备，具备年产4000纺位纺丝机、4000台高速卷绕头的生产能力，主要产品涵盖涤纶、丙纶、锦纶民用长丝、工业用丝、短纤维生产设备和各类差别化产品，以及其他棉纺、化纤成套设备用电气控制柜和多种规格喷丝板等。

公司被中国纺织工程学会评为改革开放三十年推动中国纺织产业升级重大技术进步企业，曾获中央企业先进集体、首都文明单位、工人先锋号以及全国五一劳动奖状等称号。2018年，实现营业收入同比增长90%以上，科技投入2136万元，全年实现工业总产值同比增长69%。

年内，申请受理专利30项，其中实用新型专利18项，发明专利12项；获授权专利30项，其中实用新型专利23项，发明专利7项。启动知识产权贯标工作，建立健全了公司知识产权管理体系。

发明专利“一种POY长丝牵伸卷绕装置”获中国专利优秀奖。发明专利“长丝牵伸卷绕装置”获北京市专利二等奖及中国纺织行业优秀专利奖。“化纤长丝纺丝、卷绕及全自动落筒成套装备技术及产业化”获2018年度中国纺织勘察设计协会科学技术一等奖。“福建百宏聚纤科技实业有限公司年产33万吨差别化化学纤维生产项目”和“辽宁银珠化纺集团有限公司功能型全消光高强锦纶66特种纤维项目”分别获2018年度纺织行业优秀工程咨询成果一等奖和二等奖。作为参编单位，参与国家规范《化纤工程项目规范》的编制。

年内，参加土耳其、越南、乌兹别克斯坦国际纺织机械展览会，海外市场得到巩固和开拓，不断提升企业国际影响力和竞争力。参加国内上海中国国际纺织机械展览会，展出新型1800毫米锭长自动卷绕头、新型1600毫米锭长工业丝卷绕头，新研制出的双丝道电锭假捻变形机一经展出便获得市场高度关注，首次打开东南亚市场，进一步夯实了企业产业链延伸的基础。

年内，公司保持强有力的技术创新、业务开拓力度，优势非纺业务表现突出。空气净化器项目、LED灯项目、与美国GE合作的医疗产品项目、法国西得乐水机灌装项目稳固发展，通过过硬的自身技术与生产能力，与客户形成良好合作伙伴关系，不断提升与客户的合作层次、拓展合作领域。

年内，强化全面质量管理，从设计、生产到售后全链条加强。强化生产现场产品质量管控，制定专项质量管控措施实现主关键件全程质量跟踪，关键项目全程重点管控，对自制件、外协件、采购件进行定期巡检，做到产品质量的有效控制。

坚持党管干部原则，选人用人程序更加规范，培养复合型人才，技术型工人，培育“工匠精神”，员工政治素质、业务素质同步提升。2018年，1位技术员工获“桑麻纺织科技二等奖”；公司获通州区“两高”人才工程“领军人才”专项经费奖励。博士后科研工作站北京中丽制机工程技术有限公司分站、“首席技师工作室”不断发挥人才培养带头作用。

年内，持续优化PLM系统，持续推进电子商务平台建设，ERP·系统功能性优化调整，OA·办公系统升级，实现三维软件与系统集成。信息化管理有效支撑和促进了公司精细化管理运营。

推进绿色纤维项目装备产业化，促进行业节能减排。公司全年获得供电公司减免电费奖励4.2万元，获市政府燃气锅炉低氮改造补贴资金15.2万元。持续深入开展“五小”·活动，保持内部基层创新活力，全年奖励项目48项。原有柴油叉车逐步由电瓶叉车取代。

公司严格按照安全标准化二级工作要求，全面部署，逐级落实安全生产责任制，主动开展环境治理和持续改进工作，合理安排空气重污染应急管理，确保生产经营有序合规。年内，公司通过北京市安全生产标准化二级复审。安全工作负责人被北京市应急管理局和首都精神文明建设委员会办公室评为“2018安监之星·北京榜样”主题活动“周安监之星”。

（李奇芸）

【北京万生药业有限责任公司】 北京万生药业有限责任公司是新和成集团（中国医药工业百强排名第38位，员工约1.2万人）旗下主要成员企业，是专业从事药品研发、生产和销售的高新技术企业，下辖福元、爱生、人和等子公司及沧州分公司原料药生产基地、通州制剂生产基地。现有员工约3000人。公司成立于1999年2月，注册资本6407万元。

公司拥有通过GMP认证的原料药、片剂和胶囊剂的现代化生产基地，上市产品涉及心血管、呼吸、营养、抗感染、精神类、抗过敏等众多领域。公司和国内多家科研院所建立了紧密合作关系，与北京化工大学共建的“纳微化结构药物联合实验室”列入北京市工程技术研究中心支持行列。

万生药业作为北京医药产业跨越发展工程G20企业，2018年度获北京民营企业科技创新百强、北京市诚信创建企业、高新技术企业等多项荣誉及称号。

1月，北京万生药业有限责任公司获北京市诚信创建企业称号　（北京万生药业有限责任公司提供）

10月，北京万生药业荣登北京民营企业科技创新百强榜榜单　（北京万生药业有限责任公司提供）

11月30日，北京万生药业有限责任公司被评为高新技术企业　（北京万生药业有限责任公司提供）

2018年，拥有一支国内外知名专家和海归人员在内的超200名的高素质研发队伍，成功获批国家级博士后科研工作站，成功完成“两高”人才、科技创新人才申报等政府扶持项目，夯实复合型高层次人才培养，提升核心竞争力和科研实力。

12月，万生药业获批设立国家级博士后科研工作站（分站）　（北京万生药业有限责任公司提供）

公司构建多维度一体的“嘀嗒”营销管理体系，根据产品不同特性打造招商、推广、普药（新模式）、OTC、外用药、保健品、网络等多种营销模式，精细化营销管理能力成为公司的核心竞争力。公司强调以客户为中心，积极发展战略合作关系，形成遍布全国的销售网络，业务员近千人。

2018年，通州药品生产基地新申请专利5项，授权专利2项，并先后承担多个国家“十一五”重大新药创制项目、北京科委科技重大专项课题任务。子公司尿动力监控仪课题通过北京市科委验收，填补了腹内压动态监测的市场空白。

2018年，公司新品种盐酸莫西沙星片0.4克获批；分公司盐酸曲美他嗪、盐酸文拉法辛等品种通过GMP认证；完成以盐酸非索非那定在内的6个产品的产地转移。公司生产质量体系的软、硬件水平达到了国家规定的标准，为企业在当前激烈的市场竞争中赢得了机会，更为企业快速发展打下了坚实基础。

公司建有较为完善的安全环保管理机制，2018年，通州药品生产基地污水处理14467吨，危险废物接收入库并处理51.35吨，废液处理14.5吨，粉末废物3.34吨，全年完成市部级、区级、镇级监管督察及工业园区安全环保部门的检查指导工作。定期完成安全检查、职业健康检测、安全培训工作，为公司提供坚实的后勤保障。

公司携手大山小爱爱心基金开展为灾区儿童捐赠衣物活动，开展慰问黑龙江、内蒙古、河北、北京等地SOS儿童村、一线交警和环卫工人联合公益活动，赠送“霾星人”产品，为社会做出应有的贡献。

11月20日，万生药业子公司向北京市通州区张家湾镇环卫处捐赠100套“霾星人”产品

（北京万生药业有限责任公司提供）

（王　强　李思凝）

信息化

【概　况】 2018年，区经济信息化委认真贯彻落实中央及市委、市政府建设北京城市副中心决策部署和整体工作要求，全面推进通州区智慧城市建设，在做好政务网络及信息系统日常运维保障的基础上，开展区级政务外网提升、政府网站集约化平台建设和政务办公系统升级等工作，为城市副中心智慧城市建设夯实基础，提升通州区政务信息化水平，为城市副中心建设保驾护航。

【区级政务外网提升】 按照《政务信息系统整合共享实施方案》和《关于加强区级政务外网建设和管理的通知》要求，开展区政务外网提升工作，通过对现有资源的整合、升级优化，建成以光纤为主干，传输为基础，路由交换网为拓展和延伸，高速、智能、安全可控的一体化网络传输平台，加强了区政务外网的网络服务保障能力，满足各类政务信息系统网络传输需求，更好地支撑副中心智慧城市建设。

【政务专网运维管理】 2018年，全区政务外网和政务数据中心机房运行稳定，未发生重大网络与信息安全事件。办理政务专网新接入业务14件，迁移业务9件，撤销业务1件；新增业务系统接入政务外网业务5件，新增IP地址业务7件，开通网络端口业务6件。解决网络故障541次；数据中心机房用电、空调、消防日常巡检304次；排除隐患7次，应急视频会议保障30次，有效支撑了市级、区级各项政务信息系统安全稳定运行。

【区政府网站集约化平台建设】 根据《国务院办公厅关于印发政府网站发展指引的通知》文件要求，开展区政府网站集约化平台建设，2018年12月集约化平台通过终验收并正式上线运行。通州区政府网站集约化平台实现了“全区一网”和政府网站的减量、提质、增效；实现了政府网站统一标准体系、统一技术平台、统一安全防护、统一运维监管的建设和管理模式；增强了政府网站政务公开水平、公共服务能力、信息共享能力、技术支撑能力和安全保障能力，全面提升了政府网站管理水平。

【区政府网站运维管理】 2018年，持续做好政府网站栏目调整、网站内容加工处理、网站专题建设、网站系统维护及网站安全保障等日常维护工作，在网站资源丰富度、网站功能全面性、网站服务便捷性等方面都有很大的提升。网站全年浏览量为430万次，信息更新1.6万条。按照网站普查要求，不断加强对网站信息准确性、网站互动回应情况、网站服务使用情况等的日常检测，发现问题及时整改。在全市政府网站普查中，通州区等5个区县连续八个季度普查合格率100%。在市政府对区级政府网站建设管理的绩效考核中，综合成绩满分。

【区政务办公系统运维】 2018年继续优化完善全区政务办公系统，保障各子系统正常稳定安全运行。全年区政务办公系统办理公文20万件，其中移动端总办文1.5万件。定期对区政务办公系统进行安全检查和扫描，发现漏洞及时组织技术力量进行整改修复。定期开展应急演练，提高突发事件应急处置能力，全年区政务协同办公系统运行状况良好。

【网络信息安全及应急保障】 2018年，对全区电子政务网络与政务信息系统进行执法检查，开展执法检查120次，其中联合区委网信办对4家单位进行现场检查，对21家单位的86个信息系统进行远程技术检测。完成全区162名网络信息管理员、网络信息安全员培训工作。按照区应急委统一部署和工作要求，开展区政务专网传输线路保障应急演练，区政务数据中心机房柴油发电机测试供电模拟演练，区政府门户网站群应急演练，区政务协同办公系统应急演练。组建通信保障和信息安全应急专家队伍。完成全国“两会”和中非合作论坛北京峰会期间的政务网络安全保障工作，全年未发生重大网络安全事件。

（刘　佳）

建筑·建材业

【施工许可办理情况】 截至2018年12月底，办理施工许可手续100项，建筑面积352.57万平方米，长度18374.67米。其中装饰装修工程26项，建筑面积25.84万平方米；房建工程60项，建筑面积321.79万平方米；市政工程14项，建筑面积4.94万平方米，长度18374.67米。

（刘占兰）

【建筑企业情况】 截至2018年12月底，通州区资质有效期内建筑企业693家。通州区建筑企业首次申请资质获批76家，增项资质获批48家、延续资质获批11家、升级资质获批11家。

（刘　光）

【招投标情况】 截至2018年12月底，监管建设工程施工、监理等招投标项目152项，涉及房屋建筑工程面积318万平方米，市政道路、综合管廊、管线长度3.7万米，合同额约201亿元；办理告知性备案17项；开标监管88次，资格预审评审及评标监管153次；作为通州区评标专家库抽取唯一终端，完成场内抽取132次、场外抽取508次，累计抽取专家3300余次。

（徐　远）

【购买专家服务情况】 年内，通过购买专家技术服务，针对大型起重机械开展检查检测，检测大型起重设备422台，其中塔式起重机287台，施工升降机95台，物料提升机11台，高处作业吊篮29台。综合合格率为83.6%。其中塔式起重机合格率为81.2%，施工升降机合格率为84.2%。整机判定为不合格的设备69台（其中包括塔式起重机54台、施工升降机15台）。

【聘请第三方协助开展扬尘治理检查】 为弥补检查力量的不足，通过政府购买服务，聘请第三方协助开展扬尘治理检查。于8月14日开标，8月24日完成招标工作。9月1日起正式投入检查工作，检查

9422项次。

【重点区域土石方项目驻场监督】 委托第三方监管力量对建成区内土石方工程实行驻场监督，增加晚10点至早8点的夜间段管控，消除夜间渣土运输不规范的薄弱环节。8月30日至12月31日，检查进场车辆11445次，发现问题742项，检查出场车辆11438项次，发现问题845项，全部要求整改。

【施工现场环境治理约谈告诫制度】 年内，制定《北京市通州区住房和城乡建设委员会建设工程施工现场环境治理约谈告诫制度》，对全区取得施工许可手续的房屋建筑和市政基础设施工程中不履行或者不正确履行环境治理工作职责，造成严重不良影响的相关责任单位的责任人约见谈话，剖析问题原因、明确责任界限、部署整改措施，并进行告诫警示，从而确保通州区施工现场环境治理工作取得实效。

【“六方环境联合验收交底”制度】 年内，制定《关于印发通州区施工现场开复工前“六方环境联合验收交底”制度的通知》，强化参建各方环境保护主体责任落实，进一步降低施工造成的扬尘污染，全面提升通州区绿色文明施工水平。开展“六方环境联合验收”88项次。

【施工现场环境治理“红黄牌”警示告诫处理规定】 年内，制定《通州区建设工程施工现场环境治理“红黄牌”警示告诫处理规定》，对通州区行政区域内取得施工许可手续的房屋建筑及市政基础设施工程，发现存在环境违法违规行为且情节严重的，实行建设工程施工现场环境治理“红黄牌”警示告诫。发放红黄牌26张。

【成立行政办公区、文化旅游区专项联合检查组】 7月19日，由区住建委、区城管执法局、区环保局和区市政市容委四家单位成立行政办公区、文化旅游区专项联合检查组。以行政办公区及文化旅游区施工现场扬尘治理、渣土运输和非道路移动机械设备为攻坚治理重点目标，全面强化重点区域、重点项目、重点施工阶段的大气污染防治管理工作，通过“齐抓共管、部门联手”有效解决施工扬尘、道路扬尘、裸露地面扬尘等环境问题，为全区空气质量持续改善作出贡献。本年度开展检查20次。

【建立健全施工现场扬尘检查、监测、考核、公示机制】 年内，以区政府办名义制发《北京市通州区人民政府办公室印发关于建立健全施工现场扬尘检查、监测、考核、公示机制实施方案的通知》，加强部门协同，从建立健全扬尘治理检查、监测、考核、公示机制方面入手，推进扬尘治理监管体系化，确保改革任务落地出实效。

【监管项目情况】 截至2018年12月底，监管项目数量352项，监管项目总面积约2019万平方米。其中房建工程及装修工程231项（包括文化旅游区土方填垫工程），市政基础设施工程121项，管廊总长度约35.24千米；道路约156.73千米。塔吊数量268台；施工升降机数量87台；物料提升机数量9台。

（傅　刚）

【印发《关于进一步加强建筑垃圾再生产品应用工作的推进方案》】 7月6日，区住建委印发《关于进一步加强建筑垃圾再生产品应用工作的推进方案》，建立通州区建筑垃圾再生产品应用工作领导小组。

【发展绿色建筑推动绿色城市建设】 2月5日，第38期区长办公会审议通过《通州区发展绿色建筑推动绿色城市建设指导意见》和《关于发展绿色建筑推动绿色城市建设实施方案》。

【超低能耗建筑示范工程项目】 根据《北京市超低能耗建筑示范工程项目及奖励资金管理暂行办法》，市住房城乡建设委会同市规划国土委、项目所在区住房城乡建设委和区规划国土分局共同组织超低能耗专家组，于2018年9月10日—12日对2017年度申报截止日前的超低能耗示范项目的申报书及技术方案等进行评审。通州区通州新城0204街区TZ00-0024-00060007地块R2二类居住用地项目通过评审。该项目由北京首开新奥置业有限公司开发建设预计2022年竣工验收。

（李　扬）

商贸·旅游·运输

春节期间，通州罗斯福广场举办各类品牌商品折扣活动　　（区商务委提供）

商　贸

【概　况】　2018年，通州区商务委员会紧抓京津冀协同发展和北京城市副中心建设，围绕北京城市副中心建设总体要求，突出调结构、稳增长、惠民生，主动适应和引领新常态。坚持内贸、外贸双轮驱动，以优布局、补短板、疏低端、提品质为抓手，以强化商务功能、提升消费品质、优化市场环境、全力惠及民生为目标，不断深化服务业扩大开放综合试点，有序推进市场疏解提升，稳步提高居民生活性服务业品质，优化营商环境和市场秩序，努力构建"高精尖"商务产业体系，完成了各项工作任务。

【社会消费品零售额同比增长5%】　2018年，通州区社会消费品零售总额实现439.8亿元，同比增长5%。增速高于全市2.3个百分点，在全市16区和经济技术开发区中位于第九，占全市的比重为3.74%。

【总部经济发展】　年内，加大通州区发展环境和政策优势宣传推广力度，区长赵磊出席"2018总部经济国际高峰论坛"并进行专题演讲。有效利用媒体资源，有计划、有重点地宣传总部经济发展新进展、新成效，营造有利于总部经济发展的良好氛围。截至年底，全区总部型企业69家。

【获批成为北京市服务业扩大开放综合试点示范区】　1月，通州区正式获批成为北京市服务业扩大开放综合试点示范区，3月7日，成立了北京市通州区服务业扩大开放事务中心，承担本区服务业扩大开放推进相关的事务性、服务性工作。

【完成39家市场疏解提升工作】　2018年，通州区完成39家市场疏解提升工作任务，涉及商户8246户，从业人员14510人。

【新建和规范提升生活性服务业网点119个】　2018年，通州区持续提升生活性服务业品质，累计新建和规范提升生活性服务业网点119个，其中蔬菜网点41个，连锁化率达到47.1%，覆盖率达到90.6%。

【保障防汛应急生活必需品供应】　年内，组织应急保障企业做好汛期生活必需品储备，确保全区生活必需品的供应和调拨。对企业防汛物资进货、运输保障和物资的质量、数量以及物资定期轮换等情况进行实地检查，全力做好防汛应急生活必需品供应保障工作。

【应急储备粮管理】　年内，与粮贸公司签订2018年储备粮承储协议，办理储备粮津贴拨付，对区储备粮粮情状况进行摸底检查工作，保证应急储备粮定期轮换保质保量。

【粮食市场信息监测】　年内，完善粮油市场信息监测预警体系，定期对监测点进行抽查，适时发布粮食供求、价格等相关信息。

【落实粮食安全区长责任制】　2018年，检查粮食收储库及粮食加工企业60家次。提高粮食执法人员素质，组织区粮食储备服务中心在岗人员参加粮食执法资格考试，通过率99%。结合通州区食品安全周、世界粮食日组织开展多长粮食安全宣传活动。

【专项检查和整治】　2018年，通州区商务委出动行政执法1870人次，检查规模以上商业零售及餐饮经营单位935家次，查处安全隐患问题942项；检查食盐经营单位1083家次，查扣私盐103公斤；检查汽车销售企业80家次、检查美容美发企业41家次、洗染企业12家次、检查家电维修4家次、检查洗浴4家次；检查家庭服务业7家次；检查成品油企业39家次；检查再生资源回收企业4家次。

【行业安全生产执法宣传工作】　2018年，通州区商务委组织联合执法13次；开展各类宣传教育培训45场次，其中大型培训活动8场次；召开行业安全会议13场次，下发红头文件26份；一般程序案件37起，罚款5.4万元；做出简易程序案件70起。接受国务院、市委、市政府各类安全生产督查5次。

【行业安全巡查检查】 2018年，通州区商务委建立了重要节日、重大活动、重大事件期间巡查、联合检查和委领导带队检查长效机制，对城区重点商业街区、大型商场、超市、餐饮企业各项安保工作落实情况进行重点巡查。同时，对全区粮食行业、外资外贸企业等主管行业企业加大安全监管力度，确保行业安全。

【对企业安全管理工作进行全面指导】 2018年，组织40余家新增备案企业集中约谈培训会2次，对新增备案及安全管理水平薄弱企业点对点约谈培训15次，对企业安全管理工作进行全面指导。组织烟花爆竹禁限放、国际民防日、“3•15”消费者权益保护日、安全生产月等7次上街宣传活动，发放宣传品5000余份，参与群众达到3500余人。

【深入推进“双打”工作】 年内，不断强化通州区“双打”领导小组的协调作用，明确2018年打击侵权假冒工作要点，加大宣传力度，强化联合执法，加强各成员单位有效沟通，鼓励开展跨部门、跨区域的联合执法行动，同时做好“两法”衔接工作。8月，在全区范围内组织开展打击假冒伪劣商品专项行动，区工商分局等8部门立案侵权假冒案件17件，罚款10万余元，查扣物品23.9万件。

（畅绍丽）

【北京市通州商业资产运营公司】 2018年，北京市通州商业资产运营公司实现营业收入2.48亿元，比上年增长44%。上缴税金1092万元，实现利润总额492万元，比上年增长10%。期末资产总额12.88亿元，国有资产保值增值率111%。年内，用1.55亿元资金偿还所属基层单位人民商场银行贷款2.35亿元，至此全公司无金融外债；投资成立北京通智立达人力资源管理有限公司和北京通佰国际商务中心，两单位期末合计资产总额2847万元。公司独立法人单位32个，党总支2个，党支部11个，党员416人（含离退休党员）。在职职工970人，离退休职工3464人。

发掘经营新点位，推进企业品牌创新。烟酒公司与中粮酒业签订2018年长城星级酒的“京津冀”地区战略合作协议，全面加强与央企的战略合作，销售业绩快速提升；丽新照相馆新增亲子摄影业务，研发新样片、新包装，拓展外联，为老字号树立新形象；天鹅湖幼儿园重新获得合法办学资格，9月正式开园；小楼饭店搭载外卖平台输出过剩产能，恢复节日特色食品制售，不断扩大通州老字号在餐饮延伸产业领域的影响力，增强品牌价值。

民生工程、扶贫项目取得阶段性成果。截至年底，品农果蔬借助年度区级财政专项资金支持，整体投资近7000万元，陆续建成蔬菜零售网点80家，新增营业面积9884平方米，经营网点基本覆盖北京城市副中心全区域。在区国资委党委指导下，公司先后承载了区级扶贫对口区县西藏城关镇、京蒙对口帮扶区县扶贫攻坚工作，以店中店的形式与品质超市、品农果蔬经营相结合，经营面积累计430平方米，将310余种特色产品呈献给通州百姓。西藏大昭圣水作为第一款扶贫代理商品，销售32万瓶，实现销售收入39万余元。在“每销售一瓶大昭圣水，商资公司为西藏教育事业捐赠五分钱”公益活动中，为西藏教育事业捐赠1.6万元。

立足服务行政中心，推动新业务发展。与区组织部、人保局共同建立北京市人力资源产业园国家级产业园通州园。结合该项目，公司于4月成立北京通智立达人力资源服务管理有限公司，进入运营阶段。

落实“疏整促”及“创城”“创卫”复审工作。完成对公司系统内5217平方米违建拆除工作，影响租赁收入500余万元。其中，因城市规划建设“绿心”项目，农机公司搬迁到农业机械培训学校；原鑫隆小商品市场整治改造提升，打造成业态齐全、功能完备、集约化程度较高的社区服务中心。

统筹推进党建各项工作，树立典型激发正能

量；发挥督导联动作用，开好“两个生活会”；完成基层支部换届，建设考核评价指标体系，规范阵地化建设；继续开展轮岗交流，激活干部队伍活力；签订责任书，开展廉政文化进企业，加强党风廉政建设和反腐败工作；学习宣传《中华人民共和国监察法》《中国共产党纪律处分条例》，加强党内监督和执行力度；加大公务车辆使用管理，配合巡察组巡察工作；做好节点慰问帮扶，丰富工会服务职能。

（高　岩）

【通州区煤炭公司】 2018年，通州区煤炭公司围绕北京城市副中心建设和“京津冀”协同发展大局，以深化国企改革为契机，以保稳定、促转型、谋发展为切入点，全面贯彻落实区国资委安排部署的工作重点，稳步推进各项工作扎实开展。公司下属基层单位8个，即北京万方缘物业管理中心、通县节能技术推广站、北京蓝迪盛世建筑装饰材料科技中心、北京温馨假日快捷酒店、通州区煤炭公司驻山西办事处、北京通煤网讯科技有限公司、北京通煤创艺文化传媒有限公司、北京市通州利达运输队。合作单位2个，即北京通煤科信检测技术服务有限公司、北京通煤盛昌燃料有限公司。

2018年，区煤炭公司应对市场变化，推进转型发展，强化内部管理，提升员工综合素质，实现持续平稳发展，逐步进入转型发展轨道。主营业务收入1295万元，其他营业收入1151万元。

公司始终保持战略定力，沉着应对各种困难，坚持高点定位，着力拓展市场，不断推进传媒、科技两个板块发展质量。

北京通煤创艺文化传媒有限公司深化与央视的合作。策划制作宣传片《我的副中心——通州成长记》，并在中央财经频道播出，微博、微信等媒体点击量超过20万。参与故宫博物院《中华文化客厅》、中宣部《中国符号》、商务部《中国之造》等文化项目的制作推广。充分发挥自身优势，服务于通州区媒体宣传推广工作，制作的区“创城”表彰视频片《永远在路上》，得到区人大常委会、区创城办及区广电中心认可。5月，与区政府、区体育局合作，助力2018通州运河绿道骑游周。成功中标区园林局“创森项目”，成为唯一指定新闻媒体宣传制作公司。承接阳光会议中心园区导向标识系统的规划设计与制作。通过专业化和高品质的服务，区域品牌影响力得到进一步提升。

北京通煤科信检测技术服务有限公司不断提升专业水平，拓展业务范围。总检测项目达298项，涵盖公共卫生检测、环保领域检测、医疗卫生辐射防护检测等。承接区环保局餐饮油烟及水质监测，大运河水务集团污水检测，同创碧源污泥检测，区建委对中建红杉溪谷东区的噪声检测等。充分发挥专家团队的技术优势，成功取得《眼镜式眼晶体剂量计》《眼晶体剂量计》外观设计两项专利，被区总工会和区科协授予“职工创新工作室”称号。

（郭大龙）

【北京市通州区供销合作总社】 2018年，通州区供销合作总社践行为农服务宗旨，深化改革、科学谋划、创新驱动，在党的建设与综合改革、为农服务、社有经济发展深度融合等方面取得新成效。全年实现营业收入总额1787万元，同比增长78.52%；投资收益总额2098万元，同比增长18.53%；利润总额1503万元，同比增长88%；上缴税费总额401万元，同比增长21.88%；净资产收益率13.45%，同比增长5.27%；国有资产保值增值率114.4%，同比增长0.2%。

在为农服务中谋求新发展。宋庄区域的大运河戏剧村产业园区项目即将落成，园区引进专业公司搭建影视拍摄棚、电视节目录制棚、网剧拍摄基地、商业小剧场等相关配套场地和服务，打造艺术文化展演、文艺创作交流等文化形态的多元文化园区；西集区域一处原郎府供销合作社大院项目进场施工，另一原郎府供销合作社煤厂建设项目，与当地政府洽谈调控土地控规；台湖区域购置的北京兰格加华产业园两处独栋建筑完成租赁，增收83万余元；梨园区域购置的“半壁港”两处资产为拓展高端商务服务业、金融业提前布局。

在监管社有资产中展现新作为。通州区社党委抓住重点领域和关键环节，精准发力，破解难题，建立适应企业改革发展的社有资产经营监管体系，提高资产运营质量和效率，租赁收入全年实现1787万元，同比增长78.52%。

在产业转型升级中促企新发展。运营小额贷款公司，实现稳增长，全年收入同比增长26.1%；共建“平安校园”项目，与通州区教委对接；引进“畅达东岸孵化器”项目，采取联合共建方式，扶持3家以上被孵化企业。

在服务副中心工作中体现新担当。“疏解促”工作拆迁面积4600多平方米，清退梨花园小区内的龙腾商务楼低端公寓1600平方米。“创城”“创卫”工作为13万多平方米自管小区、平房居民安居乐业提供物业服务，切实做好常态化监管工作。扶贫攻坚工作提供帮扶资金15万元，与内蒙古自治区兴安盟科尔沁右翼中旗巴彦淖尔苏木贵力斯台嘎查结对帮扶。

在强化企业管理中实现新效能。坚持和加强党的全面领导，全面贯彻落实党中央关于加强国有企业党建工作的新部署，以制度化、常态化、具体化的有力举措推进企业党建工作，新建党员活动室和供销文化展室，着力促进党建与企业精神文化建设有机融合。加强资金管理创收增效，加强制度建设促企发展，加大安全生产投入，全力做好非紧急救助工作，推动企业向高质量发展。

（博丽杰）

部分重点商业企业

【中国烟草总公司北京市公司物流中心】 中国烟草总公司北京市公司物流中心（简称物流中心）成立于2004年7月，隶属于北京市烟草专卖局（公司），是以负责全市卷烟零售户所需卷烟的仓储、分拣和配送工作为特色的国有企业。中心位于首都北京五环、六环之间的通州区梨园镇大稿村，占地面积7.5万平方米，总建筑面积3.1万平方米，总投资1.98亿元。

2018年是北京烟草“一号工程”硕果呈现之年，物流中心全体干部职工贯彻落实国家局和市局（公司）工作部署，完成就地技改项目建设，召开了北京烟草物流技改现场会，凝聚形成了“创新担当合作”的强大精神力量，开启了物流高质量发展的新征程。全年累计入库卷烟81.49万箱，分拣、配送卷烟2.04亿条、121.74万户次，收取现金1.74亿元、支票6.17亿元，配送车辆安全行驶218.09万公里。

全年完成多次重大会议任务以及国家局领导调研、云南烟草等兄弟单位、通州区政府、联合国国际贸易中心等40余批次、1000余人次的参观接待任务，充分展示了行业良好形象。

在正常生产作业的同时，全力推进就地技改项目建设，开展工商共库、细标一体、精准打码、一笼到底、配送网络布局和线路优化5个分课题的研究应用。截至年底，4条全自动分拣线、单班作业、外立面改造及室外绿化工程、小规格分拣线、消安防系统及联动调试等主体工艺改造及配套工程全部建成投产，各项指标基本达到设计要求，技改项目主体工程完成。

实现了行业首家就地不停产改造，主体工期比计划整体提前了6个月，预计比2.8亿元的投资概算节省2000万元以上，出入库效率提升70%，综合库容提升8个百分点，产能从双班70万箱跃升到单班100万箱，分拣效率提升186%，直配单车装车时间、接力单车卸货时间分别缩短至10分钟、20分钟以内，“一体化笼车”、“裹膜烟包配送系统”分获3项实用新型专利、1项发明专利授权，1篇论文在国家核心期刊上发表，北京烟草“基于互联网+的烟草商业智慧物流体系研究与应用”项目被国家局列为行业重点科技项目。

（李涵嵋）

【通州区粮油贸易公司】 截至2018年12月底，公司有职工222人，比上年同期241人减少19人；现有女职工49人。公司包括4家法人单位：北京市京粮潞河粮食收储有限公司、北京市通州区油脂有限公司、北京市永和信诚粮油供应有限公司、北京京粮运河粮油贸易有限公司。北京市京粮潞河粮食收储有限公司下设5个粮库：直属粮库、徐辛庄粮库、漷县粮库、大杜社粮库、永乐店粮库。2018年公司全年实现总收入11.18亿元，同比增加37.18%。完成利润636.54万元，较上一年度提高8.98%。上缴税金682.31万元。

不断创新管理方式，优化科保方法，以仓储管理的规范化、科学化，提高精细化管理水平。加强储粮损耗控制。以强化储粮管理、降低吨粮损耗为重点，细化出入库工作流程，规范通风作业，按计划、分步骤，抓好落实。结合储粮实际条件，在采取双低、准低温科保方法的基础上，有效减免熏蒸化学药剂使用量，使储粮向绿色、环保方向发展。调整储粮布局。充分发挥永乐店和大杜社粮库的仓型优势，合理调配储粮资源，统筹安排人员设备，最大限度地提高仓房利用率。深化推广5S管理。在大杜社粮库实践5S管理模式的基础上进行推广，通过作业环境的改善、工作效率的提高，促进管理水平和人员素养的双提升。探索储粮新方法。利用内环流控温等科技储粮技术，做好粮食安全储存。根据不同品种、不同仓型采取相适应的科学保粮方法，提高科学保粮的针对性和实际效果。以双低保管为主，推广应用准低温储粮技术，提高绿色储粮比例，进一步减免熏蒸药剂的使用。

京粮运河公司利用北方港口集散优势，在粮食主产区，采取租库合作和代购代储的经营模式，不断扩充粮源仓储基地，为扩大贸易经营规模提供可靠的粮源保障。开展北粮南运。沿长江流域布局，与福建、深圳以及四川、云南等地饲料企业建立合作，开展北粮南运业务。参与各级储备粮轮换工作。密切关注粮油竞价交易会公告，参与竞价粮采购与销售工作，按期完成储备粮轮换任务。

公司始终坚持安全第一、预防为主、综合治理的工作方针，牢固树立安全责任意识，深化安全隐患专项整治，实现了公司全年零事故的任务目标。开展“大排查、大清理、大整治”专项活动“回头看”工作。召开专题工作部署会，成立领导小组，建立健全相关应急预案和规章制度，对下属企业进行检查，排查出25处安全隐患并全部完成整改。开展外租场地安全隐患排查。邀请区安监、消防、综治等部门，通过走现场、看设备、查防火，全年对外租库点和人员密集场地进行检查14次，对检查出的问题及时进行整改。开展安全教育培训。聘请防火中心专家为机关全体职工和各单位安全员，开展防火用电安全知识讲座。完成公司风险分级管控和隐患排查治理双体系建设。

永乐店粮库改扩建工程和漷县粮库改扩建工程分别于8月和12月完成全部验收备案工作，上述两项工程具备使用条件。随着通州区城市副中心建设速度的加快及产业布局的重新调整，在分析公司现有资产状况的基础上，启动徐辛庄粮库文创园项目的前期调研工作。截至年底，完成该文创园的可研报告及规划方案，前期电力改造工程启动实施。

（杨新星）

对外及对港澳台经济贸易

【外商投资企业情况】 2018年，通州区新设立外商投资企业49家，增资企业17家。投资总额合计316838.35万美元，注册资金合计123566.88万美元，合同利用外资91034.53万美元。

【实际利用外资】 2018年，通州区实际利用外资46笔入资，共计61213.62万美元。

【投资备案】 截至2018年底，通州区有境外投资备案企业138家。通州区17家主体企业进行境外投资，其中美国6家，德国2家，瑞士、蒙古、法国、日本、尼泊尔、博茨瓦纳、摩纳哥、尼日利亚、孟加拉国各1家；对香港投资3家。

【服务外包合同备案登记】 2018年，通州区新审核合同数26个，累计合同金额2716.2741万美元，执行合同金额累计714.859万美元。

【对外贸易经营者备案登记】 2018年，通州区对外贸易经营者备案登记及变更的企业559家，其中新备案对外贸易企业290家，变更企业269家。

【出具“加工贸易生产能力证明”】 2018年，通州区商务委为18家企业进行实地验厂，并出具“加工贸易企业生产能力证明”。

【116家外贸企业办理出口信用保险】 6月，通州区商务委安排中国出口信用保险公司进行现场办公，集中为外贸企业讲解配套政策、办理出口信用保险。在原有61家企业进行续保基的础上，新增保单确认函55张，投保企业数量达到116家，小微企业信保统保补贴政策覆盖率近30%。

【建立服务贸易样本企业监测体系及考核评价体系】 1月，北京市服务贸易重点企业监测系统正式上线。通州区商务委组织了本区范围的专场培训，选取24家样本企业开展监测工作。

【开展外商投资企业联合年报工作】 2018年，外商投资企业联合年报工作从4月1日到6月30日进行，通州区应参报企业550余家，参检企业470余家，注册资本104.7亿美元，投资总额26.8亿美元。

（畅绍丽）

旅　游

【概　况】 2018年，在市旅游委的帮助指导下，在区委、区政府的正确领导下，通州区旅游委以习近平新时代中国特色社会主义思想为指引，深入贯彻落实总书记习近平和市委书记蔡奇到通州调研重要讲话精神，坚持新发展理念，围绕北京城市副中心建设和市旅游委、区委、区政府中心工作，推进旅游产业各项工作落实。

【区旅游委开展消防夜查】 1月18日，通州区旅游委开展消防安全夜查。当晚检查星级饭店4家，重点对带班领导在位情况、消防中控室持证上岗情况、应急广播等情况进行检查，有2家企业的消防中控室值班人员证件不全，检查人员要求问题单位立即整改，并于近期复查。

【检查旅游安全与服务保障工作】 2月2日，通州区旅游委对运河公园、亚太花园酒店进行检查，区公安分局环食药旅中队抽派2名警力参加检查。重点检查了运河公园庙会及冰雪季现场安检通道、售票窗口、消防设施、电气设备、警示标志等筹备情况。在亚太花园酒店，现场对微型消防站进行了拉动，实际检验了工作人员的应急反应能力。

【开展烟花爆竹禁限放督导检查】 2月8日小年夜，区旅游委执法人员对亚太花园酒店、运河苑渡假村、东方宾馆、红旗宾馆、太阳花酒店等5家酒店的烟花爆竹禁限放工作进行督导检查。在运河苑渡假村，现场对微型消防站进行了拉动，并对干草湿化、火灾扑灭进行演练，检验了工作人员的应急反应能力。

【检查2018年春节旅游安全与服务保障工作】 2月12日，区领导曾赞荣、张力兵、李玉君、赵玉影带队检查通州区2018年春节旅游安全与服务保障工作。区委、区人大、区政府、区政协相关领导及旅游、文化、安监、公安、消防和相关属地领导一同检查。在运河公园新春文化庙会及“冰雪季”现场，区委书记曾赞荣检查了售票处、安检通道、餐饮摊位、嬉雪区域和应急指挥部，检查总体情况良好。在亚太花园酒店，区长张立兵检查了酒店消防安全、应急值守、烟花爆竹禁限放管理等保障措施，现场对酒店微型消防站进行了拉动，询问了春节客房预订情况，检查总体情况良好。

【开展国际民防日宣传活动】 3月1日，通州区旅游委在新华大街繁华地段开展国际民防日宣传活动。通过设立咨询台、发放宣传资料、悬挂宣传横幅的方式，向过往群众宣传民防知识，并现场解答市民对民防安全、旅游安全的相关咨询。现场发放文明旅游手册、文明旅游地图以及自然灾害、户外安全、预防传染病等应急手册宣传品1000余套，现场接受安全咨询20余人次，进一步增强了群众的安全防范意识，提高了应对各种突发事件的能力。

【通武廊旅游摄影展亮相运河文化广场】 3月11日上午，由通州区旅游发展委员会、武清区旅游管理服务中心和廊坊市旅游发展委员会联合主办的，以“携手通武廊 畅游北运河”为主题的旅游摄影展在通州运河文化广场展出。三地征集的精彩摄影图片，充分展示了通武廊灵秀风光、旅游资源的深厚底蕴。通武廊是京津冀协同发展的“金三角”，三地以大运河为纽带，地域一体、文化一脉，历史渊源深厚，交往半径相宜，人员往来密切，旅游资源优势互补，具有良好的区域旅游发展基础和优势。本次旅游摄影展立足于三地自然之美、人文之美、社会之美、生态之美，面向社会征集摄影作品60幅，以全新的视角、炽热的情感、独特的感受在此次摄影展上精彩亮相，展现出通武廊三地自然风光、景观建筑、节庆活动、旅游景点等精彩瞬间。活动延续到3月16日。

【开展学雷锋志愿服务月暨文明旅游宣传活动】 3月20日上午，通州区旅游委联合通州区梨园镇政府在梨园主题公园开展了学雷锋志愿服务月暨文明旅游宣传活动。通过志愿者的力量来宣传文明旅游，引导广大市民和游客文明旅游、文明出行。此次活动宣传活动发放《文明出境游手册》、《旅游安全提示》、文明旅游钥匙扣、文明通州手提袋等宣传品1万余份。

【区旅游委与内蒙古奈曼旗签订合作协议】 3月23日，通州区旅游委与内蒙古奈曼旗旅游局签署《旅游资源开发战略合作框架协议》。区旅游委主任纪万成与内蒙古奈曼旗旅游局局长李堂华签署协议。内蒙古奈曼旗旗委副书记、旗长布仁等参加签约仪式。签约后，双方就未来旅游开发合作事项进行座谈交流。座谈会上，通州区旅游委主任纪万成与内蒙古奈曼旗旅游局局长李堂华分别介绍了两地的旅游资源情况。

【开展有限空间作业培训】 4月26日，区旅游委组织区内300余家旅游企（事）业单位安全负责人开展限空间作业培训。北京市劳动保护科学研究所职业危害控制中心主任刘艳就有限空间作业相关法律法规、作业分类、存在危险因素、危险性及预防、应急措施等内容，进行详细深入地介绍和讲解。通过培训，提高了企业对有限空间作业安全生产工作重要性的认识，加深了对有限空间安全生产作业的地方标准的理解。培训会上下发了《关于加强通州区旅游行业有限空间作业安全管理工作的通知》，要求各旅游企（事）业单位切实落实安全主体责任，提升安全意识和技能，不断推进有限空间作业标准化、科学化、规范化管理。

【开展“五一”旅游市场秩序联合检查】 节日期间，区旅游委会同区公安分局、区工商分局、区交通局、区城管执法局等成员单位对大运河森林公园、运河公园等重点旅游景区及周边开展集中整治。重点检查了旅游景点沿线环境秩序、旅游车辆、住宿单位及游船码头运营等情况。节日期间出动执法人员40人次、执法车辆15辆，检查涉旅企业15家次。未发生旅游安全事故和旅游投诉。

【开展防灾减灾日宣传活动】 5月12日，区旅游委按照区政府的统一安排，在新华大街开展以“行动起来，减轻身边的灾害风险”为主题的宣传咨询活动。现场接待群众咨询百余人次，发放防灾减灾书册、旅游安全图册、文明旅游公交卡套等各类宣传品3000余份，充分营造防灾减灾和应急管理工作的良好氛围，有效提高了通州区广大群众的防灾减灾意识和自救互救能力。

【开展城乡结合安全联合检查】 5月24日，区旅游委会同区消防支队、马驹桥镇政府出动执法人员7人，对城乡接合部住宿业单位进行联合检查。此次联合检查主要对前一阶段区旅游委检查中发现的重点安全问题进行了复查。当天检查社会旅馆17家，多数单位将前期存在的安全问题整改完毕，但仍有个别单位未能进行整改。主要包括私乱接电线、消防设备设施维护保养不到位、应急疏散图缺失、安全通道堆放杂物等方面。各单位执法人员分别向隐患单位提出限期整改要求。

【启动落实安全生产主体责任检查评估工作】 按照全市旅游安全工作的统一部署，通州区旅游委从6月份开始，委托第三方安全评估机构，开始对全区旅游企（事）业单位落实安全生产主体责任情况进行检查评估，内容涵盖游企（事）业单位安全基础管理、场所环境、生产设备设施、特种设备、公用辅助用房及设备设施、用电、消防、危险化学品、职业病危害预防与控制、劳动防护用品使用、会展活动、操作人员行为规范、安全技术防范、治安技术防范等各个方面。区旅游委将根据评估报告，提出对策措施，督促旅游企（事）业单位发现安管理缺陷、及时消除安全隐患。此项工作覆盖住宿业、旅游景区、民俗旅游单位等领域，年内将完成不少于150家单位的检查评估工作，全部完成预计将持续三年。

【开展安全生产月及防汛应急宣传咨询活动】 6月1日上汛当天，通州区旅游委在新华大街设立宣传点，开展以“提高应急反应能力，增强公共安全意识”为主题的安全生产月宣传活动，利用LED电子宣传屏滚动播出防汛应急、消防、用电等安全知识以及预防事故方法。现场接待群众咨询100余人次，发放防汛安全小常识折页、旅游安全便民手册以及安全宣传纪念品等各类宣传品2000余份，有效提升了现场咨询群众的安全意识及自救互救能力。

【开展行业防汛专项检查】 6月1日，区旅游委启动安全生产月和汛期专项检查工作，重点对涉河企业开展了防汛安全检查。检查人员要求各涉河企业严格落实防汛工作要求，检查防汛物资、落实防汛人员、加大园区巡视力度，完善应急预案，认真落实应急报告制度，确保旅游行业安全度汛。各被检企业现场张贴了汛期安全宣传海报。

【与奈曼共同举办“京蒙有你·通奈有我”推介活动】 6月5日，携手内蒙古奈曼旗旅游局在北京阳光会议中心举办“京蒙有你·通奈有我”——2018内蒙古奈曼旗（北京）旅游推介活动。活动中，奈曼旗方面介绍了特色旅游资源，推介了“通奈·爱心足迹”精品旅游线路，发布了“端午假期”奈曼旗旅游活动信息。通州旅游企业与奈曼旗旅游局签订了《旅游线路合作开发框架协议》。

【开展防汛抢险、救援应急演练】 6月8日，区旅游委联合区交通局，在运河公园开展2018年防汛抢险暨游船救援综合应急演练，100多名员工参加，区内河道景区及重点旅游企业进行了观摩。演练模拟强降雨天气，依次完成了航船遇暴雨失去动力救援、游船失火救援、游客失足落水救援、降雨清障抢险、游客疏散、配电室排涝抢险等规定动作。

【举办旅游行业安全生产月宣传交流活动】 6月15日，通州区旅游委会同通州区安监局、天津市武清区旅游局、河北省廊坊市旅游委在运河公园举办以“携手通武廊，安全伴我行”为主题的通武廊旅游行业2018年安全生产月宣传交流活动，三地旅游、安监等部门领导以及重点旅游企业代表参加活动。活动中，三地旅游企业代表庄严宣誓，重点企业进行了表态发言，表达了做好安全工作的信心和决心。与会领导共同点亮了象征团结、圆满、成功的水晶球，标志着通武廊旅游企业安全联组互查正式启动。

【通武廊旅游企业开展安全联组互查】 6月15日，通武廊安全生产月宣传交流活动正式启动。来自通武廊三地50余家重点旅游企业安全生产负责人组成3个互查小组，相继到通州、武清、廊坊的A级旅游景区、星级酒店进行安全检查和学习交流。本次检查涉及消防设施、工程、有限空间、后厨、客房、电梯、游乐设施、河道等多个点位，检查包括安全责任制、应急值班、教育培训、安全管理、员工安全技能等13项内容，参检人员提出安全合理化建议20多条。

【开展旅游安全培训】 6月27日，区旅游委联合张家湾镇政府，为镇内20多家旅游企业负责人进行安全培训。培训中，区旅游委对《中华人民共和国旅游法》《北京市旅游条例》《北京市安全生产条例》等法律、法规进行了解读，对落实安全主体责任、做好消防、汛期、食品卫生等安全工作进行了讲解，对安全生产标准化创建工作进行再宣贯，对旅游安全工作形势进行了分析。

【开展食品安全宣传咨询活动】 7月27日，区旅游委在通州区运河文化广场设立宣传点，开展以“普及食品安全知识，提高食品安全意识”为主题的宣传活动。通过设立咨询台、发放宣传资料、悬挂横幅的方式，向游客和市民宣传食品安全知识，并现场解答市民对食品安全、旅游安全的相关咨询。现场接待市民咨询200余人次，发放食品安全宣传折页、旅游安全便民手册及百姓生活法律指南等各类宣传纪念品5000余份，进一步增强了市民的食品安全意识，提高了在旅游过程中应对食品安全突发事件的能力。

【打击非法“一日游”】 8月7日，区旅游工作领导小组办公室组织召开严厉打击非法“一日游”专项行动工作会，旅游、公安、工商、交通、城管、交通支队等相关部门以及各乡镇街道主管领导参加会议。会议下发了《通州区2018年打击非法“一日游”专项行动工作方案》，区旅游委对本次专项行动的职责分工、时间节点和保障措施进行部署。8月8日，协调区公安、交通、属地综治部门出动执法车辆3车次、检查执法人员20余人次，在宋庄镇壁富路与顺堤路路口截获一辆旅游大巴车，发现北京博远国际旅行社有限公司组织52名游客参加香河万亩荷塘一日游，未按规定与游客签订旅游合同，且租用的旅游大巴车无运营资质。区旅游委、区交通局对北京博远国际旅行社有限公司和黑旅游大巴车立案调查。8月14日，通州区旅游委主要领导带队，会同公安分局、交通支队、城市管理执法局、交通局等部门在大运河森林公园开展非法“一日游”专项检查，主要查处旅行社不与游客签订旅游合同不按要求上报电子行程以及黑车、黑导等违法违规行为。当日出动执法人员12人次，检查旅游大巴车2辆、旅游团队1个，未发现非法“一日游”经营行为。

【开展旅行社违法行为专项检查】 8月16日，通州区旅游委会区永顺镇、公安分局、工商分局等部门在通州区永顺镇辖区内开展打击旅行社违法行为专项检查，主要查处旅行社无营业执照经营、无旅行社服务网点备案登记、超范围经营等违法违规行为。当日出动执法人员13人次，检查旅游社及门市6家，没收违规旅游宣传单1000余张，发现4家旅行社未按要求悬挂营业证照，区旅游委责令问题单位立即整改，对1家涉嫌超范围经营的旅行社立案调查。

【举办“通蒙有你我 大美塞外行”摄影展】 8月底开始，通州区旅游委开展了针对内蒙古“三旗”的旅游宣传推广采风活动。9月30日，通州区旅游委在通州区图书馆展区举办“通蒙有你我 大美塞外行”为主题的“三旗”旅游风情摄影展活动。本次摄影展为期11天，从9月30日至10月10日，面向大众免费参观。此次展览展出作品100幅，涵盖了“三旗”旅游重要的景区景点，通过摄影师和旅游达人的视角，展现了三地绝美的风景以及独具魅力的地域文化。奈曼旗、科右中旗、翁牛特旗三地拥有丰富的自然、人文资源，浓郁的民族文化风情、独特瑰丽的自然生态景观。

【开展非法“一日游”假站牌清理行动】 9月4日，区旅游委会同梨园镇相关部门开展非法“一日游”假站牌清理行动，当日出动执法车2辆，执法人员7人，发现非法“一日游”假站牌3块，已全部清理。

【通州旅游亮相2018广东国际旅游产业博览会】 9月7日—9日，2018广东国际旅游产业博览会在广东省广州市国际会览中心举行。此次博览会由广东省旅游局主办，北京市旅游委组团，通州区旅游委一行4人参加博览会。区旅游委借助2018广东国际旅游产业博览会的契机，依托“魅力北京”为主题的北京市展台，突出通州旅游的大运河特色，现场以扫码送通州旅游风光扑克的方式宣传通州。并向游客发放通州旅游的宣传材料《艺术品鉴》《旅游商品》《时尚娱乐》《多彩通州》《通州旅游图》等1万余份，接受现场观众咨询近万人次，充分展示了通州大运河的旅游魅力，宣传了城市副中心的旅游资源，提升了通州旅游的知名度。

【赴武当山旅游经济特区开展对口协作】 9月17日—18日，通州区人民政府副区长张德启带队到武当山旅游经济特区开展对口协作工作。先后考察了南岩宫、太和宫以及太极湖办事处对口协作项目，实地了解武当山旅游产业发展情况。17日上午，双方进行了座谈。

【区领导带队检查行业中秋节期间安全生产与服务保障工作】 9月22日，通州区副区长黄世喆带队，组织旅游、公安、消防、质监等部门对大运河森林公园、亚太花园酒店、东方宾馆开展了中秋节旅游安全联合检查。重点对大运河森林公园的大型娱乐设备管理、应急值守、景区流量控制情况进行了检查，对两家星级酒店的微型消防站进行了拉动，对电梯运行情况和领导带班情况进行了检查。

【国庆黄金周假日旅游市场平稳有序】 据不完全统计，2018年国庆节，通州区纳入旅游统计监测的7家重点住宿单位、4家旅游景区和9个乡镇总体接待情况良好，七天接待游客62.5万人次，旅游综合收入1458.24万元。京郊游仍然是北京市民假期的不二选择，第五季龙凤水港生态园、金福艺农农业科技有限公司、绿色港湾农场、花仙子万花园、国际都市种业园等民俗旅游接待企业举办的丰收节活动、农事体验活动、亲子活动等，吸引了众多家长和孩子们前来参与，国庆节期间全区9个乡镇的民俗旅游企业接待游客21.97万人次，获得旅游综合收入937.31万元。为确保假日旅游市场安全有序，节日期间，区旅游工作领导小组成员单位开展了集中值班工作，加大了对旅游市场巡查力度，强化旅游市场监管，维护节日旅游市场秩序。国庆节全区旅游接待情况良好，无旅游投诉和旅游安全事故发生，实现了安全、秩序、质量、效益“四统一”的工作目标。

【参加“2018年中国—东盟博览会旅游展”】 10月26日—28日，区旅游委参加了在广西桂林举办的“2018年中国—东盟博览会旅游展”，通过提供旅游咨询服务、发放地图册、多彩通州宣传册、扫微信二维码赠通州旅游风光扑克牌等多种形式推介展示通州区大运河文化、旅游业态等旅游资源。展会发放各类材料近万份，接待国内外咨询者5000余人。

【举办行业消防安全月综合演练】 11月7日，通州区旅游委会同区消防支队在运河苑温泉度假村举办了通州区旅游行业2018年反恐防暴暨消防安全综合演练，北京市旅游委安全与应急处处长崔言超、区旅游委主任纪万成及相关领导参加活动，全区120家旅游企业的安全负责人进行了观摩。演习从发现恐怖分子纵火、启动手动报警器、启动应急预案、组织抓捕、播放消防应急广播、疏散客人、搜救、组织医疗救护、消防车进入救援等环节完成了整个演习的全部过程。演习结束后，区旅游委、区消防支队分别对本次演练的流程进行了点评。

【参加“2018年中国旅游产业博览会”】 11月8日—11日，区旅游委参加了在天津举办的“2018年中国旅游产业博览会”，通过提供旅游咨询服务、发放地图册、多彩通州宣传册、扫微信二维码赠通州旅游风光扑克牌等多种形式推介展示通州区大运河文化、旅游业态等旅游资源，展会发放各类材料万余份，接待国内外咨询者7000余人。

【消防宣传咨询日活动】 11月9日，区旅游委出动3名志愿者在新华大街开展以“全民参与、防治火灾”为主题的“11·9”消防宣传咨询日活动。活动中，接受冬季安全现场咨询百余人次，发放《消防安全图册》、《旅游安全便民手册》、《文明旅游安全出行》、旅游安全宣传手提袋等各类宣传材料和纪念品2500余份，充分营造了消防安全环境和应急管理工作的良好氛围，有效提高了通州区广大人民群众的冬季防火意识和自防自救能力。

【召开创建AAAAA级旅游景区工作培训会】 12月13日，通州区旅游委组织开展了北京（通州）大运河文化旅游景区创建国家AAAAA级旅游景区工作培训会，区内相关单位35家处级领导及具体工作人员参加培训会。会议邀请了国梦九州旅游规划设计院院长王昕以图文并茂的形式，通过生动典型的案例就通州区创建国家AAAAA级旅游景区的重要意义、国家AAAAA级旅游景区如何创建以及创建过程中与各相关单位有何工作关联向参会人员进行了深入浅出的讲解说明。

【开展消防安全夜查行动】 12月20日，通州区旅游委对旅游企业开展消防安全夜查。当晚检查规模型连锁酒店4家，发现安全问题5个，多数为中控室值班人员脱岗及个别企业消防通道堆放杂物、配电室堆放杂物等问题。检查人员已要求问题单位立即整改，并于近期进行复查。

【开展圣诞节期间消防安全夜查行动】 12月24日、25日晚，通州区旅游委由主管领导带队对旅游企业开展消防安全夜查。2天共检查星级饭店、规模型连锁酒店6家，对个别企业值班经理脱岗问题进行了批评，并要求立即进行整改。

【旅游企业获评通州区文明诚信示范窗口称号】 根据区社会信用体系建设联席会议办公室《关于表彰通州区第三批“文明诚信示范窗口”的决定》，通州区环境国际旅行社有限公司北京通州营业部、神舟国旅潞河门市以及太阳花酒店3家旅游企业被授予文明诚信示范窗口称号并受到表彰。

（李侍卫）

交通运输业

【概　况】 年内，通州区交通局围绕城市副中心建设，加强运输行业管理，做好市级机关搬迁入驻通勤保障，加快重点交通项目建设，推进缓解交通拥堵工作、公共交通一体化，综合治理行业大气污染。全区有郊区客运企业1家，运营车辆623辆，全部为新能源和清洁能源车辆（LNG153辆、气电混合6辆、纯电动464辆），运营线路63条。出租汽车企业11家，燃油出租车2087辆，区域电动出租车企业1家，电动出租车500辆。旅游客运企业2家，运营车辆11辆。备案汽车租赁企业34家、车辆6963辆，其中从事电动分时租赁业务车辆5977辆。游船企业1家，游船124艘。货运业户4519家，货运车26907辆，核定载重量126354.6吨，其中危险化学品运输企业30家，危运车辆主车669辆、挂车165辆，核定载重量6110.7吨，绿色货运企业4家。机动车维修企业363户，其中，一类企业32户、二类企业133户、三类经营业户198户。摩托车维修业户4户。

【副中心对接北三县公交线路首次开通】 2月5日，副中心至燕郊、大厂的常规早晚高峰公交线路822、893、894路正式开通，三条线路均抵达地铁6号线潞城站，从始发站至潞城站约40分钟，票价执行常规公交票价，刷卡乘车北京市市界内五折、市界外八折，实现跨省公交和北京市内地铁无缝接驳，引导乘客采取公交方式往返北京城市副中心及中心城区，采取“公交+地铁”方式替代私家小汽车出行。4月8日，822路调整为全天运营。

【禁毒宣传活动开展】 3月1日，区交通局在轻轨八通线北苑车站人员聚集点开展“拒绝毒品、健康生活”为主题的禁毒宣传活动，提高群众拒毒意识，杜绝机动车驾驶员“毒驾”行为发生。

【游船开航检查】 3月28日，区交通局海事所对辖区游船单位进行开航前安全检查。包括通航水域、码头的消防、救生、防污染设备设施配备情况，各种警示、标识的须知、告牌设置情况；船舶开航前自查情况，船舶安全和防污染管理制度执行情况，船容船貌，船舶登记及其证书真伪情况；船员服务资历真实性情况，船舶配员及船员证书符合情况，船员值班规则执行情况；公司安全管理制度的建立及执行情况四项内容。局海事所对游船单位落实安全生产主体责任、完善应急预案、加强水面巡视等提出要求。企业按要求全部整改，97艘非自航船舶达到要求后被准予开航。

【窗口服务标准培训】 4月25日，区交通局组织全程代办服务大厅、处罚大厅等4个对外服务窗口20名工作人员开展窗口服务标准培训。从工作纪律、服务规范、服务礼仪、现场管理等内容进行培训，促进窗口服务更加优质、高效、便捷。

【交通综合治理实施方案及缓解交通拥堵行动计划印发实施】 5月4日，通州区政府、区缓解交通拥堵工作推进小组办公室印发并实施《通州区2018年交通综合治理实施方案》《通州区2018年缓解交通拥堵行动计划及任务书》。具体包括建设交通大数据信息平台、提升改造信号灯、建设5条次干路和支路、建设6条微循环道路、实施11处堵点改造等30项任务，较上年多7项。区交通局牵头制定方案过程中吸纳交通堵点和交通微治理两项交通研究成果，组织部分人大代表、政协委员、社区群众及交通领域专家，召开3次座谈会广泛征求意见建议，方案注重问题导向、系统思维和顶层设计，充分回应群众关切。

【区域电动出租车“雷锋车队”成立】 5月24日，区域电动出租车“雷锋车队”授牌授旗暨启动活动在北京新通惠捷区域电动小客车出租有限公司小圣庙充电场站举行。“雷锋车队”由28名驾驶员组成，聘任队长和副队长各一人，运营车辆统一张贴“雷锋车队”标识，制定车队章程和制度。区交通局把行业监管与行业文明创建和“创城”活动结合，引导运营企业搭建平台、营造氛围，“雷锋车队”参加各种社会公益活动，并深入街道社区为出行不便群体提供客运服务，旨在践行雷锋精神，弘扬行业新风正气。区交通局、新通惠捷公司有关管理人员及驾驶员代表40余人参加。

【2条快速直达专线开通】 1月—5月，区交通局协调市公交集团开通快速直达专线601路、608路。快专601路首末站为地铁宋家庄站—通州胡各庄新村，地铁宋家庄站首发时间7：35，通州胡各庄新村首发时间18：00，沿途设站顺四条、方庄桥西、潘家园桥北、双井桥南、双井桥北。快专608路首末站为日坛路—通州胡各庄新村，日坛路首发时间7：55，

通州胡各庄新村首发时间18：00，沿途设站大北窑东、郎家园、八王坟东（西）。两条线路均为节假日停驶，10公里以内票价5元，每增加3公里以内加价1元，最高票价分别为15元和11元。

【防汛应急暨游船救援综合演练】 6月8日，区交通局联合区旅游委在北运河通州段二号码头水域开展防汛应急暨游船救援综合演练和安全生产宣传咨询活动。设置宣传展位，开展“安全可以演练，生命不能彩排”主题宣传咨询活动。分别演练水上突发事件应急救援和地面防汛应急抢险两项内容。水上演练分游船失火、游船失去动力、非自航船遭遇大风无法返航、游客失足落水四项科目进行；地面演练模拟遭遇雷电暴雨造成北运河排泄不畅和恶劣天气时旅游设施设备的应急抢险。演练中人员精神饱满、反应快速及时、动作连贯、处置措施准确到位，全程用时一小时。本活动出动工作人员100余人，救生艇6艘，发放宣传材料200余份，100余名群众参与观摩。北京新城基业资产运营有限公司及辖区游船单位、旅游相关企业参加。

【电动出租车消防应急演练】 6月13日，区交通局与北京新通惠捷区域电动小客车出租有限公司共同组织电动出租车消防应急演练。实战体验从发现火情、应急响应、正确使用专用灭火器、到合理扑救着火点全过程。现场向出租驾驶员发放安全生产活动月宣传材料，并进行消防安全知识与实际操作培训。

【普通燃油出租汽车行业完成检查】 5月3日至6月25日，区交通局完成辖区普通燃油出租汽车集中检查和营运证换发工作，涉及出租汽车企业11家，个体出租业户17户，营运车辆2087台，出租汽车驾驶员3136名。重点检查企业落实行业各项规定情况、人车对应信息、运营车辆车容车貌三个方面内容。发现3家企业制度不健全；2家企业驾驶员工装发放不及时、例会次数不足及劳动合同、承包合同管理不到位；6家企业营运车辆车身辅色、厂牌型号等提交材料与数据库不对应、超龄驾驶员未到市局考试中心进行存证；25台运营车辆运营标识张贴不规范、玻璃贴膜、车身损伤修复不到位、内饰脏乱、发动机油污严重等问题。检查出动执法人员48人次，下发整改通知书12份，经复查问题全部整改。

【机动车维修行业安全会及消防演练开展】 6月22日，区交通局组织机动车维修重点企业负责人在北京波士顺达汽车销售服务有限公司召开“生命至上、安全发展”为主题的安全生产现场工作会。分析总结行业日常执法和监管检查发现的问题，组织参会人员观摩消防应急演练，学习后勤保障组、物资救援组、医疗救援组、灭火组工作配合、人员和车辆疏散、灭火器材标准使用等应急救援方法。

【机动车维修企业质量信誉考核】 6月，区交通局结合“双随机”入户检查、经营者行政许可登记信息核对、《北京市机动车维修管理服务系统—企业平台》使用情况，对212户机动车维修企业的经营资质、安全生产、维修质量、服务质量、遵章守纪、环境保护、企业管理等7项内容进行综合评价、考核，评出AAA级企业22家、AA级企业38家、A级企业81家、B级企业49家。

【电动汽车分时租赁服务保障】 6月，城市副中心行政办公区首个分时租赁公务用车运营网点开通，区交通局配合市交通委运输局并协调“北京出行”公司，投放车辆15辆、配备专职运营保障人员。

【航海日宣传活动】 7月11日，区交通局在北运河通航水域开展以“航海新时代、丝路再出发”为主题的航海日宣传活动。实施全部自航船舶统一鸣笛1分钟；设立宣传咨询台，向民众发放“游客乘船安全知识”、“交通执法”宣传材料，航海日宣传纪念袋等资料及纪念品200余套；讲解海事职责和水上交通安全基本常识，解答民众咨询。

【3处临时接驳公交场站建成使用】 7月—8月，潞城、临河里和通州站3处临时接驳公交场站完工，为陆续开通新线路和公交驻车提供支撑，专203、专205依托临时场站新开通运营。专203路接驳地铁八通线至行政办公区，首末站地铁临河里站—通州

三中，一站直达，工作日早晚高峰运营，发车间隔30分钟。专205路接驳市郊铁路副中心线至行政办公区，首末站通州火车站—通州三中，一站直达，运营时间为通州火车站7：50、8：15、8：45、19：05，通州三中6：30、17：45、18：15、18：45。

【北运河船舶水污染防治专项检查】 8月21日，区交通局对北运河船舶开展水污染防治专项检查，重点检查码头候船区和船舶设置垃圾储存容器和卫生指示标牌情况；汽柴油动力船舶配备含油废水清除设备设施情况；溢油、溢液事故应急预案完善情况；船员培训和应急演练按计划开展情况，针对问题提出整改要求和措施，并要求游船单位严格按《船舶水污染物排放控制标准》收集、排放、处理船舶水污染物，完善船舶污染事故应急预案，加强应急队伍建设和人员培训。

【水上交通安全知识进校园】 9月19日，区交通局开展以“水上平安交通、安全伴我成长”为主题的水上交通安全知识进校园活动，为学生普及水上交通标识、水上求生救助、船舶水上航行、乘船和防溺水常识等安全知识和救生设备使用等技能，发放印有水上交通安全标识的文具、书包等宣传纪念品200余份，赠送体验船票100余张。

【5条公交线路调整引入城市副中心行政办公区】 11月26日，配合城市副中心行政办公区搬迁，312路、442路、专203路、专205路、临8路公交车调整线路。调整后，312路首末站为东小营公交场站—大北窑东，承担广渠路快速通勤走廊功能，形成副中心往返中心城区的骨干快线，具体由东小营公交场站发出，经运河东大街至乔庄，再沿原路至大北窑东，增设东小营公交场站、地铁潞城站、地铁东夏园站、地铁郝家府站、通州杨坨桥西、京东运乔建材城、运乔嘉园7站。442路首末站为东小营公交场站—杨闸，增设9站位，具体由东小营公交场站发出，经运河东大街、东六环西侧路、通胡路至武夷花园，再沿原路由至杨闸。专203路首末站为地铁临河里站—地铁潞城站，承担副中心接驳地铁八通线的功能，中途地铁临河里站、地铁郝家府站、地铁东夏园站、地铁潞城站，工作日早晚高峰运营。专205路首末站为通州火车站—地铁潞城站，承担副中心接驳通州火车站市郊铁路列车的功能，中途设通州火车站、地铁郝家府站、地铁东夏园站、地铁潞城站，运营时间为通州火车站7:50、8:10、8:45、19:00，地铁潞城站6:30、17:45、18:15、18:45。临8路于运河东大街恢复通行后恢复原路行驶，调整路别为T109路，首末站为大地站—地铁潞城站。

【北京东站地面公交接驳线路开通】 11月26日，专204路新开通。首末站为北京东站北广场—北京东站北，承担北京东站与西大望路地面公交接驳功能。营业时间为北京东站北广场6:30—20:30，北京东站北6:35—20:35。

【旅游客运行业培训开展】 11月28日，区交通局组织召开旅游客运行业新版《道路旅客运输企业安全管理规范》培训会。会上对新老规范进行比较分析，对新规范、新要求进行总结梳理和讲解。培训会以新版规范解读为主题，结合当前安全生产管理工作中存在的问题以及近期交通事故典型案例和追责情况，详细讲解新版规范修订的背景、修订原则、新增和优化调整的内容，强调各企业负责人要汲取各类事故教训，增强安全管理主动履职自觉性，开展企业内部对新规范的学习，及时修订企业安全制度、职责、操作规程，推进企业安全生产标准化建设。辖区两家旅游客运企业主要负责人参加培训。

【行政办公区周边交通堵点改造和秩序乱点治理实施】 年内，区交通局针对行政办公区通勤路线各个节点，督促责任单位逐项落实交通堵点任务。其中，通燕高速耿庄桥、京塘路与宋梁路路口两项二级堵点改造，通顺路等3条道路综合治理开始实施；玉带河东街与车站路等11项疏堵工程完工两项、其余9项完成60%；潞苑南大街等25处交通秩序乱点治理完成23处。

【消防安全攻坚行动】 年内，区交通局集中开展为期一个多月的“大排查、大清理、大整治、大宣传、大培训”消防安全攻坚行动。出动执法检查人员146人次、检查车辆57车次，检查生产经营单位113户次，发现安全隐患11处，主要问题包括企业安全生产工作制度不健全、缺少应急预案、安全生产教育记录不够规范、缺少设备操作保养记录、烤漆房有杂物等，问题全部得到整改。

【建筑垃圾渣土车整治】 年内，区交通局对建筑垃圾运输企业经营状况、车辆规模、人员管理等情况进行调查，完善企业、车辆及从业人员信誉档案，实现一企一档、一人一档、一车一档。签订安全生产责任书企业30家。与市政、环保等部门开展渣土车专项整治54次，对123家工地进行复工前验收，查处违法渣土车144辆，处罚137起次。

【公路超限超载运输治理】 年内，区交通局加大治超力度，全年检查货运车195万辆次，查获超限车3340辆次，卸载超限车2280辆次，超额完成全年90万辆次的检查任务。组织多部门联合流动治超24次，对综检站治超工作开展督查检查24次。

【乡村道路进京路口货运车辆管控】 年内，区交通局与马驹桥镇、永乐店镇等8个乡镇协调配合，在乡村道路设置重型车辆检查卡口30个，各卡口加装点位限高（杆）装置、限宽墩、爆闪、岗亭、停车警示牌设施和人工辅助等，实施24小时值守，对外埠车辆和尾气不合格货运车辆进行劝返，共劝返车辆25.24万辆次，出动执勤人员8.65万人次。

【加大运政执法力度】 年内，区交通局加大运政执法力度，维护运输市场秩序，规范企业经营行为，办结行政处罚案件225起，处罚次数是2017年4.4倍。

【办理行政许可事项】 年内，区交通局梳理行政许可备案事项130项，实现一网通办，接待各种咨询近1万人次，发放宣传材料5000余份，受理行政许可、备案事项15860件，保持许可事项万件无超时、无差错、无投诉。

【小客车指标申请业务受理】 年内，区交通局受理小客车申请14224件，其中个人更新2296件，单位申请1952件、单位更新211件，个人变更9747件，外籍人员申请18件。接受咨询2万余人次。

【开展道路运输从业人员资质培训】 年内，区交通局举办货运驾驶员从业资格培训班10期，980人考核合格领取从业资格证；举办电动出租汽车驾驶员培训班3期，培训驾驶员85人；受理客、货从业资格申请1200余人次。

（陈　颖）

城乡建设

通胡大街长安街延长线二期景观提升工程　　（区城市管理委员会提供）

概　述

2018年，按照区委、区政府整体工作部署，区住建委以城市副中心建设为己任，主动适应社会发展新常态，准确把握城市建设新定位，大胆探索“微改革”，优化工作机制体制运行，突出重点、深化创新、攻坚克难、锐意进取，重点工作有序推进，行业管理履职到位，完成全年各项工作任务。

建筑业开复工面积2204.59万平方米，其中新开工面积534.85万平方米。市政基础设施工程88项，总造价117.72亿元。商品房开复工面积1184.8万平方米，其中新开工面积270.8万平方米。为适应监管面积连续7年高速增长的新形势，不断深化监管。一是严格建筑起重机械监督，将防范起重机械伤害事故作为防范较大事故的重要手段，印发《2018年通州区建筑起重机械专项检查工作要点》，强化施工总承包单位、监理单位、产权单位、拆装单位的四方主体责任，明确要求加强起重机械安装、顶升、附着及拆卸过程中的安全管理，通过“四严格”，对起重机械设备严格备案审批，对特种作业人员的严格核查，聘请第三方专业机构对机械的严格检测，对建筑起重机械违法违规行为严格处罚，保障了全年建筑起重机械安全生产状况平稳可控。二是结合市蓝天保卫战、市区折子工程等重点工作任务，以制度为纲，总体部署，保障各项工作规范开展。全面贯彻落实上级文件要求，全力打赢蓝天保卫战，印发《通州区建设系统蓝天保卫战行动计划实施方案》《通州区2018年建设工程施工现场扬尘治理专项行动工作方案》《通州区住房和城乡建设委员会大气污染防治大排查大整治工作方案》；围绕“健全针对工地总包方的扬尘控制检查、监测、考核、公示机制”改革任务，站在区级层面统筹协调，首先制定了纲领性文件，以区政府办名义印发《关于建立健全施工现场扬尘检查、监测、考核、公示机制的实施方案》；充分发挥通州区扬尘治理综合监管专项指挥部办公室职能，统筹推进全区施工现场扬尘治理工作，印发《关于印发通州区施工现场开复工前“六方环境联合验收交底”制度的通知》，实行多部门联合验收交底，提高环境准入门槛，开工前再明确现场治理责任标准；加大扬尘惩处力度，多措并举处理环境违规行为，制定《建设工程施工现场环境治理约谈告诫制度》《通州区建设工程施工现场环境治理“红黄牌”警示告诫处理规定》。2018年开展“六方环境联合验收”88项次。移转城管处理203项次，约谈告诫84项次，发放“红黄牌”26张，扣除企业及相关负责人7分。三是攻坚克难，重点阶段驻场监督。委托第三方监管力量对建成区内土石方工程实行驻场监督，增加晚10点至早8点的夜间段管控，消除夜间渣土运输不规范的薄弱环节。2018年8月30日至12月31日，检查进场车辆11445次，发现问题742项，检查出场车辆11438项次，发现问题845项，全部要求整改。四是联动联管，重点区域协同共治。成立“行政办公区、文化旅游区专项联合检查组”，联合多部门每周对重点区域项目的渣土治理开展联合检查，全面强化重点区域、重点项目的扬尘污染防治管理工作，本年度开展检查20次。

按照市重大办、市住建委、市规土委等部门对棚改工作的新要求，兼顾群众对征拆政策的期待，在区政府指导下，区住建委以实地走访、抽样调查为排头兵，充分吸取潞城经验，对东方厂周边棚改范围反复测算，优化调整，经区政府多次专题会研讨，制定棚改征拆补偿方案，开创了“1+3+5”的做法。征拆工作遵循“1个原则”，即征拆各环节以“以人为本，和谐征拆”的工作原则为指导。征拆方案实现“3个创新”，即合理化控制安置面积，人性化设立补助与奖励费，市场化确定货币安置区位价。征拆工作遵循“5个坚持”，即坚持依法依规发布征收决定和拆迁公告，坚持及时回应群众合理诉求，坚持以调解为主促进签约工作，坚持“扑下身子”主动担当服务一线，坚持专家会诊疑难问题。截至12月13日，东方厂周边棚改项目国有土地上非住宅（一期）房屋征收工作完成全部签约，该项目涉及7个地块，占地面积355亩，其中被征收人北京造纸七厂位于“三大建筑”（剧院、图书馆、博物馆）建设区域，地理位置至关重要，为有效推进征收工作，区政府、区人大、区政协主要领导及主管领导均在签约期前与其进行会谈，听其诉求，并对造纸七厂特殊问题予以开会研究10余次；区征收中心与被征收人进行面对面沟通20余次；深入造纸七厂实地踏勘40余次；调整补偿方案20余版；经过多方协商，造纸七厂最终于12月13日签订征收补偿协议，为“三大建筑”如期开工建设奠定坚实基础。

（高军　傅刚　马小军）

规划国土管理

【概　况】　通州区总面积为90579.21公顷（由于调查手段和技术手段不同，所得数据与统计局数据有些出入，统计局数据为905.95平方千米）。其中，耕地面积为32886.92公顷，占全区总面积的36.31%；园地面积3375.22公顷，占全区总面积的3.73%；林地面积8179.57公顷，占全区总面积的9.03%；草地面积98.19公顷，占全区总面积的0.11%；城镇村及工矿用地面积30935.22公顷，占全区总面积的34.15%；交通运输用地面积4793.1公顷，占全区总面积的5.29%；水利及水利设施用地面积8382.19公顷，占全区总面积的9.25%；其他土地面积1928.8公顷，占全区总面积的2.13%。3月22日，原北京市规划委员会通州分局和北京市国土资源局通州分局整合组建的北京市规划和国土资源管理委员会通州分局正式挂牌，标志着北京市首个区级规划国土管理部门挂牌成立。

3月22日，北京市规划和国土资源管理委员会通州分局挂牌成立　（规土委通州分局提供）

【规划编制】　年内，市规划国土委通州分局配合市级、区级相关部门，推进北京城市副中心控制性详细规划、通州区总体规划编制工作。按照市级、区级工作部署，开展副中心控制性详细规划成果的网络、现场公告工作。制定《〈北京城市副中心控制性详细规划（街区层面）〉公告工作方案》并通过区委、区政府会议审核，搭建区级联络平台，统筹组织区级相关部门共同做好公告展厅布展、运行、维护等工作。公告期间，前往现场参观的市民人数达15076人次（其中通州展厅参观人数10008人次），公告期间社会各界通过现场留言、网络留言、发送邮件和信件等方式提出约1900余条意见建议，其中，现场留言1399条，网络留言意见457条，邮件和信件68条。

北京城市副中心控制性详细规划于2018年3月29日、3月27日通过市人大、市政协审议，6月21日至7月20日完成网络、现场公告工作，并通过市委全会审核。10月29日，总书记习近平主持召开中央政治局常委会议审议副中心控制性详细规划成果。12月27日，北京城市副中心控制性详细规划获得党中央、国务院审议批复。

7月20日，北京城市副中心控规草案公告，市民前来参观　（规土委通州分局提供）

【土地利用总体规划】　年内，市规划国土委通州分局完成6个项目的规划动态维护工作，项目总用地面积425.2公顷，使用区级城乡建设用地机动指标3.31公顷，同时收回规划城乡建设用地机动指标177.66公顷，特交水建设用地机动指标2.71公顷。

【建设项目用地预审】　年内，市规划国土委通州分局建设项目用地预审办理90件，总用地面积1074.56公顷。以上项目中包括基础设施类57个376.85公顷，棚户区改造和一级开发类12个417.98公顷，商业、居住类20个271.27公顷，科教文卫类1个8.46公顷。

【征占地及农用地转用项目管理】　年内，市规划国土委通州分局有13个征地项目获得市政府批复，其中涉及北京市通州区潞城镇棚户区改造A10、A11、B01、A06、A07地块土地开发项目，轻轨L2线通州段次渠站、垡渠南站、亦庄火车站土地一级开发项目（F5、F8、F11地块），台湖镇集体土地租赁住房项目等总用地面积366.3705公顷，其中，农用地面积146.5229公顷，涉及占用耕地41.8402公顷。

【加快推进市、区重点项目建设】　年内，市规划国土委通州分局坚持依法合规，严格高效审批，协助区政府开展重大项目选址以及规划调整，围绕几大功能区规划编制及土地一级开发、上市工作，做好相关规划前期服务。完善北京城市副中心建设项目方案审查工作机制。在既有建设项目方案审查机制基础上，逐步健全完善了北京城市副中心建设项目方案审查工作机制。按照三级管控的原则，将155平方千米及拓展区建设项目制定了相应的程序及保障措施。完成《北京城市副中心建设项目方案审查工作机制》试行稿。

逐步建立导则校核建设项目方案工作机制。为进一步提升副中心建设项目设计方案水平，打造副中心质量，依据23项导则编制成果，结合建设项目规划设计方案审查阶段工作，分局对拟上专家会的项目，提交给导则编制团队进行预审校核。截至年底，对40余个建设项目开展了预审校核工作。

组织召开居住建设项目公共服务设施配套方案审查会。对居住类建设项目规划设计方案中公共服务设施配套情况，组织区住建、教委、卫生、文化、体育、民政、市政约24个部门及分局规划、实施、市政等业务科室共同上会研究，并根据相关意见落实到方案中。对“绿心”安置房等项目分四次组织了配套会。

组织开展建设项目规划设计方案专家评审会。分局会同副中心规划处、督查处一起共同组织专家评审会，并根据需要随时组织召开，已召开六期，近30个建设项目已履行审查程序。

【落实各项民生实事工程】　年内，市规划国土委通州分局进一步坚持落实“保民生，促和谐”理念，加紧规划研究，办理规划手续。落实潞城镇棚户区改造BCD区召里安置房项目、东方厂及周边安置房项目等规划审批，并全力推进近期新供地共有产权房项目前期相关手续的梳理及办理。完成人民大学通州校区、北京二中通州校区改扩建项目、于家务卫生院项目等审批，确保项目如期开工。

【土地入市交易】　年内，通过土地市场供应经营性用地6宗，总用地面积37公顷，建设用地37公顷，建筑规模79.42万平方米，成交总额151.95亿元。

【划拨供应建设用地】　年内，通州区划拨供应建设用地4宗，建设用地面积10.3275公顷。按照用途分类，公路用地1宗，面积6.2988公顷；公租房用地3宗，面积4.0287公顷。

【全面落实无障碍设施管理】 年内，为深入贯彻北京市全面推进2022年冬奥会和冬残奥会筹办工作动员部署会精神，根据《北京2022年冬奥会和冬残奥会无障碍工作任务清单》、《2022年北京冬奥会北京筹办工作任务书》和《关于印发<北京市无障碍建设现状摸底调查工作方案>的通知》相关要求，通州分局组织各相关单位对全区范围内区管公共空间和基础设施等进行无障碍环境建设现状摸底调查工作。此次调查完成220处公共空间的无障碍环境建设现状摸底调查，包含城区各个街道、城区外各个乡镇和各开发区园区，涉及政府对外窗口、道路、车站、医院、学校、商业、酒店、宾馆、邮政等方面。

【推进副中心市政交通基础设施审批】 年内，配合市级机关机制改革，副中心市政交通基础设施审批工作完成了规划和国土业务审批的合并工作，区规土分局进一步加强同基础设施建设主体的沟通对接，整合部门资源，优化审批流程，提高审批效率。一是加强规划支撑，推进专项规划编制工作。为支撑城市副中心控制性详细规划，分局委托市规划院完成《北京城市副中心市政基础设施专项规划》《北京城市副中心综合管理专项规划》《通州区河道蓝线专项规划》《通州区海绵城市建设专项规划》的编制工作。二是推进重点功能区基础设施项目的审批工作。分局进一步推进行政办公区及以东片区2座公交场站（郝家府公交首末站、东夏园综合交通枢纽）设计方案审查工作、完成4条道路（畅和西路、畅和东路、大营东街、春明西路）的设计方案批复，完成3条综合管廊工程的设计方案评审工作；加快推进文化旅游区萧太后河南街、萧太后河北街、日新路、九棵树中路等道路的行政审批工作，完成梨园220千伏变电站工程的选址意见书核发工作，为环球影城开园提供用电保障。三是做好市、区两级部门的沟通对接。配合市规划自然资源委就7号线东延、平谷线、市郊铁路城市副中心线东延、副中心站等重大项目与区政府及各部门沟通对接，做好信息传递。四是加强市政专项工程的审查力度。为提高副中心宜居水平，分局不断加强对通州区水务重点项目和园林绿化景观项目的审查力度：完成通州区城南水网、“两河”水网、城北水网85条河道沟渠的规划方案批复工作；完成“两河”、城北、城南、于永、漷牛、河西六个片区的农村污水治理工作设计方案批复；为绿心启动区、内环路景观提升工程、宋梁路景观能提升工程、宋庄文化创意产业集聚区防护绿地建设工程等23个项目提供规划国土意见。

【不动产涉房登记】 年内，完成各类房屋登记业务101167件。其中，完成房屋登记发证100698笔，发证面积2381.17万平方米，登记金额2204.32亿元。其中，商品房办理27685件，发证面积254.3万平方米，登记金额435.44亿元。

【不动产涉地登记】 年内，办理不动产涉地登记业务719件。办理土地登记124件，面积9311323.605平方米，其中，办理初始、变更、转移登记89件，面积3121349.18平方米,办理注销登记35件，面积6189974.425平方米。办理房屋及土地登记264件，房屋面积2651694.17平方米。办理抵押权登记388件，抵押土地面积13311459.51平方米，房屋面积2480968.27平方米。

【征地结案办理情况】 年内，办理征地结案17宗。

【规划核验】 年内，市规划国土委通州分局办理规划验线34件，建筑面积总计1012332.43平方米。办理规划验收94件，验收面积3313756.17万平方米。

【规划土地执法工作】 年内，市规划国土委通州分局加大巡查、协查工作力度，出动执法调查、巡查30余次，向各乡镇人民政府出具协查认定函150余份。执法卫片涉及违法用地301宗。通过市级年度卫片执法检查验收工作，问责比例为0.5%。下发行政处罚决定书47份，收缴罚款99.87万元，履职到位率达到100%。

【涉地信访和违法举报线索办理情况】 年内，办理信访投诉请求366件次，其中，来信212件次，来访89批次308人次（集体访10批次181人次），网上信访56件次，复查复核9件次。2018年，“12336”线索举报发现272件，与上年同期相比下降8%，全部办结。分局长信箱来信170封，受理北京市非紧急救电话912件。

【土地储备开发】 年内，在施项目33个，总占地面积约3385公顷，其中，联储项目2个，用地面积约915.7公顷，包括运河3号地、文化旅游区项目；分中心为主体项目19个，用地面积约603.76公顷；社会企业为主体项目12个，用地面积约1865.43公顷。

【融资及还款】 年内，筹措到位资金36.36亿元，其中，收到市级资金0.28亿元，收回回笼资金36.08亿元，归还政府债券41.315亿元。

【“一会三函”项目】 年内，通州区主责“一会三函”项目实际有205项，分为道路51项、市政基础设施类21项、园林绿化75项、水务22项；公共服务配套18项、棚改安置房及其他类18项。

【测绘业绩】 北京市通州区城乡测绘所主动服务于北京城市副中心建设，简化办公流程，增加测绘业务技术人员，不断加强测绘队伍建设，完成潞城棚户区改造、“绿心”项目安置楼、副中心周转房及自住房等行政办公区配套的测量任务，为运河商务核心区、文化旅游区等重点领域重点项目提供高效的测绘保障服务。荣获2018年全国优秀测绘工程奖铜奖、2018年度北京市优秀测绘地理信息工程三等奖等荣誉。

【信息化建设】 年内，分局联系市规土委信息中心、科技信息处，组装调试原国土、原规划内网机、外网机等，实现南北办公区内外网互联互通，国土监管平台、规管2011审批系统及互联网均可正常使用，确保分局南北办公区“两内一外”实现互联互通；分局协调市规土委信息中心、科技信息处,完成规管2011系统权限及CA数字证书审批工作；联合委科技信息处与市测绘院，完成通州新城中心区约3平方公里现状三维模型数据的更新工作，确保三维平台系统的生命力；联合市测绘院对运河商务区13个项目的三维模型按照最新方案进行修正更新，并将数据成果与北规院进行共享；协调区城市管理委员会，按照最新普查数据标准，完成新城中心城155平方公里地下管线基础信息普查工作，通过数据检验。

【地名工作】 年内，市规划国土委通州分局开展道路命名3条、居住区命名7个，建筑物名称核准9件，办理标准地名使用手续40余项。

【城建档案管理】 年内，市规划国土委通州分局完成工程竣工档案登记97件（其中建安工程33件、市政工程64件）；工程竣工档案预验收42项、292栋，开具预验收合格意见59件（其中建安工程56件、市政工程2件、自管工程1件）；工程竣工档案接收11项、257栋，编制案卷1019卷；各类档案对外借阅利用409人次、1075卷，出具证明149件，档案数字化专项工作完成约70%工作任务，合计整理扫描档案6004卷、各类文图209740页（张）。

（高新竹）

重点工程

【概　况】 2018年，负责22项市区级重点工程的建设和协调拆迁任务，道路总长约155千米。其中区级项目12项，其中续建项目5项，拆迁协调项目7项。市级拆迁协调项目10项，其中京秦高速公路、首都环线高速公路、八通线南延、地铁7号线工程、地铁7号线综合管廊工程等5个项目于本年内完成拆迁任务。

在监工程846项。其中，房屋建筑工程746项，包含单体3215个，总面积2182.6万平方米；市政基础设施工程100项，总造价121.446亿元。2018年新开工注册工程154项，616.96万平方米。竣工备案工程79项，371.62万平方米。完成质量监督巡查553次，抽查总建筑面积2743.98万平方米，其中保障性住房102项，1271.43万平方米。

（杨云琪　李云胜）

【京秦高速公路】　该工程起点为东六环小庞各庄桥以北260米处，终点至市界，道路全长约6.3千米。按照《北京市2018年重点工程计划》要求，该工程计划于2018年6月底前建设完成。该工程2016年9月29日开工建设，全线涉及通州区宋庄镇7个村、需征用土地946.5亩，其中需拆除地上物101户、住宅25户；需占用林地249亩，需占用平原造林292亩；并涉及冀北电力、北京市电力、北冷线、北京燃气等多家管线拆改移、保护工作。该工程全线征地及地上物拆除工作全部完成，高压线迁改工作完成，于2018年8月20日正式通车运营。

【首都环线高速公路】　首环高速公路起点为大兴区采育镇韩营村南侧市界，与河北省廊坊市段规划线位相接，终点为通州区西集镇赵庄村北侧市界，与河北省香河县段规划线位相接。线路全长约38.2千米，其中通州区28千米。该工程属PPP项目，市交通委为政府组织实施的主体，社会投资人为控股股东，PPP项目公司为法人，对项目的投资、建设、运营管理负总责。首发集团为参股股东，受市交通委委托协助前期、开展招投标等工作。该工程2016年12月23日开工建设。通州区涉及于家务乡、永乐店镇、漷县镇、西集镇，涉及红线用地3404.97亩，其中林地面积692亩，平原造林528亩，平原生态林292.3亩；通州区还有多处改移输变电高压线、改移天然气管线、热力管线、雨水污水管线等。该工程全部迁改完成，于2018年8月20日正式通车运营。

首都环线高速公路　（区住建委提供）

首都环线高速公路　（区住建委提供）

首都环线高速公路　（区住建委提供）

【京唐城际铁路工程】　京唐城际铁路通州段长9.22千米，占地807.22亩，沿线涉及潞城镇、中仓办事处、宋庄镇、西集镇。根据工程建设需要，计划于2019年12月31日前完成搬迁工作。该工程于2016年12月启动搬迁，截至2018年底，潞城镇城市副中心站完成施工围挡工作，宋庄镇、西集镇、中仓办事处完成搬迁摸底工作。由于路县故城考古方案尚未获得北京市文物局审批，搬迁工作暂时搁置，搬迁完成率20%。

【八通线南延】　为提升环球主题公园的交通服务保障能力，将现有八通线终点站土桥站南延至环球影城站。线路全长约4.2千米。沿线涉及张家湾镇。建设单位为北京市轨道交通建设管理有限公司，计划于2019年12月底通车运营。截至2018年7月初，在相关各部门大力配合下，该工程搬迁完成率100%，比计划提前半年完成搬迁任务。

【地铁7号线工程】 北京地铁7号线东延工程通州段长8.7千米，全线设置车站7座、停车场1座，占地860.11亩，沿线涉及梨园镇、文化旅游区。按照区政府折子工程要求，该工程2018年底完成搬迁任务。截至2018年6月底，在相关各部门的大力配合下，该工程搬迁完成率100%，比计划提前半年完成搬迁任务，为施工的顺利进展打下了良好的基础。

地铁7号线工程　（区住建委提供）

地铁7号线工程　（区住建委提供）

【地铁7号线综合管廊工程】 该工程通州段总长度约5.4千米，占地353.12亩，沿线北京通州文化旅游区和梨园镇。截至2018年底，搬迁工作完成，施工单位部分进场施工。

【轨道交通22号线（平谷线）】 轨道交通22号线（平谷线）为京津冀首条区域快线，线路全长54.3千米，通州区段长13.5千米，沿线主要涉及宋庄镇，计划于2019年6月30日前完成搬迁工作、2020年实现通车。截至2018年底，该工程完成征占地拆迁协议的签订工作及专有账户的开户工作，由于规划方案调整，等待方案稳定后启动搬迁工作。

（王学勤　李雪敏）

【广渠路东延】 该工程通州段全长约7.6千米，占用集体土地188.95亩，沿线涉及北苑街道办事处、梨园镇、玉桥街道办事处、永顺镇、潞城镇。截至2018年年底，完成签约13户，其中，永顺镇签约12户（共24户），梨园镇签约1户（共3户）。搬迁工作按程序正在稳步推进。

广渠路征收项目被征收人观看安置用房
（区住建委提供）

广渠路征收项目政策宣讲现场　（区住建委提供）

（李云胜）

【京哈高速、六环路立交桥工程】 环球主题公园增设六环路立交节点工程、环球主题公园增设京哈高速立交节点工程是经市政府集体审议通过的“一会三函”（“一会”指召开会议集体审议决策，“三函”指建设项目前期工作函、设计方案审查意见函、施意见登记函）项目，占地522.31亩，该项目涉及台湖镇和文化旅游区。计划于2019年12月31日前完成搬迁工作。截至2018年底，六环路立交节点工程全面进场施工；京哈立交节点工程正在与台湖镇签订征地拆迁工作委托协议，文化旅游区范围内进场施工。

【高架桥（通马路—项目二层）工程】 高架路（通马路—项目二层）工程，主要以高架桥的形式向上跨黑庄户东路后，接入通马路主路，匝道全长约1.5千米，占地32.54亩，沿线主要涉及台湖镇。截至2018年底，该工程已完成现场踏勘，完成与台湖镇征地拆迁工作委托协议的签订工作。

（王学勤　李雪敏）

【朝阳北路东延一期】 工程西起通顺路，东至东六环西侧路，全长3.6千米，设计标准为城市主干路。由北京新城基业投资发展有限公司负责建设实施，区住建委负责前期手续的办理、管线施工及协调征地拆迁工作。截至2018年底拆迁完成80%，施工完成80%。

【潞苑北大街二期】 工程西起东六环路，东至任李路，全长4.167千米，设计标准为城市主干路。该项目于2013年12月启动，由北京新城基业投资发展有限公司负责建设实施，区住建委负责前期手续办理、管线施工及协调征地拆迁工作。截至2018年底拆迁完成98%，施工完成98%。

【北运河东滨河路】 该项目工程西起通胡路，东至东六环西侧路，全长3.1千米，红线宽度40米，设计标准为城市次干路。该项目于2014年3月启动，由北京新城基业投资发展有限公司负责建设实施，区住建委负责前期手续的办理、管线施工及协调征地拆迁工作。2018年底区住建委启动与区城管委的移交工作。

【潞苑三街】 工程西起潞通新路，东至东六环西侧路，全长约1.83千米，设计标准为城市次干路。该项目于2016年1月启动，由北京新城基业投资发展有限公司负责建设实施，区住建委负责前期手续的办理及协调征地拆迁工作。截至2018年底拆迁完成24%，施工完成20%。

【漷小路一期】 漷小路位于通州区南部，北起漷县，南至市界。是通州南部地区一条重要的南北向公路，同时也是通州南部地区与河北廊坊市联系的一条重要对外通道，是贯穿漷县镇、永乐店镇中心区、德仁务片区和永乐经济开发区之间一条重要的联络线。本次设计漷小路北起漷兴三街，南至恒兴二街，道路全长19.21千米。该项目于2016年5月启动，由北京新城基业投资发展有限公司负责建设实施，区住建委负责前期手续办理、管线施工及征地拆迁的协调工作。截至本年底，漷县镇区完成工程进度93.2%，德仁务片区完成69%，永乐经济技术开发区完成51%，永乐店镇区完成92%。

【孔兴路北延】 工程南起京津公路，北至孔庄北，全长4.86千米，设计标准为一级公路。该项目于2016年12月启动，由区公路分局负责前期手续办理及建设实施，区住建委负责拆迁征地的协调工作。

【朝阳北路东延二期】 该项目西起东六环西侧路，东至任李路，全长约4.3千米，红线宽度60米，设计标准为城市主干路。由北京新城基业投资发展有限公司负责建设实施，区住建委负责前期手续办理、管线施工及协调征地拆迁工作。截至2017年底完成规划方案批复、设计方案批复、环评批复、水保批复、土地预审批复、立项批复、初步设计批复、规划意见书、建设用地规划许可证和招投标工作等前期手续的办理，因行政办公区规划调整，该项目暂缓实施。

【九德路二期】 从潞西路至九漷路，全长7.9千米，设计标准为二级公路。该项目于2017年1月启动，由通州区公路分局负责建造实施，通州区住建委负责前期手续办理及拆迁征地的协调工作。

【北京五中通州分校周边道路】 该项目包括三条道路，一是潞邑二路（南起潞苑南一街，北至潞苑南大街，全长258米，红线宽度40米），设计标准为城市主干路；二是潞苑南一街（西起潞邑二路，东至东六环西侧路，全长557米，红线宽度40米）设计标准为城市主干路；三是潞邑东路（南起潞苑南一街，北至潞苑南大街，全长446米，红线宽度25米），设计标准为城市支路。全长1.4千米。该项目于2017年3月启动，由北京新城基业投资发展有限公司负责建设实施，区住建委负责前期手续的办理及协调征地拆迁工作。该项目2018年8月进场施工，其中潞邑东路于8月底实现主路通车，潞邑二路、潞苑南一街预计2019年5月底完工。

北京五中通州分校周边道路 （区住建委提供）

【西潞苑二街】 该项目西起潞苑东路，东至东六环西侧路，全长约1.6千米，红线宽度30米，设计标准为城市次干路。该项目于2017年7月启动，由北京新城基业投资发展有限公司负责建设实施，区住建委负责前期手续办理及协调征地拆迁工作，预计2019年竣工通车。区住建委于2018年5月完成与新城基业的移交工作。

【漷台路】 工程西起张采路，东至G103国道，全长约8.12千米，设计标准为二级公路。该项目于2017年12月启动，由区公路分局负责前期手续的办理及建造实施，区住建委负责拆迁征地的协调工作。

【宋梁路北延】 从潞苑北大街至京平高速，全长8.7千米，其中有1.7千米设计标准为城市主干路，其余7千米设计标准为一级公路。由区公路分局负责前期手续的办理及建造实施，区住建委负责拆迁征地的协调工作。

（韩　璐）

【北人集团公司职工住宅楼项目竣工】 该项目位于通州区新华大街12号，工程包括1～6号住宅楼，邮政支局、垃圾站、配套服务楼、地下车库等，其中1号楼、2号楼、6号楼地上27层，地下2层，3号楼地上21层16层组合，地下2层，4号楼、5号楼地上16层，地下1层。邮局地上2层，车库地上1层地下1层。垃圾站地上1层，配套地上2层。建筑面积14.6万平方米，工程造价53322.66万元，剪力墙结构。开工时间2014年9月1日，竣工时间2018年7月4日。北人集团公司建设，北京住总集团有限责任公司施工，北京市勘察设计研究院有限公司勘察，中机中电设计研究院设计，北京京龙工程项目管理公司监理。

【于家务乡中心C地块配建公租房C08项目工程竣工】 该项目位于通州区于家务乡。工程包括1～8号住宅楼、地下车库及配套楼建设。其中1～7号楼地上5层地下1层，8号楼地上11层地下1层，配套楼地上5层地下2层。建筑面积4.6万平方米，工程造价12992.5万元。剪力墙结构。开工时间2014年9月15日，竣工时间2018年10月12日。北京首都开发股份有限公司建设，北京金港建设股份有限公司施工，北京中机勘岩土工程技术有限公司勘察，中国建筑设计咨询有限公司设计，北京颐和工程监理有限责任公司监理。

【通州区TZ07-0103-0012等地块R2二类居住用地、TZ07-0103-0027等地块B1商业用地、TZ07-0103-L001地块A61机构养老设施用地（限价房）项目工程竣工】 工程位于通州区西集镇，工程包括1～18号住宅楼，1～3号地下车库、机房及配套商业楼。其中1号楼、2号楼、3号楼、6号楼、10号楼、13号楼、15号楼、16号楼、17号楼、18号楼地上15层，地下2层，4号楼、5号楼、7号楼地上11层，地下2层，8号楼、9号楼、11号楼、12号楼、14号楼地上12层，地下2层，配套商业地上3层地下1层，车库地上1层地下1层，建筑面积17.1万平方米，工程造价52648.33万元，框剪、剪力墙结构。开工时间2016年7月13日，竣工时间2018年11月23日。北京房地开锐鑫洋房地产开发有限公司建设，北京房修一建筑工程有限公司、中城投集团第五工程局有限公司施工，北京市勘察设计研究院有限公司勘察，北京远骥都市建筑工程设计事务所（普通合伙）设计，北京建宇工程管理股份有限公司监理。

【通州区台湖镇B-07地块R2二类居住用地（配建限价房项目）竣工】 工程位于通州区台湖镇。工程包括3号、5号限价房，4号、10号、11号自住房和地下车库A段。其中3号、4号楼地上21层地下2层，5号楼地上19层地下2层，10号楼地上10层地下2层，11号楼地上16层地下2层。建筑面积108612平方米，工程造价17360.49万元，框架、剪力墙结构。开工时间2016年7月26日，竣工时间2018年10月17日。北京鑫博泰来房地产开发有限公司建设，名筑建工集团有限公司施工，北京市勘察设计研究院有限公司勘察，北京三磊建筑设计有限公司设计，北京方恒基业工程咨询有限公司监理。

【通州区运河核心区IX-06地块F3其它类多功能用地项目A、B、C、D、E办公及商业用房及地库工程竣工】 工程位于通州区运河核心区。其中A、C楼地上23层地下3层，B楼地上22层地下3层，D楼地上39层，地下3层，E楼地上2层地下3层，建筑面积18万平方米，工程造价42093.83万元，框架剪力墙结构，开工时间2016年8月20日，竣工时间2018年12月23日。北京复地通盈置业有限公司建设，中国建筑第五工程局有限公司施工，北京市勘察设计研究院有限公司勘察，中国建筑设计院有限公司设计，京兴国际工程管理有限公司监理。

（李云胜）

公　路

【概　况】 年内，全区公路总里程2554千米。其中，国道9条（含国家高速），里程202千米；市道15条，里程169千米；县道38条，里程304千米，乡道1140千米，村道570千米。管养普通公路桥梁183座，全长13854.72延长米，其中，国道桥梁24座，全长3253.2延长米；市道桥梁53座，全长5637.42延长米；县道桥梁106座，全长4964.1延长米。国市道桥梁三类桥1座（唐通线小灰店左桥），县级路桥梁三类桥1座（漷马路史村桥）。管养2座匝道桥（北苑进京、出京匝道桥全长1359.8米），其中大桥34座（包括北苑2座匝道桥），全长8738.3延长米；中桥56座，全长3374.38延长米；小桥93座，全长1742.04延长米。天桥1座，为通顺路——人行天桥，全长51.8延长米。非公路产权桥梁8座，全长943.4米，其中市道桥梁1座，全长384.8米，县道桥梁7座，全长558.6米。大桥3座，长682.6米，中桥2座，长198.2米，小桥3座，长62.6米。非公路产权桥梁三类桥2座（分洪闸桥、拦河闸桥）长198.2米，二类桥3座长607.4米，一类桥3座长137.8米。管养普通公路桥梁四类桥1座，为县道柏德路胜利渠桥，长16.5米。宋梁路实现全线通车。实施综合治理工程3项，大修工程1项，实施中修工程6项。

11月27日，原市交通委路政局通州公路分局调整为市交通委派出机构，名称为北京市交通委员会通州公路分局。

（霍　冲　熊一力）

【交通基础设施建设】 2018年，通州公路分局工程项目类计划投资5.1亿元，项目使用资金6.13亿元。其中，新改建工程8项，大修工程1项，综合治理工程3项，中修工程6项，其他工程11项。推进11项副中心配套基础设施项目的前期工作，推进重点项目工程，路网通行能力进一步增强。市政府重点项目2项：宋梁路北延道路工程、九德路二期道路工程；市绩效项目1项：宋梁路北延道路工程；品质示范工程1项：宋梁路道路工程；副中心行动计划项目8项：宋梁路北延道路工程、九德路二期道路工程、采林路道路工程、孔兴路道路工程、觅西路道路工程、漷马路道路工程、漷台路道路工程、九德路改建道路工程；区绩效、京津冀一体化项目1项：觅西路道路工程。

截至年底，宋梁路北延道路工程本年度进展迅速，徐尹路以北5千米克服征迁难题完成沥青中面层施工任务，实现年度绩效目标。九德路二期道路工程征迁问题取得较大进展。漷马路、觅西路经协调以实现部分进地施工。漷台路、九德路改建道路工程完成招标，年前实现进场，完成计划任务。

【道路管养】 提高行车舒适度，着力推进路况质量提高。年内，开展张凤路、G103京塘路、铺大路、西尹路等中修项目，组织实施包括北运河新堤路（云帆路）、武兴辅线、通香路（唐通线）、新堤路、苏望路、G103国道、运河东大街、潞城中路等8条路线在内的阳光会议中心通勤保障路线提升改造工程，实现“高标准、高水平、高效率”对通勤道路进行提升改造和服务应急保障管理。公路绿化养护工程完成计划投资915.7万元，对京塘线、通武线、徐尹路等6条路进行补植，累计完成乔木补植3720株，绿篱色带4156平方米，地被植物1094平方米，成活率达到98%。对漷马路、通顺路、京塘线、张采路、张凤路的路树和边坡灌木进行规范修剪，以保障安全视距和标志版面的清晰度。

【公路路政管理】 2018年，路政大队发现和查处各类涉路违法违规案件1259件，结案1259件，结案率100%，其中违法设置公非标304件，增设路口、摆摊设点、倾倒垃圾、渣土75件，损坏桥梁、交通设施379件，损坏路面及其他附属设施180件，其他案件321件。办理行政许可67件，其中普通公路62件，高速公路5件；实施批后监管90余次；行政处罚案件54件，赔补偿案件38件，行政处罚金额22.29万元，收取赔补偿费27.5万元。将原有4个巡查中队调整为3个，成立副中心巡查中队，对行政办公区内清风路、临镜路、达济路、清盛路、宏安街等7条道路，以及运河大街、宋梁路、北运河新堤路、通胡路等进行统一巡查工作，与相关道路巡查企业对接，确保办公区周边道路巡查到位，发现问题第一时间解决。

【路网运维】 2018年，路网运维工作年度计划投资517万元，其中环境监测维护项目13万元，截至年底使用资金490万元。运维外场设备281套，内场机房服务器及网络设备14台，共排除外场设备故障426次，设备完好率99.99%。启动机房改造项目，从土建工程、电气工程、环控工程、消防工程和弱电工程等5大方面进行优化升级，以满足网络安全及机房消防安全要求，全部完工；开展治超专项建设工程，包括非现场执法轴载监控设备建设工程和静态秤改造工作，总投资达1061万元。其中，非现场执法监测系统设备建设工程实施两个点位，分别为任港路、武兴路；治超站静态秤改造工程实施三个点位，分别为觅子店、永乐店、白庙。宋梁路智慧项目作为副中心智慧交通示范项目，实现了基础设施建设“四同步”（同步规划，同步设计，同步建设，同步验收）。建设路口全景高清视频监控11套、可变情报板3套、积水视频监控2套、电子警察及卡口设备38套、公交车道执法设备16套、可变车道电子标志牌3套、排除长度检测器1套、智慧机箱15套。实现了和区交通队视频共享，为市政府入驻保障提供有力支持。

【区乡村公路建养】 2018年，乡村公路建设养护工程区财政投资1.56亿元，除日常养护外，实施乡村公路大修工程122项117千米，改造危旧及低荷载桥梁31座，项目数量及实施里程历年最高。截至年底，道路工程完工84项76千米，桥梁7座，提前一季度完成全部区财政投资。获“四好农村路”全国示范县称号，该称号由交通运输部、农业农村部、国务院扶贫办联合命名。通州区成为北京市第一个获此称号的区县，是继全国文明城区、国家卫生区后再次获得的全国性荣誉。

【新凤河跨河桥工程完工】 3月28日，新凤河跨河桥工程完工。新凤河桥位于通州区马驹桥镇，上跨规划新凤河，河西岸为大兴区亦庄新城，河东岸为通州区马驹桥镇。本工程为跨河桥新建工程，将新凤河两岸连接，新开通一条连接亦庄新城与马驹桥镇的东西向通道。新凤河跨河桥道路红线为60米，道路路基宽度40米，双向六车道，受条件限制，桥区设计车速20千米/小时。由北京特希达交通勘察设计院有限公司设计，北京鑫畅路桥建设有限公司施工，北京顺通公路交通技术咨询有限责任公司监理，于2015年1月20日开工。

【副中心运河畔健步走活动保障】 5月4日，通州公路分局完成市直机关干部职工副中心运河畔健步走活动路域环境保障任务，出动洒水车3台，洒水约70吨，出动保洁人员135人次，出动巡查车辆15台。

【通州区半程马拉松赛道路保障】 5月13日，通州区半程马拉松结束。通州公路分局提前部署，对管辖范围内的比赛路线进行24小时清扫、洒水降尘及巡视工作，投入保障人员80余人，车辆设备10台套。做到第一时间发现，第一时间处理，确保比赛道路整洁。

【副中心标志完善工程二期完工】 4月30日，通州城市副中心标志完善工程完工。工程包括京榆旧线、宋梁路、胡郎路等12条公路指路标志的信息完善工作，涉及新设单悬标志67套、新设附着标志139套、新设单柱标志4套、单悬更换版面168套、附着式更换版面20套、拆除标志37套。

【路政宣传月活动】 5月22日，通州公路分局联合首发集团在京塘路土桥地铁站路段开展以“加强公路路政管理，依法保护路产路权”为主题的路政宣传月活动。向过往的群众发放《中华人民共和国公路法》《公路安全保护条例》等宣传材料150余份，悬挂条幅、摆放展板等多种宣传形式。

【应对突发强降雨】 8月8日，通州区平均降雨量为83.9毫米，出现最大降雨量167毫米，最大小时雨强91.3毫米的短时强降雨。3:50，防汛应急抢险人员、设备开始集结，4：30交通阻断设备等摆放到位。强降雨过程投入抢险人员160人，车辆17部，机械设备9台，巡视人员10人，巡视车辆5辆，龙吸水1台，排水单元2台等其他机械设备。

【消防安全演习】 8月29日，通州公路分局组织兼职消防员开展消防演习活动。演习前，参训兼职消防员学习消防栓安全应急操作流程，明确正确报警、扑救、疏散的方法和措施。在火灾模拟演习中，兼职消防员按照方案，从发现火情、大声呼救、拉闸断电、紧急疏散、迅速扑救、报告上级等一系列情节紧张有序展开，完成规定的动作。

【京津冀公路治超联合执法】 12月13日，通州公路分局路政大队联合区治超办、天津武清区路政大队、武清区交通队等执法部门在天津武清区开展联合治理超限行动。通州公路分局出动执法队员4名，执法车辆1辆。查处超载货车2辆。

（霍　冲）

市政建设

【概　况】 2018年是副中心建设的关键一年，也是通州区城市管理开启崭新篇章、跨入新时代的第一年。站在新的起点上，全委系统干部职工，深入贯彻十九大和十九届二中、三中全会精神，认真落实区委、区政府的部署要求，全区城市管理重点工作完成年度目标任务，取得阶段性成效，城市精细化管理水平实现了新的提升。年内，以原通州区市政市容管理委员会为基础，正式挂牌成立通州区城市管理委员会。

【畅通城市交通】 年内，着力打通城区断头路，启动红云东路、云景西路二期、潞通新路二期、玉桥东二路、群芳北街、水仙东路二期6条微循环道路，建设里程约5千米；落实“蔡奇同志主持研究我市自行车专用路、慢行系统建设与规划工作”的批示精神，开展区属市政道路慢行系统建设，涉及城铁八通线站点周边道路、玉带河大街与创新路，建设里程约10千米；开展2018年5项市级缓堵项目和区级9项缓堵项目（含市级5项）。包括三官庙街、华业东方玫瑰周边、大方居周边2处、云景西路南延周边、玉带河东街与车站路路口、玉桥中路与乔庄北街路口、潞河医院周边、芙蓉东路与耿庄桥北路口9处疏堵改造，截至年底全部完工。

11月，净水街微循环道路畅通
（区城市管理委员会提供）

12月，潞邑西路铺油　（区城市管理委员会提供）

【实施信号灯智能升级改造一期工程】　为优化城市交通服务，打造智慧交通，2018年，区城市管理委围绕155平方千米和重点通勤线路对255处信号灯进行升级改造。通过升级改造实现“统、换、撤、建、包”五大目标。“统”实现全区信号机统一规格；“换”实现破损信号灯更换；“撤”实现不合理的路口信号予以撤除；“建”实现通过物联网与互联网的技术，创建智能交通信号控制平台（交通调度指挥平台）；“包”实现外包服务，组建交通策略分析团队（通过分析控制配时、优化配置车道、减少绿耗、提高通行效率，实现点控、线控及面控），对路口信号灯进行管理与维护。

5月，乔庄北街智能斑马线
（区城市管理委员会提供）

【实施路侧停车电子收费项目建设】　年内，制定《路侧停车电子收费项目建设方案》，涉及155平方千米范围内45条道路、5350个车位，采用建管一体的模式，引进社会资本成立合资公司，政府不投入一分钱，实现路侧停车统一规划、统一建设、统一管理。年底前，围绕155平方千米内重点区域（6平方千米周边、老城区停车乱地区），完成15条道路约2300个路侧停车位的电子收费管理项目的建设。

【治理无桩共享自行车】　与市经信委共同编制《基于卫星定位和电子围栏技术规范共享自行车管理的解决方案》。年内，在施划1085处的基础上，重点在行政办公区，特别是6平方千米范围内多次与办公区建设办进行对接，在行政办公区加密电子围栏施划。同时，加大公租自行车的投入，截至年底，投入运行3万辆自行车、730个租赁站点、2.6万个桩位，使用量达1.63亿余次、日单车使用率6～7次、骑行147.6万余小时、骑行距离2268万千米、节能减排7.3万吨标准煤、节约燃油1873万公升，骑行使用量占全市总量的50%以上。

11月，公共自行车站加装雨雪座套抽取装置
（区城市管理委员会提供）

【强化户外广告及牌匾标识管理工作】 编制完成《北京城市副中心155平方千米户外广告牌匾标识控规》，截至年底，通过市城管委专家初审。同时，完成全区建筑物屋顶广告牌匾标识摸底规范工作，全年规范户外广告、牌匾标识886块。

【组织实施架空线入地改造项目】 年内，区城市管理委对155平方千米范围内主次干路、支路、背街小巷通信架空线进行摸查，制定了《2018年至2020年三年行动计划》，就资金来源及配比、施工主体、管道使用、道路恢复等制定方案，并通过区政府专题会审定。三年行动计划涉及70条主次干路，433条背街小巷，截至年底，架空线入地台账任务已完成。

【加快供热设施新建改造】 10月底，完成通州区老旧小区供热管网改造。涉及7个小区，供热面积36万平方米、管道总长度37.43千米；启动北京城市副中心配套供热项目河东5号调峰热源厂工程，工程拟新建3台燃气热水锅炉并预留2台热水锅炉位置，总供热面积550万平方米，年内实现开工。

10月，供暖管线改造 （区城市管理委员会提供）

【加快垃圾处理设施建设】 通州区再生能源发电厂项目选址永乐店镇德仁务中街村，占地295亩，设计处理能力2250吨/天，2018年8月完成建设任务并投入运行，处理生活垃圾223019吨，日均处理1486吨，实现发电7728.3千瓦；通州区有机质资源生态处理站项目选址位于张家湾镇，占地3公顷，设计处理能力为粪便300吨/日、餐厨垃圾200吨/日、污泥100吨/日，采取联合厌氧发酵产沼工艺，进入试运行阶段。

【高标准做好公厕品质提升工作】 年内，区城市管理委制定完成《通州区155范围内公厕革命实施方案》，按照建设市场化、设置景观化、功能集成化、运行科技化、管理人文化“五化”建设要求，高标准完成120座公厕提升改造工作，进一步提升了居民幸福感。

【创新开展建筑垃圾资源化处置和利用工作】 年内，为保证建筑垃圾规范消纳，制定了通州区建筑垃圾管理的规范文件，对建筑垃圾的处置及消纳利用均作出明确规定，并在全市推广；为有效解决建筑垃圾消纳问题，在全区建成临时性移动式资源化处置生产线23条，持续提高全区建筑垃圾资源化处置能力。

5月，建筑垃圾资源化处理

（区城市管理委员会提供）

【完善地下管线数字化管理系统建设】 截至2018年年底，区城市管理委员会完成全区906平方千米的地下管线及城市部件数字化建设。管线类型包括供水、排水、电力、通信、广播电视、燃气、热力、工业管线，共8大类、16小类，管线总长度7789.6千米。其中供水837.2千米、排水1505.3千米、电力2647.4千米、通信1534.4千米、广播电视75.5千米、燃气791.6千米、供暖290千米、工业管线108千米。完成城市部件普查79类（包括各类井盖、路灯、交通灯、道路名牌、垃圾桶、行道树等市政基础设施）共计500024个，覆盖市政道路及乡镇的建成区。平台运行期间取得良好的社会效益，为通州区多项重点工程提供数据支持，为副中心地下管线安全运行保驾护航。

（孟晓云）

水务工程

【概　况】　2018年，区水务局以水生态建设为重点，水环境改善为核心、高起点、高标准、高水平规划、实现全区水环境建设各项工作，牢固树立“绿水青山就是金山银山”的生态理念，较好地完成了全年工作任务。2018年全区全年用水量为36207.79万立方米，再生水用量17900万立方米，万元地区生产总值新水耗水量为21.98立方米/万元，较2017年耗水量降低4.76立方米/万元，同比下降17.8%，万元地区生产总值水耗下降显著，全部实现市政府绩效考核要求。一是供水。坚持计划用水、总量控制，实施水资源消耗总量和效率“双控”管理。严格水行政审批，完成机井、水影响评价、水土保持竣工验收审批134件。加强地下水监测，全区地下水位比2017年同期回升0.43米。完成机井分类排查工作，现保有各类机井11158眼。完成全区有取水许可证和正常缴纳水资源费用户“费改税”工作，全年累计为356家用水单位办理临时用水编号，促进了水资源的全面节约和循环利用。全面开展农业节水工作，认真落实农业综合水价改革相关工作，完成全区管水员队伍改革，区、镇、村招录管水员530人，215个安装智能计量设施村庄完成农业用水价格确定。11月15日，通州区节水型区创建通过验收，11项考核指标全部达标。二是治污。截至2018年底，全区建成污水处理厂站（再生水厂）116座（含调试、试运行、在建），日处理规模为48.46万吨。马驹桥、于家务次中心等乡镇再生水厂建设运营项目基本完工，实现乡镇污水集中处理设施全覆盖。完成张家湾镇大北关村、西集镇儒林村等80个村庄的农村生活污水治理，第三批治理村庄正在抓紧进行方案设计等前期工作。污水及再生水管线建设稳步实施，新建污水管线101千米、再生水管线10千米，改造雨污水合流管线10千米。全年污水处理量8420万吨，污水处理率88.79%，较2017年提高近4个百分点，全区地表水环境质量显著改善，改善率位列全市第一。按照《通州区人民政府2018年河长制和水环境治理目标责任书》，2018年底完成再生水管线年度任务10千米，全面满足了行政办公、景观补水、园林绿化、道路冲洗等方面的用水需求，为市直机关搬迁入住提供优质服务。加快推进美丽乡村建设饮用水提升、雨水排除、生活污水处理等专项规划编制。全年完成城市副中心范围内40个自备井单位（小区）的置换工作和40个老旧小区内部供水管网改造工作，铺设管线长度约55.8千米。三是水环境。第三四阶段中小河道治理工程中凤港减河完成78%，中坝河完成100%，凉水河完成75%，萧太后河环球影城段完成87%。PPP项目中通惠河（通州段）二期工程开工建设，萧太后河景观提升及生态修复工程进场，温榆河和宋庄蓄滞洪区二期加快拆迁腾退，凤港减河和凉水河蓄滞洪区、“三大水网”建设加快推进前期工作。北运河综合治理工程土地腾退工作全面启动。北运河甘棠橡胶坝改建工程（甘棠闸土建）被评为北京市市政基础设施结构长城杯工程金质奖及2017—2018年度中国水利工程优质（大禹）奖。河长制工作成效显著，修订完成《通州区河长制巡查制度（试行）》、《通州区河长制信息报送制度（试行）》和《通州区河长制信息共享制度（试行）》3项制度，将河长制考评工作纳入全区绩效考核体系，有效促进河长履职尽责。四是安全度汛。全区上下严格落实防汛责任制，不断完善汛情会商、预警响应、全媒体宣传等联防联控工作机制，全系统各单位坚持在岗在职在责，恪尽职守、全力以赴，成功应对“7·24”

“8·8”“8·12”等局地强降雨，确保全区安全度汛。针对“8·8”强降雨天气城区出现的80余处积水问题进行全面分析，初步拟定整治方案。

8月8日，防汛抢险　（区水务局提供）

（崔建梅）

【水务各个专项规划编制情况】　年内，在结合水普成果，收集整理通州区各项规划的基础上，对接北京城市副中心控规及镇域总规，编制完成萧太后河、港沟河、玉带河等骨干河道治理工程规划；编制完成《通州区河道蓝线规划》《通州区海绵城市专项规划》，配合全市生态保护红线划定工作，开展河道管理范围和保护范围的划定工作；编制完成《通州区供水规划》《北京城市副中心排水（雨水）与防涝工程规划》《北京城市副中心污水排除与处理工程规划》《北京城市副中心再生水利用规划》；按照《北京市防洪排涝规划》及“通州堰”的最新成果，组织开展《通州区防洪排涝规划》的编制工作；组织编制完成《通州区河湖环境用水配置方案》及《北京市通州区智慧水务顶层规划》；为城市副中心PPP水环境项目方案编制及申报工作提供科学有效的依据。

【水务项目前期工作推进情况】　在2017年的基础上，对接相关审批部门，推进PPP水环境治理河道、水网、再生水厂等项目“一会三函”及立项相关手续办理。通惠河二期、环球主题公园景观水系项目取得水评、环评、规划选址及土地预审手续，可研报告已报审，景观方案通过区委、区政府审议，并取得市政府批示。萧太后河景观提升及生态修复工程取得环评批复，景观方案通过区委、区政府审议。萧太后河退水渠应急度汛工程完成财政评审，并已开工建设。港沟河治理工程取得一函、二函；玉带河综合治理二期工程取得一函，确定改线方案，正在报审设计方案；城北、两河、城南水网工程分别取得一函、二函，并通过区政府常务会。河东、减河北综合资源利用中心均已确定了规模，编制了概念方案；河东再生水厂提标改造完成财政评审并完工；北运河3000米堤防编制完成概念规划设计。组织编制了水环境治理PPP项目运维监管方案。

【综合统计及其他工作完成情况】　截至2018年年底，统计工作方面与其他科室及各基层水务所协作完成统计年报工作；并按时完成直报平台月报、季报、年报，北京市重点建设项目信息管理系统月报，水务基本建设投资月报，北京城市副中心重大项目月报，通州区重点项目管理平台月报，北京市公共服务类建设试点项目信息管理等项系统填报工作。2018年完成水务基建工程月报30项，水务投资额25.80亿元，充分发挥好统计信息咨询、监督、服务功能。回复各委办局复函76项，行政许可事项（水工程规划同意书）审批3件，对来函事宜提出相应的意见和要求，保障PPP水环境建设工程的顺利开展。

（张占研）

【通州黑臭水体治理工程】　按照《北京市进一步聚焦攻坚加快推进水环境治理工作实施方案》《通州区人民政府2017年水污染防治及水环境治理目标责任书》《北京市通州区人民政府关于印发通州区进一步加快污水处理和再生水利用设施建设三年行动实施方案（2016年7月—2019年6月）的通知》要求，需完成35条河段127千米的黑臭水体治理任务，到2017年底前全面消除黑臭水体。建成区18条段黑臭水体治理完成，2017年通州区黑臭水体治理采用PPP模式，以《通州·北京城市副中心水环境治理PPP建设项目》分区组建的项目公司为实施主体开展非建成区35河段黑臭水体的治理工作，涉及到两河、台马、漷牛和于永4个片区，潞城、西集、台湖、马驹桥、张家湾、漷县、永乐店和于家务8

个乡镇，黑臭水体总长度128.07千米（含西和路边沟），总投资约11亿元。截至年底全部完工，铺设截污管线126千米，新建污水处理站1座，清淤长度134千米，2018年11月9日全部完工，12月底实现初见成效。

5月16日，副区长王岩石（左一）巡视凉水河治污情况　　（区水务局提供）

【农村生活污水治理工程】　区水务局作为建设主体，引入PPP模式，将村外污水治理纳入北京城市副中心水环境治理PPP建设项目，并结合美丽乡村建设，逐步实现本区农村地区污水处理设施全覆盖。截至2018年底，完成80个村的村外截污工程。

（李月超）

【污水管线建设】　按照《通州区人民政府2018年河长制和水环境治理目标责任书》，2018年底，新建污水管线101千米。至12月底，共完成污水管线建设101.44千米，完成年度任务。

【雨污合流改造管线建设】　按照《通州区人民政府2018年河长制和水环境治理目标责任书》，2018年底，改造雨污合流管线10千米。至12月底，完成雨污合流管线建设10.448千米，完成年度任务。

【通州区小城镇污水处理市场化建设配套管网二期工程】　工程涉及宋庄镇、马驹桥镇、永乐店镇，新建污水管道总长14.15千米，污水提升泵站1座（设计规模3000立方米/天）；新建再生水管道30千米。项目取得区规划分局、国土分局、水评、环评批复，于2018年1月15日取得区发改委立项批复，初步设计文件报区发改委进行评审。12月底开工建设。

【北京城市副中心雨污合流管线改造工程（第一批）工程】　工程涉及11条道路，其中雨水管线7.23千米，污水管线10.36千米。截至年底，4条路雨污水主管道施工完成，7条路主管道正在施工。雨水管线完成3008.5米，完成雨水总量的41.2%。污水管线累计完成7077.9米，完成污水总量的68.3%。

（王彩霞）

【北京城市副中心行政办公区启动区再生水工程】　按照《通州区人民政府2018年河长制和水环境治理目标责任书》，2018年底，新建再生水管线10千米。至12月底，完成再生水管线建设18.4845千米，超额完成年度任务，全面满足行政办公、景观补水、园林绿化、道路冲洗等方面的用水需求，为市直机关搬迁入住提供优质服务。

（刘志楠）

【2018年通州区污水治理情况】　截至年底，全区建污水处理厂站（再生水厂）105座，处理规模为47.24万吨/天，其中农村污水处理设施86座，处理规模为9.69万吨/天；在建农村污水处理设施45座，处理规模为1.45万吨/天。2018年全区污水处理率达到88.79%。

12月18日，市领导巡视污水、自来水的治理及达标情况　　（区水务局提供）

【推进通州区美丽乡村建设涉水工程】　为了加快推进通州区美丽乡村建设涉水工程的实施，区水务局委托专业第三方咨询单位组织编制《通州区美丽乡村建设饮用水提升、雨水排除及利用、生活污水治理工作方案及技术细则》，2019年1月16日正式印发，指导美丽乡村建设规划方案、涉水工程方案的编制。

（赵　媛）

【开展自备井置换和老旧小区供水管网改造工程】 根据市水务局工作安排，2018年，完成城市副中心范围内40个自备井单位（小区）的置换工作和40个老旧小区内部供水管网改造工作，铺设管线长度约55.8千米。

（高　乐）

【通州区第三四阶段中小河道治理工程】 通州区第三四阶段中小河道治理工程包括凤港减河、中坝河、凉水河、萧太后河环球影城段4条河道，长约79千米。凤港减河、中坝河，由水务局负责实施，凉水河、萧太后河环球影城段由北控水务负责实施。截至2018年底，凤港减河完成78%，中坝河完成100%，凉水河完成75%，萧太后河环球影城段完成89%。

【通州南部城区外环路污水及再生水管线工程】 工程位于通州新城南部，沿万盛南街、群芳南街、张采路及乔庄南路新建污水管线10.2千米，管径400～1600毫米，新建再生水管线2.3千米，管径100～600毫米，总投资14644万元。截至2018年底，工程完成55%。

【通州区河东再生水厂提标改造工程】 工程主要解决河东再生水厂处理能力不能满足城市建设对污水处理提出的新需求和出水水质不能达到北京市新地标的问题。工程于7月25日完成施工、监理招标工作，并于7月26日召开工程启动会，2018年底工程基本完工。

（肖　羿）

【北京市通州区张家湾再生水厂配套管网工程】 工程延张采路、垂柳路、萧太后河、凉水河北侧路新建污水管线11千米，新建再生水管线12千米。项目投资总额为25062万元，资金全部由市政府固定资产投资安排解决。工程于2016年9月15日开工，2018年底完成污水管线8千米，完成再生水管线8.5千米。工程划分为7个施工标段，截至年底，完成5个标段的单位工程验收及移交工作，工程计划2020年6月底完工。

【通州区2015中央财政农田水利项目县工程】 工程实施节水灌溉面积8745亩，其中，喷灌1482亩、滴灌4489亩、小管出流1167亩。更新机井22眼，配套水泵77套，控制设备77套，新建井房58座，铺设输水管道173米，田间管道522千米。建设智能用水管理系统：含安装智能计量设施440套，建设镇级管理平台3处，村级管理平台17处。工程总投资约3300万元。工程已完工，完成单位工程验收工作，节水灌溉管道移交完成，智能计量设施计划2019年3月份完成移交工作，计划2019年底前完成竣工验收工作。

【通州区北运河甘棠橡胶坝改建工程】 工程包括新建甘棠闸1座，位于现状橡胶坝闸室中心线下游75.5米处，采用液压钢坝闸，共5孔，每孔净宽30米，水闸总净宽150米，闸孔总宽度181.6米。新建子河闸1座，位于子河桥上游60米处，将现状子河与主河道挖通，顺水流向总长127米，闸室段长度16米，采用液压钢板闸，1孔，净宽30米。主河道护砌工程，对甘棠闸现状下游主河道险段进行疏挖、护砌，护砌高程16.5米。工程总投资15115万元。2018年6月份完成工程竣工验收工作，移交至北运河事务中心运行管理。荣获北京市市政基础设施结构长城杯工程金质奖及2017—2018年度中国水利工程优质（大禹）奖。

【北京市通州区小城镇污水处理市场化建设配套管网工程】 工程涉及11座（新建7座、升级改造2座、委托运营2座）再生水厂/污水处理厂配套管网。工程涉及8个乡镇，新建污水管网总长度约86千米，再生水管网总长度约16千米，工程总投资66512万元。到2018年底，配套管网再生管线16千米全部完成，污水管线由于拆迁问题等原因，可实施的污水管线75千米均已完成。完成单位工程验收，均已移交至各乡镇政府进行后期运行管理，计划2019年6月底前完成工程竣工验收。

【北京市通州区2016年中央财政小型农田水利项目县建设工程】 工程涉及通州区马驹桥、西集、于家务、永乐店4个乡镇的115个村，涉及2462眼农业灌溉机井，全部安装用水智能计量设施，并将采集到的用水记录传输到通州区水务局数据采集中心。主要建设内容包括新设立镇级平台1处，位于马驹桥镇，115个村各设立村级平台1处，2462眼农业灌溉机井全部安装用水智能计量设施。工程总投资为3429万元。工程已完工。完成1个单位工程验收工作，移交工作正在进行，计划2019年底完成工程竣工验收。

【通州区2015年节水与水资源节约保护项目】 项目包括运乔嘉园透水砖铺设项目：铺设9条行车道、6条人行路、2处人行广场及4处车行广场透水砖，铺设总面积6660.73平方米；小堡村坑塘雨洪利用项目：沿蓄水池周围设置雨水篦子、雨水管道，坑塘南岸边坡护砌处理，设置透水砖步道；雨水利用工程项目：在北京育才中学通州分校、北京史家小学通州分校、北京同仁堂制药厂通州分厂、北京通州贡院小学、北京铁路人民警察训练学校5家单位分别建设集雨池1个，共计5个，设计总容积为1750立方米。工程总投资1200万元。工程已完成竣工验收及移交工作。截至年底，正在进行财政结算评审工作。

【通州区漷县镇于家务乡机电井智能计量系统工程】 工程对所涉及机井全部安装用水智能计量设施。对农业机井中以前安装水电转换计量设备仍可使用的919套设备进行改造，其余机井全部新建。新建机井计量1090套，改造机井计量919套，建设区县级管理平台1套，乡镇级平台管理4套，村级管理平台61处。雨洪利用建设内容包括：年收集雨水4768立方米，温室膜面雨水集蓄利用（14亩）、雨水渗透（2840平方米路面）、雨水收集、雨水调蓄、绿地雨水灌溉及雨水利用文化广场（800平方米）。此外，再生水灌溉试验区滴灌工程（20亩）。工程总投资约2500万元。工程已完工，完成竣工验收及移交工作。截至年底，正在进行财政结算评审工作。

【通州区漷县镇农业高效节水灌溉试点工程】 工程涉及通州区漷县镇内后地村、觅子店村等6个村及北堤寺基地、小屯基地两个园区。节水灌溉总面积5463亩，其中粮田2015亩、菜田1896亩、果树1436亩、花卉116亩。工程包括水源工程与田间管网工程两部分，工程总投资为1780万元。工程已完工，完成单位工程验收、水土保持验收、环境保护验收工作，计划2019年6月底前完成竣工验收工作。

【甘棠橡胶坝上游围堰及“7·20”水毁修复工程】 工程涉及拉森钢板桩1处，新建防渗墙、更换坝袋、底板脱空区注浆处理、拆除修复两岸护坡及海漫段底板、充泄水系统维修、中墩修缮等。工程结算总投资2410万元。工程已完工，已进行竣工验收及移交工作。工程财政结算评审已完成。

【通州区2016年雨洪利用工程】 工程涉及张家湾镇、于家务乡、宋庄镇、梨园镇4个乡镇及中仓街道办事处。主要工程内容：对项目区内的2个集雨坑塘进行疏挖整治、新建6座集雨池、新建透水砖铺装5887.13平方米及湿地雨洪利用1处。工程投资约1000万元。工程于2018年11月份开工，计划2019年底完工。

（郭子彪）

【农业户口移民人口核定及资金发放情况】 针对2016年7月1日至2017年6月30日期间户口在通州区的大中型水库农村移民及其后代（移民后代因上大中专转居的学生在校期间享受此政策）登记汇总，对新增、减少人口进行核定和公示，经调查核准新增农业移民43人，减少农业移民244人，同时2017年漏登3人、结余4人。2018年度总计农业移民人口2656人，涉及全区11个乡镇258个村。各乡镇在2018年度已核定移民人口的基础上做好后期扶持人口核查工作，重点对2016年7月1日至2017年6月30日24时期间新增、减少人口进行核定和公示。2018年通州区核定登记农业户口移民2656人，漏登3人，结余4人，需发放移民扶持资金159.3万元。

【“农转非”移民人口核定及资金发放情况】 2018年度，通州区核定符合“农转非”培训补贴人口1118人，新增56人，减少132人。分布在全区11个乡镇160个村及4个街道办事处的32个居委会。2018年度市下发资金66.864万元。2018年度通州区“农转非”移民实际核定人口1118人，漏登5人，实际发放资金62.888万元。

【移民安置村教育帮扶情况】　2018年度教育帮扶学生人数421人，下发教育帮扶资金75.4万元。其中，台湖85人、宋庄67人、漷县37人、潞城47人、马驹桥90人、西集41人、永乐店9人、张家湾45人。2018年下拨资金75.4万元。

（林立娜）

【专项资金的使用情况】　按照北京市水库移民事务中心的时间要求完成通州区8个镇111个移民安置村扶持项目的统计、汇总、上报工作，年初上报本年通州区大中型水库移民安置区扶持项目承诺书、申报书、汇总表、情况表等。于年底收集本年项目的完成资料，包括验收单、决算表、票据证明等并对资料进行审核。本年市下发了《北京市扶持大中型水库库区和移民安置区的意见》，通州区根据市相关文件编制了《北京市通州区扶持大中型水库移民安置区管理实施细则》。本年市下拨通州区扶持项目后扶资金330万元，本年度备案项目资金330万元，涉及7个镇9个项目9个村，8个项目已完工正在资料收集阶段，1个项目正在实施中。

【中央扶持结余资金的使用情况】　2015年—2017年中央资金项目全部施工完成，项目涉及漷县镇、永乐店镇、西集镇、马驹桥镇、潞城镇5个镇10个村，项目投资8203.09万元，2018年中央资金正在前期准备阶段，项目涉及西集镇4个村，项目预计投资3280万元。

（武立雄）

【2018年节水及水法规宣传】　2018年是第二十六届“世界水日”和第三十一届“中国水周”。3月22日“世界水日”当天，区水务局会同北京市水务局北运河管理处在通州区运河文化广场共同举行了以“实施国家节水行动，建设节水型社会”为主题宣传活动。“中国水周”宣传周期间，通州电视台滚动播放水法宣传公告4条，在全区范围内深入学校、企业、机关、社区等地陆续开展不同形式宣传活动，本届宣传周活动有4000人次参加，印发水法及节水宣传材料8万余份；设立宣传站12个，悬挂宣传横幅183条，展板140块，张贴临时标语2000余条，书写和刷新永久标语200余条。充分利用电视、报纸、社区电子屏幕、自媒体等播放节水宣传口号、节水常识、水法规等内容，全区宣传教育的覆盖面达95%以上，营造了人人参与节水护水工作的良好氛围。

3月22日，世界水日宣传活动　（区水务局提供）

（万凤兰）

【降雨量分析】　2018年累计降水量600.3毫米，比上年同期543毫米多10.6%，比多年同期504.6毫米多19%。汛情主要呈现出三个特点：一是降雨总量偏多。汛期降雨38次，全区累计降水量516.1毫米，比上年同期439.1多17.5%，比多年同期415毫米偏多24.3%。降雨带主要集中在北部、东南部区域。二是过程性降雨较多，局地降雨明显。汛期过程性降雨16次，包括“7·24”“8·8”“8·12”等6次全区大范围强降雨过程，西集、永乐店、潞城、甘棠等辖区降雨明显，雨势较大。三是瞬时雨量、雨强较大。最强降雨发生在8月8日夜间3时30分至中午11时，通州区普降大暴雨，最大降雨点和最大小时雨强均出现在潞城镇五彩原野农场站（168.4毫米；92.2毫米/小时），达到特大暴雨量级。当日9时至9时30分16个站点雨量超过50毫米（暴雨），13个站点超过70毫米（大暴雨）。

（安志彬）

【全区水资源利用情况】　2018年全区总用水36207.79万立方米，其中用再生水17908.26万立方米，用地下水18299.53万立方米。农业用地下水6037.58万立方米；工业用地下水1709.18万立方米；家庭居民生活用地下水7342.78万立方米；公共服务用地下水2935.21万立方米；环境和生态用地下水274.78万立方米，用再生水17908.26万立方米。

【全区地下水监测情况】 2018年有地下水人工观测井39眼，其中2眼专用观测井，37眼农灌井，人工观测井分布在农业区，使通州区基本形成观测井网；承压井观测点28眼，据水文总站提供的观测数据,全区地下水位呈上升趋势，2018年地下水年末实测值为7.28米，与2017年同期7.71米比较，地下水位上升0.43米。

（高淑红）

【海绵城市建设试点工程】 2016年北京市成功入选第二批国家海绵城市建设试点城市，试点区域位于北京城市副中心，范围西、南起北运河，北到运潮减河，东至规划春宜路，总规划面积19.36平方千米，自海绵城市建设试点申报成功后，完成了海绵城市建设改造工程类项目36项，其中建筑与小区类16项，道路类12项，公园绿地类4项，防洪排涝类3项，水系治理类1项；在建项目43项。编制完成并发布了海绵城市建设非工程类项目18项。拨付中央补助资金2.084亿。《通州区海绵城市建设专项规划》由北京市规划和自然资源委员会报送北京市政府，等待批复。《通州区海绵城市建设试点系统化方案》完成专家评审，系统方案成果全面指导试点区海绵城市建设工作。

（蔡殿卿）

【开展“清河行动”专项行动】 6月，按照北京市总河长令要求，区河长办启动“清河行动”的各项工作，印发“清河行动”方案。截至12月，全区清理挂账垃圾渣土98处，16630立方米；违法建设11处，4844平方米，顺利完成通州区“清河行动”。

【完善河长部门联动机制】 一是加强与基层部门的联动。区河长办不定期召开成员单位联席会议，加强与基层河长办的沟通，通过密切配合，保障河道沟渠水环境健康。二是提高与市级河道管护部门联动。组织各乡镇、街道与市级河道管护部门召开河道管护对接会，明确权属和职责，为各级河长统筹规划、管理和治理河道提供理论依据。三是联合相关执法部门，深化河道管护机制。区河长办牵头联合环保、水务、公安等多部门参与“清河行动”等专项行动，认真梳理和细化相关涉河、涉水执法职责。四是强化与纪检监察部门、检察机关部门联动，推动河长制工作落实见效。区河长办积极探索“河长+检长”工作模式，建立协同工作机制，通过行政检察职能与行政执法职能，推动河长制工作真落实见实效。

5月9日，区总河长曾赞荣（左四）巡视水务河道
（区水务局提供）

（张立彬）

【工程质量监督管理】 2018年质量监督站监督的工程项目11项，均为本年度新开工程，跨年度续建工程18项，项目涉及总投资约为79亿元，涉及施工单位14家，涉及监理单位8家。主要有通州·北京城市副中心水环境治理PPP（两河片区）建设项目生活污水治理工程、通州区西集镇小辛庄村移民排水及路面硬化工程、通州·北京城市副中心水环境治理PPP建设项目（台马片区）农村生活污水治理工程。本年度完成行政处罚一起：2018年5月11日，监督站对通州·北京水环境治理（于永片区）PPP建设项目黑臭水体治理工程进行施工现场巡查。涉事单位为中国葛洲坝集团股份有限公司。巡查发现该项目红旗排灌沟果村128—129井段，污水管线铺设施工过程中未采用砂基础。进行工程竣工验收的项目有：通州区白庙下凹式立交桥排水工程、通州区2013年危桥改造工程、八里桥截污工程、甘棠橡胶坝改建工程、新华南路等10座雨水泵站工程、马驹桥镇后银子村、姚辛庄村、东田阳村移民排水及路面硬化工程。监督管理过程中严格按照规定办理监督注册手续，严查体系建设和工程实体质量，把好工程验

收关，全年工程项目质量处于受控状态。

（闫立明）

【有效控制区域用水总量】 2018年，北京市水务局核定通州区用水计划指标为40040万立方米，全年实际用水量为36199.53万立方米，其中，新水用量18299.53万立方米，再生水用量17900万立方米。2018年通州区生产总值为8324115万元，万元地区生产总值新水耗水量为21.98立方米/万元，较2017年耗水量降低4.76立方米/万元，万元地区生产总值新水耗水量同比下降17.8%，万元地区生产总值水耗下降显著。

【计划用水管理】 2018年，通州区按照北京市水务局提出的用水指标要下达到每个村的要求，对全区各村的人口、面积、果林、灌溉等情况进行系统收集和整理，在此基础上结合各乡镇实际情况制定乡镇用水指标分配方案，确保用水指标科学合理分解到每个村委会。1月底，为全区4个街道、11个乡镇、17个乡镇集中供水水厂、398个村庄、2275户用水单位，合理地分配用新水用水指标，并在《通州时讯》上刊登《关于下达2018年计划用水指标的公告》。通过以上工作，全区计划用水覆盖率稳步提升。

全年严格执行单月预警双月考核制度，发出预警通知单632户次，发放超定额用水加价通知单384户次，累计收取超额用水加价费84.68万元。

【节水型社会建设】 2018年，通州区全面落实北京市人民政府《全面推进节水型社会建设的意见》和《通州区节水型区创建实施方案》及《通州区"十三五"时期节水型社会建设规划》的文件精神，大力推进节水型社会和海绵城市的建设，加大水资源保护及节约用水的工作力度，结合通州区水务工作实际，开展城镇节水器具普及、节水载体创建、用水计量设施完善、节水宣传和通州区节水示范园区建设。全年创建节水型单位102家；创建节水型村庄5个；换装节水型器具1.26万套，其中节水型马桶1200套，节水型花洒1.14万个。11月15日，节水型区创建工作通过验收。

【节水宣传】 5月13日至5月19日，全国城市节约用水宣传周，通州区践行"实施国家节水行动，让节水成为习惯"的年度主题，通过张贴宣传横幅、设置宣传站点、刊发节水宣传文章、发放节水宣传材料等形式多样、切切实实的行动开展节水宣传，用实际行动节约生产生活中的每一滴水。

活动期间，通州区节水事务中心设计并印制宣传册1万本、宣传折页3万张、宣传条幅260条、宣传展板60块，印有节水宣传标语的环保袋、鼠标垫、毛巾、围裙等宣传品4万余件；借助"水润京华""文明通州""通州水务""通州节水"等微信公众平台开展宣传；联合区精神文明办，向各乡镇街道发送《关于精神文明宣传视屏刊播全国城市节约用水宣传周公益广告的通知》，要求乡镇街道利用精神文明宣传视屏在宣传周期间，循环播放节水宣传短片，营造浓厚的节水氛围；围绕进社区、进学校、进医院、进公园、进企业、进机关、进农村"七进"的原则，在运河中学、玉桥北里、新华西街等社区，大运河森林公园、区地税局、潞河医院、北京卷烟厂等单位设立节水宣传站点14个，向群众发放《北京市节约用水办法》、节水宣传彩页、节水宣传品，传播节约用水理念；组织开展"创建节水型通州 我承诺"节水宣传活动，走进机关、企事业单位、社区，组织活动参与人员在节水承诺墙签名的同时，发放《中华人民共和国水法》、节水宣传彩页、节水纪念品，全年举办宣传活动36场，累计发放宣传品2万余份。

5月14日，北苑街道节水宣传　　（区水务局提供）

（蔡鹏瑶）

【水质检测】 2018年，严格落实集团三级水质检测制度，完成对供水部、通州二水厂及甘棠出厂水水质的检测工作；定期抽查甘棠水厂出厂水水质及工艺运行情况。

【供水设备设施维护检修】 年内，完成32口水井春、秋季电检工作完成电检高压配电柜46面、低压配电柜32面、高压变频器清扫6个、更换变频器防尘网4组、电检配水机泵11组。

【供水管网维护检查】 2018年，完成管线干线修漏92处、修漏换管383米、故障换表735支、上门服务零活小修241户，解决非潞洲水务公司管辖的用户报修15户。

【合理调度用水】 通州二水厂供水量由原来5万立方米/日调整为7至8万立方米/日的工作部署，公司根据来水量的变化，充分发挥应急调蓄泵站作用，科学合理调配5路水源，实施精细化管理，做好相关数据采集和分析工作，确保实现安全稳压供水目标。

【城市副中心行政办公区供水服务保障工作】 年内，配合北京市自来水集团基建工程管理部、北京市自来水集团禹通公司完成行政办公区管廊内给水管道冲洗消毒和水质检测及玉带河大街DN400管线二路水源的勾头和通水工作；编制C1、C3、C5、警务中心、1号能源站等项目的给水方案及城市副中心行政办公区《综合管廊供水管线过渡期管理方案》《供水管线及附属设施管理方案（草案）》。

【市级机关搬迁服务保障工作】 年内，制定公司《关于保障市级机关搬迁工作的供水水质保障方案》；协助北京市机关事务管理局解决了副中心行政办公区因部分办公楼用水量低，管网末梢水质不合格的问题；制定行政办公区给水管线巡视方案，抽调5名人员，每周与自来水集团禹通公司联合入廊巡视2次；与工程办签订“四大四小”供水协议，完成水费查收工作；组织召开公司服务保障市级机关搬迁工作动员部署会。

【完成入驻通州区行政服务大厅对外接待服务工作】 5月初，选派相关服务人员入驻通州区行政服务大厅受理用户供水服务报装，编制完成《政务大厅和业务科室办公流程》。

【配合区水务局、集团推进自备井置换及老旧小区改造工作】 年内，协调区政府召开协调会，协助区水务局和北京市自来水集团瑞洲公司完成前期现场踏勘工作；审核施工方案并提出修改意见；建立每周工作例会制度，商讨解决工程中存在的各类问题；进行施工现场验收，水表立户、水表更换和抄表到户，完成40家自备井置换和40个老旧小区年度改造任务。

（张小莉）

供　电

【概　况】 国网北京通州供电公司（简称通州公司）成立于1958年，负责通州地区906平方千米范围内的电网规划建设、运行管理、电力销售和67.6万客户的供电服务工作，肩负着建设北京城市副中心坚强智能电网、行政办公区常态化政治供电保障、重要用户和居民生活安全供电的光荣使命。通州公司有9个职能部门、4个业务支撑机构及10个乡镇供电所。截至年底，通州公司有全口径用工1247人，全民职工375人，其中博士生1人，研究生学历92人，本科学历66人，专科学历75人；高级职称41人，中级职称62人；高级技师161人，技师57人，高级工39人，中级工28人。2018年通州公司首度荣获国资委中央企业先进集体称号。

截至年底，通州公司管辖范围内有变电站44

座，其中，500千伏变电站1座，容量240万千伏安；220千伏变电站7座，容量324万千伏安；110千伏变电站28座，容量315.2万千伏安；35千伏变电站8座，容量20.52万千伏安；110千伏输电线路47条，共计358.48千米；35千伏输电线路23条，共计142.831千米。年内最大瞬时负荷在12月28日20时28分，为157.6千瓦。实现全年安全生产无事故目标，累计安全生产周期2999天。

【“双花瓣”配电网架】 建成世界一流高端智能配电网示范区。突出示范先行，在行政办公区内创新应用14项首创电网技术，建成“双花瓣”配电网架，采用全电力综合管廊供电方式，建成政治供电“零闪动”低压配电系统，全线、全站配置智能终端和巡检机器人，量身定制的1885台小型化、美观化充电桩覆盖全部地上地下停车场，供电可靠率实现99.9999%。

建成世界一流高端智能配电网“一体双核”示范区
（通州供电公司提供）

【电网建设规模创历史新高】 主动对接区、镇两级规划，超前完成中长期电网规划和空间布局规划，取得区政府支持性文件，累计落实变电站站址75座，占地面积49.3公顷，输电廊道578.61千米。加强关键节点管控，北京东特高压下送、通州北两项500千伏重点电源工程实现开工，梁各庄、三联供2项220千伏工程以及北神树等6项110千伏工程顺利投产，文化旅游区高压线路临时迁改工程提前6个月送电，110千伏可再生能源电厂送出工程按期投产，助力副中心快速拉开城市发展框架。

7月27日，可再生能源电厂110千伏送出工程全面提前完工
（赵靓 拍摄）

【安全生产】 始终将人身安全作为头等大事，实施覆盖全部作业人员的安全技能现场模拟演练，精准管控人身风险。配电自动化线路覆盖率、功能投入率实现100%，新装485台支线断路器，有效避免整路停电37次，配网故障同比降低31%。扎实开展低压故障“回头看”，提前采取变压器分换装、低压线路切改等措施，并主动在老旧弃管小区开展抢修延伸服务，多户报修工单数量、处置时长同比下降49.2%、44.2%，成功应对最大负荷六创历史新高的严峻考验，确保了电网安全运行和居民可靠用电。

7月，坚持“让灯先亮起来”开展延伸服务，迎峰度夏期间保障居民安全用电
(洪雷 拍摄)

【服务市级机关搬迁入驻】 坚持主动担当，直接为市级机关办公楼供电的3座110千伏变电站、8座开关站、23座配电室于5月提前投运，为信息中心、市政设施供电的8座开关站、19座配电室于9月提前投运，电力建设始终走在各类市政设施前列。主动实

施12条主要通勤道路电力设施标准化整治，高效完成武警驻地等5个临时新增场所双电源改造，提前投运临时停车场270台充电桩。参照首都核心区及奥运保电标准，高质量完成市级机关办公楼内部设备检测与发电车应急演练，以主动、超前服务赢得重要客户充分信任。

【为小微企业提供接电服务】 聚焦小微企业用电痛点难点，大力优化营商环境，全年累计为全区1592户小微企业提供“三零”（零上门、零审批、零投资）接电服务，接电环节由6个压缩至2个，接电时长降至3.3天，节约企业投资2300万元。创新装表、验收、送电“三合一”新模式，推进高压接电流程变革，57项在途流程处置率100%，全年累计接电78.3万千伏安。率先组建实体化运转的供电服务指挥中心，实现客户诉求集中管控与服务质量统一监督。

11月，通州公司工作人员向客户介绍低压报装“三零”服务 （洪雷 拍摄）

（苏韵涵）

燃　气

【概　况】 通州区现有具有燃气资质的从业企业13家。市政管道天然气实现镇镇通，全区燃气管网铺设总长度约1876千米，建成各类燃气调压站（箱）1734座，管道燃气用户达52.8万户。9个乡镇103个村实现“煤改气”。全区液化石油气惠民气送气工程实现全覆盖，总体运行情况良好。

【建立“煤改气”长效机制】 为巩固农村“煤改气”村庄无煤化成果，保证“煤改气”项目长期稳定运行。结合通州区实际情况，区城市管理委牵头制定了《通州区农村地区“煤改气”项目长效管护方案》，从落实“煤改气”运行安全管理责任、加强村级燃气安全管护员队伍管理、加强燃气壁挂炉设备售后服务监督工作、建立翻建房、新建房燃气设施拆改报装工作机制、做好“煤改气”自采暖户冬季采暖气价补贴工作、制定“煤改气”突发事件应急预案等方面对相关单位工作职责进行了明确。截至年底，分别与市燃气集团及乡镇政府签订“燃气安全管理责任书”。同时，召开专题会对建立健全农村地区“煤改气”服务管理长效机制进行部署和任务分解；完成“煤改气”补贴政策的制定。

【强化燃气行业管理】 年内，不断加大燃气企业日常检查和重大节日、活动期间安全生产检查力度，检查内容主要涉及燃气经营企业安全生产制度以及安全生产责任制的落实情况，燃气安全操作规程的建立和操作人员持证上岗及岗前培训情况，燃气用户的安全服务情况以及应急预案的编制和演练情况。全年检查燃气经营企业200余次，对检查中发现问题的燃气供应企业，督促限期整改，整改仍不合格的，由城管执法部门依法对其查处。12月，委托北京市燃气及燃气用具产品质量监督检验站对全区5家液化气灌装进行气质检测工作，检测结果全部合格，同月，委托北京市劳动保护科学研究所对全区19家燃气供应企业进行综合评价，其中2家不合格。

【组织开展燃气管线泄漏应急抢险演练】 7月12日下午1时，市、区两级城市管理委组织北京卷烟厂、燃气三分公司联合开展2018年安全生产月应急演练。本次演练定位为突发事件，模拟燃气中压管线泄漏。演练中，抢险队伍在现场指挥部的统一指挥下，按照“报告、控阀、放散、检测、探边、禁火、撤人、警戒、处置、恢复”等流程有序进行应急处置，衔接顺畅、配合默契、反应敏捷、处置有效，体现了通州区燃气应急抢险人员较高的协同作战能力和水平。

【对全区所辖液化气站进行专项检查】 检查时间为12月12日—14日，采取“四不两直”（指国家安全生产监督管理总局建立的安全生产暗查暗访制度，分别为不发通知、不打招呼、不听汇报、不用陪同接待，直奔基层、直插现场）的方式，对西集、漷县、永顺等6个乡镇8家液化气站进行检查。重点检查液化气站的泄露报警、监控、消防、除静电等装置以及应急预案、巡查记录等，检查中未发现安全隐患问题。检查人员还听取了各企业针对河北张家口“11·28”事故教训的学习整改情况，并将上级指示精神向液化气站进行传达，杜绝安全事故的发生。

（孟晓云）

邮　政

【概　况】 中国邮政集团公司北京市通州区分公司（以下简称：通州区分公司）位于通州区运河西大街174号，承担着全区906平方千米150余万人口的邮政通信服务工作。2018年，全分公司在册职工741人，机构设置为五部一室及五个专业分局（公司），分别为综合办公室、党委党建工作部、人力资源部、市场经营部、计划财务部、监督检查与安全保障部、商函局、代理金融业务分局、报刊发行分局、电商分销局、集邮公司。下辖8个邮政支局，24个邮政所，两个主题邮局，代理邮政金融业务网点23个。设置区内邮路12条，投递道段108条，其中，汽车投递道段12条，电动三轮车投递道段95条，机要投递道段1条。投递里程4520千米，信筒信箱542处，村邮站479个。

2018年，通州区分公司提升服务质量，强化员工培训，各项工作取得了新成绩。主要经营国内、国际函件；包裹；特快专递；报刊；集邮；邮政储蓄、汇兑、综合理财、代销保险、中邮保险、代收付业务（代收代缴、代发工资）等业务。

【邮政基础设施建设】 北京城市副中心在全国率先实现将邮政普遍服务体系纳入城市总体规划，在通州906平方千米范围内将设立130余个邮政局所和两个区级邮件处理中心的详规已得到国务院的批准，为今后北京城市副中心邮政的建设发展奠定了坚实基础。年内，配合通州区政府“美丽乡村建设”有关工作要求，落实农村基础设施和公共服务设施建设标准，提升邮政服务设施，全年更换村邮站信筒信箱290个，投入资金6.24万元；加快邮政基础设施建设，投入资金268.09万元，用于局所装修改造。

【做好行政办公区邮政服务工作】 年内，为切实做好市级机关迁入通州后的邮政服务工作，在市分公司的高度重视和大力支持下，提升网运投递能力，重新调整邮运计划和生产作业组织，提升北京城市副中心的邮政服务水平，切实保障政府部门的用邮需求；区分公司研究制定了北京城市副中心服务保障工作方案，成立服务工作领导小组，明确各部门职责，确保为北京城市副中心提供更加优质的普遍服务和特殊服务，同时，协调各单位、各部门做好车辆配备、设备调试、人员培训等前期筹备工作，不断推进北京城市副中心邮政网点网络建设，确保行政办公区内的运河东大街邮政所于市级机关搬迁之日正式开业，提前为市级机关提供各类邮政营业服务奠定基础。

【举办集邮文化巡展】 为纪念改革开放40周年，通州区分公司与通州区文化委在通州区图书馆联合举办“不忘初心 筑梦前行”庆祝改革开放40周年集邮文化巡展启动仪式。这次巡展活动吸引了众多集邮爱好者及读者，大家在感受邮票魅力的同时，在方寸中见证伟大祖国改革开放40年来的丰功伟绩。

【推动地方区域文化建设】 年内，与通州区西集镇党委、镇政府，联合举办《水果（三）》特种邮票首发式，属西集镇“金桥助农”工程的一项重要内容。通过邮票方式，为广大邮迷和农户搭建桥梁，宣传通州特色“西集大樱桃”；在张家湾古镇举办《红楼梦(三)》邮票发行活动，张家湾是北京著名的十大古镇之一，是不朽名著《红楼梦》作者曹雪芹墓葬刻石出土地，此次红楼梦邮品展突出了区域文化元素，进一步强化文化引领塑造城市形象，彰显出通州文化魅力。

7月14日，《水果（三）》特种邮票首发式在西集镇文体活动中心举行

(中国邮政集团公司北京市通州区分公司提供)

【服务地方“三农”】 年内，推动“I LOVE 邮”线上平台和线下“邮政惠民驿站”项目，为居民提供“邮政菜单”配送服务，打造集服务“三农”、惠民电商、普惠金融、高效物流等多功能于一体的便民连锁服务平台。推进社会办合作项目，开展惠民金融、惠民电商、惠民寄递、惠民文化等贯穿全年的“邮乐社区、乐享生活”社区主题综合服务活动。

【提升窗口服务质量】 深入贯彻“人民邮政为人民”服务宗旨，牢固树立“服务第一，质量第一”意识，规范邮政营业服务，满足用户用邮需求，年内，开展“加强对外服务，让客户满意而归”的营业窗口活动，普遍服务质量持续改善。精心处理客户投诉，全面提升客户用邮体验，实施规范化标准和微笑服务，网点业务及服务水平均得到提升，得到了用户的认可和表扬。

【安全生产管理】 加强各项安全管理，落实网格安全责任制，全面贯彻区委、区政府和市分公司相关要求，始终坚持安全第一、预防为主、综合治理的方针，明确各项安全责任及消防安全工作。以“平安邮政”建设活动为载体，突出重点、扎实深入、层层落实，确保全年各项安全目标的顺利实现。针对中央和北京市重大活动期间寄递渠道安全，全面贯彻政治第一、服务一流、安全第一要求，部署营业、投递环节的安全服务工作，完成“两会”，中非论坛峰会，中央第一轮、第二轮巡视专用信箱邮件寄递等各项重大特殊服务保障任务。全年未发生重大交通事故，连续23年获得北京市交通安全先进单位称号。

【参与文明城区志愿服务】 年内，组织职工志愿参与通州区文明办“礼让斑马线 守序红绿灯”班前志愿服务引导活动，有效改善通州区道路交通秩序，维护广大市民出行安全。围绕全国文明城区常态办公室“文明在心 创城在行”工作安排，组织“不忘初心 砥砺奋进”第二届职工骑行活动；参与社会公益献血活动；联合国税局团委、检察院团支部走进北京城市副中心建筑工地志愿宣传金融防诈骗、防假币，税务代收等知识；在6个支局大厅设立青年志愿服务窗口，提供针线包、小药箱等暖心服务，弘扬志愿精神，推动志愿服务活动常态化，展现邮政企业良好风貌。2018年，通州区分公司获得通州区精神文明办颁发的公益活动优秀组织奖称号；梨园邮政支局荣获通州区文明诚信示范窗口称号；新华大街邮政支局志愿服务队获通州区优秀环保公益组织称号；两名职工获绿色消费好市民、志愿服务好市民称号。

【推动“益民书屋”公共文化项目】 年内，按照通州区政府加快推进公共文化服务示范区工作要求，与通州区文化委合作，开展“益民书屋”项目，为通州区乡镇、街道、行政村（社区）图书室配备党报类、三农类、科普类、文化生活类、健康文摘类报纸杂志50种，为此，通州分公司专门召开协调会，组织配分每日刊物，保证按规定时限将刊物投放到配送站点。同时，支持乡镇、社区志愿服务站点开展志愿活动，做好“益民书屋”服务项目。

【开展“绿书签2018”宣传活动】 年内响应通州区文化委“绿书签2018”宣传周活动，联合北京小学通州分校开展图书义卖，筹得善款用来捐赠爱心书箱给偏远地区的贫困小学。以“护助少年儿童健康成长，拒绝有害出版物及信息”为主题开展宣传，下发宣传书签1000余份。

4月24日，北京小学通州分校爱心书箱义卖捐赠活动
（中国邮政集团公司北京市通州区分公司提供）

（赵玉红）

通　信

【概　况】 中国联合网络通信有限公司北京市通州区分公司（以下简称“通州联通”）隶属于中国联合网络通信有限公司北京市分公司（以下简称“北京联通”），位于北京市通州区云景东路18号，现有全口径员工588人，员工年龄分布均衡、合理，平均年龄36岁。通州联通内设9个部门，下辖通镇、梨园、疃里、次渠、张家湾、漷县6个营服中心，是通州地区的主导通信运营商。

2018年是通州联通全面推进互联网化转型，全力提升创新发展能力的关键一年。面对北京城市副中心智慧城市建设的重担和机遇，通州联通深化聚焦战略，推动互联网化转型，加快创新突破，提升网络及服务质量，在多个领域取得较好业绩。

【保障市级机关通信畅通】 年内，通州联通将保障市级机关搬迁作为首要政治任务，网络侧各部门全力开展市行政办公区建设工作，克服时间紧任务重的困难，及时协调公司各部门、副中心搬迁办，按时完成行政办公区2个288芯主干光缆环布放，8个办公楼群的传输接入项目，确保办公区业务及时开通；调集精兵强将成立“市行政办公区服务中心”入驻行政办公区，全面开展网络日常维护、通信保障、业务拓展等工作。

【投身副中心智慧城市建设】 年内，通州联通落实聚焦战略，组织学习北京城市副中心控规，聚焦行政办公、商务服务、文化旅游、科技创新4大主导功能，投身北京城市副中心智慧城市建设，重点保障党政项目实施，通过区委、区政府会议、党建工作对接与区委、区政府、各委办局的工作紧密联系，在物联网、大数据、云计算等创新业务与党政工作深度融合，全力保障张家湾镇政府视频监控维修和维保服务、通州区安监局安全生产执法终端服务、通州公安分局移动警务、司法局移动办公等重大项目。

【助力通州区“两委”选举】 年内，通州联通响应通州区“两委”选举办公室建设区—乡镇街道—村社区三级协调指挥体系的要求，成立跨部门项目组，于短短的两个月内，克服时间紧任务重难度大的困难，完成指挥平台的软硬件集成及开发、功能测试、压力测试、彩排演练，并在十多个区—乡镇街道部署两级指挥平台。同时组织开展600多处手机信号测试及加强，选拔150余名员工与各乡镇街道、村社区对接，承担选举现场摄像工作。12月1日，通州区“两委”换届选举远程指挥调度平台正式启用，截至12月31日，通州联通完成489场次选举现场支撑保障。

【保障重大项目及任务通信畅通】 年内，通州联通协商有关方面为副中心核心商务区客户开通通信业务；增强重大项目交付能力和重要通信保障能力，组建区委电子政务内网光纤组网、区公安分局“雪亮工程”、区委组织部安监局综合应急指挥平台等项目组，部分项目由主要领导亲自挂帅，各部门高效联动，周密部署、稳步推进、应对突发，确保高质量交付，为副中心智慧城市建设提供有力保障。

完成“两会”、通州半程马拉松赛、“双11”购物节、金融等重要通信保障任务117次，涉及重保电路321条。重大项目及通信重保高质量交付，配合集团开展“匠心网络万里行——走进副中心”活动，区域影响力显著提升。

【打造移动和固定精品网络】 年内，通州联通根据投诉和重点区域开展移网质量攻坚，组建攻坚小组，通过周例会协调疑难站点建设，开通宏站、小微场景、微站，有效提升移网质量；开展接入网络扩容，新建10G EPON（EPON：Ethernet Passive Optical Network，以太网无源光网络）网元，完成局所网元设备上联扩容，PON（PON：Passive Optical Network，无源光纤网络）设备向10G EPON设备割接，为宽带提速提供基础保障。

【提升服务质量】 年内，通州联通以国务院大督查专项治理工作为契机，聚焦NPS提升和投诉处理时长压降，全员宣贯提高政治站位，严格执行问题整改要求。通过制定投诉处理时限管控流程、营业厅客户服务规范、渠道营业厅环境及服务规范、行风建设暨纠风工作实施方案、服务专业线考核负向清单等一系列管控制度和措施，改进服务短板，宽带NPS显著提升，投诉处理时长有效压降。

优化服务专业线人员结构，重新定岗定员，提升专业线整体效能。开展“全员服务在行动”提升装维及营业厅“双触点”服务质量，举办“最美服务之星”评选活动，增强营业员服务意识和业务能力。

【开展扶贫工作】 年内，通州联通全面落实《中共中央、国务院关于打赢脱贫攻坚战的决定》和《关于进一步加强东西部扶贫协作工作的指导意见》。根据通州区区委、区政府的部署，分公司发出对贫困地区捐款的倡议，分公司领导带头、员工积极响应捐款，收到477名员工捐款金额58240元，款项全部送至对口镇政府。

认真落实总书记习近平关于打赢三年脱贫攻坚战指示精神，贯彻北京市委低收入“一企一村”结对要求，参与公司党委对延庆区张山营镇佛峪口村苹果箱封面设计方案和苹果销售帮扶活动。

（乔　蕾）

新农村建设

【概　况】 9月，启动第一批112个美丽乡村建设村庄的规划编制工作；全区360个平房村启动了以“清脏、治乱、增绿、控污”为主题的人居环境整治工作。为进一步巩固“无煤化”工作成果，全区建立“煤改电”长效管护机制。

【“煤改电”长效管护工作】 年内，为进一步巩固“无煤化”工作成果，建立健全全区平房住户取暖“煤改电”长效管护机制，特制定《通州区平房住户取暖“煤改电”长效管护工作方案》。坚持建管并重、长效运行的原则，按照有制度、有标准、有队伍、有资金、有督查、有考核的“六有”机制，明确管护职责，建立管护队伍，开展春、秋两季维保工作，加强售后服务检查工作。

【农村人居环境整治及美丽乡村建设工作】 年内，为贯彻落实市委、市政府关于印发《实施乡村振兴战略 扎实推进美丽乡村建设专项行动计划（2018—2020年）》的通知的文件精神，建立完善的工作机制，扎实推进通州区美丽乡村重点工作。

政策文件方面，制定通州区《提升农村人居环境 推进美丽乡村建设专项行动实施意见（2018—2020年）》。

体制机制方面，成立了由区委、区政府主要领导亲自牵头挂帅、区级职能部门组成的领导小组，领导小组下设办公室，由区政府“三农”工作主管领导牵头负责，全区从上至下建立了区级领导指导、区直部门帮建、乡镇负责人主抓的工作机制。制定《通州区美丽乡村建设工作领导小组联席会议制度》。区政府主管领导牵头不定期召开会议，听取各部门、乡镇的工作进展情况。

重点工作方面，摸清底数，建立了美丽乡村建设基础台账，包括村庄的基本情况、道路、公共照明、公共卫生厕所、太阳能浴室、垃圾处理、绿化、保洁、污水处理、农村户厕、村庄公益设施等11方面的内容；全区分类打造试点标杆村。

（王媛媛）

园林绿化

【重点绿化工程】 年内，推进运河城市段景观提升工程，其中主要工程包括月岛景观提升工程、运河菜馆停车场建设工程、八区“透视线”提升工程、主通道鱼池改造工程、十区运动场建设工程、运河两岸景观提升工程等。截至年底，实施屋顶绿化9728平方米；垂直绿化15千米。

【广渠路树木移植工作】 年内，配合做好广渠路东延改造工程建设，春季完成广渠路东延西段和东段9个节点的树木移植工作，剩余道路沿线树木移植工作，12月底前全部完成。

【大运河森林公园】 2018年，大运河森林公园接待各类考察参观团体529次13958人。其中月岛观景阁接待410次12835人，清风园接待42次1123人。接待旅游团体各类中小型群众性活动65次9180人。

（刘永光）

运河商务区建设

【概　况】　2018年是全面贯彻中共十九大精神的开局之年，是服务市级机关搬迁入驻的关键之年，是城市副中心建设的攻坚之年，也是运河商务区全力提速建设的重要一年。运河商务区作为北京城市副中心的先行区、示范区，受到了市委、市政府的高度关注，主要领导多次到该区域进行专题调研，并就相关建设工作提出具体要求。区新城中心区管委会认真贯彻落实市委、市政府以及区委、区政府的各项工作部署，振奋精神，扎实工作，在完善城市功能、提高城市管理水平、加强公共服务配套等方面努力与国际一流标准接轨，全力推进运河商务区的各项建设任务。

【编制基础设施建设计划】　区新城中心区管委会经过计划征集——汇总综合——研究论证，最终确定2018年基础设施建设计划和进度形象分解。2018年，经过反复征求建设单位和审批管理单位意见，将形象进度细化分解到月，倒排工期，明确建设单位和协办单位责任，明晰全年建设任务目标，增强基础设施建设计划的权威性、可操作性。

【督查督办工作】　年内，区新城中心区管委会加大监督检查力度，针对区政府折子工程、重点工程的进展以及存在问题设立专人督办，随时跟进掌握工作动态。一是按照年初制定的《通州新城核心区2018年基础设施建设项目任务分解及形象进度表》，每月梳理未按时间完成的工作，向项目牵头单位、建设单位和协办单位发函督办，汇总项目未完成的原因及下一步工作的措施和时限，为领导决策提供了准确的数据支撑；二是做好区委、政府的每月督察。根据督查要求，单独或会同督察机构开展现场检查督办，及时反馈计划完成情况，督促建设单位加快进度。

【扩大协调服务范围】　年内，区新城中心区管委会将协调服务范围由原来的只针对市政基础设施建设企业扩展到所有的运河商务区建设的企业，除了市政道路、供电、供热、燃气等建设企业外，还增加了地块二级开发企业、园林绿化企业以及河道水务等单位，确保了运河商务区水、电、气、热、路以及绿化等市政基础设施协调共进、统筹建设。2018年发出协调配合函件47件，协调各类问题30余个。

【基础设施建设】　运河商务区基础设施项目共计61项。截至2018年底，开复工项目53项，其中累计完工40项，在建项目13项，基本实现全年建设目标。

【路网建设】　东关大道等11条主要道路基本实现通车，29条城市支路完成分区域招投标，多条道路管线工程基本完成；3座跨河桥梁中1座竣工通车，2座具备通车条件；北环环隧完成消防验收后即可通车，南环环隧东半环主体结构施工完成90%。

【变电站建设】　运河220千伏变电站工程建设基本完工，预计2019年6月底具备发电能力；岳庄110千伏变电站土建部分基本完成，电气设备进场安装；东关110千伏变电站正处于可研批复阶段。

【智慧园区建设】　2018年，运河商务区成立智慧园区建设工作领导小组，统筹协调区域内智慧城市建设各项工作。在领导小组统一管理下，北环环隧智慧交通系统建设安装调试完成，正式启用。

【运河商务区新地名批复启用】　运河商务区是北京城市副中心重点功能区之一，又在通州老城区的范围内开发建设，本着充分体现历史文化传承、保留乡愁、延续通州文脉出发，构建具有地域特色的地名体系意义重大。2018年编制的运河商务区地名规划方案，经过多轮次的地名专家和通州历史研究专家的论证确定，报市政府审批通过。区域内新地名已启用。

【运河商务区开发项目总体情况】　2018年，开工15个项目，其中2个项目全部竣工，分别是京杭广场项目、绿地项目，1个项目未开工，为0504－14项目。全年累计完工面积达276.57万平方米，其中，地上187.57万平方米，地下97.63万平方米。

【开发项目外立面优化工作】 2018年，与市规土委通州分局共同分批组织8次建筑外立面专家审查会，规划、建筑、幕墙等领域的顶级专家，从建筑风格、幕墙类型、设计标准、施工技术等方面，为万科、新光大中心等14个项目外立面方案把关。研究出台《通州运河商务区外立面工程管理规定（试行）》，邀请外立面专家，对外立面施工图审查、安全性评审、视觉和性能样板等关键节点进行控制，并在施工过程中进行巡查监管。

【单体建筑、滨水岸线、公共空间、商业街设计工作】 按照《2018年通州区政府折子工程落实预案》要求，区新城中心区管委会负责“牵头统筹运河商务区单体建筑、滨水岸线、公共空间、商业街等设计工作，提升整体形象品质和绿色建筑标准，加快公共设施及地下一体化建设进度”工作，通过对天津滨海新区进行的前期走访调研，并多次组织召开专题会议，与市规土委通州分局、区水务局、区园林局、区市政市容委等相关部门进行研究讨论，形成《关于运河商务区单体建筑、滨水岸线、公共空间、商业街等设计工作实施方案》。截至年底，完成运河商务区近期可实施的及公共空间示范段详细规划，并获市规土委通州分局设计方案专家评审原则通过。

【公共设施及地下空间一体化建设推进情况】 区新城中心区管委会与市规土委通州分局、区消防支队、新奥通城公司紧密配合，组织消防专家对地下空间项目消防设计问题进行深入分析，逐一核实项目单位消防设计情况，多次召开专题会研究地下空间消防设计及验收相关工作，并将设计方案报送至相关审图机构进行审查。按初审意见相关要求，与区消防支队联系专业设计机构编制了《运河商务区地下空间一体化建设工程特殊消防设计策略报告》，同时请智慧消防设计单位提供了初步工作方案。

【产业项目投资及完成情况】 根据区政府关于固定资产投资有关工作要求，区新城中心区管委会收集和汇总了运河商务区产业项目投资情况，具体为：2018年全年全社会固定资产投资完成736301万元，全年任务完成率为116.9%（全年全社会固定资产投资计划为629988万元）。

【上营棚户区IX－01、03地块五星级酒店推进情况】 区新城中心区管委会配合市规土委通州分局、区文化委等部门密切跟踪用地指标调整、潞河驿复建等工作开展情况。9月19日，市文物局、区文委组织专家对潞河驿项目进行论证，提出修复方案要以考古勘察报告为依据，参照历史文献，恢复历史原状及其历史规模，体现出与大运河的历史关系和建筑风貌，建议修复后作为运河驿站历史博物馆使用等意见。

【完成运河商务区产业准入标准的制定】 根据北京城市总体规划对运河商务区的功能定位与市委、市政府关于运河商务区要严格项目引进准入管理的明确要求，完成了准入评估实施细则的制定，形成了总部类、金融类、物业自持类3项一级准入体系和优质总部类、优质金融类、优质专业服务类3项二级准入体系。同时，为科学引导意向企业入驻运河商务区，制定了《北京市通州区运河商务区意向企业准入管理与入驻服务的工作措施》，为入驻企业提供相应服务。后续通过对朝阳CBD等商务区域，以及保利国际广场和华润前海大厦自持项目的调研，持续完善工作措施，并对运河商务区在建产业项目单位进行全覆盖的准入政策进行宣讲。

【产业项目引进】 年内，完成保利发展物业自持项目、中国银行项目的准入评估，经区政府审批同意后两个项目入驻运河商务区，其中，保利项目签订了入驻协议。邮储银行完成准入的项目预审工作，将进一步商定迁入主体、税收等内容，今创科技、中通天鸿等企业经评估未达到准入要求。为人民银行、工商银行、华夏银行、香格里拉、中交四局等多家企业意向入驻运河商务区做好落地选址、入驻对接、政策咨询等服务工作。

【建立健全招商工作运营模式】 学习和借鉴相关商务区域的组织构架，启动健全招商机构设置的前期研究工作，形成了《新城中心区建设管理委员会改革思路》。与区工商分局、区税务局建立工商注册及税收沟通机制，研究制定运河商务区入驻企业管理新模式。

【运河商务区宣传推介工作】 年内，做好参加第五届京交会的服务工作，组织运河商务区在建项目参加京交会，设计北京城市副中心运河商务区区域介绍和产业项目推介宣传册在京交会上发放，为总部企业做好相关服务工作与北京总部企业协会签订战略合作协议。参加第二十二届京港会开幕式，由区新城中心区管委会促成的港资项目中银集团投资有限公司与富力公司在京港会上进行了意向签约。

【北京金融科技国际产业园、北京国际财富中心落户运河商务区】 6月4日，与涛盈公司签订企业入驻意向协议，并在6月22日举办了该公司运营的北京金融科技国际产业园开园仪式，吸引了4家优质金融科技企业落户，并与拟入驻的4家企业签订合作备忘录。8月3日，在市金融局的推动下，“财富中心”落户运河商务区，与国研财富管理研究院、富华国际集团共同打造金融企业承载地。于12月3日举行揭牌仪式，命名为北京国际财富中心，并与上海银行、渤海银行签订意向协议。

【完成两个追加项目的推进工作】 9月13日和25日分别向区政府专题会汇报了“聘请第三方机构开展运河商务区产业项目准入评估招商服务支持”“城市副中心站产业研究”两项工作，根据会议意见，与区财政局就项目资金申请、项目招标进行沟通，并将资金申请的函报送区财政局。

【配合相关部门制定产业发展扶持政策】 年内，配合区发改委、区投促局、区商务委完成多次关于扶持政策、产业项目准入评价、服务业扩大开放试点、北京市禁限目录的意见反馈工作，并向区发改委提供了围绕运河商务区制定的关于促进总部经济、财富管理（金融）、专业服务、楼宇经济发展的鼓励措施，供其参考制定区级奖励政策。

【统筹推进运河商务区精细化管理】 组织运河商务区建设现场办公室开展日常工作，通过每两周定期召开工作例会、检查情况通报会，共同解决运河商务区开发建设管理中存在的问题，协调解决各参建项目需求。通过常驻成员单位各司其职、主动服务、齐抓共管，研究议定事项123个。2018年，现场办公室召开23次工作例会及通报会，发现问题隐患292个，实施行政处罚69起，罚款70.8万元。

【强化安全生产制度建设】 年内，为切实加强运河商务区安全生产工作的统一领导，深入贯彻“安全第一、预防为主、综合治理”的方针，按照“党政同责、一岗双责、齐抓共管”和“管行业必须管安全、管业务必须管安全、管生产经营必须管安全”的总要求，组织成立区新城中心区管委会安全生产委员会，所属的通州区新城建设服务中心为安委会办公室，制定《关于落实安全生产“一岗双责”实施方案》《安全生产党政同责工作实施方案》《安全生产党政同责工作实施方案》《安全生产督查检查工作制度》《通州运河商务区开展建筑施工安全专项治理行动工作方案》等文件，日常开展巡查及适时组织联合检查，充分发挥了安委会办公室工作职责。通过组织现场办公室各成员单位召开安全生产研讨会，分析解决安全生产工作存在的问题和下一步采取的措施，针对分包管理混乱问题，制定了《运河商务区分包单位管理办法》。要求各参建项目建设单位牵头组织施工总包单位与所有分包单位签订安全协议书，并根据工程款缴纳安全文明施工保证金，施工现场由总包单位全面负责管理。对连续出现拖欠农民工工资现象，联合区住建委、人力社保局共同解决个别项目拖欠农民工工资问题，严禁各项目违法分包，禁止拖欠农民工工资，采取切实措施保护农民工的合法权益。

【推动专职安全员队伍建设】 成立安全员检查队。组织由13名专职安全员组成的检查队伍，按照“四统一、六规范、一创新”的安全生产督查检查队建设目标开展各项工作，统一安全装备。为所有安全员配置安全帽，统一岗位设置，根据运河商务区安全生产工作实际，检查队设置三个检查组，每组配置专人进行指导，尽快熟悉工作环境。规范履职行为，制定专项工作制度，明确专职安全员的工作职责、并按照计划开展督查检查和宣传教育工作。规范制度管理，确保专职安全员依法办事、正确履职，制定一系列制度以及措施。规范宣传教育，制定专项督查检查和宣传教育工作计划，并组织进行专题教育培训、印发管理常用手册及相关规范文件。规范仪容风纪，制定《通州区新城中心区建设管理委员会专职安全员廉政纪律制度（试行）》。加强纪律监督，工地检查时所有安全员要佩戴安全帽，做到文明检查。规范档案管理，制定专项管理制度，按照人员、文件、检查、宣传教育和安全生产分类建立规范的工作档案，并制定部门专人管理专职安全员工作档案，确保标准规范。

【做好全国文明城区复审测评迎检工作】 建立机构定方案。制定《通州区新城中心区建设管理委员会全国文明城区复审迎检工作方案》，成立由主任任组长、两位主管副主任任副组长、主管部门新城建设服务中心全员参与的复审工作领导小组。方案进一步明确了对标达标工作要求和具体工作措施，制定了《2018年运河商务区全国文明城区复审期间重要点位盯守安排》，对辖区内所有涉及的测评点位进行定人、定岗、定责，严防死守，不留死角，全力确保复审工作顺利开展。加强检查，多措并举督落实。召开专题部署会，会上主管领导向所有参建单位传达区委、区政府关于做好全国文明城区复审迎检工作指示精神，印发《通州区新城中心区建设管理委员会全国文明城区复审迎检工作方案》，向运河商务区所有参建单位负责人对复审迎检工作具体要求、措施等进行再强调、再部署。领导带队深入一线督办落实。管委会主要领导和主管领导定期带队对运河商务区周边的建筑围挡对标达标、环境卫生整治工作情况进行拉练检查，检查发现的问题，向各参建单位发送《通州运河商务区建设管理检查情况通报》，要求所有督查问题责任单位全部完成整改。

【做好国家卫生区复审迎检工作】 提高认识，全面部署。特制定了《通州区运河商务区2018年国家卫生区复审工作实施方案》，成立由主任任组长、两位副主任任副组长、新城建设服务中心全员参与的创卫工作领导小组，确保运河商务区“创卫”迎检工作顺利开展。坚持问题导向，集中解决。为做好运河商务区卫生城区复审迎检工作，明确由专人负责，认真梳理区域内公益广告社会面宣传基本情况，核实现场点位、画面内容、各项目单位联系人员等，进一步排查各项目工地现场情况。针对工地内发现的的问题采取“销账整改”方式，逐一解决。多措并举，常态化管理。通过严格实行封闭管理，坚持常态化巡查检查机制，加强工作调度，加强制度建设和加强督促检查等措施，各方凝心聚力，形成合力，通过了2018年国家卫生区复审测评，其中，运河商务区复地中心IX-02地块项目还作为此次“创卫”复审工作中北京市优秀工地代表，接受现场观摩，为全市树立了“创卫”文明工地的标杆。

【中非合作论坛期间安全保障工作】 根据区安委会有关要求，为确保中非合作论坛顺利召开，组织开展了运河商务区安全文明施工联合检查，通过检查，进一步提高了各参建单位安全生产和文明施工意识，提高了施工现场安全生产和文明施工，确保会议期间运河商务区安全平稳。

【防汛工作】 制定《通州区新城中心区建设管理委员会2018年运河商务区防汛抗旱工作预案》《通州区新城中心区建设管理委员会关于做好2018年通州运河商务区建设项目防汛工作的通知》，通过联合检查、会议部署、应急演练等措施，要求各有关单位要认真落实以单位主要负责人为核心的各项防汛责任制，完善防汛组织机构和防汛责任体系，明确重点部位责任人和岗位职责，落实抢险队伍和物资，确保运河商务区安全度汛。

【安全生产教育与培训工作】 召开运河商务区2018年建设工程动员部署暨安全生产表彰会，管委会主要领导出席并讲话，对2017年度安全生产先进单位和个人进行表彰，获得表彰单位的代表交流先进管理理念和工作方法，进而激励一批兢兢业业、辛勤工作、具有“工匠”精神的建设者为运河商务区建设再立新功；召开2018年度安全生产培训大会，邀请区安监局、公安消防支队和专家以建筑施工安全管理为主要内容的讲解授课。所有项目建设单位相关人员100余人参加学习培训。联合区安监局、区住建委、消防支队、新华街道办事处开展安全生产政策法规、应急救援、逃生自救等安全生产日咨询服务。活动现场悬挂安全条幅，播放安全生产宣传教育片，发放安全生产宣传手册300册，安全标语围裙400条，毛巾400条。

【文体活动】 举办“争一流，当标杆，做示范，发扬工匠精神，努力打造副中心质量”暨运河商务区第四届篮球友谊赛，有21支球队参与，进行53场比赛。通过本届赛事，各职能部门、各参建单位进一步加强沟通，携手并进，以更加昂扬的斗志和拼搏奋进的精神面貌建设城市副中心。

【组织慰问副中心建设者】 联合区红十字会在运河商务区中铁建设公司承建的运河壹号项目建设施工现场，开展“慰问副中心建设者”活动。此次活动主要为副中心建设者们发放急救物品，介绍急救箱及外伤急救包用法，通过活动提高建设项目应急管理水平和人员的应急自救能力，确保副中心建设安全有序推进。

【做好居民信访工作】 对居民拨打“12345”热线电话提出的各类问题，以及区域内出现的夜间施工扰民、空调制冷不够等现象，通过组织专题会议、深入实地调查研究、电话回访等形式，耐心回答和处理居民的合理诉求。搭建开发建设单位与职能部门、属地政府、居民代表之间的沟通桥梁，协调组织各部门通力合作，为居民解决现实生活问题，消除影响社会安定的各类纠纷。

【封闭管理】 监督新奥通城公司落实封闭管理各项目工作，不断强化落实车辆人员出入、保安队伍管控力度，组织专题会研究源头岛区域拆改管理方案。配合区财政完成封闭管理工作绩效考评，结合区财政绩效考核专家意见，督促新奥公司协调保障部加强保安管理工作，完善监督机制，制定督查表每月定期督查，发现问题以现场办公室例会通报及函件形式发新奥通城公司限期完成整改。

【施工安全达标对标】 督查新奥通城公司专职人员对各参建项目建设现场施工情况进行日常巡查工作，及时对道路塌陷、基坑预警等问题组织专家研究解决。对3个项目10个楼宇的“十三项”进行竣工审查，组织职能部门和专家对开发项目基坑进行14次专家论证，通过扎实推进建筑工程施工管理，有效防止安全事故的发生。

【运营服务】 日常工作中，督查新奥通城公司基础设施运营管理工作，进一步完善运营维护和保安人员服务的招标程序及管理考核制度，保障北环环隧、东关隧道、综合服务中心等设备设施的安全、节能、高效运行，坚持道路养护巡查，制止未经审批违规占路施工，确保区域路网建设统一管理。

【绩效考评工作】 2018年，区新城中心区管委会有11项重点绩效任务。以工作内容分类，可分为5大类，其中，基础设施3项，重点项目3项，招商引资2项，“创卫”“创城”复审2项，建议提案办理1项。结合市、区两级折子工程，政协提案等重点工作任务，逐项分解，编制年度绩效任务，按季度分解形象进度。通过邀请区绩效办进行专题培训，通过细化季度目标，所有绩效任务均按照预先制定的进度时限全部如期完成。

（朱秀莲）

【运河商务区重点工程项目建设】 北京新奥通城房地产开发有限公司负责北京城市副中心运河商务区市政基础设施建设，涉及地下环隧、市政管网、跨河桥梁等，总投资约63亿元。截至年底，运河商务区基础设施项目开工建设22项，其中包括环隧工程、市政综合配套服务中心、桥梁、外电源沟道以及市政道路管线等工程。

2018年，南环环隧、北关大道跨北运河桥等项目建设取得突破性进展，220千伏变电站外电源沟道工程稳步推进。

北关大道跨北运河桥，位于贡院街跨北运河处，桥梁长约365米，主桥桥宽42.6～68米。截至年底，北运河桥步道铺装、装饰栏杆，灯光照明和水景效果调试全部完成，达到“千荷泄露”的设计效果，有效提升北运河的景观。

南环环隧工程，是地下车行隧道，位于运河商务区商务南区，主隧道长1.16千米，布置在大天庙街、贡院南街、通州卫路、西海子南街、静安寺街、吉祥路地下，设计时速为30千米/小时。隧道设置3对进出口与地面道路相连，设置11对进出口与地下车库相连。截至年底，南环环隧东段主体结构施工完成。

市政道路21项，其中主干路7条、城市快速辅路1条、次干路4条、支路9条。其中，新华东街、新华北路、赵登禹大街、玉带河大街、安顺路、通燕高速辅路、通盛北路、滨惠北一街、北环环隧等道路的给水、排水、中水、照明专业与相关管理部门进行移交，通燕高速辅路和安顺路移交公路局管理。

外电源沟道1条。220千伏变电站外电源沟道，是周边道路配套的电力隧道工程，位于通盛北路与通顺路东南角，北起通顺路与潞苑北大街路口，南至运河220千伏变电站，建设长度3713.5米。截至年底，穿越铁路段隧道初衬完成，隧道二衬施工正在稳步推进。

（李广娇）

房屋管理和城镇住房制度改革

【制定《通州区老旧小区综合整治工作方案》】 6月22日，通州区政府印发《通州区老旧小区综合整治工作方案（2018—2020年）》。本方案结合老旧小区实际情况以及居民意愿对上述项目逐步开展综合整治，提高老旧小区建筑品质，完善基础设施建设，改善居民生活环境，解决老旧小区的历史遗留问题。

【老旧小区加装电梯】 9月27日，通州区老旧小区加装电梯试点项目正式竣工并投入使用。该部电梯位于中仓小区1号楼3单元，是通州区老旧小区成功加装的第一部电梯，载重630公斤，宽1.9米，高2.2米，投入运行后，最多可容纳10人，安装模式为半层入户，收费模式为租赁式。

【直管公房安全检查工作及解危大中修】 区住建委房管所依据《北京市房屋建筑使用安全检查技术导则（试行）》的规定，制定《房屋安全普查工作计划》，开展2018年度房屋安全普查工作。完成39.09万平方米房屋（其中平房4785间，70900平方米；楼房104栋，320000平方米）的安全普查。依据房屋安全普查结果完成解危及大中修房屋650间，重做楼平房屋面防水6300平方米。

【直管公房防汛】 2018年汛期到来之前，区住建委房管所翻建危险房屋168间，2586.6平方米，平房中小修373间，楼房平房新做防水6300平方米，平房所有院落疏通下水管道5269.5米；雨中出动查房人员100人次，查平房2000间，楼房104栋，修补苫盖平房5间。

【直管公房信息采集工作】 2018年，开展直管公房信息采集工作，依据市政府《关于加强直管公房管理的意见》要求，10月，区住建委房管所完成通州区2015条直管公房承租信息的采集报送工作。

【直管公房转租转借专项行动】 区住建委房管所根据北京市《关于组织开展疏解整治促提升十大专项行动（2017—2020）实施意见》的精神，2018年房管所出动98人次张贴宣传告知书412份，检查承租户1910户，发现5户转租转借情况，全部清理完毕。完成2018年“动态清零”的“疏整促”的直管公房专项行动工作任务。

【公租房安装“人脸识别”系统】 2018年，区住建委房管所协助住保相关部门推进通州区公租房安装“人脸识别”系统，其中制线厂公租房安装完成，进入试运行阶段。

（李　扬）

【保障房相关情况】 2018年，上报竣工（基本建成）保障性住房项目11个，可竣工房源(基本建成)16885套，其中定向安置房11741套，公共租赁住房342套，自住型商品住房及其他类型保障性住房4802套。年底竣工保障房项目6个，房源5048套，完成量占年度总任务量的109.7%。2018年建设筹集任务对接的丁各庄公租房项目于11月28日开工，提供房源2855套，完成量占年度总任务量的114.2%。建设、竣工指标均超额完成任务。已供地的共有产权建设项目4个，总建设规模428102平方米，可提供房源4561套，其中，台湖镇通和家园共有产权住房项目于11月开工建设。梨园镇大稿村和宋庄镇疃里村2个集体土地租赁住房项目，均取得规划条件，建设用地预审意见、立项等前期手续，正在进行规划方案设计。

（潘　岩）

环境保护

【概　况】 年内，通州区全面落实习近平生态文明思想，贯彻党中央、国务院和市、区关于生态文明建设、京津冀协同发展、生态环境保护的决策部署，不断完善生态文明建设和生态环境保护的制度体系，深入实施以大气、水、土壤为重点的污染防治行动计划，实现了污染物排放量大幅下降、生态环境质量持续改善、环境安全有效保障，绿色发展水平逐步提高，美丽通州建设迈出坚实一步。

空气质量改善明显，细颗粒物日均值为55微克/立方米，同比2017年下降17.9%，同比2015年下降40.5%，在全市排名前列，其他三项污染物均实现较大程度改善。水环境质量持续优化，全区地表水环境质量改善率为60.9%，全市排名第一；9个出境断面全年水质平均值，实现4个断面达到V类以上水质标准，包括北运河王家摆、杨洼闸，潮白河吴村，凉水河许各庄。其中，3个断面提前1年和2年达到国家考核要求，北运河杨洼闸达到V类水质，但未达到国家要求IV类要求。剩余5个断面均达到劣V1类，达到年度考核标准。与2017年均值相比，水质总体提升2～4个水质类别。与2017年均值相比，水质总体提升1～3个水质类别；与2015年相比，水质整体提升1～4个水质类别；地表水环境质量改善率为60.9%，全市排名第一。声环境保持稳定，建成区区域环境噪声平均值为54.7分贝(A)，与2017年相比下降0.3分贝(A)，与2015年相比下降0.6分贝(A)；昼间道路交通噪声公里计权等效声级为69.5分贝(A)，与2017年相比上升0.6分贝(A)，与2015年相比上升0.6分贝(A)。完成氮氧化物减排401吨，完成化学需氧量减排2790吨、氨氮减排745吨，分别为年度任务量的101%、171%、277%。实际消减率氮氧化物7.1%，化学需氧量2.39%、氨氮18.38%，超额完成“十三五”减排任务。

【各级督查工作】 生态部强化督查实现“四即时”：移交问题即时反馈责任单位办理，整改成效即时现场抽查复核，完成情况即时公开公示，阶段性进展即时汇总分析，完成108个移交问题整改查处，完成9轮次公开公示。以督落实、督责任、督效果、督问题、督整改为主线，下半年开展区级大气污染防治专项督查并以“问题检出率”进行属地排名，纳入综合考评体系。7月—12月，检查各类涉气点位1636个，存在问题1007个，立行立改714件，督查件形式反馈293件。完成4次属地排名，区委常委会通报1次季度排名，完成1次绩效中期考评。结合实际适时开展其他专项督查，先后9次开展空气重污染预警检查；扩面人居环境督查，反馈整改问题点位232处；完成环保部扬尘问题约谈通州整改方案的制定上报；配合完成中央环保督察“回头看”，华北督察局生态环境和空气质量专项督查；统筹市大气办及媒体反馈扬尘问题的整改与上报。

【中央和市级环保督察整改】 年内，制定通州区市级环保督察整改方案，按月调度、汇总、分析并上报中央及市环保督察整改进展。加强整改工作宣传，利用《通州时讯》、电视台、门户网站，推出整改亮点工作专题周报道70余期次。

【法治信访】 2018年，区环保局受理群众投诉举报4145件，同比下降34%。其中，接到“12345”北京市非紧急救助中心1371件，同比下降29%；“12369”环保举报投诉2095件，同比下降29%；局来电投诉举报530件，同比下降53%；北京市网上信访信息系统29件，区长信箱5件；来访27件；来信11件；其他渠道77件。涉及水污染投诉412件，大气污染投诉2947件，噪声污染投诉1139件，固体废物投诉24件，辐射投诉60件，其他污染投诉4件。收到群众锦旗2面，“12369”北京市环保投诉举报优秀办理件39件、“12369”群众表扬件1件。

【“放管服”改革】 年内，通州区环保局多措施落实“放管服”。按时制定市、区两级建设项目专项工作方案，开展企业建设项目自主验收培训3次，共计302人次；对建设项目监管台账71家全部进行检查，建设项目类立案处罚33起，处罚金额413万余元，有178家企业完成自主验收工作。建立“双随机”抽查事项清单和“双随机”工作机制，加大对列入“黑名单”企业增加抽查比例和频次，完成725家污染源的“双随机”检查工作。其中，265家一般污染源、275家重点污染源和185家特殊污染源。出动执法人员255人次参与“双随机”抽查工作，全部按要求完成抽查及录入工作，并在通州区环保局官方网站完成信息公开工作。

工作人员检查施工机械　　（区环保局提供）

【环评审批】 年内，严格执行《环境影响评价法》《建设项目环境保护管理条例》《建设项目环境影响评价分类管理名录》及“一会三函”制度。明确环境准入，对不符合区域产业政策和城市总体规划要求的建设项目，坚决不予审批。不断深化“放管服”改革，优化营商环境，全面兑现各项服务承诺，将审批程序、审批要件一次性告知企业，让企业根据要求一次性完成材料报送。利用网上申报平台，实现“一次网上申报、全程办理”，兑现“零跑腿”，“只跑一次”承诺。营造项目审批绿色通道，将报告书、报告表的审批时限由法定的60天、30天缩短为20天、10天；设立综合业务窗口，梳理精简审批要件，政务服务实现实现“一网通办”率100%。完成登记表备案项目1792件，同比2017年下降29.7%；完成项目审批153件，同比2017年增长57.7%；完成项目验收55件，同比2017年下降44.4%。

推进环评审批和排污许可有机衔接，严格落实《国务院办公厅关于印发控制污染物排放许可制实施方案的通知》要求和北京市的安排部署，有针对性地从专业角度进行审核。全区核发排污许可证47家，屠宰及肉制品加工工业10家，水处理行业22家，率先在“京津冀”地区核发锅炉行业排污许可证15家。豆制品行业简化备案管理1家。

【环境监测】 年内，通州区监测3个降尘点，年平均降尘量为8.1吨/平方千米·月。监测大气降水29次，监测12项，报出数据约348个。监测地表水12次，监测23项，报出数据约1100个。13条河流有四条水质类别为V类，其余均为劣V类。区域环境噪声监测范围为36.4平方千米，划分135个监测网格，覆盖面积33.75平方千米；道路交通噪声监测27条路段，总长为29.71千米。建成区区域环境噪声平均值为54.7分贝(A)，昼间道路交通噪声公里计权等效声级为69.5分贝(A),夜间道路交通噪声公里计权等效声级为67.8分贝(A)。噪声监测报出数据约2074个。区级地下饮用水源地监测，监测一眼水井；乡镇级地下饮用水源地监测，监测17眼水井，报出数据约1100个，地下水所有指标均符合国家《地下水质量标准》中Ⅲ类水质标准。农村地表水、地下水和土壤监测，监测2个村庄，报出数据约312个，地下水环境质量符合国家《地下水质量标准》中Ⅲ类水质标准，土壤环境质量均符合三级标准。

【信息化建设】 年内，通州区环保局环保综合信息化系统二期项目正式开始建设，11月建设完毕，正式投入运行。系统的建设加入了功能区域一张图、决策分析平台等功能，为通州生态环境保护工作提供数据支撑。在原有的大气颗粒物在线监测系统基础上，新增2个标准站及185个微观站，扩展二氧化硫、二氧化氮等污染监测因子，为网格化工作提供数据基础。

对接通州公安分局“雪亮工程”平台及通州区网格化管理平台。接入制高点监控、360全景监控、网络云台监控等6类13200路视频监控摄像头。为环境违法取证提供强大技术支撑。

【基础数据管理】 完成2017年度环统综合年报，涉及重点调查企业260家，其中工业源192家，同比增加41家；农业源45家，同比减少51家；城市污水处理厂17家，同比减少1家；生活垃圾集中处置场3家，与上年持平；危险废物（医疗废物）集中处理厂3家，与上年持平。实现企业数据联网填报、专网审核，大大提高数据的真实性。完成辖区22家国、市控污染源四个季度数据网上直报工作。

【网格化管理体系】 年内，进一步规范环保网格化建设，印发《关于进一步规范环境保护网格化建设实施方案》，全面贯彻落实；扩大队伍建设，完成460名网格员队伍组建，实现区域监管全覆盖；建立污染源分级分类管理机制，明确检查、更新频次，动态更新污染源情况，实现精细化监管；累计开展12项培训，1次能力测试，邀请市局相关业务科室进行专项培训，进一步强化网格环保监督员业务能力；强化主体责任落实，明确职责分工及工作要求，按计划对各街镇监管平台使用情况进行通报9次，进一步强化各街镇平台使用及责任落实，按照人员管理五机制强化网格员监督考核；借助综合监管平台，按照“六定”（定区域、定人员、定职责、定任务、定程序、定标准）原则，实现“四落”（落格、落人、落责、落单）要求，拓宽问题发现渠道，完善环境问题闭环管理、过程留痕。环境问题及时发现和快速处置的能力得到提升。进一步加强条块联动，着力解决了一批基层长期积压的热点难点问题，累计出动网格环保监督员98500次，上报案件244389件，定点污染源检查104390件，其中检查良好104232件，结案121个；环境保护巡查139999件，其中自处置139274件，结案675个，结案率99.9%。

【移动源污染防治】 年内，通州区淘汰老旧柴油车6585辆，完成全年任务的106.3%，淘汰数量为全市第一。做好进京和过境车辆检查和环保核查工作，人工检查柴油车31.49万辆，筛查超标并移交交管部门处罚4.36万辆；进京综检站进行环保核查并发放环保凭证253.28万份，其中柴油车17.24万份；配合各部门在重点路段、重点时段开展路查、夜查执法，检查柴油车5023辆，筛查超标并移交交管部门处罚1601辆；强化重点区域精细化管理，日常监管和专项执法相结合，入户检查柴油车1303辆，环保处罚超标车400辆；人工检查营运性汽油车1823辆，处罚超标车60辆，遥感处罚19辆；巡查检测场283场次，联合质监等部门开展联合执法4次，累计抽查车辆16390辆次，处罚1次。全年移动源环保类行政处罚664件，罚金227.48万元，处罚金额较2017年（184.19万）增长23.5%。累计移交交管处罚4.52万辆，处罚金额904万元。

【非道路移动机械登记管理】 年内，建立非道路机械登记管理制度，以文旅区、核心区和园林、水务等行业为重点，结合叉车专项摸排，检查非道路移动机械2473台次，超标撤场清退414台次，发放环保合格登记证1498张，处罚超标机械169台次，161万元（其中低排区内处罚17台，85万元）。

【加油站在线监控改造】 提前完成改造35家加油站油气回收在线监控改造工作任务并实现数据联网。先后召开工作培训和推进会4次，签订承诺书35份，约谈进度较慢单位负责人1次。全年累计检查加油站1003家次，检测加油站240家次，处罚15家，检查油库13座次，油罐车12辆次。开展后处理装置非甲烷总烃的专项执法2次，开展油品清净性、非经营性加油站等专项执法和联合执法5次，检查检测结果均合格，未发现违法问题。

【空气重污染应急】 年内，通州区环保局经修订完善，以区政府名义印发《通州区空气重污染应急预案（2018年修订）》。全年启动空气重污染应急9次，其中蓝色预警1次、黄色预警5次、橙色预警3次。

【大气污染防治】 年内，出台《通州区蓝天保卫战2018年行动计划》。加强进京路口重型柴油车执法。进京路口抽查柴油车32.13万辆、环保检测超标4.55万辆，淘汰量、检查量、处罚量均位列全市第一。全区采取绿化方式覆盖裸露土地总面积710万平方米，100%完成需绿化覆盖裸露土地。全年抽查进场车辆8957项次，发现问题车辆442项次；抽查出场车辆8950项次，发现车辆清洗不到位、车顶未进行全封闭现象515项次。完成116家企业的疏解工作，其中计划台账内的82家全部完成疏解任务，在此基础上额外完成34家企业的疏解工作，完成计划任务的141%。环保、公安开展专项联合执法，移送公安环境违法案件25起，行政、刑事拘留66人，占全市案件36%；联合公安、城管、水务等部门开展执法检查40余次。

【水污染防治】 年内，水环境目标实现年水质平均值3个断面提前达到考核要求，比生态环境部考核年限提前一年和两年达标。全区地表水环境质量改善率为60.9%，全市排名第一。

精细化、信息化创新手段有所成效，石墨烯、二氧化钛光催化水质提升工程有序开展，实现河道水质污染物浓度改善明显，实现考核断面水质达标，与同期相比提升1～2个水质类别；全力保障光机电、开发区南区污染物排放精细化管控系统正常使用，集成在线监测大量数据，分析污染物形成区域及变化趋势，发现污染源形成问题7处，促进企业自查自改5家，查处水污染超标排放企业3家，立案处罚2起；制定水污染防治2018年工作各类方案5份，明确各项任务牵头部门，细化任务工作职责及目标；召开各部门污染防治推进会4次，督促协调任务进展3次，制定目标责任书20份，下发督查通知12次，推进治理任务4项，每季度向区政府汇报进展情况，全面统筹推进全区水污染防治工作；按时完成每季度公开区级城镇饮用水安全状况信息；水环境承载力现状评价与监控预警研究项目，结果为通州水环境承载力处于中承载状态，黄色预警。28个水环境分项指标中，22个指标处于极高或高承载状态，2个指标处于中承载状态，4个指标处于低承载状态（包括农业源中的化学需氧量和氨氮，水污染物中的氨氮和总磷）。

开展涉水企业专项执法检查，出动执法人员4200余人次，检查涉水企业1687家次，涉水立案处罚19起，共处罚金208.058504万元；全年办理涉刑、涉拘案件21起；通州区污染源规范排污口标志牌设置完成160家；更新通州区涉水工业企业台账信息62家。通州区纳入“散乱污”涉污企业台账的企业39家，完成关停取缔38家，完成整改1家。

【饮用水源保护】 年内，完成集中式饮用水水源地区级1个水厂、乡镇级17个水厂、乡镇级以下3个水厂4个村的环境状况年度评估和分散式农村饮用水水源地9个乡镇169个村的环境状况评估工作。形成四级数据库和《2017年度通州区区级集中式饮用水水源地环境保护状况评估报告》等四份报告，其中区级水源地综合评估得分为99.22分，比上年度提高3.25分，评估结果为优秀。按新地下水标准对各级别水源地的部分水源井进行常规39项，全项93项检测，获得水质数据11598个，同时将水源地水质状况及反馈属地政府和有关单位。

【土壤污染防治】 年内，土壤环境治理目标实现土地安全利用率达到100%；制定土壤污染防治2018年工作各类方案5份，明确各项任务牵头部门，细化任务工作职责及目标；召开各部门污染防治推进会4次，督促协调任务进展3次，制定目标责任书20份，下发督查通知12次，推进治理任务4项，每季度向区政府汇报进展情况，全面统筹推进全区土壤污染防治工作；联合市环保局，完成东方化工厂区土壤调查、风险评估、地块修复、风险防控方案等23份成果报告，完成污染地块修复的中试试验。4个污染地块中，2个完成治理修复，剩余2个正在进行修复工程；建立完成环保、规划国土、住建部门信息沟通和联动监管机制，明确各部门的审批职责并向规划国土、住建抄送加强疑似污染地块的函，涉及7处地块。

【危险废物监管】 年内，制定通州区危险废物监管执法工作方案，深入开展各类执法检查活动，严厉打击重大环境违法行为，强化环境执法威慑力。加强危险废物监管工作，规范收集、运输和安全处置危险废物，推进危险废物规范管理，全年立案处罚96起，处罚金额146.56万元。

【辐射环境安全监管】 通州区有涉源单位9家，放射源一类532枚，二类3枚，三类2枚，四类18枚，五类20枚，以科研机构及固定式源为主，没有放射源野外作业的风险，二类射线单位17家，二类探伤装置35台、医用及科研二类设备6台，三类射线单位63家，二类射线单位以工业固定式探伤为主，三类以医院为主。结合实际制定2018年通州区的辐射专项工作方案，进一步强化责任监管以上，严格落实好日常监管工作，全年检查30余家次，处理辐射信访件60余件，其中群访事件3起，重点案件1起，主要涉及通信基站及高压电线设施的电磁辐射。有效办理率100%。问题解决率及满意度均大幅提高，并多次得到信访人认可和表扬。

【环境执法监管】 年内，围绕“散乱污”清理整治工作、“重点行业监管”等重点工作，分别制定11项专项工作方案，通过“点穴式”执法，热点网格排查等手段，坚持突出重点，全面推进的原则，认真履行环境监察职能，严厉打击各类环境违法行为，加强联合执法及案件移送，强化企业自觉守法意识，加快推动环境质量持续改善。2018年出动执法人员7091人次，检查各类污染源8792家次；立案处罚296起，罚款2089.69万元；处罚量全市排名第7名，处罚金额全市排名第4名。移送移交公安机关环境违法案件25起。

【依法行政】 年内，通州区环保局审核行政处罚案卷401件，所有案卷要经过2次复审，共计1604卷次。全部按照规定时限完成审核并给予反馈意见，要求修正相关内容后继续履行处罚程序。组织行政处罚听证会12起，涉及28个案件，编制听证公告18份登网主动公开、28份入卷，制作听证通知书56份，听证笔录、听证报告、集体讨论记录各28份，组织上会材料120份。所有案件均按照程序提请局长办公会研究讨论，得出最终结果反馈执法部门进行下一步程序。审核合同97份，均提出书面反馈意见，并核对各申请科室合同修改情况。按照局系统流程进行线上流转办理，提请局长办公会研究讨论，保障环保局的合法权益。办理行政复议案件8件，行政诉讼案件1件，全年未出现败诉或因行政复议、诉讼被撤销或变更行政行为的情况。以通州区环保局名义向区法院移送申请强制执行案件94起，对每个案件进行诉前审查立案、调查谈话、补充证据、申请强制执行立案、法院公告等程序，追缴回案款人民币688475.29元。组织法制培训5次，主要针对近两年移送至区法院的强制执行案件作为具体案例，对行政执法程序规范进行分析讲解，超额完成全年培训计划。参加2018年全市环保系统行政处罚案卷评查工作，提交的10本参评案卷均被评为优秀卷，获得市级机关表彰。向区司法局报送普法宣传信息56篇次、配套宣传情况表9篇次、法律十进普法宣传季度统计表4篇次。配合区司法局开展“清新过节”地铁站普法宣传、以责任区为抓手，独立组织“12·4”国家宪法日普法宣传等活动9次。分解通州区2018年度综治日常考核细则，作为牵头部门制定区环保局综治工作各主责科室分工明细，写入我局2018年重点工作任务分解表。召开调度会4次，指导各主责部门开展综治工作。对区环保局行政职权事项进行变更调整，取消行政职权事项1项（排污费征收）、变更行政职权事项基本要素情况9项，并将调整后的职权清单发送局信息中心进行实时更新，对外主动公开。督促执法部门完成全年行政处罚案件录入工作，协调解决系统对接数据问题。2018年人均检查量189.83、人均处罚量20.40，在全市环保系统排名第一。收集报名信息进行网上申报登记42人，组织机动车排放管理站、监察队42名执法人员参加市法制办执法证件资格考试。完成监察队及机动车排放管理站60名执法人员执法证件张贴二维码工作。

【排污费征收】 年内，征收排污费762家次，4671.34万元，其中，征收工地扬尘排污费504家次，4335.75万元，其他为企业排污费。其中，征收燃气锅炉排污费334.31万元，征收污水排污费1.28万元。对账户数571户，全部完成对账及档案装订工作。

【环保宣传】 年内，通州区环保局充分借力媒体开展环境报道，落实“创城”常态化，下大力度组织环保公益活动，突出环保宣传引导社会舆论，号召公众共同参与环境保护的重要作用。

立足活动精品化、系列化，开展“6·5”世界环境日系列主题活动50余次，包括“美丽中国，我是行动者”志愿服务岗、“绿色保卫战”主题话剧、“绿色保卫战”世界环境日公益宣传片等。其中，“绿色保卫战”系首次与专业高校合作，由通州区文化委员会、通州区环境保护局、台湖镇政府等单位共同推出，南京大学文学院副院长、戏剧影视艺术系主任吕效平原创，紧密围绕“美丽中国，我是行动者”主题，展现了当代大学生对于环保生态的热烈追求，在传递出“不忘初心，砥砺前行”正能量的同时，也凸显了政府在践行“生态文明建设”当中的执政智慧，更加深层次地诠释“绿水青山就是金山银山”的发展理念。开展主题月宣传，围绕环保信息化、水治理、重型柴油车监管、宪法普法、烟花爆竹禁限放等主题公益活动90余次。开展环保“走出去”活动，包括社区、中小学、乡镇街道生态文明讲堂27次，参与群众近6000人。组织中小学生环保主题演讲比赛，参赛中小学40余所，学生万余名，贡院小学张博源获北京市三等奖。

立足创城常态化、公众化，在落实全国文明城区指标任务基础上进行延伸，组织各类环保志愿活动97余次，在“志愿北京”注册志愿者队伍165人，发放宣传品3万余份，参与受众广泛。开展文明单位创建、节水单位创建，宣传通州榜样。连续三年组织环保志愿者参与文明礼让斑马线活动，年内，组织35次132人次参加文明引导及青年志愿岗值守。

立足舆论引导全面化、定制化，开展《人民日报》等市级以上媒体新闻发布、采访48次，中央、市级主要媒体宣传推广83次，《通州时讯》刊发新闻71篇、专版6期。其中，《人民日报》聚焦通州环保信息化建设相继以《北京通州：新画卷徐徐展开》及《数据有异常红灯立马亮》进行报道。自媒体发布微信209期334条，微博183期332篇，全年阅读量累计突破38万人次。

裴志鑫获北京市环保先进个人，胡蕊获环境部表彰信息工作突出个人，通州区环保局获环境报宣传工作先进单位称号。

（丁　媛）

房地产开发

【概　况】　截至2018年12月底，通州区商品房在途项目123个（地块数量），开复工面积1213.4万平方米，同比增长15.2%，其中，新开工面积299.4万平方米，同比增长9.5%，复工面积914万平方米，同比增长14.4%，竣工面积174.6万平方米，同比增长44%。通州区商品房开复工面积连续6年保持在千万平方米以上。

【房地产开发企业资质情况】　截至2018年12月底，注册在通州区的房地产开发企业210家，其中一级企业4家，二级企业7家，三级企业8家，四级企业147家，暂定级企业44家，总量基本与上年持平。

【联合发布《通州区新建商品住宅小区配套设施管理暂行办法》】　3月30日，区住建委会同区规划国土委等8家单位联合发布《通州区新建商品住宅小区配套设施管理暂行办法》，此《办法》弥补了近十年住宅小区配套设施管理地区制度性文件的空白。通过提前约定、协议前置、聚焦移交和使用、解决共性问题、节点管控、加码处罚等系列举措，出真招、出实招，从根本上提出解决配套设施“三不”（开发商交不出去，使用单位接不过来，群众使用不上）问题的最佳方案，让民生设施切切实实为民服务。

【开展通州区住房专项规划研究工作】　2018年，区住建委与燕东公司及昊点咨询公司共同开展通州区住房专项规划的研究制定工作。经过区住建委与燕东公司、昊点公司三方及与市住建委、市规土委通州分局、三河市住建局等多方交流，在清华大学教授刘洪玉及其团队顶层设计思路的指导下，通过多方努力，完成《通州区住房发展规划（2017—2035）》第四版及《通州区住房发展规划（2018—2021）》第一、二版的编制工作，并于8月、12月两次将研究成果上报区长专题会研究。

（罗慧敏）

【房地产交易情况】　截至2018年12月底，通州区新建商品住宅成交2569套，同比下降6.8%，均价4.9万元/平方米，同比上涨48.5%(由于2017年保障房大量成交,拉低价格)；商务型公寓成交305套，同比下降37.8%，均价6万元/平方米，同比上涨11.1%；写字楼成交1113套，同比增长13.6%，均价3.5万元/平方米，同比上涨16.7%；商业成交261套，同比下降30.8%，均价4.9万元/平方米，同比上涨19.5%。二手房成交套数为9868套，同比增长32.80%；成交面积为85.84万平方米，同比增长24.51%，套均面积为84平方米，同比下降6.45%；成交均价为2.15万元，同比下降2.4%。

（罗慧敏　宋友香）

【实行通武廊房地产市场联动监管工作机制】　2018年，继续实行京津冀跨三省房地产市场数据共享机制，定期交换土地供应、商品房交易等数据，形成三地房地产市场简报，为通武廊房地产市场调控提供数据参考。通武廊房地产治理工作组，联手打击房地产市场违规及投机炒房、炒地行为，对违法违规企业实行三地通报，提高协同监管效力。每季度召开一次协调座谈会，交流房地产市场监管工作经验，协调涉及三地的重大问题，促进区域房地产市场稳定、健康发展。

（罗慧敏　邹孟禹）

市政管理

遮阳棚　　　　（区城市管理委员会提供）

防震减灾

【概　况】　2018年，区地震局推进监测预报、震害防御和应急救援三大工作体系建设，完成全年各项工作任务。2018年，区地震局被北京市地震局评为2018年度北京市区县防震减灾工作综合评比优秀单位、2018年度区地震监测预报工作先进单位。

【地震测报体系建设】　年内，开展观测环境执法保护工作，对区属驻外8处前兆观测台站开展执法检查。强化资源整合，发挥“三网一员”（“三网”就是地震宏观测报网、地震灾情速报网、地震知识宣传网；“一员”就是防震减灾助理员）信息员作用，丰富监测预报数据，全面提升观测站点的建设新水准。3月，全国“两会”期间，徐辛庄水位出现异常变化；6月，觅子店卫生院水温升高异常，经区地震局协调及市局专家现场勘验，排除地震异常。落实会商制度，参与和开展市、区两级会商会，详实分析数据变化，科学研判震情趋势。

【地震灾害预防体系建设】　年内，建成中仓街道新华园社区综合防灾减灾社区1个；创建运河中学和育才学校两所区级防震减灾科普示范校；大东各庄小学被中国地震局评为2018年度国家防震减灾科普示范学校。

【宣传教育活动】　年内，选择“3·1”“5·12”等重大纪念日作为宣教节点，深入开展防灾减灾知识讲座、主题宣传教育活动。3月1日，区民防局、地震局、气象局、红十字会、梨园镇等多家单位在通州区梨园文化广场开展以“民防和国家危机情况管理机构能力建设”为主题的防灾减灾宣传活动；5月11日，通州区防震减灾综合演练在运河中学举行。演练由区地震局具体承办，区教委、卫计委、商务委、市政市容委、应急办、公安分局、民政局、民防局、红十字会、消防支队及各街乡镇分管领导、市地震局西集台站和运河中学师生共500余人参加本次活动。

【开展防灾减灾系列活动】　7月30日，协助北京市地震局在潞城镇紫荆雅园社区和北苑街道办事处组织开展防震减灾科普知识讲座。9月5日，区地震局主办的应急培训班在凤凰岭国家地震紧急训练基地开班，抗震应急指挥部成员单位44名预案编制人员及灾情速报员参加培训活动。10月17日，区地震局组织中仓街道、新华街道的志愿者以及抗震应急指挥部成员单位120人观看中国首部反映地震工作者题材的电影——《我要去远方》。10月23日，区地震局在中仓街道星河社区组织开展防震减灾知识宣传活动。4月—10月，区地震局组织区部分学校中小学生参加北京市地震局、北京市教育委员会、北京市科学技术委员会联合举办的2018年北京市中小学生防震减灾科普创客大赛，获优秀组织单位奖。11月19日，区地震局在中仓街道新华园社区组织开展防震减灾知识宣传和疏散演练活动。

【地震应急避难场所建设】　年内，对已建避难场所开展巡查工作，重点检查标牌、消防、广播监控及配电设施的维护状况。确保地震应急避难场所遇突发事件及时启用。

【《通州区地震应急预案》的修订和备案】　年内，完成区级地震专项应急预案的第2版修订工作，实现46个成员单位专项保障预案及570个社区、行政村三级预案体系的修订、汇集备案。

【地震小区划成果应用】　年内，做好东方厂周边棚改安置房项目地勘工作，并为后续的城市抗震设防管理和发展提供科学依据，全面服务城市副中心规划与建设。

（蔡　轶）

城管监察

【概　况】　2018年，在区委、区政府的坚强领导下，在市局的精心指导下，全局围绕保障北京城市副中心建设这一中心，把握“强班子、带队伍，严执法、求精细，重服务、保中心”三个关键点，坚持全面履职能、主动有作为，反复抓落实、实现高标准工作思路，狠抓城管队伍建设、大气污染防治、街面环境秩序治理、拆除违法建设、整治占道经营、重大活动保障等重点任务，城乡环境秩序持续健康发展。全年，处罚各类违法行为21748起，罚款1801.6万元，同比增长46.36%；人均结案数、人均罚款额均在全市城管系统排名第一；争取市级以奖代补经费630.7万元；全面履职率达到51.44%；在全市城管系统综合考核及社会满意度测评中均排名第二；获得住建部“强转树”专项行动突出单位称号。

【街面环境秩序综合治理】　年内，开展综合整治，强化日常管控，街面环境秩序基本达到“六无”标准。继续深化非法小广告整治，加大停机、警示、移送、处罚力度，非法小广告举报持续降低。严厉查处违规户外广告、牌匾标识、违法建设等问题，恢复建筑物原貌，营造良好视觉环境；配合落实街巷长制，督促责任主体落实环境卫生清扫、停车场管理等责任；持续打击非法运营、破坏绿地、餐厨垃圾、燃气安全等方面存在的违法行为，为群众解决好身边的事。全年，完成小广告停机警示申请4817个；拆除、责令修复广告牌匾6800余块；牵头拆除违法建设3.3万平方米；处罚街面环境秩序类违法行为19100起，罚款229.5万元。散摊游商、非法运营、安全隐患、视觉污染等问题得到有效解决，街面环境秩序水平显著提升。

【大气污染防治护卫行动】　年内，聚焦“三尘”问题，持续加大执法和处罚力度，形成高压打击态势。联合行业主管部门督促工地落实“六个百分之百”要求，开展联合执法行动，形成整治合力。加强视频监控系统的应用，违法行为得到及时处理。对“三烧”（烧垃圾、烧秸秆、烧落叶）问题“零容忍”，实施关口前移、动态管理，切实做到未乱先治。成立环保督查临时办公室，按照“应罚尽罚、顶格处罚、不处罚不销账、不以改代罚”的工作要求，切实做到群众举报件件有回应、督办事项件件有落实。全年处罚施工扬尘和夜施扰民问题621起，罚款1236万元；处罚违规运输车辆及泄露遗撒1685起，罚款248.5万元；处罚“三烧”问题211起，罚款15.79万元。较好地落实清洁空气计划及蓝天保卫战各项任务要求，进一步改善空气质量，群众的蓝天幸福感得到显著提升。

【占道经营专项治理】　年内，制定区占道经营整治专项行动综合评价办法，建立工作台账，实行动态挂销账管理。开展“保安全、保秩序、压反弹”专项行动，严厉打击占道经营违法行为。组建联合执法组，推进联合执法常态化。全年，处罚15660起，罚款146.9万元，受理举报3433起，同比下降52.31%，编发通报12期，209处占道经营市级挂账点位全部提前销账。

【拆除违法建设工作】　年内，根据区委、区政府工作要求，结合北京城市副中心建设实际，将市级任务由618万平方米提升至2000万平方米。全年，拆除违建2006.77万平方米，完成市级任务的324.7%；销账1356.47万平方米，完成市级任务的219.5%；腾退占地1777.76公顷，完成市级任务的287.66%；违法建设拆除量、销账量、腾退土地量三项指标均在全市排名第一；拆违工作为实现155平方千米范围内基本无违建打下坚实基础，获得市委书记蔡奇的批示表扬。

（于　鹏）

交通管理

【概　况】　2018年，通州交通支队认真贯彻区委、区政府工作部署，抓住重大安保任务和副中心建设两条工作主线，强化落实各项措施，较好地完成了各项工作任务。

5月，支队民警参加通州半程马拉松勤务保障工作
（通州交通支队提供）

【特勤警卫工作】　主动与核心城区特勤警卫水平对标、对表，各项交通安保任务支队党委均专项研究部署，"一把手"亲自负责，重大特勤警卫任务均由支队主要领导组织拉练部署，逐岗落实职责和措施。进一步完善区域常备勤务方案，制定了市级机构搬迁勤务方案、核心办公区周边秩序维护方案等一系列工作预案。2018年，支队完成各级勤务任务495次，同比上升91.9%。其中，完成局级特勤警卫任务299次，同比上升66%；完成区级秩序维护勤务196次，同比上升151.3%。

【路面管理工作】　坚持以打开路，结合区域限行措施落实，依托"百日攻坚""蓝天保卫战"等工作机制，组织力量重点加大货车违法整顿力度。在区政府支持下，组织协勤力量在限行区域周边设置货车劝导岗，有效净化了交通环境。以酒后、客车超员、客载货为重点，持续组织晨查、夜查等集中整顿，遏制重大交通事故发生。2018年，支队查处各类违法行为1041528起，同比上升101.7%。其中，现场处罚238529起、同比上升43.6%，违法停车216588起、同比上升27.5%，闯红灯844起、同比上升32.7%，行政拘留358起、同比上升34.1%，拖车2987起、同比上升72.2%，货车违章111583起、同比上升65.3%，尾气不合格30617起，扣车8084起、同比上升67.3%。

4月，支队民警开展夜查整顿工作
（通州交通支队提供）

5月，支队民警对社会车辆进行临时交通管控
（通州交通支队提供）

12月，支队民警对僵尸车进行清拖

（通州交通支队提供）

【机制建设工作】 充分落实协调共治工作思路，争取区委、区政府支持，推进落实全区交通信号灯升级改造计划，为全区交通管理工作打下良好基础。在区公安分局的大力支持下，将“雪亮工程”视频信号1万余路引入支队视频系统，其中5000余路用于交通指挥。将副中心战训队人员整体划入支队，争取区政府支持，扩招协警力量100名。将建立属地交通执法力量和交通隐患治理工作纳入全区绩效考核体系，将全区32处秩序乱点按属地划分，由属地街道责任领导进行实名承包，切实发挥属地管理职能。

【源头监管工作】 充分发挥区交通安全委员会职能作用，由驻镇民警牵动落实各项交通安全宣传任务。2018年，开展交通安全宣传活动150余次，宣传群众20万人次。由支队推出的台湖中心小学“文明交通，少年先行”小交警主题韵律操获全市比赛二等奖。各属地安委会全年检查社会单位1060家，限改522家，停车整顿368家，向政府相关部门通报转递交通事故、严重违法单位660家。组织属地政府和相关部门治理交通安全隐患56处。在全区364个行政村设置交通安全劝导站，进一步夯实交通安全基础工作。

（杨 浩）

环境卫生

【概　况】　2018年，通州区城乡环境建设管理工作，抓住市级机关入驻的有利契机，借势而上，顺势而为，按照“提升标准、精细管理，突出重点、全力整治，狠抓短板、齐头并进，注重长效、全面提升”的工作思路，努力打造与北京城市副中心相匹配的市容环境，推动全区环境建设和管理再上新台阶。

【持续不断强化街巷长制】　年内，将街巷长工作开展情况纳入全区城乡环境建设月考评，通过日常检查、每周拉练检查，及时督导全区各单位完善管理台账、坚持工作机制、快速整改问题。截至年底，在4970条街巷设置街巷长3053名，安装责任公示牌7743块，充分发挥了街巷长制的积极助推作用。6月，区城市管理委与区文明办共同拟制了《关于进一步加强街巷长制的工作意见》。

【推行通州区环境卫生管理标准体系】　新的标准体系服务全区906平方千米，其中155平方千米先行执行核心区标准（部分指标略高于北京市现有标准），其余751平方千米执行北京市现有标准，用3年时间过渡，至2020年全部执行核心区标准。年内，通州京环公司按照新标准对155平方千米展开环卫作业，区环卫中心参照新《标准体系》要求，编制了《城市副中心环境卫生专业检查考评办法（试行版）》，考核155平方千米范围内环卫作业情况。区城市管理委也严格按照新标准体系相关要求对各乡镇开展环境建设管理日常检查和月考评。

【环境综合整治工程】　年内，加大力度，推进中心商务区周边区域（含永顺、新华）、环球影城周边区域（含梨园、张家湾）及阅兵村周边（张采路两侧）区域，面积约4.4平方千米的环境综合整治，环球影城周边区域、阅兵村周边区域整治提升工程已完工，中心商务区周边区域环境提升工程正在稳步推进。完成整修道路26.7万平方米、建筑外立面装饰64.3万平方米、规范广告牌匾0.37万平方米、整治架空线路5.8万延长米、围墙改造2.1万平方米、完善照明设施546处、绿化补植4.4万平方米。

【开展长安街延长线市容景观提升工程（二期）】　项目整治长度约2.6千米，包括粉刷沿街建筑物外立面、对公服设施、牌匾整治、城市照明等进行景观提升，打造庄严、沉稳、厚重、大气的长安街气质。截至11月底，提升工程完成。拆除违建4960平方米、

8月，环卫一体化签约仪式
（区城市管理委员会提供）

6月，紫运中路花钵设置　（区城市管理委员会提供）

清洗粉饰和改造建筑立面1.5万平方米、规范广告牌匾2726平方米、道路及铺装5300平方米、围墙修砌2180平方米、铺设照明管线9000延长米，更新改造公交站厅10座。

9月，复兴北里背街小巷整治提升
（区城市管理委员会提供）

疏解整治促提升花墙　（区城市管理委员会提供）

【高标准完成行政办公区周边6平方千米环境整治】 年内，经过对行政办公区周边6平方千米范围内的主要通道、高快速路、连接机场和北三县的主要道路、城市轨道交通站点及沿线、周边村落环境的调查，发现存在道路两侧居民区房屋外观不整洁、颜色落差大；建筑物外立面、围墙破损脱落；广告牌匾不规范；两侧步道局部破损；绿化局部缺失、黄土裸露；私搭乱建、违法建筑等明显与副中心形象要求相差较大的环境问题，共计道路12条，点位6个，全长90千米。截至年底，已拆除区域工程全部完工。

【开展背街小巷整治提升】 2018年，通州区背街小巷整治提升涉及果园大街、果园路、群芳四路、北京小学东侧路等共计99条街巷（其中市级任务35条，区级任务64条）。截至年底，所有工程均已完成。全年拆除违建18295平方米，治理开墙打洞110处，整修、粉饰外立面97509平方米，外挂设施装饰遮挡672处，拆除及规范牌匾设置1051块，整修地面124814平方米，规范公共服务设施273件，增加绿化植被7439平方米，通信架空线入地17916米、捆扎6690米，清理堆物堆料4720吨，新增机动车停车位529个，清理占道经营151处，增加便民服务设施52处。

【市区两级环境脏乱点台账整改】 年内，区委书记、区长每周六亲自带队以“四不两直”的方式下基层拉练检查，促进城乡环境问题高效整改；区环境建设管理办对市级每月下发的和区级下达的脏乱点台账及时区分责任，下发任务单。每周均有不同层级检查打分，每周都有重点曝光和跟踪。截至年底，市级807个、区级14227个台账任务全部整治完毕。同时，采取月考评倒数第一且分数低于85分的部门行政负责人作检查，累计两个月考评倒数第一且分数低于85分的部门党委书记在常委会作检查的方式啃下反弹频发的硬骨头。1月—12月，通州区在首都环境建设办专项检查中，取得7个全市第一、3个第二、1个第三、1个第四的好成绩。

【推进城市副中心垃圾分类及试点工作】 年内，以区政府名义下发了垃圾分类工作实施方案，并建立以副区长为组长，区级28个部门为成员的专班工作机制。开展玉桥、北苑、新华、中仓街道及张家湾镇垃圾分类示范片区建设，覆盖行政区域30%。以“两网”融合模式搭建再生资源、其他垃圾、厨余（餐厨、果蔬）垃圾、大件垃圾、织物垃圾等分类运输体系，并以5：5比例支持农村地区完善分类收运体系。建立垃圾分类日常监督检查考评机制，每两周发布一期考评结果，督促垃圾分类取得实效。开展垃圾分类宣传引导，全年开展100场次区级宣传活动。强制与引导相结合方式推进责任主体明确单位实施强制分类，3098家餐饮单位及全部党政机关实现“干湿”分类运输，全年清运、处理餐厨垃圾49612.43吨，日处理量峰值达222.85吨，相较上年同期增加85吨/日，增长2.1倍，规范管理效果显著。

12月，古月佳园智能垃圾分类系统
（区城市管理委员会提供）

【开展渣土车和工地的联合执法检查】 年内，区城市管理委、城管执法局、住建委、环保局、交通局、公安分局等职能部门开展渣土车联合执法59次，累计出动执法人员4.4万余人次，出动执法车辆14752车次，针对无建筑垃圾准运证、车厢未密闭和泄露遗撒处罚1173起；涉牌处罚6303起，超速处罚4.9万余起；闯红灯处罚901起；非法改装处罚44起；尾气排放超标处罚18299起。

（孟晓云）

科　技

5月29日，通州区教委举办第36届通州区学生科技节开幕式暨中小学科技嘉年华活动

（区教委提供 王艳霞 拍摄）

概　述

2018年，区科委围绕全国科技创新中心和北京城市副中心建设工作任务，聚焦实施创新驱动发展战略和“京津冀”协同发展战略，全面深化科技体制改革，完善科技创新政策体系，出台《首都科技条件平台通州工作站促进专项申报指南》《加快众创空间发展服务实体经济转型升级实施意见》《通州区众创空间认定办法（试行）》，进一步加强对创新平台的支持力度；出台《通州区“两高”人才工程“运河计划”科技领域人才专项经费管理暂行办法》，进一步规范和加强对科技领域人才专项经费的管理和使用；制定《2019年度通州区科技创新项目申报指南》，进一步明确和规范科技创新项目申报的针对性和可操作性。强化科技综合管理，立项实施区级科技创新项目46项、科普专项21项、科技服务业专项15项，全区国家高新技术企业达到1023家，认定登记技术合同成交总额达到93.1亿元，科技条件平台成员单位增至141家，经市级认定的科技研发机构等创新平台增至41家；国家、市、区级众创空间增至20家，资助与奖励科技创新人才项目113项，市级科普体验厅达到11个，区级科普基地达到22家，科技服务质量明显提高，技术创新能力显著提升，科普惠民力度明显提升，科技对经济社会发展的支撑引领作用持续增强。

（邬奇洋）

【立项实施区级科技创新项目46项】 2018年，区级科技创新项目重点围绕北京城市副中心建设及全区经济社会发展科技需求，组织凝炼项目，为北京城市副中心的城市建设与管理、生态环境改善、重点产业发展、城乡一体化发展、社会事业发展提供科技支撑。

立项实施“公共安全视频图像云数据侦查管理平台”“基于大数据的‘三社联动’管理平台”等项目，推动云计算、大数据等先进信息技术在城市建设、社会治理中的深度融合与创新应用，提升城市运行效率、保障重点行业运行安全、提升风险防范与应对能力。

立项实施“应用于污水处理的深度脱氮关键技术研究与工程示范”“再生骨料高性能混凝土关键技术研究与工程应用”等项目，在污水处理、大气治理、海绵城市建设等方面开展关键技术研究及先进适用技术示范应用，为改善北京城市副中心生态环境提供科技支撑。

立项实施“基于云端的应急救援快速部署监测系统关键技术装备及产业化”“基于增强现实技术的新型旅游文化内容展示平台的研发及推广”等项目，推动人工智能、文化创意、新一代信息技术等关键技术研发和集成创新，培育新兴产业，提升通州区重点产业技术水平，为构建“高精尖”经济结构提供科技支撑。

立项实施“骨髓间充质干细胞治疗糖尿病的机制研究”“中医药服务妇幼保健中优势病种的临床研究”等项目，在疾病预防、诊断、精准医疗等领域开展科研攻关，形成一批创新成果并转化应用，提升区域医疗整体水平。

立项实施“主要瓜类作物DNA分子检测体系的构建与应用”“维大力Vdal产业化创制及技术

集成”等项目，开展植物新品种、病虫害防治等方面的新产品、新技术研发与应用，支持现有农业科技园区发挥龙头作用，搭建农业高科技示范展示平台，提升特色农产品品质。

（张永浩）

【科技创新人才队伍建设】 年内，出台《关于加快众创空间发展，服务实体经济转型升级的实施意见》，着力引进和吸引高层次及急需紧缺的科技人才、海归人才、外国人才等到通州区众创空间创新创业。实施2018年“两高”人才工程，建立“运河计划”科技领军人才初选平台，科技领域入选通州区2018年度“两高”人才“运河计划”53名。开展科技创新人才资助奖励工作，资助与奖励科技创新人才项目113项。组织开展第二届“通州十大科技创新团队”和第三届“通州科技创新人才奖”评选活动，大力营造良好的人力发展和科技创新氛围。

（康连元）

【军民融合科技创新大赛】 年内，举办科技创新大赛“2018军民科技协同创新论坛暨‘北斗科创云平台’启用仪式”，打造军民科技协同创新平台，促成北斗智枢（北京）科技有限公司等6家优秀科技企业签订入驻通州，集聚军地两用科技创新企业和高端科技人才，推进军民两用技术、成果及知识产权的双向转化。

【科技成果转化对接会】 年内，举办2018年度通州区科技成果转化对接会，以“聚焦创新创业资源促进科技成果转化”为主题，发布通州区新技术新产品成果80余项，助力北京城市副中心建设。

【首都科技条件平台通州工作站建设】 年内，首都科技条件平台通州工作站成员单位141家，聚集本区域内的科技需求48条，吸引条件平台内的科技成果落在本区域2个，组织百家实验室进千家企业活动3次，申请创新券45.5万元。

【创新创业平台建设】 年内，经市级认定的重点实验室、工程（技术）研究中心、科技研究开发机构等创新平台增至37家；国家、市、区级众创空间增至20家；实施科技服务业促进专项，立项支持重点实验室、科技研发机构、科技孵化器、众创空间等创新创业平台建设项目15项，支持资金545万元。

（燕　艳）

【技术合同认定登记】 年内，深入企业开展技术合同认定登记方面的需求和存在问题的调研，对区内未登记技术合同的部分企业进行统计调查，挖掘未登记技术合同企业技术性收入存量，开展面对面、有针对性的辅导服务。全区认定登记技术合同成交总额达到93.1亿元。

（耿大乐）

【科技政策法规宣传培训】 年内，深入街道、企业、园区广泛开展科技政策法规宣传、培训，组织科技政策培训12次，参训人员600余人次。

（康连元）

【提升科普服务能力】 年内，建成人工智能科普体验展厅，对智能家居、智能讲解、智能教育等内容进行科普展示；建成VR人生职业模拟科普体验，运用VR虚拟现实技术，科普知识的同时丰富人生体验；支持健康科普信息资源建设，提升患者及家属的疾病预防科普知识；支持森林城市主题科普园建设，助力森林城市创建，辖区科普服务能力进一步提升。

【特色科普体验厅再增两处】 年内，中仓街道滨河社区轨道交通科普体验厅、永顺镇西潞苑社区水美通州科普体验厅建成，配置科普书吧、科普培训教室，设置不同主题的互动展教设施，基层科普服务设施更加便利。截至年底，区内市级科普体验厅达到11个。

【科技周活动】 5月18日，以“科技创新 强国富民”为主题的2018年通州区科技活动周在张家湾镇正式启动。主场展示活动立足于科技创新及北京城市副中心发展需求，涵盖科普创新发展论坛及印象科学、走近科学、体验科学三大主题展区，来自中国科普研究所、中国科技大学、中国科学院的专家学者，为促进科学普及与科技创新协同发展，加快北京城市副中心建设建言献策。来自16家单位20余项展示资源精彩纷呈，北京天文馆、北京自然博物馆等多家市级优质科普资源及捷克、新加坡等3家国际科普资源现场互动，展示了与百姓生活密切相关的最新科学知识与科技成果，为广大群众提供了丰盛的科普大餐。

【科普统计工作培训】 组织召开通州区2017年度科普统计工作培训会，对科普统计在线填报系统及统计所涉及的科普人员、经费等6大类124项指标进行详细讲解，对全区科普联席会议成员单位及相关委办局、11个乡镇4个街道、16家市级科普基地等共77家单位进行了科普统计调查工作：全区现有科普专职人员240人、科普兼职人员1385人、科普志愿者1784人，年度区级科普经费总额1544万元，举办各类培训、讲座、展览、实用技术培训1400余次，发放各种科普读物近97万份，按时完成了市科委部署的2017年度科普统计工作。

（崔伟侠）

知识产权工作

【概　况】 2018年，通州区围绕国家知识产权试点城区建设各项考核任务指标要求，深入推进试点城区创建工作，大力提升通州区知识产权创造、运用、管理、保护与服务的综合实力，知识产权对区域经济社会发展的支撑作用日益显现。

【专利申请与授权】 2018年，通州区累计申请国内专利5746件，与上年同期持平，其中发明专利1289件、实用新型3527件、外观设计930件。PCT专利申请25件。累计国内专利授权4285件，同比增长24.1%，其中，发明专利330件、实用新型3100件、外观设计855件。发明专利拥有量达到1791件。

【优化知识产权政策环境】 年内，加大《通州区知识产权（专利）促进暂行办法》宣传力度，充分发挥政策引导促进作用，提升全区知识产权创造、运用、管理、保护综合实力。利用《通州时讯》、区科技资源网、北京通州政府门户网站进行政策宣传；举办政策宣讲会10期，培训企业800余家次。

【专项资金落实到位】 2018年知识产权工作专项资金1200万元，较上年增加250万元。根据《通州区专利资助及奖励暂行办法》，完成专利资助及奖励工作。资助授权专利2031件（267家企业、20名个人），资助金额660.75万元；奖励北京市试点单位34家、示范单位1家、中国专利金奖1项、优秀奖3项，奖励金额179万元；立项支持专利实施转化项目15项，支持金额360.25万元。

【专利实施转化】 完成2017年度的8项专利实施项目结题验收工作，8个项目均完成预定考核指标85%以上，全部通过验收。项目实施转化取得良好的成效，带动企业投入1193.09万元，创造销售收入25.22亿元、利润11.15亿元、税收3.15亿元。项目承担单位2017年授权专利32件。

【推进中小学知识产权教育】 1月5日，区知识产权局联合区教委举办区属各中学发明创造及专利申请培训班。4月18日，区知识产权宣传周活动启动仪式暨知识产权教学观摩课活动在北京小学通州分校举行。5月21日—27日，组织区试点示范学校5所中学1148人，14所小学4519人，开展通州区中小学知识产权知识竞赛活动。9月13日，在运河中学高中部举行2018年通州区中小学知识产权教育工作会议暨知识产权专题讲座。出席会议的领导为潞河中学等6所示范学校和北京二中通州校区等10所试点学校授牌并赠送知识产权图书。11月14日，与区教委联合组织通州区中小学知识产权教育试点示范学校到海淀区进行参观学习交流活动。

【举办“4·26”宣传周活动】 4月18日—26日，通州区知识产权局联合区教委、永顺镇、梨园镇、新华街道、经济开发区等多部门开展了由8个环节组成的大型知识产权宣传活动，着重营造知识产权保护新生态。活动通过现场悬挂宣传横幅、摆放宣传展板、发放宣传材料、现场咨询解答、专题指导培训、电子屏滚动播放等方式，向社会公众普及知识产权相关知识。发放各种宣传资料1万余份。在《通州时讯》开辟“4·26知识产权宣传”专版，利用电视台、网站、微信等新闻媒体和方法扩大知识产权宣传。

【开展知识产权系列宣传活动】 利用“3·15”、“艺博会”等有利时机，组织多种形式、内容丰富的宣传活动。在“3·15”消费者权益日之际，与通州工商分局、通州区消费者协会等单位在北苑万达广场开展知识产权宣传活动。9月29日，参加中国艺术品产业博览会宣传活动。通过设立宣传展台，发放宣传材料，开展知识产权系列宣传活动。

【开展优势企业培育工程】 年内，联东U谷被认定为北京市中小企业知识产权集聚发展示范区。新认定国家知识产权优势企业4家、北京市知识产权试点单位33家、示范单位1家。获得中国专利优秀奖1项，北京市发明专利二等奖2项、三等奖1项。

【开展贯标企业培育工程】 年内，举办贯标培训6次，宣传国家标准和贯标流程，邀请专业机构人员深入企业进行培训辅导。15家企业通过贯标认证，近20家企业计划2019年通过贯标认证。

【搭建融资平台推进专利质押贷款】 年内，与北京知识产权运营管理有限公司协作，举办专利质押融资政策宣讲会、对接会6次，深入企业提供专利质押贷款融资对接服务20余家次。两家企业分别获专利质押贷款800万元，另有多家企业专利质押贷款正在进行中。

【举办企业知识产权培训】 年内，针对企业管理人员、技术人员，举办专利试点示范企业、高新技术企业知识产权专题培训讲座10次，培训人员600余人次，培训内容主要包括相关政策法规、企业知识产权战略运用、专利质押贷款、知识产权贯标、专利信息利用、企业知识产权保护等。积极主动服务企业，携专业服务机构走访企业60余家次，为企业提供"一对一"专业优质的精准服务。

【举办领导干部知识产权专题讲座】 5月23日，联合区委组织部在通州区委党校举办的2018年优秀中青年干部培训班上，来自中国科学院科技战略咨询研究院的研究员刘海波进行了"加强知识产权保护"专题讲座。

【开展专利执法检查活动】 年内，累计出动执法人员120余人次，检查药店、超市、商场、电子卖场等80余家次，检查专利商品近800余件，立案查处假冒专利行为58件。

【紧密型12330"1+X"体系建设】 年内，加强工作协同与指导，市、区和工作站（联系点）协同开展"12330"服务日活动1次、企业专题培训3次、现场宣传活动2次，深入企业提供咨询服务40余家次，提供企业维权援助服务1次。

（宋　薇）

教　育

5月5日，永乐店中学举办首届校园开放日活动

（区教委提供　王建敏　拍摄）

概　述

2018年，通州区教育系统深入学习贯彻中共十九大精神、全国全市教育大会精神，坚决贯彻执行中央、市区各项决策部署，立足北京城市副中心建设发展大局，围绕提升教育服务能力，加快推进教育综合改革、教育品质提升等方面工作，较好地完成全年各项工作任务。

教育综合改革焕发新活力。

教育改革工作加快推进。制定《北京市基础教育综合改革实验区教育人才引进与管理改革行动计划》，落实校级骨干班主任奖励措施，试点师资统筹调剂机制，调配26名教师到校任教。16所中小学试点选聘编外教师，首批近百名编外教师上岗。创新人才培养模式取得进展，通州区第一个“钱学森班”在潞河中学开班，市级“1+3”贯通培养项目新增张家湾中学。开展通州区全学科阅读项目，成立阅读研修基地。建设创客教育基地学校，启用斯坦福生物实验室。推动模拟政协工作，启动雏鹰建言行动，提交模拟提案46件。

优质教育资源进一步扩充。北京五中通州校区完成首批招生，北京一幼海晟实验园副中心园、人大附中小学部具备开园、开学条件，北京学校小学部主体结构封顶，首师大附中、景山学校通州校区等优质学校加快建设。黄城根小学接管胡各庄小学，改扩建工程进入内部装修阶段。

区域交流合作深入开展。选派长期援疆、援藏、援青、援蒙教师22人，与内蒙古翁牛特等三旗46所学校组建结对帮扶校，选派152名干部教师短期顶岗、交流培训，组织6期教育专业培训，受援地区1.5万余人次受益。通武廊教育交流合作实施人才培养工程，启动14项重点干训项目，培训干部900余人次。

各级各类教育快速发展。

学前教育加快发展。制定实施《通州区学前教育第三期行动计划》。潞苑幼儿园等7所幼儿园开园，新增学前学位2460个。新认定区级示范园6所，区级优质幼儿园37所。牛堡屯中心园等9所幼儿园升为北京市一级二类园，芬芳幼儿园等8所园通过北京市二级二类园验收。全区纳入级类管理幼儿园达84所。增加16名学前教育专职督查员，开展常态化监督检查。

基础教育稳步提升。深入开展市区学校手拉手项目，校际干部教师互访交流、教研2500余人次。举行“新蕾杯”等各类教师专业竞赛，实施课堂教学改革，组织“让课堂改变”活动，开展走进百年老校等多轮视导，启动高中课改与学校发展项目，建设区校两级新高考综合管理服务平台。开启农村学校质量提升项目，制定“一校一策”发展方案。网络外教在农村学校试点，4000余名学生受益。中考高分段人数居于全市前列，教育均衡发展成效凸显。1712名考生升入本科学校，9名学生被清华、北大录取。

职成教育发展成果显著。通州区被教育部认定为国家级农村职业教育和成人教育示范区。“3+2”中高职衔接办学扩大至5专业6个合作项目。启动与内蒙古、北三县等6地合作办学模式。全区开展各类职业、成人培训1816次，培训15.5万人次。开展社区教育大课堂活动，新增13个区级特色培训项目，3个项目获北京市终身学习品牌项目认定，“梨园学堂”成为国家级终身学习品牌，建成5个市级继续教育、新型职业农民培训和10个市民终身学习示范基地。1人获国家级百姓学习之星，4人获首都市民学习之星。

德育工作体系持续完善。制定《通州区德育工作三年行动计划》。校园阅读三年行动计划进一步落实，阅读促进项目稳步实施。社会主义核心价值观教育融入学生学习生活全过程，“传承中华美德——过中国节”等传统文化教育活动持续开展。启动养成教育深化工程，家校协同育人机制逐步构建完善。13所学校获评北京市中小学文明校园，市级文明校园增至58所，史家小学通州分校微善行动入选全国中小学德育工作典型经验名单。

教师队伍建设呈现新格局。

师德师风建设全面加强。深入开展“四有好老师”和“四个引路人”教育实践活动，制定《通州区中小学、幼儿园教师职业行为规范》《师德负面清单》，实行师德考核一票否决制度。制定实施《通州区教育系统优秀人才奖励及管理暂行办法》。

教师研修培训深入开展。依托北京师范大学、先进区县等优质教育资源，全年组织各级各类培训活动900余次，9830名一线教师直接受益，10万余名学生间接受益。参与东城、西城、海淀等研修活动达1552人次，骨干教师送教到校活动190余次。

教师队伍结构持续优化。举办城市副中心基础教育推介会暨研究生双选会，赴北京大学等名校宣讲招聘。全年择优招聘教师548人，评选认定区级骨干教师700名，新评定高级教师178人，一级教师390人。

教育服务保障再上新台阶。

服务市级机关搬迁工作稳步推进。制定《市级机关搬迁副中心干部职工子女就读实施方案》，预留充足学位，妥善安置53名首批市级机关搬迁干部子女就学，全面满足搬迁干部子女入学、转学各类需求。

教育基础设施建设进一步加快。台湖银河湾小学等3项工程年内开学，推进北京二中通州校区等工程建设，玉桥小学、杨庄小学、甘棠中学等3项工程启动办理前期手续。投资2.59亿元对40所学校实施68项维修改造工程，接收通州区永顺镇居住项目小区配套幼儿园、马驹桥公租房项目配套九年一贯制学校各1所。

民办教育治理工作有序推进。成立民办教育服务管理中心，开展对校外培训机构专项治理，行政检查3652次，责令整改培训机构1320所，完成退费539人次。全区现有1530所培训机构全部完成整改，有效治理无证办园现象。

完成教育督导工作。

通州区获得全国中小学责任督学挂牌督导创新区称号。聘请18名中小学责任督学，125名学前教育责任督学、15名乡镇街道总督学和2名负责全区工作的责任督学，实现对公办、民办以及自办园所督导全覆盖。组织280余人次参加市区以上督学培训，完成国家义务教育质量监测等工作。开展2018年教育法律法规执行情况督导检查，完成对乡镇、街道、有关委办局及其领导干部落实素质教育责任目标情况考核工作。完成对中小学、幼儿园、职成学校全面实施素质教育综合督导评价。

（白文会）

学前教育

【概　况】　2018年，通州区幼儿园131所，入园幼儿10258人，离园幼儿6901人，在园幼儿26938人。其中，教育部门办园44所，在园幼儿13251人。民办幼儿园45所，在园幼儿9441人。其他部门办园（含村办）42所，在园幼儿4246人。全区幼教职工3988人。其中，园长190人，专任教师2280人，保育员（含保健医）813人，其他705人。专任教师中，本科学历778人，专科1286人。教师中，高级教师职称57人。全区北京市市级示范园4所、北京市一级一类园13所，北京市早期教育基地8个，北京市学前儿童特殊教育基地4个。

（李　健）

【北京市第五幼儿园城市副中心园获批复】　4月8日，北京市第五幼儿园城市副中心园获通州区人民政府批复。该园位于行政办公区内，为职工周转房配套幼儿园，由北京市第五幼儿园入驻办学，隶属通州区教育委员会。建筑面积1.22万平方米，办园规模为12个班，办学宗旨和业务范围是为学龄前儿童提供保育和教育服务，预计提供优质学前学位360个，9月起招生。

【北京一幼海晟实验园城市副中心园获批复成立】 10月10日，北京一幼海晟实验园城市副中心园获批复成立。园所共分两址，分别位于通州区潞城镇胡各庄村和后北营村，占地面积9300平方米，建筑面积6812.22平方米，办园规模为24个班，办学业务范围是为学龄前儿童提供保育和教育服务。

【举办培训展示活动】 10月12日，通州区教委举办以“家园共育　铸就梦想”为主题的通州区2018年幼儿园园长、教师培训展示活动。活动中，区教师研修中心（分院）领导做通州区幼儿园培训工作总结，全面回顾和梳理培训的历程和取得的成果，表彰优秀组织奖和园级优秀管理员，张家湾中心幼儿园、龙鼎幼儿园、大方居幼儿园分别在教师培训、管理及个人成长经历等方面分享培训收获。张家湾中心幼儿园进行教学活动、家园拓展展示活动展示。通州区教委相关科室领导，区教师研修中心、区民办教育服务中心领导及各街道(乡镇)教委办主任，全区公办、民办幼儿园主管培训领导100余人参加展示活动。

（王恩承）

【开展京津冀幼教联盟活动】 10月18日，通州区名园长第一工作室暨京津冀幼教联盟走进新城东里幼儿园“为玩而建”户外主题建构游戏现场进行观摩研讨活动，下午进行科研课题专家诊断活动。名园长工作室理论导师北京教育学院学前教育院杨秀治院长、实践导师北京市三教寺幼儿园王岚园长以

10月18日，开展京津冀幼教联盟活动
（史新杰拍摄）

及名园长工作室的5名成员、京津冀幼教联盟各幼儿园保教干部及教师40余人参加活动。

【开展与武当山旅游经济特区幼儿园交流活动】 11月12日，通州区东里幼儿园邀请武当山旅游经济特区幼儿园一行6人到新城东里幼儿园进行为期一周的参观学习活动。幼儿园安排班级环境观摩讲解、幼儿生活环节观摩、国学课程、“为玩而建”户外建构活动、绘本教学活动、幼儿成长档案袋、跟岗答疑等特色交流展示活动。

11月12日，开展与武当山旅游经济特区幼儿园交流活动
（史新杰拍摄）

（史新杰）

【三年学前教育行动计划开始实施】 11月15日，《通州区第三期学前教育行动计划（2018—2020年）》开始实施。该计划包括围绕强化政府职能，创新发展机制，构建多层次、多结构的学前教育体系，努力打造“公益、普惠、多元、优质”的副中心学前教育总体目标，分解出统筹资源，扩充学位；引领扶持，支持普惠性民办幼儿园发展；破立并举，清理整治无证幼儿园；创新模式，探索新型发展机制；打破格局，加大师资队伍建设力度；夯实管理，促进园所内涵发展等6大任务，采取22项措施，达到到2020年，全区适龄儿童入园率达到85%以上；普惠性幼儿园覆盖率达到80%以上；彻底消除无证幼儿园；幼儿园、办园点全部纳入规范化管理；保教队伍培训率达到100%，师资配备全部达到规定标准；公办幼儿园均达到北京市一级以上标准；打造特色鲜明、品质优良、具有较高美誉度和知名度的品牌幼儿园10所。培育优质幼儿园100所的发展目标。

（王恩承）

基础教育

【概　况】　2018年，通州区小学84所（公办校77所、民办校7所），教学班1801个。招生14024人，毕业9255人，在校生67320人，在校生中北京市户籍学生39540人。教职工4441人，其中专任教师4066人。中学41所（完中9所、高级中学1所、初中15所、九年一贯制学校、十二年一贯制学校16所）。教学班782个（初中550个、高中232个），招生8997人（初中6396人、高中2601人），毕业6399人（初中4116人、高中2283人），在校生25543人（初中17339人、高中8204人），在校生中北京市户籍学生19914人（初中12542人，高中7372人）。教职工4773人，其中专任教师3638人。特殊教育学校1所，在校生150人。校外教育单位41个，教职工676人，专任教师301人，在校生10716人。教育部门办中小学专任教师学历合格率99.52%，教职工中高级教师职称1697人。中小学占地总面积3392502.92平方米，总建筑面积1599055.06平方米，固定资产总值336292.483688万元，图书3004061册。小学数字资源量，数据库105个，电子图书86765册，音视频21870小时；中学数字资源量，数据库85个，电子图书206731册，音视频9337小时。全年教育投入377829.43万元，其中，国家拨款363538.81万元，自筹经费14290.62万元。

（白文会）

【特色学校建设】　1月11日，通州区教委召开学校体育、卫生、艺术、科技、课外、校外工作总结会。2017年，通州区学校体育、卫生、艺术、科技、课外、校外工作参加全国及北京市学生体育、科技、艺术竞赛及活动，共获得599个奖项，其中，国家级一等奖19项、二等奖30项；市级一等奖130项。北京市学生科学建议奖评选获得2项建议奖，1项提名奖。18所学校被命名为全国校园足球特色校，7所学校被命名为全国校园篮球特色校，4所学校被认定为北京市冰雪特色校，2所学校被命名为全国中小学中华优秀文化艺术传承学校。会上，对通州区第二中学等24所学校、李偲等129名教师进行表彰。中山街小学和北理工附中通州校区分别做经验分享。区政府教育督导室、区教委领导以及所有中小学校长参加会议。

（刘启航）

【举办小学生2018年诗词大会总决赛】　1月22日，通州区教委举办小学生2018年诗词大会总决赛在芙蓉小学举行。全区500余名师生参加决赛。分为火眼金睛、看图猜诗、蛛丝马迹、十二宫格、柳暗花明、飞花令六个回合。最终，贡院小学参赛团队获得金牌，芙蓉小学参赛团队获得银牌，北京教育科学研究院通州区第一实验小学和梨园镇中心小学参赛团队获得铜牌。北京教科院通州区第一实验小学、北京第二实验小学通州分校、北京小学通州分校、梨园镇中心小学、贡院小学、后南仓小学、北京市史家小学通州分校、芙蓉小学获得一等奖。此次活动分为校内年级选拔赛和校内预赛、以小学学校发展共同体为单位举办初赛和总决赛三个阶段，全区40所小学6万多名学生以各种形式参与活动，各校将古诗词品读融入到学生社团活动、校本课程、读书节等活动中。

（胡玉强）

【通州区第四中学调整办学层次】　1月23日，通州区第四中学调整办学层次，增设小学部，学习办学层次由完全中学调整为十二年一贯制学校。

（白文会）

【开展邮政课程明信片发布会】　1月26日，北京小学通州分校举行瑞犬迎春——邮政课程戊戌年明信片发布会。二年级学生刘丰瑞剪纸作品《送福》和刘金霆儿童画《迎春》两幅作品被制作发行中国农历戊戌年的邮资纪念明信片，与会领导及刘丰瑞、刘金霆两位同学共同为纪念明信片揭幕。最后，领导嘉宾向师生代表派发明信片和皇城驿站纪念明信片。

1月26日，邮政课程明信片发布会　（高明月拍摄）

（高明月）

【北京师范大学附属未来实验学校获批复】　1月30日，北京师范大学附属未来实验学校获得通州区人民政府批复。学校位于城市副中心6平方千米核心区域内，在胡各庄小学原址新建，占地面积1.8万平方米，建筑面积3.6万平方米，设计规模为24个班，为九年一贯制学校。由北师大教育学部负责学校业务管理，中小学部教职工编制由编办依据市教委等有关部门文件核定，所需经费由区财政拨付。建成后主要服务市级机关公务员及周边回迁居民。

（李　瑶）

【新增11所全国校园足球特色学校】　2月1日，教育部召开新闻发布会介绍2015年—2017年全国青少年校园足球的发展情况，通州区2017年新增北京市史家小学通州分校、北京市通州区张家湾镇中心小学、北京市通州区运河中学、北京市通州区临河里小学、北京小学通州分校、北京市通州区张家湾中学、北京市通州区于家务中学、北京市通州区玉桥小学、中国人民大学附属中学通州校区、北京理工大学附属中学通州校区、北京市通州区永乐店中学等11所全国校园足球特色学校。2015年—2017年，通州区有18所学校入选全国青少年校园足球特色学校。

（白文会）

【开展教育文化交流活动】　3月9日，法国亨利马丁中学30名师生走进北京教科院通州区第一实验小学开展“开拓国际视野，增进多元理解”的中法学生文化教育交流活动。亨利马丁中学师生走进学校社团，与学生谈天说地，自由交流，体验部分校本课程。活动进一步地加深两校的友好关系，为中法两国教育文化交流创造更好更多的机会。

3月9日，开展教育文化交流活动　（陈军华拍摄）

（陈军华）

【成立民办教育管理服务中心】　3月13日，通州区教委成立立民办教育管理服务中心。该中心为区教委所属公益一类事业单位，主要职责为开展对民办学校、幼儿园的管理、监督、评估和服务工作，查处民办学校及幼儿园非法办学办园、违法违规办学案件。内设科长1名，副科长2名，核定全额拨款事业编制20名。组织实施民办教育有关规章和发展规划。做好民办教育交流、培训服务和信息化建设工作。该中心成立旨在强化教育行政部门对民办教育的日常监管，深化民办教育管理模式改革。健全常态化教育行政执法机制，加大查处违法违规办学行为力度，促进民办教育健康发展。办公地点在通州区离退休教职工活动中心西小楼。

（冯　洋）

【多所学校获奖】　3月15日，通州区中山街小学管乐团被评为北京市金帆艺术团，北京教育科学研究院通州区第一实验小学、运河中学等四所学校的书法、美术社团被认定为金帆书画院，梨园学校、潞河中学天文分团被评为金鹏科技团。北京市学生金帆艺术团，由11个分团，600名学生组成，是国内校园中出现的第一支高水平、大规模、成体系的学生艺术团体。北京金鹏科技团是北京市中小学开展科技教育的组织，在中小学科技教育工作中起引领和示范作用，是向国内外展示首都中小学科技教育水平及成果的重要窗口。

（李　瑶）

【开展首次微论坛活动】　3月21日—22日，通州区优秀青年班主任工作坊开展首次微论坛活动。牛堡屯学校、潞河中学附属学校两位班主任老师分别就学生习惯不良怎么办、学生不写作业两个小问题展开微论坛。3月至10月，通州区优秀青年班主任工作坊28名学员将围绕班级建设与管理依次召开个人微论坛。微论坛立足于学员所在学校，参加者为学校全体班主任，同时鼓励对外开放，特别是向工作坊其他学员开放。通州区优秀青年班主任工作坊旨在以微论坛的活动形式为载体，探索新时期班主任工作策略和育人方法，进而发挥工作坊成员“种子”辐射引领作用，提高其对所在学校乃至全区青年班主任的指导能力，促进班主任专业化发展和优秀班主任自我提升，形成具有本区特色的德育工作品牌。

3月21至22日，开展首次微论坛活动（杨继环拍摄）

（杨继环）

【签署合作办学协议书】　3月25日，通州区张家湾中学与东城中央工艺美术学院附属中学建立“手拉手”支持项目。活动中，双方学校共同主办的“手拉手”支持项目中期汇报展演活动，为两校教师师徒结对颁发证书，举行新成立名师成长、课改教科研、学生艺术发展和国粹艺术等四大工作室授牌仪式，为聘任国画、京剧、书法名家为“手拉手”项目顾问的老艺术家颁发聘书，两校校长共同签署《通州区张家湾中学与东城区中央工艺美术学院附属中学合作办学协议书》。自上年10月两校建立“手拉手”友好校以来，逐步形成并实施“互动教学实践、特色课程开发，高职对接计划、课程体系建设、跟岗培训、交流展示、社团与学生活动”等八个区域的合作支持方案。

3月25日，签署合作办学协议书　（郭书彤拍摄）

（郭书彤）

【“STEM＋”科技创新项目挑战赛结束】　3月31日，通州区教委举行“匠心筑梦，传承运河文化”为主题的“STEM＋”科技创新项目挑战赛，分设中小学两个组别。活动理念是“传播工匠精神，传承运河文化，提升学生核心素养”。历经3个小时的创意设计，精心制作，大运河连接杭州雷峰塔、通州彩虹门的地标车、启动后皮影效果若隐若现的灯笼车、运河桥筑梦古今通州的龙船车、一枝塔影认通州的宝塔车等作品。此次有46支挑战队参赛，其中，中学20队，小学26队，184名中小学生。

3月31日，举办“STEM＋”科技创新项目挑战赛（刘士东拍摄）

（刘士东）

【参加植树节活动】　4月2日，党和国家领导人习近平、李克强、栗战书、汪洋、王沪宁、赵乐际、韩正、王岐山等集体乘车，与通州区运河小学六年级的学生代表和首都群众一起参加义务植树活动。总书记习近平和孩子们接连种下白皮松、西府海棠、红瑞木、玉兰、紫叶李。总书记一边同少先队员提水浇灌，一边询问孩子们学习生活和体育锻炼情况，叮嘱他们从小热爱劳动，培养爱护环境、爱绿植绿护绿的意识。

（白文会）

【北京市第五中学通州校区获批复】 4月8日，北京市第五中学通州校区获通州区人民政府批复。该校为一所完全中学，隶属通州区教育委员会，由通州区引进北京市第五中学入驻办学。学校位于通州新城0204街区，占地面积约11万平方米，建筑面积6.9万平方米，办学规模为66个班，其中，初中42个班，高中24个班，预计可提供学位2760个。

（李　瑶）

【召开双师服务启动会】 4月12日，北京市中学教师开放型在线辅导计划（双师服务）通州启动会在通州区教师研修中心召开。会上，北京师范大学高精尖创新中心綦春霞教授、李晓庆副主任、黄巧艳老师分别从项目的背景及意义、项目内容、项目成果及成效、项目开展规划等方面进行讲解，使参会人员进一步了解双师服务的重要意义。通州区教委双师服务项目负责人做通州区下阶段工作推进的部署，并详细解读《通州区双师工作管理办法》。此次会议是在贯彻执行《北京市中学教师开放型在线辅导计划（2018—2020）（试行）》，以“互联网+”和大数据深化创新教育基本公共方式，服务副中心教育的背景下召开的。北京师范大学高精尖创新中心、通州区教委、通州区双师服务相关学校负责人等150余人参加会议。

（冯　洋）

【开展劳模进校园宣讲活动】 4月18日，通州区委教工委、区教委、区教育工会组织开展通州区教育系统劳模进校园先进事迹宣讲会。通州区教育系统市级劳模代表魏敬、李文凤、李银环分别以“让青春在教育事业中闪光”“三十七年无悔教育梦”“做照亮折翼天使心灵的红烛”为主题做先进事迹宣讲，讲述他们在平凡讲台上教书育人的体会和感悟。区教育工会主席宋庄地区各中小学、幼儿园、成人学校教师代表近300人参加活动。

（张俊英）

【召开名团干工作室启动大会】 4月28日，通州区教委举行中学名团干工作室启动大会。区政府教育督导室领导为名团干工作室授牌并发放年度活动经费一万元。会上，表彰通州区第一届中学名团干潞河中学、运河中学、觅子店中学、陆辛庄学校等4所中学团委书记。通州区中学名团干工作室建设工程是延续“五四”精神、引领青年成长、互学互促共进步的有效探索。团市委中少部、团区委、通州区委教工委、区教委、区政府教育督导室的相关领导、中学团干部以及团员代表共300人参加大会。

（白文会）

【设立无人监考的“诚信考场”】 5月2日，通州区永乐店中学首次试点推行“诚信考场”。高一年级考试有17个考场，其中第1、2考场为诚信考场。诚信考场整个考试过程中没有教师监考，教师只负责收发试卷，学生自觉答卷。考试结束前15分钟巡考老师提醒学生交卷时间，检查学生答题卡填涂和试卷密封处的填写情况。“诚信考场”的设置体现学校提出的“办负责任教育”的办学思想和“仁爱、诚信、勤奋、创新”的校训。

5月2日，设立无人监考的诚信考场　（谢鑫鑫拍摄）

（谢鑫鑫）

【与台湾台中教育大学学生代表团交流】 5月15日，台湾台中教育大学学生代表团到北京教科院通州区第一实验小学开展教育交流活动。在交流活动中，台中教育大学的同学们参加“以思维训练为核心”的学生社团活动，双方就“如何开展课题研究”“如何对学生进行个性化培养”“社团活动如何开展”等教育问题进行交流。通州区教委领导及台湾台中教育大学学生代表团30人参加活动。

5月15日，与台湾台中教育大学学生代表团交流合影
（陈军华拍摄）

（陈军华）

【启动ASR项目】　5月18日，通州区教委启动基于核心素养的通州区ASR（全学科阅读）项目。项目在潞河中学吟诵社的表演中拉开序幕，项目负责人对通州区ASR（全学科阅读）项目方案进行解读，区教委领导为18所项目基地学校授牌，专家周群老师并为学科工作坊指导教师颁发证书。潞河中学、研修中心等代表基地学校、学科工作坊指导教师发言。此项目将由点到面推动全区中学学科阅读，进行全学科阅读的模式探索，在全区打造首批18所全学科阅读基地学校，整体采取“2+2+4+6”模式，即搭建学生活动展示与教师教研互动平台，打造全学科阅读基地校、学科阅读研修基地，全面提升学生的阅读能力和学科素养。区政府教育督导室、区教委领导及中教科、区教师研修中心、区各校校长、教师代表约400人参会。12月18日，通州区教委举办“读”占鳌头——ASR全学科阅读达人争霸赛复赛。比赛分为“百家争鸣”“龙腾虎跃”“英雄本色”三个环节，包含必答题、轮答题和抢答题等题型。经过激烈角逐，通州二中、甘棠中学、玉桥中学、通州四中、宋庄中学、台湖学校、运河中学和北京二中通州校区8支学校代表队获奖。参与复赛的18支代表队成员是从前期校级预赛环节的5000多名初中生选出的校级达人。区教委、区教师研修中心相关负责人参加此次活动。

（郭书彤　商学军）

【举办科技嘉年华活动】　5月29日，通州区教委举办第36届通州区学生科技节开幕式暨中小学科技嘉年华活动。本次活动以“弘扬运河文化，科学筑梦未来”为主题，分为开幕式、科技嘉年华系列活动两个环节。开幕式上对35届学生科技节教育成果进行总结表彰，为十佳科技辅导员、十佳科技小能手颁发证书，启动新一届科技节活动。科技嘉年华系列活动分为12所市级科技特色学校展示、科学互动体验、运河创客挑战赛三大部分。运河文化创客挑战赛吸引全区62所学校代表队5000余人参加体验活动，通过小学组的创意吸管桥梁搭建赛、初中组的创意彩船搭建赛、高中组的运河城市沙盘搭建赛，再现“运河全景图”。在第35届学生科技节活动中通州区参加全国及北京市学生科技竞赛及活动共获得273个奖项，其中，国家级一等奖19项、二等奖30项，市级一等奖64项。北京市中小学生科学建议奖获两项建议奖、一项提名奖；全国青少年科技创新大赛获实践活动二等奖；全国青少年建筑模型教育竞赛总决赛获两金一银，在港澳与内地的STEAM创客挑战赛获得初中组第一名，并包揽五个专项大奖；VEX机器人工程挑战赛获亚洲公开赛一等奖；RoboCup机器人世界杯获国际公开赛一等奖。

（王艳霞）

【完成高考工作】　6月7日—8日，通州区教委顺利完成高考工作。全区应参考人数2236人，其中，“统考”文科692人、“统考”理科1501人、“单考”43人。全区设3个考点77个考场，潞河中学、运河中学高中部（南校区）为“统考”考点，北京二中通州校区为“单考”考点。“统考”文科考场24个，“统考”理科考场51个，“单考”考场2个。教委联合宣传部、住建委、卫计委、食药局、城管执法局、供电局、交通队等单位在考前及过程中采取全面排查隐患、开通绿色通道、做好保密工作多举措做好高考服务保障工作。

（李　瑶）

【出台提高乡村新教师待遇政策】 6月20日，为贯彻落实《北京市人民政府办公厅关于印发<北京市乡村教师支持计划（2015—2020年）实施办法>的通知》精神，北京市通州区人民政府办公室印发《通州区乡村教师支持计划实施细则》。《细则》中指出，全面落实《北京市乡村教师特岗计划（2016年—2020年）》，拓宽乡村教师招聘渠道。对综合性院校毕业生和师范院校非师范生取得教师资格并到乡村学校任教的，满5年后给予4万元一次性补助。此项费用由区财政支出。

（白文会）

【完成中考工作】 6月24日—26日，通州区教委顺利完成中考工作。全区报考考生3909人。设立潞河中学、通州二中、通州四中、通州六中、玉桥中学、北京理工附中通州校区、西集中学、漷县中学、永乐店中学、于家务中学、张家湾中学、马驹桥学校、台湖学校等13个考点。为确保中考工作安全平稳，宣传部、住建委、卫计委、食药局、城管执法局、供电局、交通队等单位高效联动，密切配合，周密部署，强化管理做好各种服务工作。

（郭书彤）

【完成“三免两补”工作】 6月20日，完成“三免两补”工作，涉及89328人，投入2179.39万元。其中，资助义务教育阶段培智学校免住宿费学生97人，补助14.52万元；本市城乡低保家庭、残疾、随班就读学生441人，发放助学补助6.615万元；普通高中享受国家助学金64人，发放助学金及免学费、住宿费13.1222万元；公办中小学免教科书89328人次，计516.41万元。民办学校免教科书5123人，免教科书费16.96万元。

（赵　健）

【在全国青少年航海模型竞赛中获得4金3银3铜好成绩】 8月12日—15日，通州区教委组织通州区青少年活动中心、通州区第六中学、育才学校通州分校、次渠中学、马驹桥学校、北京教育科学研究院通州区第一实验小学、永顺小学、潞河中学附属学校、漷县镇靛庄小学等学校组成的通州区代表队参加第十九届“我爱祖国海疆”全国青少年航海模型教育竞赛活动总决赛。在为期6天的比赛中，32名队员完成“义乌号”团体接力、“雪龙号”自航项目、“海警号”模型制作、“沙船”制作等4大项14个组别竞赛，取得4金3银3铜的好成绩。

（吴秀玉）

【北京学校正式建设】 8月18日，北京学校正式建设，学校位于潞城镇大营村东侧。学校占地面约20万平方米，这所市教委直属的12年一贯制公立学校紧邻城市副中心核心区，分为小学部、中学部和共享区等3个区域，将于2019年建成并首次招生，以后逐年招生。按规划，48个小学班、30个初中、30个高中的总招生规模为108个班，为搬迁干部职工及周边居民的子女通过入学保障。

（李　瑶）

【新增14所学校参与教育领域扶贫协作活动】 8月22日—25日，通州区教委组织新城职业学校、教师研修中心以及永乐店教育联盟内的13所中小学的校长共22人到内蒙古科右中旗对接教育领域扶贫协作工作。双方教育部门领导与相关学校分成三个讨论组就学校管理、教育理念、办学目标、育人机制、课程设置等方面进行了深入的沟通交流。同时，双方领导深入巴彦呼舒第一中学等4所学校进行了实地调研，各结对校分成四组深入科右中旗15所学校进行了实地考察。此次对接，通州区教委与科右中旗教育局签订《对口帮扶工作框架协议》，13所中小学、新城职业学校分别与当地学校建立了“一对一”的帮扶关系，并签订校际间的《对口帮扶工作协议》，双方制定在干部教师培训、学生交流、物资捐助、校际合作、信息化建设等方面的工作计划。截至年底，通州区扶贫协作地区为内蒙古自治区赤峰市翁牛特旗、兴安盟科尔沁右翼中旗以及通辽市奈曼旗等。

（李壬戌）

【北京第五中学通州校区落成】 8月31日，北京第五中学通州校区落成投入使用。东城区委教工委副书记聂圣立、通州区教委主任申键共同为新校区揭牌，通州区区领导查显友、张绍武、贾君刚，共同为北京五中通州校区聘请的吴昌顺等11位特聘教育顾问颁发聘书。首届初一招收14个班，首届高一招收2个班，在通州招50人。学校始建于2015年，位于通州区永顺镇潞苑南大街南侧，占地面积8万平方米（约120亩），建筑面积为6.9万平方米。办学规模66个班，其中初中42个班、高中24个班，可提供学位2760个，截至年底，开设初中14个班，高中2个班。学校为北京五中教育集团的成员校，与北京五中同一招生代码，共享五中教育集团的资源，安排具有丰富管理经验的现职领导全面负责该校区工作。师资队伍由本校派遣、新招聘、调入优秀教师等方式组成，高考学科均配有集团内外的特级教师把控教学质量。学校将引入五中特色校本课程体系。

8月31日，北京第五中学通州校区落成

（白文会 李瑶拍摄）

（白文会　李瑶）

【张辛庄小学撤并】　8月，随着城市副中心发展的建设步伐，张家湾镇张辛庄村进行拆迁，张辛庄小学被撤并，学校19名教师、156名学生分别分配到张家湾镇中心小学及四所完小中。

（张海涛）

【开展首届“新蕾杯”教师基本功展示会】　9月11日，通州区教委开展首届“新蕾杯”中学青年教师教学基本功展示会。会上，相关领导从活动目的意义、展示学科、参加人员、展示内容、活动安排、工作要求等几个方面给各学科牵头人详细解读首届中学青年教师“新蕾杯”教学基本功展示活动方案。3月起，通州区在坚持多年的中学“春华杯”“秋实杯”两项教师教学评优活动之后，启动面向4年教龄以下的青年教师的“新蕾杯”教学基本功培训与展示活动。活动经历校级培训与展示、区级培训与展示阶段，全区30余名学科牵头人参加会议。此项活动每3年一届。

（郭书彤）

【举行“微助社”扩大仪式】　9月13日，史家小学通州分校举行“微助社”扩大仪式。仪式分为微善故事分享、为嘉宾佩戴领巾、颁发聘书和志愿者服装、宣誓参观校园等环节。3000名师生和20位家长、教师协会代表参加活动。微善社自2012年10月成立以来，共有5000余人次参与到校内、社区和社会服务活动中，2018年微善活动获得全国优秀德育案例。

（刘　艳）

【首次举办艺术作品展活动】　9月19日，北京市通州区培智学校举办“巧动手，爱生活”2018北京市通州区培智学校艺术作品展活动。活动中，学校美术教师为领导来宾讲解学生情况和作品内容。作品展出学生手工、绘画、陶艺、拼贴等不同形式的作品70余幅，有曾获市区乃至全国奖的作品。此活动得到通州区张家湾残联、张家湾团委、瑞正园农庄等单位支持，通州电视台予以报道。

（吴　铮）

【开展教师研修帮扶活动】　10月10日—12日，北京市通州区教师研修中心领导及教研员6人到内蒙古奈曼旗开展系列教育帮扶活动。10日，在奈曼旗教师进修学校举行《通州区教师研修中心与奈曼旗教师进修学校的对口帮扶协作框架协议》签字仪式，两地领导举行座谈。11日，在奈曼旗教体局会议室举办“中小学校、幼儿园领导干部培训班”，全旗120名中小学校长、副校长，幼儿园园长、副园长参加培训；举行“京蒙对口帮扶校对校合作启动仪式暨2018年奈曼旗初中理化生地学科教师培训班”，奈曼旗160名初中物理、化学、生物、地理学科教师参加培训。12日，举行北京市通州区教师研修中心与奈曼旗教师进修学校对口帮扶协作之“师徒结对子仪式”。

（马耀国）

【召开第一次少先队代表大会】　10月12日，通州区少工委召开中国少年先锋队北京市通州区第一次代表大会。大会听取并审议通过《听党的话跟党走，争做新时代好少年，为建设北京城市副中心贡献力量》的工作报告。对收到的190件提案，提案工作组通过筛选、整理、合并，提交重点提案20件，提案评审委员会决定立案14件，其中，涉及少先队建设6件、儿童身心健康3件、社会教育2件、学校教育2件、生态环保1件。选举产生中国少年先锋队第一届北京市通州区工作委员会委员29名，在一届一次会上选举新一届少工委主任和副主任各2名。大会表彰通州区少先队“活力大队”“动感中队”等先进集体和关心少先队工作好领导、优秀少先队辅导员、优秀少先队员等优秀个人。通州区各中小学的少先队员、少先队辅导员、少先队工作者和社会各界代表300余人参加大会，来自内蒙古和西藏两地手拉手区县的少先队工作者也列席观摩大会。

10月12日，召开第一次少先队代表大会

（朱宇拍摄）

（朱　宇）

【3所学校校名变更】　10月15日，北京市第二中学通州分校、北京市通州区第三中学、通州区潞州中学更名申请得到区政府批准，3所单位的法人机构名称变更事项均已完成。更名分别为北京市第二中学通州校区、中国人民大学附属中学通州校区、北京理工大学附属中学通州校区。

（白文会）

【举办首届模拟提案活动】　10月17日，通州区教委在北京二中通州校区召开通州区青少年模拟政协模拟提案活动总结表彰暨雏鹰建言启动会。会上总结梳理全区青少年模拟政协工作，对上交的46份优秀提案予以表彰。中国社科院欧洲研究所书记罗京辉、北京市教科院院长方中雄、通州区政协主席赵玉影、北京市政协秘书长陈煦、通州区政协副主席贾君刚、副主席王子江，以及北京市教科院青少年科技创新学院、通州区政协各部室、区委教工委、区教委相关领导出席活动，来自全区各学校的德育干部和学生代表300余人参加活动。通州区教委9月10日召开第一届“模拟提案”评审准备会，会上区政协专委会第四工作室对各项目校假期提交的“模拟提案”提出修改建议，9月15日召开青少年模拟政协第一届模拟提案评审会。

10月17日，举办首届模拟提案活动

（白文会 郭书彤拍摄）

（白文会　郭书彤）

【举办首届戏剧节】　10月18日，北京市史家小学通州分校举行首届戏剧节。戏剧节融合戏剧、音乐、美术、形体、语文等学科内容，分为体验区、表演区和汇报区三个区域，旨在传承文化，唤醒戏剧教育，提高学生审美能力、自我表现能力、团队合作力、理解共情力等素质。孩子们从2016年至今经过三年多的积累，从走进戏剧、认识戏剧、体验戏剧、表现戏剧、喜爱戏剧，看到戏剧在他们身上产生的影响。

（刘　艳）

【举办首届民办教师才艺展示活动】　10月25日，通州区教委举办首届民办学校教师才艺展示大赛。活动主题为“扬师德，正师风，建功副中心”。全区20余家民办学校80余名教师参与了讲故事、朗诵、器乐演奏、歌唱、舞蹈等五个项目的角逐。经过激烈的竞争，最终中加学校古琴弹奏《流水》等12个节目获得一等奖，武夷大地幼儿园诗朗诵《抒怀五年，砥砺奋进》等12个节目获得二等奖。此次民办学校教师才艺展示活动，以推动民办教师业务素质提高与发展为宗旨，激励民办教师不断钻研业务提高执教水平、推动民办教育事业的有序健康发展。今后教育工会将继续以活动为载体，为教师搭建自我展示、相互交流的平台，不断提升通州区民办教师的综合素质。

（张俊英）

【承办“学校手拉手共发展 城乡一体化促均衡”现场会】 11月2日，北京市教委在通州区运河中学召开“学校手拉手共发展 城乡一体化促均衡”北京市中小学手拉手对口支持项目通州现场会。会上，总结“手拉手”项目阶段工作，通州区梨园学校杨芳老师上一节语文公开课，通州区教育委员会领导对“手拉手”项目工作做区级层面的总结，对通州区6位校长与工美附中、奋斗小学的校长进行访谈交流。2017年，市教委制定《通州区基础教育质量提升支持计划（2017—2020年）》，正式确立通州区为北京市基础教育综合改革实验区，明确14项工作任务。市教委统筹协调东城、西城、朝阳、丰台等区的31所优质学校与通州区中小学校建立“手拉手”对口支持关系，制定《北京市城乡中小学校一体化发展项目管理办法》，按照“市区联动、需求对接、精准支持、注重实效”的工作思路，手拉手项目学校之间在理念融合、课程建设、学科教学，师生培养、资源共享等方面加强深层次的交流和互通，取得阶段性成效，促进通州区基础教育整体发展质量的提升。一年来通州区手拉手项目学校之间的互访交流往来达200余次，约有1500余人次干部教师走进优质学校参加经验交流、听课评课、课堂教学等活动；优质学校送课到通州区学校达500余次，优质学校干部教师到通州区的听课评课、指导教学等工作达800余次；通州区学生参与优质校各项活动达100余次，参与人数达1000余人。

（白文会）

【举行第二届诗词大赛活动】 11月5日—7日，通州区教委举行“我们爱诗词”通州区小学第二届诗词大会。决赛现场分为接诗连句、字斟句酌、诗词常识、看题吟诗、看诗解意、点字成诗、狭路相逢、观图成诗八个环节。参赛选手们你追我赶、精彩绝伦，赛出了风采，收获了一段关于诗词的美好回忆。最终，贡院小学荣获金牌，潞河中学附属学校荣获银牌，第一实验小学荣获铜牌。本届诗词大会由区关工委、区教委、区广播电视中心联合主办，北京教育科学研究院通州区第一实验小学承办。通州区小学第二届诗词大会从年级选拔到学校预赛，从学校发展共同体中的初赛到区级复赛、决赛，全区38所小学，6万多名学生积极参与。

（胡玉强）

【举办通武廊人才培养工程——教育管理人才综合素养提升研修班】 11月5日—9日，通州区委教育工作委员会委托北京大学继续教育学院承办通武廊人才培养工程——教育管理人才综合素养提升研修班。培训中，聘请北京大学、国务院国有资产监督管理委员会、国防大学、南京师范大学的6位教授分别进行专题讲座。实地考察北京师范大学附属中学、北京市通州区潞河中学，参观北京城市副中心规划展。以专家引领、现场教学、参观考察、互动学习、分组交流等多种方式，从思想政治、形势政策、教育改革发展、管理理论、教育管理实践等五个方面内容开展培训。来自北京市通州区、天津市武清区和河北省廊坊市中小学党政正职80人参加培训。

（白文会）

【北京市红领巾通讯社通州分社成立】 11月15日，北京市红领巾通讯社通州分社成立暨校园记者站授牌仪式在通州区运河小学举行。会上，通州区少工委负责人介绍通州区少先队员参与红通社活动的情况，与会领导为通州区永顺小学、永乐店镇中心小学等16家新成立校园记者站授牌，为红通社记者站指导教师颁发聘书，为红通社小记者代表授予小记者证、笔记本、采访背心等装备。北京市红通社总社、《北京少年报》、《时事魔镜》杂志、通州区少工委等相关部门负责人及通州区21家校园记者站校长、指导教师代表和红通社小记者70余人参加活动。截至年底，21所学校成立红通社。北京市红领巾通讯社（简称“红通社”）由少先队北京市工作委员会主办，其前身是成立于1990年的《北京少年报》小记者团。从2010年11月7日，红通社首批百家校园记者站成立。

（朱 宇）

【举行支持农村学校质量提升项目签约仪式】 11月15日，首都师范大学支持通州区农村学校质量提升项目签约仪式在台湖学校举行。仪式中，次渠中学、台湖学校校长分别介绍学校现状及学校在品牌提升、特色课程开发、师资队伍建设、家校协同育人等方面的发展需求，首师大教育学院院长蔡春解读该项目实施的计划：第一，开展针对干部教师主题式的培训或实训；第二，进行针对学校的综合性诊断调研；第三，搭建交流展示平台，引进先进教学资源；第四，完善家校合作，形成教育合力；第五，促进教育与信息技术的深度融合；第六，提炼城市副中心教育模式，协助构建与副中心相匹配的特色教育体系。随后，蔡春院长和王秀东副主任代表项目双方在协议书上签字。该支持项目是落实市教委《通州区基础教育质量提升支持计划（2017—2020年）》的重要举措之一。

（郭书彤）

【全国青少年车辆模型总决赛获佳绩】 11月16—20日，通州区学生在全国青少年车辆模型总决赛获佳绩。通州区第一实验小学、靛庄小学、育才中学、第六中学、次渠中学21名学生参加第23届“驾驭未来”全国青少年车辆模型教育竞赛的橡筋动力车拼装直行赛、太阳能动力车直线竞速赛等四个赛项总决赛，取得5银1铜的优异成绩。通州区青少年活动中心获得最佳组织奖。“驾驭未来”全国青少年车辆模型教育竞赛是由中国航空运动协会、中国航海模型运动协会、中国车辆模型运动协会、中国大学生体育协会、中国中学生体育协会、中国青少年科技辅导员协会联合主办，面向全国青少年开展的车辆模型教育竞赛活动，自1996年首届活动至今，已举办了23届。通州区第一次组队参加车辆模型国家级赛事。

（吴秀玉）

【24名教师获得北京市“紫禁杯优秀班主任”称号】 11月20日，通州区王春丽等24名教师获北京市“紫禁杯优秀班主任”称号。其中1人荣获特等奖，10人荣获一等奖，13人荣获二等奖。北京市中小学“紫禁杯”优秀班主任评选表彰活动是一项由政府部门主导、社会单位支持的奖励机制，从1988年至今已评选表彰优秀班主任1.2万人次。

（王　蕾）

【承办北京市诗词大会】 11月24日，通州区教委承办北京市“我们爱诗词”诗词大会。来自全市的13支代表队参与比赛，各区代表队参赛选手是由各区关工委层层选拔的优秀学生代表，每支代表队5名选手。经过两场预选赛的激烈角逐，东城区、通州区等6支代表队进入总决赛。总决赛现场分为接诗连句、字斟句酌、诗词常识、看题吟诗、看诗解意、点字成诗、狭路相逢、观图成诗、飞花令等多个环节。本次诗词大会活动经过两轮预赛和专家评委的评审，通州区贡院小学获一等奖第一名，顺义区和密云区代表队获得一等奖。东城区等三支代表队获得二等奖，大兴区等七支代表队获得优胜奖，还有六名同学获得最佳表现奖、小荷奖等单项奖，与会领导、专家为参赛学生颁发获奖证书。北京市关工委副主任赵东鸣、秘书长滕毅，北京市老干部局副局长刘向东、通州区副区长黄世喆，通州区关工委主任王雅岚等领导出席活动。

（白文会）

【举办首届中小学美术教学成果展】 11月24日，通州区教委在潞河中学举办首届中小学美术教学成果展。展示会上，相关领导总结近年来通州区美术教育教学所取得的巨大变化和可喜的成果，随后，潞河中学学生、北京教科院通州区第一实验小学教师、北京市通州区潞河中学校长分别从美术学习、美术教学和校园美育的角度表达自己的感受和愿望。本次美术教学成果展共展示学生作品500多幅，呈现近年来，通州区中小学美术教学所取得的可喜成就。通州区教委领导、中国书法家学会理事、北京书法家学会副主席、北京教育学院体育与艺术学院原副院长、东城区教研中心特级教师、北京教科院基教研中心美术教研员、北京教育学院美术系主任及区各直属学校分管美育工作的领导、新闻媒体以及全区中小学美术教师、部分学生代表及家长参与此次活动。

（孟庆臣）

【新增2所全国青少年校园篮球特色学校】 11月30日，北京市通州区台湖学校（小学部）、北京市通州区第六中学获得全国青少年校园篮球特色学校。截至年底，通州区有北京小学通州分校、北京市通州区张家湾镇中心小学、北京市史家小学通州分校、北京市通州区第二中学、北京市通州区运河中学、北京市通州区潞河中学、中国人民大学附属中学通州校区等9所学校为全国篮球特色学校。

（白文会）

【举办机器人智能大赛】 12月1日，通州区教委举办2018年中小学机器人智能大赛。比赛设立VEX工程挑战赛、FLL工程挑战赛、机器人工程挑战赛三个项目。来自全区30余所学校的37支代表队，200余人参赛。通州区教师研修中心实验学校、北京二中通州校区、潞河中学、潞河中学附属学校、潞城镇中心小学等8支队伍胜出，他们将代表通州区参加由北京市教委主办的中小学机器人大赛。

12月1日，举办机器人智能大赛　（吴秀玉拍摄）

（吴秀玉）

【设立校级骨干班主任奖励项目】 12月17日，通州区教委设立通州区“校级骨干班主任奖励”项目。实施范围为通州区各中小学、职业学校班主任，以及各幼儿园中从事一线保教工作的教职工。按照中学、职业学校每生每年220元，小学、幼儿园每生每年200元的标准核拨“校级骨干班主任奖励”资金。各校结合实际，制定校内奖励分配办法。

（白文会）

【成立教师学院】 12月20日，北京市史家小学通州分校成立教师学院。史家教育集团史家学院与通州分校教师学院签订战略合作协议，史家教育集团校长王欢和史家小学通州分校校长李文凤代表双方签字。标志着史家学院“伙伴式教师校本研修模式”行动研究的成功推广和有效落地，双方将在师资队伍、资源建设、教育教学研究、教师培训等方面开展全方位、多层次的合作。史家分校教师学院的核心宗旨是打造高素质专业化创新型教师队伍，学院工作秉承史家小学通州分校“欣赏教育”办学理念，凝聚和优化学校师资力量，共建共享优质教育资源，实现以学院为载体将优势资源辐射推广到更多周边乃至郊区县的学校教师，进而促进区域教育均衡发展。

（刘　艳）

【举办京津冀体育专业技能展示活动】 12月25日，通州区教委组织天津市静海区、唐山市路南区部分中小学体育教师进行专业技能展示活动。活动中，来自史家小学通州分校、通州区第一实验小学、育才学校通州分校小学部、北京实验二小通州分校、通州区芙蓉小学、台湖中心校、贡院小学、漷县中心校、宋庄中心校、永顺中心校、通州区第二中学和天津静海、唐山路南三支代表队进行广播操、队列等集体展示。随后进行武术、技巧、支撑跳跃、健美操、篮球、排球等个人单项展示。通州区中小学体育名师工作室实践导师与研修员对2018年通州区第三届专业技能比赛活动进行总结和点评。通州区教委、通州区中小学体育名师工作室理论及实践导师、北京市基教研中心体育教研室主任、天津市静海区教育局体卫艺科、天津市静海区和唐山市路南区体育教育教学研究室体育教研员、三地体育教师代表70余人参加本次活动。

（崔宝春）

【首届优秀青年班主任工作坊活动结束】 12月26日，通州区教委协同通州区教师研修中心德育部、北京教育科学研究院班主任研究中心、《班主任》杂志社等举行通州区优秀青年班主任工作坊结业式。结业式上，北京教育科学研究院班主任研究中心，《班主任》杂志社副社长以《立足于整体规划的班级文化建设》为题，系统阐述班级建设的“魂”和“载体”；北京教育科学研究院班主任研究中心、《班主任》杂志社常务副主编、编辑部主任做题为《搭建专业平台　促进教师发展》的工作总结。与会领导为工作坊成员颁发结业证书。首届通州区优秀青年班主任工作坊为期一年，培训活动包括8次集中学习以及28次学员微论坛。工作坊通过专家引领，团队互助等方式，提升班主任队伍带班育人水平。

（刘慧敏）

【启动“运河计划”教育领域人才工作室】 12月27日，通州区教委召开“运河计划”教育领域人才工作室启动会。会上，区委组织部副部长汪维和人力社保局副局长吴绍伟共同为工作室揭牌；区教委副主任王秀东为工作室负责人张佳春同志颁发聘书；芙蓉小学、柴厂屯中学和工作室负责人作大会交流发言。区委组织部、人力社保局、区委教工委、区教委等领导及入选“运河计划”教育领域人才及其所在单位主管领导共计100余人参加启动会。

【举办精彩三分钟电视大赛活动】 12月27日，通州区教委举办“精彩三分钟”小小演说家电视大赛活动。决赛现场，小选手们经过“你我三分钟”的命题演讲和“精彩三分钟”的自由演讲两轮角逐，最终9名小选手脱颖而出分别获得金、银、铜奖。副区长黄世喆参加活动并为获奖者颁奖。此活动从11月底启动，经过海选、网络票选，预赛、半决赛、总决赛。小小演说家电视大赛活动是通州区教委在全区小学校深入推进课堂教学改革的基础上的成功探索，是通州区融媒体中心挂牌成立后推出的第一档电视季播活动，也是北京行政中心确立后着力打造的文化品牌。“精彩三分钟”活动就是课堂教学改革中的一项重要举措。在每一节课上，教师给学生3分钟的时间，让学生在老师和同学面前，围绕学科内容，展示自己知识的积累、学习的体会。

（白文会）

【多途径解决三点半难题】 通州区教委实施中小学课外活动计划解决三点半难题。建立中小学生课外活动专业资源库。强化机构准入标准，严控课外活动师资质量，审核认定223家社会培训机构，引入北京民族乐团等17家艺术院团进校园。组织多种社团活动。截至年底，全区各中小学建立各类课外兴趣小组和社团1100多个，满足不同学段学生的特点及兴趣，覆盖率100%。加大专项投入。2017年投入资金6742万元，采取政府购买社会服务的形式，组织开展各类学生活动和竞赛。建成68所中小学科技探究实验室，2018年实现科学探究活动场地区域全覆盖。

（李　瑶）

职业与成人教育

【概　况】 2018年，通州区职业高中2所，其中，教育部门办1所、民办1所，开设专业5类。招生110人，毕业137人，在校生330人。教职工165人，其中专任教师145人。职业高中学校（非学校产权）占地总面积247799平方米，（学校产权）建筑总面积49636平方米，（非学校产权）建筑总面积29210平方米，图书室藏书115469册，固定资产总值11996.92万元。成人教育单位12个，其中成人教育中心1个、区教委辖管乡镇成人学校11个。开设外语、计算机、农业技术、驾驶、文明素质等培训科目。教职工38人（不含外聘教师），其中专任教师24人。区教委辖属乡镇成校占地总面积81462平方米，建筑总面积31946平方米，图书馆藏书50680册，计算机617台，固定资产总值1282.020835万元。

（李　健）

【增设专业】 1月24日、2月1日，通州区新城职业学校新增专业获批复。北京新城职业学校获批新增旅游服务类中餐烹饪与营养膳食、西餐烹饪两个专业，北京市现代音乐学校新增文化艺术类戏剧表演专业。学制皆为三年，从2018年起列入招生计划。

（侯　洋）

【完成高自考报考工作】 3月9日，完成2018年4月北京市高等教育自学考试报考工作。本期通州区开考56个专业，274门课程，有考生7813人报考24206科次；注册新生2427人，使用考场数781个，设通州区第二中学、通州区第四中学、通州区玉桥中学、张家湾中学、龙旺庄中学、燕城监狱6个考点，通州区教育考试中心设特殊考场1个。本次自考于2018年4月14日、15日、21日、22日进行。本期考试首次采用新的报考系统进行网上报考、新生自行上传照片、新生现场确认、网上缴费方式。

（王洪建）

【启动隔代育婴培训活动】 3月30日，2018年通州区“社区教育大课堂——隔代育婴”系列培训活动在梨园地区中心幼儿园正式启动。活动首先由职成部研修员介绍《隔代育婴》培训活动的准备情况；修远教育家庭教育中心的国家高级家庭教育讲师、国家高级家庭教育指导师韩金花老师以“隔代养育如何做到三赢”为题为与会家长进行培训。通州区中仓、玉桥、北苑、新华四个街道办事处及台湖镇主管社区教育的相关领导、研修中心研修员、梨园成人学校教师和梨园地区中心幼儿园的教师、家长90余人参加培训活动。

（丁　佳）

【举办校园文化艺术节活动】 6月15日，通州区职业教育发展三十五周年之际。北京新城职业学校举办“师恩似海　海阔天高任你翱翔”第八届校园文化艺术节。艺术节包含微电影、歌舞、校园剧、古筝、戏曲广播体操、沙画表演、茶艺表演、软陶作品等多种载体、多种形式的展示活动，其中，纪录片《不忘初心　砥砺前行》展现学校的发展历程以及未来的发展方向；原北京市教委职成处处长于东平、现北京市教委职成处副处长陈斌为历届优秀毕业生代表颁发荣誉证书。在校师生，优秀毕业生代表及家长代表600人参加活动。

（刘　琼）

【北京现代音乐研修学院党委成立】 7月2日，北京现代音乐研修学院党委揭牌仪式在学院黑匣子剧场举行。通州区教工委副书记周颖宣读了教工委关于学院党总支升格为党委的批复，周颖、院长李平、北音党委委员及各支部书记共同为学院党委揭牌。2005年，北京现代音乐研修学院成立党支部，2010年北音党支部升格为党总支，2018年4月经北京现代音乐研修学院研究申请、北京市通州区教工委批复，北京现代音乐研修学院党总支正式升格为北音党委。2018年5月18日，北京现代音乐研修学院党委选举党员大会举行，选举出了第一届党委委员。

（白文会）

【举行通蒙冀鄂职业教育扶贫协作与区域合作签约仪式】 10月17日，通蒙冀鄂职业教育扶贫协作与区域合作签约仪式在北京新城职业学校举行。签约仪式上，北京新城职业学校分别与大厂职业教育中心、十堰市科技学校、科右中旗中等职业学校、奈曼旗民族职业中等专业学校、翁牛特旗职业教育中心签订扶贫协作与区域合作协议。北京新城职业学校校长、内蒙古奈曼旗民族职业中等专业学校分别发言，北京市教委对口支援与区域合作处、通州区政府相关领导做重要讲话。北京市教委职成处、廊坊市教育局、通州区教委以及四地各学校干部、教师、学生代表500余人参加此次活动。本次签约仪式后，“通蒙冀鄂”职业教育在办学理念交流、两支队伍建设、教学经验分享、名师结对帮扶、特色学校建设、师生联谊活动、优势资源共享等方面进一步扩大交流领域，各校开展跨区域人才培养、课程开发、数字化教学资源共享、实习实训基地共享、教学科研成果共享、技术技能大赛等交流合作。截至年底，通蒙冀鄂职业教育对口支援与合作办学工作取得阶段性进展，北京新城职业学校与十堰市科技学校首批联合办学招收的30名学生于9月到校学习。

10月17日，通蒙冀鄂职业教育扶贫协作与区域合作签约仪式 （刘森拍摄）

（刘琼　白文会）

【全民终身学习活动周开幕暨第三届社区教育成果展示活动】 11月23日，通州区举办第十四届全民终身学习活动周开幕暨第三届社区教育成果展示活动。活动周开幕式上表彰2018年在通州区建设学习型城区工作中取得突出成绩的国家级“百姓学习之星”、国家级“终身学习品牌项目”，“首都市民学习之星”“通州区市民学习之星”，学习型家庭、学习型社区（村），并为北京市民终身学习示范基地、北京市新型职业农民培训基地、北京市职工继续教育基地以及通州区市民终身学习示范基地授牌。市教委职成处干部项明、区妇联主席刘美俊、区文明办副主任禹晓峰、区社会办副主任周庭桂、张家湾镇党委领导以及国家级、市级、区级获奖个人和单位代表100余人参加开幕式。开幕式后，举办通州区第三届社区教育成果展示活动，近200个社区教育优秀作品参展。活动周历时两个月，安排300多场活动有3万余人次在学习周期间参加学习活动。

（刘　琮）

教育督导

【被认定为全国中小学校责任督学挂牌督导创新区】 2月14日，通州区被认定为全国中小学校责任督学挂牌督导创新区。经国务院教育督导委员会办公室组织专家审查材料、实地核查，通州区在实施中小学校责任督学挂牌督导方面成绩显著、效果明显，认定通州区为全国中小学校责任督学挂牌督导创新区。

【完成9所小学综合督导】 4月17日至5月17日，督导组一行20余人先后走进北京第二实验小学通州分校等9所小学，对每所学校进行为期一天的全面实施素质教育综合督导评价、社会主义核心价值观和《中小学体育工作三年行动计划》的专项督导。督导组深入学校，通过听取校长工作报告，进入课堂听课，查阅档案材料，实地考察校园文化、义务教育阶段中小学生课外活动和硬件设施，召开相关人员座谈会、组织师生调查问卷、个别座谈等形式广泛收集信息，对学校发展规划、队伍建设、教育管理、发展绩效、创新与特色等工作进行了督导检查。督导组根据评价指标体系，在学校自查自评的基础上，按照所负责检查的内容和学校实际情况集体讨论研究，并与学校沟通后，形成学校督导评价意见，以书面形式反馈给学校。

【完成7所学校专项督导】 10月23日至11月8日，完成对史家小学通州分校、潞河中学、运河中学、第二中学、青少年活动中心、永乐店中学、新城职业学校等7所学校进行全面实施素质教育综合督导并就其培育和践行社会主义核心价值观落实《中小学体育工作三年行动计划》情况开展专项督导。

（刘　森）

教育机构选介

潞河中学

【概　况】 2018年，北京市通州区潞河中学占地面积17.06万平方米、建筑面积10.0216万平方米、运动场地面积2万平方米。图书馆藏书15.3万册，包括电子图书2.8万册，订阅杂志、报刊293种。固定资产总值31589.2万元。全年教育经费投入16286.93万元，其中，国家拨款16267.73万元、自筹经费19.2万元。学校信息化经费投入约100万元，拥有计算机2600台，多媒体教室座位6030个，校园网出口总宽带700兆字节（Mbps），数字资源量2500千兆字节（GB），“信息技术”课程初中1课/周、高中2课时/周。教职工379人，其中，副高级及以上职称158人、中级职称114人。专任教师312人，包括特级教师15人、市骨干教师16人、市学科教学带头人6人；本科及以上学历312人。开设教学班73个，其中，初中班28个、高中班45个。毕业817人，其中初中276人、高中541人；招生1032人，其中初中359人、高中643人；在校生2835人，其中初中1015人、高中1820人（内地新疆高中班478人，寄宿生920人、外省市借读生630人）。高中录取分数线534分（通州区），应届高考本科上线率100%。

2018年，按照国家课程标准、课程方案，完善学校三级课程方案。深入研究、落实北京市教委《深化高等学校考试招生制度综合改革实施方案》及《关于进一步推进高中阶段学校考试招生制度改革的实施意见》，扎实推进选课走班模式下的教学组织形式、选科选考模式，在实施过程中统筹课程、师资、教室等资源，逐步完善各项工作，形成了具有潞河特色的课程综合改革方案。

2018年，高考实现清华大学、北京大学名牌战略新突破。进一步落实学校与高校、优质资源单位的教育合作，命名“钱学森”班并继续探索贯通人才培养模式，依托“金鹏天文团”“翱翔计划”“创客教育”“斯坦福创新实验室”等项目开展创新人才培养，加大学科竞赛及培优课程培养力度，组织学生参与高级别高水平学科竞赛。

增强干部、教师思想和业务修养，提高工作的责任感和使命感。开拓市、区两级资源，大力加强学校干部、教师培训力度，特别重视骨干教师及青年教师培养。

在原有潞河中学教育联盟、中学教育共同体、手拉手对口支持学校的基础上，探索集团办学模式。在教育理念、学校管理、教育科研、学生培养方式等方面整体协调，形成校际融通互补的发展关系。

（刘晓蕾　武　欣）

【举办学习生活体验营活动】 1月28日至2月1日，潞河中学联合部分潞河教育联盟校及徐华校长工作室成员校举办首届潞河中学学习生活体验营活动。来自通州区二中、四中、六中、育才学校通州分校、玉桥中学及北关中学6所初中校的90名初二年级学生及潞河中学10余名学生志愿者参加活动。

1月28日至2月1日，举办潞河中学学习生活体验营活动（魏海楠 拍摄）

【世锦赛获得佳绩】 2月5日，通州区潞河中学STAR啦啦队代表中国赴美国奥兰多参加世界中小学生舞蹈啦啦操锦标赛，取得爵士啦啦操第一名，花球啦啦操第三名，并代表中国取得国家杯第四名的佳绩。

2月5日，潞河中学啦啦操对在世锦赛中荣获佳绩（吕哲 拍摄）

【承办全学科阅读启动会】 5月18日由区教委、区研修中心主办，潞河中学承办的“基于核心素养的通州区ASR（全学科阅读）”项目启动会召开。区政府教育督导室主任李少杰、区教委副主任王秀东、中教科科长孙翠松及中教科副科长张旭东、区教师研修中心院长李万峰，区各校校长、教师代表约400人参会。

5月18日，全学科阅读启动会召开　（杨海涛　拍摄）

【举行“钱学森班”授牌仪式】　10月8日，践行“大成智慧”教育思想培养“健全人格”创新人才——潞河中学“钱学森班”授牌仪式在学校第一报告厅举行。潞河中学是北京市第7个拥有“钱学森班”冠名的学校。通州区副区长黄世喆，区教委主任申健以及中国航天钱学森决策顾问委员会主任委员，钱学森之子钱永刚教授，著名艺术家韩美林，著名作家王梓夫，著名军事专家、潞河中学校友杜文龙，清华大学、北京航空航天大学、中国科学院大学、北京交通大学的指导专家，以及潞河教育联盟校及京津冀教育共同体学校的干部教师们参加授牌大会。

【承办宪法宣传日活动】　12月3日，区教委、区检察院联合组织开展“少年中国　与法同行——检察长进校园暨宪法日宣传活动”，活动启动仪式在潞河中学进行。区检察院、区教委相关领导、部分家长代表、潞河中学高一年级全体学生参加活动。校长徐华聘请区检察院检察长祁治国担任潞河中学法治副校长。

【召开民族团结艺术教育合作研讨会】　12月27日，北京新疆两地民族团结艺术教育合作研讨会

12月27日，民族团结艺术教育合作研讨会召开
（杨海涛　拍摄）

——暨潞河中学与伊犁哈萨克自治州歌舞剧院、新疆生产建设兵团三中民族团结艺术教育合作签约仪式在北京市通州区潞河中学举行。

【接待多国来访校交流访问】　2018年接待多国来访校交流访问。1月，台湾新北市立福和国民中学14人来访；5月，韩国首尔永一高中12名师生来访；6月，美国洛杉矶杜阿尔特高中女篮来访；10月，俄罗斯莫斯科的天然气学校16名师生来访；11月，澳大利亚艾森姆学校7名师生来访。

6月13日，潞河中学接待多国来访校交流访问
（杨海涛　拍摄）

（刘晓蕾　张　娜）

北京物资学院

【概　况】　北京物资学院是一所以物流和流通为特色，以经济学科为基础，以管理学科为主干，经、管、理、工、文、法等多学科协调发展的公办普通高等院校。1980年建校，先后隶属于国家物资总局、物资部、国内贸易部，1998年10月划归北京市管理。

2018年，北京物资学院占地面积43.16万平方米，建筑面积27.60万平方米，固定资产总值80198.57万元，其中，教学、科研仪器设备资产值29449.63万元。全年教育经费投入44066万元，其中，国家拨款35971万元。事业收入7147万元，经营收入188万元，其他收入758万元。图书馆建筑面积12578平方米，馆藏图书123.86万册，电子图书191.81万册。学校设有经济学院、物流学院、信息学院、商学院、法学院、外国语言与文化学院、马

克思主义学院、国际学院、继续教育学院9个学院，设有24个本科专业及方向；拥有5个一级学科硕士学位授权，3个专业学位硕士培养类别；拥有2个北京市重点建设学科、2个国家级特色专业、3个北京市特色专业。建有国家级人才培养模式创新实验区、国家级高等学校实验教学示范中心、国家级及市级校外人才培养基地（6个）、北京市重点实验室、北京市哲学社会科学研究基地、北京市高校工程研究中心等教学科研机构。定期出版专业刊物1个。教职工总数793人，其中，专任教师495人，包括教授69人、副教授181人；硕士研究生导师156人。国内外学术期刊发表论文542篇，其中，CSSCI论文60篇，《科学引文索引》（SCI）论文14篇。学校信息化建设网络信息点数11374个，无线接入1068个，上网课程数174门，电子邮件系统用户6500个，管理信息系统数据总量3600吉字节，数据库67个，音视频33322.53小时，信息化培训601人次，信息化工作人员19人。毕业生2173人，其中，学历教育学生中全日制研究生236人，普通本科生1362人，成人教育本专科生575人（本科生237人、专科生338人）。招生2466人，其中，学历教育学生中全日制研究生321人，普通本科生1514人，成人教育本专科生631人（本科生559人、专科生72人）。北京地区高考录取线一本理科532分、文科576分，二本理科508分、文科551分。在校生8049人，其中，学历教育学生中全日制研究生784人，普通本科生5985人，成人教育本专科生1280人（本科生817人、专科生463人）。留学生毕（结）业142人，招生180人，在校生180人。

专业建设与人才培养。健全专业动态调整机制，暂停劳动关系、劳动与社会保障两个专业招生，新增商务英语专业，物流管理专业入选市属高校一流专业建设。建立健全双学位制度、大类招生制度、转专业制度，开办暑期国际学校，开设国际化班、辅修专业和双学位班。新上线6门慕课。国家级物流系统与技术实验教学示范中心改扩建完成。新增江西、西藏为一批次招生省份，一批次招生省市10个；录取分数超过当地一批线的省市21个，多个省市录取最低分超过当地一批线50分以上。本科生就业率90.1%，硕士生就业率99.58%。获批北京市教学成果奖5项，获批北京地区高校示范性创业中心。大型原创舞剧《运》在京首演，获广泛好评。

学科建设与科研工作。获批2018年—2020年博士学位授予立项建设单位资格。获批国家自然科学基金项目3项，教育部人文社科规划项目6项，北京市社科基金项目18项。全年科研项目经费1118万元。全年召开四次大运河智库论坛和成果发布会。11月23日，《中国学术期刊（光盘版）》电子杂志社有限公司和清华大学图书馆每年联合研制的《中国学术期刊国际引证年报》，遴选发布了2018中国国际影响力优秀学术期刊（人文社会科学）名单，《中国流通经济》被评为2018中国国际影响力优秀学术期刊，位列第10名。

7月18日，北京物资学院大运河研究院第一届智库论坛（北京物资学院提供）

对外合作与国际交流。新增北京市物流与供应链管理协会、北京市对口支援与经济合作办公室、玉树市、洛阳师范学院等合作单位，与北京京粮物流集团等十余家企业签署合作协议，并全部落实合作项目。为赤峰、玉树、拉萨等地区提供物流、电子商务领域科研技术服务及各类培训600多人次。为平谷区提供物流规划服务，为东风车城、北京中央农产品批发市场提供培训。2018年新增海外合作院校机构14所，英国剑桥大学克莱尔霍学院、美国加州大学伯克利分校等国际名校签署学生交流学习协议。全年有82名学生赴海外学习交流，赴国外读研毕业生87人。获批北京市教委2019年“一带一路”

国际物流人才本科班奖学金专项。

12月13日，北京市人民政府副市长隋振江一行到校指导工作，对学校“国家级物流系统与技术教学示范中心”进行考察。

12月13日，副市长隋振江（左二）视察学校
（北京物资学院提供）

【原创舞剧《运》传播大运河文化】 1月1日—2日，舞剧《运》在北京舞蹈学院舞蹈剧场首演。5月1日，舞剧《运》在通州区纪念五四运动99周年活动中演出。9月25日—26日，舞剧《运》在第十五届北京舞蹈大赛舞剧、舞蹈诗评奖中获得优秀成绩。10月23日，舞剧《运》在“2018北京·通州运河文化艺术节”活动中承担揭幕演出。10月25日，舞剧《运》在北京文博会上亮相。11月1日，舞剧《运》在北京市文化局主办的首届“流动的文化——大运河文化带精品剧目展演”活动中担当揭幕剧目。舞剧《运》是北京物资学院从2016年开始筹划，历时近两年创作的一部结合民族文化、京杭大运河文化和校园文化的舞剧。2017年9月，舞剧《运》成功立项成为北京文化艺术基金支持项目，是唯一一个非专业艺术院团申报成功的剧目。舞剧《运》的创作目的是一方面传承和发扬中华优秀传统文化，另一方面引导青年大学生从中华优秀传统文化中找到认同和自信。

北京物资学院舞剧《运》宣传剧照
（北京物资学院提供）

【北京市商务科技学校并入北京物资学院】 2月9日，北京市教育委员发布《北京市教育委员会关于将北京市商务科技学校并入北京物资学院的通知》，决定将北京市商务科技学校整建制并入北京物资学院。通知发布后，北京物资学院推进内部管理体制改革，统筹和优化教育资源配置，科学合理地调整内部机构、确定人员编制，扎实稳步推进人员、教学、资产、经费等方面的并入工作。学校于3月22日、7月1日分别与西城区委区政府领导、企业家校友、各学科专家探讨了原北京市商务科技学校右安门校区接收后的功能定位、运行模式、发展方向等问题。人员聘任工作从6月22日开始，至7月24日结束，有47名原北京市商务科技学校教职员工通过动员、报名、资格审核、面试考察、公示等环节被聘任至北京物资学院处级以下相关岗位。9月21日至12月14日，学校分期分批对上述聘任到岗的教职员工开展师德专题、思想政治专题、入职适应力专题、管理能力及技术专题等方面的培训工作。

【携手企业打造雄安新区智能物流样板】 10月18日上午，由南开大学、北京交通大学、北京物资学院、上海海事大学携手国家发改委综合运输研究所、上海市政工程设计院、招商局中外运物流、京东物流等共同发起成立城市智能物流研究院（雄安）。研究院以北京物资学院教授何明珂主持的《新区冷链物流规划》（姜旭、陆华）、《新区物流产业规划》（刘玉奇、梁晨）专题研究成果为基础，着力打造城市智能物流研究平台。研究院将依托雄安新区进行“京津冀”世界级城市群智能物流枢纽规划、城市物流系统顶层设计、物流大数据和云计算平台建设、空间物流探索及体系搭建、城市智能物流前瞻研究等，服务雄安新区智能物流和智能城市建设，为全球城市智能物流和现代物流体系建设提供样板。

【购买力平价与国民福祉统计发展暨大数据技术应用国际研讨会】 12月13日—14日，购买力平价与国民福祉统计发展暨大数据技术应用国际研讨会在中国北京物资学院举行。本次会议由北京物资学院、中国人民大学、意大利比萨大学、意大利佛罗伦萨大学联合主办。该会议是汇集全球购买力平价研究与实践前沿专家，探索中国购买力平价问题与发展的年度论坛，同时也是世界统计大会购买力平价比较项目分论坛的预备会议。本次会议主题为"购买力与国民福祉、物流统计、大数据应用"，旨在加强相关领域研究者的国际交流合作，分享理论研究和应用实践的最新成果、探讨国际发展动态和研究热点。本次会议包括"购买力平价与国民福祉统计发展""世界统计大会PPP分论坛筹备工作圆桌会议""大数据技术应用"三个版块。会议邀请了意大利比萨大学、佛罗伦萨大学、罗马大学、图西亚大学，美国罗格斯商学院，清华大学、中国人民大学、西南财经大学、北京理工大学、北京物资学院，英国国家统计局，中国国家统计局的众多专家学者做交流报告。上海外国语大学、西安财经大学、吉林财经大学、广东财经大学、太原科技大学、河北工程大学等国内高校和研究机构的30余名代表出席本次会议。会议期间，参会的专家学者深入探讨了国内外大数据技术与产业趋势，广泛交流了国民经济、物资流通、物流统计与标准化、物流大数据、大数据服务运营、休闲旅游大数据、会计审计大数据方法与技术等在各领域的创新应用。

（丁兆博）

职业教育中心

【概　况】 2005年通州区政府与北京工业大学合作创办北工大实验学院，并于2007年1月正式迁入通州。实验学院同时招收本科、专科两类学生，本科生由北工大统一负责招生，学籍由北工大管理。

【北京工业大学通州校区】 2015年，面对高标准、高质量推进副中心建设的新形势，自2015年起，市教委指导北京工业大学和通州区政府开始谋划改革，并得到市委、市政府有关领导原则同意和批示。经双方研究，达成深度战略合作初步意向：由北工大在实验学院现址上主办北京工业大学通州校区和高精尖协同创新中心，并逐步发展成为适应北京城市副中心建设发展需求的高水平科研基地和人才培养基地。北工大同意接收愿意来校工作的原实验学院通州编制的教职工，纳入北工大正式编制。原北京工业大学通州分校的未毕业学生的教学管理工作由北工大负责，直至学生全部毕业。

【签署深度战略合作框架协议】 通州区政府和北工大于2017年5月26日签署了《北京市通州区区人民政府 北京工业大学深度战略合作框架协议》，协议中关于土地等资产双方约定，由甲方提供土地、地上建筑物、设施设备及相关档案等，供乙方办学使用，资产产权归甲方所有，具体协议一年一签，确保资产安全完整，待2019年北工大通州分校学生全部完成学业后，双方再进一步完善全面合作有关事宜。2018年1月1日，实验学院按照协议完成改革，201名职工转入北工大编制。职教中心还有事业编制干部教师13人，其中处级以上5人，科级及科级以下8人。

年内，职教中心协助北工大通州校区完成固定资产的报损报废工作和2018级新生入学报到工作；完成了北工大通州分校应届学生和延毕学生毕业服务工作和2018年应届学生的档案邮寄和现场发放工作；为往届毕业生提供电话咨询、开具各种证明材料和提供档案复印等服务100余次；协助北工大通州校区完成校园双路供电审批手续、取得排水许可证书、完成自备井报废封井审批手续；协助配合北工大通州校区教师完成科技创新人才申报工作。其中，讲师常鹏著作《间歇过程统计建模及故障诊断研究——基于数据驱动角度》和课题"基于数据驱动的污水处理过程统计建模及监测研究"、副教授王卓峥课题"基于视频拼接技术超分辨率图像重建算法的研究”、副教授范青武课题“遗传算法动态演化过程的数据挖掘研究”分别获得奖励基金。

（张玉伟）

成人教育中心

【概　况】 2018年，成人教育中心围绕副中心建设，区委、区政府中心工作和市民教育需求，以学习宣传贯彻中共十九大精神为动力，以服务区域经济社会发展和促进市民综合素质提升为办学宗旨，为建好副中心提供优质教育资源和人才支撑。

【市民教育】 年内，发挥“运河讲堂”的首都市民学习品牌和载体作用，深化市民教育活动，举办“社会主义核心价值观与仁义礼智信”“用礼仪沟通心灵”“让文明变成行动”“谦虚其心，宏大其量”“中医防病养生”5场公益教育讲座，参与市民达800余人。通过面向社区居民开展的公益教育活动，在提升居民道德、文明、文化知识和提高居民素质、传播正能量等方面，取得了良好效果。

【农民教育】 加强农广校乡镇工作站建设，促进通州区农村职业教育和成人教育的融合发展，实现农广校市、区、乡镇、田间学校四级教学网络体系建设。年内，与潞城中农富通农场合作，成立通州区农广校第一所田间学校。抓好农民学历教育，在6个乡镇新开设中专班，现有在校学生246人。继续推进“文化驻乡”工程，在于家务、宋庄两个乡镇开设2个文艺中专班，培训学员95名。农广校乡镇工作站为丰富农民精神文化生活，组织各类培训活动，开展国画素描、书法课程和舞蹈等培训，传播科学文化知识，促进乡风文明建设，推动新农村精神文明建设。

【成人学历教育】 年内，运用国家开放大学和北京开放大学资源，发挥奥鹏远程教育中心的网络教学优势，构建具有通州区特色的新型开放大学和远程教育学习中心。开放大学专科、本科共招生411人，毕业286人；奥鹏远程教育中心专科、本科共招生86人，毕业63人；与中国政法大学联办的第一期在职公共管理硕士研究生双证班招生15人，毕业9人。

【成人培训】 年内，加强与区乡镇、街道、委办局合作，组织完成为期两年的台湖镇村级干部政治理论水平和工作能力培训，35人结业。与区工会合作的首都职工素质建设工程采用职工自主选课的方式，完成10个班次，4门课程的授课任务，培训学员518人。与旅游委、园林绿化局合作，开展行业安全知识、软件及公文写作等培训，培训学员800余人。深入社区，开展消防安全知识和正面管教祖辈家长课堂公益培训，全年开展送课进社区活动12次，累计培训居民500余人。

【青少年校外教育】 年内，开展送课进校园活动，课程包括校园消防安全知识、文明礼仪、专注力训练等内容，服务师生3000余人。组织初中开放性科学实践活动，开设化学类、物理类、刑侦类三门课程，培训学员5427人。开发“绿色同享——助力副中心建设”环保特色课程，送课进社区、校园，服务各类学员1125人。剑桥少儿英语和新概念英语培训班全年培训100人。

【组考工作】 年内，北京地区全国专业技术人员计算机应用能力考试组考2次，共计1100个模块；组织1700名考生参加北京市会计专业技术资格考试；协助区教委组织870名考生参加所属事业单位2018年面向毕业生第一次公开招聘工作人员笔试的组考工作。协助区人力资源和社会保障局考试培训中心组织各类考试5次，其中包括笔试、面试及机考，累计服务考生3000余人，受到合作单位和考生的认可与好评。

（郑琛颖）

文 化

7月18日,区融媒体中心揭牌仪式举行。市委宣传部副巡视员梅松(左一),区委书记曾赞荣(中),区委副书记、代区长赵磊(右一)　　(区广电中心提供)

概　述

2018年，通州区文化文物工作围绕北京城市副中心建设，完成了区委、区政府交办的各项工作。推进大运河文化带建设，全面提升文化遗产保护能力。完成《通州区文物保护规划（初稿）》编制工作，重点对石坝、土坝、通济桥、张家湾东门桥等重要文物的历史资料进行梳理。完成《“三庙一塔”景区保护利用规划（征求意见稿）》（“三庙一塔”：文庙、紫清宫、佑圣教寺，燃灯佛舍利塔）。实施了晾鹰台、圆通庵、紫清宫及佑胜教寺等文物的修缮工程，对7处烈士墓进行环境整治维护工作。原址掩埋保护新发现的明代善人桥，协调市文物局，围绕通州古城、张家湾古城、路县故城遗址、玉带河、萧太后河沿河沿岸的重要历史文化遗迹制定了考古勘探计划。利用传统节日及主题文化活动，展演一系列民俗文化活动。利用“京津冀”文化合作平台，实施“京津冀”三地“非遗”交流和联盟服务，多层次、多形式、多内容开展文化交流活动。开展两次不可移动文物巡查工作，对全区236处不可移动文物确责。创建首都公共文化服务示范区工作取得阶段性成果，通过现场调度、督导检查、第三方明察暗访等举措，完成了市文化和旅游局最终评审检查。推进公共文化设施建设，采取租赁、共享、改扩建、新建小区移交等方式，逐步补齐文化设施不足短板。举办2018年台湖音乐周和2018北京（台湖）影偶艺术周，邀请德国、希腊、荷兰和巴拿马4国艺术团体举办2018北京·运河国际艺术周。全面提升2018北京·通州运河文化艺术节艺术水平。举办2018“书香通州”全民阅读活动，其中大运河阅读计划串连了18座运河沿岸城市，加强之间的文化交流。实施文化惠民工程，全区各类文艺演出1600余场，电影放映1.7万场，吸引观众40余万人。举办2018中国艺术品产业博览会，展会面积10万平方米，接待观众31.45万人，达成交易额18.15亿元。参加第十三届北京文博会，通州区有36家企业参展。2018年北京文化创意大赛在通州区设立6个分会场，3个项目进入全市30强，通州区获得文化创意大赛最佳组织奖。开展区内文化创意产业人才整体提升计划，举办三期文化创意讲堂活动，参与企业超过300家。通州区创意产业扶持资金项目，重点扶持文化创意企业17家，撬动社会总投资5473.41万元，拉动税收2967.72万元。梳理区内利用老旧厂房发展文化创意园区的优秀典型。加强“扫黄打非”工作，吸纳中国移动、联通、电信、歌华四家单位为通州区“扫黄打非”成员单位，参与网络治理。以“清源”“固边”等专项行动为抓手，净化文化市场经营环境。开展“京津冀”共同开展的“护城河”联合行动，签订《通州—武清—廊坊文化市场管理战略合作协议书》。严格规范审批行为，严格执行审批时限，完成文化企业全年检验审核工作。举办全区文化企业安全生产大型公开课，研究部署了文化企业、文物单位、文化事业单位的安全生产工作。6月2日，通州区图书馆地方文献部正式更名为运河文献资源中心。

【京津冀文化交流活动】　1月11日，由北京市通州区文化委主办，天津市武清区、河北省廊坊市文化部门共同参与的京津冀文化交流活动之“古韵今风，经典传承”专场剧目演出，走进天津市武清区，进行通武廊三地第二站巡回演出，为天津武清区百姓献上文艺大餐。本次演出汇集京剧、京韵大鼓、河北梆子、评剧、武生打戏、反串、杂技等京津冀三地经典的戏曲及曲艺类节目，演员们在舞台上的专业表现，获得了武清区观众的一致好评，喝彩频频、掌声不断。

【元宵节文化活动】　3月2日（元宵节），通州区举办了丰富多彩的文化活动。通州区文化馆举办正月十五“梨园春”戏曲演唱会，活动包括评剧清唱《习主席望着运河笑》、京剧联唱《同心曲》、河北梆子《杜十娘》等。通州区图书馆开展“猜谜语·迎福气”元宵节活动。潞城镇开展“践行十九大共筑中国梦”新春文艺惠民的演出活动，马驹桥镇开展“光辉十九大，欢乐中国年”系列文化活动，张家湾镇开展“姑奶奶回娘家”“里二泗庙会”节日活动，漷县镇在张庄村举办花会表演。

【完成善人桥考古发掘工作】 4月25日，完成2017年9月发现的张家湾古石桥遗迹考古发掘工作。经考古发掘，古桥遗迹位于张家湾古城的东南方，凉水河北岸，确定此桥为善人桥，监造者为清源陈进儒，建造时间为明万历三十三年（1605年），与张家湾通运桥为同年同人建造，距今有413年历史。

【大运河阅读行动计划启动活动】 4月27日，“阅读＋大运河”大运河阅读行动计划启动活动暨大运河阅读家对话活动在通州区奥体公园举行。由此，2018“书香通州”大运河阅读行动计划全面启动，包括大运河阅读家对话、18城大运河阅读接力、18城大运河名作家领读活动、大运河社区流动书展、走进副中心阅读活动、校园读书节、公务员读书日、“书香通州”系列评选活动、图书交换大集、大运河阅读行动成果展10项活动。国家新闻出版署规划司副司长李建臣，北京市新闻出版广电局局长杨烁，北京市新闻出版广电局公共服务处处长王亦君，天津市西青区委宣传部副部长李健，北京市通州区委副书记、代区长赵磊，北京市通州区人大常委会副主任张绍武，北京市通州区政府副区长李亚兰，京味作家刘一达、崔岱远，诗人树才、汪剑钊、杨庆祥，以及来自大运河沿岸城市代表和通州区书友200余人参加活动。2018年，通州区携手北京阅读季，联合大运河沿线的天津、德州、聊城、济宁、徐州、淮安、扬州、镇江、嘉兴、杭州等18个城市，以大运河阅读行动计划为抓手和载体，推进全民阅读深入发展。

【通州历史文化展】 5月16日，由北京市文物局主办，首都博物馆和通州区文化委员会承办，北京市文物研究所和通州区博物馆协办的“畿辅通会——通州历史文化展”在首都博物馆开展。此次展览以通州出土文物为依托，展出169组件与通州相关的文物，重点展示郡县制这一行政管理巨变背景下通州“路县”的县城特点及漕运与通州的关系与遗存，向观众全面展示北京副中心考古部分成果和北京城市副中心所在地通州的历史文化。此次展览从5月16日起至7月23日在首都博物馆地下一层M厅展出3个月，免费展出。

【全区文化娱乐场所安全生产大型公开课】 6月14日，区文化委组织召开2018年通州区文化娱乐场所安全生产大型公开课，全区130余家文化娱乐场所负责人参加会议。会上，传达了《2018年文化系统安全生产月工作方案》，要求各文化企业务必做好近期防雷防汛和下半年的安全生产工作，以饱满的热情和高度的责任感确保副中心建设顺利进行。区消防支队警官赵扬针对全区文化行业实际情况，向参会负责人讲授了安全生产隐患排查和应急自救知识。

【文物消防安全大检查】 6月14日，区文化委联合区消防支队，共同对通州近现代教育建筑群（通州二中、潞河中学）和“三庙一塔”景区进行重点检查。同时，区文化委成立3个巡查领导小组，分赴14个乡镇、街道，全面开展文物消防安全巡查。重点对文物古建消防安全情况进行整体摸底调查、从文物保护工程规范化程度、安技防设施配备、文物本体安全、科技创安、精细化管理、制度建设、人员配置、保存现状以及周边环境等多方面，对文物消防安全情况进行登记，为开展更有针对性的文物保护工作提供数据支撑。

【印发文物保护规范性文件】 6月19日，通州区政府印发《关于加强通州区文物保护与利用工作的实施意见》，意见明确了通州区文物工作的主要目标和工作任务，以及实施的具体措施，其中在文物安全和文物保护工作中重点强调落实四个职责，落实乡镇街道的主体责任，落实文化行政部门监管责任，落实文物所有人、使用人的保护责任和完善责任落实机制。

【影院行业消防安全应急演练】 7月2日，区文化委在通州区东融国际影城组织影院行业消防安全应急演练，全区电影院主要负责人参加培训和观摩演练。培训和演练活动中，向影院主要负责人详细讲解了消防知识和消防器材的使用方法，并现场进行灭火器材实操演练，通过认真细致的演练和观摩，使每个影院主要负责人进一步掌握了消防知识和技能，学会了在紧急情况下的逃生技能。

【文化服务进城市副中心建设一线】 8月31日，区文化委和北京城市副中心投资建设集团有限公司共同举办“党旗引领奋进路，书香溢满副中心”主题活动，区级文化部门为城市副中心一线建设者捐赠图书，带来文艺节目和影片，多形式、多渠道地为一线建设者提供优质的文化服务。

【设立大运河标识牌】 8月15日，通州区启动大运河世界文化遗产标识系统，对通州区域内大运河沿线文物、古迹、历史遗存安装统一标识牌，安装标示牌14处，涵盖有燃灯佛舍利塔、土桥及镇水兽等多处文物，更好地阐释大运河保护及遗产展示。

【召开全区文物工作大会】 8月16日，通州区召开文物工作大会，各乡镇街道文物工作者、各级文物保护单位负责人100余人参加会议。会议传达了通州区印发的《关于加强通州区文物保护与利用工作的实施意见》，部署了下一步文物保护相关工作，区文化委与乡镇街道代表签署文物安全责任书。

【通州文庙首办开笔礼】 8月31日，通州区民族小学一年级新生在通州文庙开启人生第一课——开笔礼。本次开笔礼分为盥洗就位、正衣冠、唱国歌、拜先师、拜业师、呈束脩、诵拜辞、朱砂启智、击鼓鸣志、开笔破蒙、诵读经典等环节。举行开笔礼仪式，用博大精深的儒家文化熏陶孩子，树立他们求学求知的志向，培养他们对师长的恭敬心及对传统文化的敬畏心。

【内蒙古帮扶对接工作】 9月12日—14日，区文化委党委书记、主任王立生一行赴内蒙古科右中旗、奈曼旗、翁牛特旗，就文化帮扶协作工作进行对接，与科右中旗、奈曼旗、翁牛特旗文化部门签订文化领域合作框架协议，向科右中旗捐赠移动音响设备、北京市公共图书馆网络联合读者卡。实地参观奈曼旗文化馆、图书馆、博物馆、新华书店等文化场所，对下一步文化交流合作形成一致意见。

【2018年中国艺术品产业博览会】 9月29日，2018年中国艺术品产业博览会（以下简称“艺博会”）在通州举办。艺博会由中华人民共和国文化和旅游部（原文化部）、北京市人民政府主办，中共北京市委宣传部、北京市文化局、北京市文资办、北京市文物局、中共北京市通州区委员会、北京市通州区人民政府承办，于9月29日至10月5日（共7天）在宋庄艺术区举办。本届艺博会实现总交易额13.8亿元，人流量12万人次，各类媒体报道466篇。公安、交通等34家单位参与了保障工作。

【首届北京（台湖）影偶艺术周】 10月1日—7日，首届北京（台湖）影偶艺术周联合亚、欧极具特色的六国影偶艺术于一体，在台湖公园分A、B、C搭建3个帐篷从早10:00到晚18:00轮番演绎，共演出61场，吸引观众1.2万人。

【2018北京·运河国际艺术周】 10月2日，2018北京·运河国际艺术周在通州区文化馆开幕。本次活动由市文化局，通州区委、区政府共同主办，北京市海外文化交流中心、通州区委宣传部、区文化委组织承办。巴拿马驻华大使馆参赞林锦珍，巴拿马大学艺术学院院长路易斯·特洛施，希腊科林斯当代音乐学院院长乔治娅·吉安娜科波卢，荷兰阿姆斯特丹著名声音艺术家汉斯·范库尔维耶克，北京市文化局副局长庞微，北京市通州区委副书记、区长赵磊，北京市通州区委常委、宣传部部长查显友出席本次活动开幕式，并与各国艺术家一起展望北京市与各国在文化艺术交流合作方面的美好蓝图。

【《通州区文化遗产精粹》出版】 10月17日，通州区文化遗产精粹出版发行。该书以图文并茂的形式收录了通州区236处不可移动文物的现状图片以及文物背后的故事，更好展示通州区文物风采。

【市委市政府安全生产督察组复查】 10月23日，市委、市政府安全生产督察组组长杨永军带队，区安监局局长曹树常等一行，到区文化委复查安全生产问题整改情况。在听取安全生产问题整改情况汇报后，由杨永军带队，对北京古韵长河文化传播有限公司隐患整改情况、北京银兴酷映影院管理有限公司隐患整改情况进行复查，督察组对两家单位的整改情况和复查结果予以肯定。

【2018北京·通州运河文化艺术节开幕】 10月23日，2018北京·通州运河文化艺术节，拉开了为期两个月的活动序幕。本届艺术节由区委、区政府主办，区委宣传部、区文化委承办，包括“千年运河回响千年”“辉煌四十载 大地飞歌”“砥砺前行领航梦想”三个版块。天津市武清区、河北省廊坊市，以及北京市通州区各相关单位、高等院校领导、各界人士参加开幕式。本届艺术节以“魅力副中心 圆梦新时代”为主题，自10月23日开始，至12月中旬结束。

【消防宣传月活动】 11月8日，区文化委联合中仓街道以“人民利益至上，消防安全第一”为主题，开展消防安全月宣传咨询日活动。现场开展多种形式的宣传咨询和警示教育活动，向过往群众发放宣传资料500余份，集中宣传消防安全红线意识、法律法规和安全常识，营造“安全生产，和谐社会”的社会氛围。

【市文物局文物安全与执法大检查】 12月12日，市文物局文物安全与执法检查工作领导小组对通州区文物安全与执法工作进行检查，检查组针对通州区文物安全制度建设、文物法制宣传、文物安全培训，执法案件处理等多方面情况进行专项检查，并随机抽查“三庙一塔”景区内市、区级多处文物保护单位安全工作情况。

【创建首都公共文化服务示范区现场答辩】 12月7日，市文化和旅游局组织创建首都公共文化服务示范区资格区，进行现场答辩。通州区区长赵磊、副区长苏国斌，区文化委王立生、马俊艳、杨兰英代表通州区进行现场答辩。

【通州区纪念改革开放40周年文艺演出】 12月20日，通州区举办“我们的40年”——通州区纪念改革开放40周年文艺演出活动。本次活动用文艺节目的形式营造欢乐祥和的喜庆氛围，展现通州日新月异的变化，整场演出分为三个篇章：春天的故事、起航副中心、奋进新时代，以40年来，通州区政治、经济、文化等事业取得的成就为主线，突出通州特色，展现北京城市副中心在新时代的无限精彩和活力。

（邢振华）

广播电视

【概　况】 2018年，通州区广播电视中心以习近平新时代中国特色社会主义思想为指引，全面学习宣传贯彻中共十九大会议精神，围绕北京城市副中心建设和迎接市级机关搬迁入驻，强化舆论引导、强化媒体融合、强化规范管理，各项工作取得了新成绩新进展。全年通州电台播出6570小时，电视公共频道播出1643小时，综合频道播出2008小时，通州文艺播出3276小时。8月1日，经北京市通州区机构编制委员会领导研究，并报请北京市机构编制委员会办公室批准，同意北京市通州区广播电视中心加挂北京市通州区融媒体中心牌子。

【突出新闻宣传重点】 年内，《通州新闻》栏目围绕全区重点工作，在通州电台、通州电视台上常年开辟“学习宣传贯彻十九大”专栏，以总书记习近平到城市副中心视察一周年为契机，开展了《沿着总书记指引的方向——习近平总书记视察北京城市副中心周年》特别报道，按照市委宣传部的要求，在5月9日将十九大精神宣贯的重点栏目统一设置为“在习近平新时代中国特色社会主义思想指引下——新时代新作为新篇章”，全年报道新闻300篇。针对市委书记蔡奇对通州区采取“四不两直”方式开展拉练检查的批示，《通州新闻》自主策划了上下篇系列报道，每周日第一时间播出书记拉练检查的新闻，让广大居民及时了解全区疏解整治工作新动向，形成全区上下共同努力，开创疏解整治促提升工作新局面，全年播出新闻145篇。深入开展“创城”常态化宣传，巩固文明城区创建成果。《通州新闻》以“创城永远在路上”专栏，在节日前后开展烟花禁限放、移风易俗等宣传报道，教育引导广大市民崇尚文明、摒弃陋习，巩固了“创城”成果。围绕区“创卫”复评、环保督查等重大环境整治行动，设立专栏，宣传报道通州区各部门共同努力打好环保攻坚战的典型案例，彰显全区上下对环境整治工作的必胜决心和丰硕成果。全年播出新闻279篇。

【宣传副中心建设】 年内，新闻评论性专题节目《看通州 记者视点》聚焦北京城市副中心建设和服务市级机关搬迁两件大事，制作推出《十九大精神辉映》《副中心建设探访》《建设副中心 向前站一步》《与文明同行》四大系列节目。展现通州区在副中心建设的关键时期各项事业的发展变迁，同时，把建设中的新情况、新进展展示给观众。

【宣传运河文化产业带建设】 年内，通州电台、电视台深入挖掘以大运河为核心的历史文化资源，开展《通州记忆》《运河名片》等系列报道，节目侧重弘扬悠久的运河文化，传承“通州味”和社会主义核心价值观，使受众了解通州历史文化，关注城市副中心建设。通州电视台《通州记忆》栏目全年制作播出12期，通州广播电台《运河名片》节目全年播出运河文化相关节目48期。

【开展社会主义核心价值观宣传】 年内，将核心价值观与城市副中心建设有机结合、融为一体。围绕改革开放40周年等重要节点，开展深入宣传。制作了《情暖副中心》电视栏目，加强策划，通过讲述发生在基层一线工作者、通州榜样、援疆干部等这些普通人身上闪光的故事，来打动观众，以真实性和贴近性让受众去思考和感悟，形成人人践行核心价值观的良好局面。

【推动融媒体中心建设】 6月22日，区委书记专题会听取了关于通州区融媒体中心建设方案的汇报。会议强调，要按照中央、市委关于加快媒体融合发展的有关会议精神和工作要求，加快通州区融媒体中心建设。在获得市编办批复后，7月18日，通州区融媒体中心正式挂牌成立，并与人民网、北京广播电视台、歌华有线公司分别签订战略合作框架协议，共建融媒体中心。通州区属媒体形成了“两台、一报、一网、多平台运行”的工作格局，牢牢占据了区域传播的主阵地，为媒体融合发展奠定了坚实基础。

【电台深入合作全面改版】 以“城市副中心调频广播”新呼号对外播出。5月2日，与北京广播电台签署战略和业务合作协议。双方通过资源共享、优势互补与业务创新，突出“北京城市副中心专有广播频率”和“属地广播”的概念，向城市副中心及周边区域形成文化辐射，同时也为“京津冀”协同发展战略提供舆论引导。5月16日，完成电台新节目试播，增设晚直播《晚安，通利福尼亚》，并开设微信公众号“新城Radio”。6月16日，开设早直播《早安副中心》。

5月2日，北京人民广播电台与通州区广播电视中心签约（区广电中心提供）

【提高网络媒体传播力和影响力】 年内，大运通州网基本完成APP前期建设工作，加强广播、电视、网络宣传融合，形成合力。提高网上舆论引导，抓好网上内容建设，回应网民关切，牢牢把握了网上舆论工作主动权。

【北京城市副中心新闻外宣工作】 2018年，每月在北京电台、电视台播出通州区新闻不少于8次，全年播发通联稿件122条。中心与北京电台、电视台开展学习座谈。6月，北京电视台新闻中心评审组张文山及通联科负责通州的蒋华娟到中心进行专题讲座，就如何提高新闻报道质量进行专项培训。8月30日，北京电视台通联老师李博对中心编辑记者开展了关于如何加强新闻选题策划的专项培训。

【确保广播电视宣传零事故】 区广电中心建成的网络系统包括媒资系统、电台电视台制作系统、电台电视台播出系统、大运通州网等。按照《中华人民共和国网络安全法》及广电总局、市广电局、市区公安局的要求，正逐步建设和完善信息安全保护体系，保障业务网系统的安全运行及新闻生产传播的安全。落实安全生产工作“党政同责”“一岗双责”各项要求。完善广电中心安全生产工作应急预案，加强演练。严密排查中心在消防、防汛、安保、用电等方面存在的安全隐患，加强整改落实。没有出现安全生产事故，确保了广播电视宣传工作顺利进行。

（王延伟）

史志工作

【概　况】 2018年，区委党史工作办公室围绕区委、区政府的中心工作，以资政育人为根本任务，狠抓资料收集、基本著作编研、区志和地名志编修等。完成《中共北京市通州区历史》第一稿，《通州区党史资料汇编（2017）》编辑印刷工作及《通州区党史资料汇编（2018）》资料收集工作，开展党史宣传，配合市委党史研究室报送区县相关材料。为北京年鉴编辑部、北京农村年鉴编辑部提供通州区基本情况资料，完成《北京通州年鉴（2018）》编辑出版工作。完成《北京市通州区志》的出版任务，全面开展《北京市通州区地名志》的编修工作。完成《国家地名词典》《北京市地名志》的词条上报任务。

【完成《中共北京市通州区历史》第一稿】 年内，按照市委党史研究室的统一部署，结合党史工作实际，统筹安排，扎实推进《中共北京市通州区历史》的编写工作。制定任务分解表，将全年的编写任务按月按人分解，倒排工期，确保编写进度。年初对36万字的初稿进行编写和修改并形成第一稿，9月形成征求意见稿，向全体编辑人员征求意见，按照征集意见完成修改工作后报送市委党史研究室审读。

【完成党史资料汇编资料收集工作】 年内，按照《通州区党史工作五年规划（2016—2020）》要求，从2017年起按年度组织编辑《通州区党史资料汇编》，全面收录北京城市副中心发展历程相关资料。《通州区党史资料汇编（2017）》征集到68家机关单位、4个街道、11个乡镇的资料253篇，图片567张，年底前完成编辑、付印工作。《通州区党史资料汇编（2018）》完成资料征集工作，征集到72家机关单位、4个街道、11个乡镇的资料321篇，图片1179张，正在编辑中。

【党史宣传】 7月，开展“澄史追绪　薪火相传——党史走进图书馆”活动，向台湖少年儿童图书馆赠送党史书籍百余本，让广大市民特别是青少年更多地了解党史，学习革命精神，秉承革命光荣传统，弘扬红色革命文化，培育社会主义核心价值观。12月，开展“溯史采英 红色忆存——党史图书上书架”活动，向区内街道社区阅览室赠送党史书籍百余本，帮助群众了解党的历史，弘扬红色文化，唱响主旋律。把党史研究成果变成群众喜闻乐见的公共文化产品，拓展党史宣教新渠道。组织两场党史宣讲活动，邀请市委党史研究室专家围绕“北京改革开放剪影”主题，为新华街道和北苑街道社区居民讲述改革开放40年来北京的发展变化，透彻深入的宣讲、鲜活生动的解读，令广大党员群众深受鼓舞，收到很好的宣传效果。

12月11日，区委党史办邀请市委党史研究室宣教处副处长曹楠为新华街道居民做“改革开放40年”宣讲
（区委党史办提供）

【完成《北京市通州区志》出版任务】 2017年底，《北京市通州区志》通过北京市地方志编纂委员会的终审。在终审过程中，市里专家在对《北京市通州区志》给予充分肯定的同时，也提出了一些具体修改意见。针对专家提出的意见，2018年，党史办组织编辑人员进行认真的修改。主要包括几个方面：在凡例中，对指导思想的表述作了进一步补充，对地域范围的界定作了进一步明确；在彩色插图中增加了反映新农村建设和生态环境建设的图片，使图片的内容更加丰富；调整部分编章节的顺序，对部分章节进行合并或拆分；对大事记中个别资料的准确性进行核实，对个别不规范的记述进行调整；对部分资料内容进行文字加工，对部分存史价值不高的内容进行删减；对部分内容进行补充，主要是“政府”编中“信息公开”和“应急管理”的内容，“统计”章中，农业专项调查的内容；对互见的内容进行调整；对人物传中一些欠妥的评价进行删除。修改后的《北京市通州区志》28编，128章，458节，120万字。年底完成出版工作。

【《北京市通州区地名志》编修工作】 年内，为认真落实《北京市地名志》编纂工作部署会的要求，根据《国务院关于开展第二次全国地名普查的通知》《北京市第二次全国地名普查成果转化规划（2016—2020年）》的精神，通州区全面开展了《北京市通州区地名志》的编修工作。截至年底，全部完成年初制定的八章初稿的撰写工作。

【《北京通州年鉴（2018）》出版】 12月31日，《北京通州年鉴（2018）》正式出版，是通州区连续出版的第20部年鉴。本卷年鉴翔实记载了2017年全区政治、经济、文化、社会等各方面的重大事件和新的情况，记述了北京城市副中心功能建设，展示了建设进程及其成果，同时，以专文的形式记述了通州区创建全国文明城区工作情况回顾、北京城市副中心建设者风采、通州区运河商务区建设情况等。全书105万字，大16开，图文混排，全彩印制，版面更加活泼，可读性强。

【完成材料报送工作】 年内，向市委党史研究室《北京党史》编辑部报送“运河商务区基础设施建设及成就”专稿，并在2018年第2期（总第229期）“首都新篇”栏目中刊登；报送改革开放40年材料和部分图片。根据《国家地名词典》《北京市地名志》的要求，及时上报有关条目，并按要求及时进行修改和补充，其中为《国家地名词典》上报条目194条，《北京市地名志》上报54条，得到有关专家的认可。为《北京年鉴》撰写通州区资料6000字，提供照片7张；为《北京农村年鉴》撰写通州区资料1.3万字；为《京津冀概况》一书提供通州区基本情况资料8000字。

（张亚昆）

通州区文学艺术界联合会

【概　况】　区文联深入贯彻落实中共文艺方针政策，开展有关主题活动和节庆活动。充分发挥党和政府联系文艺界的桥梁和纽带作用；加强对所属各协会的联络、协调、服务和管理工作；团结引领全区文艺家和文艺工作者，深入生活，扎根人民，精心创作贴近实际、贴近群众、贴近生活的精品力作。围绕中心，服务大局，不断丰富人民群众文化生活，弘扬社会主义核心价值观。

【“百名艺术家下基层”系列活动】　区文联开展“百名艺术家下基层”系列活动。组织艺术家、文艺志愿者走进社区、乡村、学校、军营、医院，进行培训、慰问和服务。春节期间，邀请首都艺术家举办“我们的中国梦——文化进万家”首都艺术家走进通州区永乐店慰问演出。组织艺术家参加“三下乡”春节慰问活动，深入乡村、社区、企业送福送春联。组织书法家参加学雷锋日活动，书写好家风好家训、良言警句，提升市民素养。6月19日，与北京市电视家协会联合举办“讲好运河故事　抒发运河情怀——运河岸边·影视小屋”活动。9月29日，与潞河医院联合举办“情暖杏林　爱筑潞河”暨庆祝潞河医院建院140周年书画交流活动，感谢潞河医院140年来为通州人民的无私奉献。11月22日，举办“我们的中国梦”——送书画进军营活动，以实际行动深入军营，服务人民，表达对人民子弟兵的崇高敬意和一片深情。11月23日，翰墨新时代　丹青润心田——通州区文联名家走进北京育才学校通州分校，让孩子们在阅读中感受快乐，用书香伴成长。12月21日，“我们的中国梦”——文化进万家通州区文联文艺志愿者走进新华街道喜迎元旦文艺演出，使居民在家门口享受视觉盛宴。

9月29日，情暖杏林　爱筑潞河暨庆祝潞河医院建院140周年书画交流活动　　（区文联提供）

2月12日，书法家们为社区居民书写春联、福字　　（区文联提供）

6月19日，讲好运河故事　抒发运河情怀——运河岸边影视小屋活动　　（区文联提供）

11月23日，通州区文联到育才学校送书活动　　（区文联提供）

【街乡吹哨 部门报到】 10月16日，通州区文联在中仓街道四员厅社区举办“我们的节日——情暖重阳暨街乡吹哨部门报到启动式”，组织文艺志愿者表演舞蹈，邀请书法家进行授课。在中仓街道文体中心及四员厅社区举办书法讲座培训7场，舞蹈讲座1场，在永顺镇龙旺庄社区举办舞蹈培训15次。通过“街乡吹哨 部门报到”活动，不仅丰富了地区百姓的业余文化生活，更使他们的精神面貌有了很大提升——自觉加入到志愿服务的队伍中，参加值班巡逻、交通协管，成为社区治安服务的积极分子。

10月16日，孝满京城德润人心庆重阳节活动暨街乡吹哨部门报道工作启动仪式（区文联提供）

【现场教学】 5月5日、11月9日，中国文联文艺研修院两次到通州区举办现场教学活动。通州区文联主席樊淑玲以“新文艺组织和新文艺群体的引导与发展”为题，开展了案例教学。撰写《让北京城市副中心更具文艺范儿》文章在中国艺术报专题刊登。《艺术红丝带——新文艺组织、新文艺群体成为展示原创艺术的窗口》入选《新思路 新举措 新成效——全国地县级文联负责人研修班学员典型案例集》。

5月5日，中国文艺研修院到通州进行现场教学活动（区文联提供）

（崔　琪）

报　纸

【概　况】 2018年的通州报社新闻宣传工作，重点围绕推进疏解整治促提升、生态环境改善、庆祝改革开放40年、北京榜样、创城常态化、改善营商环境、街乡吹哨部门报道、美丽乡村建设、城市管理水平全面升级、迎接市级党政机关入驻等工作，做好宣传报道。

【重点工作的新闻宣传】 聚焦副中心建设进展中的重点工作及民生工程，涉及城市规划——如通州总规、副中心详规草案征求意见、居民热看规划展对千年之城充满期待；涉及广渠路东延、七号线东延、环球主题公园等一系列重点工程建设的推进；涉及疏解整治促提升、大棚房等违建拆除、背街小巷环境提升、老旧小区改造、美丽乡村建设等全区重点工作，做好舆论宣传引导工作。

其中对以着力疏解非首都功能、优化提升首都核心功能为目标的疏解整治促提升专项行动工作的宣传贯穿全年。“通州上门取经有希望、疏整促督查有力度”2篇报道，获得北京市委书记蔡奇的批示表扬。另有200余篇报道被《人民日报》、《北京日报》、人民网、千龙网等市级媒体采用，并有数篇获得市委宣传部阅评组的好评。

【重点题材的主题策划报道】 庆祝改革开放40年主题宣传，开设“40年40人”“档案·大事记”“印记·旧照·旧物·旧闻”等系列报道。迎接市级机关搬迁，开设“带你看通州”主题系列策划报道，策划推出“古城记忆、创意文化、印象365、通州礼物、一把手访谈”等栏目，通过通州的历史、人文、生态、旅游体现通州的城市文化魅力。聚焦体现副中心建设推进，展现全区党员群众谋发展加油干的成效亮点和近期规划、城市的公共服务、基础设施环境提升等进展，展现老百姓的获得感。推进运河文化带建设策划推出“匠心传承”系列、“回首奥运十年”系列，展现通州的文化底蕴和创新精神。策划《通州时讯》品牌公益活动“真人图书馆”，邀请诗人鲁克与读者品咖啡、谈诗歌、听音乐、聊艺术。通过持续举办这样的公益活动，不断提升《通州时讯》的品牌影响力。打造本地资讯平台，与新媒体合作，策划一系列读者互动活动。

【推进融媒体建设】 2018年，北京通州报社新媒体部围绕区委、区政府中心工作，紧跟市民关注热点，及时发布权威信息，开通了“通州发布”抖音号，进一步拓展了发布渠道和方式。坚持融媒体发展，及时发布权威信息。新媒体部坚持走融媒体发展之路，依托通州时讯报社的采编力量，充分利用内容“一天三推”的优势，做到了官方权威信息又快又准发布，并第一时间发布了各种服务资讯，提升了副中心官方新媒体平台的影响力、公信力和舆论引导力。截至12月底，在腾讯发布的北京全市各区政务微信排行中，4—12月共9期排名第一。开通抖音官方号，利用短视频展现副中心建设。七夕期间，“通州发布”抖音官方号正式上线。截至12月底，策划发布风景类、非遗类、艺术类、公益类、民生类等短视频80条，总浏览量达1270万次、获点赞达14万余次。与职能部门联动，策划各种公益活动。通州报社新媒体部紧抓各种节日以及高考等重要时间节点，与政府职能部门合作，组织策划了包括“禁放后我心中的新年”主题绘画作品征集、通州“孝星榜样”投票、“高考便利服务站”等线上线下公益活动11场，总参与人数达27万余人次。其中，主题绘画活动征集到全区60多所中小学幼儿园提交的作品700余幅，并挑出其中优秀作品进行展览。该活动在为期4天的社会投票时间内，投票数累计达19.63万票，参与人数达15万人次，取得了良好的社会效益。与人民网、腾讯、网易、今日头条等平台合作，借助其优质资源，策划发布精品。如在通州“创城”成功以及改革开放40周年等重要节点，制作了动画、短视频和H5作品，进一步提升了通州融媒体产品的创新力。2018年，北京通州发布获评腾讯官方发布的“2018年政务新媒体最佳运营奖”；在网易新闻评出的“年度政能量风云榜”中，通州发布获评“全国政能量指数北京十大机构”；在政务头条号运营中，获评“2018年度突出贡献政务头条号奖”。

（张海燕）

有线电视

【概　况】　2018年，歌华有线通州分公司践行“以用户为中心、以网络为基础、以服务为抓手、以创新为引领、勠力同心建设智慧广电网络”的工作理念，全体干部员工认真学习十九大报告和习近平系列讲话精神，在学习中不断汲取养分，面对行业困境，敢于拼搏、勇于奉献，在城市副中心智慧城市建设过程中继续取得突破。

【加快高清交互覆盖的推广进度】　年内，加快农村地区有线电视高清交互的推广进程，着力加快有线电视网络改造的进度，农村地区双向网络实现基本覆盖。

【服务质量建设成果】　2018年，分公司将北京城市副中心行政办公区网络运维保障服务列为一项政治任务。严格落实“集中领导、统一指挥，组织完整、分工明确，响应迅速、协同高效”的运维保障与应急响应体系，成立了要客服务保障队伍，引进高端技术人才及相关业务维护人员，增加技术支撑力量，加大培训力度，确保服务和维护质量能够充分满足用户需求。

【安全传输保障】　为确保春节、“两会”、中非合作论坛北京峰会期间安全传输保障工作。分公司认真准备、周密部署，做到“六个确保”（确保不发生政治性错误，确保不发生灾难性事故，确保不发生全局性错误，确保不发生重大技术事故和人为责任事故，确保不发生意料之内、防范能力之内的事故，确保不发生低错误导致的事故）。开展交通安全及电器防火安全宣教工作、非法信号插播演练及有限空间作业演练等活动，为全年安全工作“零事故”夯实了基础，保障了网络畅通、有线电视信号传输正常和满足用户服务需求。

【配合区政府开展相关工作】　年内，配合通州区相关部门的工作要求，落实企业安全生产，有限空间、防汛演练等工作；落实通州区社会信用体系建设联席会议办公室的相关工作部署，分公司3个城区营业厅被授予2018年度文明诚信示范窗口荣誉称号。配合落实“街乡吹哨　部门报到”营造主动服务工作氛围，开展“民有所呼　我有所应”。以实效推动“智慧广电”建设进程，全力打造高品质的文化服务运营商新形象。

【开展社区服务工作】　为增加服务进社区的场次，分公司与社区居委会和物业沟通协调，扩大服务进社区的规模，全年开设服务专场647次。

（刘　丹）

卫 生

11月27日，东直门医院东区管理委员会宣布东、西两区班子合一、统一管理，标志着推进“两院合一、主体东迁”完成决定性的一步 （区卫计委提供）

卫 生

【概　况】　常住人口157.8万人，户籍人口786662人，流动人口395886人。育龄妇女336343人（户籍、流动），其中已婚育龄妇女238713人。户籍人口年内登记“北京市生育登记服务单”9653个，其中二孩4404个；登记“北京市再生育确认服务单”195个。流动人口年内登记“北京市流动人口生育登记服务单”9003个，其中二孩3498个；登记“北京市流动人口再生育服务单”69个。

【生命统计】　户籍人口出生数为10594人，男性5516人，女性5078人，总出生率为13.62‰，男性出生率为14.31‰，女性出生率为12.93‰。全区死亡数为5532人，男性3172人，女性2360人，总死亡率为7.11‰，男性死亡率为8.23‰，女性死亡率为6.01‰；全区户籍人口自然增长率为6.51‰。前十位死因合计为5410人，占死亡总数的97.79%。总死因顺位：脑血管病、心脏病、恶性肿瘤、呼吸系统疾病、损伤和中毒、内分泌，营养和代谢疾病、消化系统疾病、神经系统疾病、泌尿生殖系统疾病、传染病。平均期望寿命为80.79岁，男性为78.31岁，女性为83.05岁。

【改革与管理】　一是推进公立医院薪酬制度改革。由区人保局、区卫生计生委、区财政局联合印发《通州区公立医院薪酬制度改革试点工作实施方案》，并制定一系列配套文件，有序推进通州区公立医院薪酬制度改革工作。二是继续深入推进区妇幼保健院四大部改革，强化妇幼保健服务的公共卫生职能，将原来按疾病功能分科管理模式转为按照全生命周期管理。通过流程再造，建立备孕—产检—分娩—产后恢复—儿童健康促进为一体的服务新模式，由原来的“病人围着医生转变”变成“医护人员围着病人转”。

区内医院名称、级别及隶属关系的改变。北京市通州区老年病医院（二级）由通州区卫计委划转至首都医科大学附属潞河医院。北京市通州区120紧急救援中心（公共卫生机构）由首都医科大学附属潞河医院划转至通州区卫计委。

医联体建设。一是成立区域医联体工作群；制定并完成了医联体综合绩效考核指标；开启借助信息化系统推进影像医联体间远程会诊和分级诊疗联动转诊的工作模式，定期召开区域影像医联体推进协调会议。漷县、永乐店、牛堡屯、永顺、郎府和梨园卫生院共6家单位相继加入影像医联体，完成市区折子年度任务。二是选定潞河医院—梨园社区卫生服务中心、东直门医院东区—永乐店社区卫生服务中心为医联体协同平台试点单位，推动分级诊疗信息化建设；4家试点单位均实现系统上线，进入调试阶段；实现手机APP分级诊疗平台医院端、医生端上线和管理端全部上线。三是紧密型医联体建设情况。启动“潞河医疗集团老年病院区”紧密型医联体发展模式的尝试与探索。

全区有103家医疗单位开展多点执业，386名医师进行多点执业备案。

年内，通过公开招聘、高级人才引进、外区调入、军转干部安置、随军家属安置、医学定向生分

5月—8月，开展通州区新华医院人员调配及机构重组工作　　（区卫计委提供）

配等途径，引进191人，其中，硕士研究生学历95人、博士研究生11人，中级职称8人，副高级职称3人，正高级职称2人。协助办理高层次人才配偶、子女户口进京等事项，为57名紧缺适用人才发放特殊津贴99.2万元；人才公寓配租14人，为3人解决夫妻两地分居问题，组织35人参加通州区高层次人才体检疗养活动。

【社区卫生】 全区规划设置社区卫生服务中心19所、服务站137个；建成并规范运行社区卫生服务中心18所，新华中心为无实体中心，服务站69个（其中政府办56个、社会办13个）。社区卫生服务机构总诊疗451.7万人次，出诊服务2164人次。社区卫生服务机构有在岗卫技人员1976人，其中医生763人（含全科医生346人）、护士477人、防保人员236人（以上各类人员数均为18所社区中心及其下属站和新华下属15个社区站人数）。家庭医生累计签约56.27万人，占常住人口的37.3%，其中重点人群签约23.98万人，签约率94.9%。二、三级医疗机构派出医务人员867人支援19个社区卫生服务中心，累计支援3601天。上转患者208357人次，其中执单转诊198091人次；下转患者59人次，其中执单转诊36人次。建立个人电子健康档案1140459份，电子健康档案率75.63%，健康档案使用率40.44%。高血压患者规范管理68415人，糖尿病患者规范管理26405人。

【农村卫生】 辖区村卫生室357家，均为村办，覆盖率75.96%，全年诊疗552751人次。乡村医生数462人，岗位培训5568人次。

【疾病控制】 传染病防治。甲类传染病发病数0例及死亡人数0例，乙类传染病发病总数2404例、死亡人数6例，发病率前三位为肝炎、肺结核、梅毒。肺结核患病总人数1090例，其中新发629例，死亡0例；梅毒患病总人数519例，其中新发519例，死亡0例；淋病患病总人数65例，其中新发65例，死亡0例；艾滋病患病总人数1708例，其中新发41例，死亡1例。人畜共患疾病（狂犬病、人禽流感、手足口病、布鲁菌病等）的发病人数及死亡人数：狂犬病发病1例，死亡1例；人禽流感发病0例，死亡0例；手足口病发病3953例，死亡0例；布病发病28例，死亡0例。

慢病防治。完成高血压患者规范管理68415人，糖尿病患者规范管理26405人。全区报告伤害监测卡片83391张；完成北京市农村早诊早治项目3238例结直肠癌初筛，800例肠癌镜检；完成2854名通州区户籍肿瘤患者的随访；完成脑卒中队列研究工作中3415名高危人群及脑卒中患者追踪核查随访工作；在全区523个村（居）委会中，成立高血压自我管理小组342个，覆盖率65.39%，参加小组活动6次以上人数4568人；成立糖尿病自我管理小组201个，覆盖率38.43%，参加小组活动6次以上人数4480人。

精神卫生。全区在册严重精神障碍患者3449人，报告患病率2.42‰，其中六类严重精神障碍患者3417人。长期住院163人，免费服药2412人。对在册患者共开展随访并评估12996人次，入户随访5616人次，面访率84.60%，开展应急处置43例，在册患者管理率为92.78%。在册患者规律服药率74.86%，在管患者病情稳定率为99.47%，精神分裂症治疗率84.89%。

学校卫生。全区中小学生87730人，体检82522人，检出视力不良48392人、肥胖19697人、营养不良13548人、贫血899人、龋齿7419人、沙眼146人。全年学校未爆发传染病及集体食物中毒等重大公共卫生事件。

计划免疫。全年接种第一类疫苗648616人次，第二类疫苗228813剂次。其中，13种免疫规划疫苗常规接种536188剂次；常规查漏补种608剂次；强化查漏补种接种2950剂次；外来务工人员麻疹、流脑疫苗分别接种9583剂次、8411剂次；学校查验接种证实种2386剂次；应急接种878剂次；医务人员麻类疫苗接种2剂次；免费流感疫苗接种87210剂次；65岁以上老年人肺炎链球菌疫苗接种400剂次。全年报告疑似预防接种异常反应111例，其中一般反应69例，异常反应40例，偶合症2例。

职业卫生。全区接触毒害物质企业151家，作业工人数为5183人。确诊法定职业病病例45例，其中尘肺病34例，其他呼吸系统疾病3例，职业性肿瘤3例，慢性职业中毒2例，职业性传染病2例，职业性耳鼻喉口腔疾病1例；疑似病例20例，分别为尘肺2例、苯中毒4例，职业性噪声聋14例。

食品卫生及生活饮用水监测。食品化学污染物及有害因素监测采集9类175件样品，检测结果：10件油条样品中4件铝的检出值超过标准限量，监测结果异常；食品微生物及其致病因子监测采集7类210件样品，检测结果：40件熟肉制品中有7件检出单核细胞增生李斯特氏菌，3件大肠菌群超标。全年监测生活饮用水样品354件，其中城市市政供水末梢水120件、城市市政二次供水80件、农村集中式供水144件、农村学校集中式供水10件；每件样品检测34项指标，水样总体合格率为83.3%（295/354），不合格项目主要是砷、氟化物、菌落总数。

健康促进。创建6家通州区健康示范单位。全区所有机关（单位）均为无烟机关（单位）。全年开展各类控烟监督执法5538户次，其中合格5049户次，不合格489户次。接到控烟投诉举报573起，其中，被投诉数量较为集中的是餐饮单位169起，写字楼办公楼143起，文化娱乐场所（网吧）51起。对控烟检查不合格单位依法予以查处。下达责令改正214起，其中餐饮93起，网吧及文化娱乐场所33起，机关事业单位4起，学校幼儿园1起，物业写字楼35起，其他48起。实施行政处罚296起，罚款14.12万元，处罚单位45起，罚款12.8万元，其中餐饮单位7起，网吧11起，住宿10起，文化娱乐场所6起，其他11起；处罚个人251起，罚款1.32万元。

【卫生计生监督】 公共卫生监督检查。辖区内公共场所1533户，量化分级1326户，其中，A级45户，B级1271户，C级3户，暂未评级7户。2018年应监督1782户，实际监督1614户，覆盖率90.57%，合格率97.83%。处罚195起，罚款金额25.1万元。

医疗卫生监督检查。医疗机构本底559户（本数据为2018年1月—12月有效的医疗机构数）。医疗卫生监督3379户次，覆盖率100%，合格率98.82%；传染病消毒2942户次，覆盖率91.90%，合格率98.37%；血液安全10户次，覆盖率100%，合格率100%；放射卫生116户次，覆盖率100%，合格率94.83%；职业卫生2户次，覆盖率100%，合格率100%；全年查处医疗机构85起，罚没款18.1万元。取缔非法行医62户次，实施行政处罚62起，罚款125.9万元，没收违法所得597289元。全年召开打击非法行医联席会议3次，开展多部门联合执法29次，非法行医移送案件5起。

计划生育行政执法督查。计划生育本底35户。全年计划生育监督67户次，覆盖率100%，检查内容包括执业资质合法性情况、人员执业资格情况、服务项目及业务范围依法开展情况等，合格率100%。建立并完善计划生育监督本底，完成北京市抽检任务2家，未发现超出业务范围和服务项目执业等违法行为，机构及人员落实禁止“两非”[两非：非医学需要的胎儿性别鉴定、选择性别人工终止妊娠（也称非医学需要的人工终止妊娠）]相关制度情况良好。

【妇幼保健】 妇女保健。剖宫产率47.39%，孕产妇死亡率9.81/10万（户籍）。婚前检查人数2443人、疾病检出数109人，婚检率15.58%。

儿童保健。户籍人口活产数10196，新生儿死亡数17人，死亡率1.67‰。婴儿死亡数24人，死亡率2.35‰；5岁以下儿童死亡数32人，死亡率3.14‰。新生儿疾病筛查率100.33%；围产期出生缺陷发生率18.94‰，主要出生缺陷病种有先天性心脏病、多指、肾脏异常、外耳畸形、染色体异常等。0～6岁儿童人数87693，健康管理人数（体检儿童数）86421，体检人次数147809。0～6岁儿童系统管理率96.69%，0～6岁儿童健康管理率98.55%，0～1岁神经心理发育筛查率88.93%，1～6岁儿童听力筛查率92.41%，0～6月纯母乳喂养率73.81%。

【计生服务】 计生药具免费发放点710个，发放药具种类为避孕套、短效口服避孕药、节育环、外用杀精剂。避孕套数量为265万只；短效口服避孕药1.3万板，包括复方左炔诺孕酮片（21+7）、左炔诺孕酮片、左炔诺孕酮炔雌醇片（三相片）；外用避孕药5600盒，包括壬苯醇醚膜、壬苯醇醚凝胶；口服避孕药金额76859.5元，避孕套金额529884.4元，节育环金额21606.6元，总合计628350.5元。新增人工发放点4个。

生殖健康。通州区开展免费孕前优生健康检查定点医院为通州区妇幼保健院，建立家庭档案1655个，检查3041人，风险人群数2251人，风险比率为74.02%。为农村采取长效避孕措施育龄群众免费健康体检21753人，发放婚育健康服务包1510个。

计生关怀。全年符合计划生育奖励扶助政策人数13709人，奖励总金额19740960元；享受独生子女父母奖励人数23454人，意外伤亡一次性救助人数45人，共发放总金额4777640元；独生子女低保家庭补助人数901人，补助总金额123200元；独生子女奖励扶助金每人每月120元，伤残、死亡特别扶助金标准分别为每人每月590元、720元；伤残、死亡特别扶助对象人数1300人，发放总金额10261680元；特扶对象678人每人每年补给2400元扶助金。统一组织失独人员406人进行健康体检，对393户特扶家庭春节期间进行走访慰问每户送去慰问金1500元，共计2822629.35元。

“暖心计划”活动开展情况：由政府出资为通州区678名失独对象提供综合保险，投入保费2789元/人，共计投入1890942元。保险项目分为养老金2900元；疾病身故保险金5000元；女性重疾保险金2000元；意外伤害保险金50000元；意外伤害医疗保险金3000元。

【医疗工作】 全年出院113468人次，病床使用率75.13%，平均住院日8.2天（不含精神专科医院），全年住院手术39418人次，医护比1∶1.04。

对口支援。除了既往派驻专家下沉组织查房、手术示教、疑难病例讨论、专题讲座等多种带教形式外，新成立了影像医联体。潞河医院医学影像中心作为指导单位，联动基层医院专业科室，通过信息化平台数据传送，远程指导影像医师出具规范的诊断报告，对基层单位技术能力、人才培养等方面起到了积极的作用。

血液管理。区内采血点7个，其中固定采血点4个：通州区中心血站、家乐福、万达、西门；临时采血点3点：马桥、贵友、土桥华远。西门为献血屋，家乐福为方舱，其余为献血车。全年向通州区属医院供应红细胞11418单位，机采血小板2753单位，血浆8643.5单位。共采集血液77691人次，120198单位，其中采集机采血小板12317人次，22861单位，全血65374人次，97337单位。供应红细胞血液104677.5单位，包括红细胞类104669.5单位和全血8单位。供应新鲜冰冻血浆93878单位，供应机采血小板22774单位。

3月1日，“党群同心血脉相连 白衣天使情系人民”——通州区联合其他四区率先开展卫生计生系统团体无偿献血活动（区卫计委提供）

【信息化建设】 全年总投入约1964万元。重点项目建设及成效：区域平台互联互通。完成新公卫系统和18家社区卫生服务中心的HIS系统（医院管理和医疗活动中进行信息管理和联机操作的计算机应用系统，英文缩写HIS）、体检系统、区域健康信息平台的对接，对接了18家社区卫生服务中心及3家二级医疗机构数据。通州区医疗雪亮工程。完成区域内全部委属医疗卫生机构800余点位的监控资源接入，实现了将监控资源进行分级、分组、控制并统一管理及调度。区域远程影像诊断系统。完成了试点社区卫生服务中心的院内PACS系统（PACS系统是Picture Archiving and Communication Systems的缩写，意为影像归档和通信系统）建设及与潞河医院的远程影像诊断对接。中医综合服务系统建设。完成了中医综合服务门户、中医综合数据管理系统、中医综合管理指标系统、中医药大处方监管系统、中医名师荟萃、中医药方库系统、智能导诊服务等模块的研发、部署实施。安全整改和重点保障。对现有信息系统进行等级保护备案，新增两个三级等保系统，并进行等保定级和测评。同时针对出现系统漏洞及病毒问题，对全区卫生系统进行安全扫描，修补漏洞。软件正版化。完成社区卫生服务中心及二级医院在内共计22家单位的操作系统、办公软件、杀毒软件的正版化工作，协调各单位按时完成正版软件整改。港澳台身份证互认工作和医嘱信息共享。实现港澳台身份证读取。医嘱共享。全区所有医疗机构均已完成医保共享，实现了对异常开药情况在医生工作站进行事前审核，并作出提示和拦截，减少了跨院异常开药情况，协助医生为患者合理用药，维护基金合理使用。

远程医疗开展情况。对内蒙古翁牛特旗、科右中旗、奈曼旗，拉萨城关区进行远程对口帮扶，实地了解远程会诊建设情况，制定帮扶方案，建立远程帮扶会诊系统，远程教育系统。

6月28日，通州区卫计委组织医疗专家赴内蒙古奈曼旗开展医疗对口帮扶工作　（区卫计委提供）

【卫生计生经费管理】　全年全区卫生系统总收入702290.44万元，其中财政拨款金额220013.93万元、事业收入469548.28万元及其他收入12728.23万元；计划生育财政总投入5075.75万元，其中流动人口计生经费15万元。总支出701506.05万元，其中基本支出548081.31万元，项目支出153424.74万元。期末事业基金78324.26万元，专用基金18731.85万元，非流动资产基金282443万元，资产基金137535.17万元。

【基本建设】　全年基建总投资66626.86万元，全部为财政投入。2018年对台湖等10家基层医疗单位以及1个社区卫生服务站从改善就医环境、优化诊疗流程等方面进行装修改造，改造面积16879平方米，截至2018年12月31日均改造完成。友谊医院通州院区于2018年12月22日试营业；北大人民医院通州院区完成内墙拆改及粗装修；潞河医院四期收尾；潞河医院分院（含郎府卫生院）、中医医院二期进入精装修阶段。

12月22日，友谊医院通州院区试开诊　（区卫计委提供）

（李　珺）

首都医科大学附属北京潞河医院

【概　况】　2018年是潞河医院具有历史意义的一年，在区委、区政府和首都医科大学的领导下，医院沿着既定的策略和方向，推进各项工作，完成了各项任务。2018年，医院业务收入21.87亿元，总成本22.30亿元。全年总门诊量229.09万人次，日均门诊量7916人次，总出院人数4.96万人次。医保病人占68.67%，外埠病人占20.68%，平均住院日7.86天。

老年病院并入，潞河医院集团已经建成。国家蓝色县域核心示范基地落成，以器官系统学科改革和学科建设为主线的医院管理在全国形成潞河模式。“仁爱”和“人文”的管理在全国形成潞河印象。高质量完成“创城”“创卫”任务，庭院式医院维护赢得百姓口碑。作为区域首家医院接受了“驻院式”依法执业检查和健康促进、安全医院、传染病防控、健康示范、经营规范、内控、绩效考核等检查，以查促建，建成了新的“制度潞河”。

现代医院党委议事政策和行政议事政策建立，药品与耗材管理常务委员会、医疗质量控制委员会、护理管理委员会、大型设备及无形资产采购委员会相继建立完善。院长带领相关职能科室，就经济经营、医疗能力、学科水平、质量控制、管理能力和人文体现等内容进行综合查房，实现了行政扁平化，使行政效率得以提升，效果得以呈现。任聘结合和多维度考核的干部管理体系结合RBRVS绩效改革全力推进，现代医院管理制度的框架和内涵已经建成。医院医疗能力在北京市排第7位，经营能力排第3位，获全国2018年度改善医疗服务十大重点工作示范医院，能力和影响力提升，持久严谨的管理结出硕果。

2018年，通过实验平台、院科两级科研体系的发展，医院科研能力进一步提升；国家自然科学基金立项4项；北京市自然科学基金2项，首都卫生发展科研专项3项、临床特色项目1项，北京市科委计划一般项目1项、首都健康保障培育研究专项6项，北京市卫计委适宜技术推广项目1项；北京市医院管理局消化内科学科协同发展中心特色项目1项，吴阶平科研基金2项，北京市重点实验室开放项目2项，中国宋庆龄基金会呼吸疾病临床研究公益基金慢阻肺专项1项；区级课题49项，共计75项，现医院总在研项目140项，在研经费2253万元，总经费约1亿元。其中，国家级项目16项、省部级以上项目24项；校局级项目16项；区级项目39项，其中护理11项；合作项目46项。全院医务人员发表论文202篇，含护理类论文11篇，其中，中文核心期刊论文120篇，SCI文章51篇，SCI累计影响因子数值达136.419。青苗计划启动，GCP工作顺利启动，签署实验合同52项，开展实验项目34项。BE病房质量管理体系、科室管理制度及科室团队建设基本完成，开展预实验项目15项。

【潞河医院首例CAR-T细胞治疗复发急性淋巴细胞白血病获得成功】 65岁女性患者2016年2月因乏力、心悸就诊于潞河医院，患者入院当天，血液科主任周合冰查房时向她介绍了目前嵌合型抗原受体基因修饰的T细胞（Chimeric Antigen Receptor-Modified T Cells简称CAR-T细胞）治疗复发难治急性淋巴白血病新进展。患者输注CAT-T细胞后，血液科的医护人员严密观察患者病情，使患者成功避免了发生细胞因子风暴的严重风险。两周后，患者复查血项恢复正常，骨髓复查获得完全缓解，残存白血病细胞检测为零，患者重新找回了生活的勇气。

【潞河医院成功开展儿童气管镜诊疗技术填补区域项目技术空白】 潞河医院儿童中心联合呼吸与危重症医学科共同商讨解决重症肺炎患儿诊治过程中的棘手问题，最终决定由气管镜室开展儿童气管镜诊治技术，填补了通州区此项技术的空白。

【全国首家狂犬病预防门诊医疗联盟在潞河医院成立】 3月2日，“狂犬病暴露”后处置培训班（通州站）暨通州区狂犬病预防门诊医疗联盟成立大会在潞河医院召开。会议由潞河医院急救医学部主办，急救医学部主任翁以炳担任大会主席并主持，详细介绍了潞河医院狂犬病预防门诊的概况。医疗部主任赵亮宣布潞河医院狂犬病预防门诊医疗联盟正式成立，并宣布了首批联盟成员单位。

【专家义诊进社区】 三八国际劳动妇女节当天，潞河医院携手张家湾镇政府为当地妇女朋友送去关爱。院神经中心、心血管中心、内分泌中心、骨中心、妇产生殖中心、乳腺外科、皮肤中心、中医中心、风湿免疫科等科室的专家和社工部工作人员到张家湾镇太玉园村委会进行健康义诊活动。

【未来医院领袖论坛】 3月31日，在未来医院领袖论坛上，潞河医院院长纪智礼做了“潞河医院代谢与免疫性疾病中心管理模式”的主旨发言，介绍了百年潞河深厚的文化底蕴和“以器官系统为基础，以疾病为核心”的学科改革及在此基础上的代谢与免疫疾病管理模式，受到了与会院长们的广泛认可，再次在国家级医院管理平台发出“潞河声音”。

【“蓝色县域”慢病管理助力基层分级诊疗】 4月15日，受国家卫生健康委医政医管局委托，北京市协和公共卫生学院联合中国老年保健协会共同开展的“糖尿病预防与控制相关卫生政策研究与县域内分泌学科发展助力工程试点项目”（简称“蓝色县域”）2018年启动会举行。潞河医院内分泌中心作为第一批国家示范基地，院长纪智礼、内分泌中心主任赵冬受邀参加会议。

【北京市专家到潞河医院进行国家卫生区复审指导】 4月19日，北京市疾控中心主任医师黎新宇对潞河医院进行国家卫生区复审工作。北京市专家主要对潞河医院预检分诊、肠道和发热门诊进行了检查。院长纪智礼对潞河医院四级分诊为专家进行详细介绍，四级分诊模式及传染病管理得到市级专家的高度认可。

【潞河医院成为首批中国心源性卒中防治基地建设单位】 潞河医院心脏中心申报“中国心源性卒中防治规范化管理项目”，经过评审专家组的评估遴选，北京市卫计委、国家卫计委脑卒中防治工程委员会审批，潞河医院被授予首批中国心源性卒中防治基地建设单位，5月5日，在北京召开了2018年中国脑卒中大会，会上举行了授牌仪式。

【韩国首尔医疗院到潞河医院进行学术交流】 5月9日，韩国首尔医疗院业务副院长宋宽永带领总务部、诊疗部、护理部、影像学组及保险审计组专家一行7人到潞河医院进行学术交流。首尔医疗院通过此次交流活动，更加深刻地感受到潞河医院在医院发展方面的先进经验和潞河特有的“家文化”内涵。这次学术交流不仅增进了两院之间的友谊，也为两院之间的学术交流和相关领域协作搭建了平台。

【北京市首家国家标准化代谢性疾病管理中心在潞河医院挂牌成立】 5月20日下午，北京市首家国家标准化代谢性疾病管理中心（MMC）揭牌仪式在潞河医院举行。揭牌仪式由院长纪智礼主持。MMC就是“三个一”，即一个中心、一站式服务、一个标准，可实现院内全程高效诊疗，院外患者全方位自管。“1+×”管理模式，让更多的老百姓获益，实现早诊断、早预防和规范管理。

【潞河医院开展大型义诊活动】 为庆祝建党97周年，潞河医院党委结合行业特点，在“七一”前夕，广泛开展纪念建党97周年系列活动。6月21日上午，医院党委联合台湖镇政府，在台湖镇次渠北里社区开展大型义诊活动。全院各党支部积极参与，共同组织了消化内科、内分泌科、神经内科、呼吸内科、心内科、肾内科、神经外科、普外科、血管外科、胸心外科、骨科、泌尿外科、妇产科、儿科、营养科、中医科、放射科、药学部等专业的30余名专家参与活动。

【潞河医院超声科独立开展经食道超声心动图检查】 潞河医院超声科独立完成第一例经食管超声心动图（TEE）检查，经食管超声心动图检查是将食管探头置于食管或胃底，从心脏后方向前扫查心脏，其主要优势是用于常规经胸超声检查成像困难或者相关结构显示欠满意、致使诊断难以明确的各种心脏病或大血管疾病患者。

【北京市卒中急救地图更新】 7月12日上午，北京市卒中中心建设推进会在宣武医院召开。潞河医院党委副书记、神经内科主任杜会山作为优秀静脉溶栓单位代表在会议上做了发言，分别从院前、院中及院后三方面详细介绍了潞河医院的溶栓经验，引起会场热烈反响。此次会议更新发布了新一版北京市脑卒中急救地图，依据各医疗机构上半年的急性脑血管救治能力，潞河医院卒中中心上半年静脉溶栓108例，动脉溶栓及机械取栓45例，均列于全北京市第二，再次被评为北京市优秀静脉溶栓医院及优秀动脉取栓单位。

【潞河医院成功开展显微镜辅助微创通道技术治疗腰椎间盘突出症】 潞河医院脊柱外科成功开展第一例显微镜辅助微创通道技术治疗腰椎间盘突出症的手术。该病例的成功预示着未来通过显微镜辅助经皮通道技术可以为更多的腰椎间盘突出症患者提供更为微创、精准、舒缓的治疗方式，解决疾病的痛苦，弥补了椎间盘孔镜技术在治疗适应征上的不足，标示着潞河医院脊柱微创技术又上了一个新的台阶。

【潞河医院呼吸与危重症医学科成为国家呼吸与危重症医学科三级医院达标单位】 8月30日，中华医学会呼吸病学分会第十九次年会及暨国家呼吸与危重症医学科（PCCM）规范化建设评定结果发布仪式在江苏省苏州市召开，潞河医院呼吸与危重症医学科成为本批次通过评审的三级医院，中国工程院院士、中国医学科学院院长王辰教授正式授予潞河医院PCCM三级医院达标单位。

【潞河医院举行北京市通州区社会工作培训实践示范基地授牌仪式】 9月26日上午，潞河医院举行北京市通州区社会工作培训实践示范基地的授牌仪式。会议由通州区卫生计生委副主任陈长春主持。潞河医院院长纪智礼介绍医院基本情况及社会工作开展情况。通州区委社会工委书记、区社会办主任何海龙介绍了通州区专业社会工作开展情况。

【潞河医院举办140年历程医疗与人文研讨会暨百年名院论坛】 9月29日上午，140年历程潞河医疗与人文研讨会暨百年名院论坛在潞河医院综合学术报告厅举行。国家卫健委人事司司长段勇，国家卫健委医政医管局副局长周长强，首都医科大学校长、中国科学院院士尚永丰，北京卫生计生委副主任钟东波，中国科学院院士沈岩，中国工程院院士、中国军事医学科学院原院长秦伯益，清华大学医学院党委书记陈应华，通州区委副书记、区长赵磊，通州区委常委、政法委书记、常务副区长刘贵明，廊坊市卫生计生委党组书记、主任杨庆华应邀出席论坛。国家卫健委、北京市卫计委、市科委、市发改委、市人力资源和社会保障局、首都医科大学领导、首医附属医院、市属三级医院、京津冀地区医院、“蓝色县域”医院、内蒙古自治区相关医院和区域内各兄弟医院的院长以及通州区区委、区政府及各委办局、乡镇街道领导、医院社会行风监督员、相关协会和学会的领导等200余名专家参加论坛。

【潞河医院成立“因病返贫”专项救治帮扶基金——良医基金】 9月29日，在潞河医院建院140周年纪念日当天下午，由潞河医院发起，联合北京市红十字会基金会、“同心·共铸中国心”组委会设立的潞河医院“因病返贫”专项救治帮扶基金——良医基金在潞河医院揭牌成立。活动现场，由书记纪福民、院长纪智礼与“同心·共铸中国心”组委会分别向北京市红十字基金会捐赠良医基金善款，潞河医院干部职工现场募捐，奉献爱心，征集善款77900元，此款项将直接进入到设立在北京市红十字基金会的专属账户内，用于日后的救助工作。

【潞河医院—雄县医院脑科中心在雄安新区正式挂牌成立】 11月22日上午，首都医科大学附属北京潞河医院—雄县医院脑科中心在雄安新区正式挂牌成立。该脑科中心由潞河医院和雄县医院共同建立，是雄安新区成立的首个脑科疾病诊疗中心。

【潞河医院成功实施首例胸腔镜下左肺下叶肺段切除术】 潞河医院胸外科主任孙林主刀，医师李卫强、医师张建鹏协助，成功为一患者实施潞河医院首例胸腔镜下肺切除术，标志着潞河医院胸外科的微创技术水平又上了一个新台阶，达到国内先进水平。

【潞河医院心内科首次独立完成实施冠状动脉血流储备分数测定检查】 冠状动脉血流储备分数（FFR）是基于冠状动脉循环的解剖和生理功能，测量狭窄冠脉支配区域心肌最大血流量与理论上同一支冠脉无狭窄处心肌所能获得的最大血流量的比值，所以FFR是没有单位的。临床上利用特殊的压力导丝精确测定冠状动脉内某一段的血压和流量，以评估冠脉血流的功能。FFR理论正常值为1.0，当FFR<0.8定义为心肌缺血，提示该病变具有临床干预意义。潞河医院心血管内科重症监护室CCU首次独立成功为1例心肌梗死复查患者实施该项检查，避免了支架植入。该技术真正地从生理的角度评估了病变与心肌缺血的关系，弥补了冠脉造影的不足。

【潞河医院心内科成功完成首例CARTOSound辅助下室早射频消融手术】 12月17日，潞河医院心内科在CARTOSound心腔内三维超声技术的辅助下，成功完成首例左室后组乳头肌起源室早射频消融术，这是潞河医院首例使用CAR-TOSound心腔内三维超声技术的心律失常介入手术。目前该项技术主要在欧美、日本及国内的大型医学中心用于复杂心律失常介入治疗。此次CARTOSound心腔内三维超声技术辅助下室早射频消融术的开展，标志着潞河医院心内科心律失常介入治疗取得突破性进展，将为潞河医院疑难复杂心律失常的射频消融治疗提供新的强有力的支持。

（赵　娜）

通州区红十字会

【概　况】　2018年，区红十字会秉承“人道、博爱、奉献”的红十字理念，牢固树立人道助力北京城市副中心建设的工作理念，开拓创新，奋发进取，推动全区红十字事业跨越式发展。

【人道救助】　年内，募集善款349.4万元。携手爱心企业家开展“两节”送温暖活动，开展低保家庭大学新生助学、大病患儿救助、失独困难家庭救助、低保家庭大学生救助等日常救助及突发事件救助，全年发放救助款物384.9万元，救助各类困难群体8605户。救助标准进一步提高，救助工作水平全面提升。

【应急救护培训】　年内，深入机关、学校、工地、企业等重点单位，举办应急救护技能培训班54期，取证人数2096人；举办各类讲座27场，参与群众8192人。与北京财贸职业学院合作，首次将应急救护列入大学课程，2018级空乘专业的120余名学生全部取得应急救护技能证书。为全区中小学校100个新增教学班配备班用急救箱。围绕城市副中心建设，开展“应急救护进工地”活动7次，为城市副中心重点工地的一线工作者送去常用药品和救护知识。

【应急救援能力】　年内，首次举办为期3天的供水与大众卫生救援队实战技能培训班，组织参加“京津冀”供水及大众卫生联合演练、通州区防灾减灾综合演练等实战演练，应急救援队的实战能力得到进一步增强。加大备灾库建设，购置5组高位货架，100个木质托盘，1台电动叉车，500床棉被、250件棉大衣等物品，加强备灾库规范化管理，备灾救灾能力得到进一步增强。

【对口帮扶】　年内，主要领导亲自带队，携手爱心企业家，先后4次分赴内蒙古奈曼旗、科右中旗、翁牛特旗对口帮扶地区，签订红十字会战略合作框架协议、专项帮扶协议5份，送去资金、衣服、科普图书、电教设备等帮扶资金物资价值104.5万元，完成区委精准扶贫工作任务。

【宣传活动】　在“五八”世界红十字日、防灾减灾日等时间节点开展大型宣传活动，进行心肺复苏、创伤包扎等现场教学，宣传应急救护、健康知识和器官、遗体、造血干细胞捐献，发放各类宣传材料38768余份。在区电影院、农村数字放映厅等处播放造血干细胞宣传短片432场，3.15万人次观看。立足红十字会网站、公众号，对外发布信息76篇，红十字文化、红十字工作的知晓率进一步提高。设计完成全市首面红十字“博爱墙”，在全市首次开展对完成遗体捐献志愿者家属的慰问。通过组织通州青联代表走进中华骨髓库、组织青年志愿者现场献血等系列活动，提高了青年群体对“三献”工作的知晓率。

（李朝飞）

体 育

2018北京通州半程马拉松赛女子第一名　　（区体育局提供）

概　述

2018年，通州区体育局深入学习贯彻中共十九大精神，立足北京城市副中心建设发展大局，推进全区体育工作取得新进展。一是全力推进重点工程，为民办实事工程如期完成。统筹规划公共体育设施建设，提升副中心城市品质，全力推进区体育场升级改造工程，高效完成为民办实事工作。二是参加北京市第十五届运动会，成绩突破历史。三是赛事引领，掀起全民健身热潮。举办2018北京通州半程马拉松、运河绿道骑游周、北京徒友嘉年华暨通州区徒步大会。同时，举办常规赛事，更加惠民，在举办好区级赛事的同时，积极组队参加市级活动。通过购买服务，激发社会办赛活力，不断推进体教结合，深入推广“三大球”项目。四是加强科学健身指导。开展大讲堂活动及体质测试，并推广国家体育锻炼标准。五是培育发展社会组织，增加体育人口。六是冰雪氛围不断浓厚，组队备战冬运会。开展冰雪大讲堂活动，开展冰雪体验活动，积极备战北京市第一届冬季运动会。七是体育行业安全有序，体彩销量再创新高。

（冯晶晶）

体育设施建设

【概　况】 根据副中心规划建设要求，将建设市级、特色、区级等大型体育设施，加强组团级、家园级基层体育设施建设，鼓励体育设施与其他公共服务设施共建共享，鼓励公园绿地、滨水空间及其他开敞空间提供体育健身服务功能，通州区将进一步完善公共服务设施建设，升级改造现有体育场馆及设施，并高标准、高要求的在体育公共服务设施上按照不低于中心城的标准进行规划建设，增设大型体育场馆等高等级服务设施。

【全力推进重点工程】 年内，全力推进通州体育场升级改造工程（通州区体育中心），该项目被区政府列为政府重点推进项目。按计划完成年度目标任务，同步办理正常建设项目手续。体育场升级改造项目新建建筑规模约69215.76平方米，其中地上建筑规模约25953.58平方米，地下建筑面积约43262.18平方米。项目建设内容包括篮球馆、游泳馆、冰球场、羽毛球馆、地下停车场等，改造后的场馆将主要承载两大功能：全区青少年的竞技体育训练和满足群众健身需求。此项目确保2019年开工建设。

【为民办实事情况及其他设施建设】 2018年，本着便民、为社区居民提供便利体育设施的原则，建设40个多功能球场；购置一批室内健身器材，建设55个室内健身室；更新100套全民健身工程器材。同时，还配建冰雪健身器材20套、全功能智慧健身驿站10个。

（冯晶晶）

竞技体育

【参加全国类比赛】 游泳队参加全国少儿游泳冠军赛成绩显著。参加全国少儿游泳冠军赛（小年龄组）共获得2金、3银、5铜的优异成绩。参加2018年全国空手道U18锦标系列赛山西站比赛，通州区选手夏婷婷、毕雨辰共获得3枚金牌。组织参加北京市青少年室内田径锦标赛，通州区共获得2枚金牌、1枚银牌、4枚铜牌。

【参加北京市第十五届运动会】 北京市第十五届运动会于2018年8月20日落下帷幕，此次市运会首次在竞技比赛28个大项30个分项的基础上，选择受众广泛、群众基础深厚的项目进入市运会，设立14个大项24个小项的群众比赛。在本届市运会上，通州区派出700名运动员参加18个项目的竞技体育比赛，入围人数超过历届运动会；派出393名优秀的健身群众参加所有群众项目的比赛。

在竞技体育比赛中，通州区体育健儿不畏强手、不怕困难，顽强拼搏，团结奋斗，充分展现了良好的竞技水平和精神风貌，以21枚金牌、18枚银牌、30枚铜牌、奖牌总数69枚，金牌和奖牌总数全面超历届的优异成绩，实现了通州竞技体育历史性新跨越、新突破，推动竞技体育整体水平迈上了新台阶。

在13个群体项目中同样获得了优异的成绩，其中足球、门球、空竹、操舞、踢毽、拔河代表队获得团体二等奖，乒乓球、风筝、武术、健身气功、柔力球、跳绳、羽毛球代表队获得团体三等奖，取得了6+66马拉松女子个人第六名，这些成绩的获得充分展示了多年来通州区全民健身蓬勃发展的成果。

参加球类比赛的运动员全部来自通州各个中小学，在足球项目中取得男乙第五名、女乙第五名、女丙第四名的历史最好成绩；在篮球项目中，通州二中获得男子乙组第八名，运河中学获得男子甲组第八名，潞河中学获得女子甲组第八名，在六个组别比赛中有三个组别进入前八名，这是通州区参加篮球比赛历史以来最好成绩；在排球项目中，男队获得男甲第五名、男乙第五名、男丙第六名，女队分别获得甲、乙、丙组第七名的好成绩。棒球是通州区新增项目，北京理工附属中学通州校区首次代表通州区参加男子乙组的比赛，取得第八名的好成绩。

5月20日，举办第八届空竹比赛　（区体育局提供）

5月28日，举办第五届健身操舞比赛（区体育局提供）

【北京市运动员注册工作】 年内，注册了20个比赛项目，注册确认运动员1548人。完成2017年度业余训练日常经费项目绩效考核。

【青少年体育统计年报工作】 对通州区1所国家级传统校、11所市级传统校、16所区级体育传统校、5所体育俱乐部进行青少年体育统计工作，并进行网络数据填报。

【“三大球”队伍的注册工作及参赛工作】 组织通州区足球、篮球、排球、乒乓球、羽毛球传统校参加北京市传统校比赛。篮球注册运动员224人、足球注册运动员88人、排球注册142人。

【审批办证工作】 年内，办理二级运动员15人，三级运动员4人。

（冯晶晶）

群众体育

【2018北京通州半程马拉松】 5月13日，北京银行·2018北京通州半程马拉松赛在通州运河畔举办。本次赛事由中国田径协会、北京市通州区人民政府和北京市国有资产经营有限责任公司共同主办，北京市通州区体育局和北京时博国际体育赛事有限公司共同承办。通州区全力做好各项服务保障工作，“通马”的参赛规模从6000人增加至8000人。赛事组委会联手中、市、区残疾人联合会举办了2018中国（北京通州）残疾人半程马拉松比赛，让300名视力残疾与听力残疾的跑友与健全选手同场竞技。此项活动大力倡导了低碳、健康、文明的生活理念，提升了通州区健身活动品牌和对外影响力，本项赛事作为通州区的品牌赛事将长期举办下去，力争将赛事打造成具有大运河文化传承的精品赛事。

5月13日，举办2018北京通州半程马拉松赛事
（区体育局提供）

【2018通州运河绿道骑游周】 5月19日，2018通州运河绿道骑游周开幕，此次活动由北京市通州区人民政府主办，北京市通州区体育局承办。本次骑游周以“魅力副中心，骑行迎冬奥！”为主题口号，起点为漕运码头。骑游周线路包括10公里、30公里、60公里线路及2018环北京公路自行车赛，各骑行爱好者万余人参加。

5月19日，举办2018运河绿道骑游周
（区体育局提供）

【乒乓球比赛】 6月30日，举办2018年通州区全民健身乒乓球团体对抗赛暨通州区第十二届“和谐杯”乒乓球比赛。比赛有51支代表队，272名选手参赛。

6月30日，举办全民健身乒乓球团体对抗赛
（区体育局提供）

【羽毛球比赛】 举办2018年北京市业余羽毛球公开赛暨通州区全民健身羽毛球团体对抗赛。有来自全区33支代表队300余人报名参与本次比赛。

【篮球比赛】 举办首届京津冀（京东地区）篮球运动协会联盟邀请赛。通过本次比赛，增加了京津冀地区之间的友谊，带动了京津冀地区更多的篮球爱好者投身其中，展示了北京城市副中心的精神风貌。

【徒友嘉年华活动】 10月28日，举办2018（第五届）北京徒友嘉年华暨通州区徒步大会活动。由北京市通州区人民政府、北京市徒步运动协会等共同主办，通州区体育局、北京易走体育文化有限公司等承办，以“走向2022——行走美丽通州 感受运河文化”为主题，吸引了全区市民广泛参与。

10月28日，2018第五届北京徒友嘉年华暨通州区徒步大会活动 （区体育局提供）

【加强科学健身指导】 大力开展培训工作及宣讲工作，分别在台湖镇和西集镇举办冰雪项目社会体育指导员培训班，329人参加。举办5场社会体育指导员优秀技能下基层活动。参加市级晋升一级社会体育指导员培训班，对太极拳、健身气功、广场舞等4个项目进行培训。同时，开展通州区2018年全民健身科学指导大讲堂活动；开展2场北京市全民健身科学指导大讲堂活动走进通州区活动，并完成了北京市社会体育指导员岗位培训工作。参加市竞体中心举办的裁判员管理系统培训及裁判员管理细则培训。健全体质测试网络，逐步提高常态化监测服务质量和水平。开展体质测试摸底工作，各基层站积极开展测试工作，全年测试1.2万余人。贯彻实施国家体育锻炼标准，制定2018通州区国家体育锻炼标准实施方案，完成测试3892余人。在2016年—2018年期间创建50个北京市体育特色村。自2017年起，通州区开展了创建北京市全民健身示范街道和体育特色乡镇工作，2018年创建了台湖镇、西集镇2个北京市

4月17日，开展回春操培训班 （区体育局提供）

8月15日，2018京台武术交流 （区体育局提供）

体育特色乡镇，创建了北苑街道1个北京市全民健身示范街道。同时，根据市局文件，将为每个北京市全民健身示范街道和体育特色乡镇，每年扶持经费50万元，连续扶持三年。完成通州区奥体公园等7个健身气功活动站点的审批，并颁发国家体育总局健身气功站点注册证。鼓励协会自主开展活动。2018年，各体育社团开展了风筝、网球、乒乓球、空竹、武术、操舞、自行车、高尔夫等赛事活动。2018京台基层武术交流活动顺利开展，通州区武术协会应中华洪门武术联盟邀请，于7月24日—31日，参加了2018京台武术文化交流系列活动。

（冯晶晶）

冰雪运动

【概　况】 通州区注重发挥政府在冰雪场地设施发展中的政策引导和多部门协作机制，不断加大投入和保障力度，进一步做好冰雪场地设施规划建设指导协调。支持和引导社会资本参与投资冰雪场地设施建设和运营。鼓励冰雪场馆开展冰雪公益活动，并配备教练进行免费指导。截至年底，全区有室内外滑冰滑雪

场包括：东奥冰尚俱乐部，室内面积为1500平方米、开心农场室外滑冰滑雪场，人造雪场及冰场面积为800平方米、运河苑温泉度假村冰雪世界，设置了滑雪乐园、冰上乐园等冰雪娱乐项目。每年还在运河文化广场举办通州运河冰雪节活动。

【营造冰雪运动氛围】 加强对可拆装冰场管理，强化安全教育与安全措施。冰场自2018年1月22日开始，5月31日结束试运行，共开放130天，累计上冰12992人次，未出现安全事故，收到良好社会效果。研究制定雪上体验活动工作方案，组织437名居民参加雪上体验活动。

开展冰上训练活动 （区体育局提供）

【冰雪队伍的注册工作及参赛工作】 冰上项目注册人数有157人。全力做好冰雪运动队伍组建工作。备战北京市第一届冬季运动会。组建冰上速滑队、花样滑冰队、冰球队，与冰上俱乐部合作、聘请优秀教练员推动通州区冰雪项目在短时间内得以提升。截至年底，有4所学校为通州区冰上项目重点校。俱乐部与顶级俱乐部教练签订友好培训协议，为通州的小运动员提供为期12天的训练。与教委共同举办2018年通州区中小学生首届小学生冰球联赛、“阳光体育”2018年通州区中小学生五人制足球赛及2018年通州区中小学生“三大球”联赛。

（冯晶晶）

体育产业

【安全检查】 加大执法检查力度，严厉打击违规违法经营行为。加强日常监管，强化执法检查工作。体育局检查体育经营单位232家次，其中夜查15次，节假日检查4次，出动执法人员982人次，发现隐患3类243项，整改227项，完成全区体育经营单位执法检查全覆盖，全年没发生任何责任事故。

【安全生产宣传】 认真组织部署安全生产会议培训和应急演练工作。强化各经营单位安全生产管理水平。立足本职，强化服务意识，充分发挥政府作用。发放制度展板、日常记录手册，并要求各单位提高使用效率，强化安全生产管理工作。扎实开展全国安全生产月活动及安全宣传工作。

【体育产业奖金扶持工作】 做好北京弘赫体育健身俱乐部有限公司以及北京华夏春雷机电设备有限公司完成新建体育场馆扶持申报工作，市体育产业协会人员前期进行考察，同意开始建设，待建设完成后进行扶持。

【体彩工作】 年内，进行抽查、检查、送宣传海报等材料、并拍照上传到中心数据库，做好常规工作。体彩销量突破5.3亿元。

（冯晶晶）

社会生活

5月13日，2018中国（北京通州）残疾人半程马拉松视障组男子第一名

（区残联提供）

民　政

概　述

2018年，通州区民政工作在区委、区政府的领导下，在市民政局的指导帮助下，围绕北京城市副中心建设大局，大力践行以人民为中心的发展理念，深化改革补短板，优化服务惠民生，统筹推动社会救助、社会福利、社会治理、双拥优抚安置、社会事务和民族宗教侨务等各项业务全面发展，高效完成职责履行任务20件，行政区划调整、街道社区管理体制改革、居家养老服务、精准社会救助、困境儿童关爱保护等重点工作取得显著成绩，推动全区民政事业稳中有进、不断提升，为北京城市副中心建设做出新的贡献。

年内，区民政局以通州民政信息网、通州区政务门户网站、通州区政府信息公开网、北京民政信息网及《民政信息》内部刊物为载体，打造民政信息平台，通过民政局局域网向北京市民政局报送信息286篇，在其他网站发布民政工作成果信息243篇。

年内，通过展板、电视、广播、报刊等多种形式进行广泛宣传，通州电视台、通州广播电台等宣传媒体播出反映民政工作的新闻69条；《中国社会报》《北京社区报》《通州时讯》等报刊媒体刊发民政新闻稿件201篇，扩大了民政工作的社会影响。

年内，新接收征地超转人员925人，发放生活补助费54199万元，接待来信来访485余人（件）次，群众满意率100%。

（李超　达强　李雪）

优抚安置

【概　况】　2018年，全面贯彻落实国家各项优抚政策，不断提高优抚对象定期抚恤补助标准；建立了义务兵优待金自然增长机制，义务兵优待标准由每人每年3.06万元提高到3.8256万元；年内为重点优抚对象发放定期抚恤补助资金7303万元；元旦、春节期间市、区领导广泛开展走访慰问各类优抚对象活动，慰问金总额775.52万元。

【义务兵优待工作】　“八一”前夕，为2016年—2017年度义务兵发放优待金1687.0896万元。收到部队或安置办转来的通州籍义务兵优秀士兵受奖通知书117份，个人三等功3人，三等功每人奖励5000元，优秀士兵每人奖励1000元，发放奖励金13.5万元。

【优抚对象医保政策落实】　年内，为1096人次优抚对象减免医药费307万元；为784名优抚对象缴纳城乡居民医疗保险，为41名享受原公费医疗待遇的一至六级伤残军人缴纳了城镇职工医疗保险。

【优抚对象集中供暖补助】　12月中旬，向优抚对象按照发放2018年—2019年采暖季补助费225.85万元。

【优抚对象数据核查】　2018年，对全区优抚对象进行入户核查，上传核查照片及扫描身份证，核查率达478.84%，超额完成市民政局下达的核查任务。

【烈士公祭活动】　制定《通州区烈士公祭活动方案》、《通州区烈士公祭活动应急预案》和《烈士公祭活动民政局内部人员分工方案》等材料，提前对活动现场进行专业设计布置，制作展板、场地站位图、现场引导标识等，摆放菊花、凤尾等多种绿植。9月30日当天，通州区党政军及社会各界200余人在大运河森林公园周文彬雕像广场举行纪念活动。

【见义勇为权益保护工作】　年内，为弘扬见义勇为精神，对李晓涛和胡凤鑫的见义勇为行为进行确认，发放见义勇为行为确认奖励金124812元；“两节”期间，对58名见义勇为人员进行普遍慰问，发放慰问金每人1800元，共计10.44万元；对10户生活困难见义勇为家庭进行救助，发放困难补助每户

3000元。组织58名见义勇为人员到二六三医院进行身体健康检查。组织10名见义勇为人员参加基金会组织的疗养活动；民政局组织23名见义勇为人员到门头沟进行为期5天疗养、参观和座谈。

（张芙琼）

【复退军人政策资金发放】 2018年，累计发放退役士兵就业安置各类补助资金2233.2349万元，其中为2017年秋季退役士兵发放自主就业一次性经济补助1724.1980万元；为士兵发放“两节”慰问金14.12万元；为冬季退役士官发放自主就业一次性经济补助410.7803万元；为进藏退役义务兵发放医疗补助20万元；为2017年转业士官发放待安置期生活费10.1万元；为2018年转业士官发放待安置期生活费15.1万元；为自谋职业士官发放一次性经济补助13.6574万元；为退役士兵发放技能培训补贴20.1792万元；为企业发放奖励金4.5万元。

（何　昕）

【“双拥”工作】 2018年，全区军民国防观念“双拥”意识有效提升，各级、各单位以及驻通州各部队结合清明节、建军节、“9·30”烈士公祭日等时机，广泛开展“双拥”主题活动，并在电视台、《通州时讯》、“两微一端”相关媒体、网站设立“双拥”专题、专版。支持国防和军队现代化建设，在春节和“八一”期间，组织区领导走进驻通州部队为官兵送去节日祝福和慰问品、慰问600余万元。11名随军家属被安置到事业单位，在随军家属专场招聘会活动中，62名随军家属现场与用人单位达成初步就业意向，认真落实军人子女入学政策，接收军人子女106名。各相关单位设立军人优先窗口和通道，军人优先工作得到全面落实。实打实开展拥军活动，20余家“双拥”工作成员单位充分利用资源优势，开展文化拥军、科技拥军、法律拥军、智力拥军等活动，在“军地青年交流”“好军嫂评比”“慈心汇大爱，温暖子弟兵”等品牌“双拥”活动中，为驻通州部队捐赠价值20万元的图书，为官兵放映电影，救助困难官兵，发放救助款115.6万元，得到官兵大力好评。同时，驻通州部队大力支援地方重点工作建设，累计出动官兵2000余人次，投入车辆、机械1000余台次；派出医务人员300余人次、义诊群众4000余人，献血近15000毫升；出动带兵骨干，军训学生3万余人次；举办国防讲座60余场；开展扶贫帮困活动，用实际行动赢得群众的信任和赞誉。

（张　军）

社会救助 社会福利 灾害救助

【概　况】 2018年，社会救助（救灾）工作以维护困难群众的基本生活权益为出发点和落脚点，建立健全各项保障制度。一是开展“精准救助”工作，为困难群众提供系统、全面、规范的基本生活保障。二是持续推进社会救助领域专项整治工作，有效防范各类违规违纪问题。三是各项社会救助政策得到落实，城乡低保标准和特困供养水平进一步提高。

【城乡低保】 城乡低保标准提高至月人均1000元，年内全区有城市低保对象886户1238人，年保障资金1635.82万元；农村低保对象2244户3349人，年保障资金3666.35万元。依据现行政策做好城乡低保（低收入）受理审核、入户调查、公示上墙、审批发放、复审检查等环节的工作，确保实现动态管理下的应保尽保。全年新审批410户1349人享受城乡低保待遇，并对城乡低保对象采取半年复审、不定期抽查和社会监督等方式，进一步加大动态管理力度。全年因城乡低保对象去世或收入超标，停发享受765户1159人；因城乡低保标准调整或家庭情况变化，调整6188户。

【特困供养】 将生活费标准提高至月人均1500元，照料费最高标准为1272元。特困供养对象有230人，其中，集中供养127人、分散供养103人，全年发放生活费及照料费共587.59万元。

【残疾补贴】 落实残疾人生活补贴及护理补贴工作，其中，生活补贴8072人，护理补贴9083人。全年发放两项补贴6930.41万元。

【专项救助】 为4207名城乡特困群众发放医疗救助金1298.69万元；因病致贫家庭医疗救助全年救助121

户，215人，发放资金91.8085万元；2017年—2018年采暖季，为2285户清洁能源自采暖城乡低保家庭发放补助金393.2万元，为556户集中供暖低保家庭发放补助金81.49万元；为69名困难大学生发放助学金30.72万元。

【其他救助】 年内，为32户、70人符合条件的家庭做了低收入家庭认定；“两节”期间，向全体城乡低保（特困供养）对象发放走访慰问金266.1万元；为50户因病、因灾等特殊原因造成生活暂时困难的家庭发放临时救助金26万元。

【精准救助】 年内，推进通州区精准救助工作，全区15个乡镇街道全部成立困难群众救助服务所，由统筹资金304.6万元，委托8家专业社会组织，累计建立社会救助帮扶台账8023户，制定帮扶方案3157户，实现救助回访5577户，开展助老、助残、助教等个案帮扶1189户。在个案服务中，有社会救助对象1140户，非社会救助对象49户；老年人535户，残疾人416户，儿童47户，重大疾病救助等其他类型191户。

【救灾管理】 年内，完善通州区应急救助指挥体系，加强应急救助统筹协调能力，整合相关部门的资源，做好各阶段的灾害救助工作,全力保障受灾群众基本生活。为确保民政对象安全度汛，区民政局及时制定并下发了《关于做好2018年安全迎汛工作的通知》，并与15个街乡签订“安全度汛责任书”，做到机构、人员、职责三落实。加强防灾减灾示范社区创建工作，创建北京市示范街道2个，全国示范社区22个，市级示范社区20个。

（李宝辉）

儿童福利和保护工作

【概　况】 2018年，按照党中央和国务院关于保障儿童合法权益的决策部署，始终把儿童发展放在优先位置，促进儿童全面发展的目标要求。通州区结合自身实际，全力搭建符合城市副中心功能定位的儿童保障体系框架，在组织领导、经费保障、儿童权益保障、救助保护机制建设、工作体系与基础能力建设等方面实现整体发展。

【儿童福利服务体系建设】 2018年，以区政府办名义出台《通州区关于加强困境儿童和留守儿童保障工作实施方案》，与区发改委、教委等单位联合印发《北京市通州区困境儿童和留守儿童保障示范创建活动工作方案》，召开全区创建工作部署会，启动创建工作。组建15名儿童督导员和599名儿童主任的工作队伍，通过政府购买社会组织服务方式，为全区困境儿童开展精准帮扶。基本建立起由区、乡镇（街道）、社区（村）、社会组织（社工）四级组成的适度普惠型儿童福利服务体系。

【儿童精准帮扶工作】 年内，建立全区891名困境儿童帮扶台账，社工累计入户932人次，开展个案帮扶27例，汇集社会物资50万元，为300余名儿童提供政策帮扶和物质帮扶。区内现有区级儿童成长驿站1所，乡镇级驿站3所。全年开展活动32场，包括困境儿童夏（冬）令营、博物馆计划、自闭症家庭联谊、外教志愿者辅导站等活动，累计受益儿童1041人次。

【落实儿童保障政策】 2018年，全区享受困境儿童生活费儿童62名，其中事实无人抚养儿童42人，困境家庭中重病、重残儿童20人，全年发放生活费55万元。接收市救助管理中心长期滞留且生活无着儿童3名。完成市属儿童福利机构2名成年孤儿安置工作，为其落实户口，安置费、公租房等保障性政策。在全区范围内开展孤弃儿童养育大排查，未发现私自收养孤弃儿童的机构和个人。

【社会福利院服务管理】 年内，区福利院有孤残儿童33名，其中院内集中供养32名，家庭寄养1名。院内新建区级儿童庇护中心，可为区内遭受家暴、性侵等紧急情况未成年人提供临时庇护。投入200万元中央福彩公益金建成包括地震、消防、急救、逃生等内容的安全实景设施体验馆，为适龄儿童提供生命安全教育。投入126万元，市级福彩公益金，完成食堂天然气管道建设，解决了院内长期使用液化气罐的安全隐患。

（侯庆跃）

【救助流浪乞讨人员】 在重要活动及严寒酷暑天气期间，协调区公安分局、区城管执法局、区卫计委等部门联合开展流浪乞讨人员集中救助行动。利用社会资源，成立5家临时救助点。引入专业社工组织，参与跨省护送工作。全年救助生活无着流浪乞讨人员379人次。

（刘宝凤）

【慈善救助】 2018年，通州区慈善协会累计接收社会各界捐款541.12万元，有效与政府救助机制相衔接，充分将政府之“德政”与民间之“善举”有机结合，重点围绕扶老、救孤、济困、恤病、助残、助学等群众普遍关心且需求迫切的民生领域，精准开展慈善救助工作，强化慈善救急救难的救助功能与优势，切实把有限的善款用到最迫切需要的群体和项目上，为全区3532名困难对象发放救助金805.84万元。完成“共产党员献爱心”捐献活动善款接收工作；成立“云集响应慈善基金”、“茅台助孤助残专项慈善基金”和“中创京福慈善基金”三个专项冠名基金。开展各项宣传工作，举办“通州有爱、慈善有我”第三届公益慈善书画展和第五届“慈善北京”公益慈善图片巡展暨通州区“惠民慈善”成果展等一系列慈善宣传活动，在动员社会力量参与公益慈善事业、弘扬慈善文化、维护社会和谐稳定方面发挥了积极作用。

（关志军）

老龄工作

【概　况】 通州区老龄办全面贯彻中共十九大和十九届二中、三中会议精神，认真落实《中华人民共和国老年人权益保障法》和《北京市居家养老服务条例》，以习近平新时代中国特色社会主义思想为指导，以老年人居家和社区养老服务需求为导向，不断建立健全“以居家为基础、社区为依托、机构为补充、医养相结合的多层次养老服务体系”，稳步推进各项老龄基础工作，并以抓好折子工程和为民办实事项目的落实为重点，不断提高老年人社会保障、社会优待和养老服务水平，全面提升居家和社区养老综合服务能力。

【加强老年组织体系建设】 2018年，调整通州区老龄工作委员会委员，对老龄工作取得的成绩进行全面总结，对2018年老龄重点工作进行安排和部署。8月27日，通州区社会养老服务行业协会成立。该协会有32家单位会员。会员单位以专门提供养老机构、养老驿站运营商为主，兼具康复辅具、心理咨询、社会调查、社会工作、法律服务等与养老服务密切相关的公司、企业及社会组织。

【健全老年政策体系建设】 为推进和深化“三边四级”养老服务体系建设，2018年区民政局、区老龄办联合制定出台了《通州区2018年度养老机构辐射社区居家养老服务工作实施方案（试行）》《通州区老年人家庭适老化改造需求评估与改造实施管理办法》《通州区社区养老服务驿站运营扶持实施细则》《通州区居家养老巡视探访服务实施办法(试行)》等一系列文件，为老年人居家养老提供支持和保障。

【落实老年人优待政策】 2018年，区老龄办为全区4.52万名户籍及外埠60周岁及以上老年人办理养老助残卡；为全区21887名80周岁及以上老年人发放居家养老服务补贴金2571.98万元；为全区1971名90周岁及以上老年人发放高龄津贴247.51万元；为全区81名95周岁及以上老年人发放医疗补助约15.84万元。春节期间走访慰问高龄特困老人100名，为每位老人送去800元慰问金；重阳节期间，走访慰问27名百岁老人，为每位老人送去5000元慰问金及花篮、果篮、寿桃等慰问品；走访慰问58名高龄特困中到重度失能老人，为每位老人发放1000元慰问金。“两节”期间发放27.3万元慰问金。为1200户60周岁以上的城乡特困、低保、低收入、失独、失能、独居、劳动模范、优抚对象（指在乡老复员军人、带病回乡退伍军人、残疾退伍军人、参战参核退役军人以及70周岁以上的农村籍退役士兵）老年人家庭进行适老化改造。改造内容包括助行、助浴、助洁、紧急救助及康复辅助等，改造范围包括地面、墙体、卫生间等主要功能区，如安装扶手、配置用餐辅助家具、轮椅或者拐杖等，为老人居家养老提供各种便利。

【“敬老月”系列活动】 2018年“敬老月”活动主题是“关爱老年人欢庆老年节”。通州区老龄办举办“走进新时代，奉献副中心——2018通州区‘敬老月’关爱老年人系列活动”。包括通州区“孝星榜样”及“孝星”命名、表彰及宣传系列活动，从历届通州区选举出的区级孝星中，投票选举出10名通州区“孝星榜样”；各街道乡镇通过逐级遴选的方式，评选、推荐本辖区2018年“孝星”，由区老龄办审核并召开命名大会。举办通州区首届老年人书法绘画摄影大赛。举办活力夕阳美，舞动通州情——通州区老年健身操舞大赛。开展“敬老月”系列宣传活动，包括举办《中华人民共和国老年人权益保障法》及《北京市居家养老服务条例》相关法律知识讲座活动。开展百岁及高龄特困老人慰问活动，区四大家领导带头慰问百岁老人。开展老年工作成果专题宣传、老龄化国情教育专题讲座、老年人口述历史等系列宣传活动。老年协会组织开展“长寿杯”老年门球赛、“重阳杯”老年台球赛。与北京雅视眼镜有限公司联合，为全区60岁以上老年人免费赠送3000副老花镜等多场大型活动，受到了老年朋友的欢迎。

【新增养老设施建设】 根据《北京市2018年社区养老服务驿站建设工作方案》等文件要求，通州区2018年需完成24家驿站建设任务。截至2018年底，通州区建设完成并试运营驿站36家，超额完成任务。并由市民政局备案和公示。重阳节前夕，举办了驿站颁牌仪式。

【机构开展居家辐射服务】 2018年，通州区有8家养老机构申报开展短期照料、助餐、助洁、助浴、助医、教育培训、精神关怀、信息管理、志愿服务、拓展服务十项社区和居家养老服务。8家上报居家辐射项目54个，申报资金247万元。累计为5400余位老人建立信息管理服务档案；提供短期照料服务142人次，提供助餐服务5261人次；提供助洁、助浴、助医等服务累计服务108人次；开展精神关怀类活动61场、教育培训9场、志愿服务64次。使老年人足不出户就可享受到就送餐、家政、医疗、生活照料、精神慰藉等全方位的服务。

【政府购买助老服务项目】 年内，区老龄办实施2个政府购买服务项目。一是“通州区居家养老巡视探访服务”项目。为日常生活照料存在困难，有精神慰藉需求，高龄、独居、空巢等老年人提供政府和社会的关爱服务及个性化、精准化的养老服务，使老年人共享改革成果。对辖区内2700多名老人开展巡视探访，解决老年人提出的需求约700多次，处理危机情况35次，巡访老人7万多人次。二是通州区失能家庭老人照护者培训项目。对全区4021名失能家庭照护者开展心理慰藉、紧急状况处置、护理技能和技巧等相关照护培训，培训总课时96504小时。

（谢　科）

社区建设

【概　况】 年内,围绕城市副中心战略定位，高度重视社区在提升城市管理水平中的关键作用，夯实基础、补齐短板、争创亮点，全面提高社区管理和服务水平，提升社区居民幸福感、获得感。

【推进社区体制机制改革】 年内，深化“街乡吹哨　部门报道”改革，着重从改革制度设计、开展清理规范两个方面，扎实推进社区减负工作。编制社区依法履行职责事项和依法协助政府工作事项清单，制定《关于实行社区工作准入的实施意见》，建立社区工作准入联席会议。拟定《关于加快社区公共服务设施的实施意见》和《关于实行社区绩效考核的实施意见》。

【农村社区建设】 年内，将农村社区建设与北京城市副中心建设、新型城镇化、基层社会治理创新相结合，推进11个农村社区建设试点单位创建工作。同时，开展“一区一品、一镇一品、一社区一特色”社区服务体系建设，围绕农村居民密切相关的生产生活领域，开展69个社区服务项目。

【社工队伍建设】 年内，加大培训和继续教育力度，举办693人参加的社工师考前免费辅导班，1300人参加的“乡土社工”培训，完成165名持证社工登记。年新增持证社工259人，新增社工机构15家，全区社工机构51家。

【深化“三社联动”服务基层社会治理创新】 年内，采取政府购买专业社工机构服务的方式，先后开展15个“三社联动”服务项目，其中，个案服务评估81次、入户个案服务及居家养老服务420次、专业小组活动179次、社区社会组织培育服务105次、社区服务主题活动86次、各类联席会议40次、宣传倡导活动27次，累计惠及61983人次。

【加强社会工作宣传】 年内，组织实施“国际社工日”“北京社工”宣传周系列活动，制发社会工作宣传折页2000余册，开展第二届“社工知识进万家”知识竞赛活动，营造支持社会工作发展的社会氛围。征集社工优秀实务案例20篇、暖心故事22篇，组织推荐12名社会工作领军人才和3个“三实”基地。持续推进“京津冀”社会工作区域协同发展，深化与天津武清、河北廊坊关于社会工作教育、宣传等领域的对话交流。

【志愿者服务】 年内，宣传贯彻《志愿者管理条例》，全区注册志愿者342516人，志愿者组织5239个，发布志愿项目30552项。开展“学习雷锋精神，展副中心风采”主题志愿服务推动月系列活动以及“益路有你·创享风采”国际志愿者日双工联动大型公益活动。开展2018年志愿者能力提升培训及4次社区志愿工作坊，提升1200名志愿者素质能力。评选30名年度社区优秀志愿者之星、30个优秀志愿服务项目、30个优秀志愿组织。

（王　宁　田　芳）

【社区服务信息网络】 2018年，开展形式多样的社区大课堂880节，37785居民参与活动。各级社区中心开展“两节”服务活动,直接惠及社区居民2万余人次。

（田　芳）

基层自治组织建设

【概　况】 2018年，按照全市统一部署，全面启动村委会、社区居委会换届选举工作。为进一步加强农村基层自治组织建设，密切党群干群关系，维护农村社会和谐稳定，2018年，进一步规范全区村务公开工作。按照区委、区政府要求，推动新设立街道办事处正式挂牌运行。开展2018年先进村（居）委会和村（居）委会主任评比表彰活动，评出市级先进村（居）委会19个，市级先进村（居）委会主任7名；区级先进村（居）委会12个，区级先进村（居）委会主任13名。

【城乡基层自治组织建设】 2018年，在全区范围内于1月、7月组织两次村级“民主日”活动、召开两次社区居民会议，极大地调动了居民群众参政议政的积极性，提高了城乡基层干部的决策水平和解决实际问题的能力，进一步密切了党群干群关系。会同区委组织部、区委农工委、区经管站等单位全面规范村党务、村务、财务公开工作。指导梨园镇筹备成立临河里、玫瑰园两个社区居民委员会，于2018年8月14日取得区政府批复。指导潞城镇结合实际，履行古月佳园社区居委会撤销程序，于2018年11月5日取得区政府批复。至此，全区经区政府批复成立的社区居委会130个。

【行政区划管理】 在区委区政府的领导下，加大统筹协调工作力度，潞源、通运两个街道先后于2018年7月31日、12月29日正式挂牌运行。按照区委要求，继续深化城市副中心行政区划研究。指导西集镇、于家务回族乡政府驻地迁移工作，并取得市级批复。

（范　晔）

殡葬管理

【殡葬惠民】 2018年，区民政局认真贯彻落实各项殡葬惠民政策。按照《通州区城乡无丧葬补助居民丧葬补贴办法》，严格丧葬补贴操作手续，防控风险，避免重复申领、避免政策规定的十类人员申领（该类人员已在其他渠道享受丧葬补助）。年内，核准丧葬补贴申请793件，区、镇（乡）两级财政拨付丧葬补贴资金396.5万元。深入推进“零百千万”工程，即零元骨灰撒海、百元骨灰盒、千元殡仪服务、万元墓地，全区销售百元骨灰盒220个，提供千元殡仪服务2422次。继续推进落实《北京市通州区节地生态安葬补贴实施细则》。本区户籍重点优抚对象和享受本区城乡居民最低生活保障待遇的对象免费使用骨灰格位。

【清明祭扫】 做好清明节群众扫墓接待服务工作，在全社会大力倡导移风易俗新风。为确保清明节期间群众扫墓服务安全、有序进行，成立了由区政府办公室、区民政局、区公安分局、区应急办等部门组成的通州区群众扫墓服务工作指挥部，召开了有44个指挥部成员单位领导参加的清明节群众扫墓接待工作协调会。清明节前夕，联合指挥部成员单位对辖区内公墓（陵园）、骨灰堂、公益性集体埋葬点进行了安全检查，对在检查中发现的问题责令限期整改。清明节期间，通州区殡仪馆、永安公墓、通惠陵园、京运陵园、惠灵山陵园等几处重点扫墓接待点，累计接待扫墓群众424055人次，机动车辆91102辆次，此次活动期间未发生一起安全责任事故。

【殡葬执法】 2018年清明节前夕，区民政局对区内殡葬用品经营网点进行了执法检查，重点检查了各销售网点是否合法营业，是否存在销售冥票、纸人纸马等迷信殡葬用品行为。通过实地联合检查，进一步规范了全区的殡葬用品销售市场，保护了合法经营的殡葬销售网点。坚决制止乱埋乱葬和非法销售墓地行为，对公益性墓地进行不定期的执法检查，对非法销售的继续采取高压态势进行打击。全年制作7个殡葬领域简易行政处罚案卷。

（王瑞荣）

社会组织管理

【概　况】 年内，依法依规完成社会组织成立、变更、注销、年度检查、换证等重点工作，成立社会组织394家，其中，民办非企业单位292家，社会团体102家。社会组织建设与管理工作取得新成效：成立通州区社会组织综合党委；举办异地脱产教学研修班提升社会组织思路；完善社会组织三级孵化培育体系；推出“爱延续”社会组织服务品牌；率先开展“优化服务、只跑一趟”登记服务承诺；清理行业协会涉企收费扎实有序；购买服务资金纳入区财政专项预算保障公共服务资金支持；创新“聚能双协商、党建微创投”破解基层治理难题；专项资金支持社区社会组织AAAAA评级、社区公益创投大赛、“关爱功臣”“移风易俗”等活动，深化社会组织服务副中心建设、综合治理积极作用。

【社会组织年检】 2018年，应参加2017年度检查的社会组织337家，已年检的社会组织306家，年检率91%；完成行业协会商会脱钩10家；累计应参加评估社会组织为254家，已评估社会组织236家，评估率为93%。

【社会组织信用管理】 年内，社会组织信用信息的采集、录入、发布率100%。开展社会组织诚信服务承诺活动，签订《北京市通州区社会组织诚信自律承诺书》，建立诚信服务承诺制度，开展诚信宣传培训2次，社会组织诚信承诺率86%。

【社会组织培育孵化体系】 2018年，出台《北京市通州区社会组织培育孵化体系建设意见》，制定《通州区社会组织培育孵化机构联席会议制度》和《通州区社会组织培育孵化机构服务转介流程》。区级培育孵化基地——通州区社会组织“双创”发展服务中心，培育孵化社会组织16家，开展合作交流、培训指导等活动30场次。成立6个街乡镇级社会组织培育孵化机构和3个社区社会组织孵化中心。

【购买社会组织服务体制】 2018年，通州区民政局联合区财政出台《关于通州区通过政府购买服务支持社会组织培育发展的实施意见》。将财政、监察、专家及职能科室负责人纳入评审专家库，引入专业第三方监管机构对项目实施全过程进行监管，实施区财政资金管理和绩效评价、区民政局购买的机制。2018年购买资金800万元。

【服务副中心重点工作】 年内，打造“通州百姓”治安志愿者品牌，起到了邻里守望、街面社区巡逻、发现问题及时报告情况的作用，截至年底，全区治安志愿者数量达到6.3万人。推动环行政办公区建立“红白理事会”，实现镇级全覆盖，带动社区居民崇尚文明、节俭的良好风尚。

【社区社会组织建设】 2018年，成立5个社区社会组织联合会，覆盖玉桥、北苑、新华、中仓4个街道和梨园镇，建立5个社区社会组织孵化基地。务实了社区社会组织品牌建设工作，涌现了“指南针文明引导”“好邻居帮扶队”“宝贝行动”“爱心传递121助老小分队”“文明养犬学校”“楼门管家服务队”“百姓记者团”等60个品牌社区社会组织，不仅服务于社区，在社会上也得到了广泛认同。

（徐颖　马华）

婚姻收养登记

【概　况】 2018年，婚姻登记管理工作依照《中华人民共和国婚姻法》、《婚姻登记条例》和《婚姻登记工作规范》要求，坚持依法行政、热情服务的基本原则，继续巩固、提高等级婚姻登记机关创建成果，各项工作顺利推进，群众认可度持续增长。全年办理结婚登记7841对（较上年下降10.4%），离婚登记3716对（与上年基本持平），补领婚姻登记2777对（较上年下降40%），涉外、涉港澳台婚姻登记28对，收养登记8件，为行动不便的老人、残疾人、病人提供上门登记服务25次，出具婚姻记录证明28份，配合公证处、公安、检察院、法院等部门调查当事人婚姻登记情况523次，接待群众电话咨询及现场解答6万余人次。

【群众信访投诉处理解答工作】 年内，区民政局婚姻登记处对群众拨打“12345”以及来访来信等反映涉及到的婚姻登记问题全部进行及时答复，群众满意率在全局位居前列；为方便群众咨询得到及时反馈，区民政局婚姻登记处于9月初安装具备录音功能电话，群众在非工作时间拨打的电话可进行录音留言，登记员在工作时间对咨询问题进行一一回复解答。

【信息化建设】 2018年，按照市民政局统一要求，提高通州区婚姻档案管理信息化水平，4月，婚姻登记档案即时电子化工作正式启动，项目所需的高拍仪、手写屏、指纹采集器等配套电子化设备配置工作在一周内完成安装，并由系统承建公司专业人员不定期对各个硬件设施进行测试，调整参数设置，年内，婚姻登记处所有登记员均已完成对新设备操作的培训，基本操作方法已掌握。

【婚姻家庭辅导及颁证服务】 2018年，区婚姻登记处继续与通州区金蓝途社工事务所、春晓心理咨询事务所签订政府购买服务合同，3月5日至年末，为3447对初婚当事人提供免费颁证服务，颁证率达87%，并先后在5月21日、8月17日（七夕节）举办主题颁证活动。3月5日至年末，有1357对离婚当事人接受了婚姻家庭辅导，接受辅导率达53%。深入基层社区组织开展5次“婚姻家庭辅导进社区”活动，参加群众人数240余人，得到群众好评。

【特殊婚姻登记日工作】 2018年5月21日和8月18日是特殊的结婚登记日，为做好两次特殊婚姻登记日的服务工作，预先制定工作方案和各项应急预案，并做好相关引导工作。两次高峰日办理结婚登记450对（5月21日办理194对，8月18日办理256对），由于准备充分，未发生一起投诉事件。

【婚姻法律法规宣传】 年内，区婚姻登记处通过多种媒体向全社会宣传婚姻法律法规，并在《通州时讯》《通州新闻》等新闻媒体刊登宣传稿件10余篇。同时，不断加大婚姻政策法规宣传，全年向全区群众发放《中华人民共和国婚姻法》《中华人民共和国收养法》《婚姻登记条例》及计划生育相关知识等宣传资料1万余份，取得了良好的宣传效果。

（贾秀凤）

捐赠中心

【接收捐赠】 2018年，累计接收社会捐款66.47773万元，接收物资8.8596万件。根据党中央关于东西部扶贫协作决策部署和北京市委、市政府对口支援内蒙古、西藏的工作要求，按照通州区委区政府对口支援帮扶工作安排，区民政局深入内蒙古自治区兴安盟科尔沁右翼中旗、通辽市奈曼旗、赤峰市翁牛特旗，西藏拉萨市城关区，就京蒙藏对口帮扶工作进行对接，此次为帮扶建档立卡贫困户捐赠棉大衣、棉被等物资1.9万件，救灾物资价值54.2万元。送往对口支援地区，用于助学、助教、助困以及帮助该地区群众解决过冬棉衣不足困难。捐赠内蒙古三旗及西藏拉萨市救灾款项130万元。用于帮扶建档立卡贫困户，打赢脱贫攻坚战。

【应急储备】 救灾捐赠储备库为救灾与捐赠合用储备库，现有救灾物资：帐篷740顶、折叠床1940张、气垫床1200张、折叠桌椅580套、棉大衣2000件、应急灯600台、救生绳500套、强光手电200个、救生衣500件、交通指挥棒100个、雨衣200件、雨鞋200双、铁锨300把、对讲机30台、发电机10台。捐赠物资：棉被2000件、棉衣498件、棉大衣500件、毛毯300件，共计3298件。

【慈善超市】 2018年，通州区捐赠中心与通州区养老驿站合作新增2家慈善超市，共计5家慈善超市。分别根据服务场所所处地理位置及面积，合理规划功能区域。分别与养老驿站签署连锁运营协议书，明确甲乙双方的责、权、利。全区慈善超市均符合全市统一要求的基本功能。慈善超市具备款物募集功能、困难群众救助功能、应急服务保障功能、慈善理念宣传及义工（志愿者）服务功能。

（穆月鲲）

福彩中心

【概　况】 年内，全区销售福利彩票36280.6952万元。其中，电脑票销售32693.1852万元，即开票销售3587.51万元。超额完成北京市福利彩票发行中心下达的销售任务。总销量列全市第四名。年内，通州区获得市十佳销售站8个，市先进销售站19个，市优秀销售员3名。

【巡视检查】 年内，对全区各网点的安全、防火、防盗、卫生、投注机维护和服务水平等方面进行巡视检查。特别是在春节、“两会”、国庆等重大节会期间，督促区内销售站做好安全自查，提高思想意识，倡导销售站严格履行安全责任，强化社会责任，切实保证全区彩票销售市场的安全与稳定。

【促销活动】 年内，开展福彩各项游戏营销活动。电脑票方面，分别在全区进行“快乐8”“3D”“快3”“双色球”游戏营销活动，在提高销量的同时，进一步扩大福利彩票品牌影响力。即开票方面，按照市福彩中心要求，大力开展“戊戌狗”“天生一对”“蒸蒸日上”“冠军荣耀”“壕七”“福运红包”“一路福星”等即开型福利彩票宣传促销活动，努力开拓福彩即开票新市场。

（陈　蕾）

民族　宗教　侨务

【概　况】 2018年，区民宗侨办坚持以中共十九大会议精神为指导，认真贯彻落实市民委、市宗教局和市侨办关于民族宗教侨务的工作部署，努力维护民族宗教领域和谐稳定，完善为侨服务体系建设。

【扶持发展民族经济】 年内，区民宗侨办完成市民委以奖代补考核工作。通州区获得全市区级主体作用发挥优秀三等奖，于家务回族乡政府、张家湾镇政府获乡镇主体作用发挥优秀三等奖。全年争取市区两级民族经济发展资金658万元，用于扶持6个项目建设。

【清真食品监督管理】 年内，区民宗侨办认真做好清真食品市场日常检查，对全区清真饮副食网点经营情况、清真食品供应及规范管理情况进行不定期的抽查，办理更换清真标志牌及清真食品生产经营许可证手续12件，及时纠正了部分商户擅自悬挂清真标志牌等违法行为。

【发展民族文化体育事业】 年内，区民宗侨办与区教委联合举办通州区第九届民族学校传统体育运动会，350名师生参加。组织参加北京市第十届民族传统体育运动会，并成立通州区代表团，获得一等奖2个，二等奖4个，三等奖19个；通州区代表团荣获优秀组织奖。制定下发《通州区开展民族团结进步创建活动进校园的实施方案》，组织区内10所民族学校开展创建活动，申请并拨付活动经费19.95万元。

【宗教场所安全稳定工作】 年内，区民宗侨办制定印发《通州区关于2018年以“学习”为主题开展和谐寺观教堂创建活动的实施意见》《关于进一步开展全面排查整治大型露天宗教造像的工作通知》；组织各宗教场所签订2018年度安全稳定责任书；做好区内各宗教场所开展举办假期学习（培训、托管）班的排查处置工作；对区内大型露天造像、佛道教乱象、民间信仰和封建迷信等现象开展摸排清查工作；有效推进区内各宗教活动场所开展“四进”（即国旗、宪法和法律法规、社会主义核心价值观、中华优秀传统文化进宗教场所）工作；督促指导区伊协制定《通州清真寺换届选举实施方案》，并完成此次换届工作。

【加强依法行政工作】 年内，按照市宗教局有关文件精神和通知要求，制定《通州区基督教私设聚会点专项治理工作实施方案》，组织开展专项治理活动，依法取缔非法聚会点1个，实现平稳可控和零聚集目标；办理民族成分变更确认2件，开具《华侨、港澳同胞和外籍华人学生来京上中小学批准书》2份，依法登记天主教弥撒点4个；依法开展行政执法检查117件；妥善处理“12345”信访答复工作4件。

【走访慰问送温暖工作】 春节前夕，走访慰问生活困难的少数民族群众、宗教界人士和老归侨67户，送去4.7万元慰问品和慰问金；为区内困侨家庭申请市级困侨资金5000元。在六一儿童节期间，对全区3所民族幼儿园、5所民族小学进行走访慰问，送去慰问金8万元。在宗教重要节日期间，走访慰问15处宗教场所，送去慰问金38万元。

（董华文）

人口管理

【概　况】 2018年，通州区有常住人口396647户786844人（男389594人，女397250人），其中，非农业人口523136人，农业人口263708人。全年登记出生11606人（男6088人，女5518人），死亡5950人（男3437人，女2513人），迁入16539人（省内迁入11698人，省外迁入4841人），迁出4574人（迁往省内3874人，迁往省外700人）。

（王丽华）

【流动人口和出租房屋管理】 截至2018年，通州区登记流动人口709761人，登记出租房屋133831户343520间，建立出租房屋管理站347个（来京人员和出租房屋服务站），配备专职协管员3073人。

（杨　地）

【户口申报审批】 2018年，通州分局办理各类审批户口1792份2244人。

【证件管理】 2018年，通州分局办理二代居民身份证88379个，办理临时居民身份证5314个。

（王丽华）

人民生活

【全区居民人均可支配收入增长9%】 2018年，通州区居民收入平稳增长，消费结构不断优化。抽样数据显示，全区居民人均可支配收入40553元，比上年增长9%。其中，全区居民人均工资性收入28754元，增长8.1%；人均经营净收入1212元，下降8.7%；人均财产净收入5002元，增长21.4%；人均转移净收入5585元，增长8.3%。从结构看，以上四个收入占人均可支配收入比重分别为：70.9%、3%、12.3%、13.8%。居民收入水平不断增加，2018年末，个人储蓄存款余额达到1149.4亿元，较年初增加52.3亿元。

【全区居民人均消费支出同比增长8.1%】 2018年，全区居民人均消费支出28696元，比上年增长8.1%，八大类消费支出“六升二降”。其中增幅靠前四位的有医疗保健、居住、教育文化娱乐和食品烟酒支出，分别增长42.6%、19.3%、7.3和2.6%。

【城镇居民人均可支配收入增长9.1%】 2018年，城镇居民人均可支配收入48682元，比上年增长9.1%。其中，城镇居民人均工资性收入达到35074元，增长12%；人均经营净收入674元，下降46.8%；人均财产净收入6445元，增长18.6%；人均转移净收入6489元，下降1.3%。从结构看，工资性收入、经营净收入、财产净收入、转移净收入占可支配收入的比重分别为72.1%、1.4%、13.2%和13.3%,工资性收入依然是居民家庭最重要的收入来源。

【城镇居民人均消费支出同比增长8.4%】 2018年，通州区城镇居民人均消费支出34361元，比上年增长8.4%，八大类消费支出“五升三降”。其中增幅靠前四位的有医疗保健、居住、教育文化娱乐和食品烟酒支出，分别增长40%、25.1%、4.1和2.5%。

（董可静）

精神文明创建工作

【概　况】 2018年，全区精神文明建设工作坚持以习近平新时代中国特色社会主义思想为指导，以培育和践行社会主义核心价值观为根本，注重夯实工作基础、优化城乡环境、培育工作亮点、营造文明氛围，各项重点工作得到全面、扎实、有效的推进，进一步提升了市民文明素质和城市文明程度。

【举办“通州榜样”颁奖典礼】 1月11日，“榜样的力量——2017通州榜样”颁奖典礼在通州区文化中心举行，表彰初永德等11名“2017年度通州榜样”和41名提名奖。首都文明办领导滕盛萍、章力丁，区领导李玉君、查显友、刘卉、李亚兰、季志会，全区各单位分管领导，以及历届“通州榜样”、首都文明单位、网络文明传播志愿者、公共文明引导员、创城工作者代表等450余人参加活动。

（王梦茜）

【开展各类培训活动】 1月12日，通州区举办“志愿新时代 共建副中心”培训会，对《中华人民共和国慈善法》《志愿服务条例》等相关法规政策进行讲解，进一步推动通州区志愿服务工作制度化、规范化。全区各街道乡镇，各委、办、局、企事业单位，各社区以及志愿服务组织的工作负责人200余人参加培训。5月29日，通州区开展深入推进北京城市副中心优质高效发展，引领副中心精神文明建设新常态及税务新政专题培训会。详细讲解企业投资落地及运营过程中相关法律政策，全区11个乡镇、15个园区、4个街道办事处主管产业服务工作的科室负责人，以及区内企业负责人130余人参与培训。

（霍 媛）

【潞城“文明银行”项目启动仪式】 1月24日，“让文明之花绽放”潞城“文明银行”项目启动仪式举行。活动通过筑文明之基、固文明之柱、集文明之美、结文明之果四个篇章，展现了以市民文明行为储蓄积分，以文明积分兑换志愿服务的“文明银行”建设理念。区委常委、宣传部部长查显友，区委常委、政法委书记、潞城镇党委书记刘贵明，区文明办主任张卫东、副主任禹晓峰，区关工委副主任何惠英，潞城镇镇长和全体二级班子成员、包村干部、各村（社区）书记、主任参加。

（李晓瑜）

【学雷锋志愿服务活动】 3月5日，“我是通州百姓 让爱温暖通州”学雷锋志愿服务主题日活动在通州区举行。全区各乡镇街道分别设置主题日活动会场，为各单位、社区、志愿服务组织搭建平台，便捷有效的服务通州区居民。活动邀请区文联、区人力社保局等机关企事业单位的专业志愿服务队，清大志愿服务队、通州蓝天救援队等志愿服务组织以及各社区的品牌志愿服务队，“通州百姓”向辖区居民提供丰富多彩的便民服务。玉桥街道、梨园镇、永顺镇、西集镇、区卫计委、工商分局、区司法局等全区93家单位，113支志愿服务队紧密围绕社会治理、移风易俗、敬老助残、邻里守望等内容，集中开展活动233场。综治系统发动6万余名志愿者，为全国“两会”保驾护航。活动月期间，7.5万余名“通州百姓”参与其中，累计服务时长达15万余小时。截至3月底，全区在“志愿北京”上注册志愿者达33万余人，志愿服务时长2728万余小时。6月，通州区开展“2018爱心送考”志愿服务活动，活动已连续开展4年。本次活动由40辆电动小客车组成爱心车队，面向全区所有中、高考生，尤其优先考虑居住地交通不便、残障或家庭困难的考生，实行指定专人专车“一对一，点对点”的服务模式，另外，考生看到贴有“高考爱心车”标识的出租车，均可招手示意，志愿者确保平安、快捷的将考生送到指定地点。

【15人入选北京市第四批五星级志愿者】 3月5日，在“3・5”学雷锋纪念日主题活动中表彰了北京市第四批五星级志愿者。经过各方申报、专家评审、名单公示，通州百姓金敬聪、周静、白香阁、姜玉兰、陈玉华、王猛、曹成军、许娟、张羽、赵爽、王春芳、王学仁、谢静、刘晓菊、霍华利15人入选。北市市学雷锋志愿服务先进典型，通州区入选名单包括最美志愿者于文静、最美志愿服务社区中仓街道小园社区、最佳志愿服务项目“等灯等灯”文明交通引导。

（霍 媛）

【清明祭英烈活动】 4月1日—10日，通州区组织开展清明祭英烈活动，活动以“缅怀革命先烈 传承红色基因”为主题，突出立德树人，以清明节为契机，采取网上签名寄语与网下教育实践相结合的方式。从4月1日—10日，“网上祭英烈活动”点击率近10万人次，其中，向革命烈士鞠躬行礼55911人次，送电子鲜花56850人次，11037人次留言寄语抒发对革命先烈的缅怀之情。各街道乡镇、全区百余所中小学、乡村学校少年宫、各级各类家长学校都组织了广大未成年人开展清明革命烈士祭扫或缅怀活动及相关教育实践活动。4月2日，西集镇举办“扬两河文化 汇诗意西集”为主题的2018年清明诗会活动。4月3日，来自非遗传承人、本土文化名人以及马驹桥镇中小学师生等80余位表演者围绕“追古怀远 移风易俗”主题，通过歌舞、沙画、诗朗诵、评剧小品、情景剧等多种形式的原创节目，诠释清明节的由来和内涵，进而追忆先贤、缅怀先烈、回味乡愁、倡导家风，增强文化自信，展示传统文化的独特魅力。

4月4日，张家湾镇开展“践行新风尚 坚定跟党走”移风易俗主题活动，部分村民代表近300人参加活动。活动倡导婚事、丧事简办，反对铺张浪费，破除封建迷信，革除陈规陋习。4月4日，潞城镇以祭奠小甘棠村革命烈士杨秀英为主线，通过网上祭、鲜花祭、签承诺、广宣传的方式，组织开展“祭奠革命先烈缅怀潞城英雄”主题活动，以更加文明、健康的方式缅怀故人。

（杨　雪　霍　媛）

【文明引导志愿服务活动】　4月9日，通州区文明办联合区安委会、区交通局、通州交通支队、区志联常态化开展以交警（辅警）、协管员、公共文明引导员、志愿者四位一体的“礼让斑马线　守序红绿灯”文明引导志愿服务活动。北苑街道、新华街道、中仓街道、玉桥街道、梨园镇、永顺镇、潞城镇纷纷打造文明示范路口，运用“等灯　等灯”、文明地贴、点赞牌、文明旗等模式，发动辖区单位、社区、社会志愿者、志愿家庭等共同参与，有效提升了市民文明素质，努力营造和谐顺畅、文明有序的道路交通环境，真正使“礼让守序”成为北京城市副中心的新标志。

（霍　媛）

【优秀童谣传唱汇报演出】　6月15日，“好少年唱响新时代”优秀童谣传唱汇报演出在通州区举行。来自梨园镇域内的12所学校进行童谣传唱汇报演出，与会领导为“好少年唱响新时代”新童谣征集获奖代表和组织工作先进单位进行颁奖。区委宣传部、区文明办、区委教工委、区教委、团区委、区妇联、区文联、区关工委、梨园镇等单位领导及500名师生代表参加活动。活动收到稿件近千余篇，经过层层推荐、专家评审，评出160首优秀童谣作品，11家组织工作先进单位。

【开展“童心向党”歌咏活动】　6月中下旬，在中小学中组织开展“童心向党”歌咏活动。区委教工委选拔了通州区第一实验小学、通州区玉桥小学、通州区南关小学、通州区民族小学、通州区张家湾镇中心小学、通州区马驹桥镇中心小学集中会演6首优秀爱国曲目，拍摄MV，在全区中小学展播。

（杨　雪）

【第六届北京七夕文化节】　8月15日，“情定运河圆梦七夕”第六届北京七夕文化节开幕式在通州区文化活动中心拉开帷幕，标志着2018年北京七夕文化节正式开启。开幕式上，以5组“首都文明（最美）家庭”的家风家训故事为脉络，通过电视纪实的艺术手段展现优秀家风故事；通过精心编排的文艺节目和文明（最美）家庭的展示，倡导七夕传统节日忠贞爱情、勤劳乞巧、执子之手与子偕老的婚姻家庭观念。这5组家庭中，有同在公安岗位的80后之家，也有退休后仍发挥余热的书香之家，他们各有各的幸福，但同时也有一个共同点，就是为了副中心的发展，或在事业上相互鼓励，或在生活中彼此勉励，共同为城市发展传递着正能量，也诠释着“爱”的真谛。当每一个首都文明（最美）家庭从幕后走上台前时，都赢得了现场观众热烈的掌声，他们忠贞爱情，重家庭、重家教、重家风，传承家庭美德，展现了良好的精神风貌。首都文明办及区委、区人大、区政府、区政协领导同志，各乡镇街道及相关部门负责人，受表彰的道德模范、通州榜样、文明家庭、最美夫妻代表和公共文明引导员、志愿者代表等400余人参加了开幕式。

（霍　媛）

【通州区暑期社区文明小使者主题实践活动】　北苑街道“宝贝计划”体验式教育实践活动，从人文、艺术、公益、科技等十个角度全线出击，举办了“筑梦副中心”等33场线下趣味体验活动，以及“苑景新视角”等5场线上互动活动。玉桥街道共举办了百余场青少年暑期社会实践活动，6000个家庭近万人次参与。潞城镇“潞”透社小记者团自2018年7月份启动，首批招募小记者30人，开展了技能提升、实践采访、职业体验、参观学习等9场活动。新华街道、中仓街道、永顺镇、张家湾镇、台湖镇等各街道乡镇也纷纷开展多彩假期——我奉献我快乐·争当社区文明小使者主题实践活动，为孩子们提供了展现自我的平台，丰富了孩子们的暑假生活。活动情况于9月27日在《通州时讯》进行专版报道。

【家风故事宣讲活动】　截至9月24日，征集家风故事134个。9月25日至10月7日，区文明办组织相关专家通过观看视频的方式，对推荐的故事作品进行评审，评选出特、一、二、三等奖。根据故事获奖情况评选出优秀辅导教师及优秀组织奖。选取获得特等奖、一等奖的选手和故事推送至首都文明办参与市级评选。10月—12月，各相关单位组织以“家风故事”为主题的相关活动，同时对活动中的优秀作品制作光盘，并将作品文字材料汇编成册，通过报纸、广播、网站、微信等媒体进行宣传，进一步扩大活动的覆盖面和影响面。

（杨　雪）

【广场舞决赛获佳绩】　9月29日，在北京科技大学体育馆，举办了北京市礼让斑马线广场舞决赛。通州区选推的北苑街道女人花舞蹈队、梨园镇大稿新村小学舞蹈队和第一实验小学舞蹈队斩获佳绩。通州区文明办荣获最佳组织奖。

【通州区开展志愿服务控烟宣传活动】　10月20日，在通州区万达广场开展了“通州百姓”显身手，“文明家庭”来控烟的无烟进社区的宣传活动，百余名北苑街道西关社区的“文明家庭”志愿者参加活动。活动中介绍了“文明家庭”志愿者的由来和职责，控烟志愿者表演了舞蹈《无烟小苹果》。为了能让居民更深刻地理解《北京市控制吸烟条例》，活动现场还准备了小礼品与大家互动，取得了良好的宣传效果。

【志愿服务活动】　10月26日，区文明办、团区委、区卫计委、东直门中医院联合开展“通州百姓”系列活动——“三下乡”志愿服务活动。给有需要的过往市民量血压、测血糖，做相关疾病的咨询解答。

（霍　媛）

【垃圾分类主题宣传进社区活动】　10月29日、31日，由首都文明办、市城市管理委主办，通州区文明办、中仓街道承办的“做文明有礼的北京人”——垃圾分类主题宣传进社区活动在四员厅社区和西上园社区举行。活动现场，来自绿猫宣讲团的肖丽丽老师通过概念普及、数据分析等方式向社区居民讲解垃圾分类知识，百余名社区居民聆听了宣讲，积极参与知识竞答，并纷纷表示要自觉坚持做好垃圾分类，为首都生态文明建设、为北京城市副中心建设贡献自己的力量。

【通州区举行“美丽乡村·筑梦有我”大型新闻公益行动】　10月30日，由市委宣传部、首都文明办、市委农工委、北京广播电视台主办的“美丽乡村·筑梦有我”大型新闻公益行动在通州区于家务回族乡南三间房村举行。活动以“弘扬孝德文化　培育文明家风”为主题，通过播放视频短片、诵读仇庄《家道》三字经、金婚老人赠送爱情密码、孝德文化讲座等形式，充分展现了于家务乡在家风建设、移风易俗等方面的丰硕成果。首都文明办创建处处长王亦宁、市委农工委宣传处调研员顾崇华、市老龄委副主任孙立国、北京广播电视台媒管部主任张冬霖、区委农工委书记刘青松、区文明办副主任禹晓峰、区广电中心副主任王雪征等市区有关部门领导和于家务乡村民代表200余人参加活动。

（李晓瑜）

【通州区开展“向国旗敬礼”活动】　10月，区文明办利用国庆节期间，在未成年人中广泛开展“传承红色基因”系列教育活动，开展了“向国旗敬礼”活动。活动分为网上展示和网下教育实践两部分。“文明通州”公众号和“中国文明网北京·通州站”同期设计推出了“向国旗敬礼”专题，开设活动专题专栏，制作微信动态页面，以图文、动漫、视频等形式展示活动情况，组织广大未成年人上网学习、留言寄语，截至10月8日，“向国旗敬礼”活动专题网页点击量10万余次，共收到留言寄语55269条。线下全区中小学校积极组织学生参加教育实践活动。

（杨　雪）

【通州区开展“我们的节日”重阳节活动】　10月16日，梨园镇举办了以“孝满京城　德润人心”为主题的“我们的节日——重阳节”慰问专场演出，全院100余名老人观看了演出。为满足老人们的需求，根据老人的年龄特点，特别准备了老人们喜欢的京剧、评剧等曲目。尤其是演员们与老人的互动，增强了现场喜庆气氛的同时，也让老人们倍感亲切。区委宣传部副部长刘磊，区文明办副主任杜妍杰，梨园镇二级班子领导，各村社区的书记等一同观看了演出。

（霍　媛）

【通州区启动“通州榜样公益行”活动】　11月15日，通州区举办“通州榜样公益行”启动仪式暨首场公益活动。首都文明办巡视员韩龙彬参加活动并为

"通州榜样公益团"授旗，"通州榜样"代表宣读了倡议书。公益活动中，50余名"通州榜样"为市民群众提供了科普文化宣传、医疗咨询义诊、义务理发等多种形式公益服务。"通州榜样"曹健发起冬衣捐赠活动，现场共收到冬衣20余包近千件，将集中送往西部地区希望小学，让贫困地区的孩子温暖过冬。首都文明办宣教处处长章力丁，区文明办及各相关单位负责人，各乡镇街道宣传部部长，社区居民、公共文明引导员代表等200余人参加活动。

（王梦茜）

【文明养犬主题宣传活动】 4月14日，北苑街道举办"文明汪星人"萌犬爱家园系列活动启动仪式，区文明办副主任禹晓峰参加活动，百余名养犬人现场登记爱犬信息。启动仪式上，北京养犬协会专业驯犬师进行了萌宠表演；社区养犬人代表宣读了文明倡议并领取文明养犬装备；北苑街道特聘请武夷花园社区养犬自律会发起者吴俊英老人为文明养犬特邀顾问，并为其颁发证书。活动现场，北苑街道与宠物医院、好侣宠粮、京大医院等首批公益服务商签署《北苑街道"文明汪星人"服务合作意向书》，公益服务商家还向社区养犬人讲解文明养犬礼仪、科学养犬知识，为宠物免费体检。11月21日，"爱犬爱家园 文明在中仓"文明养犬宣传动员活动在中仓街道举办。活动以游戏互动、养犬人代表发出文明养犬倡议、签名表态、宠物义诊、宠粮知识讲解等方式，向广大居民宣传普及文明养犬小常识，呼吁大家文明养犬，自觉做到办证登记、定期注射疫苗、溜犬牵好犬链、主动避让行人，进一步强化广大市民群众的文明养犬意识。区文明办副主任禹晓峰、区文明养犬协会、区治安支队、中仓街道派出所、中仓街道等相关领导出席活动。

（李晓瑜）

【发布诚信"红黑名单"】 4月25日，第五期诚信"红黑名单"在《通州时讯》专题发布，同时文明通州、北京通州发布、通州时讯公众号以及信用通州平台等新媒体进行广泛宣传。有78家企业及社会组织荣登"红榜"名单，36家企业被列入"黑榜"名单。本期"红黑名单"是在前几期基础上，经过对"上榜"企业经营情况审核、相关单位推荐、执法部门交叉审定、区社会信用体系建设联席会议办公室审批并发布的。其中"红榜"名单增加38家、"黑榜"名单新增企业21家；各单位完成交叉互审工作后，撤下"红榜"企业单位22家、"黑榜"24家，以此落实"红黑名单"准入准出机制。11月29日，通州区发布第六期诚信"红黑名单"。本期共有76家企业及社会组织荣登红榜名单，43家被列入黑榜名单。此次评选在前五期诚信"红黑名单"企业基础上，经过对上期上榜企业经营情况审核、相关单位推荐、执法部门交叉审定、社会信用体系建设领导小组办公室汇总整理等环节，最终形成的本期诚信"红黑名单"。其中红榜名单新增企业4家，黑榜名单新增企业14家；各单位完成交叉互审工作后，撤下红榜企业单位6家，黑榜7家，"红黑名单"准入准出机制更加完善。红榜名单上榜事由包括诚信经营示范店、诚信示范市场、首都文明单位、文明诚信示范窗口等。黑榜上榜事由包括环保检查失信企业、拒不执行法院判决企业等。本期的诚信"红黑名单"认定更加规范，"红名单"企业的含金量更高，"黑名单"企业曝光力度更大。

【举办"通州百姓 幸福演绎"宣讲活动启动暨首场宣讲活动】 11月30日，区文明办联合通州区清大志愿服务队在通州区丽枫酒店二层礼堂举办"通州百姓 幸福演绎"宣讲活动暨首场宣讲活动，来自全区各单位选派的百余名"通州百姓 幸福演绎"宣讲员代表参加活动。通州区百姓宣讲一等奖、通州区金牌阅读推广人郝桂芝，通州榜样、通州区优秀志愿者李东，北京市五星志愿者、北京市三八红旗手、北京市十九大讲师范俊花进行了宣讲展示。北京市委宣传部、市志联讲师团专家张长征为"通州百姓 幸福演绎"宣讲员做"如何通过宣讲成为一名合格的文化推广师"培训。国际礼仪培训师魏巍为宣讲员做"演讲技巧及演讲礼仪"课程培训。

（霍 媛）

【"通州区未成年人思想道德建设创新案例"评选结果】 11月下旬，全区围绕立德树人根本任务，以培育和践行社会主义核心价值观为主线，以"扣好人生第一扣子”为主题，广泛开展未成年人思想道德教育实践活动。为了宣传推广好的经验做法，根据首都文明办工作要求，通州区开展了2018年度“通州区未成年人思想道德建设创新案例”征集评选活动。经过首都文明办综合评定，通州区玉桥街道办事处“四位一体”护环境获首都未成年人思想道德建设创新优秀案例，通州区北苑街道办事处“遛弯儿”计划荣获首都未成年人思想道德建设创新优秀案例提名奖。经过区级评委会专家分组打分和综合审议评定，评选出“一校一社工”青少年心理健康——史家小学通州分校心理健康辅导项目、放飞梦想助学行动计划等18个通州区未成年人思想道德建设创新案例和传统文化走进如意、运河书院国学营等41个通州区未成年人思想道德建设创新案例优秀奖。

【通州区组织拍摄、制作新时代好少年音视频】 11月，根据中央文明办等五部门《关于开展“新时代好少年”学习宣传活动的通知》和首都文明办、市教委、团市委、市妇联、市关工委等部门《开展新时代“学习和争做美德少年”活动》文件要求，区文明办、区教委、团区委、区妇联、区关工委拟联合开展学习宣传“新时代好少年”先进事迹 争做“通州美德少年”主题活动。11月下旬，区文明办组织对第四季度“新时代好少年”推选人（教师研修中心实验学校三3班刘艺舒同学和张家湾镇中心小学五4班张诗檬同学）进行音、视频拍摄和制作，上报给首都文明办。

（杨　雪）

【诚信万里行信用修复活动】 12月18日，通州区开展“诚实做人　守信做事”主题教育实践——诚信万里行信用修复活动。通州区50家大中型企业和第六期诚信“红黑名单”中所涉及的企业法定代表人和市场主体，区法院、区环保局等相关单位主管领导，共200余人参加了此次活动。市社会信用体系建设联席会议办公室、市经信局、市市场监管局、通州区经信委和“新华信用”相关负责人做主旨演讲。活动鼓励和引导企业提高市场诚信意识，帮助失信主体了解信用联合惩戒机制，修复失信行为，提升全社会诚信意识。

（霍　媛）

【第三批北京市中小学文明校园】 12月，各中小学根据《全国文明校园创建管理办法》，从思想道德建设好、党政领导班子建设好、教师队伍建设好、校园文化建设好等六大内容，自查自改，积极向首都文明办申报，全力打造全国文明校园。经市教委、首都文明办审核验收，认定柴厂屯中学、陆辛庄中学等13所中小学校为第三批北京市中小学文明校园。

（杨　雪）

【张利鹏、吴永帅入选“中国好人榜”】 9月30日，曾任北京市通州区公安消防支队商务园中队战斗班班长张利鹏入选2018年9月“中国好人榜”。12月31日，北京堂满红餐饮管理有限公司经理吴永帅入选2018年12月“中国好人榜”。

（王梦茜）

通州区残疾人联合会

【概　况】 2018年，通州区残联认真落实市残联以及区委、区政府关于保障和改善民生的决策部署，围绕城市副中心建设的历史任务，不断建立健全残疾人社会保障和服务体系，织密扎牢托底的民生保障网，持续优化残疾人事业发展环境，采取针对性更强、作用更直接、效果更明显的举措，扎实做好残疾人基本民生保障、就业增收、教育培训、康复托养、文化体育等各项工作。

【织牢残疾人社会保障底网】 年内，为6376人次发放养老助残券，全年累计补助金额770.13万元；“两节”慰问5631户困难残疾人，慰问资金444.5万元；完成通州区1561名70岁以上重症残疾人居家助残服务工作；完成1444户残疾人家庭吊炕升级改造工作；为718名符合条件的残疾人发放机动轮椅车燃油补贴186680元。向城区“煤改电”残疾人户发放“煤改电”补贴74.55万元。

2月17日，区委副书记赵磊（右一）走访慰问困难残疾人家庭（区残联提供）

【落实残疾人教育就业工作】 年内，完成通州区964家企业2116名残疾人职工信息材料审核工作（残保金审核）；新建5家帮扶性就业基地为通州区残疾人就业提供依托；新建2家职康站，截至年底，全区19家职业康复劳动项目站，有学员405人，对全区职康站进行检查梳理，确保职康站规范运营；协调企事业单位安排残疾人就业，引进社会组织为安置残疾人就业广开门路，试点1家社会组织。完成第九届残疾人职业技能竞赛活动；完成100余名残疾人的职业培训；完成22家盲人保健按摩店的年审、统一品牌化建设；完成2名盲人医疗按摩人员考试报名工作；完成组织2家盲人按摩企业参加第一期盲人企业管理培训班；组织15个乡镇街道15名专职工作者完成盲人定向行走骨干师培训；组织6名盲人医疗按摩人员接受继续教育。完成46名残疾学生和生活困难残疾人家庭子女学生扶残助学补助工作，补助资金16.47万元。

【加强康复精细服务水平】 以全心全意为残疾人服务为理念，以“让残疾人少跑腿”为原则，送康复服务上门，全面细致开展通州区一、二级视力及肢体残疾人居家体检工作，全区受益残疾人累计2909人；以永乐店为试点为辖区187名肢体残疾人提供居家康复训练服务，满意度调查达到100%，达到A+级优秀项目级别；以永乐店为试点开展精神残疾人日间康复照料服务，受益74人；完成市、区两级肢体残疾人社区和居家康复工作，受益210人；完成通州区3057名残疾人家庭康复培训；残疾儿童机构康复审批111人，报销康复费用274万元；六一儿童节慰问残疾儿童126人；培训、指导盲人定向行走训练26人；肢体残疾人康复训练840人；智力残疾人社区及家庭康复训练406人；精神残疾人康复训练239人；贫困精神残疾人接受免费服药831人。推进残疾人辅具服务进社区入家庭工作落实率达到持证人数68%，截至年底，康复辅具申请19247人；与区卫计委合作筹建“8+1”社区康复站。在通州区范围内选取8家社区中心和1家社区站共9家单位作为试点，推动建立基层残疾人康复站，完善康复服务网络。

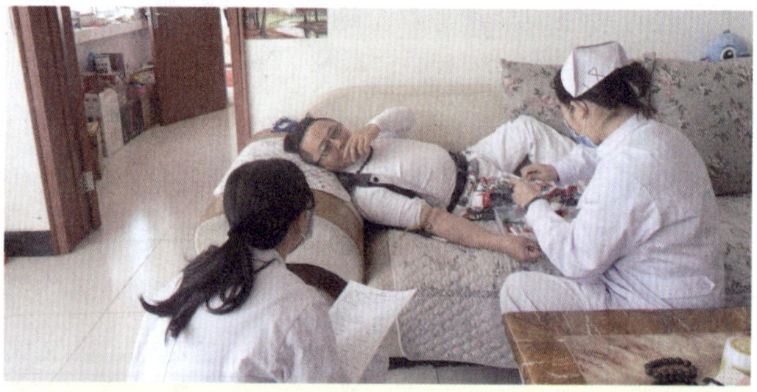

5月23日，通州区开展为一、二级视力及肢体残疾人提供居家体检（区残联提供）

【活跃残疾人文化体育活动】 年内，举办2018中国（北京通州）残疾人半程马拉松，借通州区半程马拉松之势，以残健融合的方式，推进全民共享运动的高潮；举办2018年通州区残疾人运动会；举办“共享芬芳”中国残疾人艺术团公益巡演走进北京通州活动；在万达广场举办残疾人优秀作品展卖系列活动及助残公益基金启动仪式。对长期致力于残疾人服务的10家助残先进单位进行授牌；以各项活动为契机，充分利用媒体，加大残疾人事业宣传，弘扬残疾人自强不息的拼搏精神，提高全社会对残疾人、残疾人体育事业的关注，推动“无障碍通州”建设，打造新的城市名片，为残疾人群体融入社会，为残疾人事业发展营造良好的社会氛围。

【加强残疾人基础工作】 年内，加强残疾人证（卡）规范办理工作。全区持有残疾证（卡）人员28449人，办理入户残疾评定申请61件，开具重残人证明9份，用于北京市公共租赁住房申请。网上办理残疾证335件。建立残疾评定结果公示制度，建立完善的举报机制。大力推进温馨家园改革工作。建立市级温馨家园改革试点3个，完成8个温馨家园综合服务项目的购买，实现6个温馨家园全面托管。完成27431户残疾人基本服务状况和需求信息数据动态更新工作。开展盲、聋、肢、智、精五大专门协会及社工分会各项活动37场，服务人数超1000人次。加强对社会组织的管理，完成23家社会组织注册、变更审核等工作。

10月28日，2018年通州区第一届残疾人运动会
（区残联提供）

【深化残疾人法律维权工作】 全面做好残疾人信访工作。接待残疾人来访69人次；电话咨询200人次；北京市非紧急救助服务平台信件203封、北京市网上信访信息系统平台信件1封，均按照相关政策规定进行耐心解答和处理，答复率100%，办结率100%。“四公开、一监督”工作做到按时、保质、保量报送数据；配合查处残疾人无照经营155起，配合查处非法营运案件159起，参加联合执法361次。完成市残联购买的20场次“庭院式”法律服务活动。

（王立平）

消防工作

【概　况】 2018年，通州区消防支队完成中央领导同志植树、视察，中非合作论坛北京峰会等系列安保任务，切实以实际行动筑起了“高于全市、严于平时、没有一般”的城市副中心火灾防控标准。全年接报火警2044起，成灾204起，分别同比下降27.2%和40.8%，消防安全状况达到近年来最好水平。

通州消防救援支队举行迎旗、授衔和换装仪式
（区消防支队提供）

【体系建设】 坚持以深化落实国务院《消防安全责任制实施办法》为抓手，树立“不同以往、优于以往”工作理念，构铸层级落实的责任链条。优化顶层设计，提请区委书记曾赞荣、区长赵磊、常务副区长刘贵明、副区长朱益军等区委、区政府领导专题研究消防工作10余次、调度会商36次、调研拉练79次，解决各类根本性问题112个，在全市范围内出台首个区级系统化消防工作实施意见，制定“三大治理”（三大治理即电动自行车、村民宅基地出租房屋和厂库房专项治理）、“四大建设”（四大建设即加快消防队站建设、加强多种形式消防力量建设、加大专职消防员队伍建设、加强消防水源建设）、“五大机制”（五大机制即建立风险评估机、会商研判机制、挂牌督办机制、资金保障机制、责任追究机制）的三年行动纲领，推动消防工作提档升级。强化部门联动，实体化运行区、街乡

镇两级防火安全委员，建立风险评估、会商研判、挂牌督办、资金保障、责任追究五大长效机制，层层签订《2018年消防安全工作责任状》，每月跟进考核；依托“街乡吹哨、部门报到”平台，联合区农委、区商务委、区文化委、工商分局等部门开展6个消防安全专项整治活动，累计整改各类火灾隐患6541个，有效净化了全区消防安全环境。深化指导落实，提请区监察委建立《突出火灾事故责任倒查机制》，出台符合通州实际的《仓库消防安全严管严控十五项措施》和《村民宅基地出租房消防安全管理导则（试行）》。建立“周会商、月小结、季通报”制度，实地调研78次，现场办公解决疑难杂症645个，确保各项工作落地落实。

4月1日，通州区副区长、公安分局局长朱益军（右四）夜查电动自行车销售场所消防安全
（区消防支队提供）

【火灾防控】　抢抓疏解整治促提升的时代机遇，坚持问题导向，确保火灾形势稳中向好。专项打整攻重点。开展厂库房、村民宅基地出租房屋、电动自行车、大型商业综合体、文博古迹、养老福利机构等各类专项整治12个，开展区域“大兵团作战”56次、进行“局部小会战”576次。日夜排查清隐患。坚持天天清、滚动清、反复清，通过联合检查、日间巡查、突击夜查、随机抽查等方式，全年检查单位数，督促整改隐患数、查封数、“三停”（停产、停业、停止使用）数、罚款数和拘留数六项指标分别同比上年上升14.7%、37.3%、9%、13.9%、25.9%、2%。标准管理树标杆。依托台湖公寓房建设项目和万达广场，探索试行施工现场和大型商业综合体消防安全标准化管理，录制的视频片在全市播放推广。技防支撑强保障。全面启动“智慧消防”工程，安装独立式烟感报警装置4.5万个、电气火灾监控系统4000套，有效遏制了“小火亡人”事故。

8月22日，通州区消防支队检查张家湾镇京东物流企业消防安全
（区消防支队提供）

【备灾救灾】　始终聚焦实战打赢能力提升，不断提升队伍能力素质。强化基础调研，对全区556家重点单位及道路水源开展调研、熟悉2587次、完善灭火救援预案3000余份，组织开展实战演练、灭火演习800余场，夯实战前准备。强化基础保障，新建宋庄、张家湾两座消防救援站并投入备防；完成永乐店、潞城、台湖3座消防救援站建设；在张家湾、漷县、西集等地新建消防水池、消防水鹤，有效缓解了消防取水难问题。强化专业攻坚，持续开展全员岗位大练兵，不断强化38项个人基本功和52项实战操法训练。分类组建高层、地下、供水、水域、地震应急等6支灭火抢险救援专业队，全力提升打大仗、灭大火、救大灾的综合能力。强化实战水平，狠抓“夏训”“冬训”练兵，整建制开展全员练兵比武考核15次，成功处置了“8·8”暴雨淘乐思幼儿园积水、“9·25”漷县镇金三角货车与油罐车相撞等重大灾害事故。

【消防宣传】　深刻领会优化营商环境和共创“平安通州”的重大意义，着力打通竭诚为民“最后一公里”。“放管服”得民心。严格落实全市《便民利民十三项措施》，简化消防审批程序、去除冗余要求、实现网站办理，真正让信息多跑路、群众少跑腿。“大宣传”进人心。全年，联合开展入户宣传3.2万次、张贴宣传海报20余万张；依托楼宇电视、户外大屏滚动播出消防安全提升片300余条，组织开展消防知识培训1800余场；在运河文化广场和行政办公区举行“119”消防宣传月启动仪式；联合北京电视台、今日头条、搜狐警法等媒体刊发新闻报道100余期，官方微博、微信发布提示讯息3200余条，推动消防知识宣传普及。

通州区举行第二十八届“119”消防宣传月暨“全民参与、防治火灾”主题活动启动仪式

（区消防支队提供）

（张玉山）

流动人口和出租房屋管理工作

【城乡接合部地区专项整治行动】 年内，19个市、区两级挂账重点村全部完成“三站三室”（流管站、巡防站、微型消防站，警务室、矛盾调节室、视频监控室）建设并投入常态化运行，所有挂账村均安装高清视屏监控系统并实现联网。全年疏解人口6800余人，超额完成年度任务的150%。成立城乡接合部专项整治工作督查组，全年督促整改各类安全隐患问题1600余件，群众安全感和满意度得到大幅提升。

【违法群租房专项整治行动】 年内，认定并治理违法群租房1120户，疏解群租房内居住人口4300余人，均超额完成区级年度任务指标。在首都综治办、市专项办全年组织的四次查访核验中，整治合格率均位居全市前列，专项整治工作取得显著成效。

（牛　璇）

社会组织活动

【概　况】 年内，区民政局坚持“从居民的现实需求出发，秉承民政爱民，民政为民的”的思想理念，推出了“爱延续”社会组织服务品牌，逐步形成打造品牌、聚焦品类、提升品质、赢得口碑的“三品一口”服务项目新格局，对服务对象实施精准服务。针对困境儿童开展困境儿童社工保护综合服务；针对视障人士开展了点亮心灯——视障人士试点关爱服务；针对优抚对象开展了“关爱功臣”——优抚对象日常联络关怀服务；针对流浪乞讨人员开展了跨省护送救助服务；针对志愿服务开展了志愿服务品牌建设；针对防灾减灾服务保障工作开展防灾减灾服务进社区活动；根据婚姻登记服务开展了婚姻登记颁证服务等。

【为失独家庭提供“一户一档一策”帮扶服务】 年内，针对北苑街道、新华街道、玉桥街道、中仓街道，约46户失独家庭约61位失独老人，区民政局委托通州区明峰社工事务所通过入户走访，为每一户失独老人建立建立“一户一档一策”的信息，并制定“一对一”的帮扶方案，依托入户家访、免费义诊、兴趣体验、吃年夜饭、户外健行等多种活动载体，采取个案、小组、社区等方法，为失独老人提供生活照料、心理疏导、健康护理、社会融入、政策解答等一系列的专业服务，让失独老人逐步融入社会，以积极心态面对未来生活，最终实现“自助互助”的自发式帮扶。

【点亮心灯——视障人士试点关爱服务】 年内，针对玉桥街道、北苑街道、中仓街道和新华街道的215名视力残疾人，区民政局委托通州区福星残疾人服务中心和通州爱康志愿服务队，在入户走访调查、建档、信息采集、以及需求调查等的基础上，运用同理心等社工专业伦理，通过个案、小组等社工专业方法，开展心理增能培训、社会支持对接、生命感知活动、家庭服务支持等服务，提供链接外部资源，为视障人士提供助餐助洁及基本医疗健康等服务，帮助视障人士改善生活水平与生存发展状况，提升社会适应能力。

【“关爱功臣”——优抚对象日常联络关怀】 年内，通州区民政局委托通州区运河星志愿服务队，对通州区享受定期抚恤补助的80岁以上的烈士遗属、因公牺牲军人遗属、病故军人遗属、在乡老复员军人、伤残军人等600余人及家庭开展关爱帮扶工作。服务以线下开展服务为基础，开拓性地采取线下线上相结合的方式、居家服务于一体，针对受益人群居住分散、年龄偏大，需求不统一，服务时间成本较大的现状，采取量体裁衣，私人定制的服务形式，针对受益人群，制定一对一服务方案，以此实现对老兵、烈属、遗属、伤残军人等优抚对象的关爱和帮扶，同时开展通州区老兵勋章背后的故事——《勋章记忆》资料搜集活动，记录下勋章背后那些曾经的峥嵘岁月和钢铁历程，留下珍贵的记忆。

（徐　颖　马　华）

通州区消防协会

【概　况】 通州区消防协会是北京消防协会第三届、第四届常务理事单位，为AAAAA级社会组织，现有团体会员65家，并有中仓、张家湾、漷县、西集等4个地区基层活动片组。年内，协会召开四届一次会员大会，完成第二次社会组织等级评估，围绕区政府消防工作中心，抓住北京城市副中心建设的发展机遇，积极服务会员单位，广泛开展公益性消防安全宣教活动，组织11轮消防安全流动展览和10场次消防知识培训演练，使全区126226人次的企事业员工、大中专院校及中小学幼儿园师生、医患人员、商市场人员、社区居民、社会群众和农村居民受到消防安全的宣传教育，为维护公共安全做出了贡献。

1月10日，协会三届十二次理事会在北京东方宾馆召开，会议以换届工作为主题，审议通过协会三届理事会工作报告、三届监事会工作报告和协会四届理事会、监事会选举办法及候选人名单，审议通过协会关于章程修改意见的文件，会议并对北京市通州区文化馆、北京鼎容物业管理有限公司等4家单位的入会申请进行审批。8月15日，消防协会第四届一次会员大会在北京东方宾馆召开。大会认真听取并审议通过了消防协会第三届理事会工作报告和第三届监事会工作报告，审议通过《通州区消防协会章程修改意见》。大会选举产生了协会第四届理事会和第四届监事会组成人员。并经协会第四届理事会和第四届监事会第一次会议选举产生通州区消防协会第四届理事长、副理事长、监事长和秘书长。

1月10日，协会四届一次会员大会召开

（区消防协会提供）

【流动展览】 年内，协会以北京城市副中心建设为着力点，配合职能部门科普宣传部署，广泛开展消防宣教活动：组展“不断线”，坚持“点”“面”结合的组展方针，以“送展上门”等形式广泛开展消防安全流动展览、消防知识培训和灭火逃生演练等消防宣教活动。其中，以“点”的形式在协会的理事、监事单位和规模较大的防火重点会员单位以及人员密集型会员单位中组展。有通州商业资产运营公司、马驹桥物流园区、潞河医院等防火重点单位参展；以“面”的形式在中仓、张家湾、漷县、西集四个地区基层活动片组的企事业单位中组展；公益活动“随时搞”，努力服务政府、服务社会。11月9日，区消防协会与西集镇安监科联合组织“11·9”消防宣传月活动启动仪式。11月11日，区消防协会参与区消防支队在运河文化广场主办的通州区第二十八届“11·9”消防安全宣传月活动启动仪式。11月14日，协助众想鑫隆百货市场有限公司开展该公司第四届冬季消防运动会，并组织灭火实操演练。

11月12日，参与第二十八届“11·9”消防宣传月启动仪式（区消防协会提供）

【实操演练】 年内，组织10场次消防知识培训和灭火逃生演练，首都医科大学附属北京胸科医院、北京财贸职业学院、梨园中学、马驹桥物流园区等十家单位近万人次的单位员工、大中小学师生和社区居民、

11月16日，协助众想鑫隆开展第四届冬季消防运动会（区消防协会提供）

农村群众参加了消防知识培训和灭火实操演练。组织梨园学校初一学生实地参观玉桥消防中队的灭火器材和生活环境，并进行实地灭火演练，受到师生们的欢迎。

（郭淑云）

通州区关心下一代工作委员会

【概　况】 2018年，区关心下一代工作委员会（以下简称区关工委），以中共十九大精神，习近平新时代中国特色社会主义思想和对关心下一代工作的重要指示为指导，继续坚持急党政所急、想青少年所需、尽关工委所能的工作方针，发挥“五老”（老干部、老战士、老专家、老教师、老模范）优势，以副中心建设为契机，突出重点，不断创新，开展了多项活动，各项工作取得新成绩。

【开展“传承红色基因”教育活动】 为引导广大青少年认清自己的“根”和“魂”，用习近平新时代中国特色社会主义思想武装头脑，坚定不移地听党话跟党走，2018年，区关工委在全区组织开展了“传承红色基因，争做时代新人”主题教育活动。全区各级关工委借助各种教育平台，充分利用首都丰富的教育资源和通州区百家教育基地等资源，同时深入挖掘和广泛宣传大运河历史和文化内涵，宣传大运河的优秀人物事迹和精神，让青少年从多种形式的教育活动中感悟民族精神的力量以及勤劳勇敢的通州人开拓进取、自强不息的精神。为配合和促进教育活动的开展，区关工委在全区开展了“传承红色基因，争做时代新人”征文比赛活动。引导广大师生共抒爱党爱国情怀，共话祖国家乡新貌。活动收到优秀征文300余篇，评选出50篇上报中国关工委参加评选。并编辑制作了《传承红色基因 争做时代新人 征文汇编》，印刷1700余册，下发各基层关工委。

【发挥青少年校外教育基地作用】 区关工委与区文明办挂牌的103家教育基地在青少年校外教育中发挥着重要作用。2018年，在常规活动的基础上，区关工委开展以下几项工作：一是扶持建设“三迁堂”。“三迁堂”中的“三迁”取自“孟母三迁”，建成后将成为对青少年进行孝道教育和传统文化教育的重要基地。由区关工委出资三万余元，为“三迁堂”购置书架、图书和宣传栏。二是发挥基地作用，联合教育基地上上美术馆开展第四届全国少年儿童绘画书法艺术大展。来自全国各地乃至世界各地的少年儿童一千余幅作品参加展出，通过邀请国内外的少年儿童共同参展交流，有效促进了国内外文化友好交流，同时增强了中国少年儿童的文化自信和爱国情怀。三是扶持榆林庄运河历史文化展览馆，完善展览馆的教育氛围，更好地向青少年展示运河漕运的历史文化，让青少年知家乡、爱家乡，了解家乡历史。

【开展青少年思想道德建设大讲堂活动】 青少年思想道德建设大讲堂已经坚持六年时间，开展活动百余场。2018年，区关工委立足青少年和家长的实际需求，开展了7场针对性强、紧密联系实际的讲堂活动。由北京市青少年法律与心理咨询服务中心主任、研究员宗春山带来的“当‘互联网+儿童’以后，我们的家庭教育何去何从？”讲座，从互联网的普及对儿童的影响开始讲起，具体分析了互联网对儿童的地位、大脑、价值观、家庭和教育等五个方面的影响，并分析了如何应对青少年沉迷网络的现象。著名电视节目主持人王芳关于“最好的方法给孩子”的专题讲座向听众介绍了她对孩子启蒙教育的一些独特思路和感悟。

【开展通州区爱眼护眼健康工程】 区关工委长期以来高度重视青少年的爱眼护眼和近视防护工作，7月26日，“关爱青少年健康成长——通州区爱眼护眼健康工程”在北京美尔目医院通州区分院正式启动。启动仪式过后，美尔目医院与全区各街道和乡镇建立联系，安排医务人员走进社区、乡村，开展面对面健康教育专题讲座、咨询，眼疾筛查和治疗，帮助学生和家长树立合理用眼、科学矫治的意识；引导学生加强锻炼，减少近距离长时间用眼，传播科学护眼知识；对于家庭经济特别困难的青少年，提供免费的眼疾诊治，奉献爱心。

“关爱青少年健康成长——通州区爱眼护眼健康工程”启动仪式 （区关工委提供）

【开展“放飞梦想助学行动计划”】 4月，区关工委在全区范围内进行调研，经过各基层关工委的筛选、推荐申报、审批，确定资助学生57名，其中，小学阶段学生27人，初中阶段学生22人，高中阶段学生8人。10月27日，“放飞梦想助学行动计划”启动仪式暨助学金发放活动在潞城镇中心小学召开。57名受助学生，部分学生家长，各基层关工委专职副主任、秘书长参加活动。活动中，由区慈善协会出资11.4万元，现场为57名受助学生发放助学金。通过此次活动的开展，让通州区家庭经济困难的学生感受到了党和社会各界的关怀和温暖，帮助他们缓解生活困难，顺利完成学业。

【开展“诗意通州——我们爱诗词”活动】 2018年，区关工委与区教委、区广电中心联合开展“我们爱诗词”通州区小学第二届诗词大会活动。全区38所小学，6万多名学生积极参与。活动中，教师引领学生品诗词之美，悟中华之魂，提升了师生人文素养、文化底蕴、语文能力和道德素质，在全区营造了同读共诵的良好氛围，将中华诗词的学习活动推上新的高潮。11月7日，“我们爱诗词”通州区小学第二届诗词大会决赛于北京教育科学研究院通州区第一实验小学举办。经过初赛、复赛，第一实验小学等8支队伍进入决赛。本次诗词大会卫冕冠军贡院小学代表通州区参加由北京市关心下一代工作委员会举办的诗词盛会，获得冠军。

11月7日，“我们爱诗词”诗词大会比赛现场 （区关工委提供）

（范立华）

街　道

7月31日，潞源街道办事处成立仪式，区委书记曾赞荣(中)、人大常委会主任李玉君（右）、区长赵磊（左）为潞源街道揭牌　（潞源街道提供）

中仓街道

【概　况】　通州区中仓街道办事处位于副中心建设核心区域，东起紫运中路，西至新华南路，南起京秦铁路，北到新华大街。总面积约6.5平方千米。街道下辖17个社区，19个党总支部、64个党支部。2018年，中仓街道办事处将学习贯彻落实十九大精神贯穿全年工作始终，以全力服务副中心建设为工作目标，坚持“四有四服务”（“四有”，即工委有驿站、支部有帮手、党员有责任、居民有榜样；“四服务”，即走问式服务、协商式服务、网格式服务、智能式服务）党建工作新模式，发扬团结、实干、创新的中仓精神，推动各项工作守正出新、向上向好，全面完成市、区级年度折子工程。年内，中仓街道办事处被市委、市政府评为首都民族团结进步先进集体，“四有四服务”党建创新品牌被市委社工委评为北京市社会领域优秀党建活动品牌，莲花寺社区被首都精神文明建设委员会评为首都精神文明社区，熊家胡同被《北京日报》评为北京最美街巷。

【党建工作】　年内，推进建立健全党建工作协调委员会，制定《中仓街道党建工作协调委员会成员名单》《中仓街道党建工作协调委员会办公室成员名单》，建立“三个清单”（需求清单、资源清单、项目清单）制度，形成6大类资源清单41项。在新华园社区建成两层400余平方米的综治工作中心，9个执法部门协调专业人员入驻。全面推进在职党员及辖区党支部双报到、双积分各项工作，接收回社区报到基层党组织43家、党员3957人。17个社区开展“凝心聚力、共驻共建”、绿化美化胡同等主题活动50余场次。“四有四服务”民情驿站接收居民微信、电话、信件来访825件，回复率100%，满意率100%。在机关党员中开展“三亮三比一看”（工作岗位亮精神、重大责任亮担当、日常工作亮实干；社区无职党员开展“服务居民比形象、责任岗位比贡献、志愿活动比热情”；社区在职党员中开展“服务社区看行动”）活动，引领广大党员进一步增强服务意识、提升服务能力。每季度开展居民榜样评选工作，评选出社区榜样人物4类237名，年终推选中仓榜样10名，中仓榜样提名奖5名。扎实细致完成社区“两委”换届选举工作。加强机关党建规范化建设，成立第四党支部。全年组织9场季度大党课，200余党员干部参加培训；开展“重温誓词、回顾党史”主题党日活动，200余机关党员干部参加宣誓；印发“四有四服务”党建工作宣传册300册。

【精神文明和文化宣传工作】　年内，协调有关部门，建设1000平方米的街道级图书分馆电子阅览室，并对社区文化活动室和党群活动中心的室外活动场地进行升级改造。以家风家训培育良好风尚，围绕党员之家、军属之家、群众之家、流动之家四类家庭，宣传、征集、制作安装家风家训牌匾11516块，持续抓好市民素质提升和良好社会风尚养成。发挥“居民大舞台”品牌效应，开展文化活动，办好群众文化赛事。刊发《中仓社区报》12期，依托“瞰中仓”微信平台，精心策划专题报道街道亮点工作，讲述中仓故事，传播中仓声音，通州电视台采用65条，《通州时讯》采用70条，区级简报16条。

10月15日，首都艺术家走进通州区中仓街道慰问演出
（中仓街道提供）

【“创城”“创卫”工作】 完成2018年北京市文明城区测评复审工作；加强由主要领导每月带队实地拉练检查的工作机制，形成《中仓街道城市综合治理工作台账》和销账机制，各类创城督办单整改率完成100%；开展58次“礼让斑马线”专项志愿服务活动，1000余人参加。

【疏解整治促提升工作】 年内，超额完成疏解整治促提升工作。拆除493处违建，面积达3.07万平方米，完成全年任务指标186.06%；销账面积1.83万平方米，完成全年任务指标110.91%。取缔无照经营177户。清理占道经营262起。对辖区南站、车站路、南小园的“开墙打洞”违法行为进行现场拆除、封堵工作，出动人员力量300余人次，封堵97处。中仓小区一号楼加装第一部电梯，并投入使用。

【生态环境建设】 按照“十无”（无私搭乱建、无开墙打洞、无乱停车、无乱占道、无乱搭架空线、无外立面破损、无违规广告牌匾、无道路破损、无违规经营、无堆物堆料）标准完成街道2018年度21条背街小巷整治提升工作任务，包括路面硬化、立面粉饰、设施提升、卫生整治、秩序整治等；环境综合整治超额完成任务指标，$PM_{2.5}$平均浓度控制在53微克/立方米以内，在全区15个乡镇街道排名第1位。巡查污染源点位1.23万个，发现违规问题490个，现场整改479个。对39家“散乱污”企业完成清理工作。

【安全工作】 年内，对重点区域无证无照游商、超范围经营、散发小广告、交通秩序混乱等突出问题进行联合摸排，分类建立整治台账。联合多部门组成整治小组，集中开展整治40余次。完成“两会”、中非合作论坛等重点时期安保任务。与17个社区、38家辖区重点单位签订“安全工作责任书》”，深入开展“三大行动”（安全隐患大排查、大清理、大整治专项行动）回头看、烟花爆竹禁限放、“两会”安保、强湿化清杂物降风险保平安十日攻坚、电气火灾综合治理工作、规范电动车安全使用管理、治理“散乱污”回头看、建筑安全施工安全专项治理等专项行动等安全专项行动，全年出动各类检查力量约1.2万人次，检查企业4800家次，压减了各类安全生产事故。

8月31日，副区长王岩石（左一）慰问十九大安保志愿者　（中仓街道提供）

【民生保障】 年内，对中仓小区800平方米废旧锅炉房改扩建为集日间照料、文化文体、教育医疗为一体的北京市首个“邻里家园中心”完成设计工作；完成盛仁堂和京通医院的“社区之家”示范点建设工作。打造社区“一刻钟社区服务圈”，新建生活性服务业便民网点12家，连锁化率达60%以上；有8家品农连锁超市、1家爱尚八五区便民服务站投入使用，蔬菜零售、便利店、早餐等基本便民商业服务社区覆盖率达90%以上。健全养老服务体系建设，新建2所社区养老驿站。残疾人温馨家园实施托管运营，被评为2018年通州区优秀温馨家园。加强劳动监察工作，补签劳动合同32人，劳动合同签订率98.9%，社会保险参保率82.35%，接到违反劳动法律法规举报案件6起，调解成功率100%，辖区内有入会企业1家，签订集体劳动合同1家，入会企业签订集体劳动合同率100%。社区健康大课堂开展168个志愿服务项目以及136节大课堂。孵化、培育发展11个新生社区社会组织，引导社区社会组织和专业社工在社区开展服务。

【群团组织工作】 年内，摸清辖区适龄青年底数，兵役登记完成100%；为提升退役军人归属感，

10月26日，中仓街道开展2018书画大赛
（中仓街道提供）

在17个社区设立登记站，开展退役军人信息采集，登记1100余名退役军人信息，确保发放光荣牌工作高效、高标准完成。加强基层妇联组织建设，开展示范骨干培训500余人次、对17个社区“妇女之家”全面实施标准化建设。吸纳北京运河书苑为辖区建会单位，完成北京京通医院工会经费税务代收系统录入工作，完成新建会会员信息采集工作。组织职工拓展、疗养、文化文体比赛等多种形式的会员活动。

（刘　萍）

新华街道

【概　况】 新华街道地处北京城市副中心运河商务区，东北起温榆河、北运河中心线，西至新华北路、通顺路中心线，南至新华大街中心线，下辖如意、天桥湾、司空、贡院、东大街、新建、北关7个社区，辖区面积2.36平方千米，在17个街乡镇中最小。2010年核心区拆迁启动，司空、贡院、东大街、新建、北关5个社区全部征收拆迁，1万余户居民搬离。仅有的如意、天桥湾两个实体社区均为老旧小区，有52栋居民楼。截至年底，辖区有户籍人口12087人，常住居民3145户、7906人，流动人口1284人。

【基层党建工作】 年内，组织开展理论中心组集中学习19次，通过微信公众号推送图文信息1400余篇，总阅读量近10万次。推进“党员固定活动日”常态化，辖区7个单位党组织、619名党员到社区报到，机关党员报到率达100%。以“双协商”机制为载体，通过深入调研，了解、确定群众最需要、最认可的服务项目。组织开展“聚能双协商　党建微创投”项目评审大赛，组建同新缘党群活动驿站、“垃圾分类”等5支党建项目志愿团队，实现党建服务项目化管理。

【环境工作】 启动2018年“蓝天保卫战”行动，全面实施环保网格化监管，对辖区和商务区内38个工地进行统一梳理，建立健全更新台账，明确路线图、时间表、责任人，建立重点项目台账和任务清单，以扬尘污染控制、高排放车管控、餐饮油烟监管等为重点。全年发现并及时处置大气污染、工地扬尘、餐饮、河道等各类问题7000余件，查处施工扬尘、渣土运输车辆泄漏遗撒等违法行为28起，清理渣土、杂草2.8万余平方米，废弃油脂规范化收运合同签订率达100%。$PM_{2.5}$浓度值53微克/立方米，全区第一。严格落实“河长制”，各级河长定期巡查、巡查员坚持日常巡查，巡河率达100%，分段落实“三查”责任，定期清理河道周边杂草及垃圾，及时解决各类水污染问题40项。

【疏解整治促提升专项行动】 对违法建设坚持“零容忍”，全年拆除违法建设面积27676.89平方米，完成拆除量和销账量均超全年任务量的300%以上。按照“十无一创建”标准，在全区率先完成3条背街小巷的综合整治工作。根据辖区实际情况及人员变动情况，进一步修订完善《“街巷长”制实施方案》，建立问题多发及顽固点位台账，科学合理配置各种执法力量，招募“小巷管家”69人。全年清理占道经营80起、5处重点点位已销账，封堵“开墙打洞”3处，整治“群租房”21户。

【城市管理工作】 年内，规范“门前三包”150处、处罚非法小广告23起、查处露天烧烤类违法行为5起，清理并规范商户临窗广告100余处，城乡环境整治全年12次考评，10次全区第一，其余2次也名列前茅。网格化服务管理平台实现24个应用系统、3个支撑平台以及9个数据库，涵盖社会服务、城市管理、综合治理、公共安全、党群建设、经济管理等6个业务版块。

【智慧平安街区建设】 年内，在如意社区试点“智慧门禁”项目，着力打造“互联网+平安社区”，综合运用物联网、人工智能终端等技术，借助“权限精准管控”“异常联动告警”“社区数据分析”“信息实时推送”四大智能机制。如意社区153个楼门的智慧门禁系统建成并投入运行，采集各类信息1611户、5253人，系统正常运行率近80%。加强食品药品市场监督管理，以日常监管为依托，以风险监测为手段，全面开展食品药品安全隐患排查，严控不规范食品经营单位。出动执法人员976人次，检查食品药品经营企业358户次，抽检143批次，立案处罚14起，约谈企业13家次。投入6.9万元施划更新交通标志标线，治理乱停乱放车辆500余辆，排查治理率达100%。

【安全生产监督管理工作】 年内，切实履行属地监管职责，检查生产经营单位4945家次，检查覆盖率100%。整改各类安全隐患6538项，整改率达96.7%。开展安全生产及消防夜查26次，对安全生产隐患突出、整改不到位的16家企业单位进行安全生产告诫谈话，督促其立即整改。结合辖区实际，着重加大对建筑施工安全隐患的排查治理力度，出动检查人员774人次，检查施工单位387家次，开具安全生产责令改正通知书288份，整改安全用电、安全防护等各类隐患950处，整改率达98%。组织开展宣传教育活动38次，组织辖区重点单位进行消防、应急演练4次，参加人数达1853人次，发放各类宣传材料1万余份。

【社会各项事业】 在对工作现状和面临问题进行综合梳理分析的基础上，统筹推进对商务楼宇的服务管理工作，启动新华街道商务楼宇调研项目。完成《新华街道商务楼宇调研项目终期报告》，建立辖区商务楼宇详细的资料档案，涵盖辖区楼宇的地理位置、占地面积、入驻企业、居民数量、物业管理公司情况等8个方面内容。年内，引进专业社工事务所4家、公益企业2家、社会学专业人才6名、整合优秀社区社会组织50家，联合启动“社会组织培育孵化互联益能1.0”工程，已开展“新华街道首届全民体育季”系列大型赛事、领袖微信课、益能工作坊等线上线下系列活动44次。先后开展创建国家慢性病综合防控示范区前期筹备、流动人口健康促进示范学校、健康示范食堂创建评审、市区免费避孕药具项目专项评估工作、国家卫生城复审健康教育大讲堂等工作。

【民生保障】 年内，组织召开招聘会6场，采集空岗信息1223个，125人实现再就业，登记失业率仅为0.9%。动态监测用人单位农民工工资支付情况，重点排查发生过拖欠工资问题的用人单位和生产经营困难企业，为农民工讨薪开辟“绿色通道”，受理讨薪事件9起，涉及151人、涉及金额136.14万元。辖区首家社区养老驿站正式投入运营，服务半径覆盖如意园、吉祥园及天桥湾3个居民小区，在提供日间照料、呼叫服务、助餐服务、健康指导、文化娱乐和心理慰藉等6个服务项目的基础上，还可低偿提供助洁、助浴、助医、代办等7项拓展服务内容，受益老人4500余人次。

（张　晴）

北苑街道

【概　况】　北苑街道位于通州新城中心区西部。东起新华南北路，西与朝阳区接壤，南至运河西大街，北临通惠河，是京通快速路进入通州的第一站。辖区面积8.7平方千米，设有19个社区，现有常住人口94071人，常驻外来人口38018人，登记流动人口48359人。

【党建工作】　年内，推进“党建引领，双报到双积分”工作。街道成立党建协调委员会，设立19个社区分会和教育、医疗、外联三个专业委员会，吸收成员单位52家。围绕工委中心工作，引导成员单位有效对接街道、社区服务需求，联合开展服务，实现社区有需求，部门有响应，服务有成效。“双报到双积分”工作开展以来，接收党组织44个，在职党员3238名，线下组织活动208次，党员参加活动5870人次，报到党组织参与活动103次。

2月8日，在通州区文化馆举办新时代 新苑景 北苑街道宣传贯彻十九大精神原创作品展示 暨“双向积分”公益带头人慰问演出活动　（北苑街道提供）

【宣传工作】　2018年，打造全媒体平台。依托“一报一网两微多群”，围绕城市副中心建设、全国文明城区常态化建设、疏整促等中心工作加强宣传报道，出版《新苑》社区报21期，发布政务微博2231条，微信公众号397条，实现政府服务与社区群众需求的有效对接。加强对外宣传，《通州时讯》刊登73条，市级以上报纸刊登20条，《通州新闻》报道69条，北京电视台报道7条。强化文明宣传引导。组建“身边故事”百姓宣讲团，开展百姓宣讲5场，获通州区百姓宣讲比赛一等奖。举办道德讲堂40场，举荐“通州榜样”候选人25人，5人上榜。创新文明议事会模式，定期召开“抵制不文明行为大讨论”活动，以自治方式维护社区文明氛围。将文化引领、志愿服务、宣传教育等工作有机整合。大力开展“等灯等灯”文明交通引导活动，有1200多个家庭和23家社会单位参与路口的文明引导。举办“舞动文明、亮丽苑景”广场舞大赛，获首都市民礼让斑马线广场舞大赛一等奖。在三个社区试点开展“文明汪星人”宣传服务项目，召开文明议事会，研发宠物文明饲养粪便处理系统，成立文明养犬自律会等工作，将街道典型经验做法在全区推广。

6月23日，在后南仓小学举办“舞彩北苑 更尚文明”北苑街道“礼让斑马线”广场舞比赛　（北苑街道提供）

【推进疏解整治促提升专项行动】　“开墙打洞”专项治理。建立台账113处，集中封堵中山街、杨庄路两条道路“开墙打洞”151处，完成率133%。拆除违法建设。组织城管、综治、安监等部门，加大违法建设拆除力度，动员居民自拆、帮拆，拆除小区内私搭乱建211处，面积2.34万平方米。加强违法群租房整治。以京贸国际小区为重点，治理违法群租房149户，疏解人口599人，完成年度整治任务的186%。无证无照经营和占道经营整治。加强巡查检查和执法力度，整治占道经营点位20处，规范户外广告300余块，收缴小广告2万余张，处罚22起；规范店外经营、堆物堆料500余起，完成无证无照经营整治79户，完成率127%。加强“散乱污”企业清理整治。对辖区散乱污企业全面排查，对已整改的22家“散乱污”企业进行不定期复查，确保其不复发。地下空间整治。清退红旗厂“散租住人”和存在安全隐患的地下空间，对红旗公寓20286平方米违法建设强制拆除。依法取缔违法群租房2000余人。有形商品交易市场疏解提升。提前完成沃丰达商城疏解提升任务，清退所有商户。

【生态环境建设】　年内，加强大气污染防治。落实大气环境精细化管理工作，完善14类基础台账。成立施工现场扬尘治理专项小组，对6家施工工地及其余小型施工、裸土点位29处不间断巡查，整治扬尘问题14起，裸地15处14.33万平方米。加强散煤治理，回收平房户存量散煤2.6吨，新增“煤改电”设备10户24台，实现辖区“无煤化”。完成9家企业27台39.92蒸吨燃气锅炉低氮改造任务。出动执法人员400余人次，执法车辆160余车次，严查新华联北区、杨庄路等露天烧烤重点地区，治理违法行为30起。加强万达金街餐饮企业油烟排放动态监管，发放环保监督牌500块，按照“六查、六落实”管理要求，启动空气重污染应对措施，出动1300余人次，检查点位600余次，发现问题立即整改。辖区1月至9月$PM_{2.5}$浓度为53微克/立方米，改善率为22.2%。推进绿化美化工作。推进创建国家森林城市工作，开展“创森”讲座活动2场，征集“创森”标识标语，对64株高等级古树拟定养护复壮措施。针对有害生物高发期，出动技术员及巡查员20人次。组织开展垃圾分类宣传活动4场，参加培训人员约610人。协助北京微环境管理有限公司完成再生资源回收柜进小区工作，实现“两网”融合，辖区范围内92个小区实现垃圾分类减量化和资源化工作，配合京环环境公司对辖区内482家餐饮单位进行沟通签订餐厨垃圾清运工作，完成北苑街道餐厨垃圾产生单位基础台账。加强背街小巷环境提升。整改市级脏乱点台账，整治率达100%。全面落实“街巷长制”，设街巷长89名，安装街巷长公示牌108个，按照“十有十无”（街巷管理“十有”标准：有街巷长、有自治共建理事会、有物业管理单位、有社区志愿服务团队、有街区治理导则和实施方案、有居民公约、有责任公示牌、有配套设施、有绿植景观、有文化内涵。街巷管理“十无”标准：无私搭乱建、无开墙打洞、无乱停车、无乱占道、无乱搭架空线、无外立面破损、无违规广告牌匾、无道路破损、无违规经营、无堆物堆料）标准，严格落实“日查周巡月服务”制度，持续进行街面管控，组织社区自治自查问题322件次，清理垃圾渣土杂物350车次，清理违规广告窗贴3.25万张，捡拾白色垃圾82公斤，改善了辖区环境面貌。建立132名“小巷管家”志愿服务队伍，每月定期开展环境整治活动。街道每月推选出1名优秀街巷长和1条优秀街巷，起到示范引领作用。推进5条背街小巷改造提升，设计方案率先通过区政府评审，全面进入施工阶段。

3月11日，北苑街道办事处主任华飞（左一）、副主任曾令发（左二）在空气重污染橙色预警期间带队检查辖区“煤改电”及散煤情况　（北苑街道提供）

【环境秩序治理】　2018年，加强治安重点地区清理整治。针对万达广场周边无照经营、非法运营和扒窃案件高发问题，成立市级挂账重点地区专项整治工作领导小组，雇佣保安与派出所民警联合对重点部位加强巡逻防控，同时组织城管等部门对非法运营问题进行认真排查梳理，形成台账，分类整治。协调工商、食药等部门主动上门服务办理证照，引导无证游商租用固定商铺经营。通过一系列整治措施，社会秩序明显好转，无照经营（游商）、非法营运突出问题整治已达标；路面扒窃案件高发问题得到有效遏制，发案率呈下降趋势。加强流动人口调控和出租房屋管理。强化“以证管人”“以房管人”“以税管房”的工作思路，新采集登记流动人口信息8069条，核销6836条，更新2053条，迁移2898条；新采集登记出租房屋信息312条，更新8520条，核销5786条。办理居住证22644件，居住登记卡4128件。信息平台采集登记流动人口45656人，低于流动人口控制指标6.08万人。

11月，北苑街道启动退役军人信息采集工作
（北苑街道提供）

【民生保障】 推进为老服务工作。完成中山街和北苑桥2家社区养老服务驿站建设。联合潞河医院，建设首家“医养结合”型养老照料中心，设置床位60张，可为辖区老年人提供日间照料、短期托养和长期托养服务，并辐射居家上门服务。落实养老优待政策，累计发放养老助残金和高龄津贴168余万元，为60～64周岁的老人集中发放养老助残卡。“敬老月”期间走访慰问124位90岁以上高龄老人，启动“爱要让你看见·情暖北苑”敬老爱老光明行动，组织参加“炫彩舞动新通州”老年人健身舞蹈展示大赛和书画大赛。落实社会保障政策。核发低保金182.83万元、特困供养金16.6万元；为困难群众办理医疗救助160人次，救助金26万。开展“永辉慈善爱心卡”慈善援助项目活动，向辖区100名受助者发放“永辉慈善爱心卡”，价值1000元。准确、及时核发残疾人两项补贴123万余元，开展“春风送暖”主题捐助活动，募集社会资金19059元。推进就业再就业。组织开展多种形式的就业创业培训活动，帮助失业人员提高技能，举行各类培训7场，参与人数达394人次，全年完成就业632人，超额完成指标任务，辖区城镇登记失业率控制在1.78%。计生卫生服务。推进创建国家级慢病防控示范区工作，开展慢病防治全民健康教育活动。组建“唠嗑志愿服务队”，实施“爱延续”服务项目，关心关爱失独家庭。

5月10日，在北苑街道地下培训教室举办茶艺培训班开班仪式
（北苑街道提供）

【社会安全稳定】 抓好安全生产工作。开展安全隐患专项治理三年行动，对562家挂账安全隐患“回头看”，整改率达100%。完成5家企业安全生产标准化创建任务、3家企业一企一标准、一岗一清单编制任务，完成66家单位职业卫生情况普查、62家企业安全风险云服务系统填报、105家企业安责险投保工作。实时更新企业台账，审核率达91%，单位信息完整率达100%，台账准确率达100%。开展重点行业领域安全隐患排查整治，检查企业6488家次，整改安全隐患7796项，联合消防下达行政处罚决定书19份，行政拘留17人，临时查封12家，三停7家，罚款55.5万元，最大限度消除事故隐患。集中清理19个社区1900余个楼道乱堆物现象，清理堆堵物2276立方米。为辖区60岁以上户籍老年人家庭安装独立感烟报警装置2850套，为无物业小区新增灭火器箱30个，灭火器319具，为到期灭火器换粉851具，为24个小区安装电动车智能充电桩。做好信访矛盾排查

化解工作。开展6次信访排查工作，排查出影响安全稳定事项11件。畅通居民信访渠道，落实领导接访制度，化解信访矛盾，接待来访66批279人次，办结62批261人次诉求事项；办理群众来信65封，办结62封，剩余3封正在办理中。推动信访积案化解工作，做好新华西街14号楼现实危险紧急避险工作，促成10户滞留居民与开发商签约，尽最大努力确保居民生命财产安全。

【社会治理】 加强网格化治理。街道网格化综合平台系统上报事件12011件，实际处置11986件，办结率99.8%，办理“12345”非紧急救助平台事件2017件。提升便民服务水平。新建或规范提升各类生活性服务业网点10家，生活性服务网点210家，其中连锁网点109家，生活性服务网点连锁化率为51.9%，基本便民商业服务社区覆盖率100%，超额完成任务。大力培育社区社会组织。完成184家社区社会组织年审备案工作，举办第三届社区公益项目创投大赛，对入围的社区环保、社区管理、社区融合、社区为老服务等项目给予资金支持，并对所有项目执行情况做出中期评估。深化志愿反哺体系建设。一刻公益平台签约服务商36家，注册志愿者1600余人，累计服务时长9万余小时，发布志愿服务活动490余场。享受时长反哺人员达到80%，让志愿者们切实感受到了奉献的温暖。

（宋博华）

玉桥街道

【概　　况】 玉桥街道位于通州城区东南部，北以京秦铁路为界，西南到果园环岛沿京津公路，东南由大运河接市六环路环绕，毗邻中仓街道、北苑街道、梨园镇、永顺镇，区域面积11.2平方千米。2018年，辖区人口11万左右。设科室24个，其中，自设科室4个（创城办、网格办、环保办、拆迁办）；派驻科室7个（司法所、统计所、工商所、食药所、教委办、消防工作站、交通安全委员会）；事业单位3个。有正式在编人员79人。下设17个社区,1个筹备组（花石匠二期），有社工236人。

2018年玉桥街道办事处在区委、区政府的正确领导下，围绕北京城市副中心建设及2018年区委、区政府折子工程、为民办实事工程工作安排，高度关注民生、主动服务群众，各项工作取得了良好实效。

【“街乡吹哨、部门报到”工作】 主动发挥“吹哨”职能，建立“1+4+6”“吹哨报到”工作机制。成立一个党建协调委员会，将辖区内完成党组织报到的各领域法人单位、尚未单独建立党组织的各领域法人单位以及工作关系接触较多、愿意为街道服务的辖区外法人单位及部分社区吸纳为街道党建工作协调委员会的成员单位，建立社区分会、学校专业委员会、外联委员会并在街道备案。建立健全议事决策制度、三个清单制度、四个双向机制和单位活动月（季）机制。依托“党员E先锋”基层党建综合管理平台，集中组织“社区服务·我承诺”、“社区发展·我建议”和“社区治理·我行动”活动，接收报到的在职党员5156名，组织社区服务147次，累计参与活动党员9752人次。通过系统培训、系统试运行、吹哨测试等步骤完善“街道吹哨，部门报到”系统运行机制和制度建设。制定“玉桥街道‘吹哨报到’案件办理工作流程（图）”“玉桥街道‘吹哨报到’评价表”“玉桥街道主动服务基层报到任务表”“玉桥街道主动服务基层报道数量清单表”，运行吹哨登记、吹哨审批、吹哨处置、吹哨评价四步管理法。实施“六微”管理模式，狠抓城市管理绣花功夫。通过微管理、微服务、微细节、微创新、微目标、微公约

"六微"管理模式，精细化推进"街巷长"制、社区"三社联动"治理、环境卫生"两网合一"等创新工作，优化提升社区环境品质。

【民生及社会事业】 开展"两节"期间送温暖活动，慰问辖区275户低保对象、优抚对象和困难家庭，发放慰问金、慰问品20余万元。为11户患重病的家庭申请并发放慈善大病救助金8.6万元，为395名困难残疾人申请生活补贴和护理补贴，统发66万余元，为106名严重精神障碍患者的监护人申请看护补贴，为民政对象申请医疗救助77人次，为94名严重精神障碍患者监护人发放补贴164962元，为94名低保、特困人员申请并发放供暖补贴141701.68元。办理残疾人证65个，申请养老助残券23人，申请儿童康复12人。截至年底，街道现有低保家庭101户、165人；特困集中供养人员3人，特困分散供养人员1人；困境家庭入住养老机构2人；申请困难残疾人生活补贴131人，重度残疾人护理补贴268人。计生部门办理"一孩生育登记服务单"228份，"二孩生育登记服务单"193份，再生育确认审核批准7个，"流动人口两孩以内生育登记服务单"535份。街道社保所服务四类人群，由就业失业人员、养老保障人员、医疗保障人员、公益性组织人员组成，共21203人，全年接待办事群众20865人次。

9月14日，社会组织成果展出活动现场
（玉桥街道提供）

【背巷环境整治提升工作】 做好街道17个社区，86个小区，8个平房区、京哈铁路（玉桥段）沿线，31条主次干路的环境卫生保障工作，全年清理垃圾1879车，接到各部门涉及环境问题通知单825份，解决率达100%。建立非法小广告清理队伍，对辖区进行不定期巡逻，小广告及时清除，粉刷小广告2200平方米、铲除小广告5万余张。深入落实街巷长制、"新门前三包"、"河长制"等工作机制，切实抓好群众身边环境整治。街巷长按照巡查、反馈、协调、设置、督查、考核6步法管理流程进行管理，接受社会监督。安装街巷长公示牌33块；更换新式门前三包公示牌570余个，明确自己的责任区域；对北运河玉桥段巡查10次，巡查员完成巡查150余次。试点开展"小巷管家"志愿服务，召开玉桥街道小巷管家启动仪式大会，正式成立"小巷管家"志愿服务队伍。坚持党建引领、统筹协调、共治共管、多元参与、积极倡导、自愿参与的工作原则，试点开展"小巷管家"志愿服务，逐步形成规范化管理、信息化支撑、品牌化培育、常态化服务的运行机制。建立"小巷管家"管理制度体系，明确工作职责、招募聘用、业务培训、服务保障等要求。"小巷管家"按照无私搭乱建、无开墙打洞等"十无"标准及劝阻车辆乱停乱放，劝阻垃圾随意堆放等"十事"服务事项要求认真履行每日巡、经常访、随手做、实时报、及时记的工作职责。通过建立"小巷管家"反馈问题挂销账、网格监督考核和督查督办机制，理顺"小巷管家"与"街巷长"、物业公司、网格监督员、执法队伍之间的关系，不断推动多元共治的理论创新和模式创新。招募"小巷管家"90余名，实现背街小巷"小巷管家"全覆盖。对粮食局直属库平房胡同一巷、二巷、三巷、运河小学西侧路、梨园中街一巷等6条背街小巷开展调研设计和方案制定。

11月8日，净水东一路开通仪式　（玉桥街道提供）

【疏解整治促提升工作】　发挥各执法部门职能，坚持联合执法，拆除违法建设258处，共4.01万平方米，完成全年任务目标的103.4%；占道经营15个点位全部提前销账；清理整治无证无照经营21户、清理开墙打洞10户，完成全年任务的100%；清理整治群租房46户，超额完成6户；完成1家市场疏解提升，完成全年任务的100%；5处地下空间综合整治全部清理完成；15栋楼老旧小区综合整治，全部进场施工；6条背街小巷环境提升工作基本完成；打好“蓝天保卫战”，环保第六轮督查，玉桥街道未发现问题。环保科全年出动人员4100余人次，巡查点位1.2万余处，累计发现问题500余项。

【棚户区改造工作】　2018年，总结出“四心”工作法（“四心”工作法：科学筹划“用心”、研究问题“细心”、思想工作“耐心”、解决困难“热心”）、“五动”工作法（“五动”工作法：广泛发动、多方联动、实时调动、真情感动、重点撬动）等“棚改”工作经验，3个棚户区项目改造任务完成较好。北京造纸七厂、北京特种水泥厂两个棚户区的改造，用1天零7个小时，完成绿心项目国有土地征收预签约100%。“玉桥速度”刷新了北京市实行预签约征收工作以来新纪录，并打破了全国国有土地征收签约新纪录；广渠路东延（怡乐西路—东六环路）道路工程和东方厂周边棚改项目，速度快、标准高，受到上级机关领导和居民肯定。

【“平安玉桥”建设】　牢固树立安全生产责任意识、紧迫意识，不断加大巡查整治工作力度。开展对人密场所、危险化学品企业的日常检查以及对建筑工地、电动自行车违规充电的夜查行动、涉粉涉爆企业事故隐患专项行动等，完成生产经营单位的检查4711家次，出动人数9422人次，发现隐患数量1253项。对“三大行动”（三大行动：安全隐患大排查、大清理、大整治）中214家挂账单位进行回头看，责令停产停业2家、关闭取缔6家、查封3家；行政处罚3家，罚款3万元。制定2018年度及全国“两会”消防安保工作承诺书等各类责任状300余份；印发“电动车消防安全通告”3000余张、悬挂横幅60余条；为辖区60岁老年人家庭购置独立式烟感报警器2300个。查封消防问题违法单位23家，关停8家，罚款26.5万元，行政拘留4人。2018年，街道承担全区安全生产风险评估试点任务，经验做法在全区进行推广。玉桥街道先后被北京市总工会评为工人先锋号，被北京市安监局评为北京市安全社区。玉桥街道东里南社区，被司法部和民政部联合表彰为全国民主法治示范社区。不断拓展“等灯等灯”文化品牌，实现交警、学校、志愿者、家长“四位一体”交通引导模式在辖区中小学校全覆盖，被首都文明办评为2018年度首都未成年人思想道德建设创新案例。全年开展矛盾纠纷排查化解工作，完成各个重要时段的安保任务，发动各类群防群治力量3050人。开展“净化社会环境，助力副中心建设”反邪教主题宣传活动，全年发放各类警示教育材料3000余份。

8月21日，街道召开中非论坛安全保卫誓师大会

（玉桥街道提供）

【社区服务治理工作】　养老服务不断延伸扩大覆盖面，在原有两家养老服务驿站的运行经验基础上，对辖区其余社区开展养老为老服务需求调研，以每个驿站辐射2～3个社区为初步目标，筹划养老服务驿站点位建设。充分利用“疏整促”工作疏解腾退房屋等资源，确定预设站点4处。不断创新服务形式，开展“助餐和送餐到家、微心愿实现”等精准助老服务项目，建立精准对象、精确项目、精细服务、过程留痕的服务机制。成立街道居家养老服务试点领导小组，建立服务商联盟联席会议、第三方及群众监督监管监督保障机制。年内，梨花园、

新通国际等4家养老服务驿站联动揭牌。截至年底，街道有街道级养老照料中心2家，社区养老服务驿站6家，可直接服务10余个社区、1.3万余名老年人。开展“三社联动”社区治理项目，实施“一社一特”创新社区治理微项目。创建国家慢病综合防控示范区工作，在区创慢办的统一指导下，在街道党工委、办事处领导的全力支持下，坚持民生为本、健康为根的理念，高度重视，精心组织，结合街道日常工作和亮点工作，通过机关科室、各社区的共同努力，广泛开展慢性病防控和健康生活方式宣传工作，取得了一定成效，提升了居民健康素质，营造安全和谐的社区生态。举办首届“玉桥嘉年华·社区欢乐汇”，参与5000多人次，生动描绘了玉桥建设历程，提高了辖区党员、干部、群众建设玉桥的凝聚力。

10月12日，玉桥街道举办首届“玉桥嘉年华·社区欢乐汇”活动　　（玉桥街道提供）

（柳雯雯）

潞源街道

【概　况】　潞源街道地处北京城市副中心行政办公区核心区，是北京市委、市政府所在地，总面积约6.9平方千米，辖区西起东六环，东至宋梁路，南临北运河，北靠运潮减河，四至范围与行政办公区完全重合。截至年底，建成的有市级机关办公楼、人大附中通州校区、胡各庄小学、古月佳园小区等，正在建设的项目有行政办公区二期工程、职工周转房北片区等。2018年，街道办事处围绕服务保障市级机关入驻及行政办公区建设总目标，以党建工作为统领，以维护社会安全稳定和加强环境治理为抓手，大力提升城市现代化建设和环境精细化治理水平，构建平安和谐文明宜居的街区环境。

【体制机制】　街道于2018年7月31日挂牌成立，按照“大部制、扁平化”的机制设置要求，组建“六办一队四中心”（“六办”为街道内部机构，包括综合办公室、党群工作办、城市管理办、平安建设办、社区建设办、民生保障办；“一队”即街道城管执法队；“四中心”是街道下属单位事业单位，包括综合协调中心、市民服务中心、党建服务中心、社区服务中心）的街道行政组织体系。整体大部制设计，实现工作整体谋划、整体推进，同时有针对性地设置部门内部力量，对工作任务展开重点突破，提高工作效率，降低工作成本。内设机构实行扁平化管理，由街道党政副职兼任内设机构负责人，并分管相关事业单位，有效减少管理层级，初步实现内部管理的精细化。

【服务市级机关】　年内，主动上门问需，向市级机关工作人员发放1.5万册《行政办公区周边公共服务指南》，帮助辖区单位工作人员快速了解行政办公区周边的公共服务设施。在中非论坛、市级机关搬迁等重点阶段主动与市工程办和保障房中心对接，建立多方信息共享机制，联合化解了多起讨薪维权事件。服务市级机关搬迁，开展社会面联合清整“百日专项行动”，集中清理整治交通、经营、环境等多方面内容，开展行政办公区周边小区清整工作，规范秩序、整治环境。副中心战训队围绕行政办公区周边道路开展交通秩序清理整治活动，现场纠正机动车违法行为1000余起，专项治理货车特别是处理渣土车违法300余起，纠正违法停车800余起。办公区消防大队集中清查库房等仓储设备，逐门逐户发放宣传材料1000余份，有效净化副中心安全环境。与市工程办共同组织召开辖区工地规范化管理工作部署会，全面部署安全生产、绿色施工、预防煤气中毒等多项工作，并与40家参建单位签订《潞源街道辖区施工规范管理责任书》，明确要求、严格标准，确保潞源“大事小事都不出”。

【吹哨报到】 潞源街道是“街乡吹哨、部门报到”的试点单位之一。2018年，街道吹哨10次（其中市政市容类5次，道路交通3次，非法营运类1次，施工管理类1次）。充分利用“街乡吹哨、部门报到”工作机制，多次吹哨市区相关部门，解决了多项难题。“吹哨”市工程办、市保障房中心、区住建委等10余个市区部门，解决环境整治难题，1周时间内，将辖区裸露地面全部绿化硬化，城市景观焕然一新。与兄弟单位“联合吹哨”，形成综合执法高压态势，解决辖区共治难题，辖区内游动商贩基本绝迹。精准吹哨区城市管理委、交通局等部门，解决百姓民生难题，针对人大附中4项问题，1周时间内提出解决方案，1个月内解决全部问题。

【党建工作】 年内，构建街道基层党组织框架。接收48名党员的组织关系，建立潞源街道机关党支部、运河派出所党支部等5个支部。严格落实“三会一课”等组织生活会要求，推进干部教育常态化，开展中心组学习6次，集中学习17次，书记讲党课1次，累计参与650余人次。坚持“走出去”与“引进来”相结合、学习研究与解决现实问题相结合，先后组织机关干部参观学习改革开放40周年展览，赴核心城区街道，学习先进建设、管理经验、服务理念。建立党建工作协调委员会，打造共建共享的区域化党建格局。接收北京市机关事务管理局、人大附中通州校区等多家辖区单位为成员，并签订《共建协议书》，组织成员开展“党建引领 清洁家园”等多项共建活动，全年发动辖区党员群众参与活动500多人次，辖区环境秩序明显改观。

12月1日，潞源街道开展“党建引领 清洁家园”活动（潞源街道提供）

【宣传文化】 年内，严格落实意识形态工作责任制，实行“一把手”负总责，班子成员各负其责，组建网络发言团队，确定街道党工委新闻发言人，明确任务、细化责任，做好街道正面新闻发布、组织采访报道活动、突发事件舆论引导、热点事件和网络舆情调控等工作。街道治理创新案例在《北京组工》《北京支部生活》《通州时讯》上刊登，被前线理论期刊转载，在区级以上媒体报道36条，树立了街道良好形象，营造了良好社会环境。充分利用潞源街道辖区内的社会面宣传形式，围绕习近平新时代中国特色社会主义思想、时代楷模、改革开放40周年等主题，制作安装公益广告1068平方米。

【安全稳定】 年内，扎实开展各项安全工作。举行“11·9”消防宣传月活动启动仪式，开展装备展示、消防演练展示、消防知识有奖竞答等活动，发放各类宣传品、宣传册800余份。开展中非合作论坛北京峰会期间安全保障工作，成立中非合作论坛安保工作组，出动巡查人次120人次、车辆30车次，各队、站所出动人员1800人次，车辆300车次进行社会面巡查。查出安全隐患80余处、劝离无证商贩50余起。壮大街道群防群治队伍，与区市政市容委对接，动员辖区内约300余名京环集团保洁员加入街道群防群治队伍，挖掘保洁员潜能，发挥职业优势，配发明白卡，确保辖区异常情况得到及时汇报。健全扫黑除恶组织机制，张贴扫黑除恶宣传标语，对黑恶势力进行震慑，着力强化群众对黑恶行为的鉴别能力，畅通举报、打击黑恶势力的渠道。高度重视群众信访诉求，办理群众信访诉求9件/87人次，其中，涉及工伤及非正常死亡赔偿诉求4件，为信访人争取赔偿金248万；涉及农民工工资拖欠4件，为农民工维护权益156万；1件为堡辛村滞留居民取暖问题。在9件信访件中，做到事事有回音，件件有落实。

【环境治理】 年内，以网格化治理为依托，推进环境精细化治理。将辖区划分13个网格，以网格为依托，实行“日巡周查月考评”机制，建立街巷长台账，发现并协调解决各街巷出现的问题。全面推进河长制，制定河长制配套制度，明确属地范围内河道沟渠管理范围，联系相关单位明确管理责任，确定管护单位，为河长履职提供便利。常态化开展大气污染防治，结合辖区特点，重点开展施工工地、裸地的巡查，日、夜间检查3143次。每逢空气重污染预警，执法人员第一时间根据预警等级应对，做到违法行为“零容忍”。处罚工地6家，罚款12万元。在非工地检查中发现问题8处，全部整改完成。加强街面环境秩序整治，累计开展联合执法20余次，查处无照商贩30余人，暂扣用于经营的各类车辆21辆。加强辖区违法建设，拆除潞城中心公园违法建设2处，拆除面积达370平方米。

【智慧城市】 年内，辖区4.8万多个城市部件数据采集完成并进入展示系统，软件平台各功能模块开发初步完成。完成辖区内无人机飞行影像信息采集，计划进行三维实景GIS地图建设。实现了与“12345”市民服务热线平台、吹哨报到平台的多平台单点登录功能的基本对接；雪亮公共安全视频监控初步完成八路视频接入智慧潞源可视化平台；初步实现视频回传系统接入智慧潞源可视化平台，实现了三维立体可视化，城市部件数据化，事件处理流程化。

【社区建设】 年内，凝聚辖区力量，举办潞源街道第一届全民运动会，来自市机关事务管理局、市保障性住房建设投资中心等8家单位300余人参加3大类41个项目的竞赛。丰富辖区文化生活，开展“公共文化服务进校园——书香潞源”活动，向人大附中通州校区师生赠送图书1424册。推进辖区全民健身工程建设，在减河公园配建200平方米的智慧健身驿站。着力打造潞源品牌文化，启动潞源logo及VI创意方案征集活动。开展防控检疫工作，联合食药所、城管执法队等部门对辖区13家工地、食堂等单位开展排查、监管工作，与12家单位签订非洲猪瘟防控工作责任书，落实防控职责。

10月27日，潞源街道第一届全民运动会开幕式
（潞源街道提供）

【民生保障】 年内，督促16家总包单位、34家分包单位和39家劳务公司建立健全各类基础台账，督促各企业落实各自职责；检查建筑工地35次，涉及农民工7231人；接待欠薪上访案件6起，涉及农民工33人，为农民工讨回工资28万元。迎接“创卫”复检，在兆善大街两侧制作安装提倡健康生活方式的公益广告牌15组。净化校外教育环境，结合“街乡吹哨，部门报到”工作机制，吹哨9家下沉单位，对校外培训机构——华典艺恒教育中心进行联合执法。

（胡仲琪）

乡镇·园区

6月6日，对于家务乡村民"响应自拆违建"的集中采访　　　　（区委宣传部提供）

永顺镇

【概　况】　永顺镇处在北京城市副中心155平方公里范围内，地域面积43平方千米，与通州区5个街道办事处交叉包容，全镇人口27.7万人（居全区第一），其中，常住人口25.7万人，户籍人口7.3万人（其中农业户籍人口数9889人）。下辖25个村委会、25个社区居委会，共管辖158个小区。其中村级建制中，撤队转居的有竹木厂、杨富店、岳庄3个村，整建制转非的有龙旺庄、北马庄、杨庄、苏坨、上营5个村。全镇有党支部74个，党员4446人。2018年全镇完成税收36.63亿元，完成区级财力10亿元，固定资产投资完成28.5亿元，超额完成全年任务。人均所得达到3.95万元，同比增长10%。

【优化产业结构】　年内，推动重点产业项目引进落户，主动对接“高精尖”要素，引进亿元以上项目2个，引进5000万元以上项目6个，注册资本总计184亿元，均为“高精尖”产业。大力优化营商环境，发挥“永顺服务”品牌优势，新建新光大、富华侨商总部、富力运河十号等3家服务站，为企业入驻提供全方位、“一条龙”的贴心高效服务，先期完成28家企业的注册服务。

【重点工程项目】　2018年，通州区0203街区焦王庄地块、临空新村南部地块等土地一级开发项目上市并挂牌交易。东方厂周边棚改项目小圣庙村及安置房区域完成拆迁，城市绿心土地整理项目完成，安置房项目动土开工建设、通惠河水环境综合治理二期工程完成拆迁，广渠路东延拆迁项目按期推进。

【疏解整治促提升工作】　年内，坚持疏控结合，完成年度疏解整治促提升专项行动目标，拆除群租房195套，整治无证无照经营160户，整治“开墙打洞”77户，疏解一般制造业3家，疏解提升市场7家，实现“散乱污”动态清零。拆除违法建设143.26万平方米，特别是在51个小区、7万余平方米小区拆违工作中，现场设立“拆违服务台”答疑解惑，率先实现区域内小区基本无违建的目标。加强腾退空间的统筹利用，转型发展便民服务业和文创产业，新建或规范提升便民商业网点18家，群众满意度和获得感大幅提升。

【城市综合治理工作】　年内，党建引领“吹哨报到”格局基本形成，建成实体化综合执法平台，通过精准吹哨，解决群众关注的50余项重难点问题。深入落实街巷长制、“新门前三包”等工作机制，“小巷管家”实现全镇全覆盖，推广“街巷理事会”管理模式，建成陈列馆路样板街。创新老旧小区物业管理模式，设立老旧小区物业补助基金，推行老旧小区物业缓冲期内保底代管及账单式服务，有效改善老旧小区整体面貌。高标准完成7条背街小巷环境提升任务，果园路两片区被通州区确定为精品示范样板街，复兴里西路荣获北京最美街巷提名奖。推动垃圾分类工作，453家餐饮单位餐厨垃圾实现规范收运，2条建筑垃圾资源化生产线投产运行。

复兴里西路获得“最美街巷”提名奖

（永顺镇提供）

【生态环境建设工作】　年内，加强大气污染防治精细化管理，建立14类污染源台账，完善环保网格化管理工作机制，全年$PM_{2.5}$年均浓度下降到58微克/立方米，改善率16.8%。因地制宜，实施片区种植绿化，打造口袋式城市花园，绿化和苫盖裸土达97万平方米以上。持续改善地表水水质，确保考核断面水质稳定达标。完善镇、村二级河长管理体系，形成水岸共治、条块联动的工作格局，镇级河长巡河率达100%，村级河长巡河1822人次，及时处置各类问题1000余个，实现河道沟渠监管全覆盖。强化留白增绿和大尺度绿化，建成永顺城市公园、永顺刘庄公园，2018年新一轮百万亩造林工程实现土地流转和拆迁腾退两个100%，“留白增绿”240.57亩，完成主体苗木栽植工作。因地制宜，多元增绿，一批小微绿地相继建成，城市绿色生态空间进一步扩大。

【民生建设和公共服务】 年内，扩大优质教育资源供给，北京五中通州校区、永顺中心幼儿园通瑞嘉苑分园、潞苑幼儿园开始招生。医疗卫生事业提质发展，持续推进“健康永顺”建设，完善“医联体”运行机制，出资100万元改善社区医疗卫生服务条件，年均投入700万元开展惠民体检服务，举办健康教育大讲堂近190场，有序开展创建慢病综合防控示范区工作。就业形势保持稳定，提供就业岗位2037个，城乡劳动力就业1077人，城镇登记失业率3.4%。民生保障坚实有力，低保困难家庭实现“一户一策一档”精准帮扶，4家养老驿站建成投入运营，完成上营村整建制转居安置工作。推进志愿服务常态化，开展“垃圾不落地 永顺更美丽”等多元化志愿服务活动，“志愿北京”网站上注册志愿者达4.2万余人。打造“永顺之声”百姓宣讲团等具有影响力的群众文化品牌活动，高水平实施永顺镇综合文化中心建设，助力通州区取得首都公共文化服务示范区称号。

【社会治理工作】 年内，推进社区规范化建设，新成立6个社区居委会。健全社会组织扶持机制，培育发展专业社会组织，引进优质社区建设项目，启动“社区之家”建设试点工作，基层治理体系进一步完善。全力做好安全稳定工作，全面开展矛盾隐患大排查行动，推动历史积案的稳控，完成重大活动的安全服务保障工作，开展扫黑除恶专项斗争，提升群众的安全感，深入开展安全隐患大排查、大清理、大整治行动，“三合一”场所保持“动态清零”，全年消除各类安全隐患近4000处，安全生产形势保持平稳。高度重视“市民热线”群众诉求办理，全年高标准回应群众诉求10448件，响应率100%。进一步优化政务环境，建成永顺镇政府服务中心，村、居政务服务站全部挂牌，通过取消、整合、简化和调整办理等方式，将政务服务事项由原有的163项精简到80项。

8月21日，永顺镇召开中非合作论坛安全保卫工作誓师大会 （永顺镇提供）

【法治政府建设】 年内，推进法治宣传教育，严格落实学法计划。坚持运用法治思维解决实际问题，针对违法建设拆除、疏解整治促提升等重点工作，加强法律分析和指导，提出对策和建议。结合政务信息公开，深入落实法律顾问制度，全面加强重大行政决策全过程监督和合法性审查。投入70万元购买法律服务项目，为19个社区居民提供法律服务。

【党建工作】 年内，深入学习贯彻落实习近平新时代中国特色社会主义思想，扎实推进“两学一做”学习教育常态化制度化，与“不忘初心、牢记使命”主题教育活动相结合，引导基层党组织及广大党员筑牢思想基石。加强党对意识形态工作的领导，建立新媒体联席会议制度，完善全天候媒体监测预警机制，强化各类宣传思想文化阵地的管理。健全完善后备干部快速成长“培养链”，确定基层后备干部69人。焕发党员队伍活力，严把入口关，全年发展党员37名。健全党员关爱激励机制，慰问老党员、困难党员66人，表彰优秀无职党员99人。扎实推进资源、力量、服务下沉基层，全年投入党建资金1300万元用于基层党组织规范化建设和为民服务工作，实施40个村、社区党群活动室的提升工程，开展各类服务群众项目198个。投入95万元购买法律服务项目，为19个社区居民提供法律服务，基层党组织服务全镇建设的作用更加突出；小圣庙棚改项目建设纪录片“党旗在棚改中飘扬”，在市委组织部组织的“不忘初心、牢记使命”主题微视频观摩交流活动中，被评选为优秀作品，在北京长城网和北京长城网微信公众号展播。

（王晓冰）

梨园镇

【概　况】　梨园镇位于北京城市副中心南部，西距北京中央商务区（CBD）22千米，北距首都国际机场16千米，南邻文化旅游区，地铁八通线有5站在辖区内，京津公路穿境而过，两广路横向贯穿北京核心区域，紧邻六环路、京哈高速公路，区域内城市路网畅达，镇域面积现约19.87平方千米。辖区内总人口30.73万，户籍人口6.5万。下辖26个行政村，26个社区居委会，共有基层党组织89个，党员3976名；社会单位2000余家，居住楼房1120栋，已基本实现城市化。

【产业结构】　年内，围绕梨园在副中心的城市定位，主动调整优化发展思路，破解出现的短板和难题，在思想上对标对表、在行动上紧跟紧随、在执行上坚定坚决、在落实上落地生根。明确了以商务服务、文化旅游为重点的城市空间与功能布局，针对城市管理、智能交通等方面聘请相关领域专家制定规划，逐项破解各类深层次问题。围绕调结构、促转型的产业发展思路，大力发展商业商务、金融服务、文化旅游等现代服务业，不断淘汰低端产业，优化产业结构。完成通慧硬创科技有限公司等高新技术企业的注册服务。2018年实现税收12亿元；实现区财力3.6亿元；完成投资额5.09亿元；居民人均所得3.8万元。

【全面完成“疏整促”任务】　年内，开展“开墙打洞”专项整治行动，采取联合执法等多种方式推进“开墙打洞”治理，完成封堵25处，超额完成任务。严厉打击违法用地、违法建设，全年拆除违法建设40万平方米，文旅区非宅签约取得突破性进展，完成10家签约，2家拆迁。完成2018年23宗国土卫星遥感监测图斑整改、拆除工作。完成8宗市专指办街景卫片核查工作，集体土地项目5宗全部拆除整改到位。配合国家土地督察北京局完成土地例行督察工作。完成市场升级改造和清退任务，完成杨家洼农贸市场、云景里市场、西总市场3家市场的清退；对高楼金市场、梨园东里市场等5家市场进行升级改造。加快推进一般性制造业退出，清退1家制造业单位。加大无证无照专项整治，完成111家无证无照点位清理整治，任务达标率为102%。对“散乱污”企业进行综合治理，完成47家台账任务，实现动态清零。为全镇实现高标准城市建设提供了发展空间。

【重点工程建设】　年内，完成地铁7号线综合管廊及附属设施的拆迁、腾退、树木伐移等工作。协助区水务局基本完成通州区外环路污水及再生水管网临时占地、拆迁等工作，各标段均进场施工。大力推进半壁店医养结合试点项目各项手续办理，地上物腾退工作全部完成。半壁店公园项目前期手续办理顺利推进。提前完成新妇幼保健院、新华医院地块地上物拆迁腾退工作。完成广渠路东延项目涉及梨园镇集体土地的签约、拆迁、腾退工作，确保广渠路东延项目顺利进场施工。大稿村、孙庄、将军坟自住楼项目前期手续顺利推进。

【公共基础服务设施】 年内，不断加大服务设施建设力度，疏通镇域内排水系统，清理雨水口3092个；对辖区内34个垃圾分类小区开展“两网合一”（再生资源回收、厨余垃圾正规收运）推进工作；对40个开展垃圾分类小区的破损设施进行更换，发放垃圾分类桶400余个、垃圾桶盖1500余个、桶贴950余张。加强环境外包单位管理和考核，不断提升对外包公司的监管力度，定期进行评分汇总，实现小广告及时清理，道路时时洁净，整体环境焕然一新。

【城市精细化管理】 年内，面对副中心高标准发展的要求，不断创新管理模式，提高城市管理效率，进一步整合视频资源，新增1000余路“雪亮工程”摄像头，实现镇域主要节点监控探头全覆盖。“12345”市中心群众诉求电子派单6817件，月平均受理约568件，缩短办结时限，加强跟踪督办管理，建立工作反馈长效机制。建立梨园镇环境整治和“12345”工作群，及时解决百姓身边的烦心事、揪心事，提升了梨园镇基层治理工作水平。统筹推进网格化社会治理体系，实现“网格化+N”工作格局，全年接收事件5万余件；结案率达到100%，排名全区乡镇前三。加强物业管理工作。完善《物业管理台账》，摸清66家物业管理企业的基本情况；做好业主大会、业委会监督指导工作，完成龙鼎园、新翠景园小区业主委员会的换届选举备案的指导工作，不断优化物业管理水平。

【城市环境建设】 年内，全方位开展大气污染治理，推行绿色工地达标销账制度，持续加强扬尘污染防治，绿色规模工地达标率达到100%，扬尘治理达标率达到95%以上。应对2018年重污染及大风沙尘预警等特殊天气，严格落实空气重污染应急预案的各项措施。空气主要污染物指标大幅下降，细颗粒物（$PM_{2.5}$）平均浓度达到55微克/立方米，空气质量位于全区前列。以水生态建设为目标，大幅提升城市水生态系统功能和防洪排涝能力。全力聚焦水污染治理，全面推进河长制工作，认真落实河长巡河任务。做好辖区内4个过渡性污水处理站维护，确保排放达标。城市环境面貌持续改善，加大绿化美化工作力度，对阿尔法社区公园、三角地公园等小微公园实施绿化改造1.7万平方米。完成新一轮百万亩造林工程任务9.13亩，完成2019年工程任务30.9亩的前期土地腾退和土地流转工作。完成辖区内生态林和绿地养护工作，确保城市公共绿地资源的管护；在主要广场、大街、道路节点摆放花雕小品，提升了环境品质，美化了城市空间。

【民生保障】 年内，就业培训取得新进展，举办招聘会6场，全年新增就业近600人，城镇登记失业率控制在3%，完成全区考核指标。社会保障有力推进，解决征地转非安置工作，完成267名超转人员的转非安置。窗口服务不断优化，建立村、社区工作站50个；简化办事程序，梳理公共服务事项125项，提高了群众满意度。镇域内纳入社保服务的劳动力为1.8万人。城市运行保障能力不断增强，加大社会治安防控力度，全镇发案率持续下降，社会面防控整体平稳，完成中非论坛、“两会”等时期的安全保卫任务；狠抓生产、食品、交通、防火等安全监管责任落实，确保了全镇安全稳定。

【惠民措施】 年内，以创建慢病防控示范区为契机，不断提升医疗卫生服务水平，梨园社区卫生服务中心获北京市三八红旗优秀集体称号。社区服务管理迈上新台阶。完成格瑞雅居等4个社区规范化提升，确保居民享受“一站式”服务。探索为民服务新举措，制作一刻钟社区服务示意图，完成“智慧社区商圈积分卡”，帮助居民对各类服务资源进行准确定位。做亮“五型”社区，重点打造翠屏南里共治型社区、靓景明居文化型社区、新城乐居乐活型社区、格瑞雅居健康型社区和颐瑞东里智慧型社区；新建养老驿站2家，养老服务网络不断织密，让居民更多更好地享受社区建设带来的实惠和便利。残联、红十字、宗教等各项工作健康发展。

【教育事业】 年内，坚持资源整合与品质提升并重，推动全镇教育优质均衡发展，教育投入不断增加，办学条件显著改善，梨园学校二期工程于9月完工投入使用。

【医疗卫生事业】 年内，开展社区卫生服务机构标准化建设，推进社区卫生服务模式改革，建立“六位一体”的医疗卫生服务体系，10所社区卫生服务站，覆盖整个梨园地区；“单独两孩”政策顺利实施，人口计生服务进一步加强。

（朱　琳）

宋庄镇

【概　况】 宋庄镇地处通州新城北部，京杭大运河的源头、百里长安街的东端，紧邻市级行政办公区，距天安门24千米，距北京中央商务区（CBD）20公里，距首都机场T3航站楼2千米，交通路网便捷，区位优势明显。宋庄镇域面积116平方千米，辖47个行政村，总人口13万。镇域由温榆河、潮白河、运潮减河三河环绕，水网密集，是北京市东部的水源保护地。在规划发展生态型都市旅游观光农业的同时，镇域内还规划多处集中绿地，为创意企业和人才居住提供生态宜居的环境。自20世纪90年代中期，宋庄镇逐渐形成中国乃至世界规模最大的当代艺术大本营。在宋庄生活的艺术家超过5000人。有艺术展馆30多家、画廊200多家、艺术家工作室4500多个，集中展览、经营面积达10多万平方米，艺术工作区从原来的零散发展到现在近20个，餐饮、休憩、时尚空间150个，年均举办各类文化艺术活动过千场次，慕名而来的海内外游客达到年均50万人次。2018年，宋庄镇全年完成税收16亿元，完成区级财力4.7亿元。

【镇域规划】 严格落实蔡奇关于艺术创意小镇调研的指示要求，明确镇域总体规划编制工作是开展一切工作的先决条件，艺术区规划建设是宋庄发展的基础。打造北京市创意高地，副中心艺术花园为目标，依托原创艺术特色，重点发展艺术创意产业、文化休闲服务，成为独具魅力的国际文化标签、对外交流窗口。按照中央及市委、市政府赋予通州区的城市定位以及北京城市副中心功能需求，结合实际，进一步明确镇域发展思路：以建设“活力文化城与田园艺术村交相辉映的艺术创意特色小城镇”为总体发展定位，着力构建“两区、两带”的总体空间布局，打造“中国宋庄”艺术产业新高地，将艺术资源聚集优势转化为艺术产业发展实力，建设国家级“艺术创意小镇”，2018年已取得阶段成果，指标体系、组团布局、人口规模已基本稳定，重大项目和重要基础设施规划条件陆续落实，经过多轮优化，阶段成果已进行技术对接，将按照全区统一安排推进下一步工作。同时，在市、区、镇三级共同推动下，中国艺术品交易中心项目实现开工建设。结合“疏整促”工作，现有工业大院厂房拆除速度进一步加快，为后续高质量发展留足空间，综合施策，按时完成1.5万余亩土地拆迁腾退任务。京秦高速建成通车，拆除潞苑北大街长达7年的滞留户，六合旧村改造剩余地块及安贞医院项目地块拆迁有序推进。抓好城镇基础信息管理系统建设，完成镇域宅基地、非宅外业调查核实、信息采集。严格划定永久基本农田，完成全镇29个村，9346.38亩永久基本农田划定。全力推进棚户区改造，寨辛庄等5村棚改项目实施方案及非宅、住宅拆迁政策通过区长常务会审核，取得项目实施主体变更批复。

【疏解整治促提升】 坚决落实中央、市、区关于以疏解促发展的指示要求，主动加压，积极探索，努力在疏解中谋求更好更大发展。2018年累计拆除违法建设354万平方米，疏解人口1.8万人，全区排名靠前。同时，结合工业大院腾退、市区重点工程拆迁等工作，推动实施艺术区原有工业厂房腾退，拆除建筑面积4万平方米，腾退土地60亩。全年疏解一般制造业10家，居全区第三。疏解提升有形商品市场4家，查处无证无照经营317家，新建生活性服务业网点7家，镇域网点连锁化率达到50%。严格落实“散乱污”企业“动态清零”，清理“散乱污”企业30家，持续开展593家“散乱污”企业“回头看”。整治群租房23处，清理占道经营19处。338宗3500余个农业设施大棚全部整治到位，一次性通过市、区两级验收。

【生态环境建设】 大气质量明显改善。围绕机制创新，建立“发现—上报—解决—反馈”的闭环管理工作机制，全年整改各类环保督查67件77个问题。围绕源头治理，拆除茶浴炉339个，实现燃煤设施“动态清零”目标，设立进京、区域交通卡点8个，102人进行卡口24小时轮岗值勤，对高排放移动污染源大货车、燃油运输车进行管控，8300多亩裸露土地全部苫盖、绿化。全年全镇$PM_{2.5}$累计浓度为59微克/立方米，同比下降13微克/立方米，改善率18%，完成年初制定的目标任务。水环境质量不断提高。碧水攻坚战取得重大成果，全面完成5条黑臭水体治理工程，新建28个农村污水处理站，同步做好污水处理站升级改造工程，全镇投入运行污水处理站41个，在建4个。城北水网、温榆河综合治理、宋庄蓄滞洪区二期等一批新建、续建工程加快推进，进一步夯实水环境治理基础。全面推行河长制工作，严格落实镇、村两级河长日常巡河制度，大力度开展“清河行动”等专项行动，对重点河道突出问题进行现场整改，水环境得到阶段性改善。园林绿化水平持续提升，采取规划建绿、拆违还绿、见缝插绿等措施，不断提升全镇绿化美化建设和管理水平。在镇、村两级的共同努力下，率先完成2018年新一轮百万亩造林工程7417.9亩土地流转、地上物腾退工作，得到区领导的一致认可。同步启动2019年新一轮百万亩造林工程7400亩土地流转、腾退工作。围绕群众身边见绿工作，结合拆违工作，完成310亩土地留白增绿，为森林城市建设奠定坚实基础。

【城市管理】 年内，严格落实年初曾赞荣书记拉练检查指示精神，持续巩固和扩大“创城”“创卫”成果，高标准通过国家卫生城区、全国文明城区复审。对标对表中心城区环境治理标准，引入第三方服务机构，实现镇域环卫作业一体化。开展全镇环境卫生综合整治专项行动，实现镇、村和第三方机构分工协作、统筹操作、绩效管理，拆除违规牌匾420块，整治垃圾脏乱点1100处。完成通顺路、壁富路等多条副中心外部通道环境改造工程，高标准完成市、区两级70条背街小巷整治工作。结合农村人居环境整治工作，统筹推进美丽乡村建设，围绕“清脏、治乱、控污、拆违”等整治重点，大力度推进第一批7个村庄整治工作，农村人居环境得到进一步提升。探索城市管理有效渠道，在前期宋庄城市综合管控网格员队伍有效运行的基础上，科学划分网格，率先完成镇、村两级综合网格指挥平台建设，47个村的448个村级视频监控系统全部接入，820个“雪亮工程”监控探头联网共享，将事件发现、受理、处置等8个环节工作全部上线。139名专职网格员平均每天处理各类问题约400条，累计处理约12万条，查处传销组织12处，打掉制售假酒窝点8处，着力推进城市精细化治理水平进一步提升。

【社会民生】 2018年，全面落实各项惠民医疗保险政策，确保民生实事落到实处。切实抓好公共卫生，积极做好创建国家级慢病综合防控示范区工作，开展村级健康大讲堂60场。开展打击非法行医“清扫”专项行动，取缔“黑诊所”6家。组织残疾人及其家属开展残疾人家庭康复系列培训讲座，受众达300余人次。完善六合村社区便民服务工作站和社区文化活动中心，建成养老驿站2家，慰问一户多残、老残一体、重度残疾人、低收入等特别困难残疾人家庭1227户。就业形势保持稳定，举办各类职业技能培训班5场150人，举办招聘会10场，提供就业岗位3662个，吸引求职者5200人，城乡劳动力实现就业2561人，劳动者满意度达到100%，城乡登记失业率控制在2.97%，乡镇排名第三。畅通农民工服务保障渠道，接待各类讨薪案件61件，涉及农民工265人451.7万元。完成创建首都公共文化服务示范区迎检工作。完成宋庄成人文化技术学校、青创中心提升改造和非京籍审核入学工作，培训教师706人次，大幅提高了师资水平。

【村史馆建设情况】 小堡村史馆，位于宋庄镇小堡村，自2012年建成开放，馆内陈列了漕运文物、农耕文物、文化大革命文物及艺术家作品，实物560件。疃里村史馆，位于宋庄镇疃里村，2017年4月底对外开放，馆内展示了农村老物件、回顾过去生活用品、疃里村发展状况以及疃里艺术团发展历程。

（裴晓欣）

张家湾镇

【概　况】 张家湾镇位于通州新城区东南，镇域面积105.4平方千米。2018年全镇实现税收16亿元，同比增长9%。实现区财力4.06亿元，同比增长9.9%。完成固定资产投资84亿元，超额完成年度任务。开发区引进、变更注册企业28家，注册资金184亿元。全镇辖57个村，在城市副中心范围内有24个村，常住人口约13万人，其中户籍人口65979人，流动人口62890人，有党员3700余名。

【镇域规划】 经过反复论证，多次研讨，镇域总体规划指标落地，镇域发展定位进一步明确，镇集建区、镇中心区及村庄布局日趋成熟。聘用国际一流的设计公司，基本完成南姚园、皇木厂等9个美丽乡村的规划编制工作。

【棚改拆迁】 通过周密部署、深入摸排、广泛动员，在9天16小时内实现“绿心”棚改住宅户100%签约，12天内实现张辛庄8栋256户成套住宅奖励期内100%签约，百姓居住环境大幅度改善。30天内完成总书记习近平植树点位周边300亩的腾退任务，为总书记两次到“绿心”植树提供了坚强的保障。基本完成“绿心”棚改项目、六小村棚改项目安置房地块非宅搬迁工作，拆除建筑面积约130万平方米。

【减量发展】 坚定有序推进疏解整治促提升专项行动，全镇支持疏解、参与疏解的氛围更加浓厚。拆除违建436万平方米，拆除量居全区首位，基本实现京哈以北违建清零。严守土地红线，高标准整治145宗5000余栋农业大棚及附属设施，拆除量全区第一。完成土地复垦2284亩，完成量居全区前列。取缔无证无照经营单位355家，完成量全区第一。清理占道经营44件，超额完成年度任务。调整退出一般性制造业企业21家，清退无证无照物流企业157家。初步完成48个村的人居环境整治，柳营等重点村整治达到验收标准，村内面貌焕然一新。深入推进张采路沿线、阅兵村沿线环境提升，完成21条背街小巷整治，环境秩序明显改善。

【社会管理】 扎实推进“街乡吹哨，部门报到”，成立实体化综合执法平台，围绕河道治理、市容环卫等突出问题吹哨14次，取得明显成效。牢固树立“创城永远在路上”的理念，持续巩固和扩大“创城”成果，完成“创城”复审任务。引入市场服务机制，完善考核标准，环境整治效果明显改善。全面推进安全生产工作，全年未发生重特大安全事故。化解矛盾纠纷，大高力拆迁历史遗留问题取得新突破。全面做好社会面防控，完成重大政治活动及其他时期的专项安保工作。

【基础设施建设】 年内，完成九德路二期、八通线南延地上物拆迁工作，加快推进漷台路、漷马路、漷于路等建设工程。投资2700余万元，完成18条道路17.3千米的道路大修工程。大力推进厕所革命，建改公厕33座，新增移动厕所17组。推行垃圾分类，投放垃圾桶5678个、垃圾收集车226辆，基本实现垃圾分类全覆盖。

【大气质量改善位居全区前列】 建立问题“日报告、周统计、月重点”的环保问题处置流程，累计通报环保重点问题60期150件，整改率达到95%。以坚决遏制施工工地扬尘为重点，强化文明施工，督促整治扬尘污染397起，立案处罚62起，罚款165万元。2018年，张家湾镇$PM_{2.5}$浓度降低至60微克/立方米，改善率居全区第三。

【水环境明显好转】 年内，完成60千米的黑臭水体截污管线建设，任务量占全区50%。完成张家湾再生水厂配套管网工程、漷牛片区农村生活污水治理工程等地上物拆迁工作，新建5个临时污水场站，新增日污水处理能力7900吨。

【营造公园绿地】 全面落实新一轮百万亩造林工程，新增绿地万余亩。其中，镇域北部的城市“绿心”公园全面开工，年内初具规模。张家湾公园占地5700余亩，已进场施工，“二水一园五区十景”（二水：大运河、凉水河；一园：张家湾公园；五区：高压走廊、南还第一城、茂林莺歌、泗水古村、健康绿道；十景：万舟骈集、高台远望、泗水古村、丛林湿地、潞水渔村、凉水蛙声、帆樯连水、南环第一城、茂林莺歌、佑民庙会）的绿色生态空间逐步呈现；凉水河湿地公园占地1358亩，将着力打造休闲娱乐、健康绿道、文化体验于一体的生态公园系统；突出“一村一特色”，启动张凤路沿线公园、各村“口袋公园”规划设计，全面提升各村生态环境水平。

【全面启动48个村美丽乡村建设】 先期启动清脏、治乱，大力提升环境质量；创新“两上两下一公示”（两上两下一公示：上图，张家湾镇专门招标专业测绘公司，通过背靠背的方式根据各村地形图，按照区有关部门制定的拆除标准提前进行图上作业，对村民宅基地进行严密计算，确定出初步拆除范围。下村，由镇机关各包片领导带队，组织包村干部、相关村“两委”班子、测绘公司组成联合工作组，逐个村、逐条街巷进行现场踏勘，明确各街巷内的拆除点位。上会，各村根据镇政府下发的村级拆除台账，及时召开党员会、村民代表会，对台账进行讨论完善，听取和吸收党员、代表的意见建议，形成各村的拆违台账。下户，由村级“两委”班子成员和机关包片领导、包村干部带头入户，向村民宣传私搭乱建的拆除标准和美丽乡村建设规划蓝图，动员广大村民自觉支持和理解拆除工作，并积极主动拆除自家的私搭乱建、侵街占道违建。一公示，各村把违建拆除台账在公开栏内向全村村民进行公示，广泛听取群众意见，并根据意见及时修改、再次公示，确保拆除工作公平、公正、公开）工作法，第一批创建村累计拆除私搭乱建1.7万平方米，得到群众积极拥护、广泛认可，首批创建村全部获评优秀，多次被北京电视台等媒体进行深入宣传报道，天津市武清区泗村店镇专程到张家湾镇学习先进经验。

【文化教育事业】 张家湾中心幼儿园里二泗分园开园，南大化村办幼儿园由无级无类园升为三级三类园。张家湾中学与工美附中联合推出“1+3”项目，张家湾幼儿园、张家湾镇中心小学同时被评为区素质教育评估先进校。注重运河文化、红学文化、民俗文化的保护与传承，举办冯其庸学术思想研讨会及首届民俗文化节，创建公共文化示范区，开展“文化溯古镇、百姓秀风采”系列活动，百姓文化生活日益丰富。

【社会保障】 新增劳动力就业1034人，登记失业率控制在3.8%。推进社区养老，基本完成2家幸福驿站建设。加强对独生子女特困大病家庭的关爱，提高失独家庭扶助标准。加大救助力度，发放救助资金75万元。高标准创建国家慢性病综合防控示范区，完成“创卫”工作复审。

（曹靖华）

漷县镇

【概　况】　漷县镇位于北京市通州区东南部京、津、冀交界处，举世文明的京杭大运河畔，是北京连接天津、河北香河的必经之路。镇域面积113.7平方千米，现辖61个行政村、3个居委会，总人口8.1万人，其中户籍人口5.7万人、流动人口2.4万人。全年完成税收8亿元，同比增长36.9%。其中，国税完成6.1亿元，同比增长35.7%；地税完成1.9亿元，同比增长41%。实现区财力2亿元，同比增长29.3%。债券资金保持收支平衡，截至年底，收入38099.04万，实际支出32215.6万元。全镇农户所得总额112324.17万元，农民人均所得23518元，同比增长9%。

【重点项目工程】　年内，漷小路一期漷县镇范围内拆迁工作全部完成，并实现通车。觅西路腾退方案已经审批备案并完成地上物清登工作。孔兴路道路工程拆迁工作完成42户签约和树木砍伐工作，涉及平原造林移植、弱电拆改方案及预算正在进行财政评审。漷县中心区供热热网工程取得施工登记意见函，漷城西二路南段主管线施工完成。觅子店组团路网项目鑫隅四街管线工程完成500米，新建桥梁完成80%。中西医结合医院及养老院周边市政配套工程管线工程工作正在推进中。雨、污水管线完成400米。

【环保工作】　2018年，$PM_{2.5}$平均浓度为57微克/立方米，改善率为21.3%，完成年度任务目标。主要污染物减排工作，完成对氮氧化物排放超标的45家、61台、95.8蒸吨燃气锅炉低氮拆改档案整理工作，拆除燃煤茶浴炉59台。开展“煤改电”村续建工程，保障村民冬季供暖。施工现场专人专岗，采取定期巡查不定期抽查的方式，对工地内的裸露土堆苫盖、洒水降尘等降尘措施的实施进行监督。散煤治理达到动态清零。2018年新一轮百万亩造林工程完成2017年续建任务1124.2亩，完成2018年造林任务216.83亩。完成平原生态林资源管理保护工作，成立创建国家森林城市工作领导小组，开展义务植树近千人次，义务植树尽责率达70%，美丽乡村规划中村庄绿化率不低于30%。与各村村委会、施工单位、养护单位、规模化苗圃企业签订森林防火责任书95份。对林业病虫害进行普防工作，全年无重大病虫害疫情发生。

【疏解整治促提升工作】　年内，镇党委、政府成立“疏整促”专项行动小组，全年完成拆除违法建设103万平方米。违法用地专项整治列入腾退项目。完成耕地保护目标管理暨永久基本农田保护责任书的签订工作。整治占道经营，完成疏解企业24家，完成率300%。管理无证无照，完成企业规范化管理92家，完成率511%。两家农业品牌合作社分别在漷县和觅子店区域新增两处便民商业网点，现两家企业正式营业。聘请专业市场升级改造设计公司对镇两市场进行升级改造设计方案制定，截至年底，两个市场完成综合治理。确保整合搬迁类、升级改造类“散乱污”企业整改落实到位，严防淘汰关停类“散乱污”企业死灰复燃。发现并立即清理涉污类“散乱污”企业32家，保持“动态清零”。地下空间综合整治，加大辖区内普通地下室巡查力度，发现违法违规使用情况及安全隐患及时填报各项报表，同时督促整改。

6月19日，拆除违法建设　　（漷县镇提供）

【综合治理工作】 年内，市级脏乱点台账按时整改，整治率100%。安装街巷长公示牌343块，建立街巷长工作台账、工作日志并存档。7月18日，在“志愿北京”平台上发起“小巷管家”志愿服务活动。深入落实街巷长制、“新门前三包”等工作机制。建立日巡周查月评及通报制度，对镇辖区内471家商户签订“门前三包”责任书，发放“新门前三包”公示牌，建立巡查台账。推进生活垃圾分类工作，确定2018年垃圾分类试点村及小区，开展垃圾分类宣传工作，发放垃圾分类桶，179家餐饮单位全部实现餐厨垃圾规范收运。实施18条乡村公路小修、补坑工作，小修面积2万余平方米。深入落实河长制，镇级河长巡河次数不少于11次，巡河率达到100%。巡查队伍每月按时按要求巡河，每月组织管护队伍定期开展河道管护。觅子店再生水厂于2018年10月底通水试运行，农村污水处理站完成4处。全力推进安全生产标准化建设，与61个村、3个社区和所有企业签订安全生产、消防安全责任书。安全生产信息化建设步伐加快，加强企业台账管理，全年更新企业台账566家。安全生产责任保险制度全面推行，发动和鼓励生产经营单位投保安责险，完成95家（任务目标74家）。开展“三合一”场所核查，继续推进安全隐患大排查大清理大整治专项行动，针对217处挂账隐患，根据8项核查内容，逐一开展“回头看”核查，核查完成率100%，责令停产停业1家。为60岁以上户籍老人安装独立感烟报警装置3707套（任务为3471套）。规范全镇应急管理工作，完成综合应急演练3次，组织应急宣传教育活动6次。成立镇级专业应急救援队伍，拥有村级应急救援队伍25支、企业应急救援队伍39支、应急避难场所24处，建立了应急救援物资储备库。

8月22日，无证无照综合整治　（漷县镇提供）

【社会各项事业建设】 年内，政务服务中心投入使用，信访、民政等8个部门入驻。全部64个村（居）委会办公地挂牌办公，3家村级养老驿站投入使用。深入开展公共文化服务体系示范区建设工作，对村级文化活动室、图书室的开放时间、硬件标准进行详细培训，同时完成对各村文化设施检查。构建以镇、社村、网格为单位的三级管理网络体系，截至年底，社区网格员上报网格事件101011件，区级网格监督员上报网格事件1834件，发现及时率为98.2%，按时结案率为98.9%，一次完成率为99.9%。疏解交通拥堵行动成效显著，建立了由交通协管员及停车管理人员组成的24人的镇级静态秩序看护队伍。实现路侧停车网格化巡查管理，排查道路交通安全隐患6处。加强农村地区“两站两员”（“两站”：乡镇成立道路交通安全工作联席会议并设立交通管理站；重要路段、关口设立交通安全劝导站。“两员”：建立乡镇专职交通安全员；行政村聘用交通安全协管员）建设工作，61个行政村建立村级交通协管队伍，交通协管人员122人，并在村主要路口设置交通劝导站61处。切实做好就业人员保障和镇域失业人员再就业工作，城乡劳动力就业1200人，城镇登记失业率控制在2.39%。

8月30日，社区养老驿站开业　（漷县镇提供）

【村史馆建设情况】 漷县镇有两个村史馆。漷县村村史馆位于漷县村委会后院，占地面积200平方米，于2013年年底建立。村史馆主展区展示四部分内容：第一部分“国民经济恢复和社会主义改造时期”；第二部分“人民公社化和四清运动时期”；第三部分“动荡的文革时期”；第四部分“改革开放以来的巨大变化”。展柜内陈列着1951年通县市第四区颁发给农民的《土地房产所有证》和曾经使用过的票证、购物券；农民们使用过的生产工具镰刀、锄头、镐头、铡刀等和生活用品煤油灯、掸瓶、麻笋、笸箩等实物。

榆林庄村运河文化展览馆于2016年7月建成，占地面积500平方米。榆林庄村位于北运河大堤内，榆林庄人以“古运传承、榆林有责”的决心和信念，在村党支部、村委会的领导下开始筹建榆林庄运河文化展览馆。选址紧邻京津公路旁，聘请专业的设计施工单位承建，发动群众献计献策，广泛征集相关的历史资料和物品。展览馆展出的文物有当代画家绘制的《乾隆御赐榆林》的画卷、四爷台运河钞关的场景；有清代的《万国通商图》《钦定户部漕运全书》《水流经注》《潞城考古录》；有《永定河志》1～15卷、光绪二十九年（1903）的《地理志略》、《清朝进士提名录》、《钦命四书题词》；有《宣统二年手谕》等珍贵的文献资料；有在解放战争时期英勇就义运河岸边的杨国章烈士生平及连环画。展览馆内还陈列着运河上的渔船、铁锚等实物展品，开辟了根雕艺术展室、榆林庄村党支部大运河生态文明党建创新基地展室。开馆以来，接待过区镇级领导、各界社会团体、媒体记者及中小学生2000余人次。

榆林庄村史馆　　（漷县镇提供）

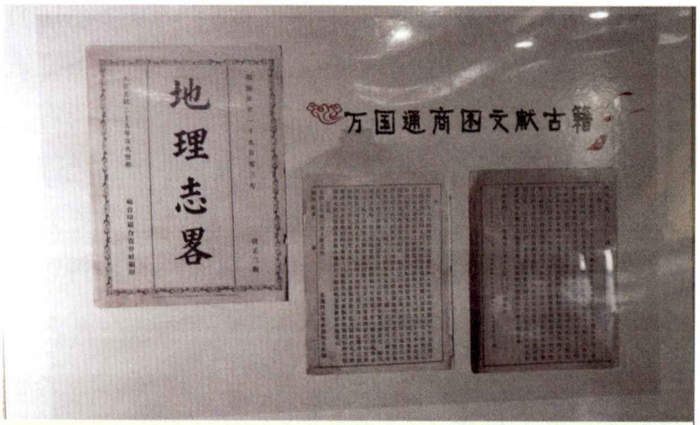

榆林庄村史馆藏品　　（漷县镇提供）

（李福和　肖姗姗）

马驹桥镇

【概　况】　马驹桥镇历史悠久，曾是北京最大的湿地，是辽、金、元、明、清五朝皇家猎场和明、清两朝皇家园囿。地理位置独特，地处北京东南郊、通州区西南部，背依京城、朝阳区，西望大兴，镇中心区距通州新城20千米左右，距首都机场40千米，京沪高速公路与北京六环路在镇中心交汇。镇域面积82平方千米，现辖45个行政村，7个社区居委会，实有人口15万人，其中，本镇人口5万余人，流动人口10万余人。现有基层党组织82个，其中，1个党委，81个党支部，党员2684名。在区委、区政府的正确领导下，马驹桥镇立足“一核两翼”和“京津冀”协同发展大局，围绕北京城市副中心建设，抢抓机遇，乘势而上，鼓足干劲，奋力拼搏，实现了经济社会的平稳较快发展，完成了2018年度的各项目标任务。全年完成税收26.39亿元，形成区财力7.25亿元，完成固定资产投资23.98亿元，其中建安投资16.25亿元。

【经济发展】 2018年，马驹桥镇贯彻落实优化营商环境“9+N”政策措施，全面整合服务功能，优化办事模式，立足副中心建设大局，以疏解非首都功能为导向，为企业打造良好的生存和发展环境。全年拆除违建421万平方米，疏解一般制造业9家，腾退后的土地将用于留白增绿，为企业打造全方位生态空间。同时，大力发展“高精尖”产业，集中力量做好“白菜心”，全面增强企业技术创新能力。两大园区基础设施水平不断跃升，产业发展基础进一步夯实。环保园区新引入研发商贸类企业90家，项目总投资3亿元，预计全部达产后形成年税收9300余万元。盘活园中园项目闲置资源，引入医疗器械、能源环保研发办公类企业12家，预计全部达产后形成年税收1300余万元。土地开发扎实推进，一期地块方面，加快推进4宗地块上市。二期地块方面，项目3325亩用地动态维护已经完成，并取得调整后的土地利用规划。物流园区完善项目准入机制，从重数量向重效益转变。引进14家园中园项目，涉及新能源、精密仪器、电子商务、文化传媒等领域。通过多方协调，促成京东项目落地。

10月8日，区委书记曾赞荣调研大棚房整治情况
（马驹桥镇提供）

【社会建设】 年内，基础设施水平不断跃升，投资近2600万元对四支路北段道路、后银子村北路、神驹村北路等十条道路进行改造提升。完成道路照明工程建设，道路交通条件得到有效改善。西马各庄幼儿园竣工验收。北京经济技术开发区12平方千米项目（马驹桥镇区域）征地及地上物搬迁完成前期摸排工作。镇域规划编制深入开展，初步完成镇域总体规划方案，同时结合亦庄分区规划继续深化设计。基本完成第一批13个村的美丽乡村规划编制工作。城镇精细化管理有序推进，以“疏整促”专项行动为抓手，开展“黑开”场所治理、“开墙打洞”等多项治理行动，打造文明有序、清新明亮的市容环境。推广中心镇垃圾分类减量制度，在7个小区及4个村开展垃圾分类工作。全面推行街巷长制，在全镇主要街道及33个村安装街巷长公示牌，明确街巷长度、保洁范围及责任人，调动社会力量参与，提升大街小巷环境秩序品质。社会治理创新成效显著，坚持“百姓的痛点就是改革的着力点”的原则，在全区率先配备一批自助服务设备，打造24小时便民服务区，提升群众办事效率，形成政务服务“不打烊”的新格局。扎实推进4G无线专网系统工程建设，对接区“雪亮工程”，安装1000余个摄像头，通过全方位视频覆盖实现问题预警，提升人民群众的安全感，同时强化对视频监控的规范管理维护，确保视频系统顺畅、高效地服务实战。

10月26，六郎庄垃圾分类建设现场图
（马驹桥镇提供）

【生态建设】 年内，围绕大气污染防治年度工作任务，先后制定《马驹桥镇蓝天保卫战2018年行动

计划》等一系列工作方案，确保各项措施得到有效落实。加大巡查检查力度，实现“散乱污”企业动态摸排、动态清零。持续改善水环境质量，全面落实“河长制”工作要求，推广“北京河长”APP，13名镇级河长巡河共计217人次，巡河里程近800千米；56名村级河长巡河共计1950人次，巡河5300余公里。按照《关于开展马驹桥镇“清河行动”的实施方案》，对辖区内的河道沟渠进行管护，2018年，清理垃圾渣土3.2万余立方米，河道、沟渠环境改善效果显著。完成黑臭水体治理、农村污水治理工程。对六马沟和八支沟进行清淤和管线铺设，完成总长度约1万余米的清淤任务，铺设污水管线9000余米。持续提升园林绿化水平，完成东南郊湿地（一期）造林工程养护移交工作，完成马驹桥湿地二期建设工程和环区界二期生态过渡带建设工程地上物腾退、土地流转工作。结合美丽乡村建设要求，绿化建设6个村庄的道路。做好平原生态管护工作，绿化隔离地区和“五河十路”绿色通道生态林养护面积1800余亩，平原造林工程林木资源养护面积2.4万余亩。开展义务植树活动，全镇居民义务植树尽责率达75%。

【惠民举措】 年内，严格落实粮食、蔬菜、养殖等各项惠民政策，发放补贴款约90万元。完成“煤改电”扫尾及户内线路改造尾款申请、发放工作。投资90万元，为全镇居民投保燃气及家庭综合险，有效保障广大居民的生命和财产安全。发放大中型水库移民后期扶持资金22.5万元。投资约3000万元，完成东田阳、姚辛庄、后银子村移民排水建设工程施工，有效改善人居环境及雨污分流问题。文教卫事业欣欣向荣，围绕中共十九大、改革开放40周年等主题，创作、编排、推出一系列群众喜闻乐见的文化精品。开启全民阅读新时代，提升全民文化素养。创新村办园管理模式，促进保教工作专业化，大型音乐童话剧《幸福鸟》专题幼儿演出登上通州区电视台。全面提高通州二院、大杜社卫生院的软硬件设施水平，不断增强医疗卫生服务质量，提升群众就医满意率。精神文明建设深入人心，推动移风易俗，树立新时代文明风尚。相继开展“老话新春”“喜闹元宵”“浓情端午”“乐聚重阳”等系列活动，弘扬传承中华优秀传统文化。扎实开展“通州榜样”推荐评选活动，充分利用新媒体进行广泛宣传，营造学习宣传道德榜样的浓厚氛围。持续开展“创城”常态化工作，将“创城”常态化和“疏整促”、精神文明创建活动结合起来，通过实地拉练、更新刊播社会主义核心价值观公益广告等多项举措，形成全镇上下齐动员、齐上阵、齐参与的守城氛围。

4月3日，诗画清明活动开展　　（马驹桥镇提供）

【村史馆建设情况】 马驹桥镇有两处乡情村史陈列室，分别位于小周易村和小杜社村。小周易村乡情村史陈列室展室占地面积为200平方米，其中村级投入资金25万元，乡镇补贴5万元。陈列室内容分为前言、村庄简介、媒体宣传、经济和社会发展、荣誉展示、精神文明建设和发展蓝图等，直观地展现了小周易村在政治、经济和文化等方面的发展历程，记录了小周易村民精诚团结、积极向上、淳朴善良的乡情民风，呈现出富裕、美丽、和谐的今日小周易。陈列室长期免费对外开放，生动地展现出小周易村的发展历程，2016年被评为通州区青少年校外教育基地。小杜社村乡情村史陈列室展室占地面积为180平方米，其中村级投入资金20万元，乡镇补贴5万元。陈列室于2013年12月正式建成，2014年1月投入使用。陈列室展示了小杜社的历史由来、便利的交通位置、农具使用的文明历史和整齐完善的区划图。2015年被评为地方历史教育基地。

（卫艳红）

西集镇

【概　况】　西集镇位于通州区东南部，距通州城21千米，紧邻北京城市副中心，镇域面积91.4平方千米（9140万平方米）。耕地面积37.5平方千米，永久基本农田17.5平方千米，辖57个行政村。截至2018年底，全镇户籍总数27759户，户籍人口48213人。其中，农户15857户，农业人口30398人，非农11902户，非农人口17815人。全年新出生453人。户籍人口以汉族为主，兼有满族、回族、蒙古族等民族。全年有外来人口7978人，出租房屋2009户。全年实现税收7.8亿元，实现区级财政收入1.88亿元，重点建设项目完成固定资产投资10.2亿元。

【城镇开发建设】　年内，国家、市区重点工程有序建设。配合区经信委进行网络安全园前期考察、选址相关工作，国家网络安全园在西集成功挂牌。配合区级部门对接牛牧屯、桥上、杜店3个村的规划编制工作，进一步完善生态+科创小镇功能定位。对外联系路网日益完善。完成首都环线高速公路（西集段）及附属110千伏电力拆迁项目主线路由相关拆迁、拆除工作，首都环线高速实现全面通车；综合配套区西觅路、北环路东段及规划二路道路工程完工并通过验收；完成镇域16条路的大修工作；对北运河大堤路、潮白河引河河道两岸进行景观提升，潮白河段完成部分设施及全部地下工程建设，北运河段现完成总体工程的70%。基础配套设施全速建设。西集镇综合配套区沙尹沟观景平台工程完成基础和钢梁施工；潞河医院分院（含郎府卫生院）完成主体结构；养老照料中心项目完成前期手续办理；西集镇第一幼儿园、文体活动中心设计方案取得初步成果。综合配套区棚户区改造项目取得区政府棚改项目实施主体授权批复，项目实施方案完成编制并取得北投公司的审核意见。C地块两限房项目、F地块项目完成主体工程。D地块正在报批建设方案。E地块完成8栋楼主体封顶。

【生态环境建设】　年内，全面深化立体绿化工作和景观节点建设。配合区园林局做好2018年百万亩平原造林工作，全年完成地上物腾退5198.10亩，总面积639.96亩的环区界生态过渡带建设工程（二期）完成90%，总面积4613.18亩的潮白河森林生态景观带建设工程（二期）开始绿化施工。开展村级绿化美化工作，推进花园式单位绿化与村庄绿化相结合。以各项指标均优于创建指标的优质生态环境，成为全区首家成功创建“首都森林城镇”的乡镇。全力开展大气污染防治工作，认真落实各项环境保护措施，以精细化管理为重点，深化秋冬季扬尘治理，全力做好建筑、道路、水利工程和园林绿化施工工地的扬尘管控。加快“散乱污”企业厂房和农田、大棚房的拆除，时刻保持“散乱污”企业动态清零。进一步深化和巩固“煤改气”“煤改电”的工作成果，严控冬季“三烧”（烧垃圾、烧秸秆、烧落叶）和散煤使用。设置5个公路卡口，全年累计劝返重型大货车4万余辆次，全年空气质量改善率19.4%，排名全区前列。水环境质量不断提高。全面落实河长制，设立23块临河村河长制公示牌、123块镇级沟渠河长制公示牌，镇村两级河长APP安装使用率100%，巡河数量、巡河质量稳步提升。整体升级镇域内农村治污水平，新建污水处理站16个，翻建污水处理站6个。开展清洁河道沟渠综合治理工作，对全镇河流沟渠制定切实可行的整治方案，净化镇域水质，亮化水岸环境。

【开展产业疏解】　2018年退出一般制造业4家，超额完成任务。完成31家退出企业奖励资金发放工作。坚决推进拆违整治。全年累计拆除违法建设

71.83万平方米，始终保持“两违”（违法占地、违法建设）动态清零。全年拆除大棚房752栋，大棚房整治一次性通过验收。完成西集市场和郎府市场的清理整治工作，有效提升规范化管理水平。加强腾退空间的统筹利用，新增生活性服务网点2家。

【美丽乡村建设】 年内，完成第一批16个村规划编制工作，制定农村人居环境整治及美丽乡村建设方案，同步推动陈桁和南小庄两个美丽乡村试点村建设。整治村容村貌。全年完成全镇57个村的环境卫生整治工作，清理清运生活垃圾3.7万余吨、建筑垃圾4.9万余吨、柴草树枝等2万吨，在6个村试行生活垃圾分类处理，有效实现垃圾减量排放。推进留白增绿，在房前屋后、渠边路边、零星边角地进行“见空插绿”，对7个村庄沟边、路边、河边、渠边、村边进行绿化，绿化面积125.3亩。

【社会治理】 年内，组织处置区网格监督员下派案件1306个，网格案件结案率全年保持在95%以上。全年处理“12345”便民件3831件，100%按期办结反馈。构建社会面立体化社会治安防控体系，形成全镇平安联创、矛盾纠纷联调、环境问题联治、社会治安联防、重点工作联动的良好局面。始终坚持安全第一、预防为主、综合治理的理念，各行业安全检查覆盖率100%，实现安全生产“零”事故。牢固树立“创城永远在路上”的理念，持续巩固和扩大“创城”“创卫”成果，大力倡导开展志愿服务，不断提高群众文明程度。超额完成适龄青年兵役登记工作，充分发挥民兵力量，全年上岗执勤208人次。

【民生建设】 年内，城乡居民医疗保险参保2.45万余人，报销总额超过297万元。城乡居民养老保险参保续保1.17万余人，续保率96%。全年实现城乡劳动力就业882人，组织召开13场不同形式招聘会，实现单位就业513人，登记失业率控制在2.91%以内。全年调解劳动纠纷案件24起，追缴工资170.2万元，有效遏制拖欠工资行为，保障了农民工的切身利益。发放低保、特困资金和优抚抚恤金1250万元。完成9家养老驿站建设，探索形成“敬老院+社区自助养老”的新型养老模式。投资140万元进行郎府敬老院天然气管道及锅炉改造。投资900多万元完成残疾人温馨家园的提升改造。坚持精准扶贫、精准脱贫，对410户低收入户“一户一策”制定扶贫措施，扎实推进低收入村发展和低收入农户增收工作。

【文化建设】 年内，完成北京市级文明城区复检工作。开展文明养犬试点小区（村）建设工作，成立养犬自律会。完成7个村级文化活动室改扩建项目，完成6个村级文化活动室配置文化设施设备项目，建立西集镇图书馆电子阅览室，文化信息共享工程设置率达到100%，丰富群众精神文化生活，开展“美丽西集，品味乡愁”系列文化体育活动，“西集小文人文化旅程”活动，举办30余场百姓周末大舞台活动等，形成和谐文明的文化氛围。

（刘珊杉）

潞城镇

【概　况】 潞城镇位于北京市正东，长安街东延长线上，处于京杭大运河、运潮减河、潮白河三河环绕之中，呈西北—东南斜向狭长型，西北端与现通州主城区接壤，北临宋庄镇以及河北省三河市，南接张家湾镇，东南端与西集镇相连，距首都机场20千米，距首都CBD商务区22千米，北京六环路、京哈高速公路贯穿境域。潞城镇下辖56个自然村、54个行政村、3个社区，户籍人口50164人，常住人口77471人。潞城镇全域71平方千米，其中北部约26平方千米纳入北京城市副中心范围内。2018年，潞城镇政府办公驻地迁至武兴路南侧6号。同年，潞城镇辖区进行了调整，镇西北部成立了潞源街道办事处和通运街道办事处。

【经济发展】 年内，全镇经济运行总体平稳，全年实现税收21.9亿元，工业总产值88.7亿元，销售收入188.3亿元，工业增加值30.3亿元，利润总额4.4亿元，固定资产投资2018年完成234.9亿元，总量全区第一。农村居民年人均所得24399元，增速达9.31%。全面推进对口帮扶工作，组织4次赴受援地考察对接活动，签订帮扶协议，组织8家爱心企业捐赠310万元，用于帮扶受援地建档立卡户脱贫，郝家府等8个村和紫荆雅园社区捐赠40万元，参与帮扶工作。

【行政办公区服务保障工作】 年内，围绕规划编制“龙头”，从生态规划、空间规划、产业规划、实施规划四个方面展开全面研究，镇域总体规划方案根据上位规划要求形成初步方案。开展镇政府南迁工作，4月迁入武兴路6号，为区级四套班子集中办公腾出了空间，为推进镇域南部地区快速发展、促进南北均衡发展打下了坚实基础。启动古月佳园环境提升改造项目，有1386户居民选择原房回购和产权置换，古月佳园产权置换安置房同期举行奠基仪式，标志着项目正式进入建设阶段。深入推进移风易俗，举办潞城镇首届集体婚礼，57个村、居成立“红白理事会”，移风易俗纳入村规民约，全年简办、新办红白事372件，有效引领了文明新风尚。

【社会治理】 年内，启动东六村、南六村共计12个村的非住宅腾退工作，累计拆除违法建设130万平方米，“大棚房”整治一次性通过市级验收。依法取缔违法群租房89户，疏解流动人口400余人，清理整治无证无照经营262户，“散乱污”企业实现动态清零。深入推进人居环境整治工作，提升改造副中心周边胡朗路、武兴路、潞城中路、减运路、潮白河右堤路等5条主要道路，26条市、区级挂账背街小巷达到市级整治要求，208条镇级背街小巷符合标准通过验收，提升改造67座公厕，全镇7595盏路灯得到提升管理，清理垃圾3329处、5.7万吨，治理污水溢流225处，房前屋后沟渠黑臭水体44条，拆除村内私搭乱建违法建设2268处，共计10万余平方米，12个美丽乡村创建村完成编制规划工作，农村人居环境明显改善。持续巩固和扩大“创城”“创卫”成果，助力全区以优异成绩通过北京市“创城”测评和国家卫生区复审。全面推进社会治理改革，将全镇划分为117个网格，新建由区、镇统筹管理的网格化综合信息平台，实现全镇网格综合信息管理一体化，40个村级综治中心建成并投入使用，完成禁放、“两节”、“两会”、中非合作论坛等工作。受理各类“12345”市民服务热线3746次，办结率、回复回访率均为100%。落实“街乡吹哨、部门报到”工作要求，筹备建设实体化综治执法中心，9个常驻执法单位正式入驻，解决联合执法案件17件。开展“夏季百日清整”专项行动和社会面清整百日专项行动，有效解决辖区内治安秩序、交通秩序、经营秩序、环境秩序等方面存在的突出问题，为市级机关搬迁入驻营造了安全平稳的社会环境。

【生态环境建设】 年内，对大气治理工作综合施策、全面发力、重拳出击，检查属地施工工地现场1400余处次，发现整改问题近800处次，发现并取缔经营性燃煤设施29台，完成6.7万吨标准煤能源消费总量控制绩效任务，全镇散煤使用实现动态清零，2018年$PM_{2.5}$累计浓度为58微克/立方米，同比减少18微克/立方米，大气改善率23.2%，位居全区第一。镇、村两级河长巡河2922人次，巡河里程总计1533千米，统筹开展“清河行动”“清四乱”工作，清理垃圾渣土173处，15275立方米，拆除违法建设6处，2万平方米，村污一期工程全面开工，二期工程完成污水处理厂站和污水管线选址，组建河道专项养护队伍，镇水环境质量不断提高。持续提升园林绿化水平，2018年新一轮百万亩造林绿化工程腾退流转土地4242.2亩，三元村公园项目主体完工，整理绿化用地4万余平方米，林地内补植补种5571株、清除枯树死树2571株、清理垃圾196吨、草荒756吨，全民义务植树尽责率超70%，森林防火和林业有害生物防控工作高标准完成，全镇百姓切实享受到了副中心建设带来的绿色福利。

【民生工作】 年内，教育事业稳步发展，建设两所村办幼儿园，其中太子府幼儿园主体完工，胡各庄小学更名为皇城根小学分校，改扩建工程已启动，后北营幼儿园开工建设，举办潞城镇首届教师节庆祝大会。规范镇村办园、民办教育机构及无证幼儿园的办学行为，关停11家管理混乱、规模小、隐患大的幼儿园。卫生体育事业提质发展，全力创建全国慢病示范区，开展各类以预防慢病为主题的活动139场次，组织慢病筛查4307人，完成38个村（居）健身路径的统计，高标准举办潞城镇第一届全民运动会，4000名选手共同参与，千人安塞腰鼓队首次亮相。大力推进就业工作，登记失业率持续控制在3.43%，登记失业人员就业率58.43%，做好低收入人群兜底保障工作，开展推荐农民就业项目，完成城乡劳动力技能培训844人，实现就业1085人，全镇无一例“零就业”家庭，无一例“纯农就业”家庭。完成东杨庄、魏庄、霍屯、前北营等1022名村“民转非”安置工作，把棚改村民纳入城镇社会保障体系。崔楼、大东两家新建养老服务驿站挂牌投入运营，建成的9家养老服务驿站与潞城养老照料中心建立合作机制，实现养老服务的功能分级和有效衔接。全镇33个平房村全部采用煤改清洁能源方式，实现冬季取暖无煤化工作目标，彻底改变农村地区冬季取暖脏乱差问题。

【精神文明建设】 创新开展“文明银行”市民文明素养提升工程，在全镇37个村（居）全面推广，开卡1.4万余张，累计积分3.4万余分，开展主题活动24场，对接爱心商家近40家，服务3000余人次，通过以积分换服务、以服务换文明的模式，促进全镇重点工作相互结合，精神文明与社会治理实现有机融合。成功举办第三届“聚美潞城”文化艺术节开幕式和“唱响副中心”合唱大赛、“舞动新潞”舞蹈大赛、“艺韵潞城”才艺大赛三个系列比赛，为广大群众献上了内容丰富的文艺大餐。挖掘潞城历史，开展《潞城镇志》编修工作，查考档案2000余卷，搜集史料十余万字，近100篇，开展编修工作研讨会议5次，采访座谈5次，查案号1200余卷。

【东堡村乡情村史陈列室】 东堡村乡情村史陈列室建于2016年，建址在东堡村文化广场北房古建二层，室内部分为东西两个展室，收集各种生产生活民俗物品300多件。陈列室有村内全景沙盘，还有临河村民捕鱼种田、做饭制衣等日常生活的老工具老物件，真实记录农村的发展轨迹和历史变迁。

东堡陈列室被评为通州区青少年校外教育基地，每年组织青少年来参观，举办青少年学习教育活动，让青少年对村民生活、国家历史都有更好的了解。陈列室建成以来累计接待1300余人次，接待人群以青少年、潞城文友、各级领导和附近村民为主。

【前疃村乡村史陈列室】 前疃村乡村史陈列室及配套设施，选址于前疃村村委会内，总占地面积103.2平方米，陈列室建设与前疃村村委会的建筑风格基本保持一致。

馆内包含图文影像资料和实物展陈。图文影像资料包括文字介绍、图片以及宣传片展览。文字介绍阐述本村概况、发展特色、经济状况、农民生活、典型事例、获得荣誉等内容；图片展览包括村容村貌、历史沿革、道德模范、工农业生产、文化生活、生态环境、教育卫生等栏目，照片突出新旧对比，充分展示农村面貌大改变、生产大发展、生活大提升的显著成就；影像资料为前疃村宣传片，记录本村经济人文等生活材料。实物展陈包括不同年代、不同时期的劳动工具、生产资料、生活用品、家居陈设、工农产品等实物或模型，并配以简单的文字说明或情景介绍，真实记录农村的发展轨迹和历史变迁；村集体及优秀村民获得的各级各类荣誉证书、奖牌、奖杯、奖状等。

（张鑫森）

台湖镇

【概　况】　台湖镇位于北京市东南部，通州区西南部，五环路和六环路之间，镇域西侧与朝阳区、大兴区接壤。京哈高速、京津高速、京沪高速和六环路在镇内交汇贯通。镇域面积81.5平方千米，全镇辖41个行政村，两个居委会。全镇有党支部121个，党员3137人。

2018年，在区委、区政府的正确领导下，全镇上下把握城市副中心和演艺小镇建设的重大历史机遇，深入学习宣传贯彻中共十九大精神，务实进取、奋力拼搏，实现了经济社会的平稳发展。完成税收25.5亿元，同比增长1.7%；实现区级财力6.7亿元，同比下降1.7%；人均可支配收入达到30323元，同比增长9%。

【演艺小镇建设】　年内，结合市专班会议确定的重点任务，严格按照职责分工进行调度部署，研究制定《台湖演艺小镇2018年重点任务分工方案》，推进镇域规划编制，组建城市设计国际团队工作营，形成初步方案阶段成果，完成中期研讨，提供了终期方案成果。完成《台湖镇集体产业用地试点实施方案》编制和报送工作。全力推进演艺小镇和“设计之都”新平台建设。先后举办的“纽伦堡的民歌手”音乐会、国家大剧院2018台湖音乐周、京剧《大宅门》等公益惠民演出，“十一”黄金周在台湖公园举办的国际影偶艺术周以及“2018北京·通州运河文化艺术节”开幕式等活动都有力彰显了演艺小镇的文化氛围。初步形成“设计之都”，新平台建设方案，对产业进行了规划，重点发展建筑和环境设计、工业设计、时尚设计等产业。2018年在台湖镇先后举办了“设计之都”新平台发展高端论坛、通武廊创意创新设计大赛等活动，进一步推进了“设计之都”新平台的构建。

【生态环境建设】　年内，统筹发挥“街乡吹哨，部门报到”、街巷长制、河长制作用，重点做好村社区周边环境整治。推进农村人居环境整治工作。台湖镇以农村人居环境卫生要全面达标为目标，制定了《台湖镇环境卫生整治工作方案》，对2018年度4个美丽乡村（前营、朱家垡、徐庄、北姚园），以及外郎营、周坡庄、玉甫上营、西下营、唐大庄、东下营、碱厂等平房村的环境卫生进行重点清理，包括清理村内废弃家具、房前屋后乱堆物料、村内临时垃圾堆放以及卫生死角环境卫生问题。此外，对徐庄村北私搭旱厕进行拆除，对朱家垡、前营、外郎营、徐庄等平房村的公共厕所内环境卫生进行清理整治。实施新农村“亮起来”工程，为平房村加装3000盏路灯，改善村内路网交通，村级道路达到48万平方米。外郎营村成为北京最美乡村。

抓好疏解整治促提升工作。2018年对北京华腾大搪设备有限公司进行疏解，“散乱污”企业治理坚决清零。完成2处区域市场疏解提升年度任务，整治5处“开墙打洞”，整治占道经营点位17个，整治177家无证无照经营场所。拆除违法建设用地面积为143万平方米，销账88万平方米，疏解人口10523人。清理背街小巷堆放物料4820处。

开展设施农业清理及大棚房整治工作。根据市农委《关于全市设施农业开展集中清理整治工作的通知》要求，自6月起台湖镇由主要领导亲自带队对辖区内17宗设施农业进行拉练检查，检查大棚383栋；10月底通过了由市规土委、区农委组成的验收小组的验收。

2018年度，台湖镇$PM_{2.5}$年度日均值为53微克/立方米，同比改善率为16.9%，日均值排名为全区第一名。完成台湖镇年初自定的56微克/立方米工作目标（区里下达的任务目标为64微克/立方米）。年初制定《关于2018年裸露地表扬尘污染控制工作方案》，成立扬尘治理专项领导小组。全年，城管、环保、规划、林业、重大等部门检查工程项目245项，参与“六方环境联合验收交底”27次，检查工地2235次，发现问题（拆除中未湿化作业、裸露地表苫盖不严）900项，立即整改874项，移交城管处罚或相关行业主管部门处理9项。

加大污水治理投入。2018年，台湖镇辖区内有污水处理站29座。包含15个村级污水处理站、次渠污水处理厂、台湖污水处理厂、台湖第二再生水厂、高端总部基地污水处理站、自筹建设的德邑新时空污水处理站等，基本满足了镇域污水处理需求。

打造台湖万亩游憩公园。全年完成平原造林任务9551亩。包括台湖万亩游憩园建设工程（二期）4971亩、台湖万亩游憩园建设工程（三期）2671亩、留白增绿项目1157亩、二道绿隔绿化建设工程730亩、重要通道生态游憩带建设工程（一期）22亩。

【为民办实事】 年内，根据村民的实际需求，结合平房村实际，以创新便民服务工作思路，提升便民服务能力，协调工商部门探索便民服务工作方法，在平房村设立便民服务点位。以村委会为主体，确定一名法人，办理便民服务总照，根据各村的实际需求再办理便民服务分公司，以满足村级便民服务需求。截至2018年年底，丁庄、蒋辛庄、江场和北火垡等17个村设立了便民服务总公司，办理87个便民营业执照。

华馨园小区天然气改造后投入使用，次渠北里社区临时停车场完成摇号租赁工作并正式启用，印象台湖、润枫领尚2个公租房小区配套公建移交完成。

【社会保障】 年内，举办招聘会12场，提供就业岗位约980个，实现就业人数1608人。梳理政务服务事项163项，精简整合100项，取消8项。简化办事流程，精简行政审批程序。推进“互联网+政务服务”，将咨询、报名、办事流程、申请材料等事项公布于台湖社保所微信公众号，真正达到百姓少跑路，不跑路的目标。城乡医疗保险报销222人次，申报金额172万元。退休人员报销82人次，申报金额35.8万元。超转人员报销30人次，申报金额14.2万元。灵活就业人员报销79人次，申报金额38万元。社会救助人员163人，发放救助款42万元。为镇内低保户家庭发放“爱心券”7.39万元。重阳节为70岁以上老人发放慰问金601万元。

关爱老年人，建立次渠南里、次渠北里、印象台湖、润枫领尚4个老年驿站。广泛慰问低保户、大病困难户等人群，全年发放残疾人补助等550余万元。

【网格化管理】 2018年，接到“12345”市民服务热线4672个，比2017年下降19%。主要问题集中在小区用水、停车位、房屋质量、物业管理等方面。按照“压量增率、接诉即办”的最新要求，台湖镇落实7×24小时值守制度，组建台湖便民服务应急处置队伍，让群众家门口的操心事、烦心事、揪心事有人办、马上办、能办好。

（崔淑艳）

永乐店镇

【概　况】 永乐店镇位于通州区东南部，处京、津、冀三省市的交界处，距通州城区23千米，京津塘高速公路穿境而过，京、津第二条高速公路和京、津城际铁路途经镇域腹地，并在镇域内分别设有出入口和预留站口。镇域面积10468万平方米（104.68平方千米），下辖38个行政村，全镇常住户数17051户，常住人口46679人，其中户籍人口数45077人，农业人口数29500人，是国家重点小城镇。2018年，全镇实现税收9.05亿元，同比增长22.7%；实现区财力2.37亿元，同比增长40.3%；全镇工业总产值完成17.1亿元，同比下降21.56%。全社会固定资产投资达到9.3亿元，农村居民人均劳动所得实现2.3万元。全镇经济实现稳中向好的态势。

【产业结构】 年内，加快落后产能淘汰步伐，完成17家一般制造业企业退出验收和6家“散乱污”企业清理整治工作。推进产业转型升级，依托永乐开发区，发展高端制造业和现代服务业，打造经济发展的强劲引擎。引进工业项目15家，引进投资1.8亿元。发展都市型现代农业，食用菌、特色蔬菜、水产养殖三大特色主导产业得到进一步巩固提升。

【产业项目】 年内，永乐花园商品房项目进展顺利，永乐花园经适房项目开工建设，联东U谷永乐产业园三期二组团项目全部主体封顶并进行结构装修，永乐佳地项目正在进行装修并办理验收等手续，珠江一期标准厂房项目一期建筑面积11万平方米基本完工，比亚迪项目选址地块控规批复、二级规划条件、一级开发成本审计及部分地块的权属审查、文物勘探等已完成。

【规划编制】 年内，高度重视、持续深入做实做细镇域规划编制工作，重点围绕功能优化、规模管控、空间优化、减量发展、“退五还一”、特色突出、设施完善、环境提升等内容，形成阶段性成果。第一批10个村庄的美丽乡村规划编制工作基本完成，同时产业规划专项研究正在推进中。

【基础设施建设】 年内，中心镇路网规划进一步升级完善，基本形成“四横三纵两贯穿一循环”的道路格局。首都环线高速公路、采林路、漷小路一期永乐店段相继完工并通车。通州可再生能源发电厂投入运营。园区集中供热中心一期建设工程一次结构完成，再生水厂一期项目主体建设完成并投入运营。镇中心区G地块一级开发取得市发改委立项批复，初步启动征地工作。

【环保整治】 年内，持续深入开展大气污染防治行动，全镇$PM_{2.5}$平均浓度为62微克/立方米，改善率达到19.3%。加大辖区裸露地面排查力度，全部采取覆盖、绿化、铺装等方式控制扬尘污染。紧密依托网格化管理机制，发挥最大效能，严格落实“三查十无”[三查十无：查扬尘（无土堆、裸地不覆盖；无施工车辆带泥上路；无渣土遗撒和道路扬尘）、查街面（无餐饮油烟直排、露天烧烤；无露天焚烧；无露天喷漆、工业粉尘直排）、查散煤（无散煤复燃；无违法燃煤；无违法售煤；无冒黑烟问题）]工作。累计出动网格员10300人次，对全镇38个村及周边企业环境问题开展全方位、不间断巡查检查5900次，整改各类问题611个。全年出动240人次开展汽修专项检查，检查80家次；出动7161人次开展餐饮专项检查，检查2387家次。加强散煤综合治理，达到“动态清零”标准。

【农村环境】 年内，推进美丽乡村建设，全面开展农村人居环境综合整治，以“清脏、治乱、增绿、控污”为重要抓手，清理各类积存垃圾5651处、10.2万吨，清理村内主要道路乱贴乱画161处。清理村内无照违规经营店铺135个，清理村内主要道路、街巷及村庄周边沟渠等污水直排溢流28处，治理房前屋后沟渠黑臭水体6条。开展5个行政村的垃圾减量分类试点工作，涉及居民2456户，发放环卫设施2600余套。开展多部门联合执法检查16次，镇域94家餐饮单位全部完成规范管理，规范收集餐厨垃圾。深入落实街巷长工作机制，招募76名小巷管家，清理整治背街小巷313条，整治市级脏乱点位31处，不断提升镇村两级环境卫生及社会秩序。

7月26日，永乐店食药所执法人员对十里春风项目部的4家食堂进行突击检查　　（永乐店镇提供）

【生态修复】 年内，认真落实“河长制”，加大沟渠巡查力度，对镇域主支沟范围内的垃圾渣土、违建进行集中清理。全年清理垃圾1021处，15362立方米。全面推进水环境治理工程建设，黑臭水体治理工程和农村生活污水治理管线工程及场站建设主体全部完成。高质量完成522.96亩新一轮百万亩造林工程及887亩留白增绿建设工作。全面启动首环高速绿化、2019年景观生态林建设工程前期各项工作。平原造林工程和“五河十路”绿化带全部进入建设期后的养护阶段。

【疏解整治促提升】 年内，拆除违法建设42.28万平方米，完成违法用地专项整治90宗。疏解一般制造业17家，疏解提升市场4家，新建和规范商业网点2家，清理无证无照经营户134家，治理开墙打洞点位2处，排查清理“散乱污”企业6家，完成10个占道经营重点点位销账，能源消费总量控制在2.9万吨标准煤。全力攻坚大棚类农业设施项目144宗，大棚总数4120栋，其中，问题大棚1278栋（拆除大棚房381栋，整改违规大棚897栋），整改率达到100%。人口、资源和环境的矛盾得到有效缓解。

6月20日，永乐店镇进行工业大院及“散乱污”企业腾退工作（永乐店镇提供）

【基层社会治理体系】 年内，持续加强网格化治理体系建设，自推行“街乡吹哨，部门报到”工作以来，发现24起问题，已全部办结。高度重视“12345”市民热线反映，响应率、办结率均达到100%。启动村委会换届选举工作，按时完成每年两次民主日活动，民主建设进一步加强。落实“党政同责、一岗双责”，深入开展“平安永乐”创建活动，完成“两会”、中非合作论坛北京峰会等重大活动安全服务保障工作。持续开展各行业领域安全生产隐患排查整治工作，检查生产经营单位7653家次，发现查处安全隐患3035处，全部整改完毕。食品药品安全、应急管理、人民武装等各项工作取得新成绩。

【民生状况】 年内，扎实有效实现精准救助，全镇1100人享受各类救助资金900余万元。全方位开展为老服务，依托社会救助组织，开展独居老年人巡视探访、居家失能老年人家庭照料护理培训等服务4088人次；建成东张各庄村、前马坊村等6家社区养老服务驿站；为60岁以上户籍老年人家庭安装感烟报警器2586套。多渠道促进就业，培训农村劳动力532人，提供就业岗位1966个，城镇登记失业率控制在2.72%。新型农村合作医疗与城镇居民基本合作医疗保险实现制度整合，参保率达到100%。残疾人社会保障和服务体系初步形成，为620余户进行家庭无障碍改造，为1687名残疾人士进行健康体检。

【社会事业】 年内，镇域学前教育、基础教育、继续教育等各类教育工作均衡发展。完成首都公共文化服务示范区收尾工作，建立图书馆、文化馆总分馆制度。文体基础设施进一步完善，临沟屯、大羊村文体中心改扩建项目投入使用，老槐庄村、东河村、永二村、德仁务前街村文化活动中心改扩建项目全部竣工，截至年底，主要进行搬迁前期筹划准备工作。文史丛书《志正永乐》出版成册。举办新春花会文艺巡演、五月鲜花合唱比赛等多种形式的文体活动，丰富了群众文化生活。加强健康宣教，举办健康教育讲座350场，受益群众1.5万人次。持续推进医联体建设，永乐店社区卫生服务中心与东直门医院东区成立以

4月2日，永乐店镇在镇文体中心举办“我们的节日·清明”品读经典、传承文明主题活动（永乐店镇提供）

"中医精准化服务"为核心的中医医疗联合体，与西城区新街口社区卫生服务中心建立对口帮扶关系，真正把"中医医疗联合体"合作打造成为惠及百姓健康的民心工程。体育、旅游、气象、档案、保密、民防、慈善等各项事业发展呈现新局面。

（王　爽）

于家务回族乡

【概　况】　于家务回族乡位于通州区南部，距通州城区21千米，是北京市五个少数民族乡之一，同时也是通州区唯一的少数民族乡。全乡下辖23个行政村，总面积65.7平方千米。2018年实现税收8.2亿元，其中，国税6.7亿元，地税1.5亿元，形成区财力1.9亿元，完成固定资产投资9亿元。全乡人均可支配收入达到2.69万元。

【规划编制】　启动仇庄、三间房、果村等7个美丽乡村村庄规划方案编制工作，截至年底，各村方案基本成型，并按要求上报至区规土委进行审核。

【新型城镇化】　乡中心区剩余地块的一级开发工作重新编制方案，次中心区的土地上市后续工作启动；完成13条乡村公路大修和5座公路桥梁改造工程；完成采林路、张凤路道路景观提升工程；完成张采路、通房路道路工程前期手续及通讯线路移改工程；完成乡域内9701盏路灯和84盏交通灯"两灯"巡查和检修工作，亮灯率达99%；乡中心区新张南路获得2018年全国"四好农村路"的称号。

9月21日，财政部领导、区委书记曾赞荣一同调研种业园区　（于家务回族乡提供）

【"疏整促"工作】　2018年累计腾退113.6万平方米，销账78.6万平方米；4060个农业设施大棚整改达标，农业设施的底数全部摸清，管理更为规范；重点整治宅基地内"散乱污"企业480家次，取缔无证无照企业69家；规范店外占道经营70余家，市级占道经营点位全部销账。疏整促工作有力的实施，既解决了与之相关的安全、环保、综治等一系列问题，为未来发展优化了空间。

【空气质量】　围绕扬尘污染精细化管理，强化在施工地的管控，实现裸地苫盖全覆盖；重点加大过境大型货车管控，全年累计劝返大货车1.76万辆；加大散煤销售和燃煤行为的查处，拆除燃煤设备57台，实现散煤污染"动态清零"；完成120余户"煤改电"续建安装工作；细颗粒物（$PM_{2.5}$）年均浓度下降到58微克/立方米，改善率达21%，完成年度工作目标。

【生态建设】　年内，完成造林任务3402亩，880亩乡中心公园建设基本竣工；全面落实"河长制"，开展河道治理专项行动，发现和整改问题185处；完成黑臭水体治理工作；完成农村污水村外截污治理工程方案的编制工作，神仙、仇庄两个污水处理站完成通水试验。

【人居环境】　年内，持续巩固和扩大"创城""创卫"成果，狠抓环境脏乱点整治；深化"街巷长"、小巷管家支援服务，治理脏乱点700余处，全年转运生活垃圾近3万吨；开展"厕所革命"，完成乡域内38座公厕提升改造。

【文教卫事业】 年内，累计投资157.5万元，用于提高中小学及幼儿园师资队伍和改善办学环境；创建国家级慢性病防控示范区相关工作；完成东马各庄等6个村自助式“健康自测站”建设工作；完成乡卫生院的提升改造，并与首都儿科研究所结对，实现就医环境和医疗水平的双提升；深化“德美于家务”系列活动，举办“美丽乡村、筑梦有我”“金秋十月爽，久久话重阳”等文化活动；持续完善6个村庄文体设施的建设和更新工作。

10月，于家务回族乡开展金秋话金婚系列活动
（郭建华 拍摄）

【社会保障】 就业形势保持稳定，城镇登记失业率为1.61%，控制在3.0%以内，低于指标1.39%；培训劳动力269人，实现就业201人；社会保障水平持续提高，城乡居民养老保险续保率为98.5%；巡查检查企业208家，为职工追补工资332万元；完成乡儿童成长驿站和富各庄等3个养老驿站的建设工作；统筹推进精准扶贫，全乡164户低保困难家庭实现“一户一策一档”，113户低收入农户全部纳入救助范围。

【社会秩序】 年内，深入推进网格化体系建设，工作处置率、按时结案率、一次完成率和及时发现率均达到90%以上；完善地区信访安全稳定工作格局，化解矛盾纠纷100余件，多个历史积案得到有效化解；安全生产常抓不懈，消除各类事故隐患7300余处，全年重大火灾、安全事故为零；应对“非洲猪瘟”防控工作，清退、无害化处理生猪936头；食品药品安全、人民武装、应急管理工作健康发展，群众安全感进一步增强。

（王 鑫）

园 区

概 述

2018年，中关村科技园区通州园实施创新驱动发展战略，调整产业结构，优化产业布局，深化体制机制改革，服务城市副中心建设，推动地区经济发展。全年11个园区完成工业总产值404亿元，总收入1432亿元，工业企业收入529亿元，税收合计70亿元。

园区体制机制改革稳步推进。年内，通州园管委会多次召开党组专题会议，对园区体制机制改革工作进行专门部署。开展资产清查，对13个园区(光机电基地，金桥基地，物流基地，开发区东区、西区、南区、北区，永乐开发区，聚富苑，金融服务园区，种业园区，星湖园，台湖高端总部基地)管委会及平台公司的往来、负债财务状况进行摸底，摸清基础数据。完成对13个园区的基础信息及基础情况的汇总统计工作，形成改革方案。完成《通州区园区管理体制机制改革方案》，经区委全面深化改革领导小组第11次会议审议通过，11月9日召开推进园区体制机制改革部署会，12月14日各园管委会搬迁完成合署办公。

8月29日，中关村通州园管委会组织召开土地利用基本情况统计工作会　　（中关村通州园管委会提供）

完善拟入驻园项目区级统筹机制。年内就154个拟入园项目向区发改委、经信委、投促局、环保局等相关部门征求建议意见，提请召开八次区政府专题会对项目进行研究，原则同意89个项目入驻，并开展过会项目手续办理进度跟踪工作。

园区产业不断优化升级。确认疏解转移企业情况，园区内现有一般制造业企业547家，年内计划疏解企业11家，实际疏解企业12家超额完成1家。推进外埠产业转移承接地对接，年内接待外埠承接地单位30余家，组织企业赴河北、天津、江苏、内蒙古等外埠开发区考察20余次，组织参与大型对接会5次，梳理汇总所有来访承接地的具体情况和资源优势。搭建企业疏解平台，在北京开宝投资管理有限公司、北京中天诚投企业策划有限公司两家平台公司的基础上，再引入一家平台公司即北京承文信息咨询有限公司参与到疏解工作中来。年内平台对接的外埠园区及政府240余家，组织大型对接会7场，组织企业考察外埠园区活动15期，带领80余家企业赴外埠园区进行深入考察，接待外埠园区参观考察通州企业活动20余期。帮助10余家企业与外埠开发区签订意向协议，落地企业3家。加大对口支援和经济合作力度。组织召开“通州区对口帮扶通辽市奈曼旗、赤峰市翁牛特旗、兴安盟科右中旗的产业发展推介会”，并签订“5+1”战略协议。园区内北京东昇农业技术开发（集团）有限公司、玉桥合金材料制造有限公司等3家企业到内蒙古落户建厂。

基础设施及项目建设加快推进。年内，永乐开发区供热中心、开发区东区杜望路、开发区南区觅子店组团路网工程等28个基础设施项目开工建设，总投资额32亿元。其中，金桥基地安置房及配套公共服务设施项目、环渤海基地次渠中路、开发区南区觅子店污水处理厂、中心区西区集中供热中心站等11个项目竣工。通州园实施30余个建设项目，其中竣工项目13个，包括金桥基地天圣项目、开发区东区嘉林药业一期、开发区南区甘李药业中试项目等，总投资额104.8亿元，总建筑面积94.74万平方米；复工建设项目19个，包括光机电基地B-23、B-21两地块主体完工正在内装、永乐开发区联东U谷三期等，总投资额142.6亿元，总建筑面积134.25万平方米；开工建设项目6个，包括开发区东区嘉林药业二期、环渤海基地国家车联网项目、金桥基地中安欧尚项目、开发区西区宏泰旸三期项目等，总投资额54.4亿元，总建筑面积87.38万平方米。

加强与中关村对接协作。创新工作载体，成立工作专班，与中关村对接协作，利用中关村资源政策，获得对重大项目支持，协助企业与中关村项目对接落地。推动重点任务落实，主要有中关村（通州）高端人才创业基地、中关村海外人才创业园、中关村城市科技前沿技术创新中心（通州），进一步吸纳高端人才企业、专业服务机构入驻。争取项目资金支持。通过“一处一园”对接通州产业项目，组织通州园符合条件的企业申报中关村现代服务业扶持资金，取得中关村各类专项支持资金累计约1135万元，同比增长57%。年内新认定高新技术企业68家，园区纳入中关村统计范围的高新企业达到387家。

提升园区科技创新能力。年内，通州园企业专利申请量1541件，专利授权量1290件，其中，发明专利获授权量153件，实用新型专利授权量965件，外观专利授权量172件。通州园北京壹人壹本信息科技有限公司等2家企业获2018年中关村商标品牌示范试点单位称号，华新绿源环保股份有限公司等2家公司新命名为北京市科普基地，124家企业入选2018年“瞪羚企业”，22家企业入选2018年“展翼计划”，一个项目入选2018年北京市高新技术成果转化项目。北京约基工业股份有限公司的“长距离胶带机”项目等3家企业的3个项目获2018年度中关村首台（套）重大技术装备试验示范项目。

加强高端人才引进培育。为甘李药业股份有限公司苑宇飞博士开展的研究课题争取博士后基金5.3万元；协助李宁（中国）体育用品有限公司和银谷制药有限责任公司申请设立博士后科研工作分站；协助北京通美晶体技术有限公司刘广政办理博士后工作站出站手续。12月12日，市人力资源和社会保障局发布《关于批准阿尔特汽车技术股份有限公司等36家单位设立园区类博士后科研工作站分站的通知》，其中，通州园北京市春立正达医疗器械股份有限公司、北京万生药业有限责任公司、李宁（中国）体育用品有限公司3家单位入选新获准设立博士后科研工作站的单位名单。通州园累计博士后科研工作站分站8家。

（郭庆云）

中关村科技园区通州园金桥科技产业基地

【概　况】　金桥科技产业基地成立于2002年，总体规划面积13.06平方千米，其中一期规划面积7平方千米，二期规划面积6.06平方千米。金桥基地是中关村自主创新示范区的重要组成部分，也是北京城市副中心产业发展的重要支撑，享受中关村和通州区的产业政策支持。2018年，金桥科技产业基地在区委、区政府的正确领导下，围绕各项目标任务，结合基地一期、二期衔接发展关键期的实际，进一步完善基础配套设施建设，以促进区域经济发展为目标，以做好企业服务为宗旨，确保各项工作顺利推进。

2018年基地实现总产值108亿元，总收入119亿元，利润总额6亿元，税收12.3亿元，同比分别下降1.82%、7.03%、17.81%和3.1%。其中，工业企业实际总产值72亿元，总收入74亿元，利润4.7亿元，税收6亿元，同比分别下降0%、0%、27.69%和10.4%。

【土地一级开发】　一期地块方面。加强与区规土委的沟通协调，加快推进4宗地块上市。同时天安活力港项目完成项目产业编制、规划前期调研及手续资料整理工作，并报送至区政府、区发改委及区规土委。二期地块方面。结合天安世创园项目，办理基地二期用地土地一级开发手续，项目3325亩用地动态维护已经完成，并取得调整后的土地利用规划。同时，完成四个地块立项报告初稿编制和权属审查所需基础材料，一号地用地预审材料已上报区规土委，取得一号地用地预审批复。法院地块方面。地块控制性详细规划年初通过市规土委技术审查会，并取得市规土委关于亦庄新城0704街区YZ00－0704－6002等地块控制性详细规划的批复，委托通州城乡测绘所完成普测工作。

【招商引资工作】　一是结合园区招商资源的实际情况，重点围绕联东U谷等园中园项目剩余资源开展招商引资，截至年底，审批项目约140余家，引入各类项目103家，其中，新引入研发商贸类企业90家，租售面积37763平方米，项目总投资3亿元，全部达产后年形成税收9368万元以上。盘活园中园项目闲置资源引入医疗器械、能源环保研发办公类企业12家，盘活总面积12037余平方米，全部达产后形成年税收约1329万元；转型升级项目1个。二是落地企业具体工作进展顺利。利星行奔驰项目扩建其2号厂房约1.9万平方米。同时引进卡特彼勒总部项目，投产后年营收约10亿元，年纳税0.5亿元。张一元茶叶于2017年底购买联东2号桥项目约7000平方米，基地同区发改委、经信委进行沟通协调，推进该项目尽快落地。润生大厦逐步形成园区生活配套服务园。基地同联东U谷及其他园中园项目就其品牌推广、广告发送等进行了洽谈。萌蒂制药完成国、地税迁移工作。天安数码城活力港项目总投资额约31528万元，总建筑面积约70219平方米。启动前期招商工作，总需求办公、研发面积约3.65万平方米。

【企业服务管理】 基地协助企业办理相关手续，为企业出具立项申请、地址确认函、商住所证明等各类材料527项。2018年，组织450余家企业开展工商营业执照网上年报、疏解一般制造业、优化营商环境、科技政策等相关培训活动11次，同时助力企业人才培养和资金支持，为宏瑞汽车、华安鑫创申报人才引进名额3个，协助盛泰华业、卓立汉光等企业申报资金补助。

【配套基础设施】 再生水厂一期工程（2万吨规模）全面完工并投入运营，日处理量达到约1.5万吨/日。涉及的环宇东四路、环宇东三路及景盛南四街配套污水管线项目完成建设并通水。村民安置楼方面。完成郭村及柴务村安置村民的回迁上楼工作，实际参与选房户数为472户，选房1313套，其中，现房1034套，期房279套。全部回迁楼现剩余现房76套，剩余期房121套，合计剩余197套房。柴务安置楼二期工程复工，9#楼、10#楼、幼儿园均进入装修阶段，小市政及配套设施的设计正在同步推进。

【“创城”迎检工作】 金桥基地“创城”迎检期间清理各类杂物132车，清理地锁38个，清理未按规定停放共享单车1000余辆；改造大柴路北侧10060平方米；平整绿地18818平方米；做喷灌管道2212米；安装喷头251个；苫盖绿网3200平方米。

【安全保障工作】 2018年，金桥基地重点围绕“两节”、全国“两会”、中非论坛、“创城”迎检开展安全保障工作。组织相关企业、施工单位、小区物业签署各类安全通知文件300余份。重点对辖区内178处彩钢板建筑、26家危险化学品从业单位和人员密集型企业进行摸排检查。整治道路遗撒527次，劝阻违法小广告162次，清理路边停车1060次，叫停违法施工271次，劝离露天烧烤52次。

（王　欣）

北京通州物流产业园区

【概　况】 2018年，物流园区围绕城市副中心建设工作大局，认真落实区委、区政府决策部署，以改革创新精神为引领，加快推进园区建设，各方面工作都取得新进展。全年实现总收入585亿元；完成固定资产投资7.1亿元；税收10.6亿元，同比增长2%。其中，北京苏宁云商销售有限公司实现税收3.4亿元，同比下降20%；百丽鞋业（北京）有限公司实现税收1.8亿元，同比下降18%；北京京东达锐贸易有限公司实现税收2.53亿元。三家企业的税收总和占园区税收总额的78%，总部经济优势明显。

7月，配合党建模式推出园区“互联网+党建”，建立园区党建公众号；物流园区与中国银行通州支行签订《党建结对共建协议》及《廉洁伙伴协议》，开启党建共建合作模式。

7月，北京通州物流产业园区被评为2018年度优秀物流园区。

【项目建设】 年内，口岸项目0015地块完成规划验收，并投产运营，0019地块一标段配套楼及库房工程完工，正在办理验收手续，二、三标段正在进行三层以上主体工程施工；0014地块完成立项、规划等手续，并完成施工、监理招投标，确定总包及监理单位，其余地块手续稳步推进。

【基础设施建设】 年内，口岸内三条道路（驸马庄东路、驸马庄一街、融商一路）实现竣工通车，保障了口岸项目建设；兴贸北街项目完成初步设计、施工图设计，正在开展项目可研报告编制工作；融商二路道路工程竣工；驸马庄110千伏变电站开工。

【招商引资工作】 2018年，新引进注册企业21家，涉及新能源、精密仪器、电子商务、文化传媒等领域。新储备项目十余家，主要有鸿坤集团、北京京东集团、物美集团、北京首钢实业有限公司、阿里巴巴集团、红星美凯龙家居集团等意向投资企业；协助联东项目引入北京瑞拉克矿物涂料有限公司、尼得科（北京）传动技术有限公司、北京仁青文化传媒有限公司等多家企业。

【环境治理工作】 年内，认真落实属地责任，建立环境治理常态化工作机制，提高应急响应能力。切实承担空气重污染治理主体责任，结合园区实际修订《空气重污染应急预案》，制定《蓝天保卫战2018年行动计划》《扬尘污染治理强化措施》，加大检查力度，确保企业、工地减排措施落实到位；对兴贸南街北侧路灯及步道砖统一维修。采购道路隔离设施，联合城管、交通等部门对小区周边路段机动车违停问题进行专项整治，优化园区道路交通秩序；完善园区整体绿化景观，移植苗木5949棵，新增绿化面积5万平方米。

【安全工作】 年内，认真落实属地责任，建立安全常态化工作机制，提高应急响应能力。安全生产方面，认真总结市级督察发现的问题，制定方案，逐条逐项完成整改，同时举一反三，推动园区所有企业安全管理工作规范化。安全保卫方面，认真开展重要时段矛盾纠纷调处工作，加大巡逻防控力度，总体保持了平稳态势。

【深化京津冀战略合作】 年内，落实京津冀协同发展要求，依托独特区位优势，加强与天津、河北等周边地区的联系。与河北威县经济开发区、天津宝坻开发区、武清区下朱庄街道办事处签订区域合作战略协议，建立合作伙伴关系。推进与河北省唐山市曹妃甸区、张家口万全区等地的洽谈合作，在更大地范围内进行资源统筹配置和产业升级。落实“台马组团”要求，围绕构建科技创新产业区，加强区域间的横向联系，形成共推共建工作局面。利用比邻优势，深度对接北京经济技术开发区，鼓励园区企业与亦庄进行服务对接，结合区域特征，深挖行业特点，面向大产业集群需要，提供规模化、集约化的综合服务，努力形成深度融合的互利合作格局。

【C–01、07、09地块完成挂牌出让】 12月25日，通州物流基地口岸项目C–01、07、09地块完成国有建设用地使用权挂牌出让，出让用地面积为6.55公顷，建筑规模为14.8万平方米，成交价为14.3亿元，竞得人为北京北投置业有限公司和北京通州投资发展有限公司联合体，该宗地将以“六通一平”形式供地。

【阿里健康科技（北京）有限公司入驻物流园区】 12月29日，经多次洽谈协商，阿里健康科技（北京）有限公司正式在物流园区注册，阿里健康是阿里巴巴集团投资控股、布局医疗健康领域的旗舰平台，主要业务涵盖产品溯源、医疗电商、医疗服务网络和健康管理，致力于通过科学技术进步和商业模式创新，实现健康生活方式的革命，构建面向未来的健康服务生态系统。

（于仲达）

北京市通州新城金融服务园区

【概　况】 北京市通州新城金融服务园区（通州商务园）位于通州新城西北部，温榆河两岸，是通州区调整产业结构，加快现代服务业发展，重点发展的高端商务、企业总部办公集聚区，是北京市9个金融功能区之一和北京市电子商务聚集区，在由商务部授予的34家国家电子商务示范基地单位中综合排名第一。产业定位是金融后台服务基地、电子商务聚集区、效率型国际总部基地、新型服务业孵化基地。园区总规划面积7.3平方千米，一期2.91平方千米，特色为滨水生态、低密度、节能环保“花园式办公”。12月20日，中国电信项目正式入驻金融街园中园；商务园全年新签约项目7个，总投资额194亿元。2018年，园区全年完成营业收入100亿元，实现总税收2.26亿元，包括国税6857万元、地税1.58亿元。其中，金融企业形成税收1.35亿元，电子商务企业纳税3500万元。

【公园新建洗手间投入使用】 1月，商务富锦公园新建洗手间工程竣工并投入使用。该工程由管委会自筹资金92万元，对公园原有公厕进行升级改造，建设标准三级公厕3座，进一步提升公园基础设施品质。

【步长药业总部项目开工】 6月，由山东步长制药股份有限公司投资10亿元定制的步长药业总部基地项目正式开工。该项目位于金融街园中园B1-3地块内，总占地面积51.3亩，总建筑面积4.1万平方米。总部基地包括集团营运总部、研发总部等，项目建成后可满足办公、研发、会议、展览等功能需求。

12月，步长药业竣工
（北京市通州新城金融服务园区提供）

【金融街园中园四、五期项目】 6月，金融街园中园四、五期项目正式开工建设。项目位于B2-2、B2-3地块，总建筑面积21万平方米（其中地上面积14.95万平方米），建设独栋办公楼。12月，金融街园中园四、五期项目取得预售证并正式对外销售。此项目为办公项目，共22栋，占地面积8.5万平方米。截至12月底，销售4栋，销售面积4.4万平方米。该项目以发展总部经济、高端产业、人文商务为核心先导，为企业构建全方位发展的动力平台，为企业员工提供工作生活一体化的有机空间。

【示范区北区开工】 7月，商务园示范区北区项目正式开工建设。项目位于园区D1-2北侧地块，总建筑面积2.93万平方米，建设主要内容为三栋围合式办公楼。

8月，示范区北区开工
（北京市通州新城金融服务园区提供）

【配合第四次经济普查】 8月中旬至9月30日，园区组织经济普查员对所辖普查区域内全部法人单位、产业活动单位进行逐一入户清查。截至10月底，园区内829家法人单位普查完毕。

【开展广告法进园区活动】 9月，园区联合永顺工商所，以“打击虚假广告，工商在您身边”为主题在园区内开展新《中华人民共和国广告法》宣传活动，受到企业普遍欢迎。

【园区档案工作】 11月，园区管委会全部完成保管期限永久和30年的文件级档案资料近3万页的档案数字化工作。12月，为全面提升园区档案工作管理水平，商务园管委会在区档案局的指导下，着力进行档案管理提升，档案工作顺利通过测评，并得分96分。

【金融街园中园三期竣工】 12月底，金融街园中园三期项目竣工，预计2019年4月交付步长药业使用。项目位于园区B1-3地块，总建筑面积5.9万平方米（其中地上面积4.1万平方米），全部为步长药业总部基地定制项目。

（郑秀丽）

北京宋庄文化创意产业集聚区

【概　况】 北京宋庄文化创意产业集聚区是北京市政府于2006年首批认定的全市十个文化创意产业集聚区之一，规划面积14.6平方千米，其中，通州新城范围内10.3平方千米。2018年，在区委、区政府、宋庄镇党委、政府的正确领导下，集聚区以中共十九大精神为指导，围绕土地一级开发、产业项目、旧村拆迁、党的建设等重点工作，强化目标考核，狠抓责任落实。集聚区注册企业完成税收13545万元，同期减少3514万元。其中国税完成4762万元，地税完成8783万元。

【土地一级开发】 年内，集聚区一期土地A、B、C地块位于通州区宋庄镇六合村，总用地面积约1537.5亩，其中建设用地约740.4亩，建筑规模约105.08万平方米，全部完成征地等前期手续的办理。5月，市建委主持召开北京安贞医院通州院区重点工程协调会，B1、C1地块确定为首都医科大学附属北京安贞医院通州院区项目部分用地。根据2018年8月3日《北京市住房保障和住房制度改革工作领导小组会议纪要第2期》的会议精神，同意六合村安置房二期项目纳入市保障房中心建设的保障性住房项目，建设200余套六合村安置房，拟选址在潞苑南大街北侧A2、A3地块内。

【中国艺术品交易项目】 中国艺术品交易中心项目选址于集聚区一期A1地块，已取得项目核准批复、国有建设用地使用权出让合同、不动产权证书、规划条件、规划意见复函、建筑立面专家评审会（第四次）、方案复函、建设用地规划许可证、园林批复审查意见复函、建设工程规划许可证等相关文件。项目方正在开展招投标工作，12月27日，启动项目奠基仪式。

12月27日，中国艺术品交易中心项目奠基仪式举行
（北京宋庄文化创意产业集聚区提供）

【中国·宋庄文化艺术节开幕】 2017年9月27日，第十届中国·宋庄文化艺术节在宋庄美术馆开幕。本届宋庄文化艺术节的主题是“中国梦·艺术梦·宋庄梦”，关注宋庄文艺生态和文化业态（文艺事业状态和文创产业状态）成长，主要内容分为四个板块：艺术展览、文旅产业论坛、艺文专题活动、艺术生活体验。通过展览和活动充分展示宋庄文化艺术社群、彰显本土特色基因、链接文旅产业要素。

【拆迁工作】 六合村拆迁工作稳步进行。年内，拆除非住宅4户，其中3户园田通过法院判决进行土地腾退；1户企业于8月组织强制拆除工作。剩余非住宅3户在北京城市副中心职工周转房二期项目用地内，均已进入司法裁决程序，具备强制执行条件，待法院执行。六合村住宅剩余未签约73户。其中38户在北京安贞医院通州院区项目地块内，35户在北京城市副中心职工周转房二期项目地块内。10月25日正式启动滞留户拆迁工作，年内完成拆迁公司的合并及滞留户入户清登工作，并根据清登情况开展资料汇总统计。

潞苑北大街剩余最后1户于9月由宋庄镇政府及集聚区管委会配合辛店村村委会进行强制拆除，地上物全部清除完毕。潞苑北大街拆迁率达100%。

【服务和管理】 年内，完善安全管理运行机制。定期对白庙佩特来公司、潞苑南大街、六合新村、疃里三村墓地进行现场巡查，排查安全隐患；强化“扫黄打非”工作监督管理。按季度走访企业，召开专题会议，定期报送信息，强化舆论引导；打造园区营商环境。通知并协调75家企业在北京市信用信息网进行信息公示，完成园区内2家涉众型企业清理工作，协调税务部门为5家企业办理大额发票、税款征收审批服务，为企业提供资金申报、人才扶持、科技创新等各类优惠政策信息；做好意识形态工作研判和总结。围绕园区重点人、组织活动情况等着重开展政策宣讲、实地走访、展览审查、官方宣传等工作，密切关注低收入群租人群的生活状态，细化对艺术展览活动指导监管等。

（黄林娜）

北京通州文化旅游区

【概　况】　北京通州文化旅游区成立于2011年，功能定位为集合主题游乐、影视、音乐、演出、体验等各种娱乐功能，建设成中国元素与现代时尚文化相融合的高端文化旅游目的地，成为提升首都文化旅游品质的功能区和集聚文化功能、完善消费功能的重要空间载体。按照市委、市政府建设文化旅游区的安排部署，以及区委、区政府对开发工作的具体要求，在有关部门的支持配合下，文化旅游区充分发挥协调职能、强化责任意识和制度力量，全力推进园区开发建设。年内，对接协调园区总规调整工作，根据《北京城市副中心控制性详细规划（街区层面）》，作为12个组团之一的文化旅游区分为九棵树中路以西1201和九棵树中路以东1202两个街区，建设用地共约9平方千米，规划居住人口约2.5万人，规划建筑规模约610万平方米，战略备用地约70公顷。高标准启动国际人才社区核心区规划及城市设计工作，启动国际人才社区方案的国际方案征集工作，通过政府采购公开招标形式确定方案编制单位，正在加紧开展方案编制工作。高起点推进园林绿化规划设计工作，由中央美术学院完成总体概念方案的设计工作。同时，在借鉴行政办公区相关方案和对接环球项目景观水系等绿化方案的基础上，委托相关单位深化完成包含园区绿色空间和全部道路设施等在内的《文化旅游区景观设计方案》。完成《文化旅游区智慧城市的顶层规划》编制工作，并协调推进智慧管廊统一管理平台的系统研究和设计工作。11月8日，中共北京市通州区委全面深化改革领导小组办公室印发《通州区园区体制机制改革工作方案》，明确按照北京城市副中心“四个功能定位”的要求，整合现有产业园区和功能区，组建新的运河商务区、文化旅游区和科技创新区。文化旅游区管委会负责宋庄文化集聚区管委会和星湖科技园管委会及所属事业单位人员、资产整合。

【园区基础设施建设】　年内，20条综合管廊全部取得“一会三函”（“一会”指召开会议集体审议决策，“三函”指建设项目前期工作函、设计方案审查意见函、施意见登记函）手续，19条实现开工建设；56条道路取得全部的设计方案批复、55条道路的前期工作函和34条道路的施工登记意见函，8条道路实现开工建设。九德路导行路建设完成，日新路导行路正在建设中，铺大路导行路和萧太后河北街管线导改工作上报区政府审核通过，萧太后河分洪渠涉及地上物补偿拆改工作启动，萧太后河连通渠方案上报区政府通过，4平方以外高压线临时迁改工作正在施工中。

6月1日，市政协领导视察文化旅游区综合管廊
（北京通州文化旅游区提供）

【环球主题公园项目】　环球项目方案设计和手续办理进展顺利。环球项目一期（含停车楼）取得核准批复，6个标段全部取得施工许可证或施工登记意见函，同时总包进场施工，二级市政工程基本完成。配套项目中环球大酒店、首旅诺金酒店、城市大道取得项目核准批复和方案复函，正在进行施工准备工作。首寰度假酒店取得项目立项批复和一期工程地下部分工程规划许可证及地下部分施工许可证，正式进场施工。

【现场管理】　年内，完善制度机构保障，区消防支队实现驻点办公，区环保局派驻5名网格员。区公安分局9月初设立文旅区警务站，每周对园区安保情况覆盖式巡查；建立3个扬尘检查组和3个安全检查组，每周形成检查情况周报和约谈制度，重点问题及时与行业主管部门沟通处理；建立与施工单位二级公司主管领导对接机制，挖掘企业内部管理效能，督促主体责任落实；采用信息化手段提升管理精准度，截至年底，设立园区大门25座，严格督促施工单位执行渣土运输车“三不进两不出”；强化属地履职，以强力检查督促企业整改落实，做好督察迎检工作；加强与行业主管部门的联勤联动，及时通报移交检查情况履职留痕。

【安全生产管理】 动态管理，量化考核，2018年检查任务1600家次，检查2059家次，出动3957人次，检查覆盖率达到100%。发现安全生产隐患3009项，开具责令整改通知书696份，监督整改安全生产隐患2862项。着力抓好重点时期管控，元旦、春节、全国“两会”、清明、五一、十一等重要时期和节点，采取提前部署、制定方案，组织全体专职安全员加大巡查力度，确保重要时间节点无安全生产事故。开展“夏季防汛”专项检查工作，对园区所有在施项目进行防汛专项检查，并组织各施工单位开展防汛应急演练。认真开展有限空间作业专项检查工作，重点对在施项目落实安全生产责任情况、项目风险辨识和台账建立、作业人员安全培训、有限空间作业审批、安全警示、应急措施等情况进行专项检查。

【环球项目相关产业研究工作】 年内，园区产业研究工作取得阶段性成果。为进一步优化营商环境，紧密跟进通州区“1+X+2”产业政策体系以及“通八条”优惠政策，全面梳理中央及市、区现行文化类产业政策，并总结海淀、朝阳等先进地区的最近政策成果，形成《2018年园区产业政策汇编》，为更好地服务企业打好基础。

【招商引资工作】 年内，按照区委、区政府关于城市副中心产业发展的最新指示，以“文化+旅游”“文化+科技”两大板块为突破口，重点对接行业领军企业。新增项目15个，存量18个，招商项目库总数达到33个。充分吸取运河商务区准入标准的研究经验，与波士顿咨询（BCG）对接，围绕文化旅游区、宋庄文化产业聚集区、台湖演艺小镇三大板块，以土地政策为突破口，优化重点产业门类，创新土地供应模式，规范各种协议范本，建立项目准入退出机制，最终形成1个准入指导意见和3个区域实施细则的“1+3”准入体系。

（张海旭）

组织机构及负责人

区委序列

中国共产党北京市通州区委员会

书　记　曾赞荣
副书记　张力兵(4月免)
　　　　赵　磊
　　　　初军威(6月任)
常　委　洪　波
　　　　韦　江(女)
　　　　洪家志(土家族)
　　　　查显友
　　　　崔松光(5月免)
　　　　郑　宇
　　　　刘贵明
　　　　张宏韬(2月任)

组织部

部　　长　韦　江(女)
常务副部长　赵志刚
副 部 长　杨连元(兼)
　　　　王增哲(兼)
　　　　汪　维(女,满族)
　　　　王　鑫

政法委员会

书　　记　刘贵明
常务副书记　张志军
副 书 记　朱益军
　　　　朱军辉
　　　　丁立涛
　　　　任存高

宣传部

部　　长　查显友
常务副部长　陈立军
副 部 长　张卫东(兼)
　　　　刘　磊
　　　　吴亚西

区委办公室

主　　任　张若冰(10月免)
　　　　鲁新红(10月任)
常务副主任　张　华
副 主 任　赵振华(兼)
　　　　魏　欣(女)
　　　　杨家毅
　　　　张　硕(9月免)

区委督查室

主　　任　李长风

区委机要局(区密码管理局)

局　　长　田　莉(女,满族)

精神文明建设委员会办公室

主　　任　张卫东
副 主 任　禹晓峰
　　　　杜妍杰(女)

统一战线工作部

部　　长　洪　波
常务副部长　王振成
副 部 长　王瑞丰
　　　　曹恒永(兼)

台湾工作办公室（台湾事务办公室）

主　　任　洪　波

社会管理综合治理委员会办公室

主　　任　任存高

副 主 任　石国庆

汪立宏(12月免)

维护稳定工作领导小组办公室

副 主 任　杨利民

流动人口和出租房屋管理委员会办公室

主　　任　任存高

副 主 任　付彩霞(女)

区委研究室（区委全面深化改革领导小组办公室）

主　　任　曾祥正(12月免)

副 主 任　童　露

王建伟

张奉君

改革办专职副主任　谢京文

机构编制委员会办公室

主　　任　陈　宇(4月免)

孝　军(5月任)

副 主 任　郑旭东

直属机关工作委员会

书　　记　赵　磊(6月免)

初军威(6月任)

常务副书记　陆德启

副 书 记　谢建生

马洪利

纪工委书记　刘宏伟(女)

工会主席　曹艳清(女)

区委党校

校　　长　赵　磊(6月免)

初军威(6月任)

党委副书记　安志江(5月免)

常务副校长　安志江

副 校 长　惠学刚

朱　蕾(女)

老干部局

局　　长　王增哲

副 局 长　赵德启

刘冬梅(女)

保密委员会办公室（区国家保密局）

主任(局长)　赵振华

副主任(副局长)　马　伟(女)

社会建设工作委员会

书　　记　何海龙(回族)

副 书 记　曹锡钧

社会建设工作办公室

主　　任　何海龙

副 主 任　王章兴

周庭桂(女)

网络安全和信息化领导小组办公室（3月设立）

主　　任　谢振平(4月任)

副 主 任　吴亚西(4月任)

中国共产党北京市通州区纪律检查委员会
中国共产党北京市通州区监察委员会

纪委书记(监委主任)　郑　宇

纪委副书记(监委副主任)　石建华

苏礼华

吴　涛

纪委常委　王岩军

刘　宁(女)

西宝生

王洪波(女)

刘江妹(女)

监委委员　王岩军

西宝生

王洪波(女)

梁德春

甄国清

办公室

主　　任　刘江妹(女,9月任)

组织部

部　　长　刘　宁(女)

宣传部
部　长　郝　洁(女)

研究室
主　任　仇春旺

信访室
主　任　王岩军

案件监督管理室
主　任　王洪波(女)

党风政风监督室
主　任　西宝生

第一纪检监察室
主　任　毛家宏

第二纪检监察室
主　任　陈　钊(9月免)
　　　　刘　锐(9月任)

第三纪检监察室
主　任　陈　钊(9月任)

第四纪检监察室
主　任　刘立民(9月任)

第五纪检监察室
主　任　陈　红(女,9月任)

第六纪检监察室
主　任　曹新宇(9月任)

第七纪检监察室:
主　任　叶秀川(9月任)

案件审理室
主　任　刘伶艳(女)

人大序列

通州区人民代表大会常务委员会

主　任　李玉君
副主任　刘　卉(女)
　　　　尚祖国
　　　　薄立军
　　　　张绍武
　　　　金文岭(不驻会)
委　员　王文兵(女)
　　　　王书信
　　　　王玉英(女)
　　　　王婀娜(女)
　　　　王　巍(女)
　　　　刘志刚
　　　　刘国利(回族)
　　　　刘振东
　　　　杜俊红(女)
　　　　李　翔
　　　　李智敏(女)
　　　　杨东莲(女)
　　　　张东凤(女)
　　　　张旭凤(女)
　　　　张春兰(女)
　　　　张俊胜(回族)
　　　　张梅菊(女)
　　　　郎丽丽(女)
　　　　赵　冬(女)
　　　　姚华峰
　　　　徐佩松
　　　　徐　波
　　　　徐淑兰(女)
　　　　郭宝圣
　　　　曹歧连
　　　　韩　丽(女)
　　　　韩克非(女)
　　　　傅　刚
　　　　蔡力凯

办公室
主　任　姚华峰
副主任　李凤云(女)
　　　　曾智豪

财政经济办公室

主　　任　张东凤(女)

副 主 任　王文兵(女)

法制办公室

主　　任　曹岐连

副 主 任　李　翔

教科文卫体办公室

主　　任　郭宝圣

副 主 任　蔡力凯

城建环保办公室

主　　任　徐　波

副 主 任　李智敏(女)

农村办公室

主　　任　徐佩松

副 主 任　王　巍(女)

代表联络室

主　　任　杨东莲(女)

副 主 任　欧阳君(女)

研究室

主　　任　刘志刚

副 主 任　武顺金(女)

信访办公室

主　　任　王立艳(女)

政府序列

通州区人民政府

区　　长　张力兵(4月免)

赵　磊(4月代,9月任)

常务副区长　崔松光(6月免)

刘贵明(6月任)

副 区 长　洪家志(土家族)

李亚兰(女,6月免)

朱益军

董明慧(女,10月任)

王岩石

张德启

雷晓宁(女,6月免)

阳　波

黄世喆(6月任)

王　博(8月任)

苏国斌(10月任)

办公室

主　　任　朱志高

副 主 任　毕小京

陈世忠(6月免)

张　阳

王春华

督查室

主　　任　王　强

政策研究中心

主　　任　王建英(女)

突发事件应急委员会办公室

主　　任　胡成平

信访办公室

党组书记　靳国旺

主　　任　靳国旺

副 主 任　王　丽(女)

王忠义(12月免)

姜海龙

民防局

党组书记　杜　彤

局　　长　杜　彤

副 局 长　刘文平(11月免)

冯振华

经济和信息化委员会

党组书记　杜　伟

主　　任　杜　伟

副 主 任　李实杰

官　宏
关　淼

中关村科技园区通州园管理委员会（北京市通州区人民政府园区管理委员会）

主　　任　洪家志(11月免)
　　　　　苏国斌(11月任)
党组书记　张洪亮
党组副书记　姚华松(9月免)
常务副主任　张洪亮(11月免)
副 主 任　姚华松(9月免)
　　　　　赵正胜
　　　　　杨建路
综合管理处处长　冯顺利
发展规划处处长　裴志强
产业促进处处长　林广连
办公室主任　何　维

农村工作委员会

书　　记　刘青松
副 书 记　张东旭
　　　　　刘庆生
主　　任　刘庆生
副 主 任　刘瑞芳(女)
　　　　　王子江
　　　　　钱玉东(回族)
　　　　　杨跃方

住房和城乡建设委员会

党委书记　孙奎亮
党委副书记　刘文鹏(2月免)
主　　任　孙奎亮
副 主 任　杜少勋
　　　　　王练雄
　　　　　刘长志
　　　　　吴殿东
　　　　　任瑞启

通州区房屋征收事务中心

主　　任　赵　明
副 主 任　潘金华(2月免)
　　　　　张　剑

通州区住房保障事务中心

主　　任　张　跃

教育工作委员会

书　　记　张立芳(女)
副 书 记　申　键
　　　　　周　颖(女)
主　　任　申　键
副 主 任　袁静华(女)
　　　　　刘德杰
　　　　　王秀东
　　　　　李跃松

教育督导室

主　　任　李少杰

商务委员会

党组书记　陈国增
主　　任　陈国增
副 主 任　刘月刚
　　　　　詹海霞(女)
　　　　　相洪河

科学技术委员会（知识产权局）

党组书记　李　霞(女)
主任(局长)　李　霞(女)
副 主 任　潘自欣
　　　　　张凤军
　　　　　李　群(女)

知识产权服务中心

主　　任　宋长福

发展和改革委员会

党组书记　甄　宇
主　　任　甄　宇
副 主 任　林旭平
　　　　　刘秀杰(女)
　　　　　何志达(12月免)
　　　　　余　龙

物价所所长　董春山

金融服务办公室

主　　任　乔立群

国有资产监督管理委员会

党委书记　吴长利

党委副书记　孟繁虎

牛春刚

主　　任　孟繁虎

副 主 任　刘庆海

李旻杰(女,2月免)

李立新

徐　衡

工会主席　毛永承

城市管理委员会（原市政市容管理委员会,8月更名）

党委书记　程卫民(8月任)

党委副书记　张文宽(8月任)

主　　任　程卫民(8月任)

副 主 任　张卫东(8月任)

张跃宗(8月任)

刘学军(8月任)

工会主席　刘秀燕(女,8月免)

城乡环境建设委员会办公室

主　　任　程卫民(8月任)

专职副主任　李　琴(女,8月任)

燃气管理办公室

主　　任　杨艳芬(女,8月任)

副 主 任　牛文波

张金龙

环境卫生服务中心

主　　任　马劲松(8月任)

副 主 任　卢子山

张　磊

工会主席　韩凤源

新城中心区建设管理委员会

党组书记　胡克诚

主　　任　胡克诚

副 主 任　李士龙

安聪颖

卫　欣

文化委员会

党委书记　王立生

主　　任　王立生

副 主 任　杨根萌

林长春

马俊艳(女)

行政执法队

队　　长　彭绍常

人力资源和社会保障局

党委书记　王士杰(9月免)

杨连元(9月任)

党委副书记　张立华

局　　长　杨连元

副 局 长　张立华

李　军

曹奇权

吴绍伟

杨玉洁(女)

工会主席　周凤良(8月免)

社会保险事业管理中心

主　　任　王文全

劳动人事争议仲裁院

院　　长　李祥辉

人力资源公共服务中心

主　　任　赵海和

财政局

党委书记　张春良

党委副书记　何连贺

局　　长　张春良

副 局 长　李宝清

武燕伶(女)

张　敏(女,蒙古族)

审计局

党组书记　周东振
局　　长　周东振
副 局 长　黄海青
　　　　　梁红梅(女,8月免)
　　　　　梁　萍(女)
　　　　　彭凯泉

环境保护局

党组书记　裴志刚
局　　长　裴志刚
副 局 长　李彦军
　　　　　张旭辉(12月免)
　　　　　徐晓云(女)

统计局

党组书记　李柏松(9月免)
　　　　　潘月东(9月任)
党组副书记　刘宗刚
局　　长　潘月东
副 局 长　李振海
　　　　　刘德龙
　　　　　陈凤香(女)
总统计师　张春妹(女)

北京市通州区经济社会调查队

队　　长　刘宗刚
副 队 长　韩秀玲(女)

体育局

党组书记　苏亚文(女)
局　　长　苏亚文(女)
副 局 长　吴小末(女)
　　　　　王　栋
　　　　　张春明
工会主席　于德海

卫生和计划生育委员会

党工委书记　白玉光(蒙古族)
党工委副书记　刘亚兰(女)
纪工委书记　雷雨雯(女)
主　　任　田春华(女)
副 主 任　李凤苹(女)
　　　　　陈长春
　　　　　谭　丽(女)
　　　　　李文龙
　　　　　徐　娜(女)
工会主席　高宝东

卫生和计划生育监督所

所　　长　朱立新(女)

交通局

党委书记　董建忠(9月免)
党委副书记　姜富龙
　　　　　刘福国
纪委书记　郭宝堂(2017年6月免)
局　　长　姜富龙
副 局 长　胡　蓝(女)
　　　　　何万顺

铁路道口安全管理办公室

主　　任　周　晋

园林绿化局

党委书记　张军领
党委副书记　禹学河
　　　　　董本新
局　　长　禹学河
副 局 长　李书勇
　　　　　王春喜
工会主席　刘玉梅(女)

绿化委员会办公室

主　　任　禹学河
副 主 任　张宝常

森林公安处

处　　长　高秉权

水务局

党委书记　房亚军
局　　长　房亚军
副 局 长　郭庆福

李克强(5月免)
刘振锋
程　群

农业局

党委书记　刘庆生
党委副书记　陈长春
局　长　刘庆生
副局长　倪寿文
张春良
王永利
工会主席　王广龙

旅游发展委员会

党组书记　纪万成
主　任　纪万成
副主任　王凤荣(女)
安文崑
张连福(2月免)

民政局

党委书记　储怀森
党委副书记　于立东
李宗秀
局　长　于立东
副局长　王　彤
陈晓丽(女)
工会主席　吴立华(女)

民族宗教侨务办公室

主　任　于立东
副主任　马玉春(回族)

老龄工作领导委员会办公室

主　任　何凤红(女,回族)

双拥办

主　任　储怀森
副主任　郝玉平(6月免)

司法局

党组书记　甄　朋
党组副书记　郭玉明
局　长　甄　朋
副局长　郭玉明
张改朝
李立文
高　飞

安全生产监督管理局

党组书记　曹树常
局　长　曹树常
副局长　杨文庆
吴宝祥
谭先进
工会主席　邹秉志(10月免)

法制办公室

党组书记　陈宏毅
主　任　张琴琴(女)
副主任　张康林
朱战芳

城市管理综合行政执法监察局

党委书记　刘　升(9月免)
赵瑞恒(9月任)
党委副书记　赵瑞恒(9月免)
局　长　赵瑞恒
副局长　姜军平
夏庆元
张向忠
周建刚
工会主席　蔡　春

区政务服务管理办公室

党组书记　张弘力
主　任　张弘力
副主任　马伟哲(女,回族)
王　超
刘淑清(女)

区机关事务服务中心

党组书记　陈均芝
主　任　陈均芝

副　主　任　辛　卫
史永刚
纪宇一(女)

档案局（档案馆）

党组书记　刘海涛
局（馆）长　刘海涛
副局(馆)长　王振和
张钰丛(女)

党史工作办公室(区地方志办公室)

主　　任　王葆刚
副　主　任　翟荣华

地震局

党组书记　王金成
局　　长　王金成
副　局　长　刘瑞华
韩　冰(女)

投资促进局

局　　长　杨东风
副　局　长　陈　勇
吴　涛

种植业服务中心

党委书记　刘福生
党委副书记　李春民
主　　任　杜德强
副　主　任　王宝东
工会主席　闫庆利(9月免)

农机服务中心

党委书记　梁　民
主　　任　梁　民
副　主　任　董　钢
王泽宇
工会主席　苏　同

农村合作经济经营管理站

党组书记　张玉和
站　　长　张玉和
副　站　长　王书生
黄怀远

广播电视中心

党组书记　王志刚(9月免)
焦善鸣(12月任)
党组副书记　刘　磊(12月免)
主　　任　刘　磊(12月免)
焦善鸣(12月任)
副　主　任　王雪征
王小利
高玉强

北京物资学院

党委书记　李石柱
党委副书记　王文举(兼)
沈小静
宋晓欣
纪委书记　刘　录
院　　长　王文举
副　院　长　翁心刚
何明珂
刘永胜

北京工业大学通州分校

校　　长　胡晓东
副　校　长　王明生

通州区职业教育中心

党委书记(主任)　胡晓东
党委副书记　王明生
副　主　任　胡亚军(2017年12月免)
纪委书记　塔文田
副　院　长　贾红军
工会主席　吴寿兴

成人教育中心

党委书记　肖建辉
纪委书记　翟　琦
主　　任　肖建辉
副　主　任　李保国
张成法

李卫红(女)

潞河中学

校　　长　徐　华

行政学院

院　　长　崔松光(7月免)
刘贵明(7月任)

常务副院长　安志江

副 院 长　惠学刚
朱　蕾(女)

首都医科大学附属北京潞河医院

党委书记　纪福民

党委副书记　纪智礼
杜会山

纪委书记　全俊亚(女)

院　　长　纪智礼

副 院 长　李晓辉
王喜红
赵京红
陈学明

区红十字会

会　　长　李亚兰(女)

常务副会长　贾立军(女)

秘 书 长　郑国峰

北京通州报社

总 编 辑　安继连

政协机关

中国人民政治协商会议北京市通州区委员会

主　　席　赵玉影

副 主 席　季志会(女)
贾君刚
石宝玉
王子江(不驻会)
田春华(女,不驻会)
吴　涛(不驻会)

秘 书 长　杜德耕

副秘书长　刘宝明

常务委员　王立生
王红菊(女)
王连队
王秀东
王振成
史长清
吕　东
吕庆申
伊　婵(女)
刘秀杰(女)
刘宝平
刘宝明
刘崇尧(女)
池雪斌
孙大公
杜德强
李　丽(女)
李光伟(女)
杨玉桥
杨朝辉(女)
邹晓美(女)
张　松
张　硕
张兴顺
张琴琴(女)
贯会学
岳凤山
庞　玉
赵　静(女)
郝　玥(女)
胡玉玲(女)
胥振阳

倪晓燕(女)
唐　军
曹一楠
曹恒永
程　群
鲁新龙
然　教

办公室

主　　任　刘宝明
副 主 任　王金瑞
　　　　　李瑞红(女)

研究室

主　　任　皮联仿

专委会一室

主　　任　李北江(7月免)

专委会二室

主　　任　程行利
副 主 任　卢雪静(女)

专委会三室

主　　任　丁振宇

专委会四室

主　　任　杨广文
副 主 任　毛瑞霞(女)

专委会五室

主　　任　李雅静(女)

专委会六室

主　　任　孔庆媛(女)
副 主 任　刘　飏(女,回族)

法院 检察院

人民法院

党组书记　陈立如
党组副书记　徐瑞成(9月任)
院　　长　陈立如
副 院 长　王成喜(3月免)
　　　　　徐瑞成
　　　　　张朝阳
　　　　　朱长军
政治处主任　张永增(2月免)
　　　　　张　静(女,9月任)
政治处副主任　管亚新(女,回族)
纪检组组长　连增平(女)
纪检组副组长　徐古月(4月去世)
执行局局长　樊守林
执行局副局长　马　辉
　　　　　王旭东
执行一庭庭长　徐寒军
执行二庭庭长　马　辉
执行三庭庭长　石彦孝(回族)
执行指挥办公室主任　张　涛
审判委员会专职委员　蔡俊清(女)
　　　　　徐伟东(3月免)
　　　　　杨少青(4月免)
　　　　　王连勇(9月任)
　　　　　刘广强(9月任)
刑事审判第一庭庭长　李中华
刑事审判第二庭庭长　卫　丹(女)
民事审判第一庭庭长　李迎新(女,满族)
民事审判第二庭庭长　刘　梅(女)
民事审判第三庭庭长　赵连峰
民事审判第四庭庭长　朱　璟(女)
行政审判庭庭长　邱春阳
劳动争议审判庭庭长　原海涛
审判监督庭庭长　陈汉东
研究室主任　孙之智
宋庄人民法庭庭长　李士刚
张家湾人民法庭庭长　刘秉浩
漷县人民法庭庭长　孙天舒(女)
马驹桥人民法庭庭长　曹　越
台湖人民法庭庭长　杨　宇

法警大队队长 刘志航(满族)
工 会 主 席 王连勇

人民检察院

党 组 书 记 祁治国
政治处主任 张爱华(女)
检察委员会专职委员 李希强
检 察 长 祁治国
副 检 察 长 甘 露(女)
田长江
张树昌
监 察 室 杨 刚
办 公 室 王向玲(女)
检察管理监督部 李洪欣(女)
行政事务管理局 高学全
审查逮捕部 李 峥(女)
公 诉 部 刘 岩(女)
刑事审判监督部 杨文悦
未成年人案件检察部 赵丽佳(女)
刑事执行检察部 高建泉
民事检察部 马良民
行政检察部 黄笔镜(女)
法 警 大 队 陈 威
职务犯罪检察部 万进良
侦查监督部 王沛濡
检察技术部 李永红

群众团体

区总工会

主 席 尚祖国
党 组 书 记 关 平
副 主 席 关 平
徐淑兰(女)

共青团北京市通州区委员会

书 记 刘 鑫(2月免)
林正航(9月任)
副 书 记 石 韧(回族,12月免)
李浩培(11月任)

区妇女联合会

主 席 刘美俊(女)
副 主 席 边学锋(女,2月免)
倪晓燕(女)
张 君(女)

区工商业联合会

党 组 书 记 曹恒永
主 席 赵 静(女)
副 主 席 林 鹏
秘 书 长 林 鹏

区文学艺术界联合会

主 席 樊淑玲(女)
副 主 席 王桂新

区科学技术协会

党 组 书 记 岳凤山
主 席 金文岭
副 主 席 谭 轶

区残疾人联合会

党 组 书 记 张健姝(女,9月免)
张玉震(9月任)
理 事 长 张玉震
副 理 事 长 何全盛(6月免)

区属商贸服务企业

通州商业资产运营公司

党委书记　孙士臣
党委副书记　温大海
纪委书记　温大海
经　　理　孙士臣
副 经 理　何桂霞(女)
高文峰
郭小莲(女)
冯秀军
李立军
工会主席　温大海

北京金通资产经营管理公司

党委书记　陈满全
党委副书记　关　雪
纪委书记　关　雪
经　　理　陈满全
副 经 理　刘义亭
工会主席　关　雪

通州区煤炭公司

党委书记　潘国利
党委副书记　李宝全
纪委书记　李宝全
经　　理　潘国利
副 经 理　孟庆江
张福全
董维臣

通州区供销合作总社

党委书记　王　强(11月免)
党委副书记　吴　卫
牛伟伟(女)
米广清
纪委书记　牛伟伟(女)
主　　任　吴　卫
副 主 任　米广清
曹立波

园　区

金桥基地管委会(北京国家环保产业园区管理委员会)

主　　任　李墨军
副 主 任　潘洪跃

北京通州物流产业园区管理委员会(原物流基地管委会)

主　　任　张留树
副 主 任　董　彦(女,蒙古族)

通州新城金融服务园区管委会

主　　任　李宝增
副 主 任　黄之元
雷　霆

北京通州文化旅游区管委会

党组书记　赵　军
主　　任　赵　军
副 主 任　张宝国
李　朋
王冬生

北京通州宋庄文化创意产业集聚区管理委员会

副 主 任　孙广平(主持工作)
黄友庆(9月免)
李　润(女)

北京通州国际医疗服务区建设管理委员会

副 主 任　杨跃凯
尹凤忠

街道 乡镇

中仓街道

工委书记　宗　飞
工委副书记　陈新全(12月免)
　张　军
　刘晓波
纪工委书记　刘晓波
组织部部长　闫荣萍(女)
宣传部部长　张建竹(女)
武装部部长　张连宝
总工会主席　张玉平
人大街工委主任　宗　飞
人大街工委副主任　米福清(女,回族)
办事处主任　陈新全(12月免)
办事处副主任　李　明
　崔淑敏(女)
　王秀民
　于洪流

新华街道

工委书记　滕永新
工委副书记　张民平
　杨万军
　王庆新
纪工委书记　王庆新
组织部部长　吕　征(女)
宣传部部长　王东艳(女)
武装部部长　陈　平(10月免)
总工会主席　薛　玲(女)
人大街工委主任　滕永新
人大街工委副主任　羿永强
办事处主任　张民平
办事处副主任　万松梅(女)
　方向东
　王　刚
　李永金

北苑街道

工委书记　李彦明
工委副书记　华　飞(女)
　李永刚
　尹长伟
纪工委书记　尹长伟
组织部部长　高新凤(女)
宣传部部长　西雪莲(女)
武装部部长　杜永贵
总工会主席　叶国良
人大街工委主任　李彦明
人大街工委副主任　张宝贵
办事处主任　华　飞(女)
办事处副主任　沈延忠
　曾令发
　刘彦平

玉桥街道

工委书记　徐景发
工委副书记　孙雪松(女)
　李　青
　罗占先
纪工委书记　罗占先
组织部部长　张艳萍(女)
宣传部部长　王春玲(女)
武装部部长　孟轩昂
总工会主席　徐桂兰(女)
人大街工委副主任　张梅菊(女)
办事处主任　孙雪松(女)
办事处副主任　薛美丽(女)
　刘明晨
　董　金
　张　斌(2017年2月任)

潞源街道

工委书记	倪德才(5月任)
工委副书记	刘　鑫(5月任)
	刘文鹏(5月任)
纪工委书记	康　健(女,9月任)
武装部部长	陈　平(10月任)
总工会主席	张国宽(12月任)
人大街工委主任	倪德才(9月任)
办事处主任	刘　鑫(6月任)
办事处副主任	黄友庆(9月任)
	程丹棣(女,9月任)
	吴艳蕾(女,11月任)
	李　鹏(11月任)

通运街道

工委书记	曾祥正(12月任)
工委副书记	陈新全(12月任)
办事处主任	陈新全(12月任)
武装部部长	王忠义(12月任)
办事处副主任	余　洋(12月任)

永顺镇

党委书记	邓忠义
党委副书记	邓小民
	于　军
组织委员	姜宝军
宣传委员	戴迎春(女)
纪委书记	张宝利
武装部部长	王履安(回族)
总工会主席	李德英(女)
人大主席	朱秀慧(女)
镇长	邓小民
副镇长	赵程红(女)
	王　东
	郑永忠
	蔡德刚
	宋坤一
	刘　刚

梨园镇

党委书记	冯利英(女)
镇长	刘永忠
党委副书记	王元霞(女)
组织委员	张全书
宣传委员	辛　新(女)
纪委书记	刘国兴
武装部部长	田洪民
总工会主席	崔丽君(女)
人大主席	许华芳
副镇长	巩少峰
	金海河
	王　刚
	张远月
	高志强
	崔丽君(女)
办事处副主任	张志才

宋庄镇

党委书记	柳德利
党委副书记	王　艳(女)
	李树东
组织委员	李　翔
宣传委员	李晓英(女)
纪委书记	洪壮志
武装部部长	康福星
总工会主席	张殿东
人大主席	王玉英(女)
镇长	王　艳(女)
副镇长	裴剑峰
	马宝民
	张春波
	贾春风
	张艳明(女)
	徐　俊

张家湾镇

党委书记	聂玉泉
党委副书记	范亮亮
	李　丹(回族,9月免)
	张　硕(9月任)
组织委员	齐莉丽(女)
宣传委员	陈瑞昆
纪委书记	张新刚
武装部部长	于　良
总工会主席	付永军
人大主席	张国瑞
镇长	范亮亮
副镇长	杨文新
	郝红芬(女)
	李小军
	张凤国
	杨　彬
	张　弘

漷县镇

党委书记	孝　军(5月免)
	朱春彬(11月任)
党委副书记	朱春彬(11月免)
	邹海涛
组织委员	张亚忠
宣传委员	张雪莲(女)
纪委书记	杜振强(女)
武装部部长	邢　君
总工会主席	郝洪达
人大主席	曹庆明
镇长	朱春彬(12月免)
	邹海涛(12月任)
副镇长	李宝华
	李佳佳(女)
	刘树才
	杨　佐
	曾凡博

马驹桥镇

党委书记	鲁新红(11月免)
	孙　伟(11月任)
党委副书记	何志达(11月任)
	王雪艳(女)
组织委员	王小东
宣传委员	周　媛(女)
纪委书记	朱新亮
武装部部长	李宝华
总工会主席	陈学庆
人大主席	徐德义
镇长	孙　伟(11月免)
	何志达(12月任)
副镇长	张凤华
	于长阳
	高国庆
	米学忠
	王　珍(女)
	汪立宏(12月任)

西集镇

党委书记	张全启
党委副书记	陈洪波
	马清文
组织委员	张洪政
宣传委员	冯　宁(女)
纪委书记	康　健(女,9月免)
	刘晨光(9月任)
武装部部长	李成军
总工会主席	王昊健(女)
人大主席	果松海
镇长	陈洪波
副镇长	赵海燕(女)
	唐荣光
	曲春丞(在内蒙古挂职)
	杨继君(女)
	宋　扬

潞城镇

党委书记 刘贵明(6月免)
吴孔安(7月任)
党委副书记 吴孔安(7月免)
张旭辉(11月任)
林广星
组织委员 马 骎(女)
宣传委员 潘玉霞(女)
纪委书记 陈 镇
武装部部长 李文周
总工会主席 殷文平(女)
人大主席 蔡瑞彬
镇 长 吴孔安(12月免)
张旭辉(12月任)
副 镇 长 梁红英
韩 鹏
石 韧(12月任)
刘 颖(女)
程丹棣(女,12月免)
高 翔
邓长荣(女)
刘 筱(12月任)

台湖镇

党委书记 倪德才(5月免)
曹东波(11月任)
镇 长 曹东波
党委副书记 初庆宝
组织委员 朱晓鑫
宣传委员 徐敬福
纪委书记 刘小明
武装部部长 韩廷春
总工会主席 李 勇
人大主席 郭成礼
副 镇 长 贾晓玲(女)
王雪冬
顾有勤
肖 丹
李胜利
纪 方

永乐店镇

党委书记 魏 国
党委副书记 卢庆雷
周万武
纪委书记 李 锋
组织委员 王志佳
宣传委员 王绮茜(女)
武装部部长 杨得志
总工会主席 李永生
人大主席 杨志勇
镇 长 卢庆雷
副 镇 长 李立新
周立军
焦善鸣(12月免)
宋兰艳(女)
李金松

于家务回族乡

党委书记 王德松
党委副书记 古 剑(回族)
葛 静(女)
组织委员 丛莉芸(女)
宣传委员 张志翔
纪委书记 徐海涛
武装部部长 冉金友
总工会主席 张宝东
人大主席 王志勇
乡 长 古 剑(回族)
副 乡 长 李亚军(回族)
吕正波
于秀红(女)
李卫忠
孙景宁

双管单位

北京市规划委员会通州分局

党组书记　靳　京
局　　长　靳　京
副 局 长　詹懿琳(女)
　　　　　齐晓庭
　　　　　李　伟
　　　　　郭宝峰
　　　　　张智杰(女)
　　　　　朱言生

北京市国土资源局通州分局

党组书记　康振宇
党组副书记　靳　京
纪检组长　张彦茹(女)
局　　长　靳　京
副 局 长　康振宇
　　　　　张士祥
　　　　　王满屯
　　　　　王　玥(女)
　　　　　张洪兴

北京市规划和国土资源管理委员会通州分局（3月挂牌）

党组书记　郑　皓(女,3月任)
党组副书记　靳　京(3月任)
纪检组长　朱言生(3月任)
常务副局长　郑　皓(女,3月任)
副 局 长　靳　京(3月任)
　　　　　康振宇(3月任)
　　　　　齐晓庭(3月任)
　　　　　张士祥(3月任)
　　　　　王满屯(3月任)
　　　　　王　玥(女,3月任)
　　　　　李　伟(3月任)
　　　　　张洪兴(3月任)
　　　　　张彦茹(女,3月任)
　　　　　张智杰(女,3月任)

北京市交通委员会路政局通州公路分局

党委书记　王沛才
党委副书记　李金钟
局　　长　李金钟
副 局 长　孔　羽(女)
　　　　　张淑琴(女)
　　　　　陈丕东
　　　　　李金龙
总工程师　阮玉非

通州区质量技术监督局

党组书记　刘永利
纪检组组长　董迎旭
局　　长　刘永利
副 局 长　董　武
　　　　　刘　成
　　　　　韩　涛

通州区气象局

党组书记　李文华
纪检组组长　董鹏捷(女)
局　　长　李文华
副 局 长　董鹏捷(女)
　　　　　温　煦(7月任)

中国邮政集团公司北京市通州区分公司

党委书记　侯　杰
局　　长　侯　杰
副 局 长　陈建国
　　　　　董宗悦
　　　　　朱秀起(8月免)
工会主席　董宗悦

中国人民解放军北京市通州区人民武装部

部　　长　王虎东

政　　委　张宏韬
副部长兼军事科科长　田卫奇
政工科科长　任　钧

通州区国家税务局

党组书记　张贻民
局　　长　张贻民
副 局 长　田京玉
柯大庆
何文清
纪检组组长　邱红雷(女)
总经济师　孟建秋
总会计师　张　伟

通州区地方税务局

党组书记　杨玉杰
党组副书记　史利军
纪检组组长　马　岚(女,回族)
局　　长　杨玉杰
副 局 长　史利军
张孟松
刘亚慧(女)
杜云涛
王　启(1月任)

通州区税务局(7月挂牌)

党委书记　杨玉杰(10月任)
党委副书记　张贻民(10月任)
史利军(10月任)
纪检组组长　马　岚(女,回族,6月任)
局　　长　杨玉杰(6月任)
副 局 长　张贻民(6月任)
史利军(6月任)
田京玉(6月任)
张孟松(6月任)
刘亚慧(女,6月任)
柯大庆(6月任)
何文清(6月任)
杜云涛(6月任)
王　启(6月任)
总经济师　孟建秋(6月任)
总会计师　张　伟(6月任)

工商行政管理局通州分局

党组书记　高树田
党组副书记　朱亚军
纪检组组长　单　玉
局　　长　高树田
副 局 长　朱亚军
鲁　嵩
赵　岩
王通新
魏林海
稽查大队大队长　周　清

北京市公安局通州分局

党委书记　朱益军
党委副书记　郭　平
局　　长　朱益军

通州区消防支队

支 队 长　张敬军
政治委员　刘少如
副支队长　刘武亮
施鸿鹏

通州区交通支队

党委书记　吴学军
党委副书记　林　强
支 队 长　吴学军
政　　委　林　强
副支队长　魏　奎
张国庆
何长成

北京市通州区食品药品监督管理局

党组书记　冯　源
纪检组组长　姚　晨(女)
局　　长　冯　源
副 局 长　王立春

张　民(女)
王继文
李捍华
稽查大队大队长　杜伟利

北京市通州区烟草专卖局（公司）

书　　记　夏建瓴
纪检组组长　杨　蕾(女)
局长(经理)　夏建瓴
副 经 理　李　超
副 局 长　张广秀

部分重点企业

中国烟草总公司北京市公司物流中心

经　　理　王永革
党委书记　朱桂玲
党委副书记　王永革
副 经 理　孙壮志
赵全利
颜其利
许　鹏(5月免)
龚　诚
李　宁(7月任)
高级工程师　李　宁(6月免)

通州区粮油贸易公司

党委书记　唐顺荣
党委副书记　张殿荣(女,4月免)
纪委书记　张殿荣(女,4月免)
总 经 理　唐顺荣
副总经理　张启发
郭　林
张立永
工会主席　张殿荣(女,4月免)

电信科学技术仪表研究所有限公司

党委书记　张志勇
党委副书记　董恩辉
曹永增
纪委书记　曹永增
总 经 理　董恩辉
副总经理　杜俊兴
总工程师　申学军

北京岱摩斯变速器有限公司

总 经 理　金映均
副总经理　孟佑永
朴来贤
李赞周
金柱坤(5月免)
朴遗腹
李英熙(2月任)
朴相秀
金天旻
梁　晋(3月任)
李羊揆
安兑環(5月任)

北京中丽制机工程技术有限公司

董事长(总经理)　仝文奇
党委书记　宋　林
党委副书记　沈　玮
郝洪波
纪委书记　宋　林
常务副总经理　沈　玮
副总经理　焦春阳
宋　林
总会计师　曹　曙
总工程师　吴昌木

北京万生药业有限责任公司

董事长(总经理)　黄　河
副总经理　崔欣荣
耿玉先

褚爱萍(女)
周建明
刘　珂(女)
董事会秘书　李　永
财务总监　杨徐燕(女)

其他单位

中国联合网络通信有限公司北京市通州区分公司

党委书记　朱正辉
总经理　朱正辉
副总经理　刘　刚
任旭东(8月任)
刘　森(8月任)
纪检组长　耿海东(9月免)
果　凌(9月任)

中国工商银行股份有限公司北京通州支行

行长　史　旭(4月任)
副行长　司洪胜
朱高杰
柳春光(6月任)
纪委书记　石秀荣(女,7月免)
郭燕峰(7月任)

中国农业银行股份有限公司北京城市副中心分行

党委书记　王荣熙
党委副书记　王小芬(女,7月任)
纪委书记　张晋婷(女)
行长　王荣熙
副行长　王小芬(女)
行长助理　季　南
刘和年
冀　芳(女)

中国银行股份有限公司北京通州支行

行长　牛　军
副行长　孙　岚(女)
吴　戈
刘　云(女,回族)
李　进
纪委书记　郭　薇

中国建设银行股份有限公司北京通州分行

党委书记　周　敏(8月免)
张亚纲(8月任)
纪委书记　刘　洪(7月免)
闫玉国(12月任)
行长　周　敏(12月免)
张亚纲(12月任)
副行长　闫玉国(12月免)
冯　涛(8月免)
刘　筱
刘福合

中国农业发展银行北京市通州区支行

行长　闫战龙
副行长　陈亚健(女)
史朝晖

北京银行股份有限公司通州支行

行长　王　玉(女,1月免)
臧建国(1月任)
副行长　臧建国(1月免)
郑立新
秦军涛(1月任)
朱　玥(1月免)
李　丹(女,12月免)
李文杰(1月免)
魏　莹(1月免)
张　欣(女,1月免)

北京农村商业银行通州支行

行长　吕国清
副行长　马俊华(女)
贾　佳
谭　慎(女)

刘旭东

中国人民财产保险股份有限公司北京市通州支公司

党支部书记　赵雄心
总经理　赵雄心
总经理助理　刘立娟(女,2月任)
副总经理　龚　健

国网北京市电力公司通州供电公司

总经理　赖祥生
党委书记　刘德坤
党委副书记　赖祥生
　柳　军(3月免)
纪委书记　柳　军(3月免)
　周　欣(女,3月任)
副总经理　刘德坤
　张　松
　尚　博
　赵长青(2017年9月任)
工会主席　周　欣(女)
总会计师　杨　莉(女,2017年9月任)
总工程师　赵长青(2017年9月免)
　康　琦(2017年9月任)

北京市通州区国有资本运营有限公司

党委书记　张增然
党委副书记　杨　利(回族)
　张冬梅(女)
　孙艳红(女)
纪委书记　代艳东
董事长　张增然
副董事长　杨　利(回族)
总经理　杨　利(回族)
副经理　刘建兵
　张千里
　高　旭
监事会主席　张冬梅(女)
工会主席　孙艳红(女)

北京新奥通城房地产开发有限公司

支部书记　耿　强(3月任,5月免)
　汤贵海(5月任)
董事长　汤贵海(5月任)
总经理　耿　强(2月任)
支部副书记　耿　强(3月免)
常务副总经理　耿　强(2月免)
副总经理　魏　越(7月免)
　张国迎(女,6月免)
　吴　炜
　郅　慧(2月任)
　徐仲卿(10月任)

北京歌华有线电视网络股份有限公司通州分公司

党支部书记　石江明
党支部副书记　李星梅(女)
总经理　石江明
常务副总经理　宋宝贵
总经理助理　张　恒(女,2月免)
　李星梅(女)

先进单位、先进个人

全国先进单位、先进个人

“四好农村路”全国示范县

北京市通州区

全国中小学校责任督学挂牌督导创新区

北京市通州区

第三批国家级农村职业教育和成人教育示范县创建合格单位

北京市通州区

全国“三北”绿化先进单位

北京市通州区园林绿化局

全国文明单位

中国建设银行股份有限公司北京通州分行

2018年度全国检察新闻宣传先进单位

北京市通州区人民检察院

全国检察新媒体建设微博运营前四十

北京市通州区人民检察院

2018年度中国创新型政法新媒体

北京市通州区人民检察院

第一届全国法院审判管理优秀业务单位

北京市通州区人民法院

全国法院案件繁简分流示范法院

北京市通州区人民法院

全国法院第二十九届学术讨论会组织工作先进奖

北京市通州区人民法院研究室

2018年度法检信息化(智慧法院)最佳实践奖

北京市通州区人民法院“慧眼平台”系统

第十四届全国法治动漫微电影作品征集展播活动优秀组织奖

北京市通州区司法局

第十四届全国法治动漫微电影作品征集展播活动一等奖

《争当文明“驶”者 不做车祸“醉”人》

第十四届全国法治动漫微电影作品征集展播活动三等奖

《文明养犬》

中国纺织行业首批重点实验室

纺织行业熔纺成套装备制造技术重点实验室

2017年全国尘毒危害治理示范企业

北京中丽制机工程技术有限公司

2018年度国家防震减灾科普示范学校

大东各庄小学

住建部“强基础、转作风、树形象”专项行动突出单位

北京市通州区城市管理综合行政执法监察局

《新思路 新革命 新成效——全国地县级文联负责人研修班学员典型案例集》刊载通州区文学艺术界联合会撰写的文章《艺术红丝带——新文艺组织、新文艺群成为展示原创艺术的窗口》

北京市通州区文学艺术界联合会

全国民主法治示范社区

北京市通州区玉桥街道东里南社区

第八批全国一村一品示范村镇

通州区西集镇沙古堆村

2018年全国“四好农村路”

北京市通州区于家务回族乡中心区新张南路

全国岗位学雷锋标兵

于文静

网评之星

王　俊

全国打击侵权假冒工作先进个人

窦立博

全国人民调解工作先进个人

刘　艳

全国优秀测绘工程铜奖

邬春领　郝树宾　刘祥伟　刘　健　韩佳瑶

王　雅　于海永　李明华　戚远军　王文斌

毛宗超　李永亮　苗亚成　王　波　辛建龙

环境部表彰信息工作突出个人

胡　蕊

北京市先进单位、先进个人

首都劳动奖状

通州区监察委员会

工人先锋号

通州区玉桥街道办事处

北京市三八红旗优秀集体

通州区梨园社区卫生服务中心

首都文明乡镇

通州区永顺镇

通州区马驹桥镇

首都文明单位标兵

北京市通州区北苑街道办事处

首都文明单位

北京市通州区法院

北京市通州区气象局

北京市通州区司法局

北京万生药业有限责任公司

北京市通州区人民检察院

首都未成年人思想道德建设创新案例提名奖

通州区北苑街道办事处

市级劳动争议调解综合示范单位

通州区漷县镇劳动人事争议调解中心

通州区西集镇劳动人事争议调解中心

北京市“安全生产月”活动优秀组织奖

通州区安全监管局

北京市“安全生产月”活动最佳实践活动奖

通州区安全监管局

北京市“安全生产月”活动优秀新闻报道单位

通州区安全监管局

第一届“寻找最美安监巾帼”主题活动优秀组织奖

通州区安全监管局

“北京市职业安全健康宣讲活动”优秀组织单位

通州区安全监管局

北京市“职工技协杯”职业技能竞赛活动优秀组织奖

通州区安全监管局

专职安全员队伍“最具影响力”微信公众号

通州区永顺镇安监

平安之家马驹桥

通州区台湖镇安监

北京市专职安全员先进集体

通州区于家务回族乡安全生产检查队

通州区漷县镇安全生产检查队

通州区马驹桥镇安全生产检查队

通州区玉桥街道安全生产检查队

北京市安全生产工作先进单位

通州区安全监管局

北京市安监系统团委“一红两优”红旗团组织

通州区马驹桥镇安全生产检查队团支部

首都保护环境先进集体

通州公安分局环食药旅中队

2018年度“五型监所”创建型单位

通州区看守所

全市检察机关信息工作表现突出单位

通州区人民检察院办公室

北京市先进法院

通州区人民法院

2017年度新闻宣传工作优秀组织单位

通州区人民法院

北京法院新闻宣传工作优秀组织单位奖

通州区人民法院

北京市法院先进集体

通州区人民法院诉前调解办公室

北京市法院十佳人民法庭

通州区人民法院宋庄法庭

人民法庭单项工作突出贡献奖

通州区人民法院张家湾法庭

北京法院诉讼服务专项工作先进单位

通州区人民法院诉讼服务办公室

北京法院2017年度司法警察规范化管理标兵警队

通州区人民法院法警大队

北京法院2017年度警务信息先进单位

通州区人民法院法警大队

北京市法院第二十九届学术讨论会组织工作先进奖

通州区人民法院研究室

多元调解与速裁工作先进单位

通州区人民法院诉前调解办公室

通州区人民法院立案庭

2017年度全市法院司法政务工作先进集体

通州区人民法院办公室

2017年度北京市法院信息工作先进单位

通州区人民法院

北京市法院党建工作先进集体

通州区人民法院台湖法庭党支部

通州区人民法院诉调办党支部

北京市法院2017年度《北京审判》刊物工作优秀单位

通州区人民法院研究室

北京市政法系统先进基层党组织

通州区人民法院诉前调解办公室党支部

2017年度“以案释法”工作先进单位

通州区司法局

第十届北京市“人民满意的政法单位”

通州区潞城司法所

北京市司法行政系统2018年全国“两会”安全保卫工作集体三等功

通州区宋庄司法所

法律援助最佳案件增幅奖

通州区法律援助中心

疏解整治促提升先进党组织

北京市致宏律师事务所党支部

十佳司法所

通州区永顺司法所

特色人民调解组织

通州区城市副中心建设人民调解工作室

首都学雷锋志愿服务岗

原北京市通州区国家税务局第一税务所

原北京市通州区地方税务局第四税务所

北京市区县机关档案工作测评市级优秀单位

北京通州文化旅游区管委会

2017年度北京市非公有制企业履行社会责任综合评价百家上榜单位

北京万生药业有限责任公司

积极参与无偿献血公益事业优秀组织单位
北京万生药业有限责任公司
北京市诚信创建企业
北京万生药业有限责任公司
北京民营企业科技创新百强企业
北京万生药业有限责任公司
首都环境保护先进集体
通州区住房和城乡建设委员会
通州区城市管理委员会
2018年度施工扬尘治理先进监督单位
通州区住房和城乡建设委员会
2018年度安全生产管理先进监督单位
通州区住房和城乡建设委员会
先进基层党组织
通州公路分局
2018年度通联工作优秀组织单位
通州区城市管理委员会
2018年度北京市区县防震减灾工作综合评比优秀单位
通州区地震局
2018年度区地震监测预报工作先进单位
通州区地震局
北京市农广校招生先进单位
北京市农业广播电视学校通州区分校
北京市农广校先进工作站
北京市农业广播电视学校通州区分校西集镇工作站
北京市农业广播电视学校通州区分校永乐店镇工作站
北京开放大学2018年度材料资源配置工作先进集体
北京开放大学通州分校
首都民族团结进步先进集体
中仓街道办事处
北京市社会领域优秀党建活动品牌
中仓街道办事处“四有四服务”党建创新品牌
北京最美街巷
中仓街道办事处莲花寺社区熊家胡同
首都精神文明社区
中仓街道办事处莲花寺社区
2017年度无偿献血先进集体
通州区北苑街道办事处
市民礼让斑马线广场舞比赛一等奖
通州区北苑街道办事处
北京市全民健身示范街道
通州区北苑街道办事处
“优质服务窗口”单位
通州区北苑街道社会保障事务所
北京市综合减灾示范街道
通州区北苑街道办事处
北京市安全社区
通州区北苑街道办事处
通州区玉桥街道办事处
“最美街巷”提名奖
通州区永顺镇复兴里西路
2018年北京市安全生产月优秀组织奖
通州区西集镇人民政府
通州区马驹桥镇人民政府
北京市安全生产先进单位
通州区西集镇人民政府
通州区马驹桥镇人民政府
2018年度创建首都森林城镇
通州区西集镇人民政府
2018年度交通安全优秀街乡镇
通州区西集镇人民政府
北京市民政工作先进集体
通州区西集镇社会事务管理科
北京市“三八”红旗奖章
晋　怡　李　莉
首都劳动奖章
晋　怡
首都环境保护先进个人
聂　兵　李建军　田　芳　王岳磊　黄笔镜
嘉奖首都社会治安综合治理先进集体有关领导干部
顿六平

2018年安全生产先进个人

曹树常　杨文庆　袁文旭　赵冬梅　汪　岩

荆春花　杨镜坡

北京市安全生产专职安全员领军人才

杨红波　周　辉　刘峻甫　赵宝权　曹福成

窦华伟　张　贺　伍梁艳　翟　红　石双双

陆雪峰　冯春龙　于志军　黄　磊　邓春民

白　杰　吕晓晨　朱金俊志

北京市安全生产（督查）检查队队长标兵

李春亮　董志明　杨　宁　韩春灏　张莹洁

夏妍然　张　成　杨春江　李　玉　游海青

张圆元　李俊波　于　辉　刘　猛　曹　彬

张　颖　王春雨　付超男　李云鹏　王　权

张　林　郑默飞　赵庆祥　孙玺森

北京市安全生产先进个人

赵万奎　郭乃喜　孙　伟　李俊波　张海涛

2018年“职工技协杯”职业技能竞赛决赛一等奖

陆雪峰

2018年“职工技协杯”职业技能竞赛决赛三等奖

冯春龙

“北京市职工高级职业技术能手”称号

陆雪峰

专职安全员队伍“最具影响力”微信公众号优秀编辑

路玉伶　乔　稳　秦　静

北京市安全生产技术标兵

陆雪峰　冯春龙

北京市安全生产技术能手

张立新　于志军　黄　磊　邓春民

北京市青年安监卫士

李耀祖　武　强　蔺文超　范立新　冯春龙

周　辉　毕松华　游海青　吕　蒙　周　杰

王春雨　单　强　刘　猛　周思盼　刘　杰

贺　冰　安　静　陆　岳

北京市安监系统团委“一红两优”——优秀共青团干部

刘丹丹

2018年北京市安监系统团委“一红两优”——优秀共青团员

单　强　孟凡昊　董　畅

2018年北京市专职安全员先进个人

王永刚　吕　克　李耀祖　张莹洁

2018年北京市安全生产优秀法制宣讲员

吴海燕　丁博宇

北京市政法系统优秀共产党员

尹宏大

“北京榜样·最美警察”称号

尹宏大

刑侦系统2018年度典型榜样优秀个人

郑　超

十佳女警

文　琦

北京市未成年人检察工作三十年作出突出贡献的个人

赵丽佳

全市检察机关信息工作表现突出的个人

曾鹏飞

第十届北京市“人民满意的政法干警”暨“首都政法先锋”

晋　怡

第十届北京市“人民满意的政法干警”争创奖

晋　怡

北京市法院模范审判团队

晋　怡

北京市法院系统先进法官

宋剑涛　张伟营　齐　松

北京市法院系统先进工作者

黄源泉　豆　鹏

北京市法院系统模范法官

王　林　张　燕

2017年度全市法院司法政务工作优秀个人

张　静

北京市2017年度司法警察警务工作先进个人

胡　祥

2017年度新闻宣传工作先进个人二等奖

窦　娟

2017年度新闻宣传工作先进个人三等奖

雷小云

北京市法院模范法庭干警

薛德胜　陈明山　井　龙　秦　玲

2017年度北京法院诉讼服务之星

陈　建

十佳速裁法官

齐　松

优秀速裁法官

徐明祺

十佳特邀调解员

王　蔚

北京市法院党建工作先进个人

赵连峰　邱春阳　王宝荣　叶福勇　李　峥

2017年度北京市法院信息工作先进个人

任卫宁

立案工作先进个人

鲍　婕

北京市法院先进审判团队

李中华　王　林　齐　松

第三届北京市审判业务专家

李中华

第四届北京市审判业务专家提名奖

蒋为杰

北京市法院第二十九届学术讨论会组织工作先进个人

王　俊

2017年度《北京审判》优秀通讯员

李　璠

第六届北京市法官兼职教师

陈汉东　徐寒军　蒋为杰　于俊平　卫　丹
孟　强

北京市调解工作优秀党员调解员

杜树辉

法治好青年推荐提名奖

郑小磊　王　岳　钮亚萌

疏解整治促提升先进律师

左增信

最美人民调解员

张改朝

首都环境建设突出贡献

杨明杰

城市管理与科技杂志社优秀通讯员

付文辉

北京市园林绿化局森林公安局先进个人

李玉生

北京市防汛抗旱先进个人

李文华

北京市档案局全市档案业务骨干（档案保管保护领域）

杨　岚

2018年度首都控烟先进个人

于　湛

市农广校先进工作者

马轶群

市农广校优秀授课教师

岳金岭

市农广校宣传先进个人

路月仙

市支持农广教育突出贡献奖

张成法

2018年度优秀社工

刘艳霞

2018年度北京市优秀基层武装部长

李成军

北京市就业创业工作先进个人

田东生

2018年度首都绿化美化先进个人

邢启航

北京市安全生产检查队领军人才

赵宝权　黄　磊

北京市环保先进个人

裴志鑫

人物简介

先进人物

张利鹏 男，汉族，1988年12月出生，辽宁省阜新市阜新蒙古族自治县人，曾任北京市通州区公安消防支队商务园中队战斗班班长，武警上士警衔。2018年，张利鹏被公安部授予见义勇为烈士称号，荣获公安部献身国防金质纪念章，并被北京市公安局追记一等功。

2018年8月2日下午14时，在辽宁省朝阳市北票市白石漂流景区，3名游客在接近漂流终点的浅滩游玩时，不慎滑入深水区，被湍急的水流冲向下游，水流声夹杂着求救声惊心动魄，现场群众乱作一团。正在休假期间，陪父母在附近游览的张利鹏听到呼救声后，立即跳入激流中展开救援。他咬紧牙关将3名落水者一一送到安全地带，自己却因体力完全透支再也无力支撑，被卷进了深水区，壮烈牺牲。

于文静 女，2018年被授予第四批全国岗位学雷锋标兵。1978年3月出生，汉族，中共党员，硕士研究生，1996年9月参加工作。现任北京市公安局通州分局巡警支队白庙北站派出所政委。于文静先后多次荣获嘉奖和优秀复转军人称号，两次荣立个人三等功。

2012年获中国孝老爱亲好人、通州区第二届道德模范，北京市公安局优秀复转军人、北京市十大慈善义工等称号；2013年获第四届道德模范和首都精神文明建设奖等称号；2014年当选通州区第四届妇女代表和北京市第十三届妇女代表，同年获北京市三八红旗手、北京市公安局优秀复转军人等称号；2015年被授予北京先进工作者称号；2016年被授予北京青年五四奖章；2017年先后获全国三八红旗手、通州区志愿服务优秀个人，2017年12月获北京市骨干职工志愿者等称号；2018年3月被授予第四批全国岗位学雷锋标兵称号。于文静所在团队扎实开展学雷锋志愿服务活动，先后被授予多项荣誉。2014年团队被授予首都精神文明建设先进单位和首都学雷锋志愿服务站；被北京市公安局授予于文静学雷锋志愿服务队，于文静先锋示范岗等；被北京市公安局通州分局授予巾帼文明岗，集体二等功、优秀辅警集体等荣誉。2015年于文静学雷锋志愿服务团队的服务项目被北京市公安局评为优秀学雷锋志愿服务项目。2016年3月被通州区评为2015年通州区志愿服务优秀队伍。2016年5月被北京市评为首都学雷锋志愿服务示范站。2016年7月被北京市公安局评为于文静杰出民警工作室。2017年2月被评为通州区志愿服务优秀组织。

作为北京市公安局唯一的检查站女民警、女领导，于文静不怕苦不怕累，身先士卒、率先垂范。卡点上，她即是指挥员，又是战斗员，从盘查车辆到核查录入，从拦截到抓捕嫌疑人，她总是冲锋在前，用无声的行动告诉大家公安局的基层一线，女民警一样干的了， 更干的好！

于文静利用业余时间带领她的学雷锋志愿服务团队活跃在志愿服务的公益舞台上，在敬老、助残、法制宣讲、环境保护、关爱弱势群体、社区便民等方面全方位的开展学雷锋活动。团队成立五年来，影响力越来越大，越来越多的志愿团队和他们携手开展公益，实现众木成林，聚沙成塔的良性示范。在唤起越来越多的爱心力量的同时，持续拉近首都公安与老百姓之间的距离。

王　俊　男，2018年，被最高法院评为全国法院“网评之星”。汉族，1990年12月出生，中共党员，法学硕士。2016年参加工作，现任北京市通州区人民法院审管办（研究室）法官助理。自参加工作以来，一直坚持战斗在调研宣传战线上，先后负责通州法院官方微信“通法信言”组建与运营、舆情监测与引导、学术讨论会组织与培训、综合文稿撰写等工作，认真负责，勤恳能干，奉献担当，在工作中取得了突出成绩，获得了院领导与同事的高度肯定。2017年、2018年连续两年被评为优秀公务员，2017年、2018年连续两年荣立个人三等功，2018年，被最高法院评为全国法院“网评之星”，被评为院优秀共产党员。

刘　艳　女，2018年获得全国人民调解工作先进个人称号。1968年6月出生，汉族，中共党员，本科，1988年8月参加工作，现任通州区永顺镇人民调解委员会主任。

刘艳作为司法战线的一名老兵，多年来一直坚守在基层人民调解工作第一线，通过自强不息的努力，始终保持旺盛的工作热情和谦虚本分的处事风格，时刻严格要求自己，做人清正廉明，做事勤恳敬业，时刻践行着共产党员的优良作风。

潜心学习钻研，熟练掌握业务。俗话说“打铁还需自身硬”，无论是在工勤、司法助理员、司法所长的岗位上，她始终把学习作为工作的第一需要，有一股自强不息、永不服输的钻劲和拼劲，干一行、爱一行、精一行，努力成为行家里手是她的追求。在担任司法所副所长的13年间，她通过刻苦的业务学习和多年实践，练就了开口能说、提笔能写，通晓民法、婚姻法、继承法，善于做民调工作的硬功夫。近年来化解各类矛盾纠纷900多起，尤其在拆迁工作中她从法律咨询建立起信任，通过调解达成共识,从而化解矛盾。

巧解思想顽结，促进拆迁进程。在潞城镇A片区拆迁的攻坚阶段，她坚持法律宣传先行的工作原则，主动出击，始终活跃在拆迁第一线，通过走家入户面对面对当事人进行法律、法规和拆迁政策的宣传，现场做群众思想工作、破除思想顽结、解答群众咨询，并为有需求的群众提供法律援助，有效营造依法拆迁的氛围。

劝解上访，三进监狱敢啃硬骨头。2010年核心区拆迁时，通州区拆迁指挥部下达工作部署，做拆迁“滞留户”中劳教劳改人员的思想工作，使五户六人尽快签约是区司法局的职责，也是该地区新华司法所的直接任务。刘艳和同事们多次召开专题会议，认真分析每户、每人的情况，研究具体工作方案。三次前往清园、前进等监狱5次做被拆迁人的思想工作。“滞留户”的每一户签约——特别是“两类”人员的“滞留户”签约，都渗透了刘艳和她的同事们的努力和艰辛！拆迁工作正是因为有这份积极努力，极大地推动了该地区拆迁工作的顺利进行，从而也彰显了基层司法行政的职能作用。

胡　蕊　女，2018年获得全国政务信息工作表现突出个人。1988年4月出生，汉族，中共党员，本科，2009年9月参加工作，现任北京市通州区环境保护局环境保护监察队科员。2017年获得全国政务信息工作表现突出个人。胡蕊在工作中运用新思想、新观点、新论断指导实践和推进工作，以行促知，努力成为胜任工作的行家、专家，更好满足岗位需要和发展需求。2018年高质量完成文件起草、领导讲话、专题汇报等材料50余篇、30余万字。建立政务信息报送计分办法，及时汇总素材、精炼润色，报送446篇，被采用522篇次，在全市环保系统、全区委办局连续三年排名第一。组织保障各级会议112次，组织召开局党组会55期、局长办公会24期。开展道德文化讲堂、干部课堂“点单式”学习，注重学习“红旗渠”精神、“榜样3”等专题，组织干部教育大课堂18次、学习典型案例10次、观看教育片460余人次，参与在线答题2600余人次。完善“党员+群众”积分制体系，建立党组书记支部点评会机制，进一步激发党员队伍整体活力。

去世人物

张　鑫　男，1995年12月出生，汉族，共青团员，通州区西集镇村民。2018年4月24日被北京市政府评定为烈士。

张鑫曾于2014年—2016年在武警山东总队济宁支队三大队八中队服役。2017年，张鑫被分配到大兴消防支队采育中队从事消防员工作。2018年4月21日，通州区永乐店镇德仁务村北京富勤食用菌科技有限公司厂房突发火灾。早7时20分，北京市119指挥中心接到报警，迅速调派6个支队、10个中队、53辆消防车、350名消防员赶赴现场进行处置。接到调派命令后，张鑫立即着装登车，和战友们一起迅速奔赴火灾现场。经火情侦察，起火建筑为培养蘑菇菌种的专用库房，内部空间跨度大，高温浓烟通过强对流作用，在极短的时间内形成大面积燃烧，建筑整体由内而外形成立体燃烧态势。火势一旦蔓延，就将直接威胁下风方向毗邻村庄人民群众的生命财产安全。在危难关头，张鑫不顾个人安危，冒着浓烟烈火，第一时间背负起30余公斤重的灭火救援装备，在火场南侧的主攻方向，铺设水带干线，开辟攻坚灭火阵地，全力阻截火势蔓延。在强攻近战中，厂区南侧的墙体突然倒塌，正在全力扑救的张鑫被砸倒，埋压在碎砖瓦砾之中。经过全体消防员的浴血奋战，10时55分大火被扑灭了，过火面积达4500平方米。现场废墟狼藉，焦糊味道浓重，无声地诉说着火灾的惨烈。张鑫因伤势过重，经过医护人员5个小时的全力抢救无效，壮烈牺牲。

孟宪峰　男，1954年11月出生，汉族，通州区宋庄镇六合村人，中共党员。因病医治无效，于2018年4月25日去世，享年63周岁。曾获得全国学习雷锋志愿服务先进个人、全国劳动模范称号。

孟宪峰1972年参军，第二年入党。在部队凭着一股子钻劲，刻苦训练，逐渐成为一名全能炮手，曾9次立功受奖，并被团里树为学雷锋标兵。1976年在唐山抗震救灾中，荣立个人一等功，并在人民大会堂受到党和国家领导人的亲切接见。1981年回家务农，在村办皮鞋厂上班。1983年，皮鞋厂倒闭后，曾几度失业。

1995年，在通州区中仓小区南门外摆了一个修鞋摊维持生计。渐渐地他发现，在紧挨着鞋摊的那座楼里居住的杨义昆老两口，独生女儿和女婿都不在身边，他就主动帮助老人干一些力气活，比如买煤、换煤气之类的。

1997年，杨大妈得了重病，孟宪峰带着爱人来到老人的家里，让爱人帮助杨家做饭、洗衣服，还主动与杨家人一起轮流照料杨大妈。有时忙不过来，孟宪峰干脆就不出摊了。

不久，杨大妈去世了，为了不让杨大爷一个人在家孤独苦闷，孟宪峰去他家的次数就更多了。

在杨大妈病故两年多以后，杨大爷患了肝癌，查出来时已到了晚期。为了让老父积极配合大夫治疗，女儿没有把实情告诉他，而是把这个消息悄悄透露给了孟宪峰。孟宪峰和老人的女儿一起严守秘密，想方设法给老人积极治疗。

杨大爷的病情急剧恶化，很快卧床不起，大小便失禁，住进了医院。老人需要24小时陪床，孟宪峰把家里的活儿安排好后，日夜守护在杨大爷身边，为老人洗脸、擦身、接屎接尿。他爱人还主动承担起送饭、洗衣、拆洗被褥等家务活。杨大爷弥留之际，拉着孟宪峰的手说："这些年，多亏你了。那年，你杨大妈走了以后，我就怕一个人在家，幸亏有你，天天来看我……现在我解脱了，你杨大妈等着我呢，我们老两口团聚去了……"

几年的修鞋生涯，孟宪峰早已把中仓小区当成了自己的另一个家，他在照顾杨大爷的同时，也为小区其他居民做一些力所能及的事情，平时大家有点什么活儿也都愿意找他帮忙。

鞋摊附近是一所小学，一些孩子放学后，总是到他的鞋摊这儿等家长来接。在学生家长眼里，他的修鞋摊就是孩子们的安全岛；小区里有许多老人，不少老人常到他的鞋摊旁下棋聊天。在老人们眼里，这里就是他们的业余文化活动站。

多年来，帮助别人做好事，已经成了孟宪峰生活中的一个重要部分。一天下来，如果没有帮助别人做点事儿，他就会觉得少了点儿什么。孟宪峰常说："存金存银不如存德。只要少算计些个人的得失，多点儿奉献精神，做人做事以德为先，以德为准，人与人之间就会建立起和谐、友善、诚信的关系，社会风气就会越来越好。"

2001年4月，通州区委、区政府做出决定，号召全区人民向孟宪峰学习。2002年3月，孟宪峰被北京市委、市政府授予首都精神文明建设奖。同月，通州区委宣传部组织编写的十二万字报告文学《新时代的道德楷模孟宪峰》由解放军出版社出版在全国发行。2003年2月，孟宪峰被中宣部、中央文明办、解放军总政治部、团中央等四部委命名为"全国学习雷锋志愿服务先进个人"。同年6月，当选"全国精神文明建设十佳人物"。中央电视台《新闻联播》、中国教育电视台、新华社、《人民日报》、《中国青年报》、北京电视台、《北京日报》《北京青年报》等用较大篇幅报道了孟宪峰事迹。孟宪峰被授予"五一劳动奖章"。广播剧《功臣鞋匠》获北京市精神文明建设"五个一"工程奖。2004年6月17日，孟宪峰被首都文明办推荐参加雅典奥运火炬北京传递活动。2005年4月，孟宪峰相继被授予全国劳动模范和北京市劳动模范光荣称号。2008年8月，孟宪峰被推荐参加北京奥运会火炬传递活动，成为两届奥运会的火炬手。2009年，被评为第一届通州道德模范。2001年以来，孟宪峰已经在市、区及部队作先进事迹报告100多场。

李希凡　男，1927年12月11日生于北京通州。1953年毕业于山东大学中文系，1954年毕业于中国人民大学哲学研究班。历任人民日报社文艺部编辑、评论组长、副主任、常务副主任，中国艺术研究院常务副院长。2018年10月29日，著名文艺理论家、红学家李希凡在北京家中逝世，享年91岁。

1954年，李希凡和蓝翎共同撰写和发表了《关于〈红楼梦简论〉及其他》和《评〈红楼梦研究〉》，开辟了从广阔的社会历史背景出发分析《红楼梦》艺术成就的研究道路。在此后60余年的学术生涯中，李希凡坚持用马克思主义的唯物史观为哲学基础研究中国古典小说、戏曲、中国现代文学、鲁迅创作、电影创作等，集中对《红楼梦》各方面的艺术成就特别是人物形象塑造的成功经验做了深入而细致的研究。出版有《红楼梦评论集》《弦外集》《论中国古典小说的艺术形象》《寸心集》《红楼梦艺术世界》等，主编《红楼梦大辞典》《中华艺术通史》（14卷本）等。

另一位红学家冯其庸曾评价李希凡："用唯物主义的研究取代唯心主义的研究，这是方法论的变革。应该说，《红楼梦》研究成为新的面貌，就是从李希凡他们的文章开始的。"

2019年1月8日下午，李希凡的女儿等亲属将《后红楼梦》《红楼梦探微》《红楼梦诗词曲赋评注》等2000余册藏书捐赠给通州区图书馆。区图书馆在运河文献资源中心建立了"李希凡《红楼梦》藏书"专柜，集中放置，以便阅览。

统 计 表

2018年通州区国民经济主要指标统计表

项 目	单 位	2018年	2017年	增速%
区域概况				
全区土地面积	平方公里	906	906	持平
乡镇数	个	11	11	持平
#镇	个	10	10	持平
街道办事处	个	6	4	50.0
村民委员会	个	470	470	持平
平均气温	度	12.3	13.0	-5.4
常住人口				
年末常住人口	万人	157.8	150.8	4.6
#常住外来人口	万人	65.7	60.3	9.0
按性别分				
男 性	万人	81.5	78.0	4.5
女 性	万人	76.3	72.8	4.8
按城乡分				
城镇人口	万人	106.7	100.2	6.5
乡村人口	万人	51.1	50.6	1.0
按年龄分组情况				
#0~14岁人口	万人	15.1	14.4	4.9
15~64岁人口	万人	129.8	123.2	5.4
60岁及以上人口	万人	22.5	21.8	3.2
65岁及以上人口	万人	12.9	13.2	-2.3

续 表

项 目	单 位	2018年	2017年	增速%
户籍人口情况				
总户数	户	396646	390346	1.6
农业户	户	131964	132668	-0.5
非农业户	户	264682	257678	2.7
户籍人口	人	786844	769216	2.3
按性别分				
男	人	389594	381232	2.2
女	人	397250	387984	2.4
按城乡分				
农业人口	人	263708	265968	-0.8
非农业人口	人	523136	503248	4.0
劳动力情况				
乡镇及行政村从业人员	人	390268	400710	-2.6
国民经济核算				
地区生产总值（初步核算数）	万元	8324115	7580112	7.5
按产业分				
第一产业	万元	158954	160772	-3.0
第二产业	万元	3823320	3597292	2.3
第三产业	万元	4341841	3822048	12.8
财政税收金融				
地方财政收入	万元	1269849	1567508	-19.0
#一般公共财政预算收入	万元	830715	792308	4.8
地方财政支出	万元	5268833	4232075	24.5
#一般公共预算支出	万元	4054044	3206504	26.4
各项税费收入	万元	2807797	3037419	-7.6
人民币各项存款余额	万元	33068786	29661775	11.5
人民币各项贷款余额	万元	8950572	6379040	40.3
对外贸易				
实际利用外资	万美元	63217	81861	-22.8
新增三资企业个数	个	49	32	53.1

续 表

项 目	单 位	2018年	2017年	增速%
进出口贸易总额	万美元	275000	234179	17.4
#出口创汇总额	万美元	92000	91879	0.1
固定资产投资				
全社会固定资产投资		—	—	-21.8
#基础设施投资		—	—	-16.5
民间投资		—	—	-38.4
建安投资		—	—	-3.7
按产业划分		—	—	
第一产业		—	—	1.6
第二产业		—	—	-57.9
#工业		—	—	-57.9
第三产业		—	—	-19.2
房地产开发投资		—	—	-9.9
农村经济		—	—	
现价农业总产值	万元	396246	408018	-2.9
#农 业	万元	140813	184546	-23.7
林 业	万元	135400	75726	78.8
牧 业	万元	93060	111046	-16.2
渔 业	万元	17082	26809	-36.3
农林牧渔服务业	万元	9891	9891	持平
粮食总产量	吨	21433	28014	-23.5
夏 粮	吨	6209	7694	-19.3
秋 粮	吨	15224	20320	-25.1
农作物总播种面积	公顷	10195	13266	-23.1
粮食作物	公顷	3463	4452	-22.2
经济作物	公顷	8	10	-18.8
其他作物	公顷	6724	8804	-23.6
农副产品产量				
蔬菜产量	吨	251121	352525	-28.8
出栏生猪	头	196976	253176	-22.2

续 表

项 目	单 位	2018年	2017年	增速%
出栏羊	只	55903	64733	-13.6
出栏牛	头	10833	7814	38.6
水产品	吨	4520	5702	-20.7
鲜奶产量	吨	78083	91083	-14.3
鲜蛋产量	吨	2901	5008	-42.1
园林水果产量	吨	30885	38541	-19.9
瓜果类产量	吨	6208	5978	3.8
鲜切花产量	万枝	704	1128	-37.6
盆栽花产量	万盆	605	902	-32.9
都市型现代农业				
观光农业				
农业观光园	个	58	62	-6.5
从业人员	人	2533	2792	-9.3
接待人次	人次	1028977	1110975	-7.4
观光园总收入	万元	22471.2	29653.5	-24.2
#采摘收入	万元	4847.7	5705.4	-15.0
设施农业				
设施农业销售收入	万元	91911.0	133226.9	-31.0
设施农业实际利用面积	公顷	2042.6	2186.8	-6.6
温室占地面积	公顷	1337.3	1484.1	-9.9
大棚占地面积	公顷	634.1	627.6	1.0
中小棚占地面积	公顷	71.2	75.1	-5.2
籽种农业				
总收入	万元	1313.2	2422.8	-45.8
农 业	万元	449.5	1109.0	-59.5
林 业	万元	392.7	53.0	640.9
牧 业	万元	471.0	1260.8	-62.6
渔 业	万元			
工 业				
规模以上工业总产值（现价）	万元	6023846	6299297	-4.4

续 表

项 目	单 位	2018年	2017年	增速%
#高技术制造业	万元	1135418	1001523	13.4
规模以上工业主营业务收入	万元	7733833	7871137	-1.7
#高技术制造业	万元	1132746	942590	20.2
规模以上工业利润总额	万元	530149	673598	-21.3
#高技术制造业	万元	369135	423525	-12.8
建筑业				
建筑业企业个数	个	196	201	-2.5
建筑业总产值	万元	12674388	11754311	7.8
按行业类别				
房屋工程建筑业	万元	7354938	7417543	-0.8
土木工程建筑业	万元	4964074	3863428	28.5
建筑安装业	万元	91531	83336	9.8
建筑装饰和其他建筑业	万元	263844	390005	-32.3
施工面积	万平方米	12699	10842	17.1
#本年新开工面积	万平方米	3857	2842	35.7
竣工面积	万平方米	1860	1688	10.2
竣工产值	万元	5178536	4869733	6.3
签订合同额	万元	44552360	42147969	5.7
#本年新签订合同额	万元	14230991	15591353	-8.7
消 费				
社会消费品零售额	万元	4398329	4189014	5.0
按规模分				
限额以上	万元	3264060	3153902	3.5
限额以下	万元	1134269	1035115	9.6
人民生活				
全区居民人均可支配收入	元	40553	37209	9.0
全区居民人均消费支出	元	28696	26550	8.1
城镇居民人均可支配收入	元	48682	44607	9.1
城镇居民人均消费支出	元	34361	31701	8.4

续　表

项　目	单　位	2018年	2017年	增速%
个人存款余额	万元	14810903	13092805	13.1
社会保障				
参加基本养老保险单位数	家	36110	31710	13.9
参加基本养老保险人数	人	554417	508359	9.1
参加基本医疗保险单位数	家	34814	30295	14.9
参加基本医疗保险人数	人	566688	527884	7.4
参加失业保险单位数	家	35935	31545	13.9
参加失业保险人数	人	435167	399170	9.0
领取失业保险金金额	万元	33870	28447	19.1
参加城乡居民养老保险人数	人	225563	224403	0.5
城乡居民养老保险续保率	%	98.6	99.1	
参加工伤保险人数	人	415174	393434	5.5
领取工伤保险金金额	万元	9924	7535	31.7
劳动就业				
城镇登记失业率	%	2.74	2.50	
城镇登记失业人员就业率	%	64.32	73.83	
城镇登记失业人员就业人数	人	10601	15033	-29.5
职业介绍服务机构	家	59	51	15.7
失业人员参加培训人数	人	944	697	35.4
职业技能鉴定人数	人	18371	18222	0.8
参加职业技能培训人数	人	8766	9338	-6.1
职工最低工资	元/月	2120	2000	6.0
企业退休人员基本养老金最低标准	元/月	1714	1714	持平
企业退职人员基本养老金最低标准	元/月	1609	1609	持平
企业退养人员基本养老金最低标准	元/月	1463	1463	持平
失业保险金最低标准	元/月	1372	1292	6.2
基本养老金平均增加水平	元/月	142.8	-9.4	
文　化				
公共图书馆	个	1	1	持平
公共图书馆藏书	万册	74.0	69.0	7.2

续 表

项 目	单 位	2018年	2017年	增速%
区级以上非物质文化遗产项目	项	33	33	持平
教 育				
幼儿园	所	131	126	4.0
#在园人数	人	26938	26721	0.8
小 学	所	84	83	1.2
毕业生数	人	9255	8751	5.8
招生数	人	14024	12113	15.8
在校生数	人	67320	64453	4.4
中 学	所	41	38	7.9
毕业生数	人	6399	6862	-6.7
招生数	人	8997	9147	-1.6
在校生数	人	25543	24875	2.7
卫 生				
卫生机构	个	616	609	1.1
#医 院	个	24	24	持平
社区卫生服务中心(站)	个	98	100	-2.0
卫生机构病床数	张	3802	3737	1.7
#医 院	张	3044	2999	1.5
社区卫生服务中心（站）	张	458	438	4.6
卫生技术人员	人	9966	9902	0.6
#执业（助理）医师	人	3789	3787	0.1
注册护士	人	3642	3771	-3.4
公共卫生类执业（助理）医师数	人	175	176	-0.6
5岁以下儿童死亡率	‰	3.14	2.40	
婴儿死亡率	‰	2.26	2.24	
公共设施				
公 园	个	24	24	持平
体育多功能球场	个	40	47	-14.9
室内健身中心（室）	个	55	50	10.0
全区公路总里程	公里	2386	2403	-0.7

注：1.2017年常住人口数据为人口抽样调查推算数据

2.部门数据来源于北京市规划自然委员会通州分局、民政局、气象局、环境生态局、公安分局、财政局、税务局、商务局、人力资源和社会保障局、文化和旅游委、教委、卫生健康委、园林绿化局、公路分局

3.存贷款数据、个人存款余额数据来源于北京区域统计年鉴

4.工业、投资和消费为初步统计数，最终数据以2020年经济普查公布数据为准。

5.全社会固定资产投资为项目建设地口径；地区生产总值产业划分依据国家统计局2012年制定的《三次产业划分规定》，行业划分依据《国民经济行业分类》（GB/ T 4754—2011），为可比价增速

6.规模以上工业为年主营业务收入2000万元及以上的工业法人单位

7.社会消费品零售额按“产业在地”原则核算

8.2017年基本养老金平均增加水平下降9.4元/月，原因是通州区城市副中心建设加快，辖区大量农转非人员参保，拉低了全区基本养老金水平

附　录

2018年中共通州区委主要文件目录

2018年中共通州区委文件

京通发〔2018〕1号　中共北京市通州区委关于印发《区委领导班子2017年度民主生活会方案》的通知（2018-01-12）

京通发〔2018〕2号　中共北京市通州区委关于中共北京市通州区行政服务中心党组更名的通知（2018-01-29）

京通发〔2018〕3号　中共北京市通州区委关于成立中共北京市规划和国土资源管理委员会通州分局党组，撤销中共北京市规划委员会通州分局党组和中共北京市国土资源局通州分局党组的通知（2018-03-02）

京通发〔2018〕4号　中共北京市通州区委关于印发《中共北京市通州区委常委会带头落实全面从严治党主体责任的实施细则》的通知（2018-03-02）

京通发〔2018〕5号　中共北京市通州区委 北京市通州区人民政府印发《关于深化通州区属国有企业负责人薪酬制度改革的意见》的通知（2018-03-08）

京通发〔2018〕6号　中共北京市通州区委关于撤销中共北京市通州区委党校委员会的通知（2018-03-29）

京通发〔2018〕7号　中共北京市通州区委关于调整通州区深化监察体制改革试点工作小组成员的通知（2018-04-02）

京通发〔2018〕8号　中共北京市通州区委 北京市通州区人民政府关于对2017年度考评优秀单位进行表彰的决定（2018-04-11）

京通发〔2018〕9号　中共北京市通州区委关于成立中共北京市通州区委潞源街道工作委员会的通知（2018-05-04）

京通发〔2018〕10号　中共北京市通州区委 北京市通州区人民政府印发《通州区关于开展扫黑除恶专项斗争的工作方案》的通知（2018-05-29）

京通发〔2018〕11号　中共北京市通州区委 北京市通州区人民政府印发《关于通州区率先行动改革优化营

	商环境实施方案》的通知（2018－06－22）
京通发〔2018〕12号	中共北京市通州区委关于成立中共北京市通州区国家税务局、地方税务局联合委员会，撤销中共北京市通州区国家税务局党组和中共北京市通州区地方税务局党组的通知（2018－07－05）
京通发〔2018〕13号	中共北京市通州区委关于成立中共北京市通州区城市管理委员会委员会 撤销中共北京市通州区市政市容管理委员会委员会的通知（2018－08－08）
京通发〔2018〕14号	中共北京市通州区委 北京市通州区人民政府关于印发《通州区2018年度绩效管理实施方案》的通知（2018－09－06）
京通发〔2018〕16号	中共北京市通州区委印发《通州区关于建设新时代高素质专业化干部队伍的意见》的通知（2018－10－17）
京通发〔2018〕17号	中共北京市通州区委 北京市通州区人民政府印发《关于认真做好通州区村和社区“两委”换届选举工作的意见》的通知（2018－11－07）
京通发〔2018〕20号	中共北京市通州区委关于成立中共政协北京市通州区委员会机关党组的通知（2018－11－28）
京通发〔2018〕21号	中共北京市通州区委关于建立区政府向区人大常委会报告国有资产管理情况制度的意见（2018－11－28）
京通发〔2018〕22号	中共北京市通州区委关于成立中共北京市通州区委通运街道工作委员会的通知（2018－11－28）
京通发〔2018〕23号	中共北京市通州区委关于印发《通州区2019—2021年基层党建工作规划》的通知（2018－12－28）

2018年中共通州区委办公室文件

京通办发〔2018〕1号	中共北京市通州区委办公室 北京市通州区人民政府办公室关于印发《中共北京市通州区委贯彻落实〈中共北京市委贯彻落实《中共中央政治局贯彻落实中央八项规定实施细则》办法〉的实施办法》的通知（2018－01－11）
京通办发〔2018〕2号	中共北京市通州区委办公室 北京市通州区人民政府办公室关于印发《通州区群众到非信访接待场所上访处置预案》的通知（2018－01－25）
京通办发〔2018〕3号	中共北京市通州区委办公室关于印发《通州区政协2018年专题协商议题计划和民主监督议题计划》的通知（2018－03－07）
京通办发〔2018〕4号	中共北京市通州区委办公室 北京市通州区人民政府办公室印发《中共北京市委北京市人民政府安全生产第十三督察组关于通州区安全生产工作的督察反馈意见》的通知（2018－03－15）
京通办发〔2018〕5号	中共北京市通州区委办公室 北京市通州区人民政府办公室关于印发《北京市通州区坚持党政同责进一步加强食品安全工作的意见》的通知（2018－03－22）
京通办发〔2018〕6号	中共北京市通州区委办公室 北京市通州区人民政府办公室关于印发《通州区落实市委市政府安全生产第十三督察组督察反馈意见整改方案》的通知（2018－03－23）

京通办发〔2018〕7号　中共北京市通州区委办公室印发《中共北京市通州区第六届委员会关于实施巡察全覆盖五年规划的意见》的通知（2018-03-28）

京通办发〔2018〕8号　中共北京市通州区委办公室关于印发《被巡察党组织配合区委巡察工作规定》的通知（2018-03-28）

京通办发〔2018〕9号　中共北京市通州区委办公室印发《关于建立中共北京市通州区委巡察工作人才库及选调人员管理办法（暂行）》的通知（2018-03-28）

京通办发〔2018〕10号　中共北京市通州区委办公室关于转发《中共北京市通州区委党的建设工作领导小组2018年工作要点》的通知（2018-04-24）

京通办发〔2018〕11号　中共北京市通州区委办公室 北京市通州区人民政府办公室关于印发《蔡奇书记2018年4月17日调研城市副中心建设讲话任务分解》的通知（2018-04-24）

京通办发〔2018〕12号　中共北京市通州区委办公室关于印发《2018年度区委重点督查事项》的通知（2018-05-16）

京通办发〔2018〕13号　中共北京市通州区委办公室关于印发《区委常委、区政府党员副区长指导督促分管联系部门单位党委（党工委、党组）抓党建工作制度》的通知（2018-05-17）

京通办发〔2018〕14号　中共北京市通州区委办公室关于印发《通州区处级党员领导干部指导督促分管联系部门单位抓党建工作的实施办法》的通知（2018-05-17）

京通办发〔2018〕15号　中共北京市通州区委办公室 北京市通州区人民政府办公室关于进一步规范领导干部请假报备工作的通知（2018-05-17）

京通办发〔2018〕16号　中共北京市通州区委办公室 北京市通州区人民政府办公室印发《关于进一步推进安全生产领域改革发展的实施方案》的通知（2018-05-28）

京通办发〔2018〕17号　中共北京市通州区委办公室转发区纪委、区委组织部、区委宣传部《关于在全区开展第四届“勤廉之星”评选活动的工作意见》的通知（2018-05-29）

京通办发〔2018〕18号　中共北京市通州区委办公室 北京市通州区人民政府办公室关于印发《北京市第三环境保护督察组督察通州区反馈意见》的通知（2018-06-15）

京通办发〔2018〕19号　中共北京市通州区委办公室关于印发《通州区国家安全工作领导小组2018年工作要点》的通知（2018-06-28）

京通办发〔2018〕20号　中共北京市通州区委办公室 北京市通州区人民政府办公室关于印发《中国共产党北京市通州区委员会潞源街道工作委员会 北京市通州区潞源街道办事处主要职责内设机构和人员编制规定》的通知（2018-07-02）

京通办发〔2018〕21号　中共北京市通州区委办公室 北京市通州区人民政府办公室关于印发《通州区贯彻落实北京市环境保护督察反馈意见整改工作方案》的通知（2018-07-06）

京通办发〔2018〕22号　中共北京市通州区委办公室 北京市通州区人民政府办公室印发《关于加强街道乡镇实体化综合执法中心建设的实施方案（试行）》的通知（2018-06-28）

京通办发〔2018〕23号　中共北京市通州区委办公室 北京市通州区人民政府办公室关于印发《提升农村人居环境　推进美丽乡村建设专项行动实施意见（2018—2020年）》的通知（2018-07-28）

京通办发〔2018〕24号　中共北京市通州区委办公室 北京市通州区人民政府办公室印发《关于进一步优化营

	商环境加强区级领导联系服务“高精尖”企业实施方案》的通知（2018-08-02）
京通办发〔2018〕27号	中共北京市通州区委办公室 北京市通州区人民政府办公室关于印发《深化通州区街道、社区管理体制改革工作方案》的通知（2018-08-27）
京通办发〔2018〕28号	中共北京市通州区委办公室关于印发《通州区2018年度党的建设绩效管理实施方案》的通知（2018-09-04）
京通办发〔2018〕29号	中共北京市通州区委办公室关于印发《通州区科学技术协会深化改革实施方案》的通知（2018-11-15）
京通办发〔2018〕30号	中共北京市通州区委办公室印发《关于加强新时代通州区政协党的建设工作的实施意见》的通知（2018-11-28）
京通办发〔2018〕31号	中共北京市通州区委办公室 北京市通州区人民政府办公室印发《关于进一步建立健全信息发布和政策解读机制的实施意见》的通知（2018-11-28）
京通办发〔2018〕32号	中共北京市通州区委办公室 北京市通州区人民政府办公室关于印发《通州区社区工作者管理办法》的通知（2018-11-30）
京通办发〔2018〕33号	中共北京市通州区委办公室 北京市通州区人民政府办公室印发《通州区关于落实〈北京市进一步优化营商环境行动计划（2018年—2020年）〉的实施意见》的通知（2018-12-06）
京通办发〔2018〕34号	中共北京市通州区委办公室 北京市通州区人民政府办公室关于印发《中国共产党北京市通州区委员会通运街道工作委员会 北京市通州区通运街道办事处主要职责内设机构和人员编制规定》的通知（2018-12-11）
京通办发〔2018〕35号	中共北京市通州区委办公室关于印发《六届通州区委巡察工作规划》的通知（2018-12-12）
京通办发〔2018〕36号	中共北京市通州区委办公室关于印发《通州区加强新的社会阶层人士统战工作的实施意见》的通知（2018-12-29）
京通办发〔2018〕37号	中共北京市通州区委办公室关于印发《加强和改进新形势下宗教工作实施意见》的通知（2018-12-29）
京通办发〔2018〕38号	中共北京市通州区委办公室 北京市通州区人民政府办公室印发《关于落实街道乡镇意见建议权和综合协调督办权的办法（试行）》的通知（2018-12-29）

2018年通州区人民政府主要文件目录

2018年通州区人民政府文件

通政发〔2018〕1号　北京市通州区人民政府关于印发通州区创建北京市深化服务业扩大开放综合试点示范区实施方案的通知（2018-02-22）

通政发〔2018〕2号　北京市通州区人民政府关于印发张力兵同志在区六届人大三次会议上作的《政府工作报告》的通知（2018-02-23）

通政发〔2018〕3号　北京市通州区人民政府关于印发通州区2018年国家卫生区复审工作实施方案的通知（2018-02-24）

通政发〔2018〕4号　北京市通州区人民政府关于印发通州区创建国家农产品质量安全县实施方案的通知（2018-02-26）

通政发〔2018〕5号　北京市通州区人民政府关于在市场体系建设中建立公平竞争审查制度的实施意见（2018-03-13）

通政发〔2018〕6号　北京市通州区人民政府关于印发通州区扬尘污染治理强化措施的通知（2018-03-20）

通政发〔2018〕7号　北京市通州区人民政府关于印发通州区蓝天保卫战2018年行动计划的通知（2018-04-03）

通政发〔2018〕8号　北京市通州区人民政府关于印发2018年通州区重点工程项目计划表的通知（2018-04-13）

通政发〔2018〕9号　北京市通州区人民政府关于设立潞源街道办事处和调整潞城镇辖区范围的通知（2018-04-25）

通政发〔2018〕10号　北京市通州区人民政府关于印发北京市通州区人民政府工作规则的通知（2018-05-03）

通政发〔2018〕11号　北京市通州区人民政府关于印发通州区2018年在直接关系群众生活方面拟办重要实事的通知（2018-05-04）

通政发〔2018〕12号　北京市通州区人民政府关于印发2018年通州区政府折子工程的通知（2018-05-04）

通政发〔2018〕13号　北京市通州区人民政府关于印发通州区2018年交通综合治理实施方案的通知（2018-05-08）

通政发〔2018〕14号　北京市通州区人民政府关于印发通州区2018年生态环境建设工程的通知（2018-05-18）

通政发〔2018〕15号　北京市通州区人民政府关于印发2018年通州区水污染防治工作方案的通知（2018-06-07）

通政发〔2018〕16号	北京市通州区人民政府关于印发通州区“疏解整治促提升”专项行动2018年工作方案的通知（2018-06-08）
通政发〔2018〕17号	北京市通州区人民政府关于开展第四次全国经济普查的通知（2018-06-12）
通政发〔2018〕18号	北京市通州区人民政府关于印发通州区2018年土壤污染防治工作计划的通知（2018-06-19）
通政发〔2018〕19号	北京市通州区人民政府关于加强通州区文物保护与利用工作的实施意见（2018-06-20）
通政发〔2018〕20号	北京市通州区人民政府关于印发通州区国有建设用地使用权协议出让审批办法的通知（2018-06-22）
通政发〔2018〕21号	北京市通州区人民政府关于印发通州区国有建设用地使用权出让地价评审办法的通知（2018-06-22）
通政发〔2018〕22号	北京市通州区人民政府关于通州区老旧小区综合整治工作方案（2018—2020年）的通知（2018-06-28）
通政发〔2018〕23号	北京市通州区人民政府关于国税地税机构改革涉及区政府及其部门规范性文件执行问题的通知（2018-07-05）
通政发〔2018〕24号	北京市通州区人民政府关于印发政府投资信息化项目管理办法的通知（2018-07-17）
通政发〔2018〕25号	北京市通州区人民政府关于通州区强化大气污染防治工作的意见（2018-07-19）
通政发〔2018〕26号	北京市通州区人民政府关于印发通州区政府2018年度绩效管理工作实施方案的通知（2018-08-07）
通政发〔2018〕27号	北京市通州区人民政府关于促进通州区土地利用健康发展有关措施的通知（2018-08-23）
通政发〔2018〕28号	北京市通州区人民政府关于印发《通州区国家森林城市建设总体规划（2018—2035年）》的通知（2018-08-29）
通政发〔2018〕29号	北京市通州区人民政府关于印发通州区疏解一般制造业工作奖励暂行办法（试行）的通知（2018-08-31）
通政发〔2018〕30号	北京市通州区人民政府关于评选认定2018年通州区骨干教师的决定（2018-09-21）
通政发〔2018〕31号	北京市通州区人民政府关于推进代征城市绿化用地移交建设管理实施方案的通知（2018-10-15）
通政发〔2018〕32号	北京市通州区人民政府关于印发通州区空气重污染应急预案（2018年修订）的通知（2018-10-30）
通政发〔2018〕33号	北京市通州区人民政府关于印发通州区打赢蓝天保卫战三年行动计划的通知（2018-11-29）
通政发〔2018〕34号	北京市通州区人民政府关于印发通州区政府性债务管理办法的通知（2018-12-06）
通政发〔2018〕35号	北京市通州区人民政府关于设立通运街道办事处和调整新华街道办事处、中仓街道办事处、潞城镇、永顺镇辖区范围的通知（2018-12-18）
通政发〔2018〕36号	北京市通州区人民政府关于开展通州区第三次全国国土调查的通知（2019-01-03）

2018年通州区人民政府办公室文件

通政办发〔2018〕1号	北京市通州区人民政府办公室关于印发通州区2017年度政府绩效管理年终考评工作方案的通知（2018-01-04）
通政办发〔2018〕2号	北京市通州区人民政府办公室关于印发通州区2017年度年终考评述职评价实施方案的通知（2018-01-04）
通政办发〔2018〕3号	北京市通州区人民政府办公室关于做好2018年市区人大代表建议和政协委员提案办理工作的通知（2018-02-12）
通政办发〔2018〕4号	北京市通州区人民政府办公室关于印发通州区政府性债务风险应急处置预案的通知（2018-03-05）
通政办发〔2018〕5号	北京市通州区人民政府办公室关于加快众创空间发展服务实体经济转型升级的实施意见（2018-03-12）
通政办发〔2018〕6号	北京市通州区人民政府办公室关于印发通州区“两田一园”高效节水实施方案（2017—2019年）的通知（2018-03-20）
通政办发〔2018〕7号	北京市通州区人民政府办公室关于推动通州区小型工程施工现场安全网格化管理的实施意见（2018-03-30）
通政办发〔2018〕8号	北京市通州区人民政府办公室关于印发通州区重点工程统筹推进工作制度的通知（2018-04-09）
通政办发〔2018〕9号	北京市通州区人民政府办公室印发关于进一步优化营商环境提高企业开办效率工作方案的通知（2018-04-10）
通政办发〔2018〕10号	北京市通州区人民政府办公室关于印发蔡奇书记2018年2月22日调研城市副中心建设讲话任务分解的通知（2018-04-20）
通政办发〔2018〕11号	北京市通州区人民政府办公室关于印发陈吉宁市长2018年2月22日调研城市副中心建设讲话任务分解的通知（2018-04-20）
通政办发〔2018〕12号	北京市通州区人民政府办公室关于印发2018年通州区非本市户籍适龄儿童少年接受义务教育证明证件材料审核实施细则的通知（2018-04-27）
通政办发〔2018〕13号	北京市通州区人民政府办公室关于印发通州区2018年土地例行督察迎检工作实施方案的通知（2018-05-09）
通政办发〔2018〕14号	北京市通州区人民政府办公室关于印发通州区进一步加强旅游市场综合治理工作方案（2018—2020年）的通知（2018-05-15）
通政办发〔2018〕15号	北京市通州区人民政府办公室关于通州区“十三五”时期保护和发展森林资源目标责任制实施意见（2018-06-01）
通政办发〔2018〕16号	北京市通州区人民政府办公室关于印发通州区人民政府督促检查工作办法的通知（2018-06-13）
通政办发〔2018〕17号	北京市通州区人民政府办公室印发关于进一步优化营商环境深化建设项目行政审批流程工作方案的通知（2018-06-15）

通政办发〔2018〕18号　北京市通州区人民政府办公室关于印发通州区乡村教师支持计划实施细则的通知（2018-06-20）

通政办发〔2018〕19号　北京市通州区人民政府办公室关于印发2018年食品药品安全重点工作安排的通知（2018-06-25）

通政办发〔2018〕20号　北京市通州区人民政府办公室印发关于进一步提升通州区生活性服务业品质工作方案的通知（2018-07-02）

通政办发〔2018〕21号　北京市通州区人民政府办公室关于进一步加快全区有形商品交易市场疏解提升工作的实施意见（2018-07-24）

通政办发〔2018〕22号　北京市通州区人民政府办公室印发关于建立健全施工现场扬尘检查、监测、考核、公示机制实施方案的通知（2018-07-31）

通政办发〔2018〕23号　北京市通州区人民政府办公室关于印发通州区2018年政务公开工作要点的通知（2018-08-17）

通政办发〔2018〕24号　北京市通州区人民政府办公室关于印发通州区海绵城市建设试点补助资金使用管理办法的通知（2018-08-22）

通政办发〔2018〕25号　北京市通州区人民政府办公室关于印发通州区推进政务服务“一网通办”工作实施方案的通知（2018-08-23）

通政办发〔2018〕26号　北京市通州区人民政府办公室印发关于加强困境儿童和留守儿童保障工作实施方案的通知（2018-08-24）

通政办发〔2018〕27号　北京市通州区人民政府办公室关于印发通州区2018年节能减碳目标分解方案的通知（2018-09-03）

通政办发〔2018〕28号　北京市通州区人民政府办公室关于印发北京市通州区城市管理委员会（北京市通州区城乡环境建设管理委员会办公室）主要职责内设机构和人员编制规定的通知（2018-09-21）

通政办发〔2018〕29号　北京市通州区人民政府办公室关于印发通州区城市安全隐患治理三年行动方案(2018—2020年)的通知（2018-09-26）

通政办发〔2018〕30号　北京市通州区人民政府办公室关于健全完善统筹机制提升政府投资项目管理水平的实施意见（2018-10-31）

通政办发〔2018〕31号　北京市通州区人民政府办公室印发关于进一步加强低收入农户帮扶工作实施方案的通知（2018-11-01）

通政办发〔2018〕32号　北京市通州区人民政府办公室关于印发通州区农村地区“煤改气”自采暖用户冬季采暖气价补贴方案、自采暖补贴资金管理办法、村级燃气安全管理员（管护员）资金补贴方案、非经营性公服设施项目资金补贴方案的通知（2018-11-01）

通政办发〔2018〕33号　北京市通州区人民政府办公室关于通州区人民防空工程平时使用的指导意见（2018-11-02）

通政办发〔2018〕34号　北京市通州区人民政府办公室关于进一步加强消防安全工作的实施意见（2018-11-06）

通政办发〔2018〕35号　北京市通州区人民政府办公室关于印发通州区第三期学前教育行动计划（2018—

	2020年）的通知（2018-11-16）
通政办发〔2018〕36号	北京市通州区人民政府办公室关于印发通州区政府网站管理办法的通知（2018-11-19）
通政办发〔2018〕37号	北京市通州区人民政府办公室印发关于进一步规范环境保护网格化建设实施方案的通知（2018-11-27）
通政办发〔2018〕38号	北京市通州区人民政府办公室关于实行行政复议“三公开”制度的意见（2018-12-11）
通政办发〔2018〕39号	北京市通州区人民政府办公室关于印发通州区禁养区规模养殖畜禽清退工作方案的通知（2018-12-19）
通政办发〔2018〕40号	北京市通州区人民政府办公室关于印发北京（通州）大运河文化旅游景区创建国家5A级旅游景区项目建设工作方案的通知（2018-12-26）

（备注：圆括号内数字为日期）

通州区社区居委会名录（共计130个）

新华街道办事处（7个）

名称	地址	电话
天桥湾	天桥湾13号楼前平房	69551634
东大街	如意园小区12号楼—7（此为临时租赁办公场所）	69551624
新　建	北大街17号（此为临时租赁办公场所）	69551274
贡　院	如意园小区12号楼—7（此为临时租赁办公场所）	69551604
司　空	北大街59号（此为临时租赁办公场所）	69551430
如　意	吉祥园甲18—1	69551294
北　关	北大街17号（此为临时租赁办公场所）	69551284

北苑街道办事处(19个)

名称	地址	电话
果园西	北苑南路48号院内平房	81531314
新北苑	杨庄南街1号	60534924
后南仓	后南仓12楼北侧	69553562

新城南街	后南仓32号楼金禧花园小区内1层	69519160
新华西街	新华西街15号院北门外	69531046
长桥园	八里桥南街87号院8号楼104、105室	89503063
五里店	杨庄路5号	60533861
玉带路	潞河中学北街13号	80886601
帅府	帅府小区40楼北侧	69516593
西关	万方家园锦园1号楼1-21	80880548
复兴南里	北苑南路38号院底商2号楼2—6号	80814056
北苑桥	八里桥南街1号院E座105室	60530243
锦园	五里店西路6号院6号楼底商101	60536578
中山街	中山大街52号6单元102号	80880623
京贸国际	八里桥南街68号院1号楼107室	89506243
滨惠南三街	万方家园锦园1号楼1单元301室	80888362
新华联家园北区	新华联家园北区东北门旁	80812378
天时名苑	天时名苑小区10号楼1单元 102室	80574061
广通	广通小区1号楼2单元102室	60534924

中仓街道办事处(17个)

名　称	地　址	电　话
中　仓	中仓小区10号楼东侧平房	69513099
四员厅	新街下坡9号	69536342
东　里	新城东里17号楼后平房	69536431
西　营	玉带河大街50号楼院内	69548171
悟仙观	南大街47号	69555872
莲花寺	南大街莲花寺5号	69554865
白将军	南大街东顺城街甲8号	69551915
小　园	东营前街3号楼底商一号	69513149
西上园	西上园一区甲13号楼	60562853
上　营	潞通大街198号院8号楼2单元101	60561778
东　关	潞通大街198号院11号楼1单元101	60561467
新华园	故城东路51号院北侧平房	69536809
星　河	水仙西路89号（运河湾北区底商）	80855652
中上园	玉带河东大街145号	60563020
运河园	通州区兽医站南侧	80852774
滨　河	运河明珠小区2号楼3单元4层	52113080
运河湾	水仙西路83号	80858505

玉桥街道办事处(17个)

名 称	地 址	电 话
乔庄北街	乔庄东区91号院南侧灰楼一层	81598082
土 桥	临河里106号楼首、二层	56405153
玉桥东里	玉桥东里6号楼底商6-1,6-2	81546160
艺 苑	艺苑西里7号楼111室	81534001
运河东大街	葛布店东里12楼南平房	81525744
玉桥南里	玉桥南里22号楼北平房	81586364
玉桥北里	玉桥北里47号楼	81586392
葛布店南里	葛布店东里100-8（当代名筑底商）	81512199
葛布店北里	蓝山国际小区2号楼1单元101室	81524780
梨 花 园	梨园北街18号院5号楼南侧	60526533
柳岸方园	玉桥西里中街底商28、30号	52101079
柳 馨 园	乔庄东区91号院南侧灰楼一层	60549175
玉桥南里南	玉桥南里50院2号楼底商（景馨家园）	81598088
净水园	净水园12号楼	59757433
玉桥东里南	玉桥东里南115号楼二层、三层	81575317
新通国际	梨园西里21号楼南侧	89542940
潞阳桥	砖厂北里101号楼1单元101室	56530064

永 顺 镇(28个)

名 称	地 址	电 话
富河园	通州区永顺镇富河园小区门口	69556193/89500119
天赐良园	榆景园二区巴厘岛小区22号楼底商东侧	80544295/80508774
盛业家园	通胡大街23号院206号楼北侧平房	51070549/53315611
运乔嘉园	通州区永顺镇博客园62号楼4单元411室	56865917/56865219
龙旺庄	龙旺庄煤气站东院停车场院内平房	89517535/89591736
世纪星城	世纪星城小区77号楼6单元102	52998951/52998952
潞苑南里	东亚逸品阁小区20号楼物业二层	80807501/80807582
东潞苑西区	东潞苑五区甲12号楼四层	89596690/89557332
潞邑	新潮家园小区21号楼商2	89597806/89557652
运通园	潞苑南大街614号院西花园平房	89557072/89557280
杨庄南里西区	杨庄小区1号楼平房院内	60533302/60539200
西马庄	西马庄34号楼东侧平房	60512196/60511759

苏荷雅居	通州区通朝大街196号房间	51819871
永顺西里	永顺西里甲38号院东门	60511094/60510545
永顺南里	永顺南街234号(永顺南里社区居委会)	60514252/60510483
艺苑东里	艺苑东里小区A3号楼1单元101-104室	81538215/60522980
杨庄南里南区	杨庄小区13号楼对面 杨庄电信局南侧	60531051/60533871
潞苑嘉园	永顺镇社会服务管理中心西二楼	89588600/89588670
竹木场	永顺镇竹木场村委会	60514342
岳庄	永顺镇永顺路45号岳庄社区股份合作社	69551671
杨富店	永顺镇杨富店村党支部(果园地铁站南侧)	81564891
通广嘉园	通州区怡乐园一区123号楼底商14-15号	81562541/81562624
西潞苑北区	永顺镇安顺路368号三楼	69531218/69531219
京贸国际城	京贸国际城南门西侧二层楼	89587323/89587321
潞苑北里	珠江国际家园3号地31号楼、32号楼	57907159/57907157
珠江家园	通瑞嘉园小区2号商业楼二层	81560641/81560642
京贸家园	京贸国际城南门西侧二层楼	89583178
西潞苑南区	永顺镇安顺路368号二层	69530501/69530502

梨　园　镇(24 个)

名　称	地　址	电　话
新华联家园南区	新华联家园南区10号楼5单元502号（地下室）	81557495
格瑞雅居	格瑞雅居小区北平房	81539489
靓景明居	梨园镇怡乐园三区靓景明居西会所二层居委会办公室	58013927
万盛北里	梨园镇万盛北里380号楼2层	81573410
龙 鼎 园	翠景南里西区6号楼104号	81551872
金侨时代家园	花涧溪28号楼2层	60550769
梨园东里	梨园东里南区物业楼一层	81573402
京洲园	京洲园413号楼底层（京洲馨园院内）	60545691
翠景北里	梨园镇瑞都国际小区（南区9号楼）	81518043
葛布店东里	北杨洼小区28号楼前平房	81541462
群芳园	云景东路66号院群芳园小区老年活动中心二楼	81524368
云景东里	梨园镇园景阁东区南门平房5-7号	81577966
云景里	云景里社区10#楼前社区服务站一楼。	60529914
颐瑞西里	梨园镇群芳中二街152号瑞都公园世家小区5号楼	60529747
颐瑞东里	梨园镇颐瑞东里C区147号2层	81578395
欣达园	群芳四园桃花岛小区商AA座998—5号	81526302
曼城家园	梨园镇万盛北里甲420号楼地下室	81532973

云景北里	新城阳光小区32号楼511室512室513室	60529512
翠屏北里	翠屏北里小区1号楼北侧平房	81517532
大方居	大方居小区331号楼1层	57055500
翠屏南里	通景园194号楼2层	56852916
新城乐居	梨园镇新城乐居社区207号楼2层	57553900
铭悦园	砖厂南里23号楼203室	
砖厂南里	砖厂南里43号楼3单元南侧铭悦雅园小区内	
临河里	东方华业玫瑰A8号楼三单元旁临河里社区居委会	81591507
玫瑰园	华业东方玫瑰D区34号楼D1117	81599002

潞 城 镇（4个）

名 称	地 址	电 话
荔景园	通胡大街3—15号	89587331
紫荆雅园	通胡大街3—15号	89587331
水 仙 园	通胡大街68号	89587639

台 湖 镇（2个）

名 称	地 址	电 话
定海园一里	通州区台湖镇定海园小区一里	80822476
定海园二里	通州区台湖镇定海园小区二里	69508386

马驹桥镇（7个）

名 称	地 址	电 话
新海南里	新海南里39号楼一单元101室	60509328
新海北里	新海南里39号楼3单元102室	60509590
新海祥和	新海北里8号楼一单元101室	60509527
宏仁	马桥路228号院1号楼2单元102室	56650187/8
瑞晶苑	马驹桥镇景盛北二街15号院东亚瑞晶苑小区9号楼2层202房间	59397075/6
国风美仑	马驹桥经贸二街国风美仑7号院6号楼一层	80595810
香雪兰溪	马驹桥香雪兰溪14号楼2单元一层	61587510

漷县镇（3个）

名称	地址	电话
绿茵小区	绿茵小区南门西侧	80586010
绿茵西区	绿茵西区二期院内	80520295
金三角	金三角商贸城内	80566298

于家务乡（1个）

名称	地址	电话
于家务西里	北京市通州区于家务回族乡于家务西里社区A13地块26号楼一层	80532976

通州区村民委员会名录（共计470个）

永顺镇（21个）

上营	60560765	乔庄	81582577
小圣庙	69572219	范庄	69555513
南关	52353387	焦王庄	58011003
果元	81517118	王家场	89590826
杨庄	81566266	刘庄	89597779
永顺	89532535	李庄	89594266
前上坡	80887261	耿庄	89593772
西马庄	60512253	龙旺庄	89590733
邓家窑	80541089	小潞邑	89597311
新建	69543380	苏坨	89597682
北马庄	89576102		

梨 园 镇（26 个）

半 壁 店	60558867	孙 庄	60521755
李老公庄	81561744	车 里 坟	60521574
刘老公庄	81542917	孙 王 场	81533342
小 稿	60522734	九 棵 树	60522782
东 总 屯	81525795	东小马庄	60528361
西 总 屯	60529897	魏 家 坟	60557573
小街一队	60525633	将 军 坟	60524095
小街二队	60525822	高 楼 金	61568873
小街三队	60525079	三 间 房	60520967
西小马庄	81521609	梨 园	60524999
大 稿 村	81563977	北 杨 洼	81514505
曹 园	58019983	公 庄	81530435
大 马 庄	81533853	砖 厂	69573088

宋 庄 镇（47 个）

关 辛 庄	89571580	辛 店	69591318
郝 各 庄	89572596	大 兴 庄	69596764
西 赵	89572556	宋 庄	52100642
港 北	89572534	小 堡	80856711
南 马 庄	89572537	疃 里	89599012
高 各 庄	89571189	六 合	69591432
翟 里	89572180	后夏公庄	69591012
北 寺 庄	89571591	前夏公庄	69591015
小杨各庄	89572939	邢 各 庄	52112046
白 庙	69596618	丁 各 庄	52107606
任 庄	52337325	高 辛 庄	52103301
喇 嘛 庄	69596776	菜 园	52103588
小邓各庄	52105295	富 豪	89551542
大邓各庄	69598092	尹 各 庄	89551774
师 姑 庄	89513098	草 寺	89567384
北刘各庄	69593069	岗 子	80857681
摇 不 动	69597529	北 窑 上	80857071
平 家 疃	80859335	王 辛 庄	80857764

大　庞	89567534	寨　里	89559724
小　营	89567347	寨辛庄	80519389
内军庄	89567704	葛　渠	89559541
徐辛庄	89567414	吴各庄	52330970
沟渠庄	89567694	管　头	89559388
双埠头	52115902		

潞　城　镇（54个）

东杨庄	89526240	七　级	89581804
魏　庄	89521688	堡　辛	69594175
霍　屯	89521653	常　屯	69594280
古　城	89582750	东　堡	89581927
杨　坨	89515336	西　堡	89592060
郝家府	52110100	召　里	69594138
辛安屯	89515031	后　屯	69594387
胡各庄	89582070	孙各庄	89598871
大　台	89583154	兴各庄	61521186
留　庄	89580738	燕山营	61525258
东夏园	89582453	凌家庙	61522002
庙　上	89582475	李　疃	61520575
大　营	89582543	武　疃	61529663
东小营	89582652	前　疃	61525848
前北营	89582674	东前营	61529355
后北营	89582760	贾后疃	61521244
黎辛庄	89581373	前榆林庄	61523101
南刘各庄	89581206	后　榆	61522290
八各庄	89583992	卜落垡	61529885
东刘庄	61529815	夏　店	61522700
岔　道	61520832	崔家楼	61521364
侉　店	52339226	肖　庄	61521090
大甘棠	61522818	大东各庄	61521324
小甘棠	61521214	小东各庄	61521046
大豆各庄	52119752	谢　楼	61559044
小豆各庄	52119772	康各庄	61552047
武　窑	61521505	太子府	61551656

西　集　镇（57个）

曹刘各庄	61576083	东辛庄	61576095
南小庄	61576061	大灰店	61576109
上　坡	61576063	大沙务	61576046
和合站	61576065	小灰店	61576113
安辛庄	61578189	小沙务	61576119
吕家湾	61576014	牛牧屯	61576584
杨家洼	61579713	桥　上	61576107
辛　集	61576238	杜　店	61576105
肖家林	61576040	前东仪	61576121
前寨府	61577119	史东仪	61576004
后寨府	61576093	侯东仪	61576005
黄东仪	61576009	耿　楼	61558230
尹家河	61576124	陈　桁	61558203
赵　庄	61513442	王　庄	61558204
侯各庄	61576013	金　坨	61558993
于辛庄	61576015	何各庄	61558213
车　屯	61571336	金各庄	61558240
武辛庄	61576371	张各庄	61558132
胡　庄	61579436	望君疃	61558243
协各庄	61576043	杜柳棵	61558259
西　集	61576041	马　坊	61558126
石　上	61516914	任辛庄	61558047
王　上	61576115	太平庄	61558008
林　屯	61576059	小　屯	61558186
岳　上	61576081	小辛庄	61558148
郎　东	61558071	供给店	61558618
郎　西	61558003	儒　林	61558184
老庄户	61558374	沙古堆	61558610
冯各庄	61558147		

漷　县　镇（61个）

马　头	80586102	周起营	69568414
马　堤	80599103	北堤寺	69568405

三黄庄	80586945	黄厂铺	69568457
石　槽	80586105	小　屯	80566043
毛　庄	80586107	曹　庄	80561183
高　庄	80587899	纪各庄	80569674
沈　庄	80599660	侯黄庄	80566515
后　地	80599770	马　庄	13801052382
小香仪	80580180	张　庄	80563274
大香仪	80580723	东寺庄	80566123
东黄垡	80586034	凌　庄	80566350
西黄垡	80586024	前尖平	13911183839
漷　县	80586302	后尖平	80566149
杨　堤	80586109	徐官屯	80562346
长凌营	80581411	东定安	80561195
榆林庄	80582877	西定安	80562348
苏　庄	80586097	军　屯	80564522
马　务	80586007	柏　庄	80560069
翟各庄	80585242	龙　庄	80566131
许各庄	80583480	李辛庄	80566059
南　阳	80586090	尚武集	80566145
靛　庄	80599700	觅子店	80566221
吴　营	13701140525 80525890	南　屯	80567245
王　楼	80581902	穆家坟	80590341
郭　庄	13699108950	军　庄	80590724
中辛庄	80586091	边槐庄	80566038
南丁庄	69568406	梁家务	80565218
东　鲁	69569754	罗　庄	80566045
西　鲁	69569348	前元化	80561003
草　厂	69568404	后元化	80567268
大柳树	80563774		

张家湾镇（57个）

张湾村	61506019	南姚园	61569450
张湾镇	61568516	齐善庄	61502914
施　园	69573004	牌楼营	69573014
宽　街	69572972	马　营	69573714
唐小庄	69573703	前　街	69581366

立禅庵	69573724	中 街	69581403-8003
大高力庄	69573432	后 街	69581407
南许场	69571033	后 坨	69580496
北许场	69571866	小耕垡	13716464092
土 桥	69572122	前南关	69587401
皇木厂	69573040	后南关	69586221
上马头	69573247	北仪阁	69571435
张辛庄	69571661	前青山	69580028
梁各庄	69572274	后青山	69589049
东定福庄	69573431	苍 上	69588665
西定福庄	69573749	王各庄	69581457
贾各庄	69573743	东永和屯	13716464318
姚辛庄	69573493	西永和屯	69581459
里二泗	61563348	小北关	13716464633
烧酒巷	69573451	大北关	69581417
上 店	69571300	垡 头	69581420
大辛庄	69571097	三间房	69588620
枣林庄	69575208	北大化	69584315
何各庄	69573746	陆辛庄	69581126
瓜 厂	69573747	苍 头	69581153
南火垡	69585262	坨 堤	69583433
十里庄	69586164	高 营	13716464635
南大化	69581415	样 田	60570147
柳 营	69582151		

台湖镇（41 个）

董 村	81501225	垛 子	69509532
北神树	81502473	徐 庄	69500545
丁 庄	69501648	台 湖	61531983
白 庄	69501282	玉甫上营	61532683
马 庄	69501280	西下营	61535015
东下营	61531705	北姚园	61531732
唐大庄	61574707	碱 厂	61531737
尖 垡	61531742	朱家垡	61531895
水 南	69503089	兴武林	61531754
北小营	80823591	窑 上	61531763

西太平庄	69502474	北火垈	61534143
次一	69501725	蒋辛庄	61531903
次二	69501029	外郎营	52105926
东石	69502248	周坡庄	61538152
桂家坟	81509719	胡家垈	61531936
麦庄	69502417	江场	61531950
永隆屯	69503727	口子	61531952
大地	69509494	铺头	61531962
新河	69500545	前营	61532014
高古庄	69500416	田家府	61531335
桑元	69501548		

马驹桥镇（45 个）

北门口	60509484	大周易	60509219
二街	60509416	史村	60507775
三街	60599947	前银子	60509338
一街	60508866	后银子	60500244
西后街	60502930	驸马庄	60591198
辛屯	60509516	南堤	60591108
大葛庄	60500272	大杜社	61585729
东店	60509861	小杜社	61585740
西店	60509403	西马各庄	61582737
马村	60509581	六郎庄	61583915
小白	60509327	大松垈	61584561
姚村	60505858	小松垈	61585747
张各庄	60509774	神驹	61585753
大白	60509745	柏福	61585752
张村	60509227	东田阳	61583398
古庄	60509490	南小营	61582571
房辛店	60509517	团瓢庄	61582666
小张湾	60505058	姚辛庄	61585996
周营	60509228	前堰上	61585951
杨秀店	60594082	后堰上	61585935
郭村	60501226	陈各庄	61582958
柴务	60509519	西田阳	61585950
小周易	60505899		

永乐店镇（38 个）

永乐店一村	69569024	新 西 庄	69568493
永乐店二村	69568744	南堤寺东村	69568489
永乐店三村	69568632	南堤寺西村	69568487
小 南 地	69569656	马 合 店	80553586
大 羊	69569314	后 营	80551315
孔 庄	69569684	西 槐 庄	80551454
老 槐 庄	69564047	坚 村	80598008
陈 辛 庄	69564646	小 安	80551312
邓 庄	69567975	临 沟 屯	80511342
后 甫	69568355	应 寺	80511306
东张各庄	69564024	胡 家 村	80512105
德仁务前街	69569990	柴 厂 屯	80511241
德仁务中街	69568153	熬 硝 营	80515506
德仁务后街	69568308	小 甸 屯	80511475
西 河	80551310	三 垡	80511407
东 河	80551978	半 截 河	80514388
小 务	80551012	兴 隆 庄	80511424
大 务	80551192	前 马 坊	80511397
鲁 城	80552715	后 马 坊	80511492

于家务回族乡（23 个）

于 家 务	80531963	小 海 字	80522196
东马各庄	80531950	渠 头	80521362
西 马 坊	80534891	南三间房	80529409
果 村	80531962	富 各 庄	80523575
神 仙	80534596	王 各 庄	80523898
北 辛 店	80532820	满 庄	80523633
大 耕 垡	80533588	崔 各 庄	80810466
南 仪 阁	80531946	东 垡	80521474
仇 庄	80521158	西 垡	80521359
南 刘 庄	80521997	前 伏	80521379
吴 寺	80529028	后 伏	80529268
枣 林	80521014		

通州区中小学校、幼儿园名录

幼儿园

北京市通州区幼儿园	北京市通州区中山大街36号	69544030
北京市通州区新城东里幼儿园	北京市通州区西营前街25号	69545284
北京市通州区教工幼儿园	北京市通州区潞通大街196号	69544818
北京市通州区民族幼儿园	北京市通州区永顺镇芙蓉园312号	69542233
北京市通州区如意中心幼儿园	北京市通州区如意园甲12号	69541360
北京市通州区新通幼儿园	北京市通州区梨园西里38号楼21号楼	89542745
北京市通州区大方居幼儿园	北京市通州区半壁店大街25号	57056484
北京市通州区七零九零幼儿园	北京市通州区梨园南街净水园小区14号楼	59757315
北京市通州区临河里幼儿园	北京市通州区临河里62号	81515239
北京市通州区花石匠幼儿园	北京市通州区砖厂北里39号楼	56542238
北京市通州区快乐时光幼儿园	北京市通州区半壁店大街北口1号	60558812
北京市通州区华远铭悦幼儿园	北京市通州区砖厂南里27号楼	56863824
北京市通州区芙蓉幼儿园	北京市通州区水仙西路1号	89565887
北京一幼海晟实验园城市副中心园	北京市通州区畅和西路3号院1号楼	18811056321
北京市第五幼儿园城市副中心园	北京市通州区潞城镇胡各庄村	69540995
北京市通州区宋庄镇徐辛庄中心幼儿园	北京市通州区宋庄镇徐辛庄村临74号	89541050—8005
北京市通州区宋庄镇红杉溪谷幼儿园	北京市通州区宋庄镇疃里南区55号	61519096—8001
北京市通州区潞城镇甘棠中心幼儿园	北京市通州区潞城镇侉子店村	60550067
北京市通州区西集镇西集中心幼儿园	北京市通州区西集镇西集村临4号	61579280
北京市通州区西集镇郎府幼儿园	北京市通州区西集镇郎东村	61518205
北京市通州区漷县镇漷县中心幼儿园	北京市通州区漷县镇漷县村	80520913—8070
北京市通州区漷县镇觅子店幼儿园	北京市通州区漷县镇觅子店村	80535875—8007
北京市通州区永乐店镇中心幼儿园	北京市通州区永乐店镇东张各庄村西口	80596902—8007
北京市通州区于家务回族乡中心幼儿园	北京市通州区于家务回族乡于家务西里新月路1号	80533695
北京市通州区马驹桥镇马驹桥中心幼儿园	北京市通州区马驹桥镇中心小学校内	60599598
北京市通州区马驹桥镇大杜社中心幼儿园	北京市通州区马驹桥镇大杜社村	61582395
北京市通州区马驹桥镇金桥幼儿园	北京市通州区中关村科技园区通州园金桥科技产业基地景盛北一街29号	80898819
北京市通州区台湖镇台湖中心幼儿园	北京市通州区台湖镇台湖村临36号	60578155

北京市通州区台湖镇次渠家园幼儿园	北京市通州区台湖镇次渠北里105号	80821732-8007
北京市通州区台湖镇定海园幼儿园	北京市通州区台湖镇定海园小区2里16号	60577589-8312
北京市通州区张家湾镇张家湾中心幼儿园	北京市通州区张家湾镇西定福庄丙51号	69573184
北京市通州区张家湾镇牛堡屯中心幼儿园	北京市通州区张家湾镇中街村	69582371
北京市通州区永顺镇中心幼儿园	北京市通州区八里桥南街68号院	89506293
北京市通州区潞苑幼儿园	北京市通州区永顺镇潞苑北里四区A01公建楼	69540995
北京市通州区梨园镇新城嘉园中心幼儿园	北京市通州区梨园镇新城嘉园小区108号	80598926
北京市通州区西集镇西集中心幼儿园肖林分园	北京市通州区西集镇肖家林小学东侧	61518066
北京市通州区西集镇西集中心幼儿园杜柳棵分园	北京市通州区西集镇杜柳棵小学内	80577017
北京市通州区西集镇西集中心幼儿园大灰店分园	北京市通州区西集镇大灰店小学内	61517366
北京市通州区漷县镇漷县中心幼儿园大香仪分园	北京市通州区漷县镇大香仪村	80520913-8070
北京市通州区漷县镇漷县中心幼儿园黄厂铺分园	北京市通州区漷县镇黄厂铺村	80520913-8070
北京市通州区漷县镇觅子店幼儿园曹庄分园	北京市通州区漷县镇曹庄村	80535875-8007
北京市通州区漷县镇觅子店幼儿园张庄分园	北京市通州区漷县镇张庄村	80535875-8007
北京市通州区漷县镇觅子店幼儿园边槐庄分园	北京市通州区漷县镇边槐庄村	80535875-8007
北京市通州区台湖镇台湖中心幼儿园胡家垡分园	北京市通州区台湖镇胡家垡村	61528368
中国人民解放军总参谋部陆航部幼儿园	北京市通州区张家湾镇三间房村806号	66858361
北京市通州区科印幼儿园	北京市通州区北苑南路63号院	60536388
北京市通州区利登双语幼儿园	北京市通州区通惠南路1号院	60519296
北京市双鹿艺术幼儿园	北京市通州区玉桥西路1号	69545541
北京市通州区玉桥街道运河幼儿园	北京市通州区葛布店北里8号楼北侧	81528111
北京市运乔蓝天幼儿园	北京市通州区乔庄东区运乔嘉园	81591155
北京市通州区玉桥幼儿园	北京市通州区玉桥北里47号	81587114
北京市通州区新苗幼儿园	北京市通州区永顺镇潞苑嘉园小区27号楼	89558599
北京市通州区童乐幼儿园	北京市通州区通惠南路29号院内	69545714
北京市通州区瀚林华馨幼儿园	北京市通州区台湖镇次渠大街19号	69505829
北京市通州区东方幼儿园	北京市通州区玉带河东街461号	69545558
北京市通州区龙旺庄双语艺术幼儿园	北京市通州区永顺镇龙旺庄村36甲院内	89595336
北京通州哈佛摇篮幼儿园	北京市通州区通胡大街68号	89527785
北京武夷大地幼儿园	北京市通州区潞城镇武夷花园水仙园68号	89524396
北京市通州区芬芳幼儿园	北京市通州区梨园镇砖厂村北	69572943
北京市通州区星河幼儿园	北京市通州区玉桥西里70号院	81537959
北京市通州区启智贝尔幼儿园	北京市通州区玉桥东路58号	81598268
北京市通州区小海豚双语艺术幼儿园	北京市通州区潞苑南大街1093号	89512389
北京市通州区童心幼儿园	北京市通州区永顺镇西马庄小区	60516183
北京市通州区淘乐思艺术幼儿园	北京市通州区永顺镇果园北区226号院	81516110
北京市通州区东旭英华双语艺术幼儿园	北京市通州区梨园北街256号院	69539200

北京市通州区世纪之星艺术幼儿园	北京市通州区梨园地区九棵树万盛北里甲355号	81519281
北京市通州区北星幼儿园	北京市通州区梨园路122号	52101961
北京市通州区蓝馨双语幼儿园	北京市通州区宋庄镇吴各庄村82号	52330707
北京市通州区金宝幼儿园	北京市通州区河滨路1号月亮河度假村519,520号	80853408
北京市通州区幼师实验幼儿园	北京市通州区玉桥东里106号	81575934
北京市通州区龙鼎幼儿园	北京市通州区翠景南里西区18号楼	81551886
北京市通州区斯宾赛尔幼儿园	北京市通州区枫露皇苑一区甲一号	61528188
北京市通州区尚慧幼儿园	北京市通州区梨园镇大搞村	60552067
北京市通州区迪帆幼儿园	北京市通州区安顺路17号	69533790
北京市通州区东旭英才双语艺术幼儿园	北京市通州区物院路正南A1-8号	80544002
北京市通州区海蓓宁幼儿园	北京市通州区梨园镇大稿村怡乐南街	815688818
北京市通州区圣克弗斯幼儿园	北京市通州区河滨路1号月亮河城堡公寓6、7号楼	80852856
北京市通州区晟世蓝天双语艺术幼儿园	北京市通州区梨园镇晟世嘉园2号(京洲园64号)	57246555
北京市通州区北方之星艺术幼儿园	北京市通州区梨园南街326号	81594098
北京市通州区蓝色未来幼儿园	北京市通州区新华北街117号	60536680
北京市通州区金一桥艺术幼儿园	北京市通州区永顺镇果园北街227号	56217130
北京市通州区金色摇篮印象台湖幼儿园	北京市通州区台湖镇台湖北里45号楼	51077869
北京市通州区英才幼儿园	北京市通州区宋庄镇寨辛庄前街甲2号院1号楼	13051536170
北京市通州区童之梦双语幼儿园	北京市通州区北苑南路38号	60554348
北京市通州区缘贝幼儿园	北京市通州区梨园镇大稿新村京洲园383号	81594897
北京市通州区玉博睿金地幼儿园	北京市通州区永顺镇榆东一街6号院	50862919
北京市通州区天鹅湖幼儿园	北京市通州区八里桥南街50号院	69556954
北京市通州区海贝儿幼儿园	北京市通州区中关村科技园区通州园金桥科技产业基地景盛南二街12号院6、7号楼	56495518
北京市通州区红黄蓝马驹桥幼儿园	北京市通州区马驹桥镇富力尚悦居D区红黄蓝幼儿园	56988262
北京市通州区红黄蓝北苑幼儿园	北京市通州区新华南二街10号院	80881501
北京市通州区人大附中北大附小联合实验学校幼儿园	北京市通州区临河里路香溪家园155号	56542996
北京市通州区宋庄镇六合幼儿园	北京市通州区宋庄镇六合村	57178892
北京市通州区宋庄镇平家疃幼儿园	北京市通州区宋庄镇平家疃村	80859680
北京市通州区潞城镇中心幼儿园	北京市通州区潞城镇召里村	89585206
北京市通州区潞城镇贾后疃幼儿园	北京市通州区潞城镇贾后疃村	60574028
北京市通州区潞城镇大豆各庄幼儿园	北京市通州区潞城镇大豆各庄村北	60550260
北京市通州区永乐店镇永一幼儿园	北京市通州区永乐店镇永乐店一村	69569339
北京市通州区永乐店镇小务幼儿园	北京市通州区永乐店镇小务村	80520811
北京市通州区永乐店镇熬硝营幼儿园	北京市通州区永乐店镇熬硝营村	80525839
北京市通州区永乐店镇老槐庄幼儿园	北京市通州区永乐店镇老槐庄村	15811507798
北京市通州区永乐店镇半截河幼儿园	北京市通州区永乐店镇半截河村文化站	17301062580
北京市通州区于家务乡北辛店幼儿园	北京市通州区于家务乡北辛店村幼儿园	80532820

北京市通州区于家务乡东马各庄幼儿园	北京市通州区于家务回族乡东马各庄村	80531950
北京市通州区于家务乡东垡村幼儿园	北京市通州区于家务乡东垡村	80521474
北京市通州区于家务乡王各庄村幼儿园	北京市通州区于家务回族乡王各庄村	18612485906
北京市通州区马驹桥镇六郎庄幼儿园	北京市通州区马驹桥镇六郎庄村	69503020
北京市通州区马驹桥镇南小营幼儿园	北京市通州区马驹桥镇南小营村	69509161
北京市通州区马驹桥镇团瓢庄幼儿园	北京市通州区马驹桥镇团瓢庄村	60593512
北京市通州区马驹桥镇杨秀店幼儿园	北京市通州区马驹桥镇杨秀店村	60593572
北京市通州区马驹桥镇姚辛庄幼儿园	北京市通州区马驹桥镇姚辛庄村	69506082
北京市通州区马驹桥镇史村幼儿园	北京市通州区马驹桥镇史村	60593120
北京市通州区马驹桥镇大松垡幼儿园	北京市通州区马驹桥镇大松垡村	69503058
北京市通州区马驹桥镇东田阳幼儿园	北京市通州区马驹桥镇东田阳村	69507019
北京市通州区马驹桥镇小周易幼儿园	北京市通州区马驹桥镇小周易村	69508191
北京市通州区马驹桥镇前银子幼儿园	北京市通州区马驹桥镇前银子村	69509653
北京市通州区马驹桥镇后银子幼儿园	北京市通州区马驹桥镇后银子村	69500317
北京市通州区马驹桥镇前堰上幼儿园	北京市通州区马驹桥镇前堰上村	69506558
北京市通州区马驹桥镇后堰上幼儿园	北京市通州区马驹桥镇后堰上村	61585935
北京市通州区马驹桥镇西马各庄幼儿园	北京市通州区马驹桥镇西马各庄村	69506002
北京市通州区马驹桥镇柏福幼儿园	北京市通州区马驹桥镇柏福村幼儿园	69503138
北京市通州区马驹桥镇神驹幼儿园	北京市通州区马驹桥镇神驹村	69501259
北京市通州区马驹桥镇小松垡幼儿园	北京市通州区马驹桥镇小松垡村	69503729
北京市通州区马驹桥镇大杜社幼儿园	北京市通州区马驹桥镇大杜社村	69503281
北京市通州区马驹桥镇小杜社幼儿园	北京市通州区马驹桥镇小杜社村	69506022
北京市通州区台湖镇东下营幼儿园	北京市通州区台湖镇东下营村	61528180
北京市通州区台湖镇兴武林幼儿园	北京市通州区台湖镇兴武林村	61527720
北京市通州区台湖镇外郎营幼儿园	北京市通州区台湖镇外郎营村	61527730
北京市通州区张家湾镇南大化幼儿园	北京市通州区张家湾镇南大化村	80526258
北京市通州区梨园地区中心幼儿园	北京市通州区梨园镇群芳园小区东侧	81529807
北京市通州区梨园地区杨洼幼儿园	北京市通州区梨园镇杨洼幼儿园23号旁	80579158
北京市通州区梨园镇西总屯幼儿园	北京市通州区梨园镇翠屏北里27号楼	60526990

小 学

北京市通州区南关小学	北京市通州区东营后街9号	69544219
北京市通州区中山街小学	北京市通州区新华西街16号	69544116
北京市通州区后南仓小学	北京市通州区新仓路53号	69539230
北京市通州区东方小学	北京市通州区西顺城街甲32号	69542593
北京市通州区运河小学	北京市通州区运河西大街246号	81513227-8033

北京市通州区官园小学	北京市通州区新仓路29号	69544034
北京市通州区贡院小学	北京市通州区西海子西路1号	69544015
北京市通州区玉桥小学	北京市通州区玉桥东路1号	81587322
北京市通州区民族小学	北京市通州区回民胡同47号	69553754
北京市通州区永顺小学	北京市通州区永顺南街75号	69544474
北京教育科学研究院通州区第一实验小学	北京市通州区怡乐中街41号	81526570
北京市史家小学通州分校	北京市通州区玉桥东小区A1区	81590956
北京小学通州分校	北京市通州区芙蓉园313号	80853103
北京市通州区临河里小学	北京市通州区梨园镇东方玫瑰家园B8号楼	81594962-841
北京市通州区北苑小学	北京市通州区北苑南路22号	69542948
北京市通州区芙蓉小学	北京市通州区通胡大街70号	89535016
北京第二实验小学通州分校	北京市通州区土桥中街砖厂北里39号楼	56542291
北京市通州区教师研修中心实验学校	北京市通州区故城东路顾家坡一号	60562767
北京市通州区潞河中学附属学校	北京市通州区梨园地区办事处半壁店村	81511961
北京市通州区宋庄镇中心小学	北京市通州区宋庄镇宋庄村	69594882
通州区北寺庄小学	北京市通州区宋庄镇北寺庄村	89571779
通州区师姑庄小学	北京市通州区宋庄镇师姑庄村	89513799
通州区翟里小学	北京市通州区宋庄镇翟里村	89573246
北京市通州区徐辛庄小学	北京市通州区宋庄镇	89563232
北京市通州区葛渠小学	北京市通州区宋庄镇葛渠村	89559876
北京市通州区富豪小学	北京市通州区宋庄镇富豪村	89551130
北京市通州区潞城镇中心小学	北京市通州区潞城镇七级村	89580540
北京市通州区胡各庄小学	北京市通州区潞城镇胡各庄村	89582099
通州区后屯小学	北京市通州区潞城镇后屯村	80854802
北京市通州区大东各庄小学	北京市通州区潞城镇大东各庄村	61521136
北京市通州区大豆各庄小学	北京市通州区潞城镇大豆各庄村	61521334
通州区卜落垡小学	北京市通州区潞城镇卜落垡村	61521714
北京市通州区西集镇中心小学	北京市通州区西集镇政府街25号	61576249
通州区肖林小学	北京市通州区西集镇中心小学	61576249
通州区大灰店小学	北京市通州区西集镇大灰店村	61576249
通州区新东仪小学	北京市通州区西集镇政府街25号	61576249
通州区郎府小学	北京市通州区西集镇政府街25号	61576249
北京市通州区杜柳棵小学	北京市通州区西集镇杜柳棵村	61576249
通州区沙古堆小学	北京市通州区西集镇沙古堆村	61576249
北京市通州区漷县镇中心小学	北京市通州区漷县镇漷兴一街临15号	80586050
通州区靛庄小学	北京市通州区漷县镇靛庄村	80586567
通州区草厂小学	北京市通州区漷县镇草厂村	69569035

通州区马头小学	北京市通州区漷县镇马堤村	80599336
通州区觅子店小学	北京市通州区漷县镇觅子店村	80566040
北京市通州区东定安小学	北京市通州区漷县镇东定安村西	80566385
北京市通州区侯黄庄小学	北京市通州区漷县镇侯黄庄村	80563268
北京市通州区永乐店镇中心小学	北京市通州区永乐店镇永乐店一村	80572541-8003
通州区德仁务小学	北京市通州区永乐店镇德仁务村	69569364
通州区小务小学	北京市通州区永乐店镇小务村	80551547
通州区柴厂屯小学	北京市通州区永乐店镇柴厂屯村	80511545
北京市通州区于家务乡中心小学	北京市通州区于家务乡于家务村一街66号	80531942
北京市通州区于家务乡渠头小学	北京市通州区于家务乡渠头村68号	80521541
通州区西垡小学	北京市通州区于家务乡西垡村	80531942
北京市通州区马驹桥镇中心小学	北京市通州区马驹桥镇兴华大街9号	80595177
通州区小张湾小学	北京市通州区马驹桥镇小张湾村	60500604
通州区大杜社小学	北京市通州区马驹桥镇小杜社村西	61586608
北京市通州区马驹桥实验小学	北京市通州区马驹桥镇二街村15号	80829550
北京市通州区马驹桥镇金桥小学	北京市通州区马驹桥镇小白村	61530882
北京市通州区马驹桥镇西马各庄小学	北京市通州区马驹桥镇西马各庄村西	80849276
北京市通州区台湖镇中心小学	北京市通州区台湖镇次渠大街	69507134
北京市通州区次渠家园小学	北京市通州区台湖镇次二村	81507073
北京市通州区台湖镇银河湾小学	北京市通州区台湖镇海盛四街12号院	81505841
北京市通州区张家湾镇中心小学	北京市通州区张家湾镇新镇	69572781
通州区张家湾镇张湾村民族小学	北京市通州区张家湾镇张湾村	61561781
北京市通州区张湾镇民族小学	北京市通州区张家湾镇张湾镇村	69571173
北京市通州区枣林庄民族小学	北京市通州区张家湾镇枣林庄村	69573469
北京市通州区上店小学	北京市通州区张家湾镇上店村423	69571442
北京市通州区永顺镇中心小学	北京市通州区永顺镇杨庄村	81564281
通州区西马庄小学	北京市通州区西马庄村	60513380
通州区乔庄小学	北京市通州区永顺镇乔庄村	81585845
通州区发电厂小学	北京市通州区永顺镇小圣庙村	61563183
通州区龙旺庄小学	北京市通州区永顺镇小潞邑村北	89519604
通州区焦王庄小学	北京市通州区永顺镇焦王庄村	89597737
通州区范庄小学	北京市通州区永顺地区办事处范庄村	79553172
北京市通州区潞苑小学	北京市通州区永顺镇富力惠兰美居小区B区一号	89553920
北京市通州区梨园镇中心小学	北京市通州区梨园镇云景东路	60523455
通州区大稿新村小学	北京市通州区大稿新村	81566724
北京市通州区私立博羽小学	北京市通州区台湖镇麦庄村	69508984
北京市通州区艺才小学	北京市通州区马驹桥镇大葛庄村124号	60500839

北京市通州区红星小学	北京市通州区马驹桥镇北门口村225号	80595768
北京市通州区兴顺实验小学	北京市通州区永顺镇刘庄村陈列馆路西	60511476
北京市通州区明星小学	北京市通州区宋庄镇尹各庄村	89576788
北京市通州区嘉英小学	北京市通州区宋庄镇辛店村临361号	69592892
北京市通州区台湖镇培彦学校	北京市通州区台湖镇东石村	81509183

中　学

北京通州华仁学校	北京市通州区丛林庄园	89598885
北京市通州区玉桥中学	北京市通州区梨园北街23号	81588780
北京市通州区第六中学	北京市通州区西顺城街32号	69543268
北京市通州区北关中学	北京市通州区永顺南街190号	69555728
北京市通州区龙旺庄中学	北京市通州区永顺镇小潞邑村北	89594808
北京市通州区梨园学校	北京市通州区梨园镇云景东路399号	60529536
北京市通州区宋庄中学	北京市通州区宋庄镇政府大街	69595470
北京市通州区漷县中学	北京市通州区漷县镇漷兴一街	80585485
北京市通州区觅子店中学	北京市通州区漷县镇觅子店村440号	80563161
北京市通州区马驹桥学校	北京市通州区马驹桥镇新海西路88号	60504922
北京市通州区大杜社中学	北京市通州区马驹桥镇小杜社村	61582577
北京市通州区西集中学	北京市通州区西集镇国防路25号	61576277
北京市通州区郎府中学	北京市通州区西集镇郎东村366号	61550260
北京市通州区次渠中学	北京市通州区台湖镇次一村	69502312
北京市通州区小务中学	北京市通州区永乐店镇小务村555号	80551584
北京市通州区柴厂屯中学	北京市通州区永乐店镇柴厂屯村	80511402
北京市通州区甘棠中学	北京市通州区潞城镇武兴路临33号	61529328
北京市通州区新华学校	北京市通州区新华大街77号	80886064
北京市通州区月河学校	北京市通州区台湖镇次渠1村	81509419
北京市通州区新未来实验学校	北京市通州区宋庄镇宋庄村	89578346
北京市育才学校通州分校	北京市通州区梨园镇群芳中二街3号	81576606
北京市通州区牛堡屯学校	北京市通州区张家湾镇中街村462号	69581391
北京市通州区陆辛庄学校	北京市通州区张家湾镇陆辛庄村573号	69585189
北京市通州区台湖学校	北京市通州区台湖镇台湖村536号	61536208
北京市通州区于家务中学	北京市通州区于家务回族乡于家务村	80531922-8106
北京拔萃骏源学校	北京市通州区马驹桥镇南堤村	69540995
北京市通州区潞河中学	北京市通州区新华南路135号	69541973
北京市通州区第二中学	北京市通州区玉带河西街28号	69544963
北京市通州区第三中学	北京市通州区胡各庄村南1号	89537370

北京市通州区第四中学	北京市通州区新华西街45号	69522231
北京市通州区运河中学	北京市通州区运河西大街107号	81523528
首都师范大学附属中学（通州校区）	北京市通州区中山大街50号	69559659
北京学校	北京市通州区潞城镇大营村东侧	69540995
北京市通州区潞州中学	北京市通州区宋庄镇徐辛庄村	60573788
北京市第二中学通州分校	北京市通州区潞城镇三元村东	89521723
北京市通州区永乐店中学	北京市通州区永乐店镇永三村1号	69568463
北京市通州区张家湾中学	北京市通州区张家湾镇工业开发区广源路西街8号	69571821
北京市第五中学通州校区	北京市通州区永顺镇通州新城0204街区	15311861985
北京市私立树人·瑞贝学校	北京市通州区宋庄小堡南区甲一号	80856788
北京潞河国际教育学园	北京市通州区玉带河西街10号	69553535
北京中加学校	北京市通州区疃里丛林庄园	89598885
北京市通州区培智学校	北京市通州区运河西大街6号	81524430

通州区卫生机构名录

北京市通州区卫生和计划生育委员会驻北京市通州区看守所社区卫生服务中心

北京市通州区社区卫生服务管理中心

北京市通州区农村改水领导小组办公室

北京市通州区中心血站

北京市通州区流动人口健康生育服务中心

北京市通州区卫生和计划生育信息中心

北京市通州区人口生育药具服务中心

北京市通州区妇幼保健计划生育服务中心（妇幼保健院）

北京市通州区中西医结合医院

北京市通州区中医医院

北京市通州区老年病医院

北京市通州区精神病医院

北京市通州区疾病预防控制中心

北京市通州区新华医院

北京市通州区北苑街道社区卫生服务中心

北京市通州区中仓街道社区卫生服务中心

北京市通州区新华街道社区卫生服务中心
北京市通州区玉桥街道社区卫生服务中心
北京市通州区梨园镇梨园社区卫生服务中心（北京市通州区梨园卫生院）
北京市通州区永顺镇永顺社区卫生服务中心（北京市通州区永顺卫生院）
北京市通州区漷县镇漷县社区卫生服务中心（北京市通州区漷县卫生院）
北京市通州区漷县镇觅子店社区卫生服务中心（北京市通州区觅子店卫生院）
北京市通州区潞城镇甘棠社区卫生服务中心（北京市通州区甘棠卫生院）
北京市通州区张家湾镇张家湾社区卫生服务中心（北京市通州区张家湾卫生院）
北京市通州区马驹桥镇马驹桥社区卫生服务中心（北京市通州区第二医院）
北京市通州区台湖镇台湖社区卫生服务中心（北京市通州区台湖卫生院）
北京市通州区宋庄镇宋庄社区卫生服务中心（北京市通州区宋庄卫生院）
北京市通州区宋庄镇徐辛庄社区卫生服务中心（北京市通州区徐辛庄卫生院）
北京市通州区西集镇郎府社区卫生服务中心（北京市通州区郎府卫生院）
北京市通州区永乐店镇永乐店社区卫生服务中心（北京市通州区永乐店卫生院）
北京市通州区于家务回族乡于家务社区卫生服务中心（北京市通州区于家务卫生院）
北京市通州区潞城镇潞城社区卫生服务中心（北京市通州区潞城卫生院）
北京市通州区张家湾镇牛堡屯社区卫生服务中心（北京市通州区牛堡屯卫生院）
北京市通州区马驹桥镇大杜社社区卫生服务中心（北京市通州区大杜社卫生院）
北京市通州区台湖镇次渠社区卫生服务中心（北京市通州区次渠卫生院）
北京市通州区西集镇西集社区卫生服务中心（北京市通州区西集卫生院）
北京市通州区卫生和计划生育教育服务中心
首都医科大学附属北京潞河医院
北京市通州区120紧急救援中心
北京市通州区卫生和计划生育委员会
北京市通州区卫生和计划生育监督所

通州区法律服务所、公证处及律师事务所名录

机构名称	地　址	电　话
北京市通州区中仓街道法律服务所	玉桥西里79号楼5单元507室（法院东侧）	52353388
北京市潞洲公证处	北京市通州区车站路48号东方宾馆C座2层	69553774
北京邦文律师事务所	北京市通州区玉桥西里87号楼1至3层1底商52号	52101312

北京宝辰律师事务所	北京市通州区梨园北街186号嘉福临大厦三层301室	01059011056
北京蔡丽萍律师事务所	北京市通州区玉桥西里70号院12号楼112室	13552811055
北京策慧律师事务所	北京市通州区玉桥西里71号楼	81533978
北京长智律师事务所	北京市通州区梨园北街18号院10幢1层612室	15801615866
北京超见律师事务所	北京市通州区梨园北街272号1层	13522878079
北京朝通律师事务所	北京市通州区梨园镇刘老公庄东侧（北京英特塑料机械总厂）43幢8360室	13261861516
北京陈晓琼律师事务所	北京市通州区玉桥西里8号楼412室	81534843
北京成越律师事务所	北京市通州区梨园镇砖厂北里133号楼金隅花石苑1单元404	13522558936
北京德兰律师事务所	北京市通州区北京市通州区玉桥西里79号5门509室	52101112
北京东财律师事务所	北京市通州区东果园24号楼12层1212	010-82652839
北京东科律师事务所	北京市通州区云景北里53号楼13层1313	13141111138
北京东通律师事务所	北京市通州区宋庄镇疃里村西1000米	13311339161
北京东燕律师事务所	北京市通州区梨园北街186号嘉福临大厦二层203	59011063
北京法盈律师事务所	北京市通州区梨园北街186号嘉福临大厦3层307室	13811740669
北京方谨律师事务所	北京市通州区梨园北街186号二层202室	15311510261
北京格仁律师事务所	北京市通州区翠景北里1号楼1806号	13601352257
北京和广律师事务所	北京市通州区梨园北街186号二层201室	59011069
北京合亨律师事务所	北京市通州区玉桥西里4号楼C座106	15201071628
北京恒兮律师事务所	北京市通州区张家湾镇光华路西侧	15810368130
北京鸿德思杰律师事务所	北京市通州区兴光三街9号院6号楼2层5单元202	13717796980
北京湖岸律师事务所	北京市通州区运河核心区Ⅳ-08多功能用地项目8A商务办公楼20层2005	13720090949
北京华欢律师事务所	北京市通州区金隅嘉铂苑1-1#-A-1340	51299916
北京惠超律师事务所	北京市通州区北京市通州区台湖北里27号楼102、207	13810818689
北京济桓律师事务所	北京市通州区玉桥西里1号楼底商	13810363003
北京佳美律师事务所	北京市通州区梨园镇砖厂村北京市玻璃钢制品厂二期居住项目33#配套综合楼4层1单元-419	01058106673
北京金旗律师事务所	北京市通州区通胡大街23号中北商厦310C、307C室	13811821960
北京尽致律师事务所	北京市通州区玉桥西里4号楼C座203	13552517887
北京京兰律师事务所	北京市通州区马驹桥镇建材城小区11栋11号	13810008148
北京京庆律师事务所	北京市通州区马驹桥镇建材城小区25号	18701461116
北京京尧律师事务所	北京市通州区梨园西里26号楼1层01	80870200
北京君理律师事务所	北京市通州区新华西路60号院4号楼六层614、615室	010-60539596
北京立世律师事务所	北京市通州区临河里1号楼2单元1807	13611077439
北京联袂律师事务所	北京市通州区新华西街58号院3号楼27层2725	13301139332

北京廉峰律师事务所	北京市通州区梨园北街186号三间房综合楼一层101室	010-59011155
北京量权律师事务所	北京市通州区砖厂北里140号楼7层3702	13311203050
北京龙旺律师事务所	北京市通州区运河核心区IV-08号多功能用地项目8A商务办公楼12层1201室	15811067555
北京伦辉律师事务所	北京市通州区新华西街60号院2号楼6层619	13522256963
北京母福奎律师事务所	北京市通州区梨园东里北区五号楼112号	81542547
北京谱辩律师事务所	北京市通州区运河核心区IV-10地块F3其他类多功能用地项目6#办公及商业楼6层602	010-81577721
北京谦高律师事务所	北京市通州区刘老公庄东侧81幢8098/8099号	010-56455938
北京强力律师事务所	北京市通州区台湖镇尖垡村甲3号	13901310961
北京荣罡律师事务所	北京市通州区玉桥西里中街4号	81518121
北京善福律师事务所	北京市通州区怡乐北街商38号	15010585488
北京邵蹟律师事务所	北京市通州区玉桥西里70号12号楼1层412	61581052
北京圣伟律师事务所	北京市通州区梨园路128号	52101849
北京市宝隆律师事务所	北京市通州区玉桥西里70号院8号楼612室	010-81536297
北京市诚汇律师事务所	北京市通州区梨园路126号	52101906
北京市达奥律师事务所	北京市通州区梨园镇北杨洼小区19号楼商C段二层	60527915
北京市德通律师事务所	北京市通州区玉桥西里72号16号楼3层1315/135	81526138
北京市恩洋律师事务所	北京市通州区运河西大街玉桥西里四号楼c座1205室	52353228
北京市京畿律师事务所	北京市通州区觅子店京港家园2号楼4单元104、204	01080598090
北京市隆康律师事务所	北京市通州区玉桥西里4号楼504室	52353145
北京市明非律师事务所	北京市通州区颐瑞东里160号楼2单元302	66019802
北京市荣博律师事务所	北京市通州区梨园北街186号嘉福临大厦二楼225室	010-59011186
北京市盛都律师事务所	北京市通州区梨园北街梨园51号楼1单元111室	18910845515
北京市天安律师事务所	北京市通州区玉桥西里小区79号楼5门307室	01052101033
北京市天正律师事务所	北京市通州区梨园路	60523545
北京市致宏律师事务所	北京市通州区玉桥西里致宏律师楼	60527953
北京双安律师事务所	北京市通州区云杉路7号2幢2层204号	15116982995
北京绥正律师事务所	北京市通州区梨园镇刘老公庄东侧（北京英特塑料机械总厂）81幢8005	010-56645737
北京天霜律师事务所	北京市通州区运河核心区通州富力中心A3-1-2602	13260213380
北京通美律师事务所	北京市通州区玉桥西路72号格兰晴天16号楼1313	13671262259
北京通平律师事务所	北京市通州区梨园北街240号	81515031
北京通特律师事务所	北京市通州区通胡大街甲23号楼401	13910129662
北京通中律师事务所	北京市通州区梨园西里26号楼1层08室	13718009583
北京同展律师事务所	北京市通州区北京市通州区次二村南6号1幢620A	13366552996

北京拓捷律师事务所	北京市通州区梨园镇刘老公庄东侧(北京英特塑料机械总厂)4幢8405、8406室	13601005755
北京王鸿飞律师事务所	北京市通州区通州区西潞苑68号楼1至2层甲4	60524955
北京新展律师事务所	北京市通州区玉桥西里31号楼西北角	15699982198
北京星勋律师事务所	北京市通州区玉桥中路109号	010—51087809
北京兴学律师事务所	北京市通州区梨园地区梨园村位于轻轨西侧01商业楼A—5	56350795
北京修诚律师事务所	北京市通州区梨园北街186号嘉福临大厦209室	53383778
北京寻真律师事务所	北京市通州区东果园18号楼4层402	010—80850896
北京亚森律师事务所	北京市通州区临河里路2号3—2幢二层3—2—31、3—2—32	010—56866373
北京义勇律师事务所	北京市通州区九棵树东路甲442号616室	18511812000
北京有实律师事务所	北京市通州区运河核心区Ⅳ—8多功能用地项目8A商务办公楼13层1312	13718619797
北京泽达律师事务所	北京市通州区梨园北街186号嘉福临大厦三层302—2号	01059011148
北京增承律师事务所	北京市通州区运河西大街玉桥西里4号C座211室	13522823288
北京智云律师事务所	北京市通州区永顺南街新光大中心8BC1316	18610775179
北京中南律师事务所	北京市通州区翠景北里1号楼1906号	01081539380
北京中晏律师事务所	北京市通州区梨园北街18号院10号楼	52895285
北京烛龙律师事务所	北京市通州区台湖镇H3—03地块F3其它类多功能用地项目5#办公楼7层707	13436388955
北京钊睿律师事务所	北京市通州区云景北里53号楼熙锦大厦C座1205、1207	56645867
河北唤民（北京）律师事务所	北京市通州区梨园北街186号嘉福临大厦二层204	010—59011063
内蒙古大法扬律师事务所北京分所	北京市通州区梨园北街186号302	010—59011098
上海华勤基信(北京)律师事务所	新华南街60号院万达广场A座2号楼2015室	13810956277

2018年通州区新建小区名录

建筑物名称	核准时间	地 点
北人家园	2018—2—2	通州区新华东街
天赐嘉苑小区	2018—2—24	通州区永顺镇
次渠锦园	2018—4—25	通州区台湖镇
永乐雅苑小区	2018—10—15	通州区永乐店镇
东庭嘉园	2018—10—22	通州区永顺镇
通和家园	2018—12—3	通州区台湖镇

2018年通州区标准地名命名

地名	命名日期	地 点
后北营家园	2018-08-29	潞城镇
潞阳大街	2018-09-12	潞城镇
畅和东路	2018-09-12	潞城镇
大营东街	2018-09-12	潞城镇
七星北里	2018-09-21	西集镇
七星南里	2018-09-21	西集镇
孝行西里	2018-09-21	西集镇
孝行东里	2018-09-21	西集镇
孝行南里	2018-09-21	西集镇
含英园	2018-10-17	潞源街道

2018年通州区副处级以上机构调整变动情况

1月24日，设立北京市通州区对外联络服务中心，为区政府直属相当正处级财政补助事业单位。主要职责为承担本区对外联络服务工作；负责本区重要会议、大型活动接待服务工作。

3月6日，设立中国共产党北京市通州区委员会网络安全和信息化领导小组办公室（简称区委网信办），加挂北京市通州区互联网信息办公室牌子（简称区互联网信息办），为区委工作机构，挂靠区委宣传部，机构规格正处级。主要职责是承担区委网络安全和信息化领导小组日常事务工作，协调督促有关部门落实领导小组的工作部署和要求；指导推进区属党政机关、重点行业网络安全保障和信息化工作，协调推动公共服务和社会治理信息化，指导网络安全信息共享和通报；组织协调网上宣传和舆论引导工作，维护互联网意识形态安全，承担本行政区域内互联网信息内容监督管理执法工作；协调处理网络安全和信息化重大突发事件。

3月7日，在整合本区网格化管理、非紧急救助、城市指挥调度等职责的基础上，设立北京市通州区城市管理指挥中心，为北京市通州区市政市容管理委员会所属相当副处级财政补助事业单位。主要职责为负责区城市管理领域的信息收集、分析处理、指挥调度、督办落实；指导各街道、乡镇城市管理指挥分中心的运行；协调推进本区城市管理网格化体系建设。

7月2日，设立中国共产党北京市通州区委员会潞源街道工作委员会（简称潞源街道党工委），与北京市通州区潞源街道办事处（简称潞源街道办事处）合署办公。潞源街道党工委是区委的派出机关，根据区委的授权，全面负责本地区党的建设，领导本地区的工作和基层社会治理，发挥总揽全局、协调各方作用。潞源街道街道办事处是区政府的派出机关，依据法律法规的规定和区政府的授权，履行相应的政府职能。

9月19日，以北京市通州区市政市容管理委员会为基础，在整合相关部门职责和人员力量的基础上，设立北京市通州区城市管理委员会（简称区城管委），为区主管城市管理工作的区政府工作部门，同时作为北京市通州区城乡环境建设管理委员会的办事机构，挂北京市通州区城乡环境建设管理委员会办公室（简称区环境办）牌子，负责城乡环境建设、城市管理的综合协调，市政基础设施、市政公用事业、市容环境卫生、能源日常运行等管理工作。区城管委（区环境办）成立后，不再保留北京市通州区市政市容管理委员会（北京市通州区城乡环境建设委员会办公室）。

12月28日，设立中国共产党北京市通州区委员会通运街道工作委员会（简称通运街道党工委），与北京市通州区通运街道办事处（简称通运街道办事处）合署办公。通运街道党工委是区委的派出机关，根据区委的授权，全面负责本地区党的建设，领导本地区的工作和基层社会治理，发挥总揽全局、协调各方作用。通运街道办事处是区政府的派出机关，依据法律法规的规定和区政府的授权，履行相应的政府职能。

（黄晓红）

2018年度通州区纳税前50家企业名录

上海烟草集团北京卷烟厂
北京富力通达房地产开发有限公司
中国建筑第二工程局有限公司
中国烟草总公司北京市公司
北京天旭运河房地产开发有限责任公司
北京海港房地产开发有限公司
北京通州房地产开发有限责任公司
北京苏宁易购销售有限公司
蒙牛高科乳制品（北京）有限责任公司
北京市通州烟草公司
甘李药业股份有限公司
北京京东达锐贸易有限公司
北京四环制药有限公司
北京君合百年房地产开发有限公司
北京祈连房地产开发有限公司
李宁（中国）体育用品有限公司
中交路桥建设有限公司
北京富华长城房地产开发有限公司
北京万方置业有限公司
百丽鞋业（北京）有限公司
北京万生药业有限责任公司
国美电器有限公司
北京复地通盈置业有限公司
北京同仁堂健康药品经营有限公司
北京国际度假区有限公司
北京华恒兴业房地产开发有限公司
北京博格华纳汽车传动器有限公司
萌蒂（中国）制药有限公司

北京首开万科置业有限公司
北京万科东地房地产开发有限公司
北京复地通达置业有限公司
北京中维泰禾置业有限公司
北京首开万科房地产开发有限公司
北京金尊科技发展有限公司
北京古城房地产开发有限公司
北京融科阳光房地产开发有限公司
北京华纺通泰置业有限公司
北京鑫博泰来房地产开发有限公司
闼闼木门（北京）有限公司
北京红星酒业有限公司
北京万达文化产业集团有限公司
北京首创华业房地产开发有限公司
北京润锦房地产开发有限公司
北京首寰文化旅游投资有限公司
北京智地愿景房地产开发有限公司
阳光人寿保险股份有限公司北京分公司
北京亚通房地产开发有限责任公司
北京市春立正达医疗器械股份有限公司
北京城市副中心投资建设集团有限公司
北京太合嘉园房地产开发有限责任公司

索 引

说 明

• 索引采取主题索引也称内容分析索引法编纂。主题词（标目）以《北京通州年鉴（2019）》版正文中出现的专业名词、名词词组、地名、机构名、人名等为主。

• 特载、大事记、统计表、附录等栏目内容不在标引范围内。

• 本索引基本按汉语拼音音序排列，汉字打头的标目按首字的音序音调依次排列，首字相同时，则以第二字排序，依此类。

• 本索引的文字部分为标目，标目之后的阿拉伯数字表示该标目所在正文中的页码（地址项），其后的小写英文字母（a、b）表示正文中的栏别（从左至右）。

• 部分标目后面有若干个页码或栏别，则表示该标目均在这些地方出现。

数字索引

英文字母索引

汉语拼音索引

A

B

C

D

G

J

K

L

M

N

Q

S

T

W

X

Y

Z